Hans Loeper/Hans-Jörg Jäkel/Wolfgang Otter

Compiler und Interpreter

Informatik · Kybernetik · Rechentechnik

Herausgegeben von der Akademie der Wissenschaften der DDR
Zentralinstitut für Kybernetik und Informationsprozesse

Band 17

Compiler und Interpreter
für höhere Programmiersprachen

von Hans Loeper, Hans-Jörg Jäkel und Wolfgang Otter

Compiler und Interpreter für höhere Programmiersprachen

von Hans Loeper, Hans-Jörg Jäkel und Wolfgang Otter

Akademie-Verlag Berlin 1987

Verfasser: Prof. Dr. sc. techn. Hans Loeper
Dr.-Ing. Hans-Jörg Jäkel
Technische Universität Dresden
Dr. sc. techn. Wolfgang Otter
VEB Kombinat Robotron

Der Titel wurde vom Originalmanuskript der Autoren reproduziert.

ISBN 3-05-500222-9

ISSN 0232-1351

Erschienen im Akademie-Verlag Berlin, DDR-1086 Berlin, Leipziger Straße 3—4

Lizenznummer: 202 · 100/403/87
Printed in the German Democratic Republic
Gesamtherstellung: VEB Druckerei „Thomas Müntzer", 5820 Bad Langensalza
Lektor: Dipl.-Math. Gesine Reiher
LSV 1084
Bestellnummer: 763 541 7 (6923)

05000

Vorwort

Programmiersprachen bilden die grundlegende Schnittstelle zwischen Programmierer, Operationssystem und dem Rechner selbst. Deshalb gehören die Theorie der Programmiersprachen und die Technik ihrer Realisierung (die Sprachimplementation) schon seit langem zu einem wichtigen Feld der Lehre und Forschung der Informatik. Noch in den sechziger Jahren wurde die Sprachimplementation als eine Kunst von Spezialisten angesehen. Nach ungefähr 25-jährigen Forschungs- und Entwicklungserfahrungen wurde die Implementation von Programmiersprachen zu einer ingenieurwissenschaftlichen Aufgabe, die in der sorgfältigen Anwendung wissenschaftlicher Erkenntnisse und praktischer Erfahrungen bei der Entwicklung von Sprachprozessoren (Compilern und Interpretern) besteht. Die anwendbaren theoretischen Konzepte entstammen vorwiegend der Algorithmen- und Automatentheorie sowie der mathematischen Linguistik. Das vorliegende Buch hat das Ziel, den Gebrauch dieser Resultate für die Realisierung von Programmiersprachen durch Compiler und Interpreter zu illustrieren. Ohne Beachtung der theoretischen Grundlagen sollte heute keine Sprachimplementation erfolgen.
Dieses Buch basiert auf langjährigen Lehr- und Forschungserfahrungen, die die Autoren durch ihre Tätigkeit an der Sektion Informationsverarbeitung der Technischen Universität Dresden und im VEB Kombinat Robotron sammeln konnten. Es ist eine Neufassung des Titels "Theorie und Technik der Übersetzerprogramme höherer Programmiersprachen" der Schriftenreihe Informationsverarbeitung, der 1980 in der BSB B. G. Teubner Verlagsgesellschaft Leipzig erschien. Die Darstellung beinhaltet die grundlegende Theorie für den Entwurf von Übersetzerprogrammen höherer Programmiersprachen und demonstriert ihren Gebrauch in der praktischen Entwurfssituation. Sie umfaßt allgemeine Aspekte der höheren Programmiersprachen und Programmiersysteme, die Zusammenstellung der für die Implementation wichtigen Ergebnisse der Algorithmen- und Automatentheorie sowie der Theorie formaler Sprachen und behandelt die Struktur und Arbeitsweise der Übersetzerprogramme. Wie in anderen Ingenieurdisziplinen werden Prinziplösungen und Lösungsvarianten diskutiert, Entwurfsschritte und Bausteine der Übersetzerprogramme angegeben.

Zum Verständnis des Buches ist die Kenntnis mindestens einer höheren Programmiersprache notwendig. Die als Programme angegebenen Algorithmen sind in einer lesbaren, intuitiv erfaßbaren Form notiert. Als mathematische Grundlagen werden elementare Kenntnisse der diskreten Mathematik, wie Mengenlehre, Theorie der Relationen und Graphentheorie, benötigt. Die Autoren waren bemüht, das Buch durch anschauliche Erklärung aller weitergehenden theoretischen Konzepte mittels zahlreicher Beispiele so verständlich wie möglich zu gestalten.

Obwohl vergleichsweise wenige Fachleute mit der Implementation von Programmiersprachew oder der Wartung von Programmiersystemen befaßt sind, vermittelt das Buch nützliche Ideen und Techniken für den allgemeinen Softwareentwurf. Weiterhin verdeutlicht es die grundlegenden Beziehungen zwischen Sprachen und Maschinen und erhöht damit das Verständnis zur Weiterentwicklung von Programmiersprachen und neuen Rechnerarchitekturen. Zu den einzelnen Abschnitten sind Übungsaufgaben angefügt, deren Lösung zum tieferen Verständnis des Stoffes beiträgt und Impulse zum weiteren Durchdenken der Sachverhalte gibt. Dabei hoffen die Autoren, daß die als Manuskript vorliegenden Lösungen dem Leser später in einem Lösungsheft zur Verfügung gestellt werden können. Das Buch ist als Studienmaterial der Grundstudienrichtung Informatik gedacht. Zugleich wendet es sich an den in der Praxis tätigen Ingenieur der Informationsverarbeitung/Informatik und unterstützt seine Qualifizierungsbemühungen. Wegen des begrenzten Seitenumfangs wurden einige Fragen der Sprachimplementation nur knapp bzw. gar nicht behandelt. Die Autoren hoffen aber, daß mit dem vorliegenden Titel trotzdem eine gute Einführung in die Implementation höherer Programmiersprachen gegeben wird. Die Literatur zum behandelten Stoffgebiet ist äußerst umfangreich. Deshalb haben sich die Autoren entschlossen, nur einige, nach ihrer Auffassung wesentliche Quellen in das Literaturverzeichnis aufzunehmen.

Für die sorgfältige Anfertigung der zahlreichen Abbildungen und Programmtexte gebührt der Dank Herrn Dipl.-Ing. D. Ladwig.

Die Autoren möchten weiterhin an dieser Stelle ihren ganz herzlichen Dank der Sekretärin der Sektion Informationsverarbeitung der Technischen Universität Dresden, Fräulein K. Klotzsche, für die sorgfältige Reinschrift des teilweise komplizierten Textes aussprechen.

Sehr herzlich danken die Autoren dem Akademie-Verlag sowie der Lektorin, Frau Dipl.-Math. G. Reiher, für die Aufnahme des Titels in das Verlagsprogramm und für die gewährte Unterstützung.

Inhaltsverzeichnis

1. Einführung

Die Entwicklung der Rechentechnik ist eine der bemerkenswertesten geistigen und technologischen Leistungen der menschlichen Gesellschaft. Ihre eigentliche Entwicklung begann in der Mitte dieses Jahrhunderts, obwohl deren Wurzeln weit in der Menschheitsgeschichte zurückliegen. Das betrifft sowohl die Konstruktion und den Bau geeigneter Rechenmittel und Rechenmaschinen als auch die Versuche zur Formalisierung der Rechenprozesse. Heute ermöglichen die technologischen Fortschritte der Mikroelektronik und die Weiterentwicklung der Bauelemente der Rechentechnik die ständige Vervollkommnung der Rechenautomaten im Hinblick auf Verarbeitungsgeschwindigkeit, Speicherkapazität, Rechnerarchitektur und periphere Einheiten und verbessern die Anpassungsfähigkeit der Rechentechnik an die unterschiedlichsten Aufgaben. Damit durchdringt zunehmend die Rechneranwendung weite Bereiche der Wissenschaft, Technik, Technologie, Ökonomie und des sozialen Lebens. Die Informationstechnologien werden zunehmend zu einem ausschlaggebenden volkswirtschaftlichen Faktor.

Trotz der enormen technischen und technologischen Entwicklung der Rechenautomaten existiert auch heute noch eine gewaltige Kluft zwischen ihrem logisch-funktionellen Konzept, vor allem bezüglich des Niveaus ausführbarer Maschinenbefehle sowie Adressierung und Organisation der Daten, und dem natürlichen Ausdrucksvermögen des Menschen und den Erfordernissen der Problembeschreibung. Bekanntlich besitzt jeder Rechenautomat eine interne Programmiersprache, den Befehls- oder Maschinenkode; und er kann nur Programme ausführen, die in diesem Maschinenkode geschrieben sind. Im Maschinenkode entspricht jeder Befehl einer Operation des Rechners. In einem Maschinenbefehl sind sowohl der Operationskode als auch die Operandenangaben in binärer Form dargestellt. Der Maschinenkode ist vollständig den Wirkungsprinzipien des Rechenautomaten angepaßt, jedoch nicht dem Anschauungsvermögen des Menschen und ebenfalls nicht den Besonderheiten des zu programmierenden Problems. Damit ist die Programmierung im Maschinenkode schwierig und aufwendig, da die Programme bezüglich des darzustellenden Algorithmus übermäßig detailliert sind und viele rechnerspezifische Angaben enthalten. Deshalb wurde bereits in den Anfängen der Rechentechnik nach Möglichkeiten gesucht, die Programmierung dem Menschen und dem Problem durch mnemotechnisch günstige Darstellung des Operationskodes (symbolische Befehle) und der Operanden (symbolische Adressierung) anzupassen. Das Ergebnis waren die sogenannten maschinenorientierten Programmiersprachen, insbesondere die Assemblersprachen, die aber nicht das Problem der maschinenunabhängigen Beschreibung eines Rechenprozesses lösen.

Wesentlich besser wird die Verständigung zwischen Mensch und Maschine durch die höheren Programmiersprachen ermöglicht. Durch Anpassung der Ausdrucksmittel der höheren Programmiersprachen an die natürliche Sprache des Menschen und an die zu beschreibenden Probleme wird eine größere Rechnerunabhängigkeit erreicht, die sich günstig auf die Programmiereffektivität des Menschen und die Qualität der mit dieser Programmiersprache geschaffenen Software auswirkt. Die erste brauchbare höhere Programmiersprache war FORTRAN (FORmula TRANslation), deren Originalkonzept J. W. Backus 1954 entwarf und deren erste Version 1957 als FORTRAN II veröffentlicht wurde. Seitdem vollzieht sich eine gewaltige Entwicklung; man spricht von einer Evolution der Programmiersprachen /28/. Diese Evolution hat verschiedene objektive Ursachen:

- die Vervollkommnung und Entwicklung der Rechentechnik erlaubt und stimuliert den Übergang zu leistungsfähigeren Programmiersprachen mit verbesserten und neuen Konzeptionen;
- es werden ständig neue Felder des Computereinsatzes erschlossen, für die neue problemangepaßte höhere Programmiersprachen entstehen;
- theoretische Untersuchungen und Erkenntnisse bewirken die ständige Weiterentwicklung der Programmiersprachen.

Im Prozeß dieser Entwicklung sind zwei gegensätzliche Tendenzen zu beobachten:

- Es findet eine Differenzierung der höheren Programmiersprachen in eine größere Anzahl von Spezialsprachen mit besonderer System- und Problembezogenheit statt (z.B. Sprachen für grafische Datenverarbeitung, Formelmanipulation, Simulation).
- Zugleich führt eine Integration auf der Grundlage von Verallgemeinerungen und Vereinheitlichung bewährter Sprachkonzepte zur Herausarbeitung von Universalsprachen mit ausgedehntem Anwendungsbereich (z.B. PL/1, SIMULA, ALGOL68, Pascal, ADA).

Betrachtet man den Entwicklungsprozeß, so fällt auf, daß die bewährten höheren Programmiersprachen, die die größte Anwendung erfahren haben (nach /28/ verteilt sich die Nutzung der Sprachen wie folgt: COBOL 47,3%, RPG 14,8%, FORTRAN 8,9%, BASIC 5,4%, PL/1 4,8%, Pascal 1,2%, andere 8,9%, Assembler 8,4%), standardisiert sind und ständig unter Beachtung der weitgehenden Aufwärtskompatibilität weiterentwickelt und neuen Anwenderbedürfnissen sowie wachsenden Möglichkeiten der Rechner angepaßt werden. Damit bleibt der gewaltige Fonds der in diesen Programmiersprachen getätigten Programmierinvestitionen erhalten. Es würde den Rahmen dieses Buches sprengen, die Tendenzen dieser Entwicklung der höheren Programmiersprachen tiefer zu analysieren.

Programmiersprachen sind Werkzeuge zur systematischen formalen Beschreibung von endlichen Berechnungen. Sie sind künstliche Sprachen, die dem Menschen gestatten, Berechnungen in einer solchen Form zu beschreiben, die von einem Rechner verstanden wird. Ein Rechnerprogramm besteht im wesentlichen aus zwei Bestandteilen: einer Beschreibung der durch den Rechner auszuführenden Aktionen und einer Beschreibung der Daten, über denen die Aktionen auszuführen sind. Damit muß eine höhere Programmiersprache folgende Komponenten zur Beschreibung von Berechnungen zur Verfügung stellen:

- Regeln zur Nutzung der algorithmischen Ausdrucksmittel (Anweisungen) als operative Bestandteile der Programmiersprache;
- Regeln zur Deklaration von Daten (Datentypen und Datenobjekte) durch Vereinbarungen und Definitionen als deskriptive Bestandteile der Programmiersprache;
- Regeln zur Bestimmung der Reihenfolge der auszuführenden Berechnungsschritte und zur Festlegung der Struktur der Programme.

Es wurde dargelegt, daß Rechenanlagen nur Programme ausführen, die im Maschinenkode geschrieben sind. Deshalb muß jedes Programm, das nicht im Maschinenkode geschrieben wurde, vor seiner Ausführung in ein bedeutungsgleiches Maschinenkodeprogramm übersetzt werden. Diese Übersetzung wird durch ein spezielles Programm (Übersetzerprogramm) beschrieben, das von dem Rechenautomaten selbst ausgeführt werden kann. Gegenstand des Buches sind die theoretischen und praktischen Grundlagen dieser Programmübersetzung.

2. Mathematische Grundlagen der Definition von Programmiersprachen

Die gesprochenen Sprachen, wie Englisch, Russisch, Deutsch und andere, sind natürliche Sprachen. Sie dienen der Kommunikation zwischen den Menschen und erfahren mit der Entwicklung der menschlichen Gesellschaft eine ständige Veränderung und Verfeinerung durch den natürlichen Evolutionsprozeß. Sie versetzen den Menschen in die Lage, sowohl seine reale Umwelt als auch seine Ideen zu beschreiben. Neben den natürlichen Sprachen existiert eine Reihe künstlicher Sprachen, die im Vergleich zu den natürlichen Sprachen große Unterschiede aufweisen. Die künstlichen Sprachen werden durch den Menschen mit einer bestimmten Absicht für einen speziellen Zweck geschaffen. Denkt man an die Entwicklung der Schriftsprache oder an die mathematische Formelsprache, so wird klar, daß die ersten formalisierten künstlichen Sprachen bereits weit zurück in der Menschheitsgeschichte geschaffen wurden.

Die formalisierten künstlichen Sprachen sind heute wichtige spezialisierte Werkzeuge der Arbeit und des täglichen Lebens. Solche künstlichen Sprachen sind z.B. die Menge der Verkehrszeichen, die Formelsprache der Chemie und Mathematik und nicht zuletzt die mehr als 500 Programmiersprachen. Natürlich variieren diese Sprachen sehr stark bezüglich ihrer Darstellung und Ausdruckskraft entsprechend ihrem Anwendungszweck.

2.1. ALPHABET, ZEICHENREIHEN, RELATIONEN UND ABBILDUNGEN ÜBER ZEICHENREIHEN

Die formalisierten Sprachen haben mit den natürlichen Sprachen gemeinsam, daß ihre Sätze aus einer gegebenen Menge von Zeichen gebildet werden. Bei den natürlichen Sprachen heißen die Zeichen Phoneme. Im Bereich der formalen Sprachen wird die Menge der Zeichen Alphabet genannt.

D 2.1.: Ein (abstraktes) Alphabet ist eine nichtleere, endliche Menge $\underline{A}$ von Zeichen $a \in \underline{A}$.

Im Gegensatz zur herkömmlichen Auffassung sind die Zeichen des Alphabets nicht nur Buchstaben, sondern können Ziffern, Interpunktionszeichen und Ideographen (z.B. chinesische Schriftzeichen) sowie Bilder (z.B. Pictogramme) sein. Aus den Zeichen des Alphabets werden durch Hintereinanderschreiben Zeichenreihen (Worte) gebildet. Zeichenreihen sind also endliche geordnete Folgen von Zeichen des Alphabets. Dabei ist an das Alphabet die Forderung zu stellen, daß die Zeichenreihen wieder eindeutig in ihre Zeichen zerlegt werden können, um eine sinnvolle Zeichenreihenverarbeitung zu ermöglichen.

Mit $\underline{A}^*$ wird die Menge aller Zeichenreihen über dem Alphabet $\underline{A}$ bezeichnet. Zweckmäßig enthält $\underline{A}^*$ auch ein neutrales Element, die sogenannte leere Zeichenreihe, die durch ε bezeichnet wird. Die Definition der Menge $\underline{A}^*$ ist durch D 2.2. gegeben.

D 2.2.: Die Menge aller Zeichenreihen $\underline{A}^*$ über einem Alphabet $\underline{A}$ ist rekursiv definiert:

- Die leere Zeichenreihe ist eine Zeichenreihe über $\underline{A}$, d.h., $\varepsilon \in \underline{A}^*$ (Basisklausel).
- Wird ein Zeichen $a \in \underline{A}$ an eine Zeichenreihe $x \in \underline{A}^*$ angefügt, dann ist auch xa eine Zeichenreihe über $\underline{A}$, d.h., $xa \in \underline{A}^*$ (Induktive Klausel).
- Andere Zeichenreihen in $\underline{A}^*$ gibt es nicht (Extremalklausel).

Die Definition D 2.2. ist ein Beispiel für eine rekursive Definition. Rekursivität bedeutet Zurückführung auf bereits Bekanntes, Gegebenes bzw. Errechnetes. In Definitionen und Programmen wird davon häufig Gebrauch gemacht. Die Definition der Menge von Zeichenreihen über $\underline{A}$ erklärt Zeichenreihen in Termen von Zeichenreihen durch die induktive Klausel. Die durch den rekursiven Bezug der induktiven Klausel entstehende zirkuläre Abhängigkeit wird durch die Anwendung der Basisklausel durchbrochen. Die Extremalklausel komplettiert die Definition und besagt, daß nur solche Folgen von Zeichen Zeichenreihen über $\underline{A}$ sind, die sich über die induktive Klausel auf die Basisklausel zurückführen lassen.

Eine Zeichenreihe wird also aus einer endlichen Zahl von Zeichen gebildet. Als Länge einer Zeichenreihe bezeichnet man die Anzahl der Zeichen der Zeichenreihe.

D 2.3.: Die Länge einer Zeichenreihe wird durch die Abbildung lgth: $\underline{A}^* \longrightarrow \underline{N}$ mit $\underline{N}$ - Menge der natürlichen Zahlen festglegt, die durch

- lgth $(\varepsilon) = 0$
- lgth $(xa) =$ lgth $(x) + 1$ für $x \in \underline{A}^*$ und $a \in \underline{A}$

definiert ist.

Zu beachten ist der Unterschied zwischen einem Zeichen $a \in \underline{A}$ und einer Zeichenreihe $a \in \underline{A}^*$ mit lgth $(a) = 1$. Es handelt sich um Elemente verschiedener Mengen. In den höheren Programmiersprachen wird dieser Unterschied durch die verschiedenen Wertarten char bzw. string zum Ausdruck gebracht.

Es wurde in D 2.2. festgelegt, daß die Verkettung einer Zeichenreihe mit irgendeinem Zeichen wieder eine Zeichenreihe ergibt. Die Verallgemeinerung führt zur abgeschlossenen zweistelligen Operation der Zeichenreihenverkettung, deren rekursive Definition in Übung 4b zu erarbeiten ist.

D 2.4.: Die Abbildung $\circ : \underline{A}^* \times \underline{A}^* \longrightarrow \underline{A}^*$ heißt Zeichenreihenverkettung und ist für $x, y \in \underline{A}^*$ mit $x = x_1 \ldots x_i \ldots x_m$, $y = y_1 \ldots y_j \ldots y_n$, $m \geq 0$, $n \geq 0$ und $x_i, y_j \in \underline{A}$ für $1 \leq i \leq m$, $1 \leq j \leq n$ durch $x \circ y = x_1 \ldots x_i \ldots x_m\, y_1 \ldots y_j \ldots y_n$ erklärt.

Die n-te Potenz einer Zeichenreihe entspricht der n-fachen Verkettung der Zeichenreihe, d.h., die Zeichenreihe wird n-mal wiederholt. Die Potenz ist ein wichtiges Ausdrucksmittel bei der Definition der Syntax von Programmiersprachen.

D 2.5.: Die n-te Potenz einer Zeichenreihe $x \in \underline{A}^*$ ist eine Abbildung
potenz: $\underline{A}^* \times \underline{N} \longrightarrow \underline{A}^*$ ($\underline{N}$ - Menge der natürlichen Zahlen) mit
- potenz (x,0) = ε und
- potenz (x,n) = potenz (x,n-1) $\circ$ x für $n \geq 1$.

Bemerkungen:

1) Anstelle der sogenannten Präfixnotation potenz (x,n), in der der Operator vor seinen Operanden steht, wird häufig die Infixdarstellung x^n mit dem hochgestellten zweiten Operanden verwendet, die mit der Darstellung x potenz n oder x ↑n korrespondiert. Im Fall der Infixnotation stehen die Operanden links und rechts von ihrem Operator. Eine weitere, häufig gebrauchte Darstellung ist die sogenannte Postfixnotation (x,n) potenz, in der der Operator seinen Operanden folgt.

Sowohl die Präfixnotation und Infixnotation als auch die Postfixnotation werden in Programmiersprachen verwendet. Die Präfixnotation wird zur Darstellung von Prozeduraufrufen verwendet, während auf die Infixnotation in der Darstellung von Formeln mit ein- und zweistelligen Operatoren zurückgegriffen wird. Ein Beispiel für die weniger verwendete Postfixnotation ist die in Pascal verwendete Darstellung der Dereferenzierung eines Pointers x↑.

2) Am Beispiel der Definition D 2.5. soll gezeigt werden, wie derartige Definitionen häufig verwendet werden können, um daraus Programme zu entwickeln. Der erste Teil potenz: $\underline{A}^* \times \underline{N} \longrightarrow \underline{A}^*$ gibt Auskunft über den Vorbereich (Wertevorrat) und den Nachbereich (Ergebnismenge) der Funktion mit dem Namen "potenz" und korrespondiert mit der Darstellung der Wertart der Prozedur bzw. dem Prozedurkopf

```
proc potenz = (string x, int n) string:
```

Die Wertart string entspricht der Menge aller Zeichenreihen $\underline{A}^*$ und die Wertart int der Menge ganzer Zahlen. Zusätzlich zur Wertartangabe der Prozedur enthält der Prozedurkopf die formalen Parameter x und n als symbolische Repräsentanten der Argumente.
Der Prozedurkörper wird aus dem zweiten Teil der Definition abgeleitet. Die n-te Potenz einer Zeichenreihe x wird durch Rekursion reduziert auf die bekannte Operation der Verkettung von Zeichenreihen. Die Basisklausel der rekursiven Definition potenz (x,0) = ε und die induktive Klausel potenz (x,n) = potenz (x, n-1) $\circ$ x werden im Programm vollständig adäquat umgesetzt.

```
proc potenz = (string x, int n) string:
if n=0
  then
    emptystring
  else
    potenz(x,n-1) o x
fi
```

3) Beispiel:

$(abc)^3 = (abc)^2 \circ abc = abc \circ abc \circ abc = abcabcabc.$

Satz 2.1.: Das Paar ($\underline{A}$*, o) bildet eine freie Halbgruppe.

Von einer Halbgruppe spricht man in der Algebra, wenn über einer Menge eine vollständige, abgeschlossene und eindeutige Operation gegeben ist, die insbesondere assoziativ ist, d.h.,

$$\forall x,y,z\,[\,x,y,z \in \underline{A}^* \longrightarrow (x \circ y) \circ z = x \circ (y \circ z)\,].$$

Der Beweis für den Satz 2.1 wird der Übung überlassen. Es wurde bei der Definition der Menge aller Zeichenreihen festgelegt, daß $\underline{A}$* die leere Zeichenreihe enthält. Die leere Zeichenreihe ε ist neutrales Element der Halbgruppe, da

$$\exists y\,[\,y \in \underline{A}^* \wedge \forall x\,[\,x \in \underline{A}^* \longrightarrow x \circ y = y \circ x = x\,]\,] \text{ für } y = \varepsilon$$

gilt, wobei ε sogar das einzige neutrale Element in $\underline{A}$* ist. Eine Halbgruppe mit einem neutralen Element wird in der Algebra als Monoid bezeichnet.

Weiterhin kann jede Zeichenreihe x aus $\underline{A}$* eindeutig in die Folge ihrer Zeichen des Alphabetes $\underline{A}$ zerlegt werden. Deshalb wird $\underline{A}$ als Basis von $\underline{A}$* und ($\underline{A}$*, o) als freie Halbgruppe bzw. freies Monoid bezeichnet.

D 2.6.: Zwei Zeichenreihen $x,y \in \underline{A}^*$ mit
$x = x_1 \ldots x_i \ldots x_m,\ y = y_1 \ldots y_j \ldots y_n,\ x_i, y_j \in \underline{A}$
heißen gleich ($x = y$), wenn
. lgth (x) = lgth (y) (d.h. $m = n$) und
. $\forall i\,[\,1 \le i \le m \longrightarrow x_i = y_i\,]$
gilt.

Die Gleichheit von Zeichenreihen ist eine zweistellige Relation über $\underline{A}$*. Mit Hilfe der Operation zur Verkettung und der Relation der Gleichheit von Zeichenreihen kann die zweistellige Relation Teilzeichenreihe definiert werden.

D 2.7.: Die Zeichenreihe $x' \in \underline{A}^*$ heißt Teilzeichenreihe der Zeichenreihe $x \in \underline{A}^*$ ($x' \subseteq x$), falls zwei Zeichenreihen $x_1, x_2 \in \underline{A}^*$ existieren, so daß $x_1 \circ x' \circ x_2 = x$ gilt.

D 2.7. besagt, daß es möglich sein muß, irgendwelche, möglicherweise auch leeren Zeichenreihen x_1 und x_2 als Präfix und Postfix an x' anzuketten, so daß sich x ergibt.

Beispiel: x' = bc3 ist Teilzeichenreihe von x = a1bc3,
da x_1 = a1 und $x_2 = \varepsilon$ existieren, so daß
$x_1 \circ bc3 \circ x_2 = a1bc3$ ist.

In der Übung 7 wird gezeigt, daß die axiomatische Definition D 2.7. nicht sehr nützlich ist, um ein Programm aus der Definition zu entwickeln, das die Relation Teilzeichenreihe überprüft.

2.2. GLEICHUNGSSYSTEME ÜBER MENGEN VON ZEICHENREIHEN UND IHRE LÖSUNG

Der letzte Abschnitt definierte die Menge aller Zeichenreihen über dem Alphabet $\underline{A}$ und einige Abbildungen und Relationen über $\underline{A}^*$. Nun sollen Operationen und ihre Eigenschaften über Mengen von Zeichenreihen behandelt werden.

2.2.1. OPERATIONEN ÜBER MENGEN VON ZEICHENREIHEN UND REGULÄRE MENGEN

Ausgehend von der Menge $\underline{A}^*$ kann eine weitere Menge angegeben werden, die genau alle Untermengen von $\underline{A}^*$ als Elemente enthält. Diese Menge heißt Potenzmenge von $\underline{A}^*$ und wird durch $P(\underline{A}^*)$

$$P(\underline{A}^*) = \{\underline{X} : \underline{X} \subseteq \underline{A}^*\}$$

dargestellt. Entsprechend D 2.15. ist das die Menge aller formalen Sprachen über dem Alphabet $\underline{A}$.

Satz 2.2.: Die <u>Inklusion</u> (Teilmengenrelation) $\subseteq$ in $P(\underline{A}^*)$ definiert eine <u>Halbordnungsrelation</u> in $P(\underline{A}^*)$.

Das bedeutet, daß die Inklusion

- reflexiv
  $\forall \underline{X} \,[\, \underline{X} \in P(\underline{A}^*) \longrightarrow \underline{X} \subseteq \underline{X} \,]$,
- antisymmetrisch
  $\forall \underline{X},\underline{Y} \,[\, \underline{X},\underline{Y} \in P(\underline{A}^*) \wedge \underline{X} \subseteq \underline{Y} \wedge \underline{Y} \subseteq \underline{X} \longrightarrow \underline{X} = \underline{Y} \,]$ und
- transitiv
  $\forall \underline{X},\underline{Y},\underline{Z} \,[\, \underline{X},\underline{Y},\underline{Z} \in P(\underline{A}^*) \wedge \underline{X} \subseteq \underline{Y} \wedge \underline{Y} \subseteq \underline{Z} \longrightarrow \underline{X} \subseteq \underline{Z} \,]$

ist.

Satz 2.3.: $(P(\underline{A}^*), \subseteq)$ ist ein <u>vollständiger Verband</u>, weil jede nichtleere Untermenge $\underline{\underline{X}}$ von $P(\underline{A}^*)$ sowohl ein Infimum (größte untere Schranke) als auch ein Supremum (kleinste obere Schranke) in $P(\underline{A}^*)$ besitzt.

Da $\underline{\underline{X}}$ Untermenge der Potenzmenge ist, wird das <u>Infimum</u> bzw. das <u>Supremum</u> von $\underline{\underline{X}}$ durch

$$\underline{\inf}\, \underline{\underline{X}} = \bigcap_{\underline{x} \in \underline{\underline{X}}} \underline{x} \quad \text{bzw.} \quad \underline{\sup}\, \underline{\underline{X}} = \bigcup_{\underline{x} \in \underline{\underline{X}}} \underline{x}$$

bestimmt. Der Beweis sei der Übung überlassen. Speziell liefert das Infimum von $P(\underline{A}^*)$ die leere Menge $\underline{\inf}\, P(\underline{A}^*) = \emptyset$. $\emptyset$ ist das <u>kleinste Element</u> von $P(\underline{A}^*)$, weil $\emptyset \in P(\underline{A}^*)$ und $\emptyset \subseteq \underline{x}$ für alle $\underline{x} \in \underline{\underline{X}}$ und $\underline{\underline{X}} \subseteq P(\underline{A}^*)$.

Dagegen ist das Supremum von $P(\underline{A}^*)$ $\underline{\sup}\, P(\underline{A}^*) = \underline{A}^*$. Das bedeutet, $\underline{A}^*$ ist das <u>größte Element</u> von $P(\underline{A}^*)$, weil $\underline{A}^* \in P(\underline{A}^*)$ und $\underline{A}^* \supseteq \underline{x}$ für alle $\underline{x} \in \underline{\underline{X}}$ und $\underline{\underline{X}} \subseteq P(\underline{A}^*)$.

Jetzt sollen einige Operationen über $P(\underline{A}^*)$ und ihre Eigenschaften betrachtet werden, die wesentlich für die Gleichungssysteme von Mengen von Zeichenreihen und ihre Lösung sind.

D 2.8.: Die <u>Vereinigung</u> von Mengen von Zeicheneihen ist durch
$\underline{X} \cup \underline{Y} = \{w : w \in \underline{X} \vee w \in \underline{Y}\}$ mit $\underline{X}, \underline{Y} \in P(\underline{A}^*)$
definiert.

Es ist leicht zu zeigen, daß $(P(\underline{A}^*), \cup)$ mit dem neutralen Element $\emptyset$ ein Monoid bildet, da $\cup$ eindeutig und assoziativ ist. Weiterhin ist die Vereinigung kommutativ.

Satz 2.4.: In dem vollständigen Verband $(P(\underline{A}^*), \subseteq)$ ist die Operation <u>Vereinigung</u> <u>monoton</u>.

<u>Bemerkung:</u>

D 2.9.: Es sei $(\underline{M}, \subseteq)$ ein vollständiger Verband. Dann heißt eine <u>n-stellige Operation</u> $f : \underline{M}^n \longrightarrow \underline{M}$ dann und nur dann <u>monoton</u>, wenn

$$\forall a_1, b_1, \ldots, a_n, b_n \left[a_1, b_1, \ldots, a_n, b_n \in \underline{M} \wedge a_1 \subseteq b_1, \ldots, a_n \subseteq b_n \quad f(a_1, \ldots, a_n) \subseteq f(b_1, \ldots, b_n) \right].$$

Der Beweis zu Satz 2.4. soll in Übung 10 erarbeitet werden. Er besagt, daß aus $\underline{X}_1 \subseteq \underline{Y}_1$ und $\underline{X}_2 \subseteq \underline{Y}_2$ $\underline{X}_1 \cup \underline{X}_2 \subseteq \underline{Y}_1 \cup \underline{Y}_2$ folgt.

Satz 2.5.: In dem vollständigen Verband $(P(\underline{A}^*), \subseteq)$ ist die Operation <u>Vereinigung</u> <u>halbstetig</u>.

<u>Bemerkung:</u>

D 2.10.: Es sei $(\underline{M}, \subseteq)$ ein vollständiger Verband. Dann heißt eine <u>n-stellige Operation</u> $f : \underline{M}^n \longrightarrow \underline{M}$ dann und nur dann <u>halbstetig</u>, wenn
$$f(\underline{\sup}\, \underline{M}_1, \ldots, \underline{\sup}\, \underline{M}_n) = \underline{\sup} \{ f(m_1, \ldots, m_n) : (m_1, \ldots, m_n) \in \underline{M}_1 \times \ldots \times \underline{M}_n \}$$
für alle Untermengen $\underline{M}_i$ von $\underline{M}$ mit $\underline{\sup}\, \underline{M}_i \in \underline{M}_i$ und $1 \leq i \leq n$ ist.

<u>Beweis (Satz 2.5.):</u>

Es sei $\underline{\underline{X}}_1, \underline{\underline{X}}_2 \subseteq P(\underline{A}^*)$. Wegen
$$\underline{\sup}\, \underline{\underline{X}} = \bigcup_{\underline{x} \in \underline{\underline{X}}} \underline{x} = \{ x : x \in \underline{x} \wedge \underline{x} \in \underline{\underline{X}} \}$$
erhält man für
$$\begin{aligned} \underline{\sup}\, \underline{\underline{X}}_1 \cup \underline{\sup}\, \underline{\underline{X}}_2 &= \{x : x \in \underline{x}_1 \wedge \underline{x}_1 \in \underline{\underline{X}}_1\} \cup \{x : x \in \underline{x}_2 \wedge \underline{x}_2 \in \underline{\underline{X}}_2\} \\ &= \{x : x \in \underline{x}_1 \wedge \underline{x}_1 \in \underline{\underline{X}}_1 \vee x \in \underline{x}_2 \wedge \underline{x}_2 \in \underline{\underline{X}}_2\} \\ &= \{x : x \in \underline{x}_1 \cup \underline{x}_2 \wedge \underline{x}_1 \in \underline{\underline{X}}_1 \wedge \underline{x}_2 \in \underline{\underline{X}}_2\} \\ &= \underline{\sup} \{ \underline{x}_1 \cup \underline{x}_2 : \underline{x}_1 \in \underline{\underline{X}}_1 \wedge \underline{x}_2 \in \underline{\underline{X}}_2 \} \quad \text{q.e.d.} \end{aligned}$$

Satz 2.6.: Jede halbstetige Operation ist auch monoton.

Der Beweis zu Satz 2.6. wird in der Übung 11 erarbeitet. In Verallgemeinerung der Operation Zeichenreihenverkettung wird die Operation zur Verkettung von Mengen von Zeichenreihen definiert.

D 2.11.: Die <u>Verkettung</u> von Mengen von Zeichenreihen ist durch

$\underline{X} \otimes \underline{Y} = \{ xy : x \in \underline{X} \wedge y \in \underline{Y} \}$ mit $\underline{X}, \underline{Y} \in P(\underline{A}^*)$

definiert.

Genauso wie die Vereinigung bildet das Paar $(P(\underline{A}^*), \otimes)$ ein Monoid mit dem neutralen Element $\{\varepsilon\}$. Dieses Monoid ist aber nicht kommutativ.

<u>Bemerkung:</u>

Es gilt $\underline{X} \otimes \emptyset = \emptyset \otimes \underline{X} = \emptyset$, da kein Element in $\emptyset$ existiert.

Satz 2.7.: Die <u>Verkettungsoperation</u> über $P(\underline{A}^*)$ ist <u>halbstetig</u> und damit auch <u>monoton</u>.

<u>Beweis (Satz 2.7.):</u>

Wegen Satz 2.6. wird nur die Halbstetigkeit der Verkettungsoperation bewiesen.

Es sei $\underline{\underline{X}}_1, \underline{\underline{X}}_2 \subseteq P(\underline{A}^*)$.

$$\begin{aligned}
\underline{\text{sup}}\, \underline{\underline{X}}_1 \otimes \underline{\text{sup}}\, \underline{\underline{X}}_2 &= \{ x_1 : x_1 \in \underline{X}_1 \wedge \underline{X}_1 \in \underline{\underline{X}}_1 \} \otimes \{ x_2 : x_2 \in \underline{X}_2 \wedge \underline{X}_2 \in \underline{\underline{X}}_2 \} \\
&= \{ x_1 x_2 : x_1 \in \underline{X}_1 \wedge \underline{X}_1 \in \underline{\underline{X}}_1 \wedge x_2 \in \underline{X}_2 \wedge \underline{X}_2 \in \underline{\underline{X}}_2 \} \\
&= \{ x_1 x_2 : x_1 x_2 \in \underline{X}_1 \otimes \underline{X}_2 \wedge \underline{X}_1 \in \underline{\underline{X}}_1 \wedge \underline{X}_2 \in \underline{\underline{X}}_2 \} \\
&= \underline{\text{sup}} \{ \underline{X}_1 \otimes \underline{X}_2 : \underline{X}_1 \in \underline{\underline{X}}_1 \wedge \underline{X}_2 \in \underline{\underline{X}}_2 \} \quad \text{q.e.d.}
\end{aligned}$$

Zu bemerken ist, daß $\otimes$ <u>distributiv</u> zu $\cup$ ist, d.h.,

$$(\underline{X} \otimes (\underline{Y} \cup \underline{Z})) = (\underline{X} \otimes \underline{Y} \cup \underline{X} \otimes \underline{Z}) \text{ für } \underline{X}, \underline{Y}, \underline{Z} \in P(\underline{A}^*).$$

Der Beweis wird in der Übung 13b geführt.

Schließlich wird die Iteration * (oftmals als Sternoperation bezeichnet) als spezielle monadische Operation über Mengen von Zeichenreihen eingeführt. Sie ist eine Verallgemeinerung des Begriffs der Potenz von Zeichenreihen. Die Definition ist rekursiv mit Hilfe der Verkettung aufgebaut.

D 2.12.: Die <u>Iteration</u> einer Menge von Zeichenreihen $\underline{X} \in P(\underline{A}^*)$ ist rekursiv definiert durch

$$\underline{X}^* = \bigcup_{i=0}^{\infty} \underline{X}^i \quad \text{mit } \underline{X}^0 = \{\varepsilon\} \quad \text{und } \underline{X}^i = \underline{X}^{i-1} \otimes \underline{X}.$$

<u>Bemerkungen:</u>

1) Für den speziellen Fall $\underline{X} = \emptyset$ folgt $\emptyset^* = \{\varepsilon\}$.

2) Es ist zu unterscheiden zwischen der leeren Menge $\emptyset$, die kein Element enthält, und der Menge $\underline{X}^0$, die die leere Zeichenreihe ε als einziges Element enthält.

3) Für $\varepsilon \notin \underline{X}$ gilt $\underline{X}^* - \{\varepsilon\} = \underline{X}^* \otimes \underline{X}$. Häufig wird $\underline{X}^* \otimes \underline{X}$ als $\underline{X}^+$ notiert, d.h., $X^+ = \underline{X}^* \otimes \underline{X}$.

4) Auch die Iteration besitzt die Eigenschaft der Halbstetigkeit, d.h., für $\underline{\underline{X}}_1 \subseteq P(\underline{A}^*)$ gilt $(\underline{\text{sup}}\, \underline{\underline{X}}_1)^* = \underline{\text{sup}} \{ \underline{X}_i^* : \underline{X}_i \in \underline{\underline{X}}_1 \}$

Durch induktiven Beweis ist die Monotonie der Iteration leicht nachzuweisen, d.h., aus $\underline{X} \subseteq \underline{Y}$ folgt $\underline{X}^* \subseteq \underline{Y}^*$ (Übung 10).

Beweis (Halbstetigkeit):

Es sei $\underline{\sup}\ \underline{\underline{X}}_1 = \underline{x}_1 \in \underline{\underline{X}}_1$, d.h., für alle $\underline{x}_i \in \underline{\underline{X}}_1$ gilt $\underline{x}_i \subseteq \underline{x}_1$ und damit wegen der Monotonie auch $\underline{x}_i^* \subseteq \underline{x}_1^*$.

$$\begin{aligned}\underline{\sup}\ \{\underline{x}_i^* : \underline{x}_i \in \underline{\underline{X}}_1\} &= \underline{x}_1^* \cup \underline{x}_2^* \cup x_3^* \cup \cdots \\ &= \underline{x}_1^* \quad \text{wegen } \underline{x}_i^* \subseteq \underline{x}_1^* \\ &= (\underline{\sup}\ \underline{\underline{X}}_1)^* \quad \text{q.e.d}\end{aligned}$$

Unter Verwendung der Iteration kann die Menge aller Zeichenreihen $\underline{A}^*$ über dem Alphabet in anderer Weise als in D 2.2. definiert werden durch

$$\underline{A}^* = \underline{A}^0 \cup \underline{A}^1 \cup \underline{A}^2 \cup \ldots = \bigcup_{i=0}^{\infty} \underline{A}^i,$$

wobei $\underline{A}^i$ durch

$$\underline{A}^0 = \{\varepsilon\} \text{ und } \underline{A}^i = \underline{A}^{i-1} \otimes \underline{A} = \{a_1 a_2 \ldots a_i : a_1 a_2 \ldots a_{i-1} \in \underline{A}^{i-1} \wedge a_i \in \underline{A}\}$$

rekursiv erklärt ist. Man erkennt weiterhin, daß $\underline{A}^i$ alle Zeichenreihen über $\underline{A}$ der Länge i enthält

$$\underline{A}^i = \{x : x \in \underline{A}^* \wedge \mathrm{lgth}(x) = i\}.$$

Mit Hilfe der oben gegebenen Operationen kann eine spezielle Klasse von Mengen von Zeichenreihen über einem Alphabet $\underline{A}$, die sogenannten regulären Mengen, definiert werden.

D 2.13.: Es sei $\underline{A}$ ein Alphabet. Dann sind alle regulären Mengen über $\underline{A}$ rekursiv durch die folgenden Regeln definiert:

a) Die leere Menge $\emptyset$, die Menge $\{\varepsilon\}$ und jede Menge $\{a\}$, die ein Zeichen $a \in \underline{A}$ als Element enthält, sind reguläre Mengen (Basisklausel).

b) Falls sowohl $\underline{X}$ als auch $\underline{Y}$ reguläre Mengen sind, dann sind ebenfalls $\underline{X} \cup \underline{Y}$, $\underline{X} \otimes \underline{Y}$ und $\underline{X}^*$ reguläre Mengen (Induktionsklausel).

c) Andere reguläre Mengen existieren nicht (Extremalklausel).

Ein großer Teil elementarer syntaktischer Konstruktionen von Programmiersprachen, z.B. Zahlen und Identifikatoren, können durch reguläre Mengen beschrieben werden.

2.2.2. GLEICHUNGSSYSTEME ÜBER MENGEN VON ZEICHENREIHEN

2.2.2.1. Ein Beispiel zur Einführung

Zur Einführung soll mit den gegebenen Definitionen der Operationen über Mengen von Zeichenreihen die Menge der Identifikatoren beschrieben werden. Gemäß den in höheren Programmiersprachen üblichen Festlegungen ist ein Identifikator eine Zeichenreihe über Buchstaben und Ziffern, wobei das erste Zeichen der Zeichenreihe ein Buchstabe sein muß.

Die Mengen der Buchstaben und Ziffern sind

$$\underline{B} = \{a, b, \ldots, z\} \text{ und } \underline{Z} = \{0, 1, \ldots, 9\}.$$

Also ist das Alphabet der Identifikatoren $\underline{A} = \underline{B} \cup \underline{Z}$. Folgende Untermengen der Menge der Identifikatoren können gebildet werden

$$\underline{I}_1 = \underline{B},\ \underline{I}_2 = \underline{I}_1 \otimes (\underline{B} \cup \underline{Z}), \ldots,\ \underline{I}_i = \underline{I}_{i-1} \otimes (\underline{B} \cup \underline{Z}), \ldots,$$

wobei jede Untermenge $\underline{I}_i$ alle Identifikatoren der Länge i enthält. Deshalb ist $\underline{I}_i \cap \underline{I}_j = \emptyset$ für $i \neq j$. Die Menge der Identifikatoren ergibt sich aus der Vereinigung aller Untermengen

$$\underline{I} = \bigcup_{i=1}^{\infty} \underline{I}_i. \quad \text{Wegen}$$

$$\underline{I} \otimes (\underline{B} \cup \underline{Z}) = \bigcup_{i=1}^{\infty} \underline{I}_i \otimes (\underline{B} \cup \underline{Z}) = \bigcup_{i=2}^{\infty} \underline{I}_i$$

folgt über $\underline{I} \otimes (\underline{B} \cup \underline{Z}) = \underline{I} - \underline{B}$ $\quad \underline{I} = \underline{I} \otimes (\underline{B} \cup \underline{Z}) \cup \underline{B}$.

Damit ist ein relativ einfaches System von Gleichungen über Mengen von Zeichenreihen abgeleitet worden, das die Menge aller Identifikatoren definiert.

$$\underline{I} = \underline{I} \otimes (\underline{B} \cup \underline{Z}) \cup \underline{B}$$
$$\underline{B} = \{ a, b, \ldots, z \}$$
$$\underline{Z} = \{ 0, 1, \ldots, 9 \}.$$

Die Analogie zur bekannten Backus-Naur-Form ist offensichtlich und soll in 2.2.3. noch näher betrachtet werden. Das System der Gleichungen definiert rekursiv die Menge der Identifikatoren. Die Rekursivität erkennt man daran, daß die Unbekannte I auf der linken und rechten Seite der ersten Gleichung auftritt. Die Gleichung hat die Lösung

$$\underline{I} = \underline{B} \otimes (\underline{B} \cup \underline{Z})^* \quad \text{mit } \underline{B} = \{a, b, \ldots, z\} \text{ und } \underline{Z} = \{0, 1, \ldots, 9\}.$$

Die Lösung ist eine reguläre Menge. Genau wie bei Gleichungssystemen über Zahlen kann man sich durch Substitution dieser regulären Menge in die linke und rechte Seite der Gleichung überzeugen, daß die Lösung die Gleichung befriedigt.

$$\begin{aligned} \underline{B} \otimes (\underline{B} \cup \underline{Z})^* &= \underline{B} \otimes (\underline{B} \cup \underline{Z})^* \otimes (\underline{B} \cup \underline{Z}) \cup \underline{B} \\ &= \underline{B} \otimes ((\underline{B} \cup \underline{Z})^* \otimes (\underline{B} \cup \underline{Z}) \cup \{\varepsilon\}) \\ &= \underline{B} \otimes (\underline{B} \cup \underline{Z})^*. \end{aligned}$$

Satz 2.8.a: $\underline{X} = \underline{X} \otimes \underline{Y} \cup \underline{Z}$ mit $\varepsilon \notin \underline{Y}$ besitzt die einzige Lösung $\underline{X} = \underline{Z} \otimes \underline{Y}^*$.

Beweis (Satz 2.8.a):

Der Beweis wird indirekt geführt. Angenommen, es existiert eine nichtleere Menge von Zeichenreihen $\underline{W}$, so daß

$$\underline{X} = \underline{Z} \otimes \underline{Y}^* \cup \underline{W} \quad \text{mit } \underline{W} \cap (\underline{Z} \otimes \underline{Y}^*) = \emptyset$$

die Gleichung befriedigt. Dann wäre die Identität von

$$\begin{aligned} \underline{Z} \otimes \underline{Y}^* \cup \underline{W} &= (Z \otimes Y^* \cup \underline{W}) \otimes \underline{Y} \cup \underline{Z} \\ &= \underline{Z} \otimes (\underline{Y}^* \otimes \underline{Y} \cup \{\varepsilon\}) \cup \underline{W} \otimes \underline{Y} \\ &= \underline{Z} \otimes \underline{Y}^* \cup \underline{W} \otimes \underline{Y} \end{aligned}$$

zu zeigen. Da $\underline{W} \cap (\underline{Z} \otimes Y^*) = \emptyset$, ist das nur korrekt, falls $\underline{W} \subseteq \underline{W} \otimes \underline{Y}$. Das gilt aber nur entgegen der Voraussetzung für $\varepsilon \in \underline{Y}$. Folglich ist $\underline{X} = \underline{Z} \otimes \underline{Y}^*$ die einzige Lösung von $\underline{X} = \underline{X} \otimes \underline{Y} \cup \underline{Z}$ für $\varepsilon \notin \underline{Y}$.

Satz 2.8.b: $\underline{X} = \underline{X} \otimes \underline{Y} \cup \underline{Z}$ mit $\varepsilon \in \underline{Y}$ hat eine unendliche Zahl von Lösungen $\underline{X} = (\underline{W} \cup \underline{Z}) \otimes \underline{Y}^*$ für eine beliebige Menge von Zeichenreihen $\underline{W}$.

Beweis (Satz 2.8.b):

1) Zuerst wird der nachfolgende Hilfssatz bewiesen.
Hilfssatz: Für eine beliebige Menge von Zeichenreihen
$\underline{V}$ mit $\varepsilon \in \underline{V}$ gilt $\underline{V}^* \otimes \underline{V} = \underline{V}^*$.

$\underline{V}$ wird in $\underline{V} = \underline{V}' \cup \{\varepsilon\}$ zerlegt. Dadurch ergibt sich

$$\underline{V}^* \otimes \underline{V} = \underline{V}^* \otimes (\underline{V}' \cup \{\varepsilon\}) = \underline{V}^* \otimes \underline{V}' \cup \underline{V}^*.$$

Da $\underline{V}' \subseteq \underline{V}$ und somit auch $\underline{V}^* \otimes \underline{V}' \subseteq \underline{V}^*$ gilt, folgt

$\underline{V}^* \otimes \underline{V}' \cup \underline{V}^* = \underline{V}^*$ und daraus $\underline{V}^* \otimes \underline{V} = \underline{V}^*$.

2) In $\underline{X} = \underline{X} \otimes \underline{Y} \cup \underline{Z}$ wird $\underline{X} = (\underline{W} \cup \underline{Z}) \otimes \underline{Y}^*$ substituiert

$$(\underline{W} \cup \underline{Z}) \otimes \underline{Y}^* = (\underline{W} \cup \underline{Z}) \otimes \underline{Y}^* \otimes \underline{Y} \cup \underline{Z}$$
$$= \underline{Z} \otimes (\underline{Y}^* \otimes \underline{Y} \cup \{\varepsilon\}) \cup \underline{W} \otimes \underline{Y}^* \otimes \underline{Y}.$$

Mittels des Hilfssatzes erhält man

$$(\underline{W} \cup \underline{Z}) \otimes \underline{Y}^* = \underline{Z} \otimes \underline{Y}^* \cup \underline{W} \otimes \underline{Y}^* = (\underline{W} \cup \underline{Z}) \otimes \underline{Y}^*, \text{ q.e.d.}$$

Die Lösung $\underline{X} = \underline{Z} \otimes \underline{Y}^*$ wird minimaler Fixpunkt von $\underline{X} = \underline{X} \otimes \underline{Y} \cup \underline{Z}$ genannt, da $\underline{Z} \otimes \underline{Y}^* \subseteq (\underline{W} \cup \underline{Z}) \otimes \underline{Y}^*$ für jedes $\underline{W}$ gilt.

2.2.2.2. Gleichungssysteme über vollständige Verbände und ihre Lösung durch das Fixpunkttheorem

Das gegebene Beispiel zur Beschreibung der Menge der Identifikatoren durch ein Gleichungssystem kann als ein Spezialfall der allgemeinen Form

$$\begin{bmatrix} \underline{X}_1 \\ \underline{X}_2 \\ \cdot \\ \cdot \\ \cdot \\ \underline{X}_n \end{bmatrix} = \begin{bmatrix} f_1(\underline{X}_1, \underline{X}_2, \ldots, \underline{X}_n) \\ f_2(\underline{X}_1, \underline{X}_2, \ldots, \underline{X}_n) \\ \cdot \\ \cdot \\ \cdot \\ f_n(\underline{X}_1, \underline{X}_2, \ldots, \underline{X}_n) \end{bmatrix} \quad \text{mit } f_i: P^n(\underline{A}^*) \longrightarrow P(\underline{A}^*)$$

oder kurz

$$\underline{X} = F(\underline{X}) \quad \text{mit } F: P^n(\underline{A}^*) \longrightarrow P^n(\underline{A}^*)$$

aufgefaßt werden. $P^n(\underline{A}^*)$ stellt alle n-Tupel von Untermengen von Zeichenreihen über $\underline{A}$ dar. $(P^n(\underline{A}^*), \subseteq)$ ist ebenfalls ein vollständiger Verband, wenn für die Tupel eine komponentenweise Ordnung definiert wird. Es gilt also $(\underline{X}_1, \underline{X}_2, \ldots, \underline{X}_n) \subseteq (\underline{X}_1', \underline{X}_2', \ldots, \underline{X}_n')$, falls $\underline{X}_i \subseteq \underline{X}_i'$ für $\underline{X}_i, \underline{X}_i' \in P(\underline{A}^*)$ und alle $i = 1, 2, \ldots, n$.

Da F aus der Superposition der Operationen für die Vereinigung, Verkettung und Iteration über Mengen von Zeichenreihen gebildet wird, ist die Operation F ebenfalls halbstetig.

D 2.14.: Ist ($\underline{M}$,$\subseteq$) ein vollständiger Verband und F eine halbstetige Operation über $\underline{M}^n$, dann ist $\underline{m}_{Min} \in \underline{M}^n$ der <u>minimale Fixpunkt</u> von $\underline{m} = F(\underline{m})$ und $\underline{m} = (m_1, m_2, \ldots, m_n)$, $m_1, m_2, \ldots, m_n \in \underline{M}$, wenn $\underline{m}_{Min} = F(\underline{m}_{Min})$ und $\underline{m}_{Min} \subseteq \underline{m}'$ für alle Lösungen $\underline{m}' = F(\underline{m}')$.

Das nächste Theorem zeigt die Existenz und die Bestimmung des minimalen Fixpunktes.

Satz 2.9.: Es sei $\underline{m} = F(\underline{m})$ und $F: \underline{M}^n \longrightarrow \underline{M}^n$ eine halbstetige Operation, dann existiert ein minimaler Fixpunkt

$$\underline{m}_{Min} = \bigcup_{i=0}^{\infty} F^i(\underline{m}_0) \text{ mit } \underline{m}_0 = (m_0, m_0, \ldots, m_0).$$

Dabei ist m_0 das kleinste Element von $\underline{M}$, und es gilt

$$F^0(\underline{m}_0) = \underline{m}_0$$

$$F^{i+1}(\underline{m}_0) = F(F^i(\underline{m}_0)).$$

Für die Mengen von Zeichenreihen ist $\underline{M} = P(\underline{A}^*)$, und das kleinste Element von $\underline{M}$ ist die leere Menge $m_0 = \emptyset$ ($m_0 \in \underline{M}$).

<u>Beispiel:</u>

Bevor der Satz 2.9. bewiesen wird, soll die Gleichung

$$\underline{I} = \underline{I} \otimes (\underline{B} \cup \underline{Z}) \cup \underline{B},$$

die die Menge der Identifikatoren beschreibt, betrachtet werden. In diesem Fall ist $n = 1$, $\underline{M} = P((\underline{B} \cup \underline{Z})^*)$, und die Unbekannte ist $\underline{I}$ sowie

$$F(\underline{I}) = \underline{I} \otimes (\underline{B} \cup \underline{Z}) \cup \underline{B}.$$

Die Anwendung des Fixpunkttheorems (Satz 2.9.) liefert die Iterationen

$$F^0(\underline{I}_0) = \underline{I}_0 = \emptyset$$

$$F^1(\underline{I}_0) = \underline{I}_1 = F(F^0(\underline{I}_0)) = F(\emptyset) = \underline{B}$$

$$F^2(\underline{I}_0) = \underline{I}_2 = F(F^1(\underline{I}_0)) = F(\underline{B}) = \underline{B} \otimes (\underline{B} \cup \underline{Z}) \cup \underline{B}$$

.

.

.

$$F^i(\underline{I}_0) = \underline{I}_i = F(F^{i-1}(\underline{I}_0)) = \underline{B} \otimes (\underline{B} \cup \underline{Z})^{i-1} \cup \underline{B} \otimes (\underline{B} \cup \underline{Z})^{i-2} \cup \ldots \cup \underline{B} \otimes (\underline{B} \cup \underline{Z})^0.$$

Daraus folgt

$$\underline{I} = \bigcup_{i=0}^{\infty} \underline{B} \otimes (\underline{B} \cup \underline{Z})^i = \underline{B} \otimes (\underline{B} \cup \underline{Z})^*.$$

<u>Beweis (Satz 2.9.):</u>

1) Zunächst wird gezeigt, daß

$\underline{m}_{sol} = \bigcup_{i=0}^{\infty} F^i(\underline{m}_0)$ eine Lösung ist, die Supremum der monoton wachsenden Folge

$\underline{m}_0 = F^0(\underline{m}_0)$, $\underline{m}_1 = F^1(\underline{m}_0)$, $m_2 = F^2(\underline{m}_0), \ldots$

mit $F^i(\underline{m}_0) \subseteq F^{i+1}(\underline{m}_0)$ für $i = 0,1,2,\ldots$ (wegen der Halbstetigkeit) ist.
Das bedeutet

$$\underline{m}_{sol} = \underline{\sup}\{F^i(\underline{m}_0) : i \geq 0\}.$$

Um zu zeigen, daß $\underline{m}_{sol}$ eine Lösung ist, wird $\underline{m}_{sol}$ in das Gleichungssystem $\underline{m} = F(\underline{m})$ eingesetzt

$$\underline{\sup}\{F^i(\underline{m}_0) : i \geq 0\} = F(\underline{\sup}\{F^i(\underline{m}_0) : i \geq 0\}).$$

Da F halbstetig ist, folgt

$$\underline{\sup}\{F^i(\underline{m}_0) : i \geq 0\} = \underline{\sup}\{F(F^i(\underline{m}_0)) : i \geq 0\}$$

und da $F^{i+1}(\underline{m}_0) = F(F^i(\underline{m}_0))$ muß die Gleichheit von

$$\underline{\sup}\{F^i(\underline{m}_0) : i \geq 0\} = \underline{\sup}\{F^{i+1}(\underline{m}_0) : i \geq 0\}$$

nachgewiesen werden.

Wegen $F^i(\underline{m}_0) \subseteq F^{i+1}(\underline{m}_0)$ für $i = 0,1,\ldots$ folgt das direkt und bedeutet

$$\bigcup_{i=0}^{\infty} F^i(\underline{m}_0) = \bigcup_{i=1}^{\infty} F^i(\underline{m}_0).$$

2) Nun wird gezeigt, daß $\underline{m}_{Min} = \underline{m}_{sol} = \bigcup_{i=0}^{\infty} F^i(\underline{m}_0)$ minimaler Fixpunkt ist.

Angenommen $\underline{m}'_{sol}$ ist eine Lösung, dann gilt $\underline{m}_0 \subseteq \underline{m}'_{sol}$ und wegen der Monotonie von F auch $F(\underline{m}_0) \subseteq F(\underline{m}'_{sol}) = \underline{m}'_{sol}$, so daß durch Induktion für alle $i \geq 0$ $F^i(\underline{m}_0) \subseteq \underline{m}'_{sol}$ und schließlich $\underline{m}_{sol} \subseteq \underline{m}'_{sol}$ folgt. Damit ist $\underline{m}_{sol} = \underline{m}_{Min}$.

<u>Beispiel:</u>

Das zweite Beispiel ist ein einfaches System von Gleichungen

$$\underline{Z}_0 = \underline{B} \otimes \underline{Z}_1 \cup \underline{B} \otimes \underline{Z}_2$$
$$\underline{Z}_1 = (\underline{B} \cup \underline{Z}) \otimes \underline{Z}_1 \cup (\underline{B} \cup \underline{Z}) \otimes \underline{Z}_2$$
$$\underline{Z}_2 = \{\varepsilon\}$$

das in der Matrixform durch

$$\begin{bmatrix} \underline{Z}_0 \\ \underline{Z}_1 \\ \underline{Z}_2 \end{bmatrix} = \begin{bmatrix} \emptyset & \underline{B} & \underline{B} \\ \emptyset & \underline{B} \cup \underline{Z} & \underline{B} \cup \underline{Z} \\ \emptyset & \emptyset & \emptyset \end{bmatrix} \otimes \begin{bmatrix} \underline{Z}_0 \\ \underline{Z}_1 \\ \underline{Z}_2 \end{bmatrix} \cup \begin{bmatrix} \emptyset \\ \emptyset \\ \{\varepsilon\} \end{bmatrix}$$

dargestellt wird. Durch Anwendung des Fixpunkttheorems wird die Folge

$$\underline{X}_0 = \begin{bmatrix} \emptyset \\ \emptyset \\ \emptyset \end{bmatrix} \subseteq \underline{X}_1 = \begin{bmatrix} \emptyset \\ \emptyset \\ \{\varepsilon\} \end{bmatrix} \subseteq \underline{X}_2 = \begin{bmatrix} \underline{B} \\ \underline{B} \cup \underline{Z} \\ \{\varepsilon\} \end{bmatrix} \subseteq \ldots \subseteq \underline{X}_i = \begin{bmatrix} \bigcup_{j=0}^{i-2} \underline{B} \otimes (\underline{B} \cup \underline{Z})^j \\ \bigcup_{j=1}^{i-1} (\underline{B} \cup \underline{Z})^j \\ \{\varepsilon\} \end{bmatrix}$$

berechnet, so daß sich

$$\underline{X}_{Min} = \begin{bmatrix} \underline{Z}_0 \\ \underline{Z}_1 \\ \underline{Z}_2 \end{bmatrix} = \bigcup_{i=0}^{\infty} \underline{X}_i = \begin{bmatrix} \underline{B} \otimes (\underline{B} \cup \underline{Z})^* \\ (\underline{B} \cup \underline{Z}) \otimes (\underline{B} \cup \underline{Z})^* \\ \{\varepsilon\} \end{bmatrix}$$

ergibt. Überraschend erkennt man, daß die Lösung für $\underline{Z}_0 = \underline{B} \otimes (\underline{B} \cup \underline{Z})^*$ die bekannte Menge von Identifikatoren bildet wie im 1. Beispiel.

2.2.2.3. Lineare Mengengleichungssysteme und ihre Lösung durch die Eliminationsmethode

Die Gleichungen

$$\underline{X} = \underline{A} \otimes \underline{X} \cup \underline{B} \quad \text{bzw.} \quad \underline{X} = \underline{X} \otimes \underline{A} \cup \underline{B}$$

haben die Lösungen

$$\underline{X} = \underline{A}^* \otimes \underline{B} \quad \text{bzw.} \quad \underline{X} = \underline{B} \otimes \underline{A}^*.$$

Dieser Fakt kann genutzt werden, um allgemeinere Systeme von Gleichungen, die in der Matrixdarstellung gegeben sind,

$$(\underline{X}) = (\underline{X})^T \otimes (\underline{A}) \cup (\underline{B}) \qquad \text{(links-linearer Typ)}$$
$$(\underline{X}) = (\underline{A}) \otimes (\underline{X}) \cup (\underline{B}) \qquad \text{(rechts-linearer Typ)}$$

durch Elimination der Unbekannten zu lösen. $(\underline{A})$ bezeichnet eine (n,n)-Matrix und $(\underline{B})$ einen n-Vektor von Koeffizienten, die Mengen von Zeichenreihen beschreiben, während $(\underline{X})$ ein Vektor von Unbekannten und $(\underline{X})^T$ die Transponierte dieses Vektors ist.

Bemerkung:

Die Elimination von $\underline{X}_i$ in der i-ten Gleichung des rechts-linearen Systems

$$\underline{X}_i = \underline{A}_{i1} \otimes \underline{X}_1 \cup \ldots \cup \underline{A}_{ii} \otimes \underline{X}_i \cup \ldots \cup \underline{A}_{in} \otimes \underline{X}_n \cup \underline{B}_i$$

liefert folglich

$$\underline{X}_i = \underline{A}_{ii}^* \otimes (\underbrace{\underline{A}_{i1} \otimes \underline{X}_1 \cup \underline{A}_{i2} \otimes \underline{X}_2 \cup \ldots \cup \underline{A}_{in} \otimes \underline{X}_n \cup \underline{B}_i}_{\text{ohne den Term } \underline{A}_{ii} \otimes \underline{X}_i}).$$

Die Eliminationsmethode erinnert an die Lösung linearer algebraischer Gleichungen mit Hilfe des Gauß'schen Algorithmus. Die Lösungen dieser linearen Gleichungen können durch die Koeffizienten von $(\underline{A})$ und $(\underline{B})$ und die Operationen Vereinigung, Verkettung und Iteration beschrieben werden. Falls die Koeefizienten reguläre Mengen sind, bedeutet das, daß die Lösungen der linearen Gleichungen ebenfalls reguläre Mengen sind.

Beispiel:

Zuvor wurde das Gleichungssystem zum zweiten Beispiel durch Iteration gelöst. Nun soll das gleiche System mit Hilfe der Eliminationsmethode gelöst werden. Für

$$\underline{Z}_0 = \underline{B} \otimes \underline{Z}_1 \cup \underline{B} \otimes \underline{Z}_2$$
$$\underline{Z}_1 = (\underline{B} \cup \underline{Z}) \otimes \underline{Z}_1 \cup (\underline{B} \cup \underline{Z}) \otimes \underline{Z}_2$$
$$\underline{Z}_2 = \{\varepsilon\}$$

erhält man

$$\underline{Z}_2 = \{\varepsilon\}$$
$$\underline{Z}_1 = (\underline{B} \cup \underline{Z})^* \otimes (\underline{B} \cup \underline{Z}) \otimes \underline{Z}_2$$
$$\underline{Z}_1 = (\underline{B} \cup \underline{Z})^* \otimes (\underline{B} \cup \underline{Z})$$
$$\underline{Z}_0 = \underline{B} \otimes (\underline{B} \cup \underline{Z})^*.$$

Bis jetzt wurden die links- bzw. rechts-linearen Formen nur separat betrachtet. Eine Gleichung des sogenannten links-rechts-linearen Typs

$$\underline{X} = \underline{A} \otimes \underline{X} \cup \underline{X} \otimes \underline{B} \cup \underline{C},$$

wo $\underline{X}$ die Unbekannte ist, ist etwas komplizierter und kann nicht einfach durch Elimination gelöst werden. Aber durch das Fixpunkttheorem erhält man die Minimallösung

$$\underline{X} = \underline{A}^* \otimes \underline{C} \otimes \underline{B}^*.$$

Das zu zeigen, sei der Übung überlassen. Natürlich kann dieser Spezialfall genutzt werden, um lineare Gleichungssysteme zu lösen, die Gleichungen des links-rechts-linearen Typs enthalten.

Bemerkung:

Eine Gleichung der Form

$$\underline{X} = \underline{A} \otimes \underline{X} \otimes \underline{B} \cup \underline{C}$$

wird als Gleichung des zentral-rekursiven Typs bezeichnet. Das Fixpunkttheorem liefert die Lösung

$$\underline{X}_{Min} = \bigcup_{i=0}^{\infty} (\underline{A}^i \otimes \underline{C} \otimes \underline{B}^i).$$

Die Lösung sagt aus, daß $\underline{C}$ durch ein ausbalanciertes Niveau von Folgen aus $\underline{A}$ und $\underline{B}$ umgeben (eingeklammert) ist. Bemerkenswert ist die Relation zwischen den Lösungen des links-rechts-linearen und des zentral-rekursiven Typs

$$\underline{A}^* \otimes \underline{C} \otimes \underline{B}^* \supseteq \bigcup_{i=0}^{\infty} (\underline{A}^i \otimes \underline{C} \otimes \underline{B}^i).$$

Zusammenfassend kann festgestellt werden, daß die besprochenen Systeme von Gleichungen über Mengen von Zeichenreihen in Verbindung mit dem Fixpunkttheorem es erlauben, eine spezielle Klasse von Mengen von Zeichenreihen als mathematische Objekte zu definieren, unabhängig davon, ob diese Objekte explizite angegeben werden können oder nicht. Diese Klasse von Mengen von Zeichenreihen sind die sogenannten kontextfreien Sprachen. Sie enthalten die regulären Sprachen als Untermenge.

2.2.2.4. Syntaxdiagramme kontextfreier Sprachen - grafische Darstellung der Mengengleichungssysteme

Aus den zur Beschreibung kontextfreier Sprachen genutzten Gleichungssystemen $\underline{X} = F(\underline{X})$ können Syntaxdiagramme abgeleitet werden. Ihre grafische Darstellung ist übersichtlich, so daß sie oft zur Veranschaulichung kontextfreier Sprachen angewandt wird. Für jede metasprachliche Variable $\underline{X}_i = f_i(\underline{X}_1, \underline{X}_2, \ldots, \underline{X}_n)$ des Gleichungssystem wird ein Syntaxdiagramm mit der Bezeichnung $\underline{X}_i$ aufgebaut. Da f_i durch Superpositionen der Operationen Vereinigung, Verkettung und Iteration über den elementaren Ausdrücken $\emptyset$, $\{\varepsilon\}$ und $\{a\}$ mit $a \in \underline{A}$ ($\underline{A}$ - terminales Alphabet, über dem die kontextfreie Sprache definiert wird) sowie den $\underline{X}_i$ gebildet ist, bietet es sich an, die Konstruktion des Syntaxdiagramms in Analogie dazu vorzunehmen.

D 2.15.: Sei $\underline{X} = F(\underline{X})$ ein Gleichungssystem, das eine kontextfreie Sprache über dem Alphabet $\underline{A}$ definiert. Dann heißt das Quintupel

$SD(\underline{X}_i) = (\underline{V}_i, \underline{K}_i, f_i, k_{oi}, k_{ei})$, $1 \leq i \leq n$

<u>Syntaxdiagramm</u> der Menge $\underline{X}_i$ von Zeichenreihen über $\underline{A}$, wenn gilt:

- $\underline{V}_i \subseteq \underline{A} \cup \{\varepsilon\} \cup \{\underline{X}_1, \underline{X}_2, \ldots, \underline{X}_n\}$ ist eine Menge von Symbolen des Vokabulars;
- $\underline{K}_i$ ist die Knotenmenge des Syntaxdiagramms;
- $k_{oi} \in \underline{K}_i$ ist der Anfangsknoten und $k_{ei} \in \underline{K}_i$ der Endeknoten des Syntaxdiagramms, wobei $k_{oi} \neq k_{ei}$;
- $f_i \subseteq \underline{K}_i \times \underline{V}_i \times \underline{K}_i$ ist eine dreistellige Relation (f_i ist eine partielle, nicht eindeutige Abbildung).

<u>Bemerkungen zur Darstellung von Syntaxgraphen:</u>

- Die Knotenmenge des Syntaxdiagramms ist durch $\underline{K}_i$ gegeben. Die Knoten werden durch kleine Kreise dargestellt. Der Anfangsknoten k_{oi} wird durch einen kleinen Kreis mit einlaufendem Pfeil gekennzeichnet. Der Endeknoten k_{ei} wird durch einen doppelten Kreis dargestellt.
- Die Zweigmenge des Syntaxdiagramms ist durch die Relation f_i gegeben. Zwischen zwei Knoten $k, k' \in \underline{K}_i$ existiert genau dann ein Zweig (k, k'), wenn $(k, v, k') \in f_i$ mit $v \in \underline{V}_i$ existiert. Der Zweig (k, k') wird durch v bewertet. Entsprechend der Auffassung von f als nicht eindeutige Abbildung wird auch $k' \in f_i(k, v)$ geschrieben. Die Zweige eines Syntaxdiagramms sind mit der leeren Zeichenreihe ε, mit einem Alphabetzeichen $a \in \underline{A}$ oder mit einer Variablen $\underline{X}_i$ bewertet.

Bisher wurde erklärt, welche Eigenschaften ein Quintupel besitzen muß, damit es als Syntaxdiagramm interpretiert werden kann. Weiterhin wurde seine grafische Darstellung besprochen. Nun wird gezeigt, wie ein Syntaxdiagramm aus einer gegebenen Gleichung konstruiert wird. Zunächst werden die elementaren Ausdrücke betrachtet, für die die folgende Tabelle die zugehörigen Graphen angibt.

Ausdruck	Syntaxdiagramm	Darstellung
$\emptyset$	$(\emptyset, \{k_o, k_e\}, \emptyset, k_o, k_e)$	
$\{\varepsilon\}$	$(\{\varepsilon\}, \{k_o, k_e\}, \{(k_o, \varepsilon, k_e)\}, k_o, k_e)$	
$\{a\}$	$(\{a\}, \{k_o, k_e\}, \{(k_o, a, k_e)\}, k_o, k_e)$	
$\underline{X}_i$	$(\{\underline{X}_i\}, \{k_o, k_e\}, \{(k_o, \underline{X}_i, k_e)\}, k_o, k_e)$	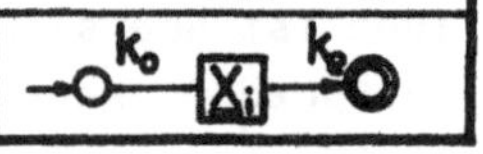

Abb. 2.1: Syntaxdiagramme der elementaren Ausdrücke

Es sei nun angenommen, daß $\underline{X}$ und $\underline{Y}$ Ausdrücke sind, die Mengen von Zeichenreihen beschreiben und durch Syntaxdiagramme dargestellt werden. Als Operationen über diese Ausdrücke sind nur die Vereinigung ($\underline{X} \cup \underline{Y}$), die Verkettung ($\underline{X} \otimes \underline{Y}$) und Iteration ($\underline{X}$*) zulässig. Damit entstehen aus den Syntaxdiagrammen für $\underline{X}$ und $\underline{Y}$

$SD(\underline{X}) = (\underline{V}_x, \underline{K}_x, f_x, k_{ox}, k_{ex})$ und
$SD(\underline{Y}) = (\underline{V}_y, \underline{K}_y, f_y, k_{oy}, k_{ey})$

neue Syntaxdiagramme, wie nachfolgend in der Übersicht gezeigt wird.

Ausdruck	Bedingung	resultierendes Syntaxdiagramm	Darstellung
$\underline{X} \cup \underline{Y}$	$\underline{K}_x \cap \underline{K}_y = \{k_o, k_e\}$ $k_o = k_{ox} = k_{oy}$ $k_e = k_{ex} = k_{ey}$	$(\underline{V}_x \cup \underline{V}_y, \underline{K}_x \cup \underline{K}_y, f_x \cup f_y, k_o, k_e)$	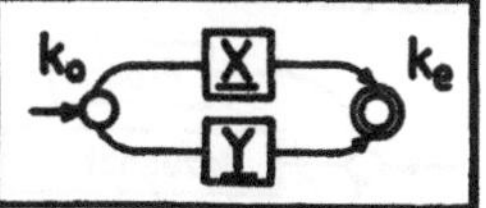
$\underline{X} \otimes \underline{Y}$	$\underline{K}_x \cap \underline{K}_y = \{k_{ex}\} = \{k_{oy}\}$	$(\underline{V}_x \cup \underline{V}_y, \underline{K}_x \cup \underline{K}_y, f_x \cup f_y, k_{ox}, k_{ey})$	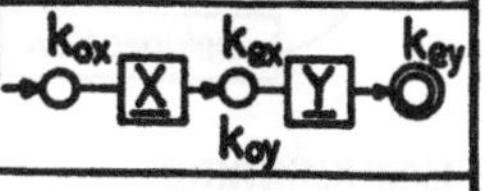
$\underline{X}^*$	$\underline{K}_x \cap \{k_o, k_e\} = \emptyset$	$(\underline{V}_x \cup \{\varepsilon\}, \underline{K}_x \cup \{k_o, k_e\}, f, k_o, k_e)$ mit $f = f_x \cup \{(k_o, \varepsilon, k_{ox}), (k_{ex}, \varepsilon, k_{ox}), (k_{ox}, \varepsilon, k_e)\}$	

Abb. 2.2: Zur Vereinigung, Verkettung und Iteration von Syntaxdiagrammen

Bemerkung:

Die in der Abb. 2.2 formulierten Bedingungen stellen keine Beschränkung der Allgemeingültigkeit dar. Sie sind stets durch Umbenennung von Knoten erfüllbar.

Beispiel:

Programmiersprachen wie ALGOL 60, ALGOL 68, PL/1 sind blockorientiert, d.h., die Programme dieser Sprachen sind hierarchisch in Blöcke gegliedert. Die Identifizierungsbeziehungen in blockorientierten Sprachen lassen sich vereinfacht mit einer Sprache darstellen, die durch folgendes Gleichungssystem beschrieben wird (vgl. auch 9.3.):

$\underline{\text{Block}} = \{\underline{\text{begin}}\} \otimes \underline{\text{Körper}} \otimes \{\underline{\text{end}}\}$
$\underline{\text{Körper}} = (\underline{\text{Block}} \cup \underline{\text{Deklaration}} \cup \underline{\text{Bezugnahme}}) \otimes (\{;\} \otimes \underline{\text{Körper}} \cup \{\varepsilon\})$
$\underline{\text{Bezugnahme}} = \{\underline{\text{bez}}\} \otimes \underline{\text{Liste}}$
$\underline{\text{Deklaration}} = \{\underline{\text{dec}}\} \otimes \underline{\text{Liste}}$
$\underline{\text{Liste}} = \{\underline{\text{id}}\} \otimes (\{,\} \otimes \{\underline{\text{id}}\})^*$

Das terminale Alphabet enthält folgende Elemente:

- <u>begin</u> <u>end</u> paarweise im Quellprogramm auftretende Blockbegrenzer (Klammerstruktur);
- <u>dec</u> Deklaration der in der Liste aufgeführten Objekte;
- <u>bez</u> Verwendung (Bezug) der in der Liste aufgeführten Objekte;
- <u>id</u> Bezeichner der Objekte;

Trennzeichen.

Block, Körper, Deklaration, Bezugnahme und Liste sind die (metalinguistischen) Variablen des Gleichungssystems.

Mit der gegebenen Vorschrift können für das Gleichungssystem folgende Syntaxdiagramme konstruiert werden:

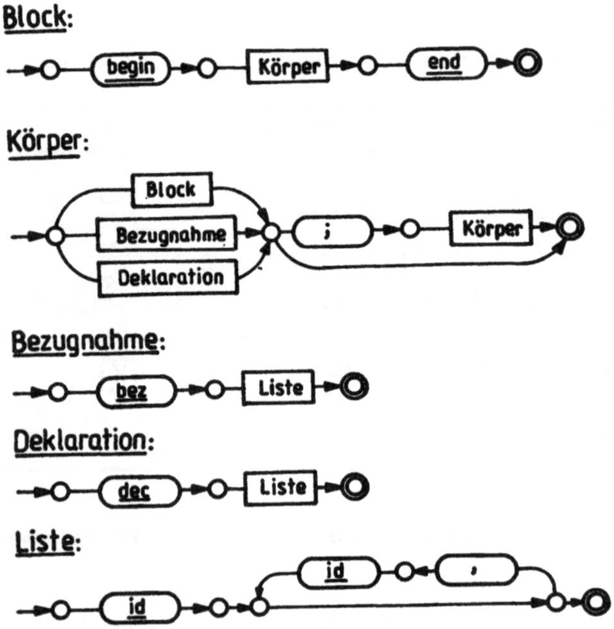

Abb. 2.3: Syntaxdiagramme für die Beispielsprache zur Beschreibung der Identifizierungsbeziehungen in blockorientierten Sprachen

Bemerkung:

Die Analogie zwischen den Syntaxdiagrammen und abstrakten Automaten (vgl. 6.3. bis 6.6. und 7.1.) ist auffällig. Ohne Beweis sei hier vermerkt, daß die Syntaxdiagramme ein rekursives System endlicher Automaten darstellen.

Entsprechend dieser Analogie können auch Syntaxdiagramme Transformationen unterworfen werden, die für endliche Automaten anwendbar sind (vgl. 6.3. bis 6.6.), z.B.:

- Elimination von ε-bewerteten Zweigen,
- Substitution von Zweigen, die mit Variablen bewertet sind, durch das entsprechende Diagramm,
- Konstruktion eines Diagramms, wo aus keinem Knoten 2 gleichbewertete Zweige auslaufen (analog zu deterministischen Automaten),
- Minimierung eines Diagramms.

Weiterhin können Diagramme, die links- oder rechts-rekursive Gleichungen darstellen (z.B. $\underline{X}_i = \underline{A} \otimes \underline{X}_i \cup \underline{B}$), entsprechend der iterativen Lösung dieser Gleichungen (z.B. $\underline{X}_i = \underline{A}^* \otimes \underline{B}$) umgeformt werden. Ein solcher Fall liegt im gegebenen Beispiel für Körper vor. Das Ergebnis der Umformung entsprechend der iterativen Lösung

$$\underline{\text{Körper}} = ((\underline{\text{Block}} \cup \underline{\text{Deklaration}} \cup \underline{\text{Bezugnahme}}) \otimes \{;\})^* \otimes (\underline{\text{Block}} \cup \underline{\text{Deklaration}} \cup \underline{\text{Bezugnahme}})$$

zeigt die folgende Abbildung, wobei zur übersichtlichen Darstellung auch alle ε-bewerteten Zweige beseitigt wurden.

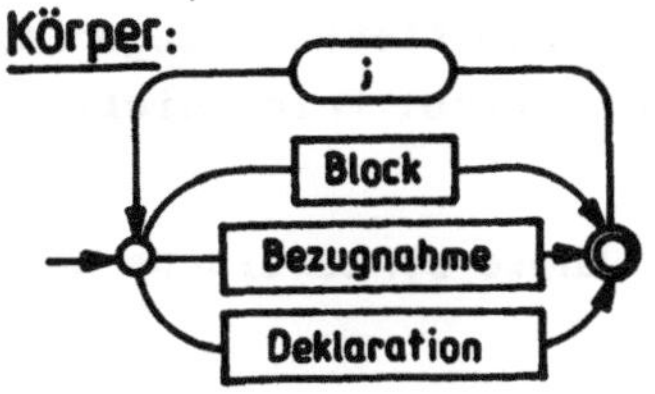

Abb. 2.4: Vereinfachtes Syntaxdiagramm für Körper

Die angeführten Transformationen gestatten es, eine Menge von Syntaxdiagrammen so weit zu vereinfachen, daß neben dem Diagramm für die gesamte Sprache nur noch Diagramme existieren, die zentralrekursive Gleichungen darstellen. Enthält die angegebene Sprachdefinition keine Zentralrekursion, so führen die Umformungen zu einem Diagramm, dessen Zweige nur mit Symbolen des Alphabets bewertet sind. Falls ein solches Syntaxdiagramm auch keine ε-bewerteten Zweige enthält, so ist es identisch mit dem Zustandsgraphen der (regulären) Sprache (vgl. 6.). Die als Beispiel genutzte Sprache kann durch ein einziges, allerdings zentralrekursives Syntaxdiagramm dargestellt werden. Ein ε-bewerteter Zweig ist dabei nicht beseitigt, da sonst 2 neue Zweige entstehen oder das Diagramm nichtdeterministisch wird.

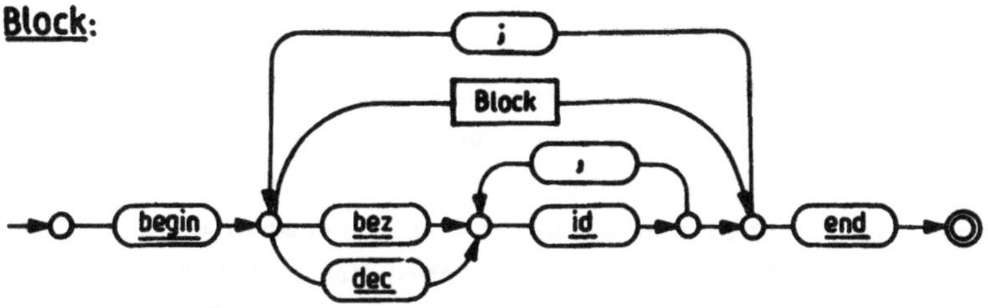

Abb. 2.5: Vereinfachtes Syntaxdiagramm für Block

2.2.3. BEZIEHUNGEN ZUR BACKUS-NAUR-FORM

Betrachtet man nochmals das Mengengleichungssystem für die Definition der Beispielsprache zur Beschreibung der Identifizierungsbeziehungen in blockorientierten Sprachen, so ist die Beziehung zur Backus-Naur-Form offensichtlich:

<Block> :: = <u>begin</u> <Körper> <u>end</u>
<Körper> :: = <Block> | <Deklaration> | <Bezugnahme> |
[<Block> | <Deklaration> | <Bezugnahme>]$^{1:1}$; <Körper>

<Bezugnahme> :: = bez <Liste>
<Deklaration> :: = dec <Liste>
<Liste> :: = id $[, \text{id}]^{0:\infty}$

Zur Darstellung in der Backus-Naur-Form werden anstelle des Gleichheitszeichens bzw. des Vereinigungsoperators die metalinguistischen Konnektoren

:: = als Definitionzeichen und | als Oderzeichen

verwendet. Auf die explizite Darstellung des Verkettungsoperators wird verzichtet. Jede Backus-Naur-Regel definiert eine syntaktische Kategorie, die durch eine metalinguistische Variable bezeichnet wird. Prinzipiell besteht eine Regel aus den drei Bestandteilen:

- die durch eine metalinguistische Variable bezeichnete syntaktische Kategorie links vom Definitionszeichen,
- das metalinguistische Definitionszeichen ::=,
- die rechts vom Definitionszeichen stehende syntaktische Formel.

Die metalinguistische Variable wird durch die rechts vom Definitionszeichen stehende Formel erklärt. In der Darstellung einer Regel ist die Unterscheidung der metalinguistischen Variablen von den terminalen Zeichen wesentlich. Deshalb werden die metalinguistischen Variablen besonders gekennzeichnet, z.B. durch Einschluß in ein Paar spitzwinkliger Klammern. Eine metalinguistische Variable ist ein (abstrakter) Begriff, der bei der Sprachdefinition so gewählt werden sollte, daß er auf die

- Bedeutung der bezeichneten syntaktischen Kategorie (z.B. ganzzahlige Konstante, Marke),
- syntaktische Struktur (z.B. Liste, Vereinbarungsteil),
- die Verwendung (z.B. obere Grenze, Laufvariable)

hinweist.

Die syntaktische Formel besteht aus einer oder mehreren Alternativen. Mehrere Alternativen in einer Formel werden durch das Oderzeichen | getrennt. Eine Alternative ist eine Zeichenreihe aus metalinguistischen Variablen und terminalen Zeichen des Alphabets. Die terminalen Zeichen repräsentieren sich selbst. Die metalinguistischen Variablen bezeichnen in einer Alternative die durch sie in einer Regel definierten Zeichenreihen.

Beispiele:

<Additionsoperator> :: = +
<einfache Variable> :: = <Identifikator>
<Identifikator> :: = <Buchstabe> | <Identifikator> <Buchstabe> |
<Identifikator> <Ziffer>

Die Backus-Naur-Regel zur Definition eines Identifikators (vgl. auch 2.2.2.1.) ist offensichtlich rekursiv. Die Rekursionstiefe ist in dieser Backus-Naur-Regel nicht begrenzt. Eine Einschränkung z.B. der Anzahl der Buchstaben und Ziffern eines Identifikators kann mit den bisher beschriebenen Ausdrucksmitteln nicht ohne weiteres erfolgen.

In der erweiterten Backus-Naur-Form wird deshalb die Potenz einer Zeichenreihe als Darstellungsmittel aufgenommen:

$[\ldots]^{n:m}$

Das Klammerpaar [ ] umschließt die mindestens n-mal, maximal m-mal aneinander zu kettende syntaktische Konstruktion. Für

$[\ldots]^{n:n}$	kann auch	$[\ldots]^{n}$	bzw. für
$[\ldots]^{0:\infty}$		$[\ldots]^{*}$	und für
$[\ldots]^{1:\infty}$		$[\ldots]^{+}$	sowie für
$[\ldots]^{0:1}$		$[\ldots]$	

notiert werden.

Beispiele:

<Marke> ::= [<Ziffer>] $^{1:5}$

<Marke> ::= <Ziffer> [<Ziffer>] $^{0:4}$

<natürliche Zahl> ::= [<Ziffer>] $^{+}$

<Identifikator> ::= <Buchstabe> [<Buchstabe> | <Ziffer>] $^{0:\infty}$

<Identifikator> ::= <Buchstabe> [<Buchstabe> | <Ziffer>] *

<Liste> ::= <Listenelement> [, <Listenelement>] *

Bemerkung:

Oftmals werden in der erweiterten Backus-Naur-Form Alternativen durch die Auswahlklammerpaare {...} eingeschlossen untereinander notiert:

<Identifikator> ::= <Buchstabe> $\left\{ \begin{matrix} \text{<Buchstabe>} \\ \text{<Ziffer>} \end{matrix} \right\}^{*}$.

2.3. SPRACHE UND PROGRAMMIERSPRACHE - SYNTAX, SEMANTIK UND PRAGMATIK

Programmiersprachen sind künstliche, bedeutungstragende Sprachen. In der mathematischen Linguistik versteht man unter einer (formalen) Sprache eine Menge von Zeichenreihen (Sätze der Sprache - Programme) über einer definierten Menge von Zeichen (Alphabet). Das Alphabet, über dem die Sätze der Sprache gebildet werden, wird auch Menge der sprachbildenden Zeichen genannt.

D 2.15.: Eine (formale) Sprache $\underline{L}$ über dem Alphabet $\underline{A}$ ist eine Untermenge $\underline{L} \subseteq \underline{A}^*$ der Menge der Zeichenreihen über $\underline{A}$. $1 \in \underline{L}$ heißt Satz der formalen Sprache.

Aus dieser Definition versteht sich die Feststellung (vgl. 2.1.1.), daß die Potenzmenge $P(\underline{A}^*)$ die Menge aller formalen Sprachen über $\underline{A}$ ist. Bemerkenswert ist weiterhin, daß D 2.15. den Sätzen der Sprache keine Bedeutung zuweist. Es wird von der Bedeutung der Sätze abstrahiert. Der Leser hat bereits zwei Methoden kennengelernt, um Mengen von Zeichenreihen, d.h., Sprachen zu definieren: Gleichungssysteme über Zeichenreihen und die Backus-Naur-Form. Neben der Festlegung der Menge der Zeichenreihen, die die Sprache bilden, gehört auch die Zuordnung einer Bedeutung zu jedem Satz der Sprache zur Definition einer Programmiersprache. Die Definition besteht somit aus drei Teilen:

1) Die Menge der Zeichen (Alphabet $\underline{A}$) muß in geeigneter Weise festgelegt sein, um die Sätze der Sprache darzustellen.
2) Es muß die Menge aller erlaubten Zeichenreihen über dem Alphabet (Sätze, Programme), die die Sprache bilden, mit Hilfe von Regeln (Syntax) definiert sein.
3) Jedem Satz der Sprache wird eine Bedeutung (Semantik) zugeordnet.

Mit Hilfe der Syntax (Satzlehre) kann untersucht werden, ob eine gegebene Zeichenreihe x über einem Alphabet $\underline{A}$ zur Sprache gehört oder nicht

$$\forall x \left[x \in \underline{A}^* \longrightarrow x \in \underline{L} \vee x \notin \underline{L} \right].$$

Aus den Erfahrungen der Arbeit mit dem Rechner weiß man, daß es nicht ausreichend ist, nur zu erfahren, ob das Programm richtig oder falsch ist. Im Falle eines Programmfehlers muß der Fehler auf Grund von Strukturuntersuchungen genauer lokalisiert werden. Die geeignete Strukturierung der Programme durch die Syntax spielt dabei eine bedeutende Rolle. Die syntaktische Abbildung oder Syntax

$f_{syntax} : \underline{L} \longrightarrow \underline{S}$ $\quad$ $\underline{S}$ - Menge der syntaktisch strukturierten Sätze (vgl. 5.)

ordnet jedem Programm seine syntaktische Struktur zu, d.h., die Syntaxregeln bestimmen die Struktur der Sätze der Sprache. Somit legt die Syntax einer Sprache unabhängig von der Bedeutung ihrer Sätze die Beziehungen zwischen den Zeichen fest. Die syntaktische Struktur eines Satzes wird weiterhin in der Sprachverständigung und -übersetzung benötigt, um auf die Bedeutung des Satzes zu schließen, da jede Informationsdarstellung an syntaktische Strukturen gebunden ist. Betrachtet man den folgenden (mehrdeutigen) Satz als Beispiel der natürlichen Sprache

"die Köche schneiden drei Tage alte Semmeln",

so ist ohne Kenntnis der syntaktischen Struktur des Satzes nicht zu entscheiden, ob die Semmeln drei Tage alt sind oder ob die Köche den Auftrag erhielten, drei Tage lang Semmeln zu schneiden. Dieses Beispiel wird im Abschnitt 5.3. nochmals im Detail behandelt. Wie wichtig die Erkennung der syntaktischen Struktur eines Satzes ist, verdeutlicht das folgende Beispiel. Ein Malerlehrling hatte von seinem Meister den Auftrag erhalten, ein Firmenschild anzufertigen. Nach Fertigstellung der Arbeit mußte sich der Lehrling die Kritik "die Abstände zwischen Handwerk und und und und und Gewerbe sind verschieden groß" anhören. Nur bei genauerer Analyse des Satzes wird der Lehrling festgestellt haben, zwischen welchen geschriebenen Wörtern die Abstände ungleichmäßig sind.

Die Semantik (Bedeutungslehre) vermittelt die Bedeutung der Sätze einer Sprache ohne Beachtung des subjektiven Standpunktes des Nutzers der Programmiersprache. Die Semantik bestimmt für ein gegebenes Programm, wie seine Ausgabe $\underline{O}^*$ von der Eingabe $\underline{I}^*$ bei seiner Ausführung abhängt. Somit kann die Semantik als Abbildung von der Sprache $\underline{L}$ in Mengen von Paaren aus Eingangs- und Ausgangsdaten aufgefaßt werden, d.h., die semantische Abbildung ist ein Funktional

$$f_{semantik}: \underline{L} \longrightarrow (\underline{I}^* \longrightarrow \underline{O}^*).$$

Es soll nochmals anschaulich der Grundgedanke zur Bestimmung der Bedeutung eines Programms z.B. durch ein Übersetzerprogramm erläutert werden. Jeder syntaktisch strukturierte Teil eines Programms besitzt eine mehr oder weniger abgeschlossene (möglicherweise leere) Bedeutung. Die Bedeutung des gesamten Programms ist die Zusammensetzung (Komposition) der Bedeutungen der Programmteile zur Gesamtbedeutung gemäß der syntaktischen Struktur des Programms. Beispielsweise besteht ein Programm aus einem Vereinbarungs- und einem Anweisungsteil, der durch verschiedene Anweisungen (z.B. Wertzuweisungen, bedingte Anweisungen, Laufanweisungen) mit einer relativ separaten Bedeutung dargestellt ist. Die korrekte Folge der Bedeutungen der einzelnen Anweisungen ergibt die gesamte Bedeutung des Anweisungsteils. Natürlich können zwischen den einzelnen Bestandteilen Kontextbeziehungen bestehen.

Es wurde gezeigt: eine Sprache ist eine Menge von Zeichenreihen, die auf Grund festgelegter syntaktischer Regeln bestimmt sind und durch semantische Regeln eine Bedeutung erhalten. In weiterer Präzisierung der Begriffsbildung wird von einer Programmiersprache dann gesprochen, wenn die in der Sprache zu formulierenden Sachverhalte und Vorschriften durch Aktionen beschrieben werden, die ein Rechenautomat ausführen kann. Somit geht es bei der Programmierung und bei der Entwicklung von Programmiersprachen in der Hauptsache um die Kommunikation zwischen Mensch und Maschine. Selbstverständlich dient eine Programmiersprache auch dem Zweck, bestimmte Rechenverfahren zu dokumentieren. Sie wird damit ebenfalls zum Kommunikationsmittel von Mensch zu Mensch. Ein weiterer Aspekt der Programmiersprachen, Kommunikationsmittel von Automat zu Automat zu sein, gewinnt in Rechnernetzen zunehmend an Bedeutung.

Als wesentlicher Bestandteil der Theorie der sprachlichen Zeichen (Semiotik) ist die Pragmatik zu nennen. Die Pragmatik äußert sich über die Beziehung der Sprache zum subjektiven Nutzer. Sie macht Aussagen über die Zweckmäßigkeit syntaktischer und semantischer Festlegungen bei der Sprachdefinition. Solche Begriffe wie Lesbarkeit, Erlernbarkeit, Erkennbarkeit etc. sind der Pragmatik zuzuordnen. Hier muß noch auf ein anderes Phänomen der Definition künstlicher Sprachen hingewiesen werden. Eine Bedeutungserklärung enthält stets einen Rest von nicht weiter erklärbaren, elementaren Begriffen, die auch den pragmatischen Gehalt der Sprache bestimmen.

Es wurde ausgeführt, daß durch die syntaktischen Regeln jedem Programm eine syntaktische Struktur unterlegt wird. Durch den relativ einfachen

Aufbau der Programmiersprachen ist es zweckmäßig, kontextfreie Grammatiken als Grundlage der Syntaxdefinition zu nutzen. Das ist ausreichend, um an die syntaktische Struktur bequem die Semantik anzufügen. Weiterhin gestattet die kontextfreie Syntaxdefinition die Anwendung effektiver (Syntaxanalyse-) Verfahren zur Bestimmung der syntaktischen Struktur. Demgegenüber existieren in Programmiersprachen aber auch Festlegungen, die die Menge der zulässigen Programme einschränken und die nicht mit kontextfreien Ausdrucksmitteln dargestellt werden können. Die Konstruktionen

<u>int</u> x; <u>string</u> x   oder

<u>if</u> a+b-1 <u>then</u> <u>write</u> a <u>fi</u>

enthalten beispielsweise Verstöße gegen Kontextregeln üblicher Sprachdefinitionen. Während der Programmübersetzung prüfbare Kontextabhängigkeiten werden auch als Festlegungen der statischen Semantik bezeichnet und schränken die Menge der durch die Syntax erlaubten Sätze der Sprache weiter ein. Der Begriff statische Semantik ist folglich etwas irreführend, da durch die Kontextregeln eigentlich ein syntaktischer Aspekt erfaßt wird.

In /16/ zeigen die Autoren, daß es bei Verwendung zweistufiger Grammatiken zur Syntaxdefinition möglich ist, immer mehr Regeln der statischen Semantik in die Syntax aufzunehmen. Natürlich werden die syntaktischen Regeln damit schwerer zu überschauen sein. Es wird aber gezeigt, daß die Grenze zwischen Syntax und Semantik in einer Sprachdefinition weitgehend willkürlich festgesetzt werden kann.

Bei der Festlegung von Kontextabhängigkeiten ist es möglich, so weit zu gehen, auch unendliche Zyklen oder die Division durch Null aus der Menge der zulässigen Zeichenreihen auszuschließen. Obwohl die Konstruktion

a: = b/0

sehr einfach ausgeschlossen werden kann, ist es unklar, ob

<u>if</u> a = a <u>then</u> b: = 1 <u>else</u> b: = a/0 <u>fi</u>

zu verbieten ist (da die Division nie ausgeführt wird). Die Zulässigkeit von

<u>read</u> x; y: = 10/x

kann nur unter Berücksichtigung der Eingabedaten bestimmt werden. Die allgemein angewandte Lösung für solche Fälle ist es, diese Festlegungen generell nicht während der Übersetzung zu prüfen, sondern sie in die (dynamische) Semantik einzuordnen und bei der Abarbeitung zu kontrollieren.

<u>Übungen:</u>

1) Zeige, daß ($\underline{A}^*, \circ$) eine Halbgruppe bildet!

2) Überprüfe, ob die Paare $H_1 = (\{0,1\},+)$ bzw. $H_2 = (\{x,y,z\}, *)$ Halbgruppen bilden! Die abgeschlossenen zweistelligen Operationen sind durch die entsprechenden Tabellen definiert:

+	0	1
0	0	1
1	1	0

*	x	y	z
x	x	y	z
y	x	y	z
z	z	y	z

3) Die Komposition von zwei Funktionen

$f: \underline{A} \rightarrow \underline{B}$ und $g: \underline{B} \rightarrow \underline{C}$

sei definiert durch

$f \circ g: \underline{A} \rightarrow \underline{C}$ und für $a \in \underline{A}$ gilt $f \circ g(a) = g(f(a))$.

Zeige, daß für irgendeine Abbildung $h: \underline{C} \rightarrow \underline{D}$

$f \circ (g \circ h) = (f \circ g) \circ h$ gilt!

4)a) Es seien $x, y \in \underline{A}^*$. Zeige an Hand von D 2.3., daß

$\text{lgth}(x \circ y) = \text{lgth}(x) + \text{lgth}(y)$ sowie

$\text{lgth}(x) \leq \text{lgth}(y)$ für x Teilzeichenreihe von y gelten!

b) Forme D 2.4. in eine rekursive Definition der Zeichenreihenverkettung um, indem schrittweise einzelne Zeichen angekettet werden!

5) Sei $x \in \{a,b\}^*$. Beweise, daß

- für $xa = ax$ stets $x = a^n$ mit $n \in \underline{N}$ folgt!
- keine Zeichenreihe x mit $ax = xb$ existiert!

6) Die reziproke Zeichenreihe R(x) einer Zeichenreihe $x \in \underline{A}^*$ ist durch folgende Regeln definiert:

- $R(x) = x$ für $x = \varepsilon$;
- $R(x) = a \circ R(x_1)$ für $x = x_1 a$ mit $a \in \underline{A}$, $x_1 \in \underline{A}^*$.

Beweise die folgenden Sätze mit Hilfe der obigen Definition:

a) $R(xy) = R(y) \circ R(x)$ für $x, y \in \underline{A}^*$;

b) falls x' Teilzeichenreihe von x ist, dann ist auch R(x') Teilzeichenreihe von R(x);

c) $R(x^i) = (R(x))^i$ für irgendein x und $i \geq 0$!

7) Zwei Zeichenreihen x und y der Länge m und n sind jeweils in Vektoren von Zeichen dargestellt; d.h., es gelte [1:m] <u>char</u> a bzw. [1:n] <u>char</u> b. Gib die logische Funktionsprozedur

a) <u>proc</u> gleiche zeichenreihen = ([ ]<u>char</u> a,b, <u>int</u> m,n) <u>bool</u>:
an, die bestimmt, ob die Zeichenreihen a und b gleich sind!

b) <u>proc</u> teilzeichenreihe = ([ ]<u>char</u> a,b, <u>int</u> m,n) <u>bool</u>:
an, die bestimmt, ob die Zeichenreihe a Teilzeichenreihe von b ist! Diskutiere, warum die Definition D 2.7. keine geeignete Basis zur Formulierung eines Programms ist! Leite aus der Definition eine dazu geeignete Definition der Relation Teilzeichenreihe ab!

8) Beschreibe die folgenden Mengen von Zeichenreihen durch Potenzen von Zeichenreihen!

a) $\{x\}^* \otimes \{y\}$ b) $\{x\}^+ \otimes \{y\}$ c) $\{x\}^* \otimes \{y\}^+ \otimes \{y\}^+$

d) $\{x\}^* \otimes \{y\}^*$ e) $\{x\}^+ \otimes \{y\}^+$

9) Versuche, die folgenden Mengen von Zeichenreihen durch reguläre Mengen darzustellen:

a) $\{x^n yz : n \geq 0\}$ b) $\{(xy)^n z : n \geq 1\}$ c) $\{x^n y z^n : n \geq 1\}$!

Erkläre, warum das nicht in allen Fällen möglich ist!

10) $\underline{X}$ und $\underline{Y}$ seien Mengen von Zeichenreihen. Zeige

a) $\underline{X}^{n-1} \otimes \underline{X} = \underline{X} \otimes \underline{X}^{n-1}$ durch Induktion

b) die Monotonie von $\underline{X} \cup \underline{Y}$, $\underline{X} \otimes \underline{Y}$ und $\underline{X}^*$

c) $\underline{X}^* \otimes \underline{X}^i \subseteq \underline{X}^*$ für $i \geq 0$ durch Induktion

d) $\underline{X}^* \otimes \underline{X}^* = \underline{X}^*$

e) $(\underline{X}^*)^i = \underline{X}^*$ für $i \geq 1$ durch Induktion

f) $(\underline{X}^*)^* = \underline{X}^*$!

11) Zeige, daß jede halbstetige Operation monoton ist!

12) $\underline{X}$ und $\underline{Y}$ seien Mengen von Zeichenreihen. Zeige, daß $\underline{Y}^* = \underline{X}^*$ aus $\underline{X} \subseteq \underline{Y} \subseteq \underline{X}^*$ folgt!

13) $\underline{P}$, $\underline{Q}$ und $\underline{R}$ seien Mengen von Zeichenreihen. Es sind die folgenden Identitäten zu beweisen:

a) $(\underline{P} \otimes \underline{Q}) \otimes \underline{R} = \underline{P} \otimes (\underline{Q} \otimes \underline{R})$ (Assoziativität)

b) $\underline{P} \otimes (\underline{Q} \cup \underline{R}) = \underline{P} \otimes \underline{Q} \cup \underline{P} \otimes \underline{R}$ (Distributivität)

c) $\underline{P}^* \cup \underline{P} = \underline{P}^*$

d) $(\underline{P}^* \cup \underline{Q}^*)^* = (\underline{P} \cup \underline{Q})^*$

e) $(\underline{P}^* \otimes \underline{Q}^*)^* = (\underline{P} \cup \underline{Q})^*$

f) $\underline{P}^* = \underline{P} \otimes \underline{P}^* \cup \{\varepsilon\}$

14) Zeige, daß für
$\underline{L} = \{x\colon x \in \{0,1\}^*$ und lgth (x) ist ungerade $\}$
$\underline{L}^* = \{0,1\}^*$ folgt!

15) Eine reguläre Menge ist in disjunktiver Normalform, wenn sie die Form $(\underline{X}_1 \cup \underline{X}_2 \cup \ldots \cup \underline{X}_n)$ für $n \geq 1$ hat und $\underline{X}_1, \underline{X}_2, \ldots, \underline{X}_n$ reguläre Mengen sind, die nicht die Vereinigungsoperation $\cup'$ enthalten. Zeige, daß jede reguläre Menge durch die disjunktive Normalform dargestellt werden kann!

16) Löse die links-rechtslineare Gleichung

$\underline{X} = \underline{A} \otimes \underline{X} \cup \underline{X} \otimes \underline{B} \cup \underline{C}$

und die zentralrekursive Gleichung

$\underline{X} = \underline{A} \otimes \underline{X} \otimes \underline{B} \cup \underline{C}$,

wo $\underline{A}$, $\underline{B}$ und $\underline{C}$ beliebige Mengen von Zeichenreihen darstellen, mit Hilfe des Fixpunkttheorems!

17) Eine Gleitkommazahl ist eine Folge von Ziffern, die mindestens aus einer Ziffer besteht und die genau einen Dezimalpunkt enthält. Definiere die Menge der Gleitkommazahlen durch einen regulären Ausdruck und zeichne das entsprechende Syntaxdiagramm!

18) Das folgende Syntaxdiagramm definiert ganze und reelle Zahlen:

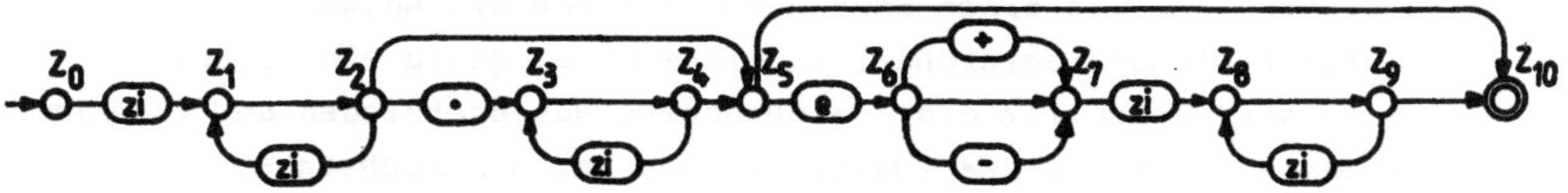

a) Gib für jeden syntaktisch unterschiedlichen Satz ein Beispiel an!

b) Komplettiere nach dem Syntaxdiagramm das Mengengleichungssystem

$\underline{z}_0 = \{zi\} \otimes \underline{z}_1$

$\underline{z}_1 = \{\varepsilon\} \otimes \underline{z}_2$

$\underline{z}_2 = \{zi\} \otimes \underline{z}_1 \cup \{.\} \otimes \underline{z}_3 \cup \{\varepsilon\} \otimes \underline{z}_5$

.

.

.

$\underline{z}_{10} = \{\varepsilon\}$!

c) Löse das Gleichungssystem für $\underline{z}_0$ und stelle die Lösung mit Hilfe der erweiterten Backus-Naur-Form dar!

d) In Erweiterung der Definition des Syntaxdiagramms sei zulässig, daß ein Syntaxdiagramm mehrere Endknoten enthalten kann. Dann ist das folgende Syntaxdiagramm zu dem oben gegebenen äquivalent.

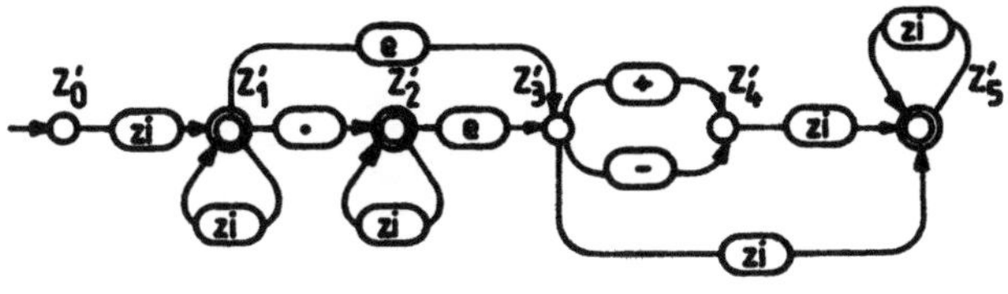

Weise die Äquivalenz nach, indem gezeigt wird, daß der reguläre Ausdruck für $\underline{z}_0'$ mit der bei c) bestimmten Lösung für $\underline{z}_0$ übereinstimmt.

Diskutiere die Beziehung beider Syntaxdiagramme durch Bestimmung von Knotenklassen. Die Knoten einer Klasse stellen dabei gleiche Mengen von Zeichenreihen dar.

19) Die Syntax der COBOL-Identifikatoren ist durch die erweiterte Backus-Naur-Regel

<COBOL-Identifikator> ::= bu $[[\,bu \mid zi \mid -\,]^*[\,bu \mid zi\,]^1]$

gegeben, wo bu für die Buchstaben und zi für die Ziffern steht.

a) Gib verschiedene Beispiele für COBOL-Identifikatoren an!

b) Forme nach der gegebenen Syntax einen regulären Ausdruck!

c) Zeichne das Syntaxdiagramm nach dem regulären Ausdruck!

20. Beschreiben die folgenden Festlegungen syntaktische, semantische oder pragmatische Aspekte einer Sprache? Motiviere die Antwort!

- Ein Identifikator bezeichnet in einem Modul genau ein Objekt.
- Ein Identifikator ist eine Zeichenreihe aus Buchstaben und Ziffern; das erste Zeichen eines Identifikators ist ein Buchstabe.
- Leerzeichen sind ohne Bedeutung.
- Identifikatoren sollten so gewählt werden, daß die Bedeutung des bezeichneten Objektes aus ihnen hervorgeht.
- Die Länge eines Identifikators beträgt höchstens 6.
- Rekursiver Gebrauch von Prozeduren ist verboten.

3. Grundlegende Struktur der Programmiersysteme

3.1. AUFGABEN UND ANFORDERUNGEN

Um die Arbeit des Menschen mit dem Computer effektiv und rationell zu gestalten, wurden die Programmiersprachen als Werkzeuge zur formalen Beschreibung endlicher Berechnungen (Algorithmen) geschaffen. Sie enthalten sowohl Elemente der natürlichen Sprache als auch Elemente künstlicher Sprachen, die in einzelnen Wissenschaftsdisziplinen zur Beschreibung von Sachverhalten üblich sind (z.B. die mathematische Formelsprache). Demgegenüber können die Rechner nur Berechnungen ausführen, die in ihrer eigenen Sprache, der Maschinensprache, beschrieben sind. Deshalb muß die Programmiersprache für den Rechner durch Implementation verständlich gemacht werden. Das Ergebnis der Implementation ist ein Programmiersystem (oder ein Sprachprozessor), das die Kluft zwischen der Programmier- und der Maschinensprache überbrückt.

Ein Programmiersystem löst folgende Aufgaben:

- Gewährleistung der Programmübersetzung und Programmabarbeitung;
- Überprüfung der Korrektheit des Programmtextes nach Syntax und Semantik während der Programmübersetzung und -ausführung;
- Gestaltung der Mensch-Maschine-Schnittstelle bezüglich Fehlermitteilung, Fehlersuche, Programmkorrektur und Arbeit des Nutzers mit dem System;
- Unterstützung des Nutzers durch Bibliotheksverwaltung (Standard- und Nutzerbibliothek, Programmierumgebung).

Der Implementierungsaufwand, gemessen am Einsatz menschlicher Arbeitskraft, ist für die Programmiersysteme der verschiedenen Programmiersprachen sehr unterschiedlich. Angaben darüber müssen mit großer Vorsicht zur Kenntnis genommen werden, da der Aufwand u.a. abhängig ist von

- dem Umfang und den Merkmalen der zu implementierenden Programmiersprache;
- den Kosten für Personal und Testrechenzeit;
- den Erfahrungen des Entwicklungskollektivs;
- der Rechnerarchitektur mit den verfügbaren Operationen, der Registerstruktur, dem verfügbaren Speicherplatz für Übersetzung und Ausführung sowie der Ausrüstung mit peripherer Gerätetechnik;
- den Anforderungen an die Implementation bezüglich Speicherplatz und und Zielkodeeffektivität, Fehlerdiagnostik und Fehlerbehandlung bei der Programmübersetzung und Programmabarbeitung;
- den Möglichkeiten der Nutzung bereits vorhandener maschinenorientierter Systemunterlagen (z.B. Ein- und Ausgaberoutinen);
- den Anforderungen an das Programmiersystem hinsichtlich von Serviceleistungen, die eine bequeme Nutzung des Systems ermöglichen.

Folgende geschätzte Orientierungswerte für den Implementierungsaufwand einiger höherer Programmiersprachen seien hierzu angegeben:

Sprache	Entwicklungsaufwand (in Mannjahren)
ALGOL 60	5- 8
ALGOL 68	10-12
FORTRAN	8-10
COBOL	15-20
PASCAL	2- 3
LISP 1.5	4- 6
CDL	1- 2
BASIC	3- 8

Hinzu kommt ein erheblicher Anteil an Kosten für Testzeiten am Rechner. Programmiersysteme wurden und werden noch überwiegend für eine bestimmte Sprache und einen bestimmten Rechner in Einzelfertigung hergestellt. Heute heben sich allerdings gewisse theoretische Grundlagen, Techniken und Bausteine sowie Technologien deutlich ab, die eine Rationalisierung und Effektivierung der Entwicklung bis hin zur automatischen Generierung von Teilen oder ganzen Programmiersystemen ermöglichen.

Welche Anforderungen müssen an die Implementierung einer Programmiersprache aus der Sicht des Nutzers gestellt werden?

Einhaltung des Sprachstandards

Für die meisten der gebräuchlichen Programmiersprachen existieren Standards bzw. definierende Berichte. Oftmals wird bei nicht standardisierten Programmiersprachen (wie auch Betriebssystemen) eine verbreitete Implementierung zum Quasistandard. Bei jeder Implementierung muß zunächst anhand der Anforderungen und konkreten Bedingungen die zu realisierende Sprachversion festgelegt werden. Dabei sollte vom Sprachstandard nur in Ausnahmefällen abgewichen werden, um die Kompatibilität verschiedener Implementierungen zu sichern. Dieser Forderung wurde und wird, wie die Praxis zeigt, leider zu wenig Beachtung geschenkt. Ein Programmiersystem sollte also eine Programmiersprache ohne unnötige Restriktionen realisieren und für den Fall, daß Abweichungen vom Standard unumgänglich sind, zumindest eine echte Untermenge der Sprache anstreben, um die Aufwärtskompatibilität zu gewährleisten.

Die Forderung der Einhaltung des Sprachstandards ist nicht leicht zu realisieren, da sich jede Sprachimplementierung widerspruchsfrei in das Gesamtkonzept des Rechners mit seiner Programmtechnik einfügen muß. Insbesondere induzieren folgende Faktoren Veränderungen gegenüber dem Sprachstandard:

- Zielorientierungen der Implementierung wie Effizienz der Übersetzung und der Zielprogramme, Einsatzmöglichkeiten des Programmiersystems usw.;

- Architektur der Zentraleinheit des Rechners (Anzahl der Register, Adressierungstechnik, Speicherstruktur und Hauptspeicherkapazität);
- periphere Geräte (Arten und Zugriffsweisen, Kapazität, Systemunterlagen für Datenorganisation und -zugriff);
- Kompatibilität zu Bibliotheksroutinen und anderen Programmiersystemen.

Eine Abstimmung zwischen Betriebssystementwicklung sowie der anderen Systemunterlagenentwicklung einschließlich Programmiersystem ist dringend erforderlich.

Korrektheit und Zuverlässigkeit

Diese Forderung beinhaltet folgende Aspekte:

- alle korrekten Quellprogramme sind korrekt zu übersetzen und abzuarbeiten;
- alle Quellprogrammtexte, die nicht der Syntax und Semantik der Programmiersprache entsprechen, sind als unkorrekt auszuweisen;
- keine (korrekten und unkorrekten) Quellprogramme dürfen zu undefinierten Aktionen während der Übersetzung bzw. Abarbeitung führen (z.B. unkontrollierter Programmabbruch).

Jeder Anwender, der bereits über Erfahrungen in der Nutzung höherer Programmiersprachen verfügt, weiß, daß Programmiersysteme selten absolut korrekt sind. Die Zahl der Fehler ist durch Anwendung allgemeingültiger Entwicklungs- und Testmethoden bereits während der Konzipierung und Realisierung des Programmiersystems akzeptabel klein zu halten und durch zielgerichtete Wartungs- und Pflegemaßnahmen während der Nutzung zu verringern. Das setzt besonders in der ersten Nutzungsphase ein enges Zusammenarbeiten zwischen den Anwendern und Entwicklern voraus.

Effektivität

Die Effektivität ist ein sehr wesentliches Kriterium zur Einschätzung eines Programmiersystems und umfaßt

- sowohl die Effektivität der Programmentwicklung mittels des Programmiersystems (die Übersetzungszeit ist mit zu berücksichtigen)
- als auch die Effektivität der Zielprogramme bezüglich Speicherbedarf und Laufzeit.

Service

Jedes gute Programmiersystem stellt neben den Möglichkeiten zur Programmübersetzung und -abarbeitung auch Hilfsmittel für den Programmentwicklungsprozeß bereit (z.B. für die Dokumentation, die Aufbereitung der Quellprogramme durch Korrektursysteme, die Programmtestung und manchmal sogar für die interaktive Programmentwicklung). Zu den einfachen, aber nützlichen Serviceleistungen gehört z.B. die Gestaltung des Quellprogrammlistings. Es ist das primäre Dokument, das den Nutzer mit dem Programmiersystem verbindet und sollte enthalten:

- eine Überschrift mit dem Compilationsdatum sowie Angaben zum benutzten

Compiler und den gewählten Optionen;

- den mit Zeilennummern in einem Standardlayout aufbereiteten Programmtext;
- Angaben über evtl. im Programmtext gefundene Fehler mit einer nutzerfreundlichen Diagnoseangabe;
- statistische Informationen wie Compilationszeit, Auslastung der vom Compiler geführten Tabellen, Anzahl der gefundenen Fehler;
- wahlweise auszugebende Crossreferenzliste für alle vom Nutzer definierten Programmobjekte mit Definitions- und Anwendungsstellen im Programmtext.

Zu den Serviceleistungen sind auch Möglichkeiten zur Einfügung von Quellprogrammteilen aus Bibliotheken in Quellprogramme und die separate Bearbeitung von Programmoduln zu zählen. Von hoher Bedeutung für den Prozeß der Programmentwicklung ist eine ausgefeilte Fehleranzeige und -diagnose sowie Möglichkeiten zur dynamischen Programmtestung (Trace). Moderne Implementierungen berücksichtigen die Programmsegmentierung bzw. die Herstellung von Überlagerungsstrukturen.

<u>Verträglichkeit</u>

Im allgemeinen stehen für einen Rechner mehrere Programmiersprachen zur Verfügung. Von großem Vorteil ist es, wenn die verschiedenen Programmiersysteme für den Anwender einheitlich zu nutzen sind. Weiterhin sollten sie erlauben, auf externe Unterprogramme zurückzugreifen, die in anderen Programmiersprachen bzw. als maschinenorientierte Unterprogramme (Kodeunterprogramme) geschrieben wurden. Damit bieten solche Programmiersysteme die bemerkenswerte Möglichkeit, besondere Vorzüge der einzelnen Programmiersprachen für bestimmte Anwendungsfälle zu vereinigen; z.B. ist die Kombination von FORTRAN und COBOL sehr leistungsfähig.

3.2. COMPILATION UND INTERPRETATION

Es gibt zwei grundsätzliche Wege, eine Programmiersprache auf einem Rechner verfügbar zu machen: die Compilation und die Interpretation. Compilation bedeutet allgemein Programmübersetzung; das gesamte Quellprogramm wird vor seiner Abarbeitung in eine äquivalente Maschinensprachversion übersetzt.

Bei der Interpretation sind Programmübersetzung und -abarbeitung unmittelbar miteinander verbunden: entsprechend der dynamischen Programmabarbeitung wird ein zusammenhängendes Quelltextstück (z.B. eine Anweisung) übersetzt und sofort ausgeführt. Ein geschlossenes Zielprogramm wird nicht erzeugt.

3.2.1. PROGRAMMÜBERSETZUNG

Die Programmübersetzung ist eine Abbildung Ü von der Menge aller <u>Quellprogramme</u> der <u>Quellsprache</u> $\underline{L}_1$ in die Menge aller <u>Zielprogramme</u> der <u>Zielsprache</u> $\underline{L}_n$. Ein Übersetzerprogramm kann damit durch das Modell

$\ddot{U} = \ddot{U}(\underline{L}_1, \underline{L}_n, \ddot{u})$ mit $\ddot{u}: \underline{L}_1 \rightarrow \underline{L}_n$

charakterisiert werden. Dabei muß die Übersetzung des Quellprogramms $l_1 \in \underline{L}_1$ ein semantisch äquivalentes Zielprogramm $l_n = \ddot{u}(l_1) \in \underline{L}_n$ liefern. Die semantische Äquivalenz zwischen Quell- und Zielprogramm bedeutet, daß die Abarbeitung des Quellprogramms für alle Eingabewerte die gleichen Resultate wie die Abarbeitung des Zielprogramms liefert; d.h., daß Quellprogramm und Zielprogramm den gleichen Algorithmus realisieren.

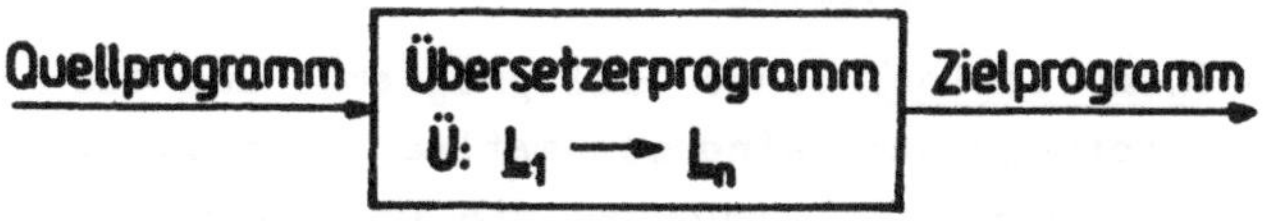

Abb. 3.1: Programmübersetzung

Das Übersetzerprogramm, das in einer Implementationssprache $\underline{L}_i$ geschrieben ist, akzeptiert als Eingabe ein in der Quellsprache $\underline{L}_1$ geschriebenes Programm l_1 und erzeugt als Ausgabe ein semantisch äquivalentes Programm $l_n \in \underline{L}_n$ in der Zielsprache. Der Entwickler eines Übersetzerprogramms ist folglich mit 3 Sprachen befaßt:

- der zu implementierenden Quellsprache,
- der Zielsprache, in die die Quellprogramme zu übersetzen sind,
- der Implementationssprache, die als Werkzeug des Entwicklers dient.

Dieser Fakt wird sehr anschaulich durch das von Mc Keeman eingeführte T-Diagramm (Abb. 3.2) zum Ausdruck gebracht.

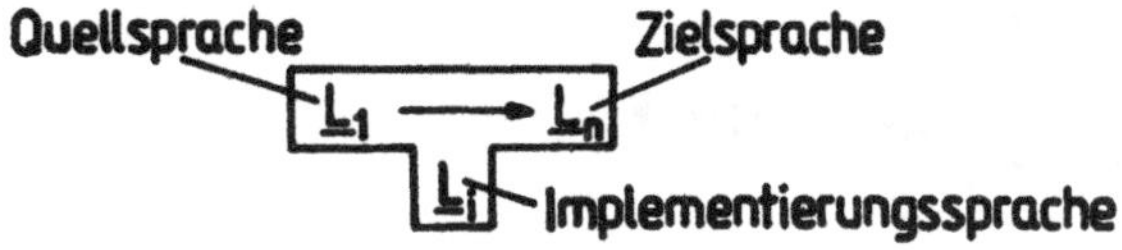

Abb. 3.2: T-Diagramm

Da die Programmübersetzung unabhängig von der Programmabarbeitung erfolgt, muß strikt zwischen Übersetzungszeit und Abarbeitungszeit unterschieden werden. Weiterhin ist charakteristisch, daß das Quellprogramm in der physischen Reihenfolge seiner Instruktionen übersetzt wird. Das Zielprogramm kann beliebig oft zu irgendeiner Zeit abgearbeitet werden.

Als Compiler werden Übersetzerprogramme bezeichnet, deren Quellsprache eine höhere Programmiersprache und deren Zielsprache (meist) eine maschinenorientierte Programmiersprache (Assemblersprache, Objekt- oder Maschinenkode) ist. Falls die Zielsprache eine Assemblersprache ist, wird bei der Programmübersetzung zusätzlich zum Compiler ein Assembler benötigt, der natürlich in den Compiler integriert sein kann.

Precompiler (Vorübersetzer) haben sich insbesondere bei der effektiven Realisierung von Fachsprachen bewährt. Sie übersetzen im allgemeinen von einer problemorientierten Programmiersprache (insbesondere von Fachsprachen) in eine höhere Programmiersprache. Z.B. existieren Precompiler für

Sprachen der Entscheidungstabellentechnik, die in eine höhere Programmiersprache (oft FORTRAN) transformieren.

Das Übersetzerprogramm für maschinenorientierte Sprachen wird als Assembler bezeichnet: die Quellsprache ist maschinenorientiert; als Zielsprache tritt der Objekt- oder der Maschinenkode auf. Die Quellsprache und die Zielsprache sind hinreichend ähnlich. Meist entspricht eine Anweisung der Quellsprache einem Befehl der Zielsprache. Deshalb spricht man bei der Assemblierung auch von einer 1:1 - Übersetzung.

Der Vorgang der Übersetzung (Compilation) eines Quellprogramms und das nachträgliche Abarbeiten des Zielprogramms sind schematisch in Abb. 3.3 dargestellt. Nach diesem Schema umfaßt genaugenommen die Transformation Quellprogramm ⟶ Maschinenprogramm die Übersetzungs- und die Ladephase. Der Compiler überprüft, ob das angebotene Quellprogramm der Syntax und Semantik der Quellsprache enspricht. Je nachdem werden entsprechende Informationen (Fehlermeldungen) ausgegeben und ein Objektprogramm generiert (Übersetzungsphase). D.h., der Compiler ordnet der Folge von Vereinbarungen und Anweisungen des Quellprogramms eindeutig eine Folge von Definitions- und Befehlswörtern im Objektprogrammformat zu. Das Objektprogramm enthält die in den Maschinenkode transformierten Zeichenreihen des Quellprogramms in einem festgelegten Format sowie eine Reihe von Instruktionen für den Programmverbinder und Lader.

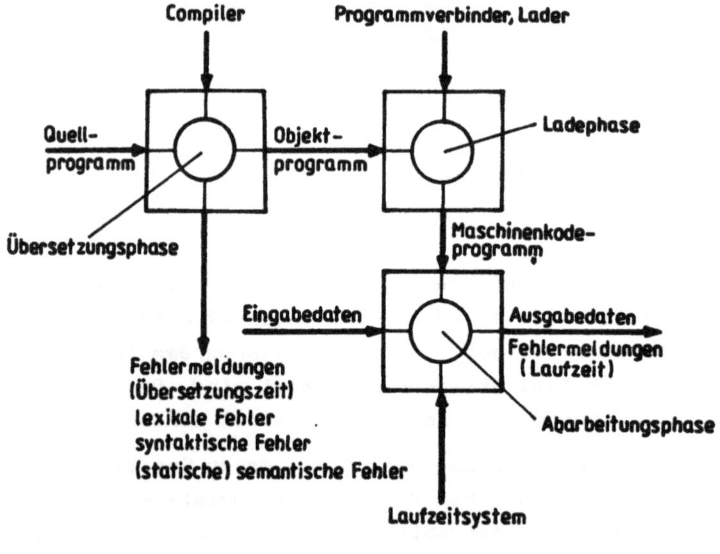

Abb. 3.3: Schematische Darstellung eines Compilersystems

Das Objektprogramm wird mit Hilfe des Programmverbinders und Laders in ein Maschinenkodeprogramm transformiert (Ladephase). Dabei werden z.B. relative Adreßangaben in absolute umgewandelt, Adreßverbindungen zwischen selbständig compilierten Programmteilen und dem Laufzeitsystem hergestellt und die Programmeinheiten zu einem abarbeitbaren Maschinenkodeprogramm zusammengefügt. Nach diesem Vorgang steht das Maschinenkodeprogramm zur Abarbeitung bereit. Zur Programmabarbeitung (Abarbeitungsphase) gehört gewöhnlich ein Laufzeitsystem zur dynamischen Speicherorganisation und zur Anzeige auftretender Laufzeitfehler.

Insgesamt muß festgestellt werden, daß bei der Compilation in der Regel Übersetzungsphase, Ladephase und Abarbeitungsphase zeitlich und auch räumlich voneinander unabhängig sind. Das generierte Objektprogramm und das Maschinenkodeprogramm werden auf irgendeinem geeigneten Datenträger aufbewahrt, so daß zu einem beliebigen Zeitpunkt sowohl ein Maschinenprogramm erzeugt als auch ein vorhandenes Maschinenprogramm abgearbeitet werden kann.

3.2.2. PROGRAMMINTERPRETATION

Bei der <u>Interpretation</u> sind Programmübersetzung und -abarbeitung nicht zu trennen. Quellprogramm und Eingabedaten werden zur gleichen Zeit verarbeitet. Ein grobes Modell eines Interpreters kann auf folgende Weise angegeben werden:

$I = I(\underline{L},\underline{I},\underline{O},f)$ mit
$\underline{L}$ Quellsprache,
$\underline{I}$ Eingabealphabet,
$\underline{O}$ Ausgabealphabet,
$f: \underline{L} \times \underline{I}^* \longrightarrow \underline{O}^*$.

Über dem Eingabe- bzw. Ausgabealphabet werden die Eingabe- bzw. Ausgabedaten gebildet. Die Abbildung $f(l,i) = o$ verknüpft das Paar (l,i), das aus einem Quellprogramm $l \in \underline{L}$ und einer Eingabe $i \in \underline{I}^*$ besteht, mit einer Ausgabe $o \in \underline{O}^*$.

Jede Instruktion (d.h., Vereinbarung oder Anweisung) des Quellprogramms löst Aktionen des Interpreters aus. Die Interpretation einer Instruktion bedeutet ihre Übersetzung und sofortige Abarbeitung. Die Interpretation des Quellprogramms erfolgt in der dynamischen (d.h. logischen) Reihenfolge der Vereinbarungen und Anweisungen des Quellprogramms. Jede interpretierte Instruktion bestimmt die nachfolgende Instruktion. Damit ergibt sich folgender Interpretationszyklus, der vollständig dem internen Befehlszyklus eines Rechners der klassischen J. von Neumann-Konzeption entspricht:

1) Liefere die nächste Instruktion des Programms!
2) Bestimme aus der Analyse der laufenden Instruktion die internen Aktionen (Interpreterkode) des Interpreters!
3) Führe die internen Aktionen aus!

Das bedeutet aber auch, daß das Quellprogramm oder eine geeignete interne Darstellung ständig während der Interpretation verfügbar sein muß.

<u>Bemerkungen:</u>

1) Aus dem Interpretationszyklus folgt, daß die Interpretation relativ

langsam ist, da im Fall von Programmzyklen die Instruktionen des Quellprogramms wiederholt übersetzt werden müssen. Deshalb wird in einigen realisierten Interpretersystemen eine begrenzte Zahl von internen Interpreterkode - Instruktionen in einem Warteschlangenspeicher abgelegt. Das Prinzip der Warteschlange besteht darin, daß zuerst eingespeicherte Instruktionen auch zuerst freigegeben werden. Im Falle der Ausführung von Zyklen kann die Folge der gespeicherten Interpreterkode - Instruktionen ohne Durchlaufen der Übersetzungsphase abgearbeitet werden, falls der abgespeicherte Kode den vollständigen Zyklus umfaßt. Damit wird eine wesentlich höhere Effizienz der Programminterpretation erreicht.

2) Zu den Vorteilen der Interpretation zählt, daß relativ große Probleme auf kleinen Rechnern mit Hilfe von Interpretersystemen bearbeitet werden können, da kein zusammenhängendes Zielprogramm entsteht. Für jede Art der Instruktionen der Quellsprache (z.B. Wertzuweisung, bedingte Anweisung, ...) existiert nur ein Interpreterkode (Aktion) als Subroutine mit entsprechenden Parametern oder als Skelett von Maschinenkode, welche nach Erkennen der entsprechenden Quellprogramm - Instruktion parametrisiert und anschließend abgearbeitet werden.

3) Interpretersysteme bieten ausgezeichnete Möglichkeiten für die Programmentwicklung in Verbindung mit Testung und Fehlerdiagnostik.

4) Interpretative Methoden sind sehr bedeutungsvoll für die Rechneranwendung. Beispielsweise sind Dialogsysteme (Auskunftssysteme, Dateisysteme, etc.), die auf der Mensch-Maschine-Kommunikation beruhen, Interpretersysteme. Die Steuerung des Arbeitsablaufes in einem Betriebssystem durch Kommandos über Kommandofiles oder Jobsteuerung erfolgt interpretativ. Testhilfen zur dynamischen Fehlersuche (Debugging) durch Protokollieren jedes zur Abarbeitung gelangenden Befehls und der Registerinhalte arbeiten ebenfalls interpretativ.

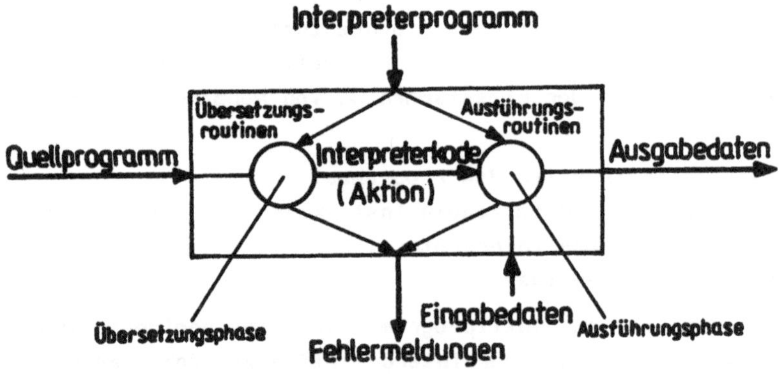

Abb. 3.4: Schematische Darstellung eines Interpretersystems

3.2.3. COMPILER - INTERPRETER - SYSTEME

Reine Programmübersetzung und reine Programminterpretation sind zwei Extreme. Viele Programmiersysteme kombinieren das Arbeitsprinzip der Compilation und Interpretation (Abb. 3.5). Der Compiler übersetzt das Quellprogramm in ein Zwischenprogramm, das anschließend interpretativ abgearbeitet werden kann.

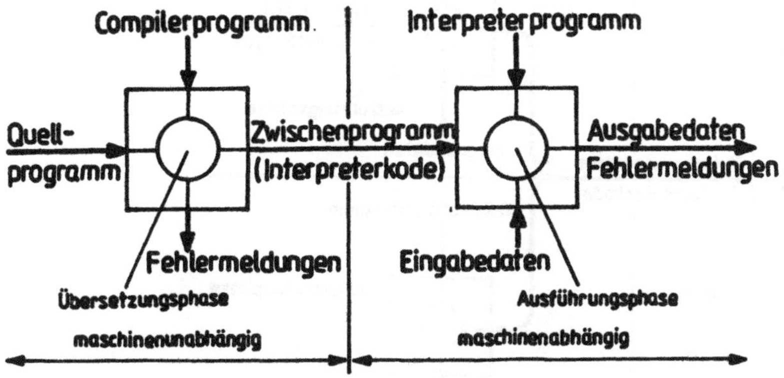

Abb. 3.5: Schematische Darstellung eines Compiler - Interpreter - Systems

Das klassische Beispiel einer solchen Vorgehensweise ist das durch Randell, Russel vorgestellte ALGOL60 - Programmiersystem /56/. Weiterhin basiert der Implementierungsvorschlag der Sprache EULER /74/ auf einem solchen System. Die gegenwärtig bekannten Pascal-Programmiersysteme /5, 24/ betonen ebenfalls dieses Prinzip. Auch COBOL für K1600 /80/ des VEB Kombinat Robotron wird durch ein Compiler - Interpreter - System realisiert. Die Vorteile solcher Systeme liegen im folgenden:

1) Der Compiler und die (meist makrooperatorähnliche) Zwischensprache sind relativ maschinenunabhängig. Für die Darstellung des Zwischenprogramms wird häufig eine spezielle Form der sogenannten Reversen Polnischen Notation oder ein Dreiadreßkode verwendet (vgl. 5.4.). Der P-Code für Pascalimplementationen ist ein interessantes Beispiel für die Anwendung der Reversen Polnischen Notation.

Durch das Konzept der Zwischensprache wird eine hypothetische Modellmaschine definiert. Der Interpreter simuliert diese Modellmaschine auf einem konkreten Rechner und nimmt damit die eigentliche Anpassung an den Rechner vor. Natürlich kann die Modellmaschine auch durch Hardware- und Firmwarekomponenten verwirklicht werden, wie das bei den P-Codemaschinen bekannt wurde.

2) Ein Compiler - Interpreter - System ermöglicht eine zwischen Programmübersetzung und -abarbeitung ausgewogene Fehlerdiagnostik.

3) Die Effizienzverluste durch die interpretative Abarbeitung des Zwischenprogramms bleiben relativ gering bei Sprachen, die ein umfangreiches Laufzeitsystem z.B. zur Speicherorganisation, zur Überprüfung der Wertarten der Datenobjekte und zur Operatoridentifizierung während der Programmlaufzeit benötigen.

Ein weiteres interessantes Compiler - Interpreter - Modell zeigt die folgende Abbildung.

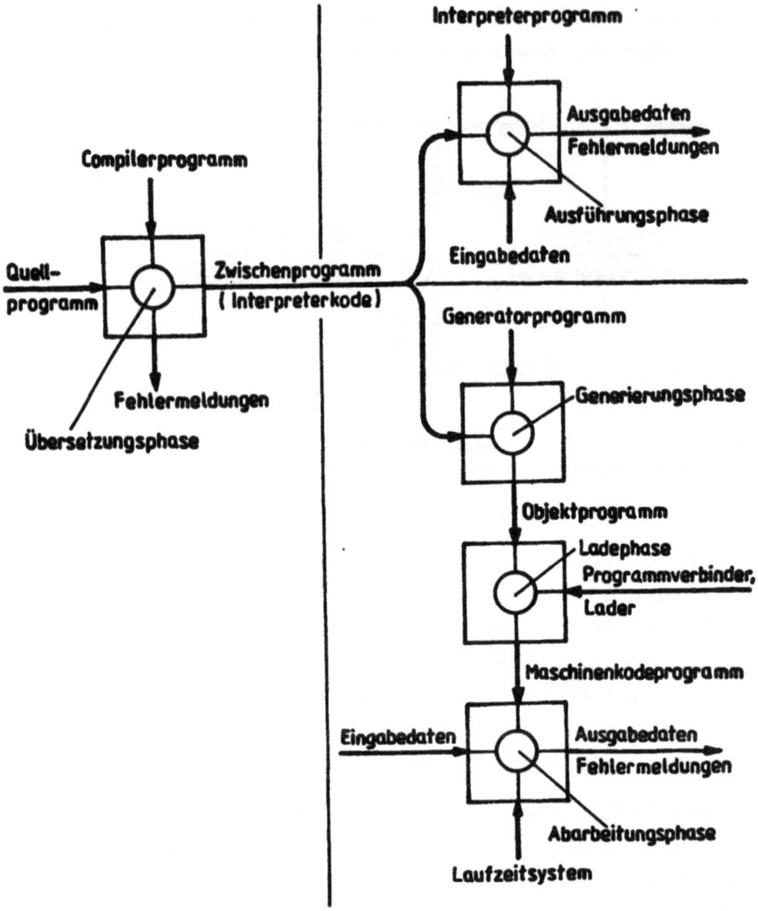

Abb. 3.6: Compiler - Interpreter - Modell

Dieses Modell hat den Vorteil, daß die vom Compiler erzeugten Zwischenprogramme sowohl interpretativ abgearbeitet als auch in Objektprogramme übersetzt werden können. Die interpretative Abarbeitung ist insbesondere zum Testen eines Programms zu verwenden. Ausgetestete Programme können dann weiter in Objektprogramme übersetzt werden, aus denen in der Ladephase abarbeitungsfähige Maschinenkodeprogramme erzeugt werden. Die Abarbeitung eines Maschinenkodeprogramms ist in der Regel viel effektiver als die Interpretation des Zwischenprogramms, so daß für Nutzrechnungen ein Maschinenkodeprogramm zweckmäßiger ist. Das oben beschriebene Modell ist z.B. im BASIC 1600-Programmiersystem realisiert /80/.

Nicht für jede Programmiersprache ist es zweckmäßig, für die Implementierung ein Compiler - Interpreter - System anzustreben. FORTRAN z.B. ist aus Gründen der Laufzeiteffektivität so konzipiert, daß die Speicherzuweisung für die Datenobjekte durch den Compiler bzw. Programmverbinder und Lader erfolgen kann und auch jede Interpretation von Zwischenergebnissen vermieden wird. Dagegen ist bei der Implementation der Sprache EULER

/74/ eine Interpretation unumgänglich, da in dieser Sprache die Zuordnung der Wertart zu den Datenobjekten dynamisch erfolgt. BASIC ist sowohl für Compiler als auch für Interpreter geeignet.

Die Implementierung einer Programmiersprache unterliegt einem weiten Spielraum, der sich auch in der Vielfalt realisierter Compiler- und Interpreterstrukturen widerspiegelt. Deshalb können die folgenden Abschnitte zur Struktur der Programmiersysteme nur wesentliche Sachverhalte darlegen, deren Kenntnis den Leser in die Lage versetzen, die Mannigfaltigkeit der Praxis besser zu überblicken und ein Gesamtverständnis zu entwickeln.

3.3. DIE STRUKTUR EINES COMPILERS

Nach D 2.15, ist ein Quellprogramm einer Programmiersprache eine Zeichenreihe über einem Alphabet. Ein Compiler konvertiert diese Zeichenreihe in ein äquivalentes Zielprogramm. Die Komplexität der Transformation Quellprogramm ⟶ Zielprogramm erfordert es, die Gesamtaufgabe des Compilers in einzelne, logisch begründete Teilaufgaben zu zergliedern.

3.3.1. PHASEN DES ÜBERSETZUNGSPROZESSES

Ein Quellprogramm ist eine Information bzw. Vorschrift für den Rechner, wie eine Berechnung durchzuführen ist. Jede Informationsverarbeitung beginnt mit der Analyse der Informationsdarstellung, um die syntaktische Struktur zu erhalten und gewisse Kontextbedingungen, (semantische Abhängigkeiten) zu überprüfen. Danach erfolgt die Synthese der Bedeutung (Semantik) gemäß der ermittelten syntaktischen und semantischen Analyseergebnisse (Abb. 3.7).

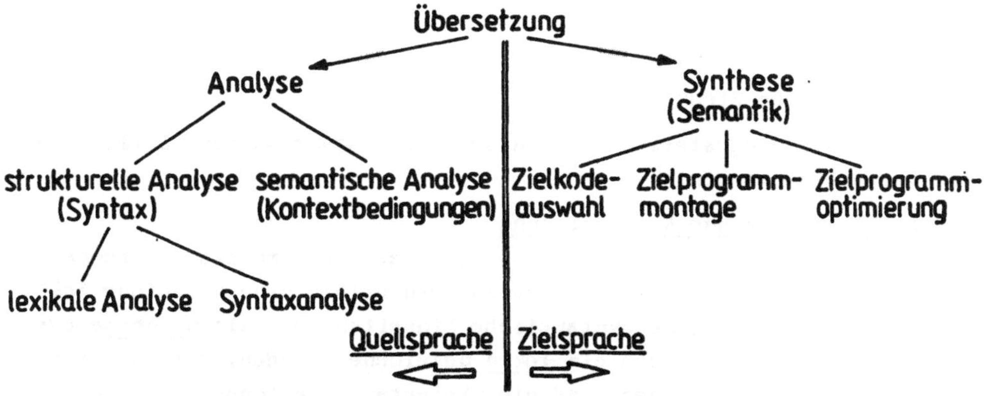

Abb. 3.7: Teilaufgaben bei der Programmübersetzung

Die Analyse, die hauptsächlich die syntaktische Struktur und semantischen Abhängigkeiten des Quellprogramms ermittelt und geeignet darstellt, ist vorrangig mit der Quellsprache verbunden. Dagegen ist die semantische Synthese, die die Erzeugung eines Zielprogramms zum Inhalt hat, mehr mit der Zielsprache verknüpft. Natürlich wird die Wahl der Grenzen zwischen den Teilaufgaben der Programmübersetzung , die sich in der Strukturierung eines Compilers wiederfindet, von vielen Entwurfskriterien beeinflußt. So ist z.B. die Festlegung relativ willkürlich, wie die lexikale und syntaktische Analyse voneinander abgegrenzt werden. Zum Teil werden sogar während der lexikalen Analyse Kontextuntersuchungen durchgeführt, um Synonyme aufzulösen (vgl. 6.1.). Hier spielen auch Entwurfserfahrungen hinein, wodurch die Entwicklung eines Programmiersystems als typische Ingenieurarbeit ausgewiesen ist.

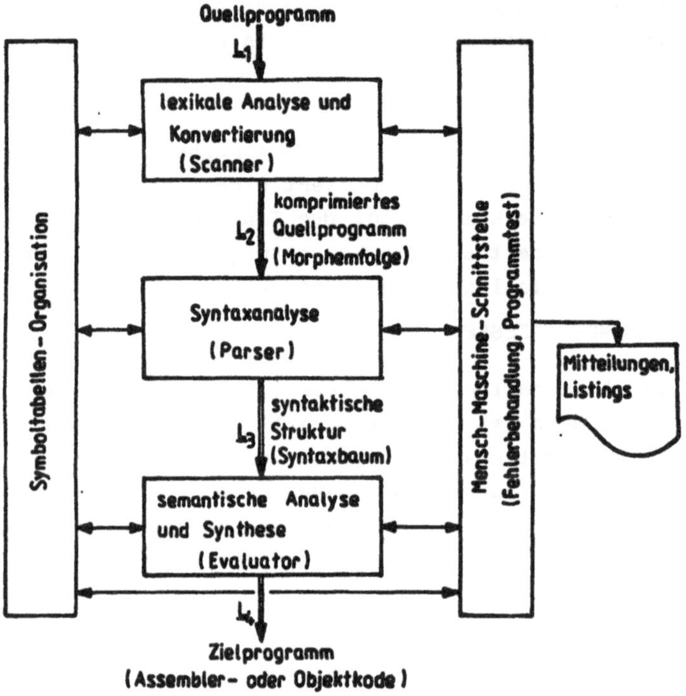

Abb. 3.8: Logische Struktur der Compiler

Die in Abb. 3.8 dargestellten Phasen der Programmübersetzung sollen etwas näher betrachtet werden.

1) Lexikale Analyse und Konvertierung

Nach den bisherigen Ausführungen kann ein Quellprogramm als Zeichenreihe aufgefaßt werden, in der nicht jedes Zeichen allein eine Bedeutung trägt. Vielmehr bilden elementare syntaktische Einheiten, die als Morpheme oder häufig in der Literatur auch als Token bezeichnet werden, die Bausteine des Quellprogramms. Morpheme sind die kleinsten bedeutungstragenden Einheiten der Quellsprache. Der erste Schritt in der Übersetzung eines Quellprogramms besteht darin, die Morpheme als Teilzeichenreihen des Quellprogramms zu erkennen und zu bilden (Analyse der Mikrostruktur des Quellprogramms). Gewöhnlich wird jedes Morphem als Tripel der Form

Morphem = (Morphemklasse, Name oder Verweisadresse, Position)

dargestellt.

Natürlich hängt es sowohl von der Quellsprache als auch von der Implementation ab, welche elementaren syntaktischen Einheiten als Morphem zu betrachten sind. Die einzelnen Morpheme werden ihrer Bedeutung und Funktion entsprechend zu Morphemklassen zusammengefaßt. Im allgemeinen werden folgende <u>Morphemklassen</u> in den höheren Programmiersprachen unterschieden:

- Identifikatoren,
- Wortsymbole oder Schlüsselwörter,
- Konstanten mit den entsprechenden Unterklassen (ganze Zahlen, reelle Zahlen, Zeichenreihen),
- Operatoren,
- Begrenzer,
- Kommentare.

Jede Morphemklasse wird zweckmäßig durch eine ganze Zahl dargestellt, die als Information für den Syntaxanalysator dient. Je nach Struktur und Arbeitsweise des Compilers dient als zweite Komponente des Tripels der <u>Name</u> des Morphems oder eine <u>Verweisadresse</u>. Der Name des Morphems wird gewöhnlich entweder während der lexikalen Analyse oder während der syntaktischen Analyse in die Symboltabelle eingetragen. Über die Verweisadresse erfolgt der Zugriff zu dem Symboltabellenelement, um die Eigenschaften des Morphems (z.B. Wertartinformation, Zielprogrammadresse) während der Programmübersetzung zu speichern und abzufragen. Die dritte Komponente des Tripels charakterisiert die <u>Position</u> des Morphems im Quellprogramm (z.B. Zeilennummer und Position des ersten Zeichens des Morphems in der Zeile) für eine genaue Positionierung der Fehleranzeige bei lexikalen, syntaktischen, aber auch semantischen Fehlern.

Die lexikale Analyse konvertiert (übersetzt) also das Quellprogramm in eine Folge von Morphemen, die durch diese Tripel dargestellt werden, wobei nichtsignifikante Zeichen, wie Leerzeichen und Kommentare, übergangen werden.

<u>Beispiel:</u>

Quellprogramm als Folge von Zeichen	$\cdots\ a\ :=\ X12\ +\ 4\ \cdots$
Folge der Morpheme	$\cdots\ \underline{id}_{a}\ \underline{op}_{:=}\ \underline{id}_{X12}\ \underline{op}_{+}\ \underline{const}_{4}\ \cdots$

<u>id</u> - Identifikator
<u>op</u> - Operator
<u>const</u> - Konstante

die tiefgestellten Zeichen repräsentieren die Morphemnamen.

Lexikale Analyse heißt Wortschatzanalyse. Die Bezeichnung rührt daher, daß der lexikale Analysator (<u>Scanner</u>) Zeichenfolgen des Programmtextes zu Wörtern (Morphemen) zusammenfaßt und diese in das Wörterbuch, die Symboltabelle, einträgt.

2) Syntaxanalyse

Die syntaktische Analyse verwendet als Eingabe das durch die lexikale Analyse als Folge von Morphemen dargestellte Quellprogramm. Analog der Übersetzung natürlicher Sprachen auf der Grundlage grammatischer Untersuchungen faßt der Syntaxanalysator (Parser) einzelne Morpheme zu syntaktischen Strukturen zusammen, die bereits weitgehend die Operationsfolgen im Programm widerspiegeln. Das Ergebnis, d.h., die Ausgabe des Syntaxanalysators, ist eine geeignete Darstellung der syntaktischen Struktur des Quellprogramms. In der Hauptsache wird von zwei Möglichkeiten für die Sprachimplementierung Gebrauch gemacht:

- Darstellung der syntaktischen Struktur durch einen sogenannten Syntaxbaum, bei dem die terminalen Knoten mit den Morphemen bewertet sind und die nichtterminalen Knoten syntaktische Kategorien kennzeichnen;
- Darstellung der syntaktischen Struktur durch Folgen von Makrooperatoren oder von Operatoren in sogenannter Polnischer oder Reverser Polnischer Notation (vgl. 5.4).

Während die lexikale Analyse nur auf die Erkennung der lexikalen Komponenten des Quellprogramms gerichtet ist, beschäftigt sich die syntaktische Analyse mit dem strukturellen Aufbau des gesamten Programms.

Deshalb wird die fehlerhafte Anweisung

X12 + 4 := a

durch die lexikale Analyse akzeptiert und zur Morphemfolge

$\underline{id}_{X12}\ \underline{op}_{+}\ \underline{const}_{4}\ \underline{op}_{:=}\ \underline{id}_{a}$

umgeformt. Erst der Syntaxanalysator erkennt, daß hier ein (syntaktischer) Fehler vorliegt.

3) Semantische Analyse und Synthese

Die semantische Analyse untersucht während der Programmübersetzung solche Festlegungen der Sprachdefinition, die nicht durch die lexikale und syntaktische Analyse geprüft werden können. Das sind kontextabhängige Kontrollen (statische Semantik), die z.B. die Einhaltung von Gültigkeitsbereichen, die Moduspaßfähigkeit und die Operatoridentifizierung betreffen. Die semantische Synthese stellt die Bedeutung des Quellprogramms durch die Erzeugung des Zielprogramms (dynamische Semantik) dar. Da die Synthese auf Informationen zurückgreift, die durch die semantische Analyse verfügbar gemacht werden, wird die semantische Analyse und Synthese (die sogenannte Evaluation) als eine weitgehend zusammenhängende Aufgabe eines Compilers betrachtet. Das erzeugte Zielprogramm kann ein Programm im Objektkode, in einer Assemblersprache oder in einem Zwischenkode sein.

4) Symboltabellenorganisation

Ein Übersetzerprogramm muß während der Programmübersetzung Informationen über die Objekte des Quellprogramms sammeln und nutzen. Deshalb kann man die Symboltabelle als Datenverwaltungssystem des Übersetzerprogramms bezeichnen. Jeder Eintrag in die Symboltabelle ist ein Paar aus Objektname (Morphem) und semantischen Informationen. Die darzustellenden Informationen umfassen Angaben zur Wertart, zur Adressierung im Laufzeitspeicher usw. und hängen im Detail von der Quellsprache ab, die zu übersetzen ist Die Symboltabelle wird während der verschiedenen Phasen des Übersetzungsprozesses genutzt. Während der lexikalen Analyse wird der Morphemname ermittelt und in die Symboltabelle aufgenommen. Dagegen werden die semantischen Informationen während der anderen Phasen der Programmübersetzung ermittelt bzw. benutzt. Die semantische Analyse benötigt Informationen aus der Symboltabelle, um z.B. Wertartverträglichkeiten zu prüfen. Diese Informationen werden aus der Analyse der Deklarationen gewonnen. Während der Generierung des Zielkodes muß die Art und der Umfang des zuzuweisenden Speichers für den Programmlauf ermittelt werden. Oftmals wird die Symboltabelle auch für die Fehlersignalisierung und -behandlung sowie für andere Unterstützungsmaßnahmen bei der Programmentwicklung verwendet.

Die Symboltabelle ist eine Datenstruktur mit folgenden grundlegenden Operationen:

1) Initialisierung der Symboltabelle;
2) Eintragung neuer Objekte bzw. neuer Informationen für vorhandene Objekte in die Symboltabelle;
3) Bereitstellung von Informationen über Objekte aus der Symboltabelle.

Bei allen Operationen mit Ausnahme der Initialisierung spielt das Suchen von Objekten in der Symboltabelle die entscheidende Rolle.

5) Mensch-Maschine-Schnittstelle

Eine anspruchsvolle und gut zu handhabende Mensch-Maschine-Schnittstelle erhöht den Wert eines Übersetzerprogramms beträchtlich. Dem Programmierer werden damit Hilfsmittel zur Testung und Dokumentation der Programme bereitgestellt. Das betrifft die Protokollierung des Quell- und Zielprogramms, die Fehlermeldungen und -behandlung, die wahlweise Ausgabe der Symboltabelle und Crossreferenzlisten in lesbarer Form, die Unterstützung zur Protokollierung der Zielprogrammabarbeitung zum dynamischen Fehlertest (Traceregime) usw. Daraus wird ersichtlich, daß die Mensch-Maschine-Schnittstelle praktisch mit allen Teilen des Übersetzungsprozesses zusammenwirkt.

Die Fehlerbehandlung wird aktiviert, wenn im Quellprogramm ein Fehler in irgendeiner Phase der Programmübersetzung entdeckt wird. Sie muß den Programmierer durch eine geeignete Diagnoseinformation warnen und eine angepaßte Information von einer Übersetzungsphase zur anderen weiterreichen, damit möglichst die Übersetzung des gesamten (fehlerhaften) Quellprogramms zur Entdeckung weiterer Fehler ausgeführt werden kann.

Eigentlich ist die Übersetzung mit der Zielprogrammerzeugung abgeschlossen. Oftmals werden Optimierungsphasen in die Phasen der Programmübersetzung eingefügt, um ein möglichst effektives Zielprogramm bezüglich

Programmlaufzeit und Speicherbedarf zu erhalten.

3.3.2. EINPASS- UND MEHRPASSÜBERSETZUNG

Die logische Struktur eines Compilers spiegelt sich nicht ohne weiteres in seiner physischen Struktur wider. Lexikale Analyse, syntaktische Analyse sowie semantische Analyse und Synthese (Zielprogrammgenerierung) können sowohl zeitlich nacheinander durchgeführt werden als auch verschachtelt ablaufen, wobei die Syntaxanalyse die Ablaufsteuerung übernimmt. Diese Frage führt auf das komplizierte Problem der <u>Paßeinteilung</u> eines Übersetzerprogramms. Im allgemeinen ist die Übersetzungsfunktion sehr komplex und wird durch eine Folge einzelner Transformationsschritte realisiert:

$$\ddot{U}(\underline{L}_1,\underline{L}_n,\ddot{u}):\ \ddot{U}_1(\underline{L}_1,\underline{L}_2,\ddot{u}_1),\ \ddot{U}_2(\underline{L}_2,\underline{L}_3,\ddot{u}_2),\dots,\ \ddot{U}_{n-1}(\underline{L}_{n-1},\underline{L}_n,\ddot{u}_{n-1}).$$

Die einzelnen Transformationsschritte werden als <u>Durchläufe</u> oder <u>Pässe</u> bezeichnet, wenn bei der Übersetzung <u>Zwischenprogramme</u> der <u>Zwischensprachen</u> $\underline{L}_2,\dots,\underline{L}_{n-1}$ entstehen. Die Zwischensprachen sind konzeptionelle Werkzeuge zur Dekomposition der Übersetzung des Quellprogramms in das Zielprogramm. Die Reihenfolge der Transformationen $\ddot{U}_1,\ddot{U}_2,\dots,\ddot{U}_{n-1}$ ist starr; n-1 ist die Anzahl der Pässe.

Es ist durchaus möglich, daß $\underline{L}_i = \underline{L}_{i+1}$ für irgendein i des Intervalls $\langle 1, n-1 \rangle$ gilt. Das ist z.B. bei Zweipaßassemblern eine übliche Praxis: die Objekte des Assemblerprogramms (Morpheme für Operanden, Marken, etc.) werden im ersten Paß in die Symboltabelle aufgenommen und ihre Adressen bestimmt. Im zweiten Paß wird das Quellprogramm nochmals gelesen, um die eigentliche Übersetzung in den Objekt- oder Maschinenkode vorzunehmen. Manchmal wird so auch bei der Übersetzung höherer Programmiersprachen verfahren. Der Fall $\underline{L}_i \supset \underline{L}_{i+1}$ für irgendein i des Intervalls $\langle 1, n-1 \rangle$ ist ebenfalls denkbar. Bei der Übersetzung höherer Programmiersprachen ist es möglich, syntaktisch und damit auch semantisch komplexe Konstruktionen durch elementarere Ausdrucksmittel der gleichen Sprache darzustellen. Bekannt ist dafür die Implementierung des Listengenerators in COBOL. Häufig wird diese Technik auch zur Erläuterung komplizierter Ausdrucksmittel bei der Sprachdefinition angewendet.

<u>Beispiel:</u> Reduktion der Laufanweisung von ALGOL68

```
L_i+1 { L_i: for variable from ausdruck1 by ausdruck2 to ausdruck3
             while bedingung do aktion od } =

begin int a1:=ausdruck1; int a2=ausdruck2; int a3=ausdruck3;
  step: if (a2>0 and a1<=a3) or (a2<0 and a1>=a3) or a2=0
          then
           int variable=a1;
           if bedingung
             then
               aktion;
               a1:=a1+a2;
               goto step
           fi
        fi
end
```

Das Zielprogramm ist also das Ergebnis eines oder mehrerer Transformationsschritte. Man spricht von einer Einpaßübersetzung (Einpaßcompiler), wenn die Programmtransformation einstufig ist. Sonst spricht man von einer Mehrpaßübersetzung (Mehrpaßcompiler).

Oftmals ist es bequem, die Paßeinteilung entsprechend den drei Hauptphasen der Programmübersetzung nach Abb. 3.8 vorzunehmen. Dann wird jede Phase der Programmübersetzung durch einen separaten Paß realisiert, und man erhält einen Dreipaßcompiler:

$O(\underline{L}_1, \underline{L}_4, ü): O_1(\underline{L}_1, \underline{L}_2, ü_1),\ O_2(\underline{L}_2, \underline{L}_3, ü_2),\ O_3(\underline{L}_3, \underline{L}_4, ü_3)$ wobei

$l_1 \in \underline{L}_1$ das Quellprogramm ist;

$ü_1(l_1) = l_2 \in \underline{L}_2$ die lexikale Analyse und Konvertierung liefert eine Folge von Morphemen l_2 als Zwischenprogramm in der sogenannten Syntaxsprache $\underline{L}_2$;

$ü_2(l_2) = l_3 \in \underline{L}_3$ der Syntaxanalysepaß liefert die syntaktische Struktur des Quellprogramms als Zwischenprogramm $l_3 \in \underline{L}_3$;

$ü_3(l_3) = l_4 \in \underline{L}_4$ die semantische Analyse und Synthese erzeugt das Zielprogramm der Zielsprache $\underline{L}_4$.

Damit ist

$$ü(l_1) = ü_3(ü_2(ü_1(l_1))) = l_4.$$

Beim Entwurf eines Mehrpaßcompilers wird meist angestrebt, daß sich die logischen Übersetzungsphasen in den Pässen des Compilers widerspiegeln. Da in vielen Programmiersprachen die Trennung von lexikaler Analyse, Syntaxanalyse sowie semantischer Analyse und Synthese nicht ohne weiteres möglich ist und auch auf minimale Übersetzungszeiten orientiert wird, kann diese Zielstellung nicht immer vollständig verwirklicht werden.

Die typische Struktur eines Einpaßcompilers ist in Abb. 3.9 dargestellt. In einem Einpaßcompiler ist der Syntaxanalysator (Parser) der zentrale Teil, der den Prozeß der Programmübersetzung steuert. Der Morphemerkenner (Scanner), der als Unterprogramm realisiert ist und die Eingabe des Quellprogramms steuert sowie die lexikale Analyse vornimmt, wird vom Syntaxanalysator aufgerufen. Er erkennt vom Eingabeband das nächste Morphem und übergibt dieses dem Syntaxanalysator nach jedem Aufruf. Durch den Syntaxanalysator werden, ausgehend von den Morphemen, über die grammatischen Regeln die syntaktischen Einheiten (Strukturen) des Quellprogramms erkannt. Beim Erkennen einer syntaktischen Einheit wird der Semantikmodul durch den Syntaxanalysator aufgerufen, der die semantische Analyse und die Zielprogrogrammgenerierung für die erkannte syntaktische Teilkonstruktion vornimmt. Dieser Vorgang wiederholt sich bis durch den Syntaxanalysator das Ende der Übersetzung erkannt wird. Für die Effektivität der Einpaßübersetzung ist die zeitverschachtelte Abarbeitung der Phasen der Programmübersetzung und die optimale Organisation der Eingabe des Quellprogramms und der Ausgabe des Zielprogramms sowie die günstige Übergabe der

Informationen zwischen den Übersetzungsphasen entscheidend.

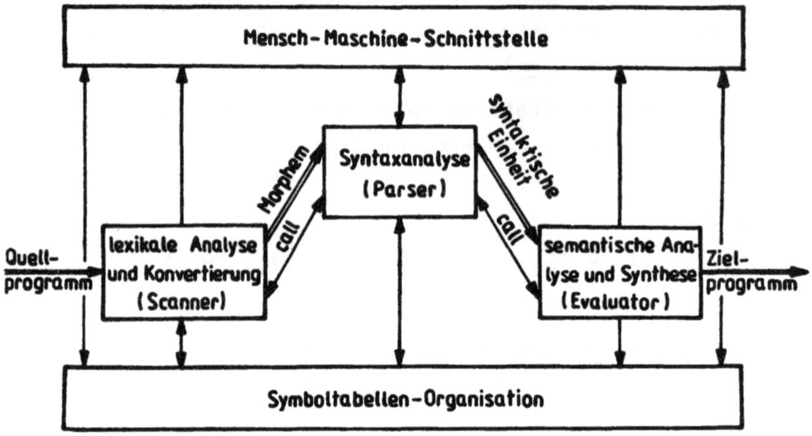

Abb. 3.9: Typische Struktur eines Einpaßcompilers

Neben den diskutierten Paßeinteilungen werden in praktischen Implementierungen häufig weitere Zergliederungen vorgenommen. Man kann lexikale und syntaktische Analyse oder die syntaktische Analyse und semantische Analyse und Synthese in einem Paß zusammenfassen. Es ist auch möglich, eine der in Abb. 3.8 genannten Phasen in mehreren aufeinanderfolgenden Pässen zu realisieren. Beispielsweise werden im ALGOL 68(D)-Compiler /30/ in einem gesonderten Paß alle Deklarationen analysiert, um dann im anschließenden Paß die semantische Analyse und Synthese vollständig auszuführen.

Die Entscheidung über die Paßeinteilung ist beim Entwurf eine der ersten und wichtigsten Festlegungen. Von wesentlichem Einfluß sind dabei:

- Die Rechnerarchitektur, insbesondere die Hauptspeicherkapazität und die peripheren Geräte sind entscheidend. Eine geringe Hauptspeicherkapazität zwingt bei größeren Sprachen zu einer Mehrpaßübersetzung. Bei einer Mehrpaßübersetzung müssen dann die peripheren Geräte die Hantierung verschiedener gleichzeitig eröffneter sequentieller und Direktzugriffsdateien gestatten. Als untere Grenze kann eine Hauptspeicherkapazität von 8 kByte abgeschätzt werden, um Sprachen wie ALGOL 60 oder Pascal zu übersetzen.
- Die Übersetzungszeit und die Effizienz des erzeugten Zielprogramms sind konkurrierende Faktoren. Vom Standpunkt der Übersetzungszeit ist ein Einpaßcompiler günstig, da in einem Mehrpaßcompiler jeder Paß die stets langsame Eingabe und Ausgabe von Zwischenprogrammen erfordert. Dagegen lassen sich effektive Zielprogramme nur in einer Mehrpaßübersetzung erreichen. Besserer Zielkode kann oft nur erzeugt werden, wenn dem Kodegenerator Informationen über die Struktur des gesamten Programms zur Verfügung stehen. Oft wird die Zielprogrammoptimierung in einem gesonderten Paß durchgeführt.
- Der Umfang und bestimmte Merkmale der Quellsprache beeinflussen ebenfalls die Paßeinteilung. Z.B. unterstützt die Festlegung, daß Pro-

grammobjekte stets vor ihrem ersten Auftreten deklariert werden müssen, wesentlich die Einpaßübersetzung. Andererseits erfordert eine Einpaßübersetzung für eine umfangreiche Quellsprache im allgemeinen einen stark segmentierten Übersetzer. Die Arbeit eines solchen Übersetzers kann wegen der häufigen Segmentwechsel uneffektiver sein als eine Mehrpaßübersetzung, bei der Ein- und Ausgaben des Quellprogramms, der Zwischenprogramme und des Zielprogramms durchgeführt werden müssen.

- Die Separierung von maschinenunabhängigen und maschinenabhängigen Teilen eines Compilers durch eine geeignete Paßeinteilung verbessert die Portabilität des Compilers.

3.4. DIE STRUKTUR EINES INTERPRETERS

Wie in 3.2.2. festgestellt wurde, enthält jeder Interpreter einen Übersetzungs- und einen Ausführungsteil. Für den Übersetzungsteil treffen prinzipiell die Aussagen des Abschnittes 3.3. zu, wenn man beachtet, daß

- in der Regel ein Einpaßübersetzer vorliegt;
- das Quellprogramm nicht sequentiell, sondern nach den Erfordernissen der dynamischen Programmabarbeitung in kleineren Abschnitten übersetzt wird;
- der erzeugte Zielkode (Interpreterkode) unmittelbar dem Ausführungsteil übergeben wird und diesen dadurch aktiviert.

Der Interpreterkode besteht aus Instruktionen mit Parametern. Die Kopplung zwischen Übersetzungs- und Ausführungsteil kann entweder so erfolgen, daß der Übersetzer jede erzeugte Instruktion sofort dem Ausführungsteil zur Abarbeitung übergibt oder daß der Übersetzer zunächst eine Folge solcher Instruktionen erzeugt und diese Folge dann geschlossen abgearbeitet wird. Z.B. kann in einem BASIC-Interpreter zunächst eine Anweisung (Zeile) übersetzt und dann abgearbeitet werden. Dies hat den Vorteil, daß eine Anweisung nur dann zur Abarbeitung kommt, wenn sie fehlerfrei ist.

Es wurde bereits darauf verwiesen, daß der Ausführungsteil eines Interpreters eine hypothetische Modellmaschine ist, deren Maschinensprache der Interpreterkode ist. Diese Modellmaschine arbeitet nach den gleichen Prinzipien wie ein realer Rechenautomat und enthält als wesentliche Bestandteile ein Steuerwerk, ein Rechenwerk, verschiedene Register, einen Datenspeicher und einen Kellerspeicher. Für jede Instruktion existiert eine Routine, die diese Instruktion in Aktionen der Modellmaschine umsetzt.

Der Datenspeicher enthält den Speicherplatz für die Programmobjekte (Variable), die nicht nur temporär zur Ausführung einer Quellprogrammanweisung benötigt werden, sondern über einen größeren Abschnitt des Quellprogramms bzw. das gesamte Quellprogramm verfügbar sein müssen.

Dagegen enthält der Kellerspeicher (Operandenkeller) Speicherplatz für alle Größen, die während der Abarbeitung einer Anweisung temporär benötigt werden. Das Prinzip des Kellerspeichers besteht darin, daß die zuletzt eingespeicherte Information als erste wieder freigegeben wird; daß also nur zum obersten Kellerelement zugegriffen werden kann.

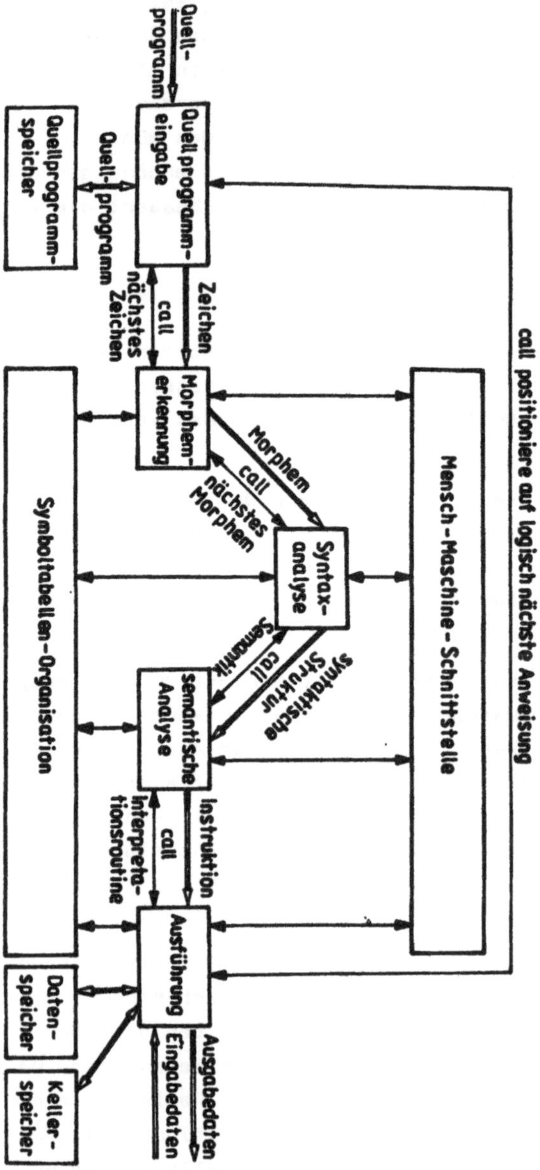

Abb. 3.10: Typische Struktur eines Interpreters

Es wurde bereits darauf verwiesen, daß ein Interpreter das Quellprogramm nicht sequentiell übersetzt. Daraus folgt, daß erstens ständig das gesamte Quellprogramm zur Verfügung stehen muß und daß zweitens die Möglichkeit bestehen muß, den Übersetzer (Morphemerkenner) auf bestimmte, markierte Stellen des Quellprogramms zu positionieren. Da die nächste zu übersetzende Quellprogrammanweisung im Ergebnis der Abarbeitung von Instruktionen des Interpreterkodes ermittelt wird, liegt eine Rückkopplung zwischen Ausführungs- und Übersetzungsteil vor. Für einen Interpreter ergibt sich damit die in Abb. 3.10 dargestellte typische Struktur.

In der folgenden Tabelle sind einige Instruktionen der Modellmaschine angegeben.

Instruktion	Parameter	Aktionen der Modellmaschine
RESERVE	typ, name	reserviert im Datenspeicher Speicherplatz für die Variable "name" vom Typ "typ" und trägt die Adresse in die Symboltabelle ein.
LOAD	REF, name	ermittelt für die Variable "name" aus der Symboltabelle die Adresse und kellert diese Adresse.
LOAD	typ, {name / konstante}	kellert einen Wert vom Typ "typ". Der Wert ist der von der Variablen "name" referierte Wert oder die angegebene Konstante.
CALL	typ, name	ruft die Prozedur "name" auf. Die als oberste Kellerelemente bereitgestellten Parameter werden entkellert und gegebenenfalls ein Resultatwert vom Typ "typ" gekellert.
RESET	typ	entkellert das oberste Kellerelement vom Typ "typ".

3.5. EIN BEISPIEL FÜR EINEN INTERPRETER

In diesem Abschnitt sollen die bisherigen Überlegungen zur Struktur und Arbeitsweise eines Programmiersystems durch ein einfaches Beispiel erläutert werden. Dem Leser soll damit zugleich eine konkrete Vorstellung über die Funktion und die Implementation eines solchen Systems vermittelt werden.

Es bietet sich an, als Beispiel einen Interpreter zu wählen, da dieser auch alle Teile eines Übersetzers enthält. Allerdings seien folgende vereinfachende Annahmen getroffen:

- Der Übersetzungsteil aktiviert bei jeder erkannten Zwischenkodeinstruktion sofort den Ausführungsteil, so daß dieser kein Steuerwerk besitzt.
- Die zu interpretierende Sprache enthält keine Möglichkeiten zur Verzweigung. Ein Programm kann deshalb nur sequentiell abgearbeitet werden. Damit entfällt die Notwendigkeit der Rückkopplung zwischen Ausführungs- und Übersetzungsteil (vgl. 3.4. bzw. Abb. 3.10). Das Programm muß nicht komplett in einem Quelltextspeicher vorhanden sein.

Die Beispielsprache ist eine sehr einfache Sprache zur Textedition. Ihre

Definition wird so vorgenommen, daß eine Interpretation ohne größere Probleme möglich ist. Die Sprache ist nicht für eine praktische Nutzung gedacht.

Trotz des geringen Sprachumfangs zeigt sich, daß eine vollständige Darstellung des Interpreters den Rahmen eines einführenden Beispiels sprengen würde. Deshalb erfolgt eine Konzentration auf die syntaktische und semantische Analyse. Von den anderen Teilen des Interpreters (Morphemerkenner, Ausführungsteil, Mensch-Maschine-Schnittstelle, Symboltabellenorganisation) werden nur die Schnittstellen in Form von Prozedurspezifikationen mit verbaler Erläuterung der Funktion angegeben.

3.5.1. DEFINITION EINER SPRACHE ZUR TEXTEDITION

Die Definition einer Programmiersprache enthält syntaktische, semantische und pragmatische Aspekte. Die Syntax der Texteditionssprache wird in der bereits bekannten Backus-Naur-Metasprache angegeben. Die Semantik wird verbal formuliert. Im Kapitel 8 werden später Methoden zur formalisierten Semantikbeschreibung eingeführt. Pragmatische Aspekte werden in Sprachdefinitionen meist durch Erläuterungen und Beispiele diskutiert. Da die Texteditionssprache sehr einfach ist, wird hier weitgehend darauf verzichtet.

a) <u>Programmstruktur</u>

<u>Syntax</u>

```
<Programm> :: = begin <Deklaration oder Anweisung>
                      [; <Deklaration oder Anweisung>] *
                end
<Deklaration oder Anweisung> :: = <Deklaration>|<Anweisung>
```

b) <u>Textdeklaration</u>

<u>Syntax</u>

```
<Deklaration> :: = var text <Deklarationsliste>
<Deklarationsliste> :: = <Identifikator> |
                         <Identifikator> , <Deklarationsliste>
```

<u>Semantik</u>

Die Textdeklaration definiert Texte, die durch die Identifikatoren der Deklarationsliste im Programm bezeichnet werden. Diese Identifikatoren sind logische Textfilenamen. Jeder Text muß definiert sein, bevor seine Anwendung in einer Anweisung erfolgt.

Nach seiner Definition besitzt ein Text einen undefinierten Wert. Durch eine Anweisung zum Eröffnen kann ihm ein Textwert zugewiesen werden. Durch eine Anweisung zum Schließen erhält er wieder einen undefinierten Wert. Texte können höchstens einen Textwert besitzen. Textwerte sind physische Files auf einem externen Ein- und Ausgabegerät. Sie sind charakterisiert durch

- den physischen Filenamen,

- die Textzeilen variabler Länge und
- den Zeilenzeiger.

Der Zeilenzeiger verweist auf die Textzeile eines Textwertes, die bearbeitet werden kann. Der Zeilenzeiger kann durch Anweisungen frei positioniert werden. Nach dem Eröffnen eines Textes verweist er auf eine angenommene Zeile 0, die vor der ersten Textzeile liegt.

c) Texteditionsanweisung

Syntax

```
<Anweisung> :: = <Prozeduraufruf>
<Prozeduraufruf>:: = <Identifikator> ( <Parameterliste> )
<Parameterliste> :: = [<Parameter> [, <Parameter> ]* ]^0:1
<Parameter> :: = <Ausdruck>
<Ausdruck> :: = <Prozeduraufruf> | <Identifikator> |
                <Intkonstante> | <Stringkonstante>
```

Semantik

Anweisungen eines Programms werden durch Aufrufe von Standardprozeduren realisiert. Die Standardprozeduren sind a priori in den Standardumgebung der Dialogsprache definiert. Sie werden durch Identifikatoren bezeichnet. In Aufrufen müssen die Zahl, die Reihenfolge und der Modus der Parameter mit der Parameterspezifikation der Standardprozeduren übereinstimmen.

Ein Identifikator als Parameter bezeichnet einen zuvor deklarierten Text. Eine Intkonstante als Parameter kennzeichnet die Nummer einer Textzeile des Textwertes. Eine Stringkonstante als Parameter ist je nach Kontext ein physischer Filename oder eine Zeichenreihe, die im Textwert gesucht oder eingefügt werden soll. Ein Parameter kann wiederum Aufruf einer Standardprozedur sein. In diesem Fall muß der Prozeduraufruf einen Wert liefern, der mit dem Modus des Parameters übereinstimmt.

Standardprozeduren:

```
proc eroeffnen = (var text text, string filename) void:
co weist dem "text" einen textwert zu, der durch den physischen "filenamen"
   identifiziert wird.
co

proc schliessen = (var text text, string filename) void:
co speichert den textwert von "text" als physische datei mit dem "filenamen" ab.
   anschliessend hat der "text" einen undefinierten wert.
co

proc suchen = (var text text, int zeilennummer, string zeichenreihe) int:
co positioniert den zeilenzeiger auf die durch "zeilennummer" bezeichnete zeile des
   "textes" und sucht dann sequentiell die erste zeile, die die "zeichenreihe" enthaelt. der
   zeilenzeiger wird auf diese zeile positioniert und die zeilennummer als ergebnis geliefert.
co

proc einfuegen = (var text text, string neue zeile) void:
co fuegt nach der zeile des "textes", auf die der zeilenzeiger verweist, die "neue zeile"
   ein und positioniert den zeilenzeiger auf diese zeile.
co

proc streichen = (var text text) void:
co streicht die zeile des "textes", auf die der zeilenzeiger verweist. dieser verweist
   anschliessend auf die naechste zeile.
co
```

```
proc ersetzen = (var text text, string alte zeichenreihe, neue zeichenreihe) void:
co sucht in der zeile des "textes", auf die der zeilenzeiger verweist, die
   "alte zeichenreihe" und ersetzt sie, falls vorhanden, durch die "neue zeichenreihe".
co

proc textzeile = (var text text) string:
co liefert als ergebnis die zeichenreihe, die die zeile des "textes" beinhaltet,
   auf die der zeilenzeiger verweist.
co
```

<u>Beispiel:</u>

Gegeben sei eine Datei mit dem physischen Filenamen "literaturverzeichnis" Die Datei enthalte die Literaturangabe

Loeper,H.; Bachmann,P.: Theorie und Technik der Übersetzerprogramme höherer Programmiersprachen. BSB B.G. Teubner Verlagsgesellschaft, Leipzig 1980.

Nach dieser Literaturangabe soll der neue Titel

Loeper,H.; Jäkel,H.-J.; Otter,W.: Compiler und Interpreter höherer Programmiersprachen. Akademie-Verlag, Berlin 1987.

in das Literaturverzeichnis aufgenommen werden. Folgende Dialogkommandos lösen diese Aufgabe:

```
begin
  var text text;
  eroeffnen (text, "literaturverzeichnis");
  suchen (text, suchen (text, 1, "Loeper,H.; Bachmann,P.:"), "1980.");
  einfuegen (text, "Loeper,H.; Jaekel,H.-J.; Otter,W.: Compiler und Interpreter");
  einfuegen (text, "hoeherer Programmiersprachen.");
  einfuegen (text, "Akademie-Verlag, Berlin 1987.");
  schliessen (text, "literaturverzeichnis")
end
```

Dieses Beispiel soll nur einen Eindruck vermitteln, wie die oben skizzierte Dialogsprache zur Texteditierung zu gebrauchen ist. Natürlich ist die Texteditierung sehr umständlich, wenn nur Textdeklarationen und Texteditionsanweisungen durch Standardprozeduraufrufe angewendet werden. In einer entwickelteren Dialogsprache werden Variable für ganze Zahlen und Zeichenreihen, Ausdrücke, Anweisungen zur Wertzuweisung, bedingte Anweisungen und Laufanweisungen und darüber hinaus auch Möglichkeiten zur Deklaration neuer Prozeduren benötigt. Diese Sprachkonstrukte werden in den verschiedenen Abschnitten des Buches zu der hier vorgestellten Sprachvariante ergänzt, um die damit verbundenen Probleme der Sprachübersetzung und -interpretation zu behandeln.

3.5.2. SYNTAXORIENTIERTE ÜBERSETZUNG MIT DEM VERFAHREN DES REKURSIVEN ABSTIEGS

Bevor die programmtechnische Realisierung des Interpreters für die Beispielsprache erarbeitet werden kann, muß geklärt werden, wie die Syntaxanalyse erfolgen soll. Zugleich wird der Leser mit den grundlegenden Ideen einer Methode bekannt gemacht, die sich bei der Entwicklung von Sprachverarbeitungssystemen außerordentlich bewährt hat.

Jede Informationsdarstellung ist mit einer syntaktischen Struktur verknüpft. Deshalb beginnt die Informationsverarbeitung mit der Erkennung der syntaktischen Struktur der zu verarbeitenden Daten. Die syntaktischen Regeln, die die Menge aller Eingabedaten beschreiben, werden als Grundlage für die Programmherstellung genutzt. Eine solche Vorgehensweise, die bewußt die Anbindung der Bedeutung an die Syntax als grundlegend in den Vordergrund stellt, wird als syntaxorientierter Softwareentwurf bezeichnet und hat sich vor allem in der Sprachverarbeitung bewährt, obwohl die Anwendung dieser Methode nicht auf diesem Anwendungsfeld beschränkt ist. Die bisherigen Ausführungen provozieren die Frage:

> Kann nicht eine geeignete Beschreibung syntaktischer Strukturen direkt als Anweisung für einen Rechner dienen?

Die weiteren Ausführungen werden diese Frage positiv beantworten und nehmen die Backus-Naur-Metasprache, die bereits in 2.2.3. zur Sprachdefinition behandelt wurde, zum Ausgangspunkt. Tatsächlich kann die Backus-Naur-Metasprache zu einer applikativen (logischen) Programmiersprache entwickelt werden. Ausgehend von dieser Idee entwickelte Koster die Programmiersprache CDL (Compiler Description Language) /40/. CDL bietet neben dem syntaktischen Aspekt die Möglichkeit, die syntaktische Verarbeitung in einfacher Weise mit der Semantik auf der theoretischen Grundlage der sogenannten Affixgrammatiken zu verknüpfen (vgl. auch /39/, /53/).

Die syntaktische Struktur einer gegebenen Zeichenreihe (eines Datums) wird mit Hilfe einer Backus-Naur-Regel erkannt, wenn die Anwendung der Regel auf die Zeichenreihe den logischen Wert true liefert; sonst liefert die Regelanwendung false. Somit steuern logische Werte als Ergebnis der Regelabarbeitung den Fluß durch das gesamte in der Backus-Naur-Metasprache vorliegende Programm.

Um für die Bestimmung der syntaktischen Struktur der Sätze einer Sprache, die durch Backus-Naur-Regeln definiert ist, eine imperative (klassische) Programmiersprache (z.B. ALGOL 68, Pascal) zu nutzen, müssen Transkriptionsregeln angegeben werden, mit denen die Backus-Naur-Regeln in ein Programm einer anderen Programmiersprache transformiert werden können:

- Jede Backus-Naur-Regel definiert genau eine logische (zunächst parameterlose) Funktionsprozedur. Der Prozedurname ist gleich dem Namen des Zwischensymbols, das durch die Backus-Naur-Regel definiert wird.
  Der Aufruf der Funktionsprozedur liefert den Resultatwert

true	falls ein aus dem Zwischensymbol erzeugbarer Quelltext als Eingabe vorliegt, d.h., die syntaktische Konstruktion erkannt wird.
false	sonst.

  Die Analyse des gesamten Quelltextes beginnt durch den Aufruf der Prozedur für das Zwischensymbol, das die gesamte Sprache darstellt. Somit ist die Methode des rekursiven Abstieges ein Top-down-Verfahren.
- Die rechte Seite (Formel) der zu betrachtenden Backus-Naur-Regel liefert

den jeweiligen Prozedurkörper. Der Prozedurkörper muß so aufgebaut werden, daß die Gültigkeit aller Alternativen, die die rechte Regelseite bilden, nacheinander in irgendeiner Reihenfolge geprüft werden kann. Die Abarbeitung des Prozedurkörpers liefert den Wert true, falls eine der Alternativen mit dem anliegenden Quelltext übereinstimmt. Falls keine Alternative zutrifft, liefert die Abarbeitung des Prozedurkörpers den Wert false.

Die Zeichen und Zwischensymbole, die eine Alternative bilden, werden nacheinander in der Reihenfolge ihres Auftretens in der Alternative abgearbeitet.

Ein Zeichen in irgendeiner Position der Alternative bedeutet einen Test, ob das aktuelle Zeichen des Eingabebandes mit diesem übereinstimmt. Falls beide Zeichen übereinstimmen (das Eingabezeichen wird akzeptiert), wird das nächste Zeichen des Eingabebandes bereitgestellt. Stimmen beide Zeichen nicht überein, versagt die Alternative, und es wird der Übergang zur nächsten eventuell noch vorhandenen Alternative vollzogen.
Ein Zwischensymbol in einer Alternative bedeutet die Programmierung eines Aufrufs der Funktionsprozedur, die durch dieses Zwischensymbol identifiziert wird. Falls der Prozeduraufruf den Wert true liefert, ist ein entsprechender Quelltextteil erkannt und die Analyse der Alternative wird fortgesetzt. Im anderen Fall versagt die Alternative, und es wird der Übergang zur nächsten eventuell noch vorhandenen Alternative vollzogen.

Die verbal beschriebenen Regeln zur Transkription der Backus-Naur-Regeln in Funktionsprozeduren werden nun an Hand von einfachen grundlegenden Formen demonstriert. Die Einbeziehung semantischer Aktionen, die man sich als Aufrufe semantischer Routinen vorstellen kann, wird dabei angedeutet. Es wird angenommen, daß in einer globalen Variablen "zeichen" das aktuell zu untersuchende Zeichen des Eingabebandes bereitsteht und daß durch den Aufruf der Prozedur "nächstes zeichen" das nächste Zeichen des Eingabebandes bereitgestellt wird.

1) Behandlung eines einzelnen Zeichens oder Zwischensymbols

<a> ::= x

a:

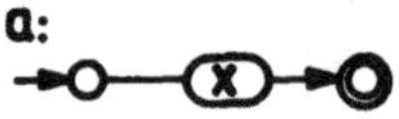


```
proc a = bool:
if x = zeichen
  then semantik x;
       zeichen := naechstes zeichen;
       true
  else false
fi
```

<a>::= <b>

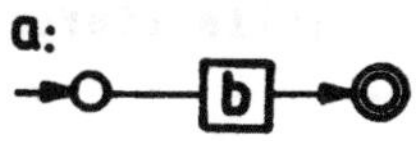


```
proc a = bool:
if b then semantik b;
          true
     else false
fi
```

2) Behandlung einer Sequenz

<a>::=<b><c>

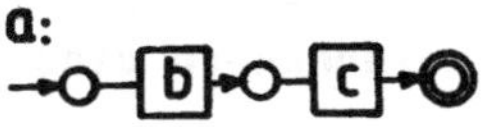


```
proc a = bool:
if b then semantik b;
          if c then semantik c;
                    true
               else fehlerbehandlung
          fi
     else false
fi
```

3) Behandlung einer Alternative

<a>::=<b>|<c>

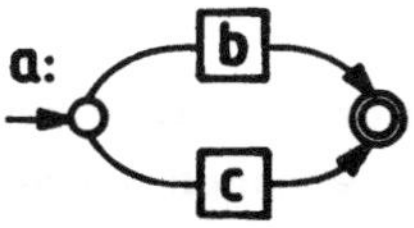


```
proc a = bool:
if b then semantik b;
          true
     else if c then semantik c;
                    true
               else false
          fi
fi
```

Bemerkungen:

a) Eine leere Alternative (ε) liefert stets true, wobei der anliegende Quelltextrest ein zulässiger rechter Kontext für die analysierte syntaktische Kategorie sein muß.

b) Die Alternativkonstruktion
<a> : : = <b> | <b> <c>
kann durch Ausklammern faktorisiert werden
<a> : : = <b> $[$ <c> | ε $]^{1:1}$.
ε stellt die leere Alternative dar. Mittels der wahlweisen Klammerung erhält man

<a>::= <b>$[$<c>$]^{0:1}$

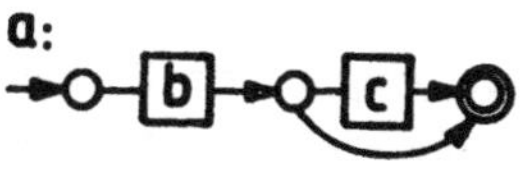


```
proc a = bool:
if b then semantik b;
          if c then semantik c fi;
          true
     else false
fi
```

Die Abarbeitung des wahlweisen Teils liefert dabei stets den logischen Wert <u>true</u>.

4) <u>Behandlung von Rekursion und Iteration</u>.

In einer rekursiv aufgebauten Definition gehört stets zur induktiven Klausel eine Basisklausel. Der Einfachheit halber sei hier angenommen, daß die Basisklausel die leere Alternative ist.

a) <u>Bemerkungen zur Linksrekursion</u>

Für eine linksrekursive Backus-Naur-Regel erhält man bei der kritiklosen Anwendung der bisherigen Ausführungen eine fehlerhafte Prozedur:

<a> ::= <a> <b> | ε

(<a> <b>: induktive Klausel; ε: Basisklausel)

a:

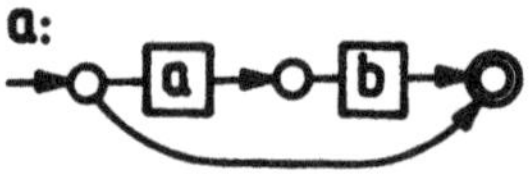

```
proc a = bool:
if a then semantik a;
          if b then semantik b;
                  true
             else fehlerbehandlung
          fi
     else true
fi
```

Ein Aufruf der Prozedur a würde zu einer unbegrenzten Zahl von Aufrufen der gleichen Prozedur führen, wodurch im praktischen Fall ein Überlauf des Kellerspeichers, der die rekursiven Aufrufe ermöglicht, hervorgerufen wird. Es ist zu beachten:

> Syntaxregeln mit direkter oder indirekter Linksrekursion sind für das Verfahren des rekursiven Abstiegs nicht erlaubt!

Verallgemeinernd kann gesagt werden, daß in allen Top-down-Analyseverfahren die Linksrekursivität nicht zulässig ist. Später wird der Leser Verfahren zur Beseitigung der Linksrekursion in Syntaxregeln kennenlernen (4.2.1.); oder man geht zur iterativen Darstellung des Sachverhaltes über.

b) <u>Rechtsrekursion</u>

<a> ::= <b> <a> | ε

a:

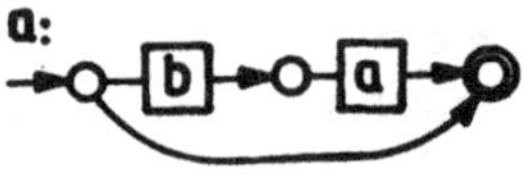

```
proc a = bool:
if b then semantik b;
          a
     else true
fi
```

<u>Bemerkung:</u> Oftmals ist es wegen der Zuordnung der Semantik nicht möglich, ohne weiteres von der Links- zur Rechtsrekursion überzugehen (vgl. 4.2.1.).

c) <u>Iteration</u>

Man kann sich davon überzeugen, daß sowohl die links- als auch rechtsrekursiven Gleichungen (Fall a und b) die Lösung <a> :: = <b>* besitzen.

Folglich lassen sich diese rekursiven Beschreibungen durch eine iterative Prozedur realisieren. Oftmals ist die iterative Lösung sogar effektiver.

<a>::= <b>*

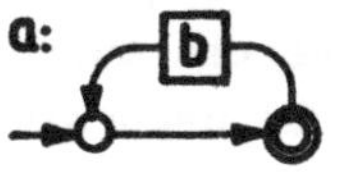


```
proc a = bool:
begin while b
      do semantik b od;
      true
end
```

Da diese Prozedur stets den logischen Wert true liefert, ist ihr Ergebnis redundant, und sie kann in

```
proc a = void: while b do semantik b od
```

umgeschrieben werden. Allerdings sind dann auch die Aufrufe der Prozedur a so zu ändern, daß die Abfrage (if) des Resultats von a und die dazugehörige false-Alternative (nach else) entfallen.

Bemerkung:

Allgemein kann festgestellt werden: jede rekursive (mit Ausnahme der zentralrekursiven) Beschreibung kann durch eine iterative Beschreibung dargestellt werden, und für jede iterative Form läßt sich eine rekursive angeben. Deshalb bieten einige Programmiersprachen dem Programmierer entweder nur Ausdrucksmittel zur rekursiven oder nur zur iterativen Darstellung von wiederholt auszuführenden Anweisungsfolgen an. Ein Beispiel dafür ist das reine LISP, das keine Ausdrucksmittel zur Programmierung von Zyklen enthält. Umgekehrt gibt es aber auch Programmiersprachen (z.B. FORTRAN), die nur das Iterationskonzept zur Konstruktion von Zyklen enthalten und eine rekursive Problembeschreibung nicht erlauben.

Beispiel:

Unter schematischer Benutzung von Schritt 2 (Sequenz) und 4c (Iteration) kann die folgende Backus-Naur-Regel in eine Prozedur für die behandelte Methode des rekursiven Abstiegs umgesetzt werden.

<a>::= <b> [<c>]*

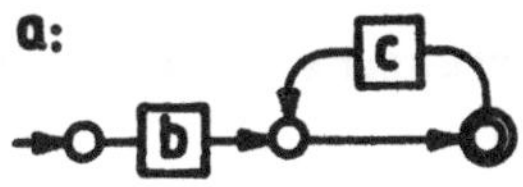


```
proc a = bool:
if b then semantik b;
          while c
          do semantik c od;
          true
     else false
fi
```

Als äußerst wichtiges Problem muß noch der Rücklauf für versagende Alternativen erörtert werden. In diesem Fall ist es möglich, daß das Eingabeband nach erfolgreichem Zeichenvergleich vorgerückt wurde, aber die angesteuerte Alternative sich danach als falsch erweist. Um eine andere

Alternative zu prüfen, ist es notwendig, das Eingabeband wieder zurückzusetzen (Rücklauf, Backtracking). Unter Umständen ist der Aufwand dazu insbesondere auch wegen der bereits ausgeführten semantischen Aktionen, die ebenfalls rückgängig gemacht werden müssen, sehr hoch. Im allgemeinen sollte bei Anwendung der Methode des rekursiven Abstiegs kein Rücklauf erlaubt sein. Das bedeutet, daß angenommen wird, daß ein in einer Alternative erkanntes terminales Zeichen die Alternative eindeutig bestimmt. Ein späteres Fehlschlagen der Alternative wird deshalb als Fehler des Eingabebandes betrachtet. D.h., die eindeutige Auswahl der Alternative wird durch das erste Zeichen bestimmt. Diese Eigenschaft der Sprachdefinition wird als LL(1)-Eigenschaft bezeichnet (7.3.1.).

Oftmals kann diese Eigenschaft bereits durch Faktorisierung erreicht werden. Beispielsweise erhält man für die Alternativen

<Deklaration> :: = <Modus> id := <Einheit> |
<Modus> id = <Einheit> ,

die die vereinfachte initialisierte Variablendeklaration bzw. Identitätsdeklaration von ALGOL 68 darstellen, durch Faktorisierung unter Zuhilfenahme des neuen Zwischensymbols <Rest>

<Deklaration> :: = <Modus> id <Rest>
<Rest> :: = := <Einheit> | = <Einheit>.

Jetzt werden beide Alternativen durch unterschiedliche Zeichen (:= bzw. =) angesteuert und ein Rücklauf ist nicht notwendig.

3.5.3. DER INTERPRETERKODE

Eine der ersten und wichtigsten Arbeiten bei der Schaffung eines Sprachverarbeitungssystems ist die Festlegung einer semantisch äquivalenten Zuordnung zwischen Quellsprach- und Zielsprachkonstruktionen. Diese Festlegung hat u.U. weitreichende Auswirkungen auf den konkreten Aufbau der einzelnen Bestandteile eines Programmiersystems. Für die Beispielsprache ist diese Festlegung relativ einfach. Als Interpreterinstruktionen werden die in 3.4. erwähnten Instruktionen verwendet.

Das Auftreten eines Identifikators in einer Deklarationsliste führt zur Abarbeitung der Instruktion

RESERVE texttyp, name.

Ein Prozeduraufruf bewirkt, daß zunächst alle Parameter in den Keller geladen werden. Anschließend wird die Instruktion

CALL resultattyp, name

abgearbeitet. Für den Fall, daß der Prozeduraufruf nicht als Ausdruck in einer Parameterliste sondern als Anweisung auftritt und im Ergebnis seiner Abarbeitung einen Resultatwert auf dem Keller hinterläßt, wird zusätzlich die Instruktion

```
RESET     resultattyp
```

abgearbeitet, die den Resultatwert aus dem Keller entfernt. Tritt ein Identifikator (Text) als Parameter auf, so wird durch

```
LOAD      REF, name
```

die Adresse der Variablen in den Keller geladen. Tritt dagegen eine Int- oder Stringkonstante als Parameter auf, so wird diese Konstante durch

```
LOAD      typ, konstante
```

in den Keller geladen.

Das in 3.5.1. gegebene Beispiel erfordert folglich, daß im Verlauf der Abarbeitung des Programms Interpreteraktionen in der folgenden Reihenfolge ausgeführt werden:

```
RESERVE   TEXT, text
LOAD      REF, text
LOAD      STRING, "literaturverzeichnis"
CALL      VOID, eroeffnen
LOAD      REF, text
LOAD      REF, text
LOAD      INT, 1
LOAD      STRING, "Loeper,H.; Bachmann,P.:"
CALL      INT, suchen
LOAD      STRING, "1980."
CALL      INT, suchen
RESET     INT
LOAD      REF, text
LOAD      STRING, "Loeper,H.; Jaekel,H.-J.; Otter,W.: Compiler und Interpreter"
CALL      VOID, einfuegen
 .
 .
 .
```

3.5.4. PROGRAMMTECHNISCHE REALISIERUNG

In diesem Abschnitt werden alle bisherigen Überlegungen durch eine programmtechnische Realisierung eines Interpreters für die Texteditionssprache untersetzt. Der Ausgangspunkt des Entwurfs ist der Syntaxanalysator, da dieser der zentrale Steuerteil eines Interpreters ist. Die Syntaxanalyse erfolgt nach der im Abschnitt 3.5.2. behandelten Methode des rekursiven Abstiegs. Damit besteht der Syntaxanalysator aus einer Reihe rekursiv aufrufbarer Prozeduren, die den einzelnen syntaktischen Konstruktionen entsprechen. Setzt man stets richtigen Quelltext voraus, so wäre die Entwicklung des Syntaxanalysators äußerst einfach. Die Fehlerbehandlung, ohne die kein vernünftiger Interpreter auskommt, beeinflußt aber stark die Realisierung des Syntaxanalysators und der anderen Programmteile, wie später gezeigt wird. In 7.4. wird gesondert auf die Probleme der Behandlung syntaktischer Fehler eingegangen.

Im Falle des Texteditors wird ein einfaches, aber sehr wirkungsvolles Verfahren zur Fehlerbehandlung angewandt. Die Fehlermeldung erfolgt auf dem Bildschirm mit genauer Markierung der Position. Danach hat der Nutzer die Korrektur durch Eingabe des Restes der Quellzeile vorzunehmen, wie das folgende Beispiel zeigt. Die Programminterpretation wird an der korrigierten Stelle fortgesetzt.

Beispiel:

begin var real letter;		Quelltextzeile
********* unzulaessiger typdeklarator	}	Fehlermeldung
bitte, vervollstaendigen sie die quelltextzeile!		
text letter;		Korrektur durch Nutzer

Die Meldung des Fehlers einschließlich der Kennzeichnung der Fehlerposition und der Eingabe des neuen Restes der Quelizeile erfolgt durch eine Prozedur "fehlermeldung", die unten als Schnittstelle zur Mensch-Maschine-Kommunikation beschrieben ist. Die Prozedur zur Fehlermeldung hat folgenden Aufbau:

```
proc fehlermeldung = (int fehlerkode, pos fehlerposition) void:
begin
  put ((fehlerposition-1)*"*", " ");
  case fehlerkode
  in put ("inkorrektes zeichen", newline),
     put ("falsches wortsymbol", newline),
     put ("zeilenende in zeichenkette", newline),
      .
      .
      .
     put ("unzulaessiger typdeklarator", newline),
      .
      .
      .
  esac;
  put ("bitte, vervollstaendigen sie die quelltextzeile!", newline);
  eingabe naechste quellzeile (fehlerposition)
end
```

In der angegebenen Art können lexikale, syntaktische und semantische Fehler behandelt werden. Fehler bei der Ausführung von Interpreterinstruktionen werden im Ausführungsteil behandelt. Hier wird nicht näher darauf eingegangen.

Wie bereits erwähnt, werden aus Platzgründen für den Morphemerkenner, die Symboltabellenorganisation, die Mensch-Maschine-Schnittstelle und den Ausführungsteil nur die Schnittstellen, d.h., die Prozedurspezifikationen, nicht aber die Prozedurkörper, angegeben. Der Texteditor beginnt mit der Beschreibung dieser Schnittstellen.

```
texteditor:
begin
  co schnittstelle: lexikale analyse co
  co ********************************* co

  mode morphem = struct (int klasse, string name, pos position);
  morphem morphem;

  co morphemklassen co

  int identifikator=1, intconst=2, stringconst=3, begin=4, end=5,
      klammer auf=6, klammer zu=7, semikolon=8, komma=9, var=10, text=11;

  proc initialisiere quelleingabe = void:
  co initialisierung der quellprogrammeingabe co;

  proc naechstes morphem = morphem:
  co ermittelt das naechste morphem des eingabebandes. dazu muss u.u. eine
     neue quelltextzeile eingegeben werden co;

  co schnittstelle: symboltabellenorganisation co
  co ******************************************* co

  co objekttypen co

  mode typ = int;
  typ leerer typ=0, proctyp=1, INT=2, STRING=3, TEXT=4, VOID=5, VAR TEXT=6;
```

```
proc initialisiere symboltabelle = void:
co eintragung der standardmaessig definierten objekte in die symboltabelle co;

proc trage identifikator ein = (string name, typ typ) void:
co traegt das paar "name" und "typ" in die symboltabelle ein co;

proc ist definiert = (string name) bool:
co liefert true, falls "name" bereits in der symboltabelle vorhanden ist, sonst false co;

proc typ von = (string name) typ:
co liefert den zu "name" gehoerenden typ co;

proc resultattyp von = (string prozedur) typ:
co liefert den typ des resultatwertes der "prozedur" co;

proc parameterzahl von = (string prozedur) int:
co liefert die anzahl der parameter der "prozedur" co;

proc parametertyp von = (string prozedur, int i) typ:
co liefert den typ des i-ten parameters der "prozedur"  co;

co schnittstelle: mensch-maschine-schnittstelle co
co ********************************************* co

proc fehlermeldung = (int fehlerkode, pos fehlerposition) void:
co realisiert die fehlermeldung gemaess "fehlerkode" und "fehlerposition"
   sowie die eingabe eines neuen restes der quelltextzeile wie angegeben co;

proc syntaktischer fehler = (int fehlerkode, pos fehlerposition) void:
begin
   fehlermeldung (fehlerkode, fehlerposition);
   morphem:=naechstes morphem
end;

proc semantischer fehler = (int fehlerkode, pos fehlerposition) void:
begin
   fehlermeldung (fehlerkode, fehlerposition);
   morphem:=naechstes morphem
end;

co fehlerkodes co

co lexikale fehler co

int unkorrektes zeichen=1, falsches wortsymbol=2, zeilenende in zeichenkette=3;

co syntaktische fehler co

int nach begin folgt keine deklaration oder anweisung=4,
    nach semikolon folgt keine deklaration oder anweisung=5,
    falsches trennzeichen zwischen deklarationen und anweisungen oder
    falsches programmende=6,
    unzulaessiger typdeklarator=7,
    falsche deklarationsliste=8,
    fehlende oeffnende klammer=9,
    nach oeffnender klammer folgt kein parameter oder schliessende klammer=10,
    nach komma folgt kein parameter=11,
    falsches trennzeichen in der parameterliste=12;

co semantische fehler co

int identifikator bereits definiert=13,
    unbekannter identifikator=14,
    identifikator bezeichnet keine prozedur=15,
    unvollstaendige parameterliste=16,
    zu viele parameter=17,
    typ des ausdrucks entspricht nicht dem parametertyp=18;

co schnittstelle: ausfuehrungsteil co
co ****************************** co

proc initialisiere ausfuehrung = void:
co initialisierung des ausfuehrungsteils co;

proc aktiviere ausfuehrung = (int aktion, typ typ, string name) void:
co aktiviert die "aktion" des ausfuehrungsteils, die durch "typ" und "name" spezifiert wird.
   falls "typ" oder "name" fuer die "aktion" nicht gefordert sind,
   wird der leere typ bzw. leere name als parameter uebergeben co;

string leerer name = "//";

co interpreteraktionen co

int RESERVE=1, CALL=2, LOAD=3, RESET=4;

co syntaxanalysator co
co **************** co
      :
      : hier folgen die unten beschriebenen prozeduren
      : des rekursiven abstiegs
      :
```

```
  co aufruf des texteditors co
  co *********************** co

  initialisiere quelleingabe;
  morphem:=naechstes morphem;
  if programm
     then put ("dialog zur textedition beendet")
     else put ("falscher dialog zur textedition")
  fi
end
```

Nun sollen die Syntaxanalyseprozeduren, die den einzelnen syntaktischen Konstruktionen der Texteditionssprache entsprechen, entworfen werden. Dabei ist es aus Gründen der Fehlerbehandlung notwendig, die in 3.5.1. angegebene Syntax weiter zu detaillieren.

1) <u>Programm</u>

<Programm> :: = <u>begin</u> <Programmkörper mit end>

<Programmkörper mit end> :: = <Deklaration oder Anweisung>
<Programmrest mit end>

<Programmrest mit end> :: = [; <Deklaration oder Anweisung>] * <u>end</u>

```
proc programm = bool:
if klasse of morphem=begin
  then
    co semantik: programmbeginn co
    co ************************* co
    initialisiere symboltabelle;
    initialisiere ausfuehrung;
    co ************************* co
    morphem:=naechstes morphem;
    programmkoerper mit end;
    true
  else
    false
fi;
```

<u>Bemerkung:</u>
Die hier angewandte Fehlerbehandlung bewirkt, daß in Sequenzen nur das erste Symbol getestet wird. Die folgenden Symbole werden unbedingt gefordert, d.h., die entsprechenden Analyseprozeduren liefern stets <u>true</u>, wodurch sich die Behandlung ihres Resultates erübrigt (<u>void</u>).

```
proc programmkoerper mit end = void:
if deklaration oder anweisung
  then
    programmrest mit end
  else
    syntaktischer fehler (nach begin folgt keine deklaration oder anweisung,
                          position of morphem);
    programmkoerper mit end
fi;
```

In dem Fall, daß nach <u>begin</u> der Programmkörper nicht mit einer Deklaration oder Anweisung eingeleitet wird, erfolgt die Meldung eines syntaktischen Fehlers, die gleichzeitig den Nutzer zur Korrektur der Eingabe auffordert. Nach der Korrektur erfolgt der rekursive Aufruf der gleichen Prozedur als Fehlerbehandlungsmaßnahme. Das kann sich wiederholen, bis eine richtige Quelleingabe erfolgt. Auf diese Weise erfolgt auch in den anderen Prozeduren die Behandlung aller syntaktischen und semantischen Fehler.

```
proc programmrest mit end = void:
begin
  while klasse of morphem=semikolon
  do
    pos position:=position of morphem;
    morphem:=naechstes morphem;
    if deklaration oder anweisung
      then
        skip
      else
        syntaktischer fehler (nach semikolon folgt keine deklaration oder anweisung, position);
    fi
  od;
  if klasse of morphem=end
    then
      skip
    else
      syntaktischer fehler (falsches trennzeichen zwischen deklarationen und anweisungen
                            oder falsches programmende, position of morphem);
      programmrest mit end
  fi
end;
```

Bemerkung:

Die Erkennung des Morphems end kennzeichnet eindeutig das Programmende und erfordert keine Bereitstellung eines nächsten Morphems.

2) Deklaration oder Anweisung

<Deklaration oder Anweisung> : : = <Deklaration> | <Anweisung>

```
proc deklaration oder anweisung = bool:
if deklaration
  then
    true
  else
    anweisung
fi;
```

3) Deklaration

<Deklaration> : : = <Variablentyp> <Deklarationsliste>

<Variablentyp> : : = var <Modusindikator>

<Modusindikator> : : = text

<Deklarationsliste> : : = <Identifikator> $[$, <Deklarationsliste>$]^{0:1}$

Der Aufbau dieser Regeln ist so gewählt, daß die Einführung eines neuen Typs (z.B. var int) leicht möglich ist. Weiterhin ist zu beachten, daß bei der Abarbeitung der Deklarationsliste jeder Identifikator mit der Typinformation verbunden wird, die durch die Abarbeitung der syntaktischen Prozedur "variablentyp" ermittelt (d.h., synthetisiert) wird. Diese semantische Information wird als aktueller Parameter der syntaktischen Prozedur "deklarationsliste" als Attribut vererbt. Die Verallgemeinerung dieses Prinzips führt auf die sogenannten Attributgrammatiken mit synthetisierten und inheriten (vererbten) Attributen, die ausführlich im Abschnitt 8. behandelt werden.

```
proc deklaration = bool:
begin
  typ typ;
  if variablentyp (typ)
    then
      deklarationsliste (typ);
      true
    else
      false
  fi
end;
```

```
proc variablentyp = (ref typ typ) bool:
if klasse of morphem=var
  then
    morphem:=naechstes morphem;
    modusindikator (typ);
    true
  else
    false
fi;

proc modusindikator = (ref typ typ) void:
if klasse of morphem=text
  then
    co semantik: vartexttyp co
    co ******************** co
    typ:=VAR TEXT;
    co ******************** co
    morphem:=naechstes morphem
  else
    syntaktischer fehler (unsulaessiger typdeklarator, position of morphem);
    modusindikator (typ)
fi;

proc deklarationsliste = (typ typ) void:
if klasse of morphem=identifikator
  then
    co semantik: deklaration eines identifikators co
    co ******************************************** co
    if ist definiert (name of morphem)
      then
        semantischer fehler (identifikator bereits definiert, position of morphem);
        deklarationsliste (typ)
      else
        trage identifikator ein (name of morphem, typ);
        aktiviere ausfuehrung (RESERVE, TEXT, name of morphem);
    co ******************************************** co
        morphem:=naechstes morphem;
        if klasse of morphem=komma
          then
            morphem:=naechstes morphem;
            deklarationsliste (typ)
        fi
    fi
  else
    syntaktischer fehler (falsche deklarationsliste, position of morphem);
    deklarationsliste (typ)
fi;
```

Zu beachten ist die semantische Behandlung eines erkannten Identifikators der Deklarationsliste. Zunächst wird abgefragt, ob der Identifikator bereits in der Symboltabelle enthalten, also definiert ist. Falls das nicht der Fall ist, wird der Identifikator zusammen mit der Typinformation in die Symboltabelle eingetragen. Weiterhin wird die Instruktion RESERVE (vgl. 3.4.) ausgeführt. Werden Variablen anderer Typen zugelassen, so ist der Instruktion RESERVE der dementsprechende Typ als Parameter zu übergeben.

4) Anweisung

<Anweisung> ::= <Prozeduraufruf>

<Prozeduraufruf> ::= <Identifikator> <geklammerte Parameterliste>

<geklammerte Parameterliste> ::= (<Parameterliste mit Klammerzu>

<Parameterliste mit Klammerzu> ::=
<Parameter> <Rest der Parameterliste mit Klammerzu>|)

<Rest der Parameterliste mit Klammerzu> ::= [, <Parameter>] *)

Zur Überprüfung der Parameterliste wird der Prozedurname den entsprechenden Analyseprozeduren als Parameter übergeben.

```
proc anweisung = bool:
if prozeduraufruf then true else false fi;


proc prozeduraufruf = bool:
if klasse of morphem=identifikator
  then
    co semantik: prozeduraufruf co
    co ************************* co
    if ist definiert (name of morphem)
      then
        if typ von (name of morphem)=proctyp
          then
            string prozedur:=name of morphem;
    co ************************* co
            morphem:=naechstes morphem;
            geklammerte parameterliste (prozedur);
            co semantik: ausfuehrung des prozeduraufrufs co
            co ******************************************* co
            aktiviere ausfuehrung (CALL, resultattyp von (prozedur), prozedur);
            if resultattyp von (prozedur)/=VOID
              then
                aktiviere ausfuehrung (RESET, resultattyp von (prozedur), leerer name)
            fi;
            co ******************************************* co
            true
          else
            semantischer fehler (identifikator bezeichnet keine prozedur, position of morphem);
            anweisung
        fi
      else
        semantischer fehler (unbekannter identifikator, position of morphem);
        anweisung
    fi
  else
    false
fi;


proc geklammerte parameterliste = (string prozedur) void:
if klasse of morphem=klammer auf
  then
    morphem:=naechstes morphem;
    parameterliste mit klammer zu (prozedur)
  else
    syntaktischer fehler (fehlende oeffnende klammer, position of morphem);
    geklammerte parameterliste (prozedur)
fi;


proc parameterliste mit klammer zu = (string prozedur) void:
if klasse of morphem=klammer zu
  then
    if parameterzahl von (prozedur)=0
      then
        morphem:=naechstes morphem
      else
        semantischer fehler (unvollstaendige parameterliste, position of morphem);
        parameterliste mit klammer zu (prozedur)
    fi
  else
    if parameterzahl von (prozedur)>0
      then
        if parameter (prozedur, 1)
          then
            int parameterzahl:=1;
            rest der parameterliste mit klammer zu (prozedur, parameterzahl)
          else
            syntaktischer fehler (nach oeffnender klammer folgt kein parameter
                                  oder schliessende klammer, position of morphem);
            parameterliste mit klammer zu (prozedur)
        fi
      else
        semantischer fehler (zu viele parameter, position of morphem);
        parameterliste mit klammer zu (prozedur)
    fi
fi;
```

```
proc rest der parameterliste mit klammer zu = (string prosedur, ref int parameterzahl) void:
begin
  while klasse of morphem=komma
  do
    if parameterzahl<parameterzahl von (prosedur)
      then
        pos position:=position of morphem;
        morphem:=naechstes morphem;
        parameterzahl:=parameterzahl+1;
        if parameter (prosedur, parameterzahl)
          then
            skip
          else
            syntaktischer fehler (nach komma folgt kein parameter, position);
            parameterzahl:=parameterzahl-1
        fi
      else
        semantischer fehler (zu viele parameter, position of morphem);
    fi
  od;
  if klasse of morphem=klammer zu
    then
      if parameterzahl=parameterzahl von (prosedur)
        then
          morphem:=naechstes morphem
        else
          semantischer fehler (unvollstaendige parameterliste, position of morphem);
          rest der parameterliste mit klammer zu (prosedur, parameterzahl)
      fi
    else
      syntaktischer fehler (falsches trennzeichen in der parameterliste, position of morphem);
      rest der parameterliste mit klammer zu (prosedur, parameterzahl)
  fi
end;
```

5) Parameter

```
<Parameter> : : = <Ausdruck>
<Ausdruck> : : = <Intkonstante> | <Stringkonstante> |
                 <Variable oder Aufruf
<Variable oder Aufruf> : : = <Identifikator>
                             [<geklammerte Parameterliste>]
```

Die letzte Regel wird eingeführt, da zwei Alternativen von Ausdruck mit dem gleichen Symbol (Identifikator) beginnen.

Die Abarbeitung eines Ausdrucks liefert einen Wert eines bestimmten Resultattyps. Der Resultattyp muß mit dem für den Parameter geforderten Typ übereinstimmen.

```
proc parameter = (string prosedur, int parameterzahl) bool:
begin
  pos position:=position of morphem;
  typ resultattyp;
  if ausdruck (resultattyp)
    then
      co semantik: ausdruck als parameter co
      co ********************************** co
      if resultattyp=parametertyp von (prosedur, parameterzahl)
        then
          true
        else
          semantischer fehler (typ des ausdrucks entspricht nicht dem parametertyp, position);
          aktiviere ausfuehrung (RESET, resultattyp, leerer name);
          parameter (prosedur, parameterzahl)
      fi
      co ********************************** co
    else
      false
  fi
end;
```

```
proc ausdruck = (ref typ resultattyp) bool:
if klasse of morphem=intconst
  then
    co semantik: intkonstante co
    co *********************** co
    resultattyp:=INT;
    aktiviere ausfuehrung (LOAD, INT, name of morphem);
    co *********************** co
    morphem:=naechstes morphem;
    true
  else
    if klasse of morphem=stringconst
      then
        co semantik: stringkonstante co
        co ************************** co
        resultattyp:=STRING;
        aktiviere ausfuehrung (LOAD, STRING, name of morphem);
        co ************************** co
        morphem:=naechstes morphem;
        true
      else
        variable oder aufruf (resultattyp)
    fi
fi;

proc variable oder aufruf = (ref typ resultattyp) bool:
if klasse of morphem=identifikator
  then
    if ist definiert (name of morphem)
      then
        if typ von (name of morphem)=VAR TEXT
          then
            co semantik: textvariable co
            co *********************** co
            resultattyp:=VAR TEXT;
            aktiviere ausfuehrung (LOAD, REF, name of morphem);
            co *********************** co
            morphem:=naechstes morphem;
            true
          else
            if typ von (name of morphem)=proctyp
              then
                co semantik: prozedurname co
                co *********************** co
                string prozedur:=name of morphem;
                resultattyp:=resultattyp von (prozedur);
                co *********************** co
                morphem:=naechstes morphem;
                geklammerte parameterliste (prozedur);
                co semantik: prozeduraufruf co
                co ************************** co
                aktiviere ausfuehrung (CALL, resultattyp, prozedur);
                co ************************** co
                true
            fi
        fi
      else
        semantischer fehler (unbekannter identifikator, position of morphem);
        ausdruck (resultattyp)
    fi
  else
    false
fi;
```

Ein Prozeduraufruf als Ausdruck hat eine andere Semantik als ein Prozeduraufruf als Anweisung. Im ersten Fall wird ein Resultatyp ungleich dem Voidtyp gefordert; dagegen ist im zweiten Fall der Voidtyp erlaubt, und ein eventuelles Ergebnis wird gelöscht. Demzufolge wird ein Prozeduraufruf in der Analyseprozedur für Ausdrücke anders behandelt als in der Analyseprozedur "prozeduraufruf".

Übungen:

1) Definiere verbal die Syntax und Semantik ganzzahliger arithmetischer Ausdrücke! Ein arithmetischer Ausdruck besteht aus Identifikatoren, den

dyadischen arithmetischen Operatoren +, -, *, / und den Klammern (,)! Leite aus der verbalen Syntax eine Backus-Naur-Darstellung ab!

2) Um eine einfache Fehlerbehandlung in dem Interpreter für die Texteditionssprache zu realisieren, wurden rekursive Prozeduren der Form

   <u>proc</u> name = <u>void</u>:
   <u>if</u> C <u>then</u> S <u>else</u> syntaktischer fehler; name <u>fi</u>

   eingeführt. Gib eine äquivalente Lösung ohne rekursiven Prozeduraufruf an!

3) Eine Prozedur habe die Struktur
   <u>proc</u> iteration = <u>void</u>: <u>while</u> C <u>do</u> S <u>od</u>.

   Definiere eine rekursive Prozedur, die die gleiche Ausführungsfolge der Bedingung C und der Anweisung S bewirkt!

4) Gib für das Gleichungssystem (Abschnitt 2.2.2.4.)

   $\underline{\text{Block}} = \{\underline{\text{begin}}\} \otimes \underline{\text{Körper}} \otimes \{\underline{\text{end}}\}$
   $\underline{\text{Körper}} = (\underline{\text{Block}} \cup \underline{\text{Deklaration}} \cup \underline{\text{Bezugnahme}}) \otimes (\{;\} \otimes \underline{\text{Körper}} \cup \{\varepsilon\})$
   $\underline{\text{Bezugnahme}} = \{\underline{\text{bez}}\} \otimes \underline{\text{Liste}}$
   $\underline{\text{Deklaration}} = \{\underline{\text{dec}}\} \otimes \underline{\text{Liste}}$
   $\underline{\text{Liste}} = \{\underline{\text{id}}\} \otimes (\{,\} \otimes \{\underline{\text{id}}\})^*$

   die Backus-Naur-Form an und schreibe ein Analyseprogramm nach der Methode des rekursiven Abstiegs unter Verwendung der Prozeduren

   <u>proc</u> naechstes morphem = <u>morphem</u>:
   <u>co</u> liefert das naechste terminale zeichen (morphem) <u>co</u>
   <u>proc</u> fehlerbehandlung = (<u>string</u> meldung)<u>bool</u>:
   <u>co</u> führt die "meldung" des fehlers und eine nicht weiter spezifizierte behandlung des fehlers aus
   <u>co</u> !

   Charakterisiere die semantischen Aktionen zur Behandlung der statischen Blockstruktur und zur Überprüfung der Gültigkeits- und Identifizierungsbeziehungen!

5) Am Eingabeband liege entweder nur eine Gleitkommazahl

   <Gleitkommazahl> ::= <ganze Zahl> . <ganze Zahl>
   <ganze Zahl> ::= <Ziffer> | <ganze Zahl> <Ziffer>

   oder nur ein Identifikator

   <Identifikator> ::= <Buchstabe> | <Identifikator> <Buchstabe> |
   <Identifikator> <Ziffer>

   an.

   Schreibe ein Programm, das eine Gleitkommazahl oder einen Identifikator akzeptiert und die Information über die Art der akzeptierten Zeichenreihe ausgibt! Liegt weder eine richtige Gleitkommazahl noch ein richtiger Identifikator vor oder folgen danach weitere Zeichen, so ist eine Fehlehrinformation zu liefern. Verwende folgende Prozeduren:

proc ist buchstabe = (char zeichen) bool:
co liefert true, falls "zeichen" ein Buchstabe ist, sonst false co

proc ist ziffer = (char zeichen) bool:
co liefert true, falls "zeichen" eine Ziffer ist, sonst false co

proc ist punkt = (char zeichen) bool:
co liefert true, falls "zeichen" gleich "." ist, sonst false co

proc naechstes zeichen = char:
co liefert ein endezeichen, falls das eingabeband leer ist,
sonst das naechste zeichen vom eingabeband
co
proc ist endezeichen = (char zeichen)bool:
co liefert true, falls "zeichen" das endezeichen ist, sonst false co

6) Baumartige verzweigte Faserstrukturen lassen sich linear darstellen (vgl. 5.3.). Die BNF-Regeln

<Satz> ::= <Faser> #
<Faser> ::= <Element> <Restfaser>
<Restfaser> ::= <Faser> | ε
<Element> ::= G | L (<Restfaser>) | R (<Restfaser>)

mit dem Satzsymbol <Satz> stellen einfach verzweigte Strukturen dar. Stellt man

G durch , L ( ) durch  und R ( ) durch 

dar, so wird durch den Satz

GL(GGR( )G)R(GR(L(G))G)GG#

die Faserstruktur festgelegt.

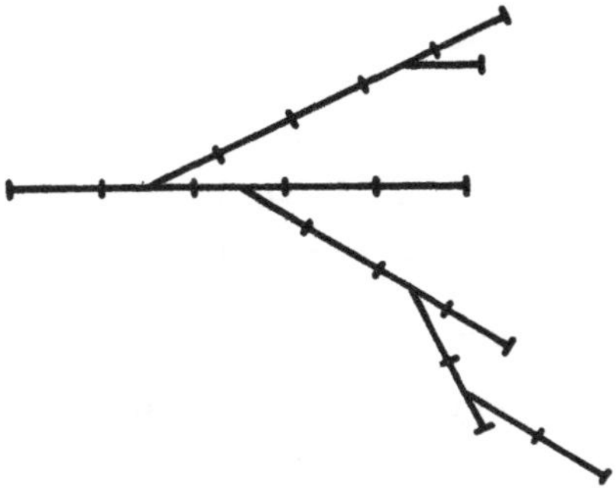

Stelle ein syntaxorientiertes Programm (Methode des rekursiven Abstiegs) auf, das

a) einen gegebenen Satz auf Einhaltung der gegebenen Regeln untersucht und

b) bei richtigen Eingabesätzen die maximale Verzweigungstiefe (im Beispiel 4) und die maximale Faserlänge (im Beispiel 7) bestimmt, wobei der Zusammenhang zwischen Syntax und Semantik herzustellen ist! Nutze die Prozedur

proc naechstes zeichen = char:
co liefert das nächste Zeichen vom Eingabeband co.

4. Elemente der Theorie kontextfreier Sprachen

Programmiersprachen sind Werkzeuge zur Konstruktion formaler Beschreibungen von endlichen Berechnungen; sie sind künstliche, formale Sprachen, die eine Bedeutung tragen. Nach D 2.15. ist eine formale Sprache $\underline{L}$ eine Menge von Zeichenreihen über einem Alphabet. Da eine Sprache einfach eine spezielle Menge ist, kann eine endliche Sprache genauso wie jede endliche Menge durch Auflistung all ihrer Zeichenreihen (Sätze) spezifiziert werden:

$$\underline{L} = \{l_1, l_2, \ldots, l_n\}.$$

Jedoch sind beinahe alle interessanten Sprachen nicht endlich und können deshalb nicht durch die explizite Auflistung ihrer Elemente definiert werden. Es sei z.B. angenommen, daß das Alphabet einer Sprache nur aus zwei terminalen Zeichen $\underline{A} = \{0,1\}$ besteht. Sätze der Sprache seien alle Zeichenreihen über $\underline{A}$ ungerader Länge

$$\underline{L} = \{0,1,000,001,010,100,011,101,110,111,00000,\ldots,11111,\ldots\}.$$

Das Beispiel macht eine zentrale Frage der Sprachtheorie deutlich: wie kann eine unendliche Sprache $\underline{L}$ durch endliche Spezifikation geeignet dargestellt werden. Ein zweckmäßiger Ansatz ist

$$\underline{L} = \{x: x \in \underline{A}^* \wedge P(x)\}.$$

Der Ansatz könnte gelesen werden: alle die x sind Sätze der Sprache $\underline{L}$, die Zeichenreihen über $\underline{A}$ ($x \in \underline{A}^*$) sind und die Eigenschaft (Prädikat) P erfüllen; d.h., für die P(x) gilt. Mit Hilfe des Prädikates P(x) können die Sätze der Sprache von den anderen Zeichenreihen aus $\underline{A}^*$ unterschieden werden.

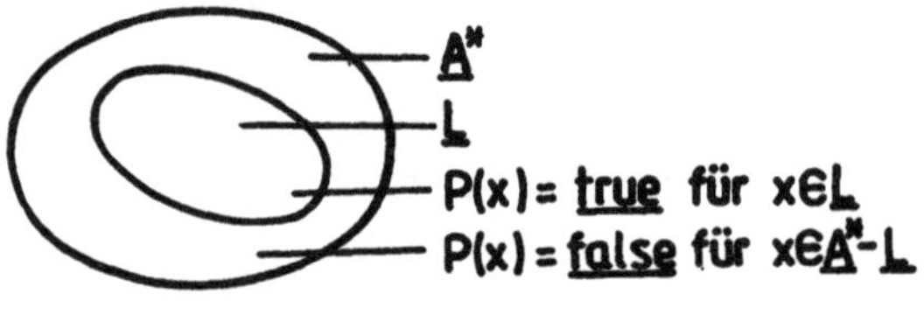

Abb. 4.1: Zur Spezifikation formaler Sprachen

P(x) kann als Erkennungsregel aufgefaßt werden, da P eine Abbildung von $\underline{A}^*$ auf {true, false}

$$P: \underline{A}^* \longrightarrow \{\underline{\text{true}}, \underline{\text{false}}\}$$

realisiert. Es muß aber hinzugefügt werden, daß P nur dann eine für die Sprachimplementation geeignete Beschreibung einer Sprache $\underline{L}$ ist, falls P durch einen Algorithmus realisiert werden kann, der durch eine endliche Folge von Instruktionen beschrieben ist und für alle Eingaben in endlicher Zeit und mit endlichem Speicher ein Ergebnis liefert. In dem betrachteten Fall ist also für alle $x \in \underline{A}^*$ nach einer endlichen Ausführungszeit als Resultat entweder true oder false zu liefern. Man sagt, daß $\underline{L}$ relativ zu $\underline{A}^*$ mit Hilfe von P entscheidbar ist.

D 4.1.: Eine Menge $\underline{M}$ mit $\underline{M} \subseteq \underline{N}$ heißt relativ zu $\underline{N}$ entscheidbar, falls es für jedes $x \in \underline{N}$ mit Hilfe eines Algorithmus möglich ist, zu prüfen, ob $x \in \underline{M}$ gilt oder nicht.

Bemerkungen:

1) In der Literatur (z.B. /2/) wird der Begriff Prozedur für Berechnungsverfahren genutzt, die nicht unbedingt für alle Eingabewerte terminieren müssen. Ist eine Menge $\underline{M}$ relativ zu $\underline{N}$ durch eine Prozedur definiert, so heißt $\underline{M}$ rekursiv aufzählbar (vgl. 4.1.2.1.). Wird die Prozedur auf ein $x \in \underline{N}$ angewandt, so liefert die Prozedur nach endlicher Zeit den Wert true, falls $x \in \underline{M}$. Für $x \notin \underline{M}$ kann die Prozedur nach endlicher Zeit den Wert false liefern oder nicht. Das Verhalten einer Prozedur verbietet damit die Anwendung (echt) rekursiv aufzählbarer Sprachen als Grundlage einer Sprachimplementation.

2) Die Algorithmentheorie verwendet zur Charakterisierung des Begriffs der (algorithmischen) Berechenbarkeit die Menge aller partiell rekursiven Funktionen (Churchs These). Die Klasse der stets terminierenden Algorithmen fällt mit der Menge aller (allgemein) rekursiven Funktionen zusammen. Eine entscheidbare Menge wird deshalb als rekursive Menge bezeichnet.

3) Nicht alle Funktionen und Probleme sind berechenbar. Später wird der Leser mit einigen solchen Sachverhalten bekannt gemacht (4.1.1., 5.2.2.).

Für das obige Beispiel könnte

$$\underline{L} = \{x: x \in \{0,1\}^* \wedge \mathrm{lgth}(x) = 2n+1 \wedge n \in \underline{N}\}$$

formuliert werden. Das Prädikat $\mathrm{lgth}(x) = 2n+1$ ist entscheidbar, da sowohl für die Bestimmung der Länge einer endlichen Zeichenreihe als auch für die Testung, ob die Länge eine ungerade Zahl ist oder nicht, ein Algorithmus existiert. Diese für das Beispiel gefundene Sprachbeschreibung stellt ein Analyseverfahren für die Erkennung eines gegebenen $x \in \{0,1\}^*$ als Element der Sprache dar.

Ein anderer Weg zur Sprachbeschreibung ist, ein mathematisches System F über dem Alphabet $\underline{A}$ zur Erzeugung der Menge $\underline{L} = F(\underline{A})$ anzugeben. Beispielsweise kann $\underline{L}$ durch die reguläre Menge

$$\underline{L} = (\underline{A} \otimes \underline{A})^* \otimes \underline{A} \quad \text{mit } \underline{A} = \{0,1\}$$

beschrieben werden. Die reguläre Menge kann als Syntheseverfahren zur Erzeugung aller Sätze der Sprache angesehen werden. Im allgemeinen sind Analyse- und Syntheseverfahren der Sätze einer Sprache also nicht identisch.

Im Abschnitt 2. wurde der Leser bereits mit Beschreibungsmethoden für spezielle Klassen von Sprachen bekannt gemacht:

- Gleichungssysteme über Zeichenreihen beschreiben kontextfreie Sprachen;
- reguläre Mengen beschreiben reguläre Sprachen, die eine spezielle Art kontextfreier Sprachen sind.

Kontextabhängige Sprachen, z.B. $\{a^n b^n a^n: n \geq 1\}$, können aber nicht durch diese Methoden dargestellt werden und erfordern ein allgemeineres, endliches Spezifikationsverfahren. Als zweckmäßig haben sich dafür in der Sprachtheorie Systeme rekursiver Fuktionen (Lambdakalkül), abstrakte Automaten (Turingmaschinen) und Grammatikmodelle erwiesen, die alle in einem engen theoretischen Zusammenhang stehen, wie später gezeigt wird. Als erstes wird das Modell der sogenannten Chomsky-Grammatiken betrachtet.

4.1. MODELL DER CHOMSKY-GRAMMATIKEN

Eine Grammatik ist ein endliches System von Regeln. Es gestattet, die im allgemeinen unendliche Menge von Sätzen einer formalen Sprache zu erzeugen (generative Grammatik) bzw. zu erkennen (analysierende Grammatik). Weiterhin wird durch dieses System grammatikalischer Regeln für die Sätze der Sprache eine syntaktische Struktur festgelegt, die benötigt wird, um in geeigneter Weise eine Zuordnung zwischen Syntax und Semantik während der Programmübersetzung aufzubauen (vgl. 2.3.). Das grundlegende Grammatik-Modell geht auf Noam Chomsky zurück, der es ursprünglich benutzte, um syntaktische Eigenschaften der natürlichen Sprache zu beschreiben /15/. Es zeigte sich, daß Programmiersprachen besser einer theoretischen, formalisierten Behandlung zu unterziehen sind als die natürlichen Sprachen, da die strukturellen Eigenschaften der Programmiersprachen wesentlich einfacher sind. Das Chomsky-Modell hat sich in der Theorie der Programmiersprachen als grundlegendes Modell bewährt. Es gibt eine große Zahl von Veröffentlichungen zu den Grammatiken. Das ursprüngliche Grammatik-Modell wurde nach den verschiedensten Gesichtspunkten verfeinert und erweitert, z.B. zu zweistufigen Grammatiken. Neben ihrer theoretischen Bedeutung sind Grammatiken wichtige praktische Werkzeuge zur Definition von Programmiersprachen und eine Grundlage der Entwicklung der Übersetzerprogramme, da die Eigenschaften der verwendeten Grammatik wesentlichen Einfluß auf den Aufbau des Syntaxanalyseteils und die Ankopplung der Semantik haben.

D 4.2.: Eine Grammatik ist ein Quadrupel $G = (\underline{V},\underline{A},\underline{R},s)$ mit
- der endlichen Menge von Symbolen, dem Vokabular $\underline{V}$;
- der endlichen Menge von sprachbildenden (terminalen) Zeichen, dem Alphabet $\underline{A}$, wobei $\underline{A} \subset \underline{V}$ gilt;
- der endlichen Menge der Regeln $\underline{R}$ mit $\underline{R} \subseteq (\underline{V}^*-\underline{A}^*) \times \underline{V}^*$;
- dem Satzsymbol (Wurzel) $s \in \underline{V} - \underline{A}$.

Diese Definition gibt zunächst noch keine Information darüber, wie das Modell zu nutzen ist, um die Sätze der formalen Sprache aus der Grammatik abzuleiten bzw. zu analysieren, ob eine gegebene Zeichenreihe Satz der durch die Grammatik definierten Sprache ist. Die zweite Komponente einer Grammatik ist das Alphabet $\underline{A}$, über dem die Sprache $\underline{L} \subseteq \underline{A}^*$ definiert ist. Weiterhin ist zu bemerken, daß das Satzsymbol kein Zeichen aus $\underline{A}$ ist. Es bezeichnet eine syntaktische Kategorie, wie auch sämtliche nichtterminalen Zwischensymbole (syntaktische Variable) der Menge $\underline{Z} = \underline{V} - \underline{A}$. Im wesentlichen sind diese Zwischensymbole Hilfssymbole, die für die Erzeugung bzw. Erkennung der Sätze der formalen Sprache durch die Grammatik dienen.

Die Menge der Regeln ist eine zweistellige Relation. Der Vorbereich und

Nachbereich dieser Relation sind Mengen von Zeichenreihen über dem Vokabular V, wobei durch V*-A* ausgeschlossen wird, daß der Vorbereich reine terminale Zeichenreihen enthält. Diese Einschränkung besteht für den Nachbereich nicht. Weiterhin ist die leere Zeichenreihe im Nachbereich zugelassen, aber im Vorberich durch die Differenzmenge ausgeschlossen. Die Regeln sind also geordnete Paare von Zeichenreihen über V mit folgendem Aufbau:

$$\forall r \left[r \in \underline{R} \wedge r = (u,v) \longrightarrow u = x_1 z x_2 \wedge x_1, x_2, v \in \underline{V}^* \wedge z \in \underline{V} - \underline{A} \right].$$

Die Zeichenreihe u heißt linke und die Zeichenreihe v heißt rechte Seite der Regel r. Die linke Seite der Regel enthält mindestens ein Zwischensymbol $z \in \underline{V} - \underline{A}$ als Teilzeichenreihe, wie es oben angegeben ist. Die rechte Seite der Regel ist irgendeine Zeichenreihe über dem Vokabular V ($v \in \underline{V}^*$) und kann auch die leere Zeichenreihe sein.

Als Beispiel sei folgendes Quadrupel gegeben:

G = ({P,B,S,E,begin,end,s},{begin,end,s},R,P) mit

$\underline{R} = \{r_1 = (P,BSE),\ r_2 = (P,S),\ r_3 = (BS,\underline{begin}\ S),\ r_4 = (E,\underline{end}),\ r_5 = (S,s)\}$.

Es wird untersucht, ob das gegebene Quadrupel eine Grammatik gemäß D-4.2. ist:

- Das Vokabular V = {P,B,S,E,begin,end,s} ist eine endliche Menge.
- Das Alphabet A = {begin,end,s} besteht nur aus 3 Zeichen und ist somit ebenfalls endlich. Weiterhin gilt $\underline{A} \subset \underline{V}$, was per Definition gefordert ist. Bemerkung: begin und end werden als einzelne terminale Zeichen betrachtet.
- Die Regelmenge ist endlich. Es ist zu kontrollieren, ob $\underline{R} \subseteq (\underline{V}^*-\underline{A}^*) \times \underline{V}^*$ gilt. Die Überprüfung kann in zwei Schritten erfolgen:
  1) Die rechten und linken Seiten der Regeln enthalten nur Symbole des Vokabulars V.
  2) Die linken Seiten enthalten mindestens ein Zwischensymbol der Menge $\underline{Z} = \underline{V} - \underline{A} = \{P,B,S,E\}$.
- P ist wegen $P \in \underline{V} - \underline{A}$ als Satzsymbol zulässig.

Damit ist gezeigt, daß das Quadrupel eine Grammatik ist.

Programmiersprachen, etwa im Umfang von ALGOL 60, Pascal, FORTRAN, COBOL oder PL/1 haben folgende Größenordnungen:

- card (V) = 150 - 500,
- card (A) = 50 - 300,
- card (R) = 200 - 1500.

Hierzu sei bemerkt, daß Wortsymbole wie begin und end bzw. Schlüsselwörter wie IF und THEN als einzelne terminale Zeichen aufgefaßt werden.

Durch die Definition der zweistelligen Relation "erzeugt direkt" wird die Handhabung der Regeln der Grammatik für die Erzeugung bzw. Erkennung der

Sätze der formalen Sprache festgelegt. Diese zweistellige Relation wird durch $\longrightarrow$ notiert und ist über $\underline{V}^*$ definiert, speziell $\longrightarrow \subseteq (\underline{V}^*-\underline{A}^*) \times \underline{V}^*$.

D 4.3.: Es sei G = ($\underline{V}$,$\underline{A}$,$\underline{R}$,s) eine Grammatik und $x,y \in \underline{V}^*$. Die Zeichenreihen x,y stehen dann und nur dann in der Relation x <u>erzeugt direkt</u> y, $x \longrightarrow y$, wenn x und y in Teilzeichenreihen der Form $x = w_1uw_2$ und $y = w_1vw_2$ mit $w_1, w_2 \in \underline{V}^*$ zerlegt werden können und $(u,v) \in \underline{R}$ eine Regel der Grammatik ist.

Mit anderen Worten bedeutet dies, daß die Anwendung der Regel r = (u,v) auf die Zeichenreihe $x = w_1uw_2$ die Substitution der Teilzeichenreihe u durch die rechte Seite v der Regel bewirkt und dadurch $y = w_1vw_2$ entsteht. $x \longrightarrow y$ wird auch als direkte Ableitung oder direkte Zerlegung bezeichnet. Um explizit anzugeben, welche Regel r = (u,v) die direkte Ableitung bewirkt, kann man die Regel über dem Pfeil angeben $x \xrightarrow{r} y$.

Nun sollen mit der gegebenen Grammatik durch Anwendung der Relation erzeugt direkt alle Sätze der formalen Sprache abgeleitet werden. Dazu geht man vom Satzsymbol P aus und untersucht, mit welchen Zeichenreihen dieses Satzsymbol in der Relation erzeugt direkt steht. Offensichtlich sind das die rechten Seiten der Regeln r_1 und r_2, also zwei Zeichenreihen, wie es Abb. 4.2 veranschaulicht.

In diesem Fall ist x = P, und w_1 sowie w_2 sind leere Zeichenreihen. Das Satzsymbol P erzeugt die Zeichenreihe S bzw. BSE. Auf diese Zeichenreihen werden wiederum geeignete Regeln angewendet. Dieser Vorgang setzt sich fort, bis Zeichenreihen erzeugt wurden, die nur noch aus terminalen Zeichen bestehen. Auf diese Zeichenreihen können keine weiteren Regeln angewendet werden. Die auf diese Weise abgeleiteten terminalen Zeichenreihen sind die Sätze der Sprache, die durch die Grammatik erzeugt werden.

An dieser Stelle sei vermerkt, daß man zunächst versuchen könnte, auf BSE die Regel r_5 anzuwenden, also BSE $\xrightarrow{r_5}$ BsE. Man bemerkt aber, daß aus BsE keine terminale Zeichenreihe erzeugt werden kann. Dagegen ist es gleichgültig, ob man zuerst r_3 oder r_4 auf BSE anwendet, um zur terminalen Zeichenreihe <u>begin</u> s <u>end</u> zu gelangen, vgl. Abb. 4.2. Es existieren also unter Umständen mehrere Wege, um ein und dieselbe terminale Zeichenreihe abzuleiten. Der beschriebene Sachverhalt kann als Graph (Abb. 4.2), speziell als Baum, dargestellt werden. Seine Knoten sind mit Zeichenreihen über $\underline{V}$ bewertet. Die Zweigmenge ergibt sich aus den Relationen erzeugt direkt, die zwischen den einzelnen Zeichenreihen gelten. Die Zweige sind mit den Regeln bewertet. Der so erzeugte Baum enthält die Ableitung aller terminalen Zeichenreihen aus dem Satzsymbol der Grammatik. Somit enthält die durch die Beispielgrammatik G erzeugte Sprache nur zwei Sätze:

$\underline{L}(G) = \{$s, <u>begin</u> s <u>end</u>$\}$.

Die Sonderstellung des Satzsymbols als spezielles Zwischensymbol besteht darin, daß jede Ableitung eines Satzes der Grammatik mit dem Satzsymbol beginnt. Im allgemeinen ist der entstehende Graph unendlich.

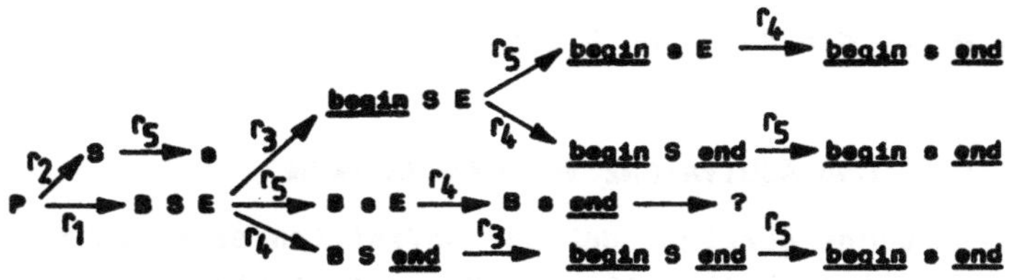

Abb. 4.2: Ableitungen der Beispielgrammatik

D 4.4.: Es sei $G = (\underline{V},\underline{A},\underline{R},s)$ eine Grammatik. Dann heißt eine Folge

$$x_0 \xrightarrow{r_1} x_1 \xrightarrow{r_2} \dots \xrightarrow{r_n} x_n$$

mit $x_0, x_1, \dots, x_n \in \underline{V}^*$ und $r_1, r_2, \dots, r_n \in \underline{R}$

<u>Ableitungsfolge</u> von x_0 nach x_n der Länge n.

Um ein Bezugssystem zu erhalten, wurden in der Darstellung der Ableitungsfolge die Regeln r_i fortlaufend numeriert. Natürlich kann für $i \neq j$ auch $r_i = r_j$ gelten.

Unter Umständen gibt es mehrere Ableitungsfolgen von x_0 nach der gleichen Zeichenreihe x_n. Beispielsweise zeigt Abb. 4.2 drei Möglichkeiten für die Ableitung des Satzes <u>begin</u> s <u>end</u>.

Falls nur die Tatsache interessant ist, daß überhaupt eine Ableitungsfolge von x nach y existiert, kann die transitive Hülle der Relation erzeugt direkt gebildet werden. Die transitive Hülle von $\rightarrow$ wird durch $\xrightarrow{+}$ bezeichnet. $x \xrightarrow[G]{+} y$ heißt <u>Ableitung</u> von x nach y durch G oder x erzeugt y durch G.

Für $P \rightarrow \dots \rightarrow$ <u>begin</u> s <u>end</u> kann nun $P \xrightarrow[G]{+}$ <u>begin</u> s <u>end</u> geschrieben werden.

Die reflexive, transitive Hülle $x \xrightarrow[G]{*} y$ bedeutet entweder $x \xrightarrow[G]{+} y$ oder $x = y$.

<u>Bemerkungen:</u>

D 4.5.: Es seien $\underline{R}_1 \subseteq \underline{X} \times \underline{Y}$ und $\underline{R}_2 \subseteq \underline{Y} \times \underline{Z}$ zweistellige Relationen. Dann ist das <u>Produkt der Relationen</u> $\underline{R}_1$ und $\underline{R}_2$ durch

$$\underline{R}_1 \circ \underline{R}_2 = \{(x,y): (x,y) \in \underline{R}_1 \wedge (y,z) \in \underline{R}_2\}$$

definiert.

D 4.6.: $\underline{R}$ sei eine zweistellige Relation über $\underline{M}$. Dann heißt $\underline{R}^i$ i-te <u>Potenz der Relation</u> $\underline{R}$, die durch die Rekursionsvorschrift

- $\underline{R}^0 = \{(a,a): a \in \underline{M}\}$
- $\underline{R}^i = \underline{R}^{i-1} \circ \underline{R} = \{(a,c): (a,b) \in \underline{R}^{i-1} \wedge (b,c) \in \underline{R}\}$

gebildet wird.

D 4.7.: Die <u>reflexive</u>, <u>transitive Hülle</u> der Relation $\underline{R}$ ist die Vereinigung aller Potenzen der Relation $\underline{R}$

$$\underline{R}^* = \bigcup_{i=0}^{\infty} \underline{R}^i .$$

Die transitive Hülle der Relation $\underline{R}$ ist

$\underline{R}^+ = \underline{R}^* \circ \underline{R}$.

4.1.1. FORMALE SPRACHE $\underline{L}(G)$ UND ÄQUIVALENZ VON GRAMMATIKEN

Im einleitenden Abschnitt wurde gezeigt, daß zur Definition einer formalen Sprache $\underline{L}$ über $\underline{A}$ ein Prädikat $P(x)$ für alle $x \in \underline{A}^*$ benötigt wird, um $\underline{L}$ relativ zu $\underline{A}^*$ zu entscheiden. Mit Hilfe der Grammatik $G = (\underline{V},\underline{A},\underline{R},s)$ kann dieses Prädikat nun formuliert werden:

$$\underline{L}(G) = \{ l : l \in \underline{A}^* \wedge s \xrightarrow[G]{+} l \} .$$

$l \in \underline{L}(G)$ heißt Satz der formalen Sprache. Diese Darstellung unterstreicht nochmals die ausgezeichnete Rolle des Satzsymbols $s \in \underline{V} - \underline{A}$. Es ist die metalinguistische Variable, aus der alle Sätze abgeleitet werden. In der Definition D 4.4. der Ableitungsfolge traten die Zeichenreihen $x_0, x_1, \ldots, x_n \in \underline{V}^*$ auf. Diese Zeichenreihen sollen Satzformen heißen, wenn $x_0 = s$ gilt. Die Menge der von der Grammatik G erzeugten Satzformen ist durch

$$\underline{Ls}(G) = \{ l : l \in \underline{V}^* \wedge s \xrightarrow[G]{*} l \}$$

definiert. Die Definition greift bewußt auf die reflexive, transitive Hülle der Relation erzeugt direkt zurück. Damit ist das Satzsymbol ebenfalls eine Satzform der Grammatik. Weiterhin ist jeder Satz $l \in \underline{L}(G)$ auch Satzform $l \in \underline{Ls}(G)$. Somit besteht der Zusammenhang

$$\underline{L}(G) = \underline{Ls}(G) \cap \underline{A}^*,$$

d.h., $\underline{L}(G)$ ist die Einschränkung der Menge der Satzformen auf die terminalen Zeichenreihen.

Es soll nochmals die Sprache $\underline{L} = \{s,\ \underline{\text{begin}}\ s\ \underline{\text{end}}\}$ betrachtet werden. Es ist leicht, eine andere Grammatik zu finden, die die gleiche Sprache erzeugt:

$$G' = (\{P, s, \underline{\text{begin}}, \underline{\text{end}}\}, \{s, \underline{\text{begin}}, \underline{\text{end}}\}, \{r_1 = (P,s),$$
$$r_2 = (P, \underline{\text{begin}}\ s\ \underline{\text{end}})\}, P).$$

Die Möglichkeit, beliebig viele Grammatiken anzugeben, die die gleiche formale Sprache erzeugen, veranlaßt die folgende Definition.

D 4.8.: Zwei Grammatiken G und G' sind äquivalent, wenn $\underline{L}(G) = \underline{L}(G')$ gilt.

Ohne Beweis sei an dieser Stelle angeführt, daß es allgemein nicht entscheidbar ist, ob zwei Grammatiken äquivalent sind. In den folgenden Abschnitten werden aber Algorithmen angegeben, die es gestatten, zu einer gegebenen Grammatik durch systematische Transformationen (z.B. Beseitigung der Linksrekursion, Verfeinerung) äquivalente Grammatiken abzuleiten. Für die Sprachimplementation ist es interessant, Kriterien für die Auswahl einer Grammatik aus der Klasse äquivalenter Grammatiken zu finden. Bestimmte Syntaxanalyseverfahren setzen nämlich spezielle Eigenschaften der genutzten Grammatik voraus.

4.1.2. HIERARCHIE DER CHOMSKY-GRAMMATIKEN UND CHOMSKY-SPRACHEN

Ausgangspunkt für die Systematisierung der Grammatiken bildet die Definition 4.2. Im wesentlichen werden für den Aufbau der Regeln einschränkende Bedingungen formuliert, die es ermöglichen, eine Hierarchie von Grammatiken und damit auch der durch sie erzeugten Sprachen zu bilden.

4.1.2.1. Satzgliederungsgrammatik - Grammatik vom Chomsky-Typ 0

Die Grammatiken vom Chomsky-Typ 0 stellen den allgemeinsten Fall dar. Die Regeln unterliegen keinen weiteren Einschränkungen.

D 4.9.: Eine Grammatik gemäß D 4.2. ist vom Chomsky-Typ 0 und heißt <u>Satzgliederungsgrammatik</u>.

Das Modell der Grammatiken vom Chomsky-Typ 0 ist so allgemeingültig, daß es nicht als sinnvolles Beschreibungsmittel für Programmiersprachen dienen kann. Das geht aus dem Satz 4.1. hervor, der hier nur in seinen Konsequenzen besprochen werden soll.

Satz 4.1.: Die Sprachen, die durch Grammatiken vom Chomsky-Typ 0 erzeugt werden, sind rekursiv aufzählbar. Die Klasse dieser Sprachen ist nicht allgemein entscheidbar.

Der Begriff rekursiv aufzählbar beinhaltet, daß man zu jeder Grammatik G_0 eine berechenbare (d.h. rekursive) Funktion f: $\underline{N} \longrightarrow \underline{L}\,(G_0)$ angeben kann, die alle Sätze $l \in \underline{L}\,(G_0)$ durch f(0), f(1), f(2), ... aufzählt.

Was bedeutet aber, daß diese Sprachklasse nicht allgemein entscheidbar ist? Das Prädikat zur Erkennung einer Zeichenreihe als Satz einer Sprache ist für Grammatiken über die Existenz einer Ableitungsfolge $S \overset{+}{\underset{G}{\longrightarrow}} l$ definiert (vgl. 4.1.1.). Da im allgemeinen die Zahl der Ableitungsfolgen unendlich und die Länge der Satzformen in einer Ableitungsfolge nicht monoton wachsend oder fallend ist, kann die Existenz einer Ableitungsfolge für l nur so nachgewiesen werden, daß die Sätze der durch die Grammatik erzeugten Sprache nacheinander mit der gegebenen Zeichenreihe l verglichen werden. Da im allgemeinen die erzeugte Sprache unendlich ist, kann der Abbruch des Verfahrens nicht nach endlich vielen Schritten garantiert werden. Damit wird klar, daß Grammatiken vom Chomsky-Typ 0 nicht für die Beschreibung von Programmiersprachen geeignet sind. Deshalb müssen die Eigenschaften der Chomsky-Grammatiken weiter eingeschränkt werden, um die allgemeine Entscheidbarkeit zu erreichen.

4.1.2.2. Kontextabhängige Grammatik - Grammatik vom Chomsky-Typ 1

Grammatiken vom Chomsky-Typ 1 erzeugen Sprachen, für die in endlicher Zeit entschieden werden kann, ob eine beliebige Zeichenreihe Satz der Sprache ist oder nicht. Mengen, für die solche Algorithmen existieren, heißen rekursive Mengen.

D 4.10.: Eine <u>Grammatik</u> G = ($\underline{V}$,$\underline{A}$,$\underline{R}$,s) ist genau dann <u>kontextabhängig</u> (vom

Chomsky-Typ 1), wenn jede Regel $r = (u,v)$ längenmonoton ist; d.h., es gilt $lgth(u) \leq lgth(v)$.

Die Eigenschaft der Längenmonotonie kann zur Formulierung eines allgemeinen Entscheidungsalgorithmus für formale Sprachen genutzt werden, die von kontextabhängigen Grammatiken erzeugt werden. Man überzeugt sich leicht, daß für zwei Satzformen x und y einer längenmonotonen (kontextabhängigen) Grammatik, für die $x \xrightarrow[G]{+} y$ gilt, auch $lgth(x) \leq lgth(y)$ folgt. Der Entscheidungsalgorithmus geht davon aus, daß ein $x \in \underline{A}^*$ mit $lgth(x) = n$ gegeben ist. Die Anzahl der Satzformen einer kontextabhängigen Grammatik mit einem Vokabular von card $(\underline{V}) = m$ Symbolen, deren Länge kleiner gleich n ist, ist kleiner als

$$m^n + m^{n-1} + m^{n-2} + \ldots + m^1 + m^0 = \frac{m^{n+1} - 1}{m - 1}$$

(Übung 4). Da in jeder Ableitungsfolge die Länge der Satzformen monoton wächst, ist es ausreichend, die zu untersuchende Zeichenreihe x nur mit den endlich vielen Satzformen zu vergleichen, deren Länge nicht größer als die Länge von x ist. Ob x mit einer dieser Satzformen übereinstimmt oder nicht, ist in einer endlichen Zahl von Schritten entscheidbar. Damit ist der Satz 4.2. bewiesen.

Satz 4.2.: Die Klasse der durch kontextabhängige Grammatiken erzeugten Sprachen ist allgemein entscheidbar.

Derartige Sprachen sind rekursive Mengen. Jede kontextabhängige Grammatik kann in die spezielle Form einer umgebungsabhängigen Grammatik äquivalent umgeformt werden.

D 4.11.: Eine <u>Grammatik</u> $G = (\underline{V},\underline{A},\underline{R},s)$ heißt <u>umgebungsabhängig</u> (vom Chomsky-Typ 1), wenn jede Regel $r = (u,v)$ die Form $u = x_1zx_2$, $v = x_1wx_2$ mit $x_1,x_2 \in \underline{V}^*$, $z \in \underline{V} - \underline{A}$, $w \in \underline{V}^+$ hat.

Der Begriff umgebungsabhängig erklärt sich dadurch, daß in einer Satzform $x = w_1zw_2$ das Zwischensymbol z nur dann durch die Zeichenreihe w mittels der Regel (x_1zx_2, x_1wx_2) ersetzt werden kann, wenn z im Kontext x_1 (linker Kontext) und x_2 (rechter Kontext) steht. Es gilt also

$$x \xrightarrow{r} y, \text{ falls } x = w_1x_1zx_2w_2,\ y = w_1x_1wx_2w_2 \text{ mit } r = (x_1zx_2, x_1wx_2)$$
$$\text{und } w_1,w_2 \in \underline{V}^*.$$

Aus der Festlegung, daß w niemals die leere Zeichenreihe sein darf, folgt, daß jede Regel einer umgebungsabhängigen Grammatik auch längenmonoton ist.

Andererseits kann jede längenmonotone Regel $r = (u,v)$ stets in eine Menge umgebungsabhängiger Regeln umgeformt werden. Dazu sei ohne Einschränkung der Allgemeingültigkeit angenommen, daß die linke Seite u der Regel nur noch aus nichtterminalen Symbolen besteht. Diese Forderung ist immer zu erfüllen. Dazu wird jedes terminale Zeichen von u durch ein neues Zwischensymbol, das nicht in $\underline{V} - \underline{A}$ liegt, ersetzt. In allen weiteren Regeln der Grammatik wird dieses terminale Zeichen ebenfalls durch das Zwischensymbol ersetzt. Zusätzlich wird in die Grammatik eine Regel aufgenommen, die dieses Zwischensymbol in das terminale Zeichen überführt. Es sei

$$r = (u_1u_2...u_m, v_1v_2...v_m...v_n) \text{ mit } u_1,...,u_m \in \underline{V} - \underline{A} \text{ und}$$
$$v_1,...,v_n \in \underline{V},\ m \leq n$$

eine derartige längenmonotone Regel. Diese Regel kann durch die umgebungsabhängigen Regeln

$$r'_1 = (u_1u_2...u_m, H_1u_2...u_m)$$
$$r'_2 = (H_1u_2...u_m, H_1H_2...u_m)$$

.

.

.

$$r'_m = (H_1H_2...H_{m-1}u_m, H_1H_2...H_{m-1}H_m)$$
$$r'_{m+1} = (H_1H_2...H_{m-1}H_m, v_1H_2...H_{m-1}H_m)$$

.

.

.

$$r'_{2m-1} = (v_1v_2...H_{m-1}H_m, v_1v_2...v_{m-1}H_m)$$
$$r'_{2m} = (v_1v_2...v_{m-1}H_m, v_1v_2...v_{m-1}v_m...v_n)$$

ersetzt werden. $H_1, H_2, ...H_m$ sind weitere, noch nicht in der Grammatik vorhandene metalinguistische Variablen, mit deren Hilfe die Umformung der längenmonotonen Regel in 2m umgebungsabhängige Regeln erfolgt. Durch Substitution kann gezeigt werden, daß die Ableitungsfolge

$$u_1u_2u_3...u_m \xrightarrow{r'_1} H_1u_2u_3...u_m \xrightarrow{r'_2} ... \xrightarrow{r'_{2m}} v_1v_2...v_n$$

analog zur Regel $r = (u_1u_2u_3...u_m, v_1v_2...v_n)$ ist.

<u>Beispiel:</u>

Gegeben sei die kontextabhängige Grammatik $G = (\underline{V}, \underline{A}, \underline{R}, s)$ mit der längenmonotonen Regel

$$r = (aXY, aYXa) \in \underline{R} \text{ mit } a \in \underline{A} \text{ und } X, Y \in \underline{V} - \underline{A}.$$

Zunächst wird r in die Regeln

$$r' = (HXY, HYXH),\ r'' = (H, a) \text{ mit } H \notin \underline{V} - \underline{A}$$

umgeformt, damit die linke Seite der Regel r kein terminales Zeichen gemäß Voraussetzung enthält. Die Regel r' wird nun durch die umgebungsabhängigen Regeln

$$r'_1 = (HXY, H_1XY), \quad r'_4 = (H_1H_2H_3, HH_2H_3),$$
$$r'_2 = (H_1XY, H_1H_2Y), \quad r'_5 = (HH_2H_3, HYH_3),$$
$$r'_3 = (H_1H_2Y, H_1H_2H_3), \quad r'_6 = (HYH_3, HYXH)$$

ersetzt, wobei $H_1, H_2, H_3 \notin \underline{V} - \underline{A}$.

Die zu $G = (\underline{V}, \underline{A}, \underline{R}, s)$ äquivalente Grammatik lautet

$G' = (\underline{V}', \underline{A}, \underline{R}', s)$ mit $\underline{V}' = \underline{V} \cup \{H, H_1, H_2, H_3\}$ und

$\underline{R}' = (\underline{R} - \{r\}) \cup \{r', r_1', r_2', \ldots, r_6'\}$.

Aus den Darlegungen folgt

Satz 4.3.: Zu jeder längenmonotonen Grammatik gibt es eine äquivalente umgebungsabhängige Grammatik.

4.1.2.3. Kontextfreie Grammatik - Grammatik vom Chomsky-Typ 2

Die kontextfreien Grammatiken sind für die Theorie der Programmiersprachen und die damit eng verbundenen praktischen Fragen der syntaktischen Analyse auf Grund ihrer übersichtlichen Struktur sehr bedeutungsvoll und bereits weitgehend untersucht worden. Die bekannten Programmiersprachen können in ihren wesentlichen syntaktischen Eigenschaften durch kontextfreie Grammatiken beschrieben werden. Die Sprachimplementierungen gehen von der Definition der Syntax der Programmiersprachen durch eine kontextfreie Grammatik aus, durch die ein Syntaxanalysealgorithmus festgelegt wird. Selbst die bekannten Implementierungen von ALGOL 68 basieren stets auf einer kontextfreien Grundstruktur der Grammatik.

D 4.12.: Eine <u>Grammatik</u> $G = (\underline{V}, \underline{A}, \underline{R}, s)$ heißt <u>kontextfrei</u> (vom Chomsky-Typ 2), wenn jede Regel $r \in \underline{R}$ die Form $r = (z, v)$ mit $z \in \underline{V} - \underline{A}$ und $v \in \underline{V}^*$ hat.

Die Bezeichnung kontextfrei bezieht sich auf den Umstand, daß im Vergleich zu den kontextabhängigen Grammatiken jede Regel $r = (z, v)$ ohne Berücksichtigung eines Kontextes auf jede Satzform, die das Zwischensymbol enthält, angewendet werden kann:

$$w_1 z w_2 \xrightarrow{r} w_1 v w_2 .$$

Diese Eigenschaft ist der Grund für die besondere Brauchbarkeit des Modells kontextfreier Grammatiken in der Sprachbeschreibung. Es erlaubt, die Analyse bzw. Synthese der Sätze der Sprache durch Zerlegung in voneinander unabhängige Abschnitte vorzunehmen.

Satz 4.4.: Sei $G = (\underline{V}, \underline{A}, \underline{R}, s)$ eine kontextfreie Grammatik und $x \xrightarrow{r} y$. Für eine Zerlegung $x = x_1 x_2$ existiert auch eine Zerlegung von $y = y_1 y_2$, so daß entweder

$x_1 \xrightarrow{r} y_1$ und $x_2 = y_2$ oder

$x_1 = y_1$ und $x_2 \xrightarrow{r} y_2$ gilt.

<u>Beweis:</u>

Falls $x \xrightarrow{r} y$ gilt, existiert eine Variable z in x und eine Regel $r = (z, v)$. Angenommen z liegt in x_1, dann kann x_1 zerlegt werden in $x_1 = w_1 z w_2$, und es folgt $x_1 \longrightarrow y_1$ mit $y_1 = w_1 v w_2$ sowie $x_2 = y_2$. Analoges folgt für den Fall, daß z in x_2 liegt, woraus sich $x_1 = y_1$ und $x_2 \xrightarrow{r} y_2$ und $y_2 = w_1 v w_2$ ergibt. q.e.d.

Durch Induktion kann Satz 4.4. zu Satz 4.5. erweitert werden.

Satz 4.5.: Es sei G eine kontextfreie Grammatik und $x,y \in \underline{V}^*$, mit $x \overset{*}{\underset{G}{\Longrightarrow}} y$. Für eine Zerlegung von x in $x = x_1 x_2 \ldots x_n$, wobei n irgendeine natürliche Zahl ist, folgt dann für y die Zerlegung $y = y_1 y_2 \ldots y_n$ mit $x_1 \overset{*}{\underset{G}{\Longrightarrow}} y_1$, $x_2 \overset{*}{\underset{G}{\Longrightarrow}} y_2, \ldots, x_n \overset{*}{\underset{G}{\Longrightarrow}} y_n$.

Der Verzicht auf den Kontext vereinfacht die Struktur der Grammatik. Zu beachten ist, daß die rechte Seite einer kontextfreien Regel auch die leere Zeichenreihe sein kann. Deshalb wird die Eigenschaft der Längenmonotonie, wie sie bei kontextabhängigen Grammatiken besteht, im allgemeinen nicht durch kontextfreie Grammatiken erfüllt. Trotzdem sind <u>kontextfreie Grammatiken allgemein entscheidbar</u>, wie in 7.2. gezeigt wird.

Ein spezieller Typ 2 sind die sogenannten ε-freien, kontextfreien Grammatiken.

D 4.13.: Eine <u>kontextfreie Grammatik</u> $G = (\underline{V},\underline{A},\underline{R},S)$ heißt <u>ε-frei</u>, falls $\underline{R}$ keine Regeln der Form $r = (z,\varepsilon)$ enthält.

Man sieht sofort, daß die leere Zeichenreihe niemals Satz der von einer ε-freien Grammatik erzeugten Sprache sein kann. Bemerkt sei die Tatsache, daß für jede kontextfreie Grammatik mit $\varepsilon \notin \underline{L}(G)$ eine äquivalente ε-freie Grammatik existiert (vgl. 4.2.3.).

<u>Kontextfreie Grammatiken und die Backus-Naur-Form</u> sind unterschiedliche Darstellungen der gleichen Sachverhalte. Die Menge der Regeln $\underline{R}$ einer kontextfreien Grammatik $G = (\underline{V},\underline{A},\underline{R},s)$ wird durch die Backus-Naur-Form in $card(\underline{V} - \underline{A})$ Klassen

$$\underline{R}_z = \{r : r = (z_i, w_i) \in \underline{R} \wedge z_i = z\} \text{ mit } \underline{R} = \bigcup_{z \in \underline{V} - \underline{A}} \underline{R}_z \quad \text{und}$$

$$\underline{R}_z \cap \underline{R}_{z'} = \emptyset \text{ für } z \neq z',\ z,z' \in \underline{V} - \underline{A}$$

zerlegt. Das bedeutet, $\underline{R}_z$ enthält alle Regeln mit gleicher linker Seite $z \in \underline{V} - \underline{A}$. $\underline{R}_z$ ist folglich die Menge aller <u>alternativen Regeln</u>. In der Backus-Naur-Form werden die Regeln einer Klasse $\underline{R}_z$

$$z ::= w_1 \mid w_2 \mid \ldots \mid w_n \quad \text{mit } r = (z,w_i) \in \underline{R},\ 1 \leq i \leq n,\ n = card(\underline{R}_z)$$

zusammengefaßt notiert. Um die syntaktischen Variablen von den terminalen Zeichen zu unterscheiden, werden die Variablen oft in spitze Klammern <...> eingeschlossen.

4.1.2.4. Reguläre Grammatik - Grammatik vom Chomsky-Typ 3

Die stärksten Einschränkungen für den Aufbau der Regeln werden durch die sogenannten regulären Grammatiken festgelegt. Diese Beschränkungen beziehen sich nun von den kontextfreien Grammatiken ausgehend auf den Aufbau der rechten Seiten der Regeln.

D 4.14.: Eine <u>Grammatik</u> G = ($\underline{V}$,$\underline{A}$,$\underline{R}$,s) heißt <u>regulär</u> (vom Chomsky-Typ 3), wenn alle Regeln r = (u,v) ∈ $\underline{R}$ entweder

- linkslinear r = (z,z_1w) bzw. r = (z,w) oder
- rechtslinear r = (z,wz_1) bzw. r = (z,w)

mit $z,z_1 \in \underline{V} - \underline{A}$, $w \in \underline{A}^*$ sind.

Die reguläre Grammatik

$$G = (\{S,X,Y,w,x,y,z\},\{w,x,y,z\},\underline{R},S) \text{ mit}$$
$$\underline{R} = \{r_1 = (S,wxX),\ r_2 = (X,yyX),\ r_3 = (X,z),\ r_4 = (S,z)\}$$

erzeugt die Sprache

$$\underline{L}(G) = \{wxy^{2n}z:\ n \geq 0\} \cup \{z\} .$$

Das ist relativ einfach zu zeigen. Durch Anwendung der Regel r_4 erhält man bereits

$$S \xrightarrow{r_4} z.$$

Für den anderen Fall betrachtet man die Ableitungsfolge

$$S \xrightarrow{r_1} \underbrace{wxX \xrightarrow{r_2} wxyyX \xrightarrow{r_2} \ldots \xrightarrow{r_2} wx(yy)^n X}_{n\text{-mal } r_2} \xrightarrow{r_3} wx(yy)^n z.$$

Nach Anwendung der Regel r_1 kann für ein beliebiges $n \geq 0$ n-mal die Regel r_2 angewendet werden, wodurch die Satzform $wxy^{2n}X$ erzeugt wird. Durch die Regel r_3 wird die Ableitungsfolge abgeschlossen. Andere Ableitungsfolgen von S beginnend gibt es nicht. Man erkennt, daß jede Satzform, die kein Satz ist, genau eine metalinguistische Variable enthält. Die Variable ist das rechteste Symbol der Satzform. Ein Satz $wxy^{2n}z$ für irgendein $n \geq 0$ wird also von links nach rechts erzeugt, da es sich um eine rechtslineare Grammatik handelt. Bei jeder Ableitung wird eine terminale Zeichenfolge und nach ihr eine metalinguistische Variable erzeugt. Diese metalinguistische Variable weist aus, welche Zeichenfolgen bei einer weiteren Ableitung möglich sind. Jede Ableitung wird also nur durch die unmittelbar vorausgegangene bedingt. Der Zusammenhang zur Arbeitsweise endlicher, abstrakter Automaten ist offenkundig (vgl. 6.3.).

Die durch die Grammatik G erzeugte Sprache läßt sich auch als reguläre Menge angeben:

$$\underline{L}(G) = \{w\} \otimes \{x\} \otimes (\{y\} \otimes \{y\})^* \otimes \{z\} \cup \{z\}$$
$$= \underline{W} \otimes \underline{X} \otimes (\underline{Y} \otimes \underline{Y})^* \otimes \underline{Z} \cup \underline{Z}$$
$$\text{für } \underline{W} = \{w\},\ \underline{X} = \{x\},\ \underline{Y} = \{y\},\ \underline{Z} = \{z\} .$$

Das ist kein Zufall, wie aus dem Satz 4.6. hervorgeht.

Satz 4.6.: Jede formale Sprache, die durch eine reguläre Grammatik erzeugt wird, ist eine reguläre Menge.

Man kann leicht zeigen, daß zu jeder regulären Menge gemäß D 2.13. eine reguläre Grammatik gehört, die die reguläre Menge erzeugt:

a) $\underline{L}(G) = \emptyset$ $\qquad$ $G = (\{s\} \cup \underline{A}, \underline{A}, \emptyset, s)$

$\underline{L}(G) = \{\varepsilon\}$ $\quad G = (\{s\} \cup \underline{A}, \underline{A}, \{(s,\varepsilon)\}, s)$

$\underline{L}(G) = \{a\},\ a \in \underline{A}$ $\quad G = (\{s\} \cup \underline{A}, \underline{A}, \{(s,a)\}, s)$.

b) Ohne Einschränkung der Allgemeingültigkeit sei vorausgesetzt, daß $\underline{L}_1$ und $\underline{L}_2$ durch rechtslineare Grammatiken erzeugt werden. Es seien

$\underline{L}(G_1) = \underline{L}_1$ mit $G_1 = (\underline{V}_1, \underline{A}_1, \underline{R}_1, s_1)$,

$\underline{L}(G_2) = \underline{L}_2$ mit $G_2 = (\underline{V}_2, \underline{A}_2, \underline{R}_2, s_2)$, und es gelten

$(\underline{V}_1 - \underline{A}_1) \cap (\underline{V}_2 - \underline{A}_2) = \emptyset$ sowie $s \notin \underline{V}_1 - \underline{A}_1 \wedge s \notin \underline{V}_2 - \underline{A}_2$,

was durch Umbenennung der Zwischensymbole stets zu erreichen ist. Unter diesen Voraussetzungen können für die Vereinigung und Verkettung beider Sprachen sowie für die Potenz rechtslineare Grammatiken angegeben werden.

$\underline{L}_1 \cup \underline{L}_2$:

$G = (\underline{V}_1 \cup \underline{V}_2 \cup \{s\}, \underline{A}_1 \cup \underline{A}_2, \underline{R}, s)$ mit

$\underline{R} = \underline{R}_1 \cup \underline{R}_2 \cup \{(s,s_1), (s,s_2)\}$

ist rechtslinear und damit regulär. Für diese Grammatik G gilt $\underline{L}(G) = \underline{L}(G_1) \cup \underline{L}(G_2)$, weil für jede Ableitung $s \xrightarrow[G]{+} 1$ entweder $s_1 \xrightarrow[G_1]{+} 1$ und $s \rightarrow s_1$ oder $s_2 \xrightarrow[G_2]{+} 1$ und $s \rightarrow s_2$ gilt.

Bemerkung:

Durch die Forderung der Disjunktheit der Mengen der Zwischensymbole von G_1 und G_2 wird garantiert, daß aus s_1 nur Satzformen mit Regeln aus $\underline{R}_1$ und aus s_2 nur Satzformen mit Regeln aus $\underline{R}_2$ erzeugt werden können.

$\underline{L}_1 \otimes \underline{L}_2$:

$G = (\underline{V}_1 \cup \underline{V}_2, \underline{A}_1 \cup \underline{A}_2, \underline{R}, s_1)$ mit

$\underline{R} = \{(z,wz_1): (z,wz_1) \in \underline{R}_1\} \cup \{(z,ws_2): (z,w) \in \underline{R}_1\} \cup \underline{R}_2$

ist eine reguläre Grammatik. Für die Grammatik gilt

$$s_1 \xrightarrow[G_1]{+} 1_1 s_2 \xrightarrow[G_2]{+} 1_1 1_2 \quad \text{mit } 1_1 \in \underline{L}(G_1) \text{ und } 1_2 \in \underline{L}(G_2).$$

Bemerkung:

$G = (\underline{V}_1 \cup \underline{V}_2 \cup \{s\}, \underline{A}_1 \cup \underline{A}_2, \{(s,s_1s_2)\} \cup \underline{R}_1 \cup \underline{R}_2, s)$ ist keine zulässige Lösung, da (s,s_1s_2) nicht Regel einer regulären Grammatik ist.

$\underline{L}_1{}^*$:

$G = (\underline{V}_1, \underline{A}_1, \underline{R}, s)$ mit

$\underline{R} = \{(z,wz_1): (z,wz_1) \in \underline{R}_1\} \cup \{(z,ws): (z,w) \in \underline{R}_1\} \cup$
$\{(s,\varepsilon)\}$

Nach der zuletzt gegebenen Vorschrift wird für ein beliebiges Alphabet $\underline{A}$ die Menge $\underline{A}^*$ durch die reguläre Grammatik

$G = (\{s\} \cup \underline{A}, \underline{A}, \{(s,as): a \in \underline{A}\} \cup \{(s,\varepsilon)\}, s)$

erzeugt. Damit ist jede Sprache in einer durch eine reguläre Grammatik erzeugten Sprache enthalten.

4.1.3. SPRACHEN UND CHOMSKY-TYP, CHOMSKY-GRAMMATIKEN UND AUTOMATENMODELLE - EINE ÜBERSICHT

Auf der Grundlage der Definition der Äquivalenz von Grammatiken und der Hierarchie der Chomsky-Grammatiken ist eine Systematisierung der formalen Sprachen möglich. Eine Grammatik vom Chomsky-Typ i ist auch eine Grammatik vom Typ i-k für $1 \leq k \leq i$ unter der Einschränkung, daß für die Chomsky-Typ 2- bzw. 3 - Grammatiken nur ε-freie betrachtet werden.

D 4.15.: Eine Sprache $\underline{L}$ heißt vom Chomsky-Typ i (i=0,1,2,3), wenn es mindestens eine Grammatik G_i vom Chomsky-Typ i gibt, die $\underline{L}$ erzeugt.

Die Hierarchie der Sprachen nach dem Chomsky-Typ veranschaulicht Abb. 4.3. Alle regulären Sprachen sind zugleich kontextabhängige Sprachen. Die Sprachen des Chomsky-Typ 0 umfassen alle anderen.

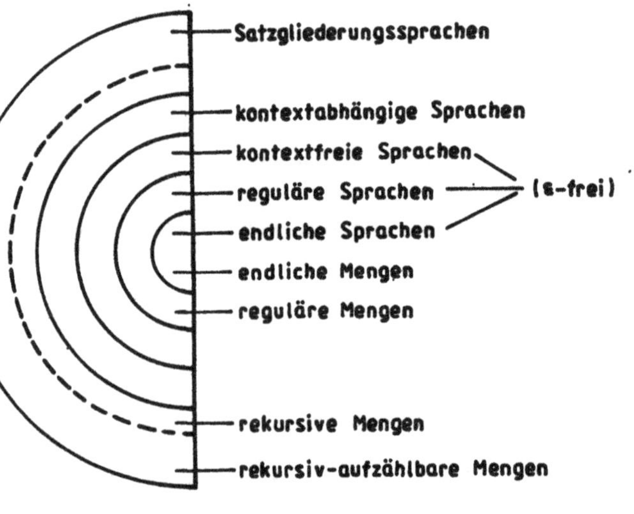

Abb. 4.3: Zur Hierarchie der Sprachen nach Chomsky

Der nachfolgende Satz zeigt, daß sich die Sprachen vom Chomsky-Typ echt umfassen:

Satz 4.7.:

a) $\underline{L} = \{a^n b^n : n \geq 1\}$ ist eine kontextfreie, aber keine reguläre Sprache.

b) $\underline{L} = \{a^n b^n c^n : n \geq 1\}$ ist eine kontextabhängige, aber keine kontextfreie Sprache.

Der Beweis für Satz 4.7. basiert auf einer Klasse von Theoremen, die in der Literatur als Pumping-Sätze bezeichnet werden. Da hier nur der Fall a betrachtet wird, wird nur der Pumping- Satz für unendliche, reguläre Sprachen abgeleitet.

Ohne Einschränkung der Allgemeingültigkeit sei angenommen, daß die unendliche, reguläre Sprache $\underline{L}$ durch eine rechtslineare Grammatik $\underline{G} = (\underline{V},\underline{A},\underline{R},s)$ erzeugt wird, die nur Regeln der Form $(z,az_1) \in \underline{R}$ oder $(z,a) \in \underline{R}$ oder $(s,\varepsilon) \in \underline{R}$ mit $a \in \underline{A}$ enthält (vgl. Satz 6.2. über verfeinerte Grammatiken). Es sei weiterhin $card(\underline{V} - \underline{A}) = k$.

Wegen der Voraussetzung, daß $\underline{L}(G)$ unendlich ist, erzeugt G auch Sätze $w = a_1a_2...a_m \in \underline{L}(G)$ mit $lgth(w) = m$ und $m > k$. Die Ableitungsfolge für w kann in

$$s \xrightarrow[G]{*} a_1...a_iz_i \xrightarrow[G]{+} a_1...a_ia_{i+1}...a_jz_i \xrightarrow[G]{+} a_1...a_ia_{i+1}...a_ja_{j+1}...a_m$$

mit $0 \leq i < j < m$ aufgespaltet werden. Da nur Zwischensymbole existieren, gibt es i und j, so daß $z_i = z_j$ und $z_i \xrightarrow[G]{+} a_{i+1}...a_jz_i$ ist. Wegen $i + 1 \leq j$ ist die Zeichenreihe $a_{i+1}...a_j$ nicht leer. Setzt man $x = a_1...a_i$, $y = a_{i+1}...a_j$ und $z = a_{j+1}...a_m$, so erzeugt G durch wiederholtes Anwenden des Zyklus' $z_i \xrightarrow[G]{+} yz_i$ für ein beliebiges n $s \xrightarrow[G]{+} xy^nz$. Satz 4.8. faßt das Ergebnis zusammen.

Satz 4.8.: Für eine unendliche, reguläre Sprache $\underline{L}$ existieren Zeichenreihen x,y und z, so daß $y \neq \varepsilon$ und $xy^nz \in L$ für jedes $n \geq 0$ gilt (<u>Pumping-Satz für unendliche, reguläre Sprachen</u>).

Mit Hilfe dieses Satzes kann nun bewiesen werden, daß $\underline{L} = \{a^nb^n : n \geq 1\}$ nicht regulär ist. Der Beweis wird indirekt geführt. Da $\underline{L}$ unendlich ist, ist $\underline{L}$ nur regulär, wenn ein Satz $w = a^nb^n$ (andere Sätze enthält $\underline{L}$ nicht) in $w = xyz$ zerlegbar ist, so daß auch xy^kz für $y \neq \varepsilon$ und $k \geq 0$ Sätze von $\underline{L}$ sind. Für diese Zerlegung gibt es nur drei Möglichkeiten.

Fall 1: y besteht aus einer Folge von a, also

$a^nb^n = xyz$ mit $x = a^p$, $y = a^q$, $z = a^rb^n$

$p,r \geq 0$, $q \geq 1$, $p + q + r = n$.

Nach Satz 4.8. müssen dann auch alle Zeichenreihen

$a^{p+kq+r}b^n = a^{n+(k-1)q}b^n$ mit $k \geq 0$

Sätze der Sprache $\underline{L}$ sein. Das gilt aber nicht allgemein, sondern nur für $k = 1$.

Fall 2: y besteht aus einer Folge von b. Dieser Fakt führt analog zu Fall 1 zum Widerspruch.

Fall 3: y besteht aus einer Folge von a und b, also

$a^nb^n = xyz$ mit $x = a^p$, $y = a^qb^r$, $z = b^s$

$p,s \geq 0$, $q, r \geq 1$, $p + q = r + s = n$.

Nach Satz 4.8. müssen dann auch alle Zeichenreihen $a^p(a^qb^r)^kb^s$ mit $k \geq 0$ in $\underline{L}$ enthalten sein. Das gilt aber nicht für $k \geq 2$, da in $\underline{L}$ keine Sätze enthalten sind, in denen auf ein b noch Zeichen a folgen.

Da alle 3 Fälle zum Widerspruch führen, ist $\underline{L}$ nicht regulär. Daß $\underline{L}$ aber kontextfrei ist, zeigt die Grammatik

$G = (\{s,a,b\}, \{a,b\}, \{(s,asb), (s,ab)\}, s)$.

Ganz entsprechend kann der Teil b des Satzes 4.7. bewiesen werden. Dazu ist zunächst der Pumping-Satz für kontextfreie Sprachen abzuleiten und darauf aufbauend zu zeigen, daß für die Sätze $w = a^n b^n a^n$ mit $n \geq 1$ keine entsprechende Zerlegung existiert. Die Beweise seien der Übung überlassen (Übung 12 und 13).

Für die Untersuchung der Eigenschaften komplex aufgebauter Sprachen hat der Satz 4.9. eine große Bedeutung.

Satz 4.9. Es seien $\underline{L}_1$ und $\underline{L}_2$ Sprachen vom Chomsky-Typ i. Dann sind auch $\underline{L}_1 \cup \underline{L}_2$, $\underline{L}_1 \otimes \underline{L}_2$ und $\underline{L}_1^+$ vom Chomsky-Typ i.

Für reguläre Grammatiken wurde die Gültigkeit dieses Satzes bereits demonstriert. Der vollständige Beweis soll der Übung überlassen werden. Besonders wird aber darauf hingewiesen, daß die Aussage allgemein nicht für die Durchschnittsbildung $\underline{L}_1 \cap \underline{L}_2$ gilt. Der Durchschnitt der kontextfreien Sprachen

$\underline{L}_1 = \{a^n b^n a^m : n,m \geq 1\}$ und $\underline{L}_2 = \{a^m b^n a^n : n,m \geq 1\}$ (vgl. Übung 7)

liefert die kontextabhängige Sprache $\underline{L}_1 \cap \underline{L}_2 = \{a^n b^n a^n : n \geq 1\}$ (Satz 4.7.).

Dagegen liefert der Durchschnitt regulärer Sprachen wiederum eine reguläre Sprache (Übung 9).

In diesem Zusammenhang wird auf ein weiteres wichtiges Ergebnis der Theorie formaler Sprachen hingewiesen. Es weist grundlegende Beziehungen zwischen den nach Chomsky-Grammatiken systematisierten formalen Sprachen als Mengen von Zeichenreihen über einem Alphabet zu einer Hierarchie von Modellen abstrakter Automaten aus; d.h., jedem Typ der Chomsky-Sprachen bzw. Grammatiken entspricht ein bestimmter Typ der Automatenmodelle:

- endlicher Automat	reguläre Sprache
- Kellerautomat	kontextfreie Sprache
- linear beschränkter Automat	kontextabhängige Sprache
- Turingautomat	Satzgliederungssprache

Von besonderem Interesse für die Sprachimplementation sind die endlichen Automaten und ihr Zusammenhang zu den regulären Sprachen, der für die Konstruktion von Morphemerkennern genutzt wird, sowie die Kellerautomaten in ihrer Beziehung zu den kontextfreien Sprachen, die für die Entwicklung von Syntaxanalysatoren wichtig sind.

4.1.4. ZWEISTUFIGE GRAMMATIKEN - VAN WIJNGAARDEN-GRAMMATIKEN

Die vorangestellten Darlegungen haben gezeigt, daß die kontextfreien Grammatiken insbesondere in ihrer Backus-Naur-Form sehr bequem bei der Definition der Syntax von Programmiersprachen anzuwenden sind. Leider ist es nicht möglich, Wertartabhängigkeiten, Gültigkeitsbereiche und die Objektidentifizierung u.a. durch kontextfreie Regeln zu erfassen. Die Darstellung solcher Kontextbedingungen durch Grammatiken vom Chomsky-Typ 1 ist relativ aufwendig und schwer überschaubar.

Eine günstigere Lösung ist mit den van Wijngaarden-Grammatiken (vgl. /72/), Affix-Grammatiken (vgl. /39/) und Attributgrammatiken (Abschnitt 8.) gefunden worden. Sie realisieren die Idee, Kontextabhängigkeiten in die Syntax aufzunehmen, ohne dabei die Grundstruktur der kontexfreien Grammatiken zu zerstören. Das geschieht durch Parametrisierung kontextfreier Regeln.

Die weitere Darstellung bezieht sich auf die zweistufigen van Wijngaarden-Grammatiken. Diese Grammatiken kombinieren zwei Systeme kontextfreier Regeln. Modell- und Metaregeln bilden die obere Stufe. Aus den Modellregeln werden durch Anwendung von Metaregeln die kontextfreien Produktionsregeln der unteren Stufe abgeleitet.

Darstellung der Produktionsregeln (production rules)

Eine Regel $(z, v_1 v_2 \ldots v_n) \in \underline{R}$ mit $v_i \in \underline{V}$ einer kontextfreien Grammatik $G = (\underline{V}, \underline{A}, \underline{R}, s)$ wird in der van Wijngaarden-Notation durch

$z: v_1, v_2, \ldots, v_n.$

dargestellt. Alternative Regeln werden durch

$z: w_1; w_2; \ldots; w_m.$

angegeben, wobei die w_i die Alternativen sind. Man erkennt leicht die Beziehung zur Backus-Naur-Form. Die nichtterminalen Symbole sind Wörter aus Kleinbuchstaben.

Beispiel: wertzuweisung: real variable, :=,real ausdruck;
integer variable, :=,integer ausdruck;
boolean variable, :=,boolean ausdruck.

Darstellung der Metaregeln (metaproductions)

Eine Metaregel enthält drei Bestandteile:

- den durch die Metaregel definierten Metabegriff (metanotion), der links vom Definitionszeichen steht,
- das Definitionszeichen ::
- die rechts vom Definitionszeichen stehende Formel, die durch einen Punkt abgeschlossen wird

  METABEGRIFF :: Formel.

Die Formel besteht aus einer oder mehreren Alternativen. Die Alternativen einer Formel sind durch Semikolon ; getrennt. Alternativen sind Zeichenreihen aus Metabegriffen und Protobegriffen (protonotion), die durch Zwischenräume getrennt werden. Die Metabegriffe sind Wörter aus Großbuchstaben. Die Protobegriffe sind bezüglich der Metaregeln terminale Symbole und sind Wörter aus Kleinbuchstaben.

Beispiel: MODUS :: real;integer;boolean.

Darstellung der Modellregeln (hyper rules)

Die zwei syntaktischen Stufen der van Wijngaarden-Grammatik werden durch

Modellregeln miteinander verbunden. Sie dienen zusammen mit den Metaregeln der Erzeugung der kontextfreien Produktionsregeln der unteren Stufe. Diese Modellregeln haben den gleichen Aufbau wie die Produktionsregeln mit der Besonderheit, daß in ihnen Meta- und Protobegriffe gemischt auftreten und sogenannte Modellbegriffe (hypernotions) bilden.

Beispiel: MODUS wertzuweisung : MODUS variable, :=, MODUS ausdruck.

Bei der Ableitung einer Produktionsregel aus einer Modellregel ist das Prinzip der simultanen Ersetzung der Metabegriffe der Modellregel durch die aus Metaregeln erzeugten Protobegriffe sehr wesentlich. Ein mehrfach in einer Modellregel auftretender Metabegriff ist jeweils durch den gleichen Protobegriff zu ersetzen. Hierin besteht ein wesentlicher Unterschied zwischen den Zweistufengrammatiken und den Chomsky-Grammatiken. Dieses Substitutionsprizip erlaubt es, Kontextabhängigkeiten zu erfassen. Eine weitere Tatsache ist bemerkenswert. Die Menge der Produktionsregeln, die aus den Modellregeln mittels der Metaregeln erzeugt werden können, ist im allgemeinen unendlich.

Beispiel: $\underline{L} = \{a^n b^n a^n : n \geq 1\}$

ist eine kontextabhängige Sprache, die mit Hilfe einer Zweistufengrammatik erzeugt werden kann.

Metaregeln	Modellregeln
N :: n; N n.	s : Na, Nb, Na.
AB :: a; b.	nNAB : AB, NAB.
	nAB : AB.

Die Metaregel

N :: n; N n.

besagt, daß der Metabegriff N in einer Modellregel durch eine beliebige Folge von n substituiert werden kann.

Modellregeln	Metaregeln	abgeleitete Produktionsregeln
S: Na,Nb,Na.	N:: n;Nn.	s: na,nb,na. s: nna,nnb,nna. (r_1) s: nnna,nnnb,nnna. ⋮
nNAB: AB,NAB.	N:: n;Nn. AB:: a;b.	nna: a,na. (r_2) nnb: b,nb. (r_3) nnna: a,nna. nnnb: b,nnb. ⋮
nAB: AB.	AB:: a;b.	na: a. (r_4) nb: b. (r_5)

Die angegebene Grammatik beschreibt unendlich viele Produktionsregeln. Mit den gekennzeichneten Produktionsregeln kann der Satz aabbaa folgendermaßen abgeleitet werden:

$$S \xrightarrow{r_1} nnannbnna \xrightarrow{r_2} anannbnna \xrightarrow{r_3} anabnb$$
$$\xrightarrow{r_2} anabnbana \xrightarrow{r_4} aabnbana \xrightarrow{r_5} aabbana \xrightarrow{r_4} aabbaa.$$

4.2. WICHTIGE EIGENSCHAFTEN KONTEXTFREIER GRAMMATIKEN

4.2.1. REKURSIVITÄT

Formale Sprachen mit einer unendlichen Zahl von Sätzen können nur durch rekursive Anwendung von Regeln der Grammatik erzeugt werden. Diese Feststellung ist wesentliche Grundlage der bereits behandelten Pumping-Sätze gewesen. Als Beispiel betrachte man die Sprache

$$\underline{L} = \{\underline{begin}\ s^n\ \underline{end}: n \geq 1\} = \{\underline{begin}\ s\ \underline{end},\ \underline{begin}\ ss\ \underline{end},\ \ldots\},$$

die durch die kontextfreie Grammatik

$$G = (\{P, S, \underline{begin}, s, \underline{end}\}, \{\underline{begin}, s, \underline{end}\}, \underline{R}, P) \quad \text{mit}$$
$$\underline{R} = \{r_1 = (P, \underline{begin}\ S\ \underline{end}),\ r_2 = (S, Ss),\ r_3 = (S, s)\} \text{ erzeugt wird,}$$

wobei s als Abkürzung für Statement stehen könnte.

Um einen Satz zu erzeugen, muß zuerst Regel r_1 angewendet werden.

$$P \xrightarrow{r_1} \underline{begin}\ S\ \underline{end} \underbrace{\xrightarrow{r_2} \underline{begin}\ S\ s\ \underline{end} \xrightarrow{r_2} \ldots}_{(n-1)\ -\ \text{mal}\ r_2} \xrightarrow{r_3} \underline{begin}\ s^n\ \underline{end}.$$

Die Anwendung von r_2 garantiert, daß wiederum r_2 angewendet werden kann. Das bedeutet, daß r_2 rekursiv ist. Die Rekursion wird durch Anwendung der Regel r_3 abgeschlossen.

D 4.16.: Eine Regel $r = (z, v) \in R$ der kontextfreien Grammatik $G = (\underline{V}, \underline{A}, \underline{R}, s)$ heißt rekursiv, wenn $v = w_1 z w_2$ mit $z \in \underline{V} - \underline{A}$ und $w_1 w_2 \in \underline{V}^*$ ist. Speziell heißen die Regeln für $w_1, w_2 \in \underline{V}^+$

$r = (z, zw_2)$ linksrekursiv,

$r = (z, w_1 z)$ rechtsrekursiv und

$R = (z, w_1 z w_2)$ zentralrekursiv.

In dem betrachteten Beispiel ist folglich die Regel linksrekursiv. Man kann sich leicht davon überzeugen, daß die Grammatik

$$G' = (\{P, S, T, \underline{begin}, s, \underline{end}\}, \{\underline{begin}, s, \underline{end}\}, \underline{R}', P) \quad \text{mit}$$
$$\underline{R}' = \{r_1' = (P, \underline{begin}\ S\ \underline{end}),\ r_2 = (S, sT),\ r_3 = (T, S),\ r_4 = (S, s)\}$$

die gleiche Sprache erzeugt, d.h., es ist $\underline{L}(G) = \underline{L}(G')$. Im Sinne von D 4.16. enthält diese Grammatik keine rekursiven Regeln. Die Regeln r_2' und r_3' können aber indirekt rekursiv angewendet werden, da

$$S \xrightarrow{r_2} sT \xrightarrow{r_3} sS \quad \text{bzw.} \quad S \xrightarrow[G]{+} sS$$

gilt. Das motiviert die nächste Definition.

D 4.17.: Eine kontextfreie Grammatik $G = (\underline{V}, \underline{A}, \underline{R}, s)$ heißt rekursiv in $z \in \underline{V} - \underline{A}$, falls $z \xrightarrow[G]{+} w_1 z w_2$ mit $w_1, w_2 \in \underline{V}^*$ gilt. Speziell heißt die Grammatik in z

- linksrekursiv für $w_1 = \varepsilon$;
- rechtsrekursiv für $w_2 = \varepsilon$;
- zentralrekursiv für $w_1, w_2 \neq \varepsilon$.

Entsprechend ist die obige Grammatik G' in S rechtsrekursiv. Die Rekursivität ist eine sehr wichtige Eigenschaft der Grammatik. Durch die Rekursion wird erreicht, daß mit dem relativ einfachen Formalismus des Grammatikmodells komplizierte, unendliche formale Sprachen erzeugt werden können. Die Berechnung, ob eine ε-freie, kontextfreie Grammatik $G = (\underline{V}, \underline{A}, \underline{R}, s)$ in $z \in \underline{V} - \underline{A}$ links- bzw. rechtsrekursiv ist, kann relativ einfach erfolgen. Dazu werden die Mengen

$$\underline{Li} = \{(a,b): r = (a,bw) \in \underline{R} \wedge a,b \in \underline{V} - \underline{A} \wedge w \in \underline{V}^*\}$$
$$\underline{Re} = \{(a,b): r = (a,wb) \in \underline{R} \wedge a,b \in \underline{V} - \underline{A} \wedge w \in \underline{V}^*\}$$

gebildet. Falls die transitiven Hüllen der Relationen $\underline{Li}^+$ bzw. $\underline{Re}^+$ das Paar (z,z) enthalten, ist G in z links- bzw. rechtsrekursiv.

Beispiel:

Für G' soll überprüft werden, in welchen Symbolen die Grammatik rechtsrekursiv ist. Dazu wird zunächst

$$\underline{Re} = \{(S,T), (T,S)\}$$

aufgestellt. Damit ergibt sich nach D 4.7.

$$\underline{Re}^+ = \underline{Re}^1 \cup \underline{Re}^2 \cup \underline{Re}^3 \cup \ldots = \underline{Re}^1 \cup \underline{Re}^2 = \{(S,T), (T,S), (S,S), (T,T)\}.$$

G' ist folglich in S und T rechtsrekursiv.

Wesentlich komplizierter ist die Berechnung der zentralrekursiven Zwischensymbole einer kontextfreien Grammatik $G = (\underline{V}, \underline{A}, \underline{R}, s)$. Dazu führt man in $(\underline{V} - \underline{A}) \times (\underline{V} - \underline{A})$ folgende Relationen ein:

$$\underline{Rek} = \{(a,b): r = (a, w_1 b w_2) \in \underline{R} \wedge b \in \underline{V} - \underline{A} \wedge w_1 \in \underline{V}^* \wedge w_2 \in \underline{V}^+\}$$

a erzeugt für b direkt rechten Kontext;

$$\underline{Lik} = \{(a,b): r = (a, w_1 b w_2) \in \underline{R} \wedge b \in \underline{V} - \underline{A} \wedge w_1 \in \underline{V}^+ \wedge w_2 \in \underline{V}^*\}$$

a erzeugt für b direkt linken Kontext;

$$\underline{Bk} = \underline{Rek} \cap \underline{Lik}$$

a erzeugt für b direkt beiderseitigen Kontext;

$$\underline{Ed} = \{(a,b): r = (a, w_1 b w_2) \in \underline{R} \wedge b \in \underline{V} - \underline{A} \wedge w_1, w_2 \in \underline{V}^*\}$$

a erzeugt direkt b.

Falls die hieraus gebildete Relation

$$\underline{Ze} = \underline{Ed}^* \circ (\underline{Rek} \circ \underline{Ed}^* \circ \underline{Lik} \cup \underline{Lik} \circ \underline{Ed}^* \circ \underline{Rek} \cup \underline{Bk}) \circ \underline{Ed}^*$$

das Paar (z,z) enthält, ist die Grammatik in $z \in \underline{V} - \underline{A}$ zentralrekursiv.

Eine fundamentale Eigenschaft von kontextfreien Sprachen ist ihre sogenannte Nesteigenschaft. Darunter versteht man Sprachkonstruktionen, die ineinander in einem ausgewogenen Klammerungsverhältnis verschachtelt werden, wie der Leser das bei der Verwendung von Klammerungen in Formeln, bei der Verschachtelung von Blöcken usw. bereits kennt.

Eine sehr interessante Aussage zur Äquivalenz zwischen kontextfreien und regulären Grammatiken beinhaltet Satz 4.14. (hier ohne Beweis).

Satz 4.14.: Zu jeder kontextfreien Grammatik, die nicht zentralrekursiv ist, existiert eine äquivalente reguläre Grammatik.

Übung 19 wendet diesen Satz an.

Natürlich kann auch eine Sprache, die durch eine zentralrekursive, kontextfreie Grammatik erzeugt wird, regulär sein.

<u>Beispiel:</u>

$G = (\{A,a,b\}, \{a,b\}, \{(A,aAb), (A,aA), (A,bA), (A,a), (A,b)\}, A)$

erzeugt die reguläre Sprache $\underline{L}(G) = \{a,b\}^* \otimes \{a,b\}$!

4.2.1.1. Beseitigung der direkten Linksrekursion kontextfreier Grammatiken - Übersetzung von Formeln

In 3.5.2. wurde demonstriert, daß linksrekursive Grammatiken bei Anwendung der Methode des rekursiven Abstiegs zur Syntaxanalyse zu einer unbegrenzten Folge von Prozeduraufrufen führen. Allgemein erweist sich die Linksrekursivität im Zusammenhang mit den noch zu behandelnden Top-down-Syntaxanalyseverfahren als unzulässige Eigenschaft. Es wurde gezeigt, wie die Linksrekursivität von Grammatiken aufgedeckt werden kann. Nun wird angegeben, wie zu einer kontextfreien Grammatik G eine äquivalente, von Linksrekursivitäten freie Grammatik G' entwickelt wird.

a) <u>Eine Grammatik als Beispiel</u>

Die mit der Beseitigung direkter Linksrekursivität verbundenen Probleme werden am Beispiel der Übersetzung einfacher Formeln behandelt. In der Texteditionssprache werden dazu als Ausdrücke auch Formeln mit den zweistelligen (dyadischen) Operatoren +, - , * und / sowie geklammerte Ausdrücke zugelassen. Die Formelübersetzung wird später (vgl. 8.3.3.) noch detaillierter behandelt (z.B. Operatoridentifizierung und Anpassung von Operanden). Zunächst wird die Syntax der Ausdrücke nur folgendermaßen erweitert.

<u>Syntax</u>

<Ausdruck> ::= <Ausdruck> + <Term> | <Ausdruck> - <Term> |
<Term>
<Term> ::= <Term> * <Primäres> | <Term> / <Primäres> |
<Primäres>
<Primäres> ::= <Intkonstante> | <Stringkonstante> |
<Variable oder Aufruf> | (<Ausdruck>)

<u>Semantik</u>

Die Operatoren +, -, * und / haben für ganzzahlige Operanden die übliche Bedeutung. Der Operator + kann auch auf zwei Zeichenreihen angewendet werden und verkettet diese. Der Operator * mit einem ganzzahligen linken Operanden und einer Zeichenreihe als rechter Operand potenziert die Zeichenreihe. Die Operatoren + und * sind damit überladen.

Auf Textvariablen können keine Operatoren angewandt werden. Die bereits behandelte Konstruktion "Variable oder Aufruf" (vgl. 3.5.4.) wird für die folgenden Untersuchungen wie ein terminales Symbol behandelt. Die Semantik dieses Symbols besteht in der Speicherung eines Resultats im Operandenkeller und in der Bereitstellung des Resultattyps.

Mit den Abkürzungen A, T bzw. P für <Ausdruck> , <Term> und <Primäres> ergibt sich für Ausdrücke die kontextfreie Grammatik $G = (\underline{V}, \underline{A}, \underline{R}, A)$ mit

$$\underline{V} - \underline{A} = \{A, T, P\}$$

$$\underline{A} = \{+, -, *, /, \text{Intkonstante}, \text{Stringkonstante}, \text{Variable oder Aufruf}, (,)\}$$

und den in Abb. 4.4 tabellarisch angegebenen Regeln $\underline{R}$.

Syntax		Semantik
Nr.	Regel	RPN-Instruktion
1	(A,A+T)	ADD {INT, STRING}
2	(A,A-T)	SUB INT
3	(A,T)	—
4	(T,T*P)	MUL {INT, STRING}
5	(T,T/P)	DIV INT
6	(T,P)	—
7	(P,Intkonstante)	LOAD INT,intkonstante
8	(P,Stringkonstante)	LOAD STRING,stringkonstante
9	(P,Variable oder Aufruf)	—
10	(P,(A))	—

Abb. 4.4: Syntaktische Regeln vereinfachter Ausdrücke und zugeordnete semantische Aktionen

Korrespondierend mit den syntaktischen Regeln ist die Semantik durch RPN-Instruktionen gegeben, die nach Anwendung einer syntaktischen Regel entweder durch einen Interpreter ausgeführt werden oder von einem Compiler als Zielkode eines hypothetischen, kellerorientierten Rechners erzeugt werden. Den syntaktischen Regeln r_3, r_6, r_9 und r_{10} sind keine Instruktionen zugeordnet. Ihre Semantik ist leer.

Wie arbeitet nun dieser Interpreter oder Compiler?

Zur Erläuterung wird der Ausdruck 3*3/4 als Eingabezeichenreihe genutzt. Durch Anwendung der syntaktischen Regeln auf die Folge von Intkonstanten und Operatoren wird zuerst die syntaktische Struktur der Eingabezeichenreihe bestimmt.

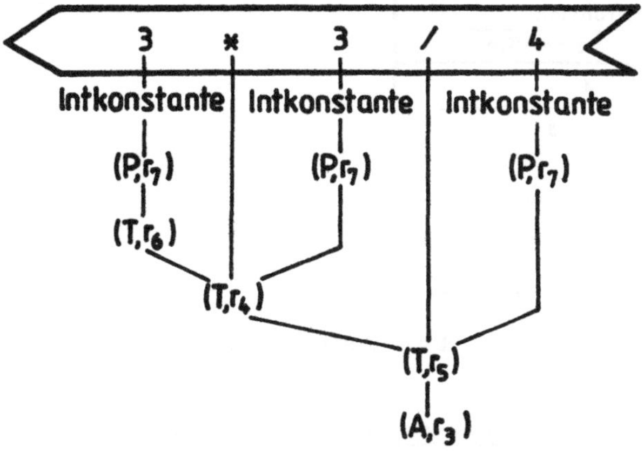

Abb. 4.5.: Syntaktische Struktur des Ausdrucks 3*3/4

Wird die Eingabezeichenreihe konsequent von links nach rechts analysiert, werden die syntaktischen Regeln in der Folge

$r_7\ r_6\ r_7\ r_4\ r_7\ r_5\ r_3$

angewendet. Dafür bestimmt der Sprachprozessor gemäß Abb. 4.4. die Folge von RPN-Instruktionen

```
LOAD    INT,3
LOAD    INT,3
MUL     INT
LOAD    INT,4
DIV     INT
```

Was bedeutet diese Folge von RPN-Instruktionen?

b) Bedeutung der RPN-Instruktionen

Die Wirkung der in Abb. 4.4. genutzten RPN-Instruktionen ist in Abb. 4.6. angegeben. Die Instruktion LOAD kellert den Wert der angegebenen Konstanten. Die Instruktionen ADD, SUB, MUL, DIV entkellern ihre Operanden (zuerst den rechten) und kellern das Operationsresultat.

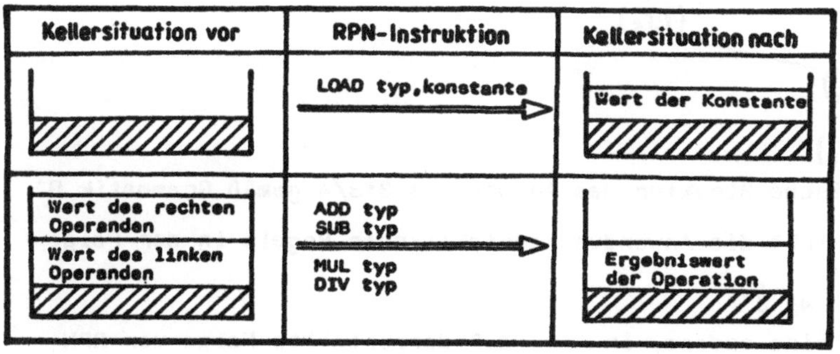

Abb. 4.6.: Darstellung der Kellersituationen vor und nach der Ausführung von RPN-Instruktionen

Für 3*3/4 liefert die Ausführung der RPN-Instruktionsfolge die in Abb. 4.7. dargestellten Kellersituationen und als Ergebnis den Wert 2.

RPN-Instruktion	Kellersituation	
	symbolisch	wertmäßig
LOAD INT,3	<3>	3
LOAD INT,3	<3><3>	3 3
MUL INT	<(3*3)>	9
LOAD INT,4	<(3*3)><4>	9 4
DIV INT	<((3*3)/4)>	2

Abb. 4.7: Situationen des Operandenkellers bei Abarbeitung des Ausdrucks 3*3/4 gemäß Grammatik G

c) Elimination der Linksrekursion durch Grammatiktransformation

Ohne Beachtung der Semantik (Abarbeitungsreihenfolge) von Ausdrücken erscheint es naheliegend, die Linksrekursion der gegebenen Grammatik G durch Umformung der linksrekursiven Regeln in rechtsrekursive wie folgt vorzunehmen, um eine linksrekursionsfreie Grammatik G' = ($\underline{V}$,$\underline{A}$,$\underline{R}$,A) zu erhalten:

$$R' = \{r_1' = (A,T + A),\ r_2' = (A,T - A),\ r_3' = (A,T),$$
$$r_4' = (T,P * T),\ r_5' = (T,P / T),\ r_6' = (T,P),$$
$$r_7' = (P,\text{Intkonstante}),\ r_8' = (P,\text{Stringkonstante}),$$
$$r_9' = (P,\text{Variable oder Aufruf}),\ r_{10}' = (P,(A))\}$$

Für die betrachtete Eingabezeichenreihe ergibt sich damit folgende syntaktische Struktur:

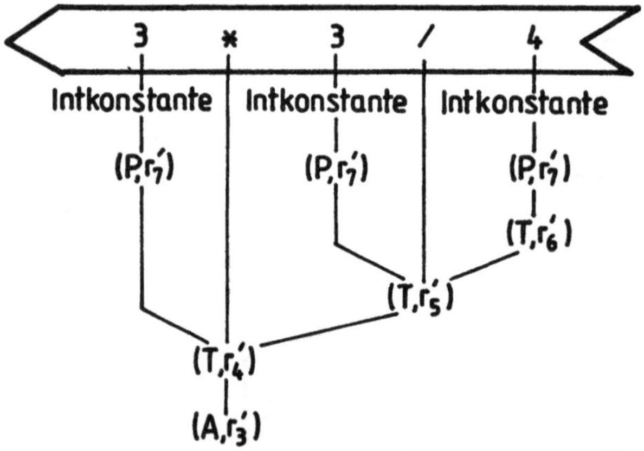

Abb. 4.8: Syntaktische Struktur des Ausdruckes 3*3/4 gemäß Grammatik G'

Diese Struktur bewirkt die Anwendung syntaktischer Regeln in der Folge

$$r_7'\ r_7'\ r_7'\ r_6'\ r_5'\ r_4'\ r_3'.$$

Daraus resultiert eine andere, in Abb. 4.9 dargestellte Folge von RPN-Instruktionen, deren Ausführung den Wert 0 liefert, der nicht der erwarteten Semantik von Formeln entspricht. Der Grund für dieses Resultat ist die durch die rechtsrekursiven Regeln der Grammatik G' verursachte rechtsassoziative Formelabarbeitung, die aus den Abb. 4.8 und 4.9 deutlich hervorgeht.

RPN-Instruktion	Kellersituation	
	symbolisch	wertmäßig
LOAD INT,3	<3>	3
LOAD INT,3	<3><3>	3 3
LOAD INT,4	<3><3><4>	3 3 4
DIV INT	<3><(3/4)>	3 0
MUL INT	<(3*(3/4))>	0

Abb. 4.9: Situationen des Operandenkellers bei Abarbeitung des Ausdrucks 3*3/4 gemäß Grammatik G'

Im Gegensatz dazu fordert die Semantik von Formeln, daß Ausdrücke mit Operatoren gleicher Priorität linksassoziativ abgearbeitet werden. Daraus folgt die wichtige Regel:

> Linksrekursive Regeln werden linksassoziativ und rechtsrekursive Regeln werden rechtsassoziativ abgearbeitet.

Obwohl G' zu G syntaktisch äquivalent ist, zeigt sich, daß eine einfache Umwandlung linksrekursiver Regeln in rechtsrekursive Regeln nicht immer semantisch erlaubt ist.

Bemerkung:

Die einfache Umwandlung ist z.B. für die Regeln von Deklarations- und Parameterlisten möglich, da hier die Semantik vollständig an die Regeln für die Listenelemente gebunden werden kann und es damit belanglos ist, ob die Liste von rechts nach links oder links nach rechts aufgearbeitet wird.

$$r_1 = (\text{Liste}, \text{Listenelement}) \qquad r_1' = (\text{Liste}, \text{Listenelement})$$
$$r_2 = (\text{Liste}, \text{Liste}, \text{Listenelement}) \Longrightarrow r_2' = (\text{Liste}, \text{Listenelement}, \text{Liste})$$

Im Falle der Formelübersetzung ist eine andere semantiktreue Grammatiktransformation zur Beseitigung der direkten Linksrekursion notwendig, die natürlich aufwendiger ist.

Es sei $G = (\underline{V}, \underline{A}, \underline{R}, s)$ eine kontextfreie Grammatik, die linksrekursive Regeln in $z \in \underline{V} - \underline{A}$ enthält. Es können zwei Mengen von Regeln gebildet werden:

- die Menge der in $z \in \underline{V} - \underline{A}$ linksrekursiven Regeln
  $\underline{R}_{z\ \text{rekursiv}} = \{r : r = (z, zv) \in \underline{R} \wedge v \in \underline{V}^+\}$
- die Menge der $z \in \underline{V} - \underline{A}$ abschließenden Regeln
  $\underline{R}_{z\ \text{abschließend}} = \{r : r = (z, w) \in \underline{R} \wedge w \neq zw' \wedge w, w' \in \underline{V}^*\}$.

Bemerkung:

1) Es ist zu beachten, daß Regeln der Form $(z,z) \in \underline{R}$ in $\underline{R}_{z\ \text{rekursiv}}$ verboten sind, da diese ohne weiteres aus der Menge der Regeln gestrichen werden können.

2) $\underline{R}_{z\ \text{abschließend}}$ kann eine Regel enthalten, die die leere Zeichenreihe erzeugt.

Unter der Bedingung, daß z', $z'' \notin \underline{V} - \underline{A}$ neue Nichtterminale sind, ist die äquivalente Grammatik G' ohne linksrekursive Reglen in $z \in \underline{V} - \underline{A}$ bestimmt durch

$$G' = (\underline{V} \cup \{z', z''\}, \underline{A}, \underline{R}', s) \text{ mit}$$

$$\underline{R}' = (\underline{R} - \underline{R}_{z \text{ rekursiv}} - \underline{R}_{z \text{ abschließend}}) \cup \{(z', \varepsilon), (z', z''z')\} \cup \underline{R}_{1z} \cup \underline{R}_{2z}$$

und

$$\underline{R}_{1z} = \{(z'', v): (z, zv) \in \underline{R}_{z \text{ rekursiv}}\}$$

$$\underline{R}_{2z} = \{(z, wz'): (z, w) \in \underline{R}_{z \text{ abschließend}}\}$$

Die Äquivalenz von G und G' wird nur für den vereinfachten Fall demonstriert, daß für das linksrekursive Symbol $z \in \underline{V} - \underline{A}$ nur eine rekursive Regel (z,zv) und eine abschließende Regel (z,w) vorhanden sind. Durch Anwendung dieser Regeln ist die Ableitungsfolge

$$z \underbrace{\xrightarrow{(z,zv)} zv \xrightarrow{(z,zv)} zvv \xrightarrow{(z,zv)} \ldots \xrightarrow{(z,zv)}}_{n\text{-mal } (z,zv)} zv^n \xrightarrow{(z,w)} wv^n$$

konstruierbar. Die Ableitung $z \xrightarrow{+} wv^n$ ist auch in G' möglich. Nach Anwendung von (z,wz') werden n-mal die Regeln (z',z''z') und (z'',v) angewandt. Den Abschluß bildet die Regel (z', ε):

$$z \xrightarrow{(z,wz')} wz' \underbrace{\xrightarrow{(z',z''z')} wz''z' \xrightarrow{(z'',v)} wvz' \xrightarrow{(z',z''z')} \ldots \xrightarrow{(z'',v)}}_{n\text{-mal } (z',z''z') \text{ und } (z'',v)}$$

$$wv^nz' \xrightarrow{(z',\varepsilon)} wv^n$$

<u>Beispiel:</u>

Das Beispiel verwendet die Grammatik zur Beschreibung einfacher arithmetischer Ausdrücke. Man erhält

$\underline{R}_{A \text{ rekursiv}} = \{(A, A + T), (A, A - T)\}$ $\underline{R}_{A \text{ abschließend}} = \{(A, T)\}$

$\underline{R}_{T \text{ rekursiv}} = \{(T, T*P), (T, T/P)\}$ $\underline{R}_{T \text{ abschließend}} = \{(T, P)\}$.

Es folgen

$R_{1A} = \{(A'', +T), (A'', -T)\}$ $R_{2A} = \{(A, TA')\}$ und

$R_{1T} = \{(T'', *P), (T'', /P)\}$ $R_{2T} = \{(T, PT')\}$.

Das Ergebnis der Grammatiktransformation ist in Abb. 4.10 zusammengefaßt dargestellt. Für den Ausdruck 3*3/4 ergibt sich nun die syntaktische Struktur nach Abb. 4.11. Aus dieser Struktur ergibt sich die Folge der angewendeten Regeln mit

$r_{11}\ r_{11}\ r_9\ r_{11}\ r_{10}\ r_8\ r_7\ r_7\ r_6\ r_3\ r_1$,

wodurch der richtige Zielkode erzeugt wird.

```
LOAD    INT,3
LOAD    INT,3
MUL     INT
LOAD    INT,4
DIV     INT
```

Syntax		Semantik
Nr.	Regel	RPN-Instruktion
1	(A,TA')	—
2	(A',A"A')	—
3	(A',ε)	—
4	(A",+T)	ADD {INT / STRING}
5	(A",-T)	SUB INT
6	(T,PT')	—
7	(T',T"T')	—
8	(T',ε)	—
9	(T",*P)	MUL {INT / STRING}
10	(T",/P)	DIV INT
11	(P,Intkonstante)	LOAD INT,intkonstante
12	(P,Stringkonstante)	LOAD STRING,stringkonstante
13	(P,Variable oder Aufruf)	—
14	(P,(A))	—

Abb. 4.10: Linksrekursionsfreie Regeln vereinfachter Ausdrücke und zugeordnete semantische Aktionen

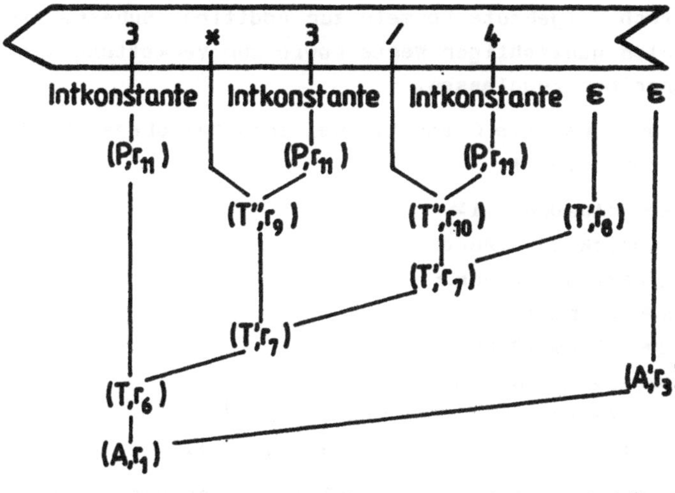

Abb. 4.11: Syntaktische Struktur des Satzes 3*3/4 für die linksrekursionsfreie Grammatik

Das Beispiel zeigt, daß der Ausdruck 3*3/4 linksassoziativ abgearbeitet wird, obwohl die Linksrekursivität der Syntaxbeschreibung beseitigt ist.

Bemerkung:

1) Die Übersicht Abb. 4.10 macht eine große syntaktische Redundanz sicht-

bar: von 13 Regeln besitzen nur 6 Regeln eine nichtleere Semantik. Obwohl auf diese Grammatik ohne weiteres die Methode des rekursiven Abstiegs angewendet werden könnte, wird diese Grammatik zweckmäßigerweise nicht zur Implementationsgrundlage gemacht.

2) In der Literatur (z.B. /3/) wird häufig eine einfachere Elimination der Linksrekursion angegeben. Für die Regeln $r_1 = (z,zv)$ und $r_2 = (z,w)$ kann man über die zuvor dargestellte Transformation

$r'_1 = (z,wz')$, $r'_2 = (z',z''z')$, $r'_3 = (z',\varepsilon)$, $r'_4 = (z'',v)$

durch Substitution von r'_4 in r'_2 die Lösung

$r'_1 = (z,wz')$, $r'_2 = (z',vz')$, $r'_3 = (z',\varepsilon)$

erhalten. In diesem Fall entstehen für arithmetische Ausdrücke die gleichen Schwierigkeiten, wie sie bereits bei der einfachen Ersetzung der linksrekursiven Regeln durch rechtsrekursive auftraten, falls die semantischen Aktionen immer erst nach Anwendung einer syntaktischen Regel ausgeführt werden.

3) Übung 21 zeigt, wie die semantiktreue Beseitigung der Linksrekursion zu der für Listen angegebenen direkten Umformung vereinfacht werden kann. Weiterhin liefert Übung 19 eine interessante Anwendung dieser Grammatiktransformation im Zusammenhang mit Satz 4.10.

d) <u>Realisierung von Ausdrücken durch die Methode des rekursiven Abstiegs</u>

Ergänzend zu 3.5.1. werden für den Texteditor nun als Parameter von Standardprozeduren auch einfach aufgebaute Formeln zur Addition, Substraktion, Multiplikation und Division ganzzahliger Werte sowie zur Verkettung und Potenzierung von Zeichenreihen zugelassen.

Die abgeleitete linksrekursionsfreie Grammatik sei zunächst übersichtlich in der Backus-Naur-Form dargestellt:

<Ausdruck> ::= <Term> <Ausdruck 1>
<Ausdruck 1> ::= <Ausdruck 2> <Ausdruck 1> | ε
<Ausdruck 2> ::= + <Term> | - <Term>
<Term> ::= <Primäres> <Term 1>
<Term 1> ::= <Term 2> <Term 1> | ε
<Term 2> ::= * <Primäres> | / <Primäres>
<Primäres> ::= <Intkonstante> | <Stringkonstante> |
<Variable oder Aufruf> | (<Ausdruck>).

Für diese Backus-Naur-Regeln ist es möglich, nach 3.5.2. sofort die Prozeduren des rekursiven Abstiegs abzuleiten. Da aber die Semantik der Regeln für Ausdruck, Ausdruck 1, Term und Term 1 leer ist (vgl. Abb. 4.10), ist es möglich und natürlich günstiger, die rechtsrekursiven Regeln für Ausdruck 1 und Term 1 in die iterative Form zu überführen und in Ausdruck bzw. Term zu substituieren. Auch Ausdruck 2 und Term 2 können substituiert werden, wenn die Semantik statt an die gesamte Backus-Naur-Regel an die einzelnen Alternativen gebunden wird. Abb. 4.12 zeigt das Ergebnis dieser Transformationen.

Syntax	Semantik			
	Modus			RPN-Instruktion
	geforderter		gelieferter	
	1.Operand	2.Operand	Resultat	
<A> ::= <T>	typ		typ	—
[+ <T> |	INT STRING	INT STRING	INT STRING	ADD INT ADD STRING
- <T>]*	INT	INT	INT	SUB INT
<T> ::= <P>	typ		typ	—
[* <P> |	INT INT	INT STRING	INT STRING	MUL INT MUL STRING
/ <P>]*	INT	INT	INT	DIV INT
<P> ::= <Intkonstante> |	INT		INT	LOAD INT,int konstante
<Stringkonstante> |	STRING		STRING	LOAD STRING,string konstante
<Variable oder Aufruf> |	typ		typ	—
(<A>)	typ		typ	—

Abb. 4.12: Syntax und Semantik von Ausdrücken der Texteditionssprache

Bemerkungen:

1) Das in Abb. 4.12 dargestellte Ergebnis ist direkt zu erhalten, wenn die linsrekursiven Regeln sofort in iterative Formen transformiert werden. Für Ausdrücke ist die iterative Form vorteilhafter, aber eine derartige Aussage darf nicht kritiklos auf andere syntaktische Konstruktionen übertragen werden. Die beschriebenen Einzelschritte zur Herleitung der in Abb. 4.12 angegebenen Regeln werden durch das in /53/ beschriebene CDL-Programmiersystem interessanterweise durch den Optimierer automatisch ausgeführt, so daß auch die direkte Umsetzung der vorn angegebenen Regeln nicht zu unnötig vielen Prozeduren für den rekursiven Abstieg führt.

2) Für die Modusangabe typ in Abb. 4.12 sind die Modi INT und STRING sowie VARTEXT zugelassen.

Die programmtechnische Realisierung der Backus-Naur-Regeln durch entsprechende Prozeduren ist nachfolgend dargestellt. Die nicht angegebene Prozedur für Ausdruck ist völlig analog zur Prozedur für Term aufgebaut und ist in Übung 22 zu entwickeln. Aus der Prozedur für Primäres wird nur die Alternative "geklammerter Ausdruck" behandelt, da die anderen Alternativen vollständig der Prozedur für Ausdruck aus 3.5.4. gleichen.

```
proc term = (ref typ resultattyp, ref pos position) bool:
if primaeres (resultattyp, position)
  then
    termrest (resultattyp);
    true
  else
    false
fi;
```

```
proc termrest = (ref typ typ) void:
while klasse of morphem=muloperator or klasse of morphem=divoperator
do
  int operator:=klasse of morphem;
  pos position op:=position of morphem;
  morphem:=naechstes morphem;
  primaeres nach operator (typ, operator, position op)
od;

proc primaeres nach operator = (ref typ typ, int operator, pos position op) void:
begin
  pos position2; typ typ2; co fuer 2.operanden co
  if primaeres (typ2, position2)
    then
      co semantik multiplikation bzw. division co
      co ************************************** co
      if operator=muloperator
        then
          if typ=INT
            then
              if typ2=INT
                then
                  aktiviere ausfuehrung (MUL, INT, leerer name)
                else
                  if typ2=STRING
                    then
                      aktiviere ausfuehrung (MUL, STRING, leerer name);
                      typ:=STRING
                    else
                      semantischer fehler (unzulaessiger typ im ausdruck, position2);
                      primaeres nach operator (typ, operator, position op)
                  fi
              fi
            else
              semantischer fehler (unzulaessiger typ im ausdruck, position op);
              termrest (typ)
          fi
        else co division co
          if typ=INT
            then
              if typ2=INT
                then
                  aktiviere ausfuehrung (DIV, INT, leerer name)
                else
                  semantischer fehler (unzulaessiger typ im ausdruck, position2);
                  primaeres nach operator (typ, operator, position op)
              fi
            else
              semantischer fehler (unzulaessiger typ im ausdruck, position op);
              termrest (typ)
      fi
      co *************************************** co
    else
      syntaktischer fehler (einem operator muss ein ausdruck folgen, position op);
      termrest (typ)
  fi
end;

proc primaeres = (ref typ resultattyp, ref pos position) bool:
if klasse of morphem=klammer auf
  then
    position:=position of morphem;
    morphem:=naechstes morphem;
    ausdruck mit klammer zu (resultattyp);
    true
  else
    if klasse of morphem=intconst
      then

          weiter wie prozedur "ausdruck" in 3.5.4.

    fi
fi;

proc ausdruck mit klammer zu = (ref typ resultattyp) void:
begin
  pos position;
  if ausdruck (resultattyp, position)
    then
      klammer zu nach ausdruck
    else
      syntaktischer fehler (nach klammer auf muss ausdruck folgen, position of morphem);
      ausdruck mit klammer zu (resultattyp)
  fi
end;

proc klammer zu nach ausdruck = void:
if klasse of morphem=klammer zu
  then
    morphem:=naechstes morphem
  else
    syntaktischer fehler (nach ausdruck muss klammer zu folgen, position of morphem);
    klammer zu nach ausdruck
fi
```

Die Analyseprozeduren für Ausdrücke erfordern noch folgende Deklarationen:

```
co morphemklassen co
int addoperator=12, suboperator=13, muloperator=14, divoperator=15;

co fehlerkodes co
int unzulaessiger typ im ausdruck=19,
    einem operator muss ein ausdruck folgen=20,
    nach klammer auf muss ausdruck folgen=21,
    nach ausdruck muss klammer zu folgen=22;

co interpreteraktionen co
int ADD=5, SUB=6, MUL=7, DIV=8;
```

4.2.1.2. Beseitigung der indirekten Linksrekursion

Auf der Grundlage der Elimination linksrekursiver Regeln einer kontextfreien Grammatik können indirekte Linksrekursivitäten beseitigt werden. Dazu werden die Menge der linksrekursiven Zwischensymbole der kontextfreien Grammatik und die Regeln bestimmt, die einen linksrekursiven Zyklus bilden. In einem nächsten Schritt wird dieser linksrekursive Zyklus abgebaut, bis er durch eine linksrekursive Regel dargestellt wird. Darauf kann die linksrekursive Regel, wie es beschrieben wurde, behandelt werden.

$G = (\underline{V}, \underline{A}, \underline{R}, s)$ sei eine kontextfreie Grammatik. Der folgende Algorithmus liefert eine äquivalente Grammatik ohne Linksrekursivität.

<u>Algorithmus</u>: Beseitigung der indirekten Linksrekursivität

1. Beseitige alle linksrekursiven Regeln der Grammatik!
2. Bestimme die Menge der Zwischensymbole, in denen die Grammatik linksrekursiv ist:

   $\underline{Z}_{\text{linksrekursiv}} = \{z: z \overset{+}{\underset{G}{\Longrightarrow}} zw \wedge z \in \underline{V} - \underline{A} \wedge w \in \underline{V}^*\}$!
3. Falls $\underline{Z}_{\text{linksrekursiv}} = \emptyset$, Ende des Algorithmus - die Grammatik enthält keine Linksrekursivität!
4. Bestimme für ein $z \in \underline{Z}_{\text{linksrekursiv}}$ eine Folge von Regeln $r_1, r_2, \ldots, r_n$, die einen linksrekursiven Zyklus

   $z_0 \xrightarrow{r_1} z_1w_1 \xrightarrow{r_2} z_2w_2 \xrightarrow{r_3} \ldots \xrightarrow{r_n} z_nw_n$ bilden, wobei

   $z_0 = z_n = z$ und $z_i \neq z_j$ für $0 \leq i < j < n$, d.h.,

   in dieser Ableitungsfolge ist z das einzige Zwischensymbol, das mehrmals ganz links auftritt (nur als z_0 und z_n).
5. Bilde für die Regel $r_n = (z_{n-1}, zw')$ die Menge

   $\underline{R}' = \{(z_{n-1}, ww'): (z,w) \in \underline{R}\} - \{(z,z): z \in \underline{V} - \underline{A}\}$!
6. Setze

   $G = (\underline{V}, \underline{A}, \underline{R} - \{r_n = (z_{n-1}, zw')\} \cup \underline{R}', s)$

   und gehe zu 1.!

<u>Beispiel:</u>

$G = (\underline{V}, \underline{A}, \underline{R}, s)$ mit $\underline{V} = \{A,B,C,D,a,b,c\}$, $\underline{A} = \{a,b,c\}$, $s = A$,

$\underline{R} = \{r_1 = (A,BC),\ r_2 = (A,a),\ r_3 = (B,CD),\ r_4 = (B,Db),\ r_5 = (D,Aa),$
$r_6 = (C,c)\}$,

ist eine kontextfreie Grammatik.

1.) Zyklus des Algorithmus

$\underline{Z}_{linksrekursiv} = \{A,B,D\}$ und $B \xrightarrow{r_4} Db \xrightarrow{r_5} Aab \xrightarrow{r_1} BCab$

$\underline{R}' = \{(A,CDC), (A,DbC)\}$.

Daraus folgt

$G = (\{A,B,C,D,a,b,c\}, \{a,b,c\}, \underline{R}, A)$ mit

$\underline{R} = \{r_1 = (A,CDC), r_2 = (A,DbC), r_3 = (A,a), r_4 = (B,CD), r_5 = (B,Db),$
$r_6 = (D,Aa), r_7 = (C,c)\}$.

2.) Zyklus des Algorithmus

$\underline{Z}_{linksrekursiv} = \{A,D\}$ und $D \xrightarrow{r_6} Aa \xrightarrow{r_2} DbCa$

$\underline{R}' = \{(A,AabC)\}$.

Daraus folgt

$G = (\{A,B,C,D,a,b,c\}, \{a,b,c\}, \underline{R}, A)$ mit

$\underline{R} = \{r_1 = (A,CDC), r_2 = (A,AabC), r_3 = (A,a), r_4 = (B,CD), r_5 = (B,Db),$
$r_6 = (D,Aa), r_7 = (C,c)\}$.

3.) Zyklus des Algorithmus

$\underline{Z}_{linksrekursiv} = \{A\}$.

Die Grammatik ist direkt linksrekursiv in A durch die Regel r_2. Die direkte Linksrekursion wird gemäß Abschnitt 4.2.1.1. beseitigt.

$\underline{R}_A$ rekursiv $= \{r_2 = (A,AabC)\}$

$\underline{R}_A$ abschließend $= \{r_1 = (A,CDC), r_3 = (A,a)\}$

Daraus folgen

$R_{1A} = \{(A'',abC)\}$ und $R_{2A} = \{(A,CDCA'), (A,aA')\}$

und die linksrekursionsfreie Grammatik

$G' = (V \cup \{A',A''\}, \underline{A}, R', A)$ mit

$\underline{R}' = \{(A,CDCA'), (A,aA'), (A',A''A'), (A'',abC), (A',\varepsilon), (B,CD),$
$(B,Db), (D,Aa), (C,c)\}$.

Hinweis:

Durch die Transformation sind die Regeln (B,CD) und (B,Db) sowie das Nichtterminal B überflüssig (vgl. 4.2.2.1.).

Der oben dargestellte Algorithmus kann in der Hinsicht verbessert werden, daß im Schritt 5. ein linksrekursiver Zyklus sofort vollständig abgebaut wird. Da der angegebene Algorithmus allgemein anwendbar ist, kann folgender Satz formuliert werden:

Satz 4.11.: Zu jeder kontextfreien Grammatik gibt es eine äquivalente Grammatik ohne Linksrekursivität.

4.2.2. REDUZIERTE KONTEXTFREIE GRAMMATIKEN

Eine kontextfreie Grammatik kann überflüssige Symbole und Regeln enthalten, die keine Bedeutung für die Ableitung der Sätze aus dem Satzsymbol besitzen. Solche überflüssigen Symbole und Regeln werden z.T. bewußt in der Sprachdefinition verwendet, um syntaktische Konstruktionen besonders durch einen Metabegriff zu bezeichnen und darauf semantische Festlegungen bzw. Erläuterungen zu beziehen.

Beispielsweise könnte für die Texteditionssprache in 3.5.1. vereinfachend

<Deklaration oder Anweisung> ::= <Deklaration> |
<Prozeduraufruf>

geschrieben werden. Die Regel

<Anweisung> ::= <Prozeduraufruf>

und das Nichtterminal Anweisung sind dann für die Definition der Syntax überflüssig, lassen aber einfach die Erläuterung zu, daß als Anweisungen nur Prozeduraufrufe zugelassen werden.

Überflüssige metalinguistische Variablen, die nicht auf der rechten Seite von Regeln auftreten, werden als Nebengipfel der Grammatik bezeichnet. Weiterhin können auch Grammatiktransformationen dazu führen, daß die Grammatik nichtterminale Symbole enthält, aus denen keine terminalen Zeichenreihen abgeleitet werden können (vgl. 4.2.1.2.). Auch diese Nichtterminalen sind in der Grammatik überflüssig. In diesem Abschnitt wird gezeigt, wie die überflüssigen Symbole einer Grammatik bestimmt werden und wie die um diese überflüssigen Symbole reduzierte, äquivalente Grammatik abgeleitet werden kann.

Bei der Beschreibung der Algorithmen wird eine Reihe von Prozeduren angewandt, die in der folgenden Übersicht angegeben sind. $G = (\underline{V}, \underline{A}, \underline{R}, s)$ sei die im Rechner abgespeicherte kontextfreie Grammatik. Die Menge der Regeln $\underline{R}$ wird durch regelindex: $\underline{R} \longrightarrow \{1,2,\ldots,\text{card}(\underline{R})\}$ eindeutig auf eine Indexmenge abgebildet.

Prozedurkopf	Resultat der Prozedurabarbeitung
proc card regeln = int:	card($\underline{R}$)
proc card vokabular = int:	card($\underline{V}$)
proc card alphabet = int:	card($\underline{A}$)
proc satzsymbol = symbol:	Satzsymbol s der Grammatik G
proc ist terminal = (symbol symbol)bool:	true, falls symbol $\in \underline{A}$ false sonst
proc ist zwischensymbol = (symbol symbol)bool:	true, falls symbol $\in \underline{V}-\underline{A}$ false sonst
proc linke seite = (int regel)symbol:	Symbol $z \in \underline{V}-\underline{A}$, für $(z,v) \in \underline{R}$ mit regelindex((z,v))=regel
proc rechte seite = (int k,regel)symbol:	Symbol $v_k \in \underline{V}$ für $r=(z,v_1\ldots v_k\ldots v_n) \in \underline{R}$ mit regelindex(r)=regel
proc laenge rechte seite = (int regel)int:	Länge length(v) für $(z,v) \in \underline{R}$ mit regelindex((z,v))=regel

Bemerkung:

Die leere Zeichenreihe, die durch die Zeichenfolge eps repräsentiert wird, gilt als terminales Symbol der Länge Null.

4.2.2.1. Ableitbare und nichtableitbare Symbole

Für die Erzeugung einer Sprache sind nur die Symbole und Regeln einer kontextfreien Grammatik maßgeblich, welche aus dem Satzsymbol erreichbar sind. Alle Symbole, die zu irgendeiner Satzform der Grammatik gehören, heißen ableitbar; alle anderen Symbole heißen nichtableitbar. Zur Menge der nichtableitbaren Symbole gehören sämtliche Nebengipfel.

D 4.18.: Die Menge der aus dem Satzsymbol <u>ableitbaren Symbole</u> einer kontextfreien Grammatik $G = (\underline{V},\underline{A},\underline{R},s)$ ist durch

$$\underline{V}_{abl} = \{v: v \in \underline{V} \wedge s \overset{*}{\underset{G}{\longrightarrow}} w_1vw_2 \wedge w_1,w_2 \in \underline{V}^*\}$$

bestimmt. Die Menge der nichtableitbaren Symbole ist

$$\underline{V}_{nabl} = \underline{V} - \underline{V}_{abl}.$$

D 4.18. legt fest, daß das Satzsymbol ebenfalls ein ableitbares Symbol ist. Der folgende Algorithmus zur Berechnung der Menge der ableitbaren Symbole geht vom Satzsymbol s aus und löst die transitive Hülle in Einzelschritte auf; d.h., es werden nacheinander die Mengen von Symbolen $\underline{V}_{a0}, \underline{V}_{a1}, \underline{V}_{a2}, \ldots, \underline{V}_{ai-1}, \underline{V}_{ai}, \ldots$ berechnet, wobei $\underline{V}_{a0} = \emptyset$ und $\underline{V}_{a1} = \{s\}$ gesetzt werden. $\underline{V}_{ai+1}$ enthält $\underline{V}_{ai}$ für $i \geq 1$ als Teilmenge und alle Symbole der rechten Seiten der Regeln, deren linke Seiten Nichtterminale aus $\underline{V}_{ai} - \underline{V}_{ai-1}$ sind. Der Algorithmus ist nach maximal $n = \text{card}\ (\underline{V} - \underline{A})$ Schritten beendet, da die Grammatik höchstens card $(\underline{V} - \underline{A})$ Regeln mit verschiedenen linken Seiten enthalten kann. Der Algorithmus bricht bereits bei einem Schritt $i \leq n$ ab, wenn $\underline{V}_{ai}$ gegenüber $\underline{V}_{ai-1}$ kein neues Zwischensymbol enthält.

Algorithmus:

1. Setze $\underline{V}_{a0} = \emptyset$, $\underline{V}_{a1} = \{s\}$ und $i = 0$!
2. Setze $i = i + 1$ und bilde
   $$\underline{V}_{ai+1} = \{v: v \in \underline{V} \wedge (z,w_1vw_2) \in \underline{R} \wedge z \in \underline{V}_{ai} - \underline{V}_{ai-1} \wedge z \in \underline{V} - \underline{A} \wedge w_1,w_2 \in \underline{V}^*\} \cup \underline{V}_{ai}!$$
3. Falls $\underline{V}_{ai+1} - \underline{V}_{ai}$ kein Zwischensymbol enthält, gehe zu 4; sonst wiederhole 2.!
4. Setze $\underline{V}_{abl} = \underline{V}_{ai}$; Ende des Algorithmus!

Den angegebenen Algorithmus realisiert das folgende Programm. Die Korrespondenz zu den Schritten des Algorithmus ist leicht zu erkennen. Sämtliche Mengen $\underline{V}_{ai}$ können (überlappt) in der Reihung Symbole abgespeichert werden, wobei ihr erstes Element den Index 1 hat und der Index des letzten Elementes in den Variablen vai, vai minus 1 bzw. cardsymbole gespeichert wird.

```
proc ableitbare symbole = (ref [] symbol symbole, ref int cardsymbole) void:
begin
  symbol symbol, symbol1;
  int vaiminus1, vai:=0;
  bool neues zwischensymbol gefunden;
  cardsymbole:=1; symbole[1]:=satzsymbol;
  do
    vaiminus1:=vai;
    vai:=cardsymbole;
    neues zwischensymbol gefunden:=false;
    for i from vaiminus1+1 by 1 to vai
    do
      symbol:=symbole[i];
      if ist zwischensymbol (symbol)
        then
          for regel from 1 by 1 to cardregeln
          do
            if symbol=linke seite (regel)
              then
                for k from 1 by 1 to laenge rechte seite (regel)
                do
                  symbol1:=rechte seite (k, regel);
                  if not ist enthalten in (symbole, cardsymbole, symbol)
                    then
                      cardsymbole:=cardsymbole+1;
                      symbole[cardsymbole]:=symbol1;
                      if ist zwischensymbol (symbol1)
                        then
                          neues zwischensymbol gefunden:= true
                      fi
                  fi
                od
            fi
          od
      fi
    od
  until not neues zwischensymbol gefunden
  od
end
```

Das angegebene Programm benutzt die Prozedur:

```
proc ist enthalten in = (ref [] symbol symbole, int cardsymbole, symbol symbol) bool:
begin
  bool enthalten:=false;
  for i from 1 by 1 to cardsymbole while not enthalten
  do enthalten:=symbole[i]=symbol od;
  enthalten
end
```

Bemerkung:

Im Programm wurde wegen der besseren Entsprechung zur Algorithmendarstellung die nichtabweisende Laufklausel

<u>do</u> S <u>until</u> C <u>od</u>

verwendet, die gleichbedeutend mit

<u>while</u> S; <u>not</u> C <u>do</u> <u>skip</u> <u>od</u>

und

<u>bool</u> := <u>true</u>; <u>while</u> b <u>do</u> S; b := <u>not</u> C <u>od</u>

ist (vgl. Übung 25).

4.2.2.2. Terminierende und nichtterminierende Zwischensymbole

D 4.19.: Die Menge der terminierenden Zwischensymbole $\underline{Z}_{term}$ einer kontextfreien Grammatik G = ($\underline{V}$,$\underline{A}$,$\underline{R}$,s) ist durch

$$\underline{Z}_{term} = \{z: z \in \underline{V} - \underline{A} \wedge z \xrightarrow[G]{*} w \wedge w \in \underline{A}^*\}$$

definiert. Die Menge der nichtterminierenden Zwischensymbole ist

$\underline{Z}_{nterm} = (\underline{V} - \underline{A}) - \underline{Z}_{term}$.

Der Algorithmus zur Berechnung der terminierenden Zwischensymbole ist nahezu analog zum vorangegangenen Algorithmus aufgebaut. Aber im Gegensatz dazu ist jetzt die transitive Hülle beginnend mit den Regeln, deren rechte Seiten entweder leere Zeichenreihen oder nur terminale Zeichenreihen sind, zu berechnen. Deshalb bestimmt der nachfolgende Algorithmus nacheinander die Mengen von Zwischensymbolen $\underline{Z}_{t1}, \underline{Z}_{t2}, \ldots, \underline{Z}_{ti-1}, \underline{Z}_{ti}, \ldots$. $\underline{Z}_{t1}$ ist leer. Aus der Menge $\underline{Z}_{ti}$ mit $i \geq 1$ wird die Menge der terminierenden Zwischensymbole $\underline{Z}_{ti+1}$ bestimmt. $\underline{Z}_{ti+1}$ ist die Menge aller Zwischensymbole der linken Seiten der Regeln, deren rechte Seiten Zeichenreihen über $\underline{A} \cup \underline{Z}_{ti}$ sind. Es ist einleuchtend, daß der Algorithmus höchstens n = card ($\underline{V}$ - $\underline{A}$) Schritte benötigt. Der Algorithmus kann bereits bei einem Schritt $i \leq n$ abgebrochen werden, wenn die Menge der terminierenden Zwischensymbole im letzten Schritt nicht gewachsen ist ($\underline{Z}_{ti+1} = \underline{Z}_{ti}$). Dann ist $\underline{Z}_{term} = \underline{Z}_{ti}$.

Algorithmus:

1. Setze $\underline{Z}_{t1} = \emptyset$ und $i = 0$!
2. Setze $i = i + 1$ und bilde
   $\underline{Z}_{ti+1} = \{z: z \in \underline{V} - \underline{A} \wedge (z,v) \in \underline{R} \wedge v \in (\underline{A} \cup \underline{Z}_{ti})^*\}$!
3. Falls $\underline{Z}_{ti+1} = \underline{Z}_{ti}$, gehe zu 4.; sonst wiederhole 2.!
4. Setze $\underline{Z}_{term} = \underline{Z}_{ti}$; Ende des Algorithmus!

```
proc terminierende zwischensymbole = (ref [] symbol symbole, ref int cardsymbole) void:
begin
  symbol symbol;
  bool regel terminierend, neues zwischensymbol gefunden;
  cardsymbole:=0;
  do
    neues zwischensymbol gefunden:=false;
    for regel from 1 by 1 to cardregeln
    do
      regel terminierend:=true;
      for k from 1 by 1 to laenge rechte seite (regel) while regel terminierend
      do
        symbol:=rechte seite (k, regel);
        if ist zwischensymbol (symbol)
          then
            regel terminierend:=ist enthalten in (symbole, cardsymbole, symbol)
        fi
      od;
      if regel terminierend
        then
          symbol:=linke seite (regel)
          if not ist enthalten in (symbole, cardsymbole, symbol)
            then
              cardsymbole:=cardsymbole+1;
              symbole[cardsymbole]:=symbol;
              neues zwischensymbol gefunden:=true
          fi
      fi
    od
  until not neues zwischensymbol gefunden
  od
end
```

Bemerkung:

Die programmtechnische Umsetzung des Algorithmus verzichtet auf die explizite Darstellung der einzelnen Mengen $\underline{Z}_{ti}$. Es wird nur die Menge der bereits als terminierend erkannten Zwischensymbole abgespeichert und jedes neu als terminierend erkannte Symbol sofort in die Untersuchung der rechten Regelseiten einbezogen.

Die nichtableitbaren Symbole und nichtterminierenden Zwischensymbole haben für die Ableitung der Sätze durch die Grammatik keinerlei Bedeutung. Deshalb wird man sich im Syntaxanalysator stets auf die reduzierte Grammatik beziehen.

D 4.20.: Eine kontextfreie Grammatik $G = (\underline{V}, \underline{A}, \underline{R}, s)$ (mit $\underline{L}(G) \neq \emptyset$) heißt <u>reduziert</u>, wenn $\underline{V} = \underline{V}_{abl}$ und $\underline{V} - \underline{A} = \underline{Z}_{term}$ gilt.

Die Konstruktion einer zu $G = (\underline{V}, \underline{A}, \underline{R}, s)$ mit $\underline{L}(G) \neq \emptyset$ äquivalenten, reduzierten Grammatik kann in folgenden Schritten erfolgen:

1) Bestimme für G die Menge der terminierenden Zwischensymbole $\underline{Z}_{term}$!
2) Bilde die Grammatik $G' = (V', \underline{A}, R', s)$ mit
   $\underline{V}' = \underline{A} \cup \underline{Z}_{term}$ und $\underline{R}' = \underline{R} \cap (\underline{V}' - \underline{A}) \times \underline{V}'^*$!
3) Bestimme für G' die Menge der ableitbaren Symbole $\underline{V}_{abl}$!
4) Bilde die zu G äquivalente, reduzierte Grammatik
   $G'' = (\underline{V}'', \underline{A}'', \underline{R}'', s)$ mit
   $\underline{V}'' = \underline{V}' \cap \underline{V}_{abl}$, $\underline{A}'' = \underline{A} \cap \underline{V}_{abl}$ und $\underline{R}'' = \underline{R}' \cap (\underline{V}'' - \underline{A}'') \times \underline{V}''^*$!

Das schrittweise Vorgehen ist z.B. bei der Reduktion der Grammatik $(\{S,Z,A,B\}, \{A,B\}, \{(S,AZ), (S,B)\}, S)$ erforderlich.

4.2.3. ε-FREIE, KONTEXTFREIE GRAMMATIKEN

Vorangehend wurde mehrfach eine ε-freie, kontextfreie Grammatik vorausgesetzt, die bereits durch D 4.13. definiert wurde. Syntaxanalyseverfahren nach der Bottom-up-Methode setzen ebenfalls stets ε-freie Grammatiken voraus. Jetzt soll gezeigt werden, wie aus einer kontextfreien Grammatik $G = (\underline{V}, \underline{A}, \underline{R}, s)$ mit $\varepsilon \notin \underline{L}(G)$ eine äquivalente ε-freie Grammatik G' abgeleitet werden kann. Dazu wird zunächst die Menge der Zwischensymbole benötigt, aus denen die leere Zeichenreihe abgeleitet werden kann.

D 4.21.: Die Menge der <u>ε-erzeugenden Zwischensymbole</u> einer kontextfreien Grammatik $G = (\underline{V}, \underline{A}, \underline{R}, s)$ ist durch

$$\underline{Z}_{eps} = \{z : z \in \underline{V} - \underline{A} \wedge z \xrightarrow[G]{+} \varepsilon\}$$

definiert.

Der Algorithmus zur Bestimmung dieser Menge ist nahezu identisch dem Algorithmus zur Bestimmung der terminierenden Zwischensymbole aufgebaut. Es werden nacheinander die Mengen $\underline{Z}_{e1}, \underline{Z}_{e2}, \ldots, \underline{Z}_{ei-1}, \underline{Z}_{ei}, \ldots$ bestimmt. $\underline{Z}_{e1}$ ist leer. $\underline{Z}_{ei+1}$ enthält alle Zwischensymbole der linken Seiten der Regeln, deren rechte Seiten Zeichenreihen über $\underline{Z}_{ei}$ (auch leere Zeichenreihen) sind. Der Algorithmus ist für den Schritt i beendet, falls $\underline{Z}_{ei+1} = \underline{Z}_{ei}$ gilt. Die maximale Anzahl von Schritten beträgt $n = \mathrm{card}\,(\underline{V} - \underline{A})$.

<u>Algorithmus</u>:

1. Setze $\underline{Z}_{e1} = \emptyset$ und $i = 0$!
2. Setze $i = i + 1$ und bilde
   $\underline{Z}_{ei+1} = \{z : z \in \underline{V} - \underline{A} \wedge r = (z,v) \in \underline{R} \wedge v \in \underline{Z}^*_{ei-1}\}$!
3. Falls $\underline{Z}_{ei+1} = \underline{Z}_{ei}$, gehe zu 4.; sonst wiederhole 2.!
4. Setze $\underline{Z}_{eps} = \underline{Z}_{ei}$; Ende des Algorithmus!

```
proc epserseugende swischensymbole = (ref [] symbole symbole, ref int cardsymbole) void:
begin
  symbol symbol;
  bool regel epserseugend, neues swischensymbol gefunden;
  cardsymbole:=0;
  do
    neues swischensymbol gefunden:=false;
    for regel from 1 by 1 to cardregeln
    do
      regel epserzeugend:=true;
      for k from 1 by 1 to laenge rechte seite (regel) while regel epserzeugend
      do
        symbol:=rechte seite (k, regel);
        if ist swischensymbol (symbol)
          then
            regel epserzeugend:=ist enthalten in (symbole, cardsymbole, symbol)
          else
            regel epserzeugend:=false
        fi
      od;
      if regel epserzeugend
        then
          symbol:=linke seite (regel);
          if not enthalten in (symbole, cardsymbole, symbol)
            then
              cardsymbole:=cardsymbole+1;
              symbole[cardsymbole]:=symbol;
              neues swischensymbol gefunden:=true
          fi
      fi
    od
  until not neues swischensymbol gefunden
  od
end
```

Gegeben sei eine kontextfreie Grammatik $G = (\underline{V},\underline{A},\underline{R},s)$ mit $\varepsilon \notin \underline{L}(G)$. Mit Hilfe des nachfolgenden Algorithmus kann eine äquivalente Grammatik G' abgeleitet werden, die ε-frei ist.

Algorithmus:

1. Bestimme die Menge der ε-erzeugenden Zwischensymbole
$\underline{Z}_{eps} = \{z: z \in \underline{V} - \underline{A} \wedge z \xrightarrow[G]{+} \varepsilon\}$!
2. Bilde die Menge der Regeln
$$\underline{R}' = \{(z,v): \exists v' \,[\,(z,v') \in \underline{R} \wedge v' = v_0 z_1 v_1 z_2 \ldots z_n v_n \wedge v_i \in (\underline{V} - \underline{Z}_{eps})^* \wedge z_i \in \underline{Z}_{eps}] \wedge$$
$$v = v_0 x_1 v_1 x_2 \ldots x_n v_n \wedge (x_i = z_i \vee x_i = \varepsilon) \wedge v \in \underline{V}^+\}$$!
3. $G' = (\underline{V},\underline{A},\underline{R}',s)$ ist die äquivalente ε-freie Grammatik; Ende des Algorithmus!

Beispiel:

Eine Grammatik enthält die Regeln (A,BC), (B,Aa) und (C,bBc). Die Menge der ε-erzeugenden Zwischensymbole ist $\{A,B,C\}$. Dann verdeutlicht folgende Tabelle die Anwendung von Schritt 2 zur Bestimmung der Elemente von R'.

$r \in \underline{R}$	$r \in \underline{R}'$
(A,BC)	(A,BC),(A,B),(A,C)
(B,Da)	(B,Da)
(C,bBc)	(C,bBc),(C,bc)

Übungen:

1) Beweise

Satz 4.12.: Für eine endliche, zweistellige Relation $\underline{R}$ über $\underline{M}$ mit $card(\underline{R}) = n$ gilt für $i > n$ stets entweder $\underline{R}^i = \emptyset$ oder $\underline{R}^i \subseteq \bigcup_{j=1}^{n} \underline{R}^j$!

2) Leite aus D 4.7. und Satz 4.12. den folgenden Algorithmus zur Berechnung der transitiven Hülle einer zweistelligen Relation $\underline{R}$ ab und gib dazu ein Programm an:

1) Setze $\underline{R}_1^+ = \underline{R}$ und $\underline{R}_0^+ = \emptyset$, $i = 1$!
2) Bilde $\underline{R}_{i+1}^+ = \underline{R}_i^+ \cup (\underline{R}_i^+ - \underline{R}_{i-1}^+) \circ \underline{R}$!
3) Falls $\underline{R}_{i+1}^+ \neq \underline{R}_i^+$, setze $i = i + 1$ und wiederhole 2!
4) Setze $\underline{R}^+ = \underline{R}_i^+$; Ende des Algorithmus!

3) Gib zu jedem der folgenden Quadrupel an, ob es eine Grammatik definiert und zu welchem Chosmky-Typ diese gegebenenfalls gehört (Begründung):

$G_1 = (\{A,B,X,Y\}, \{A,B\}, \{(A,B), (X,YB)\}, X)$
$G_2 = (\{A,B,X,Y\}, \{A,B\}, \{(X,B), (Y,AXB)\}, Y)$
$G_3 = (\{X,Y,Z,A,B\}, \{A,B\}, \{(XZ,Z), (Y,AZB), (Y,XZ), (Z,A)\}, Y)$
$G_4 = (\{X,Y,Z,A,B\}, \{A,B\}, \{(X,AZ), (Y,A), (Z,BX), (Z,B), (Z,BY)\}, X)$
$G_5 = (\{W,X,Y,Z,A,B\}, \{A,B\}, \{(X,B), (Y,AYYB), (AY,AZ), (ZY,ZX), (W,Y), (Z,A)\}, W)$!

4) a) Es seien x und y zwei von einer umgebungsabhängigen Grammatik G erzeugte Satzformen, für die $x \overset{*}{\underset{G}{\Longrightarrow}} y$ gilt.
Zeige, daß $lgth(x) \leq lgth(y)$ gilt!

b) Beweise durch Induktion $m^n + m^{n-1} + \ldots + m^0 = \dfrac{m^{n+1} - 1}{m - 1}$!

5) Zeige, daß die Grammatik
$G = (\{s,A\}, \{A\}, \{r_1 = (s,A), r_2 = (s,AsA)\}, s)$
die Sprache $\underline{L}(G) = \{A^{2n+1} : n \geq 0\}$ erzeugt!
Bestimme den Chomsky-Typ von G!
Gib eine äquivalente reguläre Grammatik an!

6) Gegeben sei die Grammatik
$G = (\{X,Y,Z,a,b\}, \{a,b\}, \{r_1 = (Z,aX), r_2 = (Z,aZY), r_3 = (X,ba), r_4 = (aY,Ya), r_5 = (XY,bXa)\}, Z)$.

a) Gib alle Ableitungsfolgen für den Satz aabbaa an!
b) Welche formale Sprache $\underline{L}(G)$ erzeugt die Grammatik?
Welchen Chomsky-Typ besitzt G?
c) Überführe G in eine äquivalente umgebungsabhängige Grammatik!

7) Gib kontextfreie Grammatiken für die Sprachen
$\underline{L}_1 = \{a^n b^n a^m : m,n \geq 1\}$ und $\underline{L}_2 = \{a^m b^n a^n : m,n \geq 1\}$ an!

8) Beweise

Satz 4.13.: Das Komplement $\underline{A}^* - \underline{L}$ einer regulären Sprache $\underline{L}$ über $\underline{A}$ ist auch regulär!

Lösungshinweis: Konstruiere einen endlichen Automaten A mit $\underline{L} = L(A)$, dessen Übergangsfunktion vollständig definiert ist ($f(z,a)$ ist für alle Paare (z,a) definiert)! Überführe A in A' mit $L(A') = \underline{A}^* - \underline{L}$ (vgl. 6.1.)!

9) Beweise

Satz 4.14.: Der Durchschnitt zweier regulärer Sprachen ist regulär. mit Hilfe des Satzes 4.13. und dem Gesetz von de Morgan über Mengenoperationen!

10) Beweise indirekt, daß die durch
$G = (\{s,(,)\}, \{(,)\}, \{(s,\varepsilon), (s,ss), (s,(s))\}, s)$
erzeugte Sprache $\underline{L}(G)$ nicht regulär ist, indem der Satz 4.7. und Satz 4.14. benutzt werden!

11) Beweise Satz 4.9. für $i = 0, 1$ und 2!

12) Beweise

Satz 4.15.: Für eine unendliche, kontextfreie (nicht reguläre) Sprache $\underline{L}$ existieren Zeichenreihen u,v,x,y,z, so daß $v \neq \varepsilon$ und $y \neq \varepsilon$ sowie $uv^nxy^nz \in \underline{L}$ für jedes $n \geq 0$ gilt (Pumping-Satz für kontextfreie Sprachen).

13) Beweise mit Satz 4.15., daß $\underline{L} = \{a^nb^na^n: n \geq 1\}$ nicht kontextfrei ist!

14) Gib die syntaktischen Formeln für die Definition gerader und ungerader ganzer Zahlen durch eine van Wijngaarden-Grammatik an!

15) Definiere mit Hilfe einer zweistufigen van Wijngaarden-Grammatik die Wertzuweisung, wobei einer Variablen eines arithmetischen Modus (inter, real) ein arithmetischer Wert des Ausdrucks der rechten Seite der Wertzuweisung zugewiesen werden kann! Logische Werte können nur logischen Variablen zugewiesen werden!

16) Gib kontextfreie Grammatiken an, die die Sprachen

a) $\underline{L} = \{\underline{\text{begin}}^m a^n \underline{\text{end}}^m: m,n > 0\}$

b) $\underline{L} = \{\underline{\text{begin}}^m d^n; s^o \underline{\text{end}}^m: m,n,o > 0\}$

erzeugen!

17) Berechne für die kontextfreie Grammatik
$G = (\{S,X,Y,Z,a,b\}, \{a,b\}, \underline{R}, S)$
mit
$\underline{R} = \{r_1 = (S,X), r_2 = (X,Ya), r_3 = (X,aZ), r_4 = (Y,XX), r_5 = (X,a), r_6 = (Z,bX)\}$
die Menge der links- und rechtsrekursiven Zwischensymbole! Bilde eine äquivalente Grammatik ohne Linksrekursivität!

18) Es seien die linke Menge $\underline{L}(z)$ und die rechte Menge $\underline{R}(z)$ für irgendein $z \in \underline{V} - \underline{A}$ durch

$$\underline{L}(z) = \{x: z \overset{+}{\underset{G}{\Longrightarrow}} xw \wedge x \in \underline{V} \wedge w \in \underline{V}^*\}$$

$$\underline{R}(z) = \{x: z \overset{+}{\underset{G}{\Longrightarrow}} wx \wedge x \in \underline{V} \wedge w \in \underline{V}^*\}$$

einer ε-freien, kontextfreien Grammatik $G = (\underline{V}, \underline{A}, \underline{R}, s)$ definiert.

a) Welche Eigenschaft besitzen $\underline{L}(z)$ bzw. $\underline{R}(z)$, falls G in z links- bzw. rechtsrekursiv ist (Begründung)?

b) Gib einen Algorithmus zur Bestimmung von $\underline{L}(z)$ und $\underline{R}(z)$ in mathematischer Darstellung an, ohne die Relationen $\underline{Li}$ und $\underline{Re}$ zu benutzen!

c) Arbeite den Algorithmus schrittweise für das Satzsymbol der Grammatik der Übung 17 ab!

d) Erweitere den Algorithmus für die Voraussetzung, daß die kontextfreie Grammatik nicht ε-frei ist!

19) Die kontextfreie Grammatik

$G = (\{$Zahl, ganze Zahl, reelle Zahl, Exponent, +, -, zi, E$\}$,
$\{$+, -, zi, E$\}$, $\underline{R}$, Zahl) mit

$\underline{R} = \{r_1$ = (Zahl, ganze Zahl), r_2 = (Zahl, reelle Zahl),
r_3 = (ganze Zahl, zi), r_4 = (ganze Zahl, ganze Zahl zi)
r_5 = (reelle Zahl, ganze Zahl E Exponent),
r_6 = (Exponent, + ganze Zahl), r_7 = (Exponent, - ganze Zahl)$\}$

definiert die vereinfachte Syntax ganzer und reeller Zahlen. Dabei steht zi für eine beliebige Ziffer.

a) Beseitige die Linksrekursion!

b) Entwickle aus dem Ergebnis eine äquivalente rechtslineare Grammatik!

c) Gib einen regulären Ausdruck für $\underline{\text{Zahl}} = \underline{L}(G)$ an!

20) Gegeben sind die Backus-Naur-Regeln

<Programm> ::= <u>begin</u> <Anweisungen> <u>end</u>
<Anweisungen> ::= <Anweisung> | <Anweisungen> ; <Anweisung>
<Anweisung> ::= ...

a) Beseitige die Linksrekursion und gib für das Nichtterminal Anweisungen die Prozedur für den rekursiven Abstieg an!

b) Wie sehen die iterative Lösung und die entsprechende Prozedur nach dem rekursiven Abstieg aus?

21) Zeige, daß für die Regeln

<Liste> ::= <Listenelement> | <Liste> , <Listenelement>

sich aus der Transformation zur Beseitigung der Linksrekursion durch anschließende Substitution, Beseitigung ε-erzeugender Regeln und Reduktion der Grammatik die rechtsrekursive Form

<Liste> ::= <Listenelement> | <Listenelement> , <Liste>

ergibt!

22) Gib die Analyseprozedur (rekursiver Abstieg) für Ausdruck in Analogie zur Prozedur für Term (vgl. 4.2.1.1.) an!

23) Bestimme für die kontextfreie Grammatik

$G = (\{S,B,C,D,E,a,b\}, \{a,b\}, \underline{R}, S)$ mit

$\underline{R} = \{r_1 = (S,aBa),\ r_2 = (B,Sb),\ r_3 = (B,bCC),\ r_4 = (B,DaB),$
$r_5 = (C,abb),\ r_6 = (E,aC),\ r_7 = (D,aDB)\}$

a) die Menge der terminierenden Zwischensymbole;

b) die Menge der ableitbaren Symbole und

c) die äquivalente, reduzierte Grammatik!

24) Bestimme zu

$G = (\{S,X,Y,Z,a,b,c\}, \{a,b,c\}, \underline{R}, S)$ mit

$\underline{R} = \{(S,XYZ),\ (X,Z),\ (X,ab),\ (Z,c),\ (Y,aXb),\ (Z,\quad)\}$

eine äquivalente ε-freie Grammatik!

25) Gib zu beiden äquivalenten Prozeduren

```
proc until = void:        und  proc while = void:
do S until C od                begin bool b:= true;
                                     while b do S; b:= not C od
                               end
```

eine rekursive Prozedur an! S bezeichnet eine Folge von Anweisungen und C ist eine Einheit, die einen logischen Wert liefert.

5. Hierarchie der Syntax und Darstellung der syntaktischen Struktur durch Syntaxbäume

Durch Grammatiken werden die Sätze einer Programmiersprache in einzelne Teilkonstruktionen syntaktisch zergliedert - sie erhalten eine grammatikalische Struktur. Vom Standpunkt der Syntaxanalyse ist die Art, in der die syntaktische Strukturierung der Sätze erfolgt (bis auf Beschreibungs- und Analyseaufwand sowie Lokalisierung von Fehlern im falschen Programmtext), weitgehend nebensächlich. Für die Zuordnung der Semantik erlargt aber die sinnvolle syntaktische Strukturierung der Sprache eine besondere Bedeutung. Es wurde bereits in 4.2.1. bei der Beseitigung der Linksrekursion deutlich, daß die kontextfreie Grammatik eine Ordnung für den Gebrauch der syntaktischen Regeln festlegt, was Rückwirkungen auf die Semantik haben kann. In diesem Zusammenhang wird von einer Hierarchie der Syntax gesprochen, mit der sich z.B. auch der bekannte Begriff Priorität der Operatoren verbindet.

5.1. HIERARCHIE DER SYNTAX - ZUM BEGRIFF DER PRIORITÄT IN PROGRAMMIERSPRACHEN

Bei der Definition der Programmiersprachen wird durch die Grammatik eine Hierarchie der definierten syntaktischen Kategorien festgelegt. Als erläuterndes Beispiel sei dazu die vereinfachte, aber den üblichen Konventionen höherer Programmiersprachen folgende Syntax und Semantik von Wertzuweisungen betrachtet. Dazu wird die betrachtete Texteditionssprache um Variablen der Typen INT, STRING und BOOL sowie logische Konstanten (TRUE, FALSE) ergänzt. Die Deklaration solcher Variablen erfolgt analog zur Deklaration von Textvariablen (vgl. 3.5.4.). Die Wertzuweisung gestattet die Belegung der Variablen mit Werten von Ausdrücken. Andererseits können in Ausdrücken auch Variablen genutzt werden, wobei dann der ihnen zugewiesene Wert bereitzustellen ist (vgl. Übung 3. und 4.).

<u>Bemerkung:</u>
Können Ausdrücke nicht nur Werte, sondern auch Variablen (Adressen) liefern, z.B. als aktuelle Parameter, so wird die Formelübersetzung komplizierter. Auch von Variablen in Ausdrücken ist dann zunächst ihre Adresse bereitzustellen (Interpreteraktion LOAD REF), und erst bei der Anwendung in Formeln oder bei der Anpassung an den Typ eines Parameters kann der Übergang von der Adresse zum Wert der Variablen erfolgen. In der Beispielsprache wird deshalb vereinfachend angenommen, daß eine Variable der Typen INT, STRING oder BOOL bei der Anwendung in Ausdrücken (als Primäres) stets einen Wert liefert, während eine Textvariable ihre Adresse bereitstellt.

In Abb. 5.1 wird die Stufung alternativer Regeln, die jeweils eine syntaktische Kategorie festlegen, in einzelne syntaktische Niveaus sichtbar gemacht. Nach der syntaktischen Regel Nr. 1 besteht eine Wertzuweisung (bezeichnet durch die syntaktische Kategorie WZ) aus einer einfachen Varia-

Syntax		Priorität	Semantik			
			Modus			RPN-Instruktion
			gefordert		geliefert	
Nr.	Syntaxregel		1.Operand	2.Operand	Resultat	
1	(WZ,V := A)	1	VAR typ	typ	void	STORE typ
2	(A,T)	2	typ1		typ1	——
3	(A,A∨T)		BOOL	BOOL	BOOL	OR BOOL
4	(T,T1)	3	typ1		typ1	——
5	(T,T∧T1)		BOOL	BOOL	BOOL	AND BOOL
6	(T1,T2)		typ1		typ1	——
7	(T1,T1=T2)	4	typ	typ	BOOL	EQ typ
8	(T1,T1≠T2)		typ	typ	BOOL	NE typ
9	(T2,T3)		typ1		typ1	——
10	(T2,T3<T3)		INT STRING	INT STRING	BOOL BOOL	LT INT LT STRING
11	(T2,T3≤T3)	5	INT STRING	INT STRING	BOOL BOOL	LE INT LE STRING
12	(T2,T3≥T3)		INT STRING	INT STRING	BOOL BOOL	GE INT GE STRING
13	(T2,T3>T3)		INT STRING	INT STRING	BOOL BOOL	GT INT GT STRING
14	(T3,T4)		typ1		typ1	——
15	(T3,T3+T4)	6	INT STRING	INT STRING	INT STRING	ADD INT ADD STRING
16	(T3,T3-T4)		INT	INT	INT	SUB INT
17	(T4,T5)		typ1		typ1	——
18	(T4,T4*T5)	7	INT INT	INT STRING	INT STRING	MUL INT MUL STRING
19	(T4,T4/T5)		INT	INT	INT	DIV INT
20	(T5,T6)	8	typ1		typ1	——
21	(T6,P)		typ1		typ1	——
22	(T6,¬P)	9	BOOL		BOOL	NEG BOOL
23	(T6,+P)		INT		INT	——
24	(T6,-P)		INT		INT	NEG INT
25	(P, Intkonstante)		INT		INT	LOAD INT,intkonstante
26	(P, Stringkonstante)		STRING		STRING	LOAD STRING,string konstante
27	(P, Boolkonstante)	10	BOOL		BOOL	LOAD BOOL,bool konstante
28	(P, Variable oder Aufruf)		typ1		typ1	——
29	(P,(A))		typ1		typ1	——
30	(V, Identifikator)	2	VAR typ		VAR typ	LOAD REF,identifikator

Abb. 5.1: Syntax und Semantik von Wertzuweisungen

blen (bezeichnet durch die syntaktische Kategorie V) als Ziel der Zuweisung eines Wertes, dem Zuweisungsoperator := und einer Formel bzw. einem Ausdruck (bezeichnet durch die syntaktische Kategorie A) als Quelle eines ganzzahligen (Wertart INT), logischen (Wertart BOOL) oder Zeichenreihenwertes (Wertart STRING). Es ist sofort einzusehen, daß zunächst einmal der Wert der Konstruktion A ermittelt werden muß, bevor eine Wertzuweisung an die Variable V erfolgen kann. Somit hat also die Auswertung der Kategorie A Vorrang vor der Ausführung der Wertzuweisung. Bereits dieser simple Sachverhalt findet seinen Niederschlag in den angegebenen syntaktischen Regeln und der zugeordneten Semantik. Im Zusammenhang mit der hierarchischen Gliederung der Syntax in einzelne syntaktische Kategorien spricht man häufig von einer Priorität der verwendeten Operatoren, wobei es sich aber mehr um eine Priorität für die Anwendung syntaktischer Regeln handelt.

Die in Abb. 5.1 dargestellte Grammatik trifft folgende Festlegungen für die Wertzuweisung:

- Die alternativen Regeln, die Primäres P erklären, haben das höchste syntaktische Niveau. Das bedeutet, daß bei der Formelabarbeitung zuallererst die Werte der Primären berechnet werden, d.h., ein Zugriff auf die Werte der Identifikatoren und Konstanten erfolgt sowie geklammerte Ausdrücke und Prozeduraufrufe ausgewertet werden.
- Ein nächstes niedrigeres syntaktisches Niveau bilden die Syntaxregeln für die syntaktische Kategorie T6, die gemäß Semantik monadische Operationen mit den ermittelten Werten (Negation eines logischen Wertes, einseitiges Plus für einen ganzzahligen Wert und Minus zur Vorzeichenumkehr eines ganzzahligen Wertes) bewirken.
- In der Prioritätenskala folgen dann die alternativen Regeln für T4, deren Bedeutung die Multiplikation und Division ganzzahliger Werte bzw. die Potenzierung von Zeichenreihen ist.
- Die Regeln für T3, mit denen die Semantik zur Addition und Subtraktion arithmetischer Werte bzw. die Zeichenreihenverkettung verknüpft ist, legen dagegen ein niedrigeres syntaktisches Niveau für die syntaktische Kategorie als für T4 fest. Damit wird bewirkt, daß die Multiplikation und Division eine höhere Priorität als Addition und Subtraktion besitzen.
- Durch die richtige hierarchische Gliederung wird beim Vergleich von zwei arithmetischen Werten oder Zeichenreihen (Regeln für T2) bewirkt, daß zunächst die links und rechts vom Vergleichsoperator stehenden Terme T3 ausgewertet werden, um dann den Vergleich durchführen zu können.
- In der dargestellten Syntax nimmt der Test auf Gleichheit bzw. Ungleichheit eine besondere Stellung ein. Als Operanden sind entweder nur arithmetische, nur logische oder nur Zeichenreihenwerte zugelassen. Diese Tests haben in der Hierarchie der Syntax eine niedrigere Priorität als die anderen Vergleiche (z.B in $a \leq b = x > y$).
- In der weiteren Abstufung hat die syntaktische Kategorie T zur Darstellung der logischen Operation AND eine höhere Priorität als die Kategorie A, mit der die logische Operation OR verknüpft ist.
- Die Wertzuweisung hat in der Hierarchie der Syntax die niedrigste Priorität.

Bemerkung:

In Abb. 5.1 wurde für einige Regeln in der Semantik auf typ Bezug genommen. Dafür ist INT, STRING oder BOOL zu substituieren, aber einheitlich für die gesamte Regel. Für typ 1 ist ebenso INT, STRING, BOOL oder VAR TEXT zu substituieren.

Verallgemeinernd kann festgestellt werden, daß jede syntaktische Kategorie und alle darauf anwendbaren (alternativen) Regeln ein bestimmtes syntaktisches Niveau im Vergleich zum Satzsymbol besitzen. Das syntaktische Niveau einer Kategorie bzw. die Priorität einer Klasse alternativer Regeln kann durch eine natürliche Zahl ausgedrückt werden.

D 5.1.: Es sei G = ($\underline{V}$,$\underline{A}$,$\underline{R}$,s) eine kontextfreie Grammatik. Dann bestimmt die für die syntaktische Kategorie $z \in \underline{V} - \underline{A}$ minimale Ableitungsfolge der Länge n-1

$$s \xrightarrow{r_1} x_1 \xrightarrow{r_2} x_2 \xrightarrow{r_3} \dots \xrightarrow{r_{n-1}} x_{n-1} = w_1 z w_2$$

das syntaktische Niveau n dieser Kategorie bzw. die Priorität der auf z anwendbaren alternativen Regeln.

D 5.2.: Eine Ableitungsfolge der Länge n

$$s \xrightarrow{r_1} x_1 \xrightarrow{r_2} x_2 \xrightarrow{r_3} \dots \xrightarrow{r_n} x_n = w_1 z w_2$$

ist für das Zwischensymbol z minimal, falls keine Ableitungsfolge $s \overset{+}{\underset{G}{\longrightarrow}} w_1' z w_2'$ mit einer Länge kleiner n existiert.

Beispiel:

Die Priorität der Syntaxregel (V, Identifikator) ist Zwei, da die minimale Ableitungsfolge für V

$$WZ \xrightarrow{r_1} V := A$$

die Länge 1 hat.

Bemerkungen:

1) Wegen des linksrekursiven Aufbaus der Syntax werden bei aufeinanderfolgenden Operatoren gleicher Priorität in einem Term die Teilterme linksassoziativ zusammengefaßt. Z.B. ist deshalb der klammerfreie Term X + Y - Z + 3 semantisch gleichwertig mit dem mit redundanten Klammern versehenen Term (((X + Y)-Z)+3). Man kann sich von der Richtigkeit durch Konstruktion des Syntaxbaumes (vgl. 5.2.) überzeugen: die linksrekursive Syntax erlaubt nur, die Teilterme linksassoziativ zusammenzufassen.

Dagegen bewirkt eine rechtsrekursive Syntax auch die rechtsassoziative Abarbeitung von Operatoren gleicher Priorität, was z.B. für die Potenzierungsoperation zweckmäßig ist (vgl. Übung 1b).

2) Ein Term mit Operatoren unterschiedlicher Priorität wird so zusammengefaßt, daß zunächst die Teilterme mit den Operatoren höherer Priorität berechnet werden. Da die Priorität für die Multiplikation höher als die der Addition ist, ergibt sich beispielsweise die semantische Äquivalenz von

X + Y * Z = (X + (Y * Z)).

Durch die Priorität der syntaktischen Regeln wird über die Zuordnung der Semantik auch eine Priorität der (semantischen) Interpretationsroutinen bewirkt.

Die festgelegte Priorität kann man durch zusätzliche, aber nicht redundante Klammerung, wie z.B. in

(x + y) * z ≡ ((x + y) * z),

durchbrechen. Das entspricht der Anwendung der Syntaxregel (P,(A)). Die in Abb. 5.1 angegebene Syntax für arithmetische Ausdrücke folgt also den bereits in der Schule vermittelten Regeln zur Auflösung von Formeln. Bei diesen Regeln handelt es sich mehr oder weniger um eine willkürliche Festlegung. Durch die Einführung unterschiedlicher syntaktischer Niveaus ist ein größerer Beschreibungsaufwand zur Darstellung der Syntax notwendig. Bemerkenswert ist, daß einige Programmiersprachen auf die Einführung einer Prioritätsskale für die einzelnen Operatoren verzichten. Sie legen durch links- bzw. rechtsrekursive Regeln eine strikte links- bzw. rechtsassoziative Zusammenfassung der Teilterme fest, die durch Einführung zusätzlicher Klammerungen durchbrochen werden kann. Die bekannte Programmiersprache APL /31/ folgt dieser Regelung. Die Übung 1 c) beschäftigt sich ebenfalls mit diesem Problem.

3) Die Einführung unterschiedlicher syntaktischer Niveaus für die einzelnen syntaktischen Kategorien ist nicht nur auf die Darstellung von Formeln beschränkt, sondern erstreckt sich auf alle Sprachkonstrukte. Dies wirkt sich sehr positiv auf eine gut strukturierte Sprachdefinition aus. In Sprachdefinitionen erhalten die "Buchstabierungs-" Regeln (lexikalische Regeln) für die Morpheme der Sprache die höchste Priorität. Danach folgen die Syntaxregeln, die die Komposition der Sprachkonstrukte wie Ausdrücke und Anweisungen aus den Morphemen beschreiben. Gewöhnlich erhalten alle Klassen von Anweisungen der Programmiersprache (Wertzuweisung, bedingte Anweisung, Laufanweisung) ein gleiches syntaktisches Niveau. Durch die sogenannten Nestregeln, die die Verschachtelung von Anweisungen ineinander beschreiben, müssen natürlich die innersten Teile zuerst ausgewertet werden. Anschließend werden die Syntaxregeln eingeordnet, die Gruppen von Anweisungen zu Blöcken, Moduln und Prozeduren und diese wieder zum Programm zusammenführen.

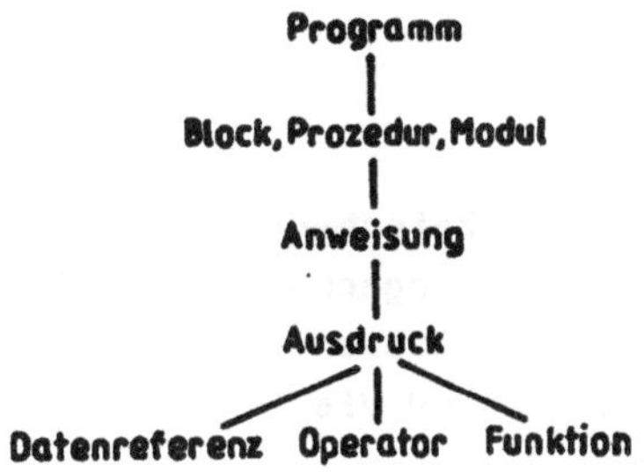

Abb. 5.2: Zur Hierarchie der Sprachkonstrukte von Programmiersprachen /3/

5.2. DARSTELLUNG DER PROGRAMMSTRUKTUR DURCH SYNTAXBÄUME

Die Bestimmung der syntaktischen Struktur der Programme durch die Syntaxanalyse ist ein wichtiger Teilschritt im Prozeß der Sprachübersetzung, da der syntaktischen Struktur relativ bequem die Bedeutung des Programms (z.B. ausgedrückt durch einen Zielkode) zugeordnet werden kann. In Mehrpaßcompilern wird sogar häufig eine geeignete interne Darstellung des Syntaxbaumes als Zwischensprache zwischen der Syntaxanalyse und der semantischen Analyse und Synthese verwendet. Das hat den Vorteil, daß die Syntaxanalyse einschließlich der Behandlung von syntaktischen Fehlern vollständig getrennt von der weiteren Übersetzung behandelt werden kann.

5.2.1. DEFINITION DES SYNTAXBAUMES

Ein Syntaxbaum ist die zweidimensionale Darstellung der syntaktischen Struktur eines Satzes einer Sprache, die durch die Ableitungsfolgen des Satzes entsprechend einer kontextfreien Grammatik definiert wird. Zur Definition des Syntaxbaumes kann prinzipiell die konstruktive oder die interpretative Methode herangezogen werden. Die konstruktive Methode beschreibt, wie man die grafische Darstellung der syntaktischen Struktur für die Sätze einer gegebenen Grammatik erhält. Ausgehend vom Satzsymbol der Grammatik wird nach speziellen Vorschriften durch Regelanwendung in geeigneter Weise der Syntaxbaum als Graph konstruiert. Bei der Behandlung von Syntaxanalysemethoden wird später auf die konstruktive Verfahrensweise näher eingegangen.

Die interpretative Methode geht einen anderen Weg; sie gibt eine Menge von Eigenschaften an, durch die ein gegebener endlicher, gerichteter Graph als Syntaxbaum charakterisiert wird. Die Definition des Syntaxbaumes basiert auf der grafischen Darstellung einer einzelnen syntaktischen Regel. Es sei $r = (z, v_1 \ldots v_i \ldots v_m) \in \underline{R}$ mit $z \in \underline{V} - \underline{A}$ und $v_i \in \underline{V}$ für $i = 1(1)m$ eine Regel einer kontextfreien Grammatik $G = (\underline{V}, \underline{A}, \underline{R}, s)$. Diese Regel kann durch den in Abb. 5.3 angegebenen Regelbaum dargestellt werden.

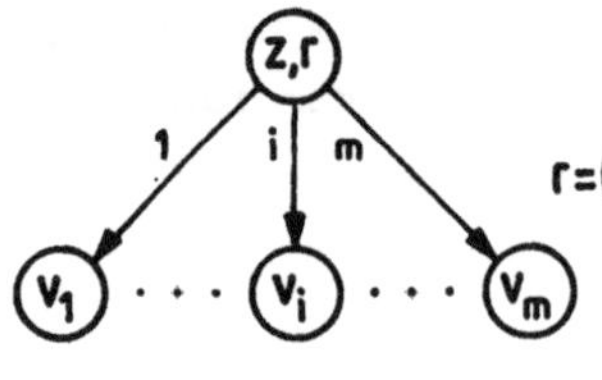

Abb. 5.3: Regelbaum

Man erkennt, daß die Wurzel des Regelbaumes mit dem Zwischensymbol der linken Seite der Regel bewertet ist. Seine direkt untergeordneten Knoten sind durch die Zweigbewertung geordnet und mit den Symbolen der rechten Seite der betrachteten Regel bewertet. Nachfolgend wird die interpretative Methode zur Definition des Syntaxbaumes benutzt.

D 5.3.: Ein Syntaxbaum $bs = (\underline{K}, \underline{Z}, k_0, f, g)$ der kontextfreien Grammatik

$G = (\underline{V},\underline{A},\underline{R},s)$ ist durch folgende Eigenschaften festgelegt:

1) Der endliche, gerichtete Graph $(\underline{K},\underline{Z})$ ist ein Baum mit der Wurzel $k_0 \in \underline{K}$.

2) Die Knotenmenge $\underline{K}$ zerfällt in zwei disjunkte Teilmengen:
   - Menge der terminalen Knoten $\underline{K}_t$, die keine Nachfolger besitzen;
   - Menge der nichtterminalen Knoten $\underline{K}_n$, die Nachfolger besitzen.

   $\underline{K} = \underline{K}_n \cup \underline{K}_t$ und $\underline{K}_n \cap \underline{K}_t = \emptyset$.

   Jeder Knoten des Syntaxbaumes ist mit einem Paar (v,r) bewertet, wobei v entweder ein Symbol der Grammatik oder das Leersymbol ε und r entweder eine Regel der Grammatik oder das Leersymbol ε ist; d.h.,

   $$f\colon \underline{K} \rightarrow (\underline{V} \cup \{\varepsilon\}) \times (\underline{R} \cup \{\varepsilon\}).$$

   Wegen der Klasseneinteilung von $\underline{K}$ in $\underline{K}_t$ und $\underline{K}_n$ kann die Abbildung f auch in zwei Teilabbildungen zerlegt werden;

   $$f\colon \underline{K}_t \rightarrow (\underline{A} \cup \{\varepsilon\}) \times \{\varepsilon\} \quad \text{und}$$
   $$f\colon \underline{K}_n \rightarrow (\underline{V} - \underline{A}) \times \underline{R}.$$

   Terminale Knoten sind also mit einem Zeichen aus $\underline{A}$ oder ε und nichtterminale Knoten mit einem Zwischensymbol aus $\underline{V} - \underline{A}$ und einer Regel aus $\underline{R}$ bewertet. Die Wurzel des Syntaxbaumes ist mit dem Satzsymbol markiert

   $$f(k_0) = (s,r) \quad \text{mit} \quad r = (s,v) \in \underline{R}.$$

3) $\underline{Z} \subseteq \underline{K}_n \times \underline{K}$ ist die Menge der Zweige, wobei jeder nichtterminale Knoten mit der der angewendeten Regel entsprechenden Zahl von Nachfolgerknoten verbunden ist.

   $$\forall k \left[k \in \underline{K}_n \wedge f(k) = (z,r) \wedge r = (z,v_1 v_2 \ldots v_m) \rightarrow m \text{ ist genau die Anzahl der Nachfolgerknoten von } k \right]$$

   Die Zweigmenge $\underline{Z}$ wird durch die Abbildung

   $g\colon \underline{Z} \rightarrow \underline{N}$ $\quad$ $\underline{N}$ - Menge der natürlichen Zahlen

   bewertet, um eine Ordnung in der Menge der direkten Nachfolger eines Knotens $k \in \underline{K}_n$ zu definieren. Es gilt für jeden Zweig $(k,k') \in \underline{Z}$ mit $g((k,k')) = i$, daß

   $$f(k) = (z,r) \quad \text{und} \quad r = (z,v_1 \ldots v_i \ldots v_m) \quad \text{sowie}$$
   $$f(k') = (v_i,r') \quad \text{und} \quad r' \in \underline{R} \cup \{\varepsilon\}.$$

   Die Abbildung g ist über der Menge der direkten Nachfolger des Knotens $k \in \underline{K}_n$ eineindeutig. Durch die Bewertung der Zweige entsteht ein geordneter Baum.

Bemerkung:

Ein terminaler Knoten kann an Stelle eines Terminalsymbols auch mit dem Leersymbol ε bewertet sein. Demzufolge besitzt auch ein nichtterminaler Knoten, der mit einer ε-erzeugenden Regel bewertet ist, einen Nachfolger im Syntaxbaum.

Als Beispiel für die Darstellung der syntaktischen Struktur eines Satzes durch einen Syntaxbaum gemäß D 5.3. wird der Satz

$$R := X + 2 \leq Y \wedge \neg Q$$

benutzt, der durch die in Abb. 5.1 angegebene kontextfreie Grammatik bis auf die morphologische Struktur der Identifikatoren und Konstanten erzeugt wird. In der Abb. 5.4 sind einige Knoten durch Doppelkreise hervorgehoben worauf erst in 5.4.1. Bezug genommen wird.

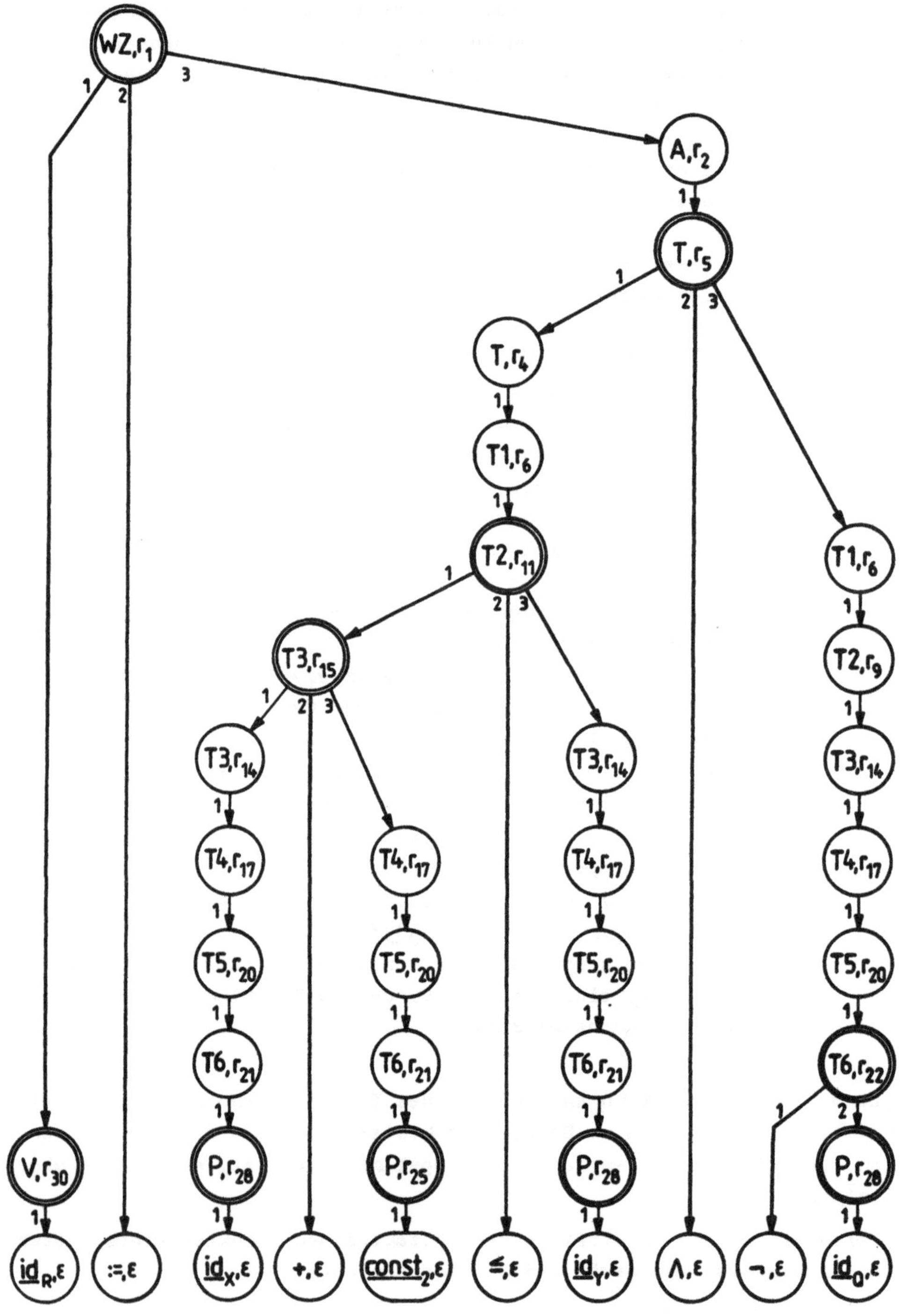

Abb. 5.4: Syntaxbaum für R: = X + 2 $\leq$ Y $\wedge$ $\neg$ Q gemäß Grammatik Abb. 5.1

Künftig wird bei der grafischen Darstellung eines Syntaxbaumes auf die Angabe der Zweigbewertungen verzichtet. Es wird stets angenommen, daß die direkten Nachfolger eines Knotens von links nach rechts im Syntaxbaum geordnet sind. Weiterhin soll auch die Zweigrichtung nicht angegeben werden. Wenn es nicht erforderlich ist, wird künftig auch auf die Angabe der Regeln in den nichtterminalen Knoten bzw. auf das Leersymbol ε in den terminalen Knoten verzichtet.

5.2.2. EINDEUTIGE GRAMMATIKEN UND SYNTAKTISCH EINDEUTIGE SPRACHEN

Für die Übersetzung ist die Frage wesentlich, ob zu einem Satz $l \in \underline{L}(G)$ nur ein oder mehrere Syntaxbäume existieren. In der Regel kann nur für solche Sätze eindeutig ein semantischer Wert ermittelt werden, für die genau ein syntaktischer Baum mittels der kontextfreien Grammatik G konstruiert werden kann. Das nachfolgende Beispiel demonstriert das mittels eines mehrdeutigen Satzes unserer natürlichen Sprache.

Beispiel:

$G = (\underline{V}, \underline{A}, \underline{R}, S)$ mit $\underline{Z} = \underline{V} - \underline{A} = \{S, Su, Pv, Pr, V, Adv, Obj, Sb, Attr\}$

$\underline{A} = \{$Sie, Tage, Semmeln, drei, alte, schneiden$\}$

$\underline{R} = \{r_1 = (S, Su\ Pv),\ r_2 = (Su, Sie),\ r_3 = (Pv, Pr\ Obj),\ r_4 = (Pv, Pr),$
$r_5 = (Pr, V\ Adv),\ r_6 = (Pr, V),\ r_7 = (V, schneiden),$
$r_8 = (Adv, drei\ Tage),\ r_9 = (Obj, Attr\ Sb),\ r_{10} = (Obj, Sb),$
$r_{11} = (Attr, alte),\ r_{12} = (Attr, drei\ Tage\ alte),\ r_{13} = (Sb, Semmeln)\}$

Die in der Grammatik verwendeten Zwischensymbole haben die Bedeutung:

S	Satz	Pr	Prädikat	Obj	Objekt
Su	Subjekt	V	Verb	Sb	Substantiv
Pv	Prädikatsverband	Adv	Adverb	Attr	Attribut

Aus dieser Grammatik lassen sich Sätze wie "Sie schneiden", "Sie schneiden drei Tage" oder "Sie schneiden Semmeln" ableiten, deren Sinn (Bedeutung) vollständig klar ist. Betrachtet man aber den Satz "Sie schneiden drei Tage alte Semmeln", so führt dieser Satz auf zwei strukturell unterschiedliche Syntaxbäume (Abb. 5.5), die auch zwei verschiedene Bedeutungen vermitteln.

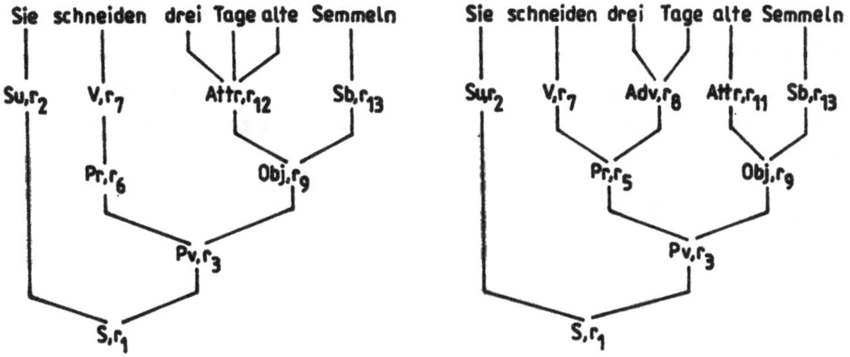

Abb. 5.5: Beispiel zur syntaktischen Mehrdeutigkeit

Es sei hier vermerkt, daß zu einem Satz einer Sprache u.U. mehrere Syntaxbäume angegeben werden können, die zwar strukturell gleich, aber deren Knoten mit verschiedenen Symbolen bewertet sind. Solche Sätze sind ebenfalls mehrdeutig. Die Eindeutigkeit bzw. Mehrdeutigkeit ist generell eine wichtige Eigenschaft kontextfreier Grammatiken und Sprachen.

D 5.4.: Eine <u>kontextfreie Grammatik</u> G ist <u>eindeutig</u>, wenn für jeden Satz $l \in \underline{L}(G)$ genau ein Syntaxbaum existiert; sonst heißt G mehrdeutig.

Leider existiert kein allgemeingültiger Algorithmus, der entscheidet, ob eine beliebige kontextfreie Grammatik eindeutig ist oder nicht. Der interessierte Leser findet den Beweis in /44/ auf Seite 295. Im allgemeinen ist also die Eindeutigkeit kontextfreier Grammatiken nicht entscheidbar. Sie ist aber für kontextfreie Grammatiken, die deterministisch analysierbar sind (z.B. durch LL(k)- und LR(k)-Grammatiken), gesichert (Beweis in /59/). Diese Tatsache macht die deterministisch analysierbaren, kontextfreien Sprachen für die Praxis besonders interessant, da man für diese die Eindeutigkeit der syntaktischen Definition immer nachweisen kann.

Die folgenden Bedingungen sind hinreichend für die Mehrdeutigkeit kontextfreier Grammatiken $G = (\underline{V}, \underline{A}, \underline{R}, S)$:

1) $z \xrightarrow[G]{+} z$ oder $z \xrightarrow[G]{+} zwz$ mit $z \in \underline{V} - \underline{A}$, $w \in \underline{V}^*$

Der erste Fall ist trivial. Im zweiten Fall gilt auch $z \xrightarrow[G]{+} zwzwz$, wofür nach der Beweisskizze (Abb. 5.6) zwei syntaktische Bäume gezeichnet werden können.

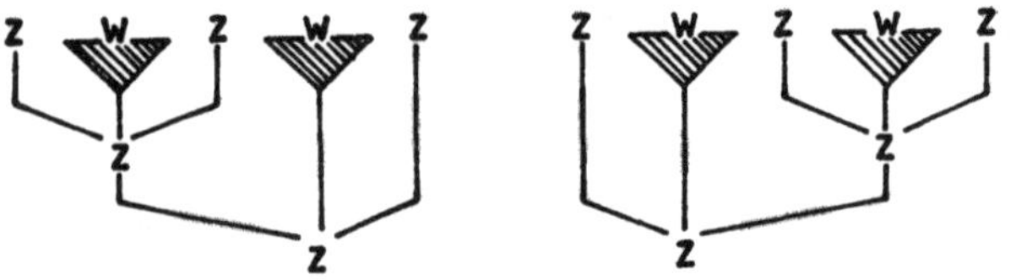

Abb. 5.6: Beweisskizze zur Mehrdeutigkeit von Grammatiken mit $z \xrightarrow[G]{+} zwz$

<u>Beispiel:</u>

$G = (\{T, \underline{id}, *, /\}, \{\underline{id}, *, /\}, \{r_1 = (T, T*T), r_2 = (T, T/T), r_3 = (T, \underline{id})\}, T)$

ist mehrdeutig, denn

$T \xrightarrow{r_1} T*T$ bzw. $T \xrightarrow{r_2} T/T$. Folglich existieren für den Satz "<u>id</u>*<u>id</u>/<u>id</u>" zwei Syntaxbäume, die den Term links- bzw. rechtsassoziativ reduzieren.

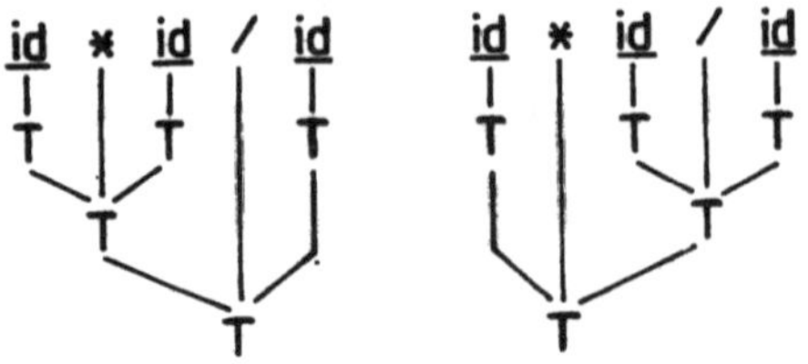

2) Falls $z \xrightarrow[G]{+} w_1 z$ und $z \xrightarrow[G]{+} w_1 z w_2 z$ gilt, dann gilt auch $z \xrightarrow[G]{+} w_1 w_1 z w_2 z$.
Der Beweis der Mehrdeutigkeit erfolgt wiederum durch eine Skizze.

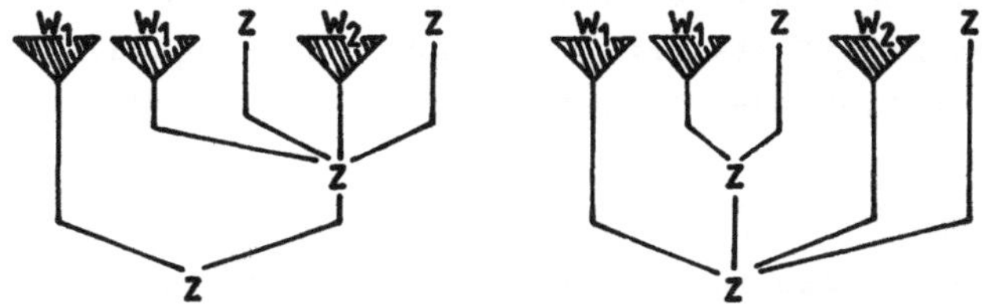

Abb. 5.7: Beweisskizze zur Mehrdeutigkeit von Grammatiken mit $z \xrightarrow[G]{+} w_1 z$ und $z \xrightarrow[G]{+} w_1 z w_2 z$

Das klassische Beispiel dieser Art der Mehrdeutigkeit ist die bedingte Anweisung im Originalreport von ALGOL 60. Im revidierten Report von ALGOL 60 /50/ ist diese syntaktische Mehrdeutigkeit durch die Regelung beseitigt, daß keine bedingte Anweisung dem reservierten Wortsymbol then folgen darf. Soll dem Wortsymbol then eine bedingte Anweisung folgen, so ist diese stets durch das Paar begin ... end zu klammern. Natürlich führt diese Korrektur im revidierten Report, die durch entsprechende Syntaxregeln ausgedrückt wird, auf eine neue, nicht zum Originalbericht äquivalente Grammatik.

Überraschenderweise enthält der revidierte Bericht der Programmiersprache Pascal /75/ ebenfalls diese Art der syntaktischen Mehrdeutigkeit, die durch folgende Regeln ausgedrückt werden kann:

(Anweisung, unbedingte Anweisung)
(Anweisung, bedingte Anweisung)
(bedingte Anweisung, if Ausdruck then Anweisung)
(bedingte Anweisung, if Ausdruck then Anweisung else Anweisung).

Damit gilt

$$\underbrace{\text{Anweisung}}_{z} \xrightarrow{+} \underbrace{\text{if Ausdruck then}}_{w_1} \underbrace{\text{Anweisung}}_{z}$$

und

$$\underbrace{\text{Anweisung}}_{z} \xrightarrow{+} \underbrace{\text{if Ausdruck then}}_{w_1} \underbrace{\text{Anweisung}}_{z} \underbrace{\text{else}}_{w_1} \underbrace{\text{Anweisung}}_{z},$$

wodurch die Mehrdeutigkeit bewiesen ist. Natürlich ist dem Schöpfer der Sprache Pascal, WIRTH, diese Mehrdeutigkeit nicht verborgen geblieben. Deshalb bezieht sich der Report in der Semantikdarstellung darauf und legt fest, daß die syntaktische Konstruktion

if Ausdruck then if Ausdruck then Anweisung else Anweisung

semantisch äquivalent ist zu

```
if Ausdruck then begin if Ausdruck then Anweisung
                                    else Anweisung
                 end.
```

Das bedeutet, daß ein else-Teil zu dem unmittelbar vorangehenden then-Teil gehört.

ALGOL 68 /72/ dagegen benutzt für die Verschachtelung bedingter Anweisungen das reservierte Wortsymbol if als öffnende Klammer und fügt das reservierte Wortsymbol fi als schließende Klammer hinzu, um die Mehrdeutigkeit zu vermeiden:

if ... then ... fi und if ... then ... else ... fi.

Nach Auffassung der Autoren ist diese Lösung zur Vermeidung der Mehrdeutigkeit der anderen Lösung vorzuziehen, da zusätzliche Erklärungen im Sprachbericht und gesonderte Lösungen bei Anwendung spezieller Syntaxanalysemethoden vermieden werden.

Interessanterweise kann für die Sprache ohne zusätzliche Klammerung durchaus eine äquivalente eindeutige Grammatik gefunden werden, die die im PASCAL-Report semantisch formulierte Zuordnung der else-Teile in der Syntax ausdrückt.

(Anweisung, andere Anweisung)
(Anweisung, if Ausdruck then Anweisung)
(andere Anweisung, if Ausdruck then andere Anweisung else Anweisung)

Bemerkung:
Die Verschachtelung bedingter Anweisungen ohne zusätzliche Klammerung kann nicht durch eine LL(k)- oder LR(k)-Grammatik beschrieben werden.

Mit dem Beispiel der bedingten Anweisungen wurde gezeigt, daß die Mehrdeutigkeit mehr eine Eigenschaft der Grammatik als die der Sprache ist. Oftmals kann man zu mehrdeutigen Grammatiken äquivalente eindeutige Grammatiken finden. Das motiviert die nachfolgende Definition.

D 5.5.: Eine Sprache $\underline{L}$ heißt syntaktisch eindeutig, wenn es mindestens eine eindeutige kontextfreie Grammatik G mit $\underline{L} = \underline{L}(G)$ gibt.

Es erhebt sich die Frage, ob man zu jeder kontextfreien Sprache eine eindeutige Grammatik finden kann. Diese Frage muß verneint werden. Es gibt Sprachen, wie z.B.

$$\underline{L} = \{a^i b^i c^j : i,j \geq 1\} \cup \{a^i b^j c^j : i,j \geq 1\},$$

zu denen man keine eindeutige Grammatik angeben kann (vgl. /19/).

Für disjunkte Sprachen ist dagegen folgender Satz gültig, dessen einfacher Beweis Übung 5 überlassen wird:

Satz 5.1.: Falls $\underline{L}_1$ und $\underline{L}_2$ mit $\underline{L}_1 \cap \underline{L}_2 \neq \emptyset$ syntaktisch eindeutige Sprachen sind dann ist auch $\underline{L}_1 \cup \underline{L}_2$ eine eindeutige Sprache.

Jede reguläre Sprache ist eindeutig, da es nach den Sätzen 6.1. und 6.7. dafür immer einen deterministischen Akzeptor gibt und jede deterministisch analysierbare Sprache eindeutig ist. Eine Programmiersprache kann syntaktisch mehrdeutig und semantisch noch eindeutig sein. Jeder mehrdeutige Satz $l \in \underline{L}$ besitzt dann für alle unterschiedlichen syntaktischen Strukturen genau einen semantischen Wert.

Beispiel:

Syntax		Semantik
Nr.	Regel	RPN-Instruktion
1	(T,T+T)	ADD INT
2	(T,id)	LOAD INT,id

Diese Sprache gebraucht nur einen assoziativen arithmetischen Operator, so daß es gleichgültig ist, ob z.B. der Satz id + id + id rechts- oder linksassoziativ

((id + id) + id) = (id + (id + id))

zusammengefaßt wird.

5.3. INTERNE DARSTELLUNG DES SYNTAXBAUMES

Die zweidimensionale Darstellung des Syntaxbaumes ist sehr anschaulich. Die weitere Verarbeitung der syntaktischen Struktur im Übersetzungsprozeß (semantische Analyse und Synthese) erfordert eine interne Darstellung des Syntaxbaumes durch geeignete Datenstrukturen.

5.3.1. IMPLEMENTATION VON GRAPHEN UND BÄUMEN

Eine Vielzahl von Datenstrukturen, die im Prozeß der Übersetzung von Programmiersprachen erzeugt und verarbeitet werden müssen, lassen sich abstrakt in anschaulicher Weise durch Graphen beschreiben. Syntaxbäume sind ein Beispiel dafür. Die Frage der zweckmäßigen Implementation von Graphen ist deshalb für eine effektive rechentechnische Realisierung des Übersetzungsprozesses von großer Bedeutung und soll hier allgemein, d.h., ohne Bezug auf eine spezielle Datenstruktur behandelt werden.

Jeder Graph, also auch ein Baum, der ein spezieller Graph ist, ist mathematisch durch das Paar $(\underline{K},\underline{Z})$ bestehend aus der Knotenmenge $\underline{K}$ und der Zweigmenge $\underline{Z} \subseteq \underline{K} \times \underline{K}$ definiert. Die Knoten $k \in \underline{K}$ sind Träger irgendwelcher Informationen, während die Zweige $(k,k') \in \underline{Z}$ Relationen zwischen den Knoten, d.h., Beziehungen zwischen den in den Knoten gespeicherten Informationen ausdrücken.

Der erste Ansatz zur Implementation eines Graphen geht von dieser mathematischen Definition aus und beruht letztlich auf der rechnerinternen Darstellung der Mengen $\underline{K}$ und $\underline{Z}$.

Sei card($\underline{K}$) = cardK und card($\underline{Z}$) = cardZ. Die folgenden Definitionen sind dann zur Darstellung eines Graphen ausreichend.

```
mode knoten = datum co datum ist irgendein kompositer Modus co;
[1: cardK] knoten knotenmenge;
mode zweig = struct (knoten k1, k2);
```

```
[1: cardZ] zweig zweigmenge;
```

Hierbei fällt zunächst auf, daß jeder Knoten sowohl in der Knotenmenge, als auch (evtl. mehrfach) in der Zweigmenge aufgeführt ist. Dieser Nachteil läßt sich leicht durch Definition einer eineindeutigen Abbildung

$f: \underline{K} \longrightarrow \{1, \ldots, cardK\}$

vermeiden. Der Knoten k mit f(k) = i wird programmtechnisch durch knotenmenge [i] angesprochen. Die Zweigmenge kann dann wie folgt definiert werden.

```
mode zweig = struct (int k1, k2);
[1: cardZ] zweig zweigmenge;
```

Zur Beurteilung der Zweckmäßigkeit einer Implementation eines Graphen ist letztlich ausschlaggebend, welche Operationen über dem Graphen ausgeführt werden müssen. Solche Operationen sind z.B.

- das Hinzufügen und Streichen von Knoten und Zweigen;
- die Bestimmung der direkten und indirekten Nachfolger und Vorgänger eines Knotens;
- die Bestimmung von Zyklen in Graphen usw.

Bei der oben eingeführten Darstellung ist das Hinzufügen von Knoten sowie das Hinzufügen und Streichen von Zweigen relativ einfach zu realisieren. Dagegen ist bereits das Streichen eines Knotens problematisch, da die damit verbundene Neudefinition der Abbildung f auch eine Neudefinition der Zweigmenge erfordert. Auch die Bestimmung der Vorgänger und Nachfolger eines Knotens ist aufwendig, da sie i.allg. mit der mehrfachen Durchmusterung der Zweigmenge verbunden ist. Für praktische Zwecke ist diese Darstellung deshalb kaum geeignet.

Eine weitere Möglichkeit, die Zweigmenge $\underline{Z}$ darzustellen, besteht in den sogenannten Adjazenzmatrizen. Dazu wird eine Abbildung

$f: \underline{K} \times \underline{K} \longrightarrow \{\underline{true}, \underline{false}\}$

definiert, für die

$$f((k,k')) \doteq \begin{cases} \underline{true}, & \text{falls } (k,k') \in \underline{Z} \\ \underline{false}, & \text{sonst} \end{cases}$$

gilt. Diese Abbildung läßt sich anschaulich in einer Matrix darstellen.

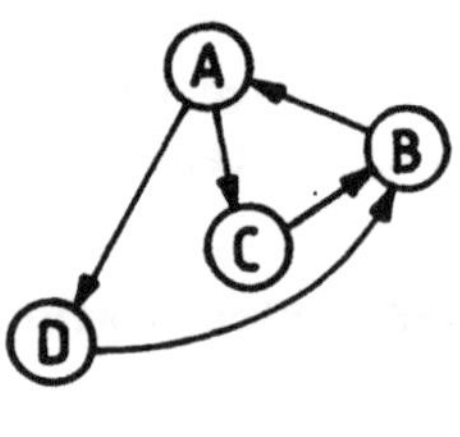

	A	B	C	D
A	false	false	true	true
B	true	false	false	false
C	false	true	false	false
D	false	true	false	false

Abb. 5.8: Darstellung der Zweigmenge eines Graphen durch die Adjazenzmatrix

Programmtechnisch kann die Adjazenzmatrix durch

[1: cardK, 1: cardK] bool adjazenzmatrix;

realisiert werden.

Die Adjazenzmatrix ist hervorragend geeignet, um strukturelle Beziehungen zwischen den Knoten eines Graphen zu ermitteln. Beispielsweise liefert das Produkt der Adjazenzmatrix adj1 mit sich selbst eine Matrix adj2

$$adj2 = adj1 * adj1 \quad \text{mit} \quad adj2\,[i,j] = \bigvee_{k=1}^{cardK} adj1\,[i,k] \wedge adj1\,[k,j],$$

für die gilt

$$adj2\,[i,j] = \begin{cases} \underline{true}, & \text{falls mindestens ein Weg von } k_i \text{ nach } k_j \text{ der Länge 2 existiert} \\ \underline{false} & \text{sonst.} \end{cases}$$

In ähnlicher Art und Weise lassen sich transitive Hüllen, Weglängen und Zyklen bestimmen. Als entscheidender Nachteil ist anzusehen, daß das Hinzufügen und Streichen von Knoten außerordentlich kompliziert ist und die Matrizen i.allg. viel Speicherplatz benötigen, da durch sie das gesamte Kreuzprodukt $\underline{K} \times \underline{K}$ erfaßt wird. Aus diesen Gründen sind auch die Adjazenzmatrizen für die Zwecke der Übersetzerprogrammtechnik kaum geeignet.

Als zweckmäßigste Darstellungsform von Graphen haben sich die Listendarstellungen erwiesen. Hierbei enthält jeder Knoten neben der ihm zugeordneten Information auch Adreßverweise auf seine Nachfolgerknoten und bei Bedarf auf seine Vorgängerknoten. Die Zweigmenge $\underline{Z}$ wird damit durch Adreßverweise realisiert, die in den Knoten selbst enthalten sind.

Bei jeder Listentechnik wird ein spezieller Adreßverweis benötigt, der auf kein weiteres Listenelement verweist. Dieser spezielle Adreßverweis wird durch nil gekennzeichnet. Bei der programmtechnischen Realisierung eines Graphen durch eine Liste ergibt sich das Problem, daß ein Knoten beliebig viele Nachfolger und Vorgänger haben kann und daß sich diese Zahl im Verlauf der Programmabarbeitung ändern kann. Die zweckmäßigste Lösung dieses Problems besteht darin, die Adreßverweise nicht direkt im Knoten, sondern in einer speziellen Liste anzusiedeln. Der Knoten enthält dann nur den Anker der speziellen Liste. In Abb. 5.9 wird dies demonstriert, wobei aus Gründen der Übersichtlichkeit nur Adreßverweise auf die Nachfolger berücksichtigt werden.

Für diese Art von Listen werden die folgenden programmtechnischen Definitionen benötigt.

```
mode knoten = struct (datum datum, ref zweige nachfolgen);
mode zweige = struct (ref zweige zweige, ref knoten knoten);
```

Es ist leicht einzusehen, daß die Hinzunahme der Vorgängerverweise einfach durch die Definition

```
mode knoten = struct (datum datum, ref zweige nachfolger, vorgänger)
```

erfolgen kann.

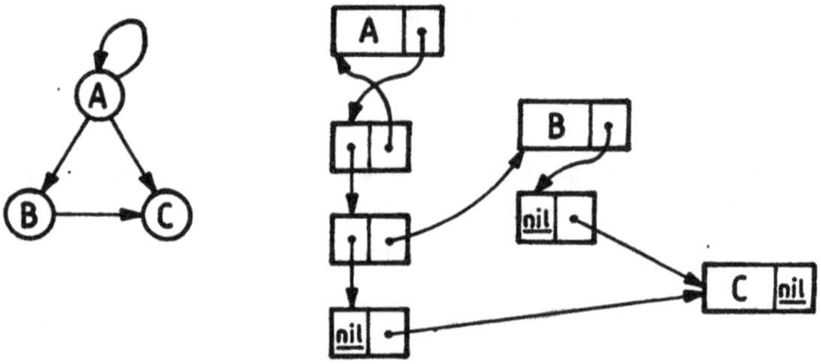

Abb. 5.9: Darstellung von Graphen durch Listen

Das vorgestellte Implementierungskonzept kann für beliebige Graphen verwendet werden. Für spezielle Graphen lassen sich jedoch häufig einfachere und zweckmäßigere Definitionen angeben. Als Beispiel seien Bäume betrachtet, die sich dadurch auszeichnen, daß jeder Knoten höchstens einen Vorgänger besitzt. Ein Knoten eines Baumes kann deshalb durch

<u>mode</u> <u>knoten</u> = <u>struct</u> (<u>datum</u> datum, <u>ref</u> <u>knoten</u> vorgänger,
<u>ref</u> <u>zweige</u> nachfolger)

beschrieben werden. Ist weiterhin die Zahl der Nachfolger begrenzt, so können auch die Nachfolgerverweise direkt in den Knoten aufgenommen werden. Ein typisches Beispiel sind die binären Bäume, in denen jeder Knoten maximal zwei Nachfolger hat und die z.B. bei der Organisation von Symboltabellen (vgl. 9.2.) Anwendung finden. Das folgende Beispiel zeigt die Listendarstellung eines binären Baumes:

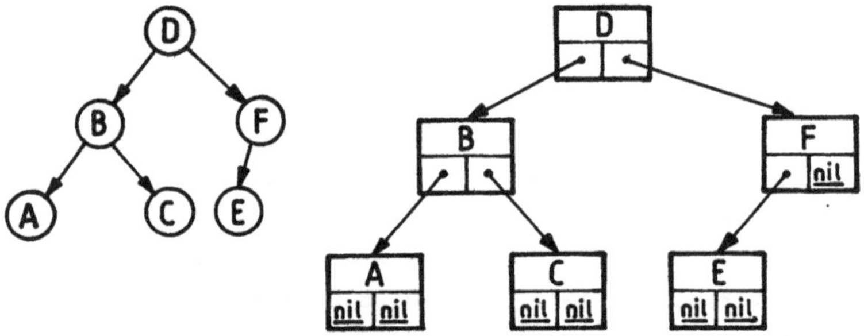

Abb. 5.10: Listendarstellung eines binären Baumes

Die Knoten dieses Baumes können durch

<u>mode</u> <u>knoten</u> = <u>struct</u> (<u>datum</u> datum, <u>ref</u> <u>knoten</u> linker nachfolger,
rechter nachfolger)

beschrieben werden.

Darüber hinaus existieren für Bäume weitere Darstellungsarten. So kann z.B. eine lineare Darstellung gefunden werden, in der keine Adreßverweise nötig sind. Dieser Sachverhalt wird im folgenden Abschnitt ausführlich diskutiert.

5.3.2. LINEARE DARSTELLUNGEN DES SYNTAXBAUMES

Rechner sind besonders dafür geeignet, lineare Zeichenfolgen zu verarbeiten. Deshalb wird versucht, Syntaxbäume linear darzustellen. Dazu wird die Tatsache genutzt, daß der darzustellende Graph ein Baum ist, also jeder Knoten des Baumes höchstens einen Vorgänger hat. Für die rekursive Definition einer linearen Darstellung des Syntaxbaumes wird der Begriff des Syntaxteilbaumes benötigt.

D 5.6.: Es sei $b_s = (\underline{K},\underline{Z},k_s,f,g)$ ein Syntaxbaum der kontextfreien Grammatik $G = (\underline{V},\underline{A},\underline{R},s)$. Dann heißt $b_z = (\underline{K}',\underline{Z}',k_z,f',g')$ <u>Syntaxteilbaum</u> von b_s mit der Wurzel $k_z \in \underline{K}$, wenn gilt

- $(\underline{K}',\underline{Z}')$ ist ein Baum, wobei $\underline{K}'$ die Menge aller direkten und indirekten Nachfolgerknoten von k_z und $\underline{Z}'$ die Einschränkung von $\underline{Z}$ auf $\underline{K}'$ (d.h., $\underline{Z}' = \underline{Z} \cap \underline{K}' \times \underline{K}'$) sind;
- f' ist die Einschränkung von f auf $\underline{K}'$, d.h.,
  $f' = f \cap (\underline{K}' \times ((\underline{V} \cup \{\varepsilon\}) \times (\underline{R} \cup \{\varepsilon\}))$;
- g' ist die Einschränkung von g auf $\underline{Z}'$, d.h., $g' = g \cap (\underline{Z}' \times \underline{N})$.

Der Syntaxteilbaum enthält also alle Knoten des Syntaxbaumes, die der Wurzel k_z nachfolgen, einschließlich k_z. Entsprechend ist auch die Zweigmenge des Syntaxteilbaumes nur über diesen Knoten definiert. Beachtenswert ist, daß nach D 5.6. der Syntaxbaum selbst Syntaxteilbaum ist. Abb. 5.11 gibt einige Syntaxteilbäume des Syntaxbaumes von Abb. 5.4 wieder.

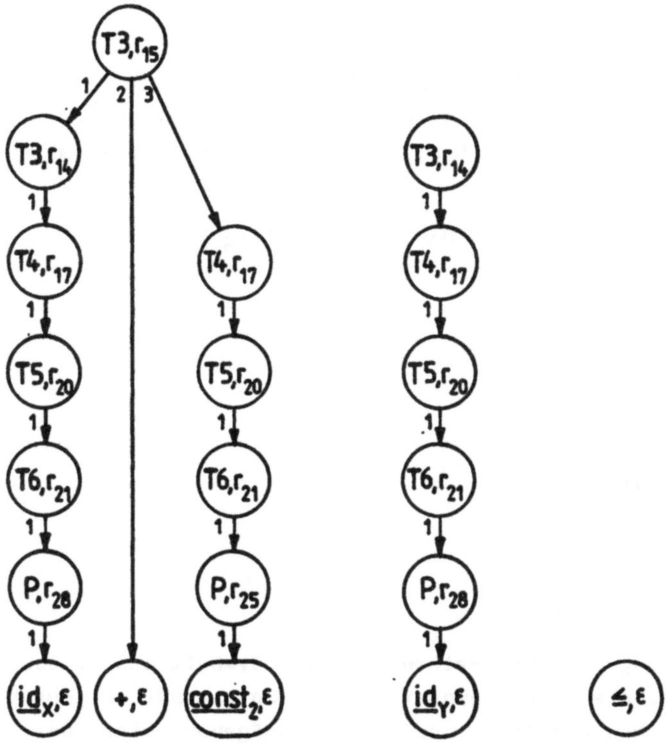

Abb. 5.11: Drei Syntaxteilbäume des Syntaxbaumes von Abb. 5.4

Die links- bzw. rechtslineare Darstellung des Syntaxbaumes ist eine Folge von Symbolen und Regeln, paarweise angewendeten Klammern (,) und dem Komma als Trennzeichen.

D 5.7.: Die <u>links- bzw. rechtslineare Darstellung des Syntaxbaumes</u> $b_0 = (\underline{K}, \underline{Z}, k_0, f, g)$ der kontextfreien Grammatik $G = (\underline{V}, \underline{A}, \underline{R}, s)$ ist die über seine Syntaxteilbäume nach folgender Vorschrift rekursiv definierte Zeichenreihe $lrp(b_0)$ bzw. $rrp(b_0)$:

- $lrp(b_0) = a$ bzw. $rrp(b_0) = a$ falls die Wurzel von b_0 mit einem Terminalsymbol oder ε bewertet ist, d.h., $f(k_0) = (a, \varepsilon)$ und $a \in \underline{A}$
- $lrp(b_0) = z_r(lrp(b_1), lrp(b_2), \ldots, lrp(b_m))$ bzw. $rrp(b_0) = (rrp(b_1), rrp(b_2), \ldots, rrp(bm))z_r$ mit $\forall i\,[1 \leq i \leq m \rightarrow b_i = (\underline{K}_i \underline{Z}_i, k_i f_i, g_i)$ ist ein Syntaxteilbaum von b_0 mit der Wurzel $k_i \in \underline{K}$ und $(k_0, k_i) \in \underline{Z}$ sowie $g((k_0, k_i)) = i]$ falls die Wurzel von b_0 mit einem Zwischensymbol bewertet ist, d.h., $f(k_0) = (z, r)$ und $r = (z, v_1 v_2 \ldots v_m) \in \underline{R}$.

<u>Beispiel:</u>
Der linke Syntax(teil-)baum der Abb. 5.11 hat folgende links- bzw. rechtslineare Darstellung:

$$lrp(b_{T3,r15}) = T3_{r15}(T3_{r14}(T4_{r17}(T5_{r20}(T6_{r21}(P_{r28}(\underline{id}_x))))), +, T4_{r17}(T5_{r20}(T6_{r21}(P_{r25}(\underline{const}_2)))))$$

$$rrp(b_{T4,r15}) = (((((((\underline{id}_x)P_{r28})T6_{r21})T5_{r20})T4_{r17})T3_{r14}, +, ((((\underline{const}_2)P_{r25})T6_{r21})T5_{r20})T4_{r17})T3_{r15}$$

Um diese Darstellung abzuleiten, werden jeweils auf die direkt untergeordneten Teilbäume Schritt für Schritt D 5.7. angewendet und die erhaltenen Terme substituiert, z.B.

$lrp(b_{T3,r15}) = T3_{r15}(lrp(b_{T3,r14}), lrp(b_{+,}\quad), lrp(b_{T4,r17}))$
$lrp(b_{T3,r14}) = T3_{r14}(lrp(b_{T4,r17})$
$lrp(b_{T4,r17}) = \ldots$

.
.
.

$lrp\ (b_{+,}\quad) = +$
$lrp(b_{T4,r17}) = T4_{r17}(lrp(b_{T5,r20}))$
$lrp(b_{T5,r20}) = \ldots$

.
.
.

Die linkslineare Darstellung gibt die Reihenfolge der Symbole des Vokabulars und der Regeln so an, als ob der Syntaxbaum vom Satzsymbol ausgehend bis zu den terminalen Zeichen von links nach rechts aufgebaut wird. Das entspricht der sogenannten linkskanonischen Ableitungsfolge, die für das

Beispiel

$$T3 \xrightarrow{r_{15}} T3 + T4 \xrightarrow{r_{14}} T4 + T4 \xrightarrow{r_{17}} T5 + T4 \xrightarrow{r_{20}} T6 + T4$$
$$\xrightarrow{r_{21}} P + T4 \xrightarrow{r_{28}} \underline{id} + T4 \xrightarrow{r_{17}} \underline{id} + T5 \xrightarrow{r_{20}} \underline{id} + T6$$
$$\xrightarrow{r_{21}} \underline{id} + P \xrightarrow{r_{25}} \underline{id} + \underline{const}$$

lautet. Diese <u>Top-down-Ableitung</u> (von oben nach unten), wie die Bildung des Syntaxbaumes vom Satzsymbol zu den terminalen Zeichenreihen genannt wird, wendet die Regeln in der Folge

$$r_{15}, r_{14}, r_{17}, r_{20}, r_{21}, r_{28}, r_{17}, r_{20}, r_{21}, r_{25}$$

an. Eine andere Vorgehensweise besteht darin, den Syntaxbaum von unten nach oben (<u>Bottom-up-Reduktion</u>) aufzubauen. In diesem Fall beginnt die Konstruktion mit dem am weitesten links stehenden Zeichen des gegebenen Satzes der Sprache. Der Syntaxbaum wird unter Einbeziehung weiterer terminaler Zeichen systematisch zum Satzsymbol vervollständigt. Das entspricht der rechtskanonischen Ableitungsfolge

$$T3 \xrightarrow{r_{15}} T3 + T4 \xrightarrow{r_{17}} T3 + T5 \xrightarrow{r_{20}} T3 + T6 \xrightarrow{r_{21}} T3 + P$$
$$\xrightarrow{r_{25}} T3 + \underline{const} \xrightarrow{r_{14}} T4 + \underline{const} \xrightarrow{r_{17}} T5 + \underline{const}$$
$$\xrightarrow{r_{20}} T6 + \underline{const} \xrightarrow{r_{21}} P + \underline{const} \xrightarrow{r_{28}} \underline{id} + \underline{const}$$

Die Reihenfolge der in der Bottom-up-Reduktion angewendeten Regeln

$$r_{28}, r_{21}, r_{20}, r_{17}, r_{14}, r_{25}, r_{21}, r_{20}, r_{17}, r_{15}$$

wird durch die rechtslineare Darstellung des Syntaxbaumes gut wiedergegeben. Obwohl die syntaktischen Regeln in verschiedener Reihenfolge im Top-down- und Bottom-up-Prozeß angewendet werden, erhält man den gleichen Syntaxbaum.

<u>Bemerkung:</u>

1) Die Erzeugung der RPN-Instruktionen nach Abb. 5.1 ist nur korrekt, wenn die syntaktischen Regeln in der Reihenfolge der Bottom-up-Reduktion angewendet werden. Bei Anwendung der zuvor demonstrierten Methode des rekursiven Abstiegs, die grundsätzlich eine Top-down-Ableitung darstellt, wird diese Reihenfolge dadurch garantiert, daß eine RPN-Instruktion erst dann erzeugt wird, wenn die syntaktische Kategorie vollständig erkannt wurde.

2) Die gewählte links- bzw. rechtslineare Darstellung des Syntaxbaumes kann vereinfacht werden, indem man auf die Klammerungen verzichtet und anstelle der Zwischensymbole nur die entsprechenden Regeln angibt. Durch die Regeln sind eindeutig die Zwischensymbole und durch die Länge der rechten Seiten der Regeln die Klammerungen bestimmt. Terminale Zeichen bleiben bestehen. Somit erhält man für die rechtslineare Darstellung des Beispiels

$$\underline{id}_x\ r_{28}\ r_{21}\ r_{20}\ r_{17}\ r_{14} + \underline{const}_2\ r_{25}\ r_{21}\ r_{20}\ r_{17}\ r_{15}.$$

Die lineare Darstellung des Syntaxbaumes ist in zweifacher Hinsicht vorteilhaft:

- sie ist speicherplatzeffektiv, da keine zusätzlichen Verweise abgespeichert werden müssen, wie sie z.B. bei der Anwendung von Listen notwendig sind;
- sie ist eine automatengerechte Darstellung, da ihre Verarbeitung sequentiell organisiert werden kann.

Deshalb ist sie für die Zwischenprogrammdarstellung der syntaktischen Struktur im Übersetzungsprozeß gut geeignet und wurde in der ALGOL 68 (D)-Implementation angewendet.

5.4. WEITERE MÖGLICHKEITEN DER DARSTELLUNG DES ERGEBNISSES DER SYNTAXANALYSE ALS ZWISCHENPROGRAMM

Der vollständige Syntaxbaum enthält Knoten, mit denen gemäß Abb. 5.1 keine Semantik verknüpft ist. Deshalb ist seine vollständige Darstellung als Zwischenprogramm aufwendig und nicht notwendig. In diesem Abschnitt sollen deshalb Möglichkeiten zur weiteren Vereinfachung angedeutet werden.

5.4.1. FORMELBAUM, POLNISCHE UND REVERSE POLNISCHE NOTATION SOWIE BEZIEHUNGEN ZUM RPN-INSTRUKTIONSKODE

Entsprechend der Grammatik nach Abb. 5.1 kann die Wertzuweisung

$$\underline{id}_R := \underline{id}_X + \underline{const}_2 < \underline{id}_Y \wedge \neg\, \underline{id}_Q$$

vollständig geklammert werden

$$(\underline{id}_R := (((\underline{id}_X + \underline{const}_2) < \underline{id}_Y) \wedge (\neg\, \underline{id}_Q))),$$

um explizit die Abarbeitung sichtbar zu machen. Diese vollständige, redundante Klammerung macht die Infix-Notation offensichtlich. Es ist nicht schwer, aus dieser Notation den sogenannten Formelbaum zu zeichnen (Abb. 5.12), der die Datenflußbeziehungen zwischen den Operatoren widerspiegelt.

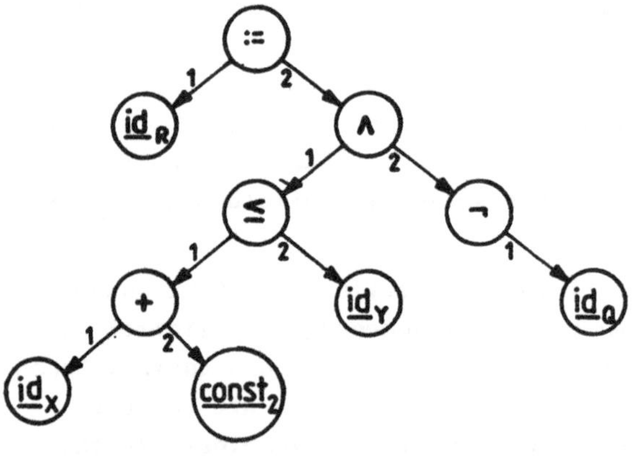

Abb. 5.12: Formelbaum

In einem Formelbaum stellen die Blätter (terminale Knoten) die expliziten Operanden dar. Die anderen Knoten sind durch Operatoren bewertet. Nach ihrer Ausführung bilden diese Knoten implizite Operanden (temporäre Werte oder Hilfsvariable). Der Formelbaum kann linear als Folge von Operanden und Operatoren dargestellt werden, indem D 5.7. sinngemäß angewendet wird.

Die Operatoren stehen vor ihren expliziten oder impliziten Operanden in der linkslinearen Darstellung des Formelbaumes. Deshalb wird diese Darstellung auch Prefixnotation

$$:= (\underline{id}_R, \wedge (\leq (+(\underline{id}_X, \underline{const}_2), \underline{id}_Y), \neg (\underline{id}_Q)))$$

genannt. In der rechtslinearen Darstellung des Formelbaumes

$$(\underline{id}_R, (((\underline{id}_X, \underline{const}_2)+, \underline{id}_Y) <, (\underline{id}_Q)\neg) \wedge)):=$$

folgen dagegen die Operatoren ihren Operanden. Diese Darstellung heißt deshalb Postfixnotation. Falls es möglich ist, von der Operatorbezeichnung eindeutig auf die Anzahl der in die Operation eingehenden Operanden zu schließen, kann auf die Klammern in der Prefix- und Postfixnotation verzichtet werden. Die Kommata als Trennzeichen können ebenfalls weggelassen werden, falls die Darstellung weiterhin eindeutig bleibt. Damit ergibt sich die Polnische Notation aus der linkslinearen Darstellung

$$:= \underline{id}_R \wedge \leq + \underline{id}_X \ \underline{const}_2 \ \underline{id}_Y \neg \underline{id}_Q$$

bzw. die Reverse Polnische Darstellung aus der rechtslinearen Darstellung

$$\underline{id}_R \ \underline{id}_X \ \underline{const}_2 + \underline{id}_Y \leq \underline{id}_Q \wedge \neg :=.$$

Die Bezeichnung dieser Darstellungen als Polnische bzw. Reverse Polnische Notation wurde gewählt, um damit den polnischen Logiker LUKASIEWICZ zu ehren, der diese klammerfreie Darstellung für logische Ausdrücke einführte.

Für die betrachtete Werzuweisung kann ein reduzierter Syntaxbaum gezeichnet werden, der nur noch die Knoten enthält, die nach Abb. 5.1 eine Bedeutung tragen. In Abb. 5.4 sind das die durch Doppelkreise gekennzeichneten Knoten. Dieser reduzierte Syntaxbaum (Abb. 5.13) ist eine Abstraktion der durch die Grammatik definierten syntaktischen Struktur (abstrakte Syntax). Er widerspiegelt nur die für die Semantik wichtigen Eigenschaften. Die abstrakte Syntax kann nur unter Beachtung der Semantik festgelegt werden. Ihr praktischer Wert liegt in der Darstellung der für die Semantik wesentlichen syntaktischen Strukturierung des Quellprogramms als Zwischenprogramm. Der reduzierte Syntaxbaum Abb. 5.13 ist nahezu identisch mit dem in Abb. 5.11 dargestellten Formelbaum. Deshalb ist man auch nicht überrascht, daß die rechtslineare Darstellung des Formelbaumes nichts anderes als das isomorphe Bild der Folge der RPN-Instruktionen (Postfixkode) ist, die man aus Abb. 5.13 erhalten kann:

```
LOAD    REF,R
LOAD    INT,X
LOAD    INT,2
ADD     INT
LOAD    INT,Y
LE      INT
LOAD    BOOL,Q
NOT     BOOL
AND     BOOL
STORE   BOOL
```

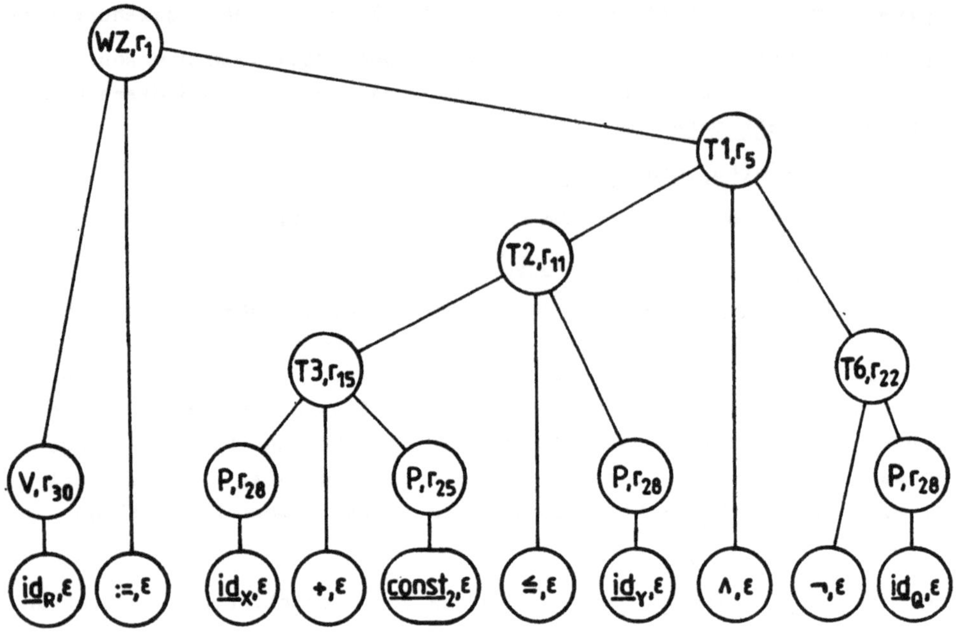

Abb. 5.13: Reduzierter Syntaxbaum

5.4.2. DREIADRESS-UND ZWEIADRESSKODE ALS ZWISCHENPROGRAMMFORMEN

Aus dem reduzierten Syntaxbaum kann relativ einfach der Formelbaum abgeleitet werden, der durch einen Postfixkode dargestellt werden kann. Eine andere Möglichkeit für die Darstellung des Zwischenprogramms ist der sogenannte Dreiadreßkode, der ebenfalls häufig angewendet wird. Der Dreiadreßkode ist eine Folge von Dreiadreßanweisungen der allgemeinen Form

Resultat:= Argument 1 Operator Argument 2.

Die Dreiadreßanweisung verknüpft gemäß des Operators das Argument 1 mit dem Argument 2 und weist das Ergebnis dem Resultat zu. Mit einer solchen Dreiadreßanweisung können die meisten Knoten (dyadische Operatoren) des Formelbaumes (Abb. 5.12) dargestellt werden. Aus Gründen der Allgemeingültigkeit werden auch monadische Operatoren wie

Resultat:= Operator Argument 1

oder

Resultat:= Argument 1

zugelassen. Diese Anweisungen werden durch Quadrupel dargestellt, so daß sich für den Formelbaum Abb. 5.12 die Quadrupelfolge Abb. 5.14 ergibt. Die Reihenfolge der Quadrupel leitet sich wiederum direkt aus der rechtslinearen Darstellung des reduzierten Syntaxbaumes ab.

Normalerweise sind die Komponenten für Argument 1, Argument 2 und Resultat Adreßzeiger zu den Symboltabelleneintragungen für die Operanden. Die temporären Operanden (t1, t2, t3 und t4) müssen ebenfalls in die Symboltabelle

Nr.	Operator	Argument 1	Argument 2	Resultat
1	ADD	$\underline{id}_X$	$\underline{const}_2$	t1
2	LE	t1	$\underline{id}_Y$	t2
3	NOT	$\underline{id}_Q$	—	t3
4	AND	t2	t3	t4
5	STORE	t4	—	$\underline{id}_R$

Abb. 5.14: Dreiadreßkode für den Formelbaum nach Abb. 5.12

aufgenommen werden. Um die Darstellung der temporären Operanden in die Symboltabelle zu vermeiden, kann man erlauben, daß die Anweisung, die einen temporären Wert erzeugt, selbst diesen Wert repräsentiert. Damit entfällt die explizite Angabe des Resultats in der Tupeldarstellung des Zwischenkodes. Man erhält einen Zweiadreßkode, in dem Argument 1 und Argument 2 Adreßzeiger entweder auf die Symboltabelle für die expliziten Operanden oder auf ein Tripel selbst sind. Das Beispiel ergibt die Tripelfolge Abb. 5.15.

Nr.	Operator	Argument 1	Argument 2
1	ADD	$\underline{id}_X$	$\underline{const}_2$
2	LE	(1)	$\underline{id}_Y$
3	NOT	$\underline{id}_Q$	—
4	AND	(2)	(3)
5	STORE	(4)	$\underline{id}_R$

Abb. 5.15: Zweiadreßkode für den Formelbaum nach Abb. 5.12

Bemerkung:

Die Instruktionskodes sind nicht nur auf arithmetische und logische Operationen beschränkt. Im allgemeinen schließen sie Steuerkonstrukte (z.B. bedingte und unbedingte Sprunganweisungen), Operationen für die Prozedurorganisation und anderes ein.

Übungen:

1) Gegeben sei die Syntax nach Abb. 5.1.
   a) Zeige durch Angabe des Syntaxbaumes, daß der Vergleich $A \wedge B = X \leq 2$ syntaktisch zulässig ist! Verdeutliche durch redundante Klammerung seine Abarbeitung und gib die Modi der Operanden an!
   b) Füge in die Grammatik die Potenzierung ** mit einer Priorität ein, die zwischen Multiplikation, Division und den monadischen Operationen liegt! Bei aufeinanderfolgenden Potenzierungsoperatoren (z.B. in 3**3**2) erfolge die Abarbeitung von rechts nach links.

c) Verändere die Syntax, so daß im Ausdruck beliebig oft die monadischen Operatoren ¬, + und - vor einem Primären verwendet werden können!

d) Ändere die Syntax, so daß in einem Ausdruck alle dyadischen Operatoren mit gleicher Priorität strikt linksassoziativ abgearbeitet werden! Beachte die besondere Behandlung des Zuweisungsoperators, der monadischen Operatoren und der geklammerten Terme! Wie muß nun der Vergleich $A \wedge B = X \leq 2$ notiert werden, damit die gleiche Abarbeitung wie unter a gewährleistet wird?

2) Gib die Syntax für Mengenausdrücke in der Backus-Naur-Form an, so daß die zweistelligen Operatoren
- für die Vereinigung $\cup$ und für den Durchschnitt $\cap$ von Mengen gleiche Priorität haben,
- für das Mengenprodukt $\times$ höhere Priorität als die Operatoren $\cup$ bzw. $\cap$ besitzen!

Folgen Operatoren gleicher Priorität in einem Mengenausdruck aufeinander, wird die Abarbeitung von links nach rechts vorgeschrieben. In einem Mengenausdruck sind geklammerte Teilausdrücke zulässig. Mengen werden durch Identifikatoren bezeichnet. Die leere Menge wird durch $\emptyset$ dargestellt.

3) Erweitere die in 3.5.4. angegebene Analyseprozedur für Modusindikator und Deklarationsliste, so daß nicht nur Textvariablen, sondern auch Variablen der Typen INT, STRING und BOOL vereinbart werden können.

4) Erweitere die Behandlung von Identifikatoren in der für "Variable oder Aufruf" in 3.5.4. angegebenen Analyseprozedur, so daß für Variablen der Typen INT, STRING und BOOL der Wert dieser Variablen in den Operandenkeller gekellert wird!

5) Beweise Satz 5.1.!

6) Charakterisiere die Adjazenzmatrix einer zweistelligen, symmetrischen Relation $\underline{R} \subseteq \underline{M} \times \underline{M}$ über einer Menge $\underline{M}$! Wie kann eine speicherplatzeffektive Darstellung erfolgen? Wie äußert sich Reflexivität? Gebe ein Programm zur Berechnung der transitiven Hülle einer Relation auf Grundlage der Adjazenzmatrix an!

7) Zeige, daß
$G = (\{A, A1, B, O, V, *, +, \underline{id}, \underline{const}\}, \{*, +, \underline{id}, \underline{const}\}, \underline{R}, A)$ mit
$\underline{R} = \{r_1 = (A, A1),\ r_2 = (A1, A1B),\ r_3 = (B, OA1),\ r_4 = (A1, V),\ r_5 = (O, *)$
$r_6 = (O, +),\ r_7 = (V, \underline{id}),\ r_8 = (V, \underline{const})\}$
mehrdeutig ist!
Gib eine äquivalente eindeutige Grammatik an, in der die Operatoren * und + ebenfalls gleiche Priorität besitzen!

8) Die kontextfreie Grammatik $G = (\underline{V}, \underline{A}, \underline{R}, s)$ mit
$\underline{V} - \underline{A} = \{Lk, Lv, Ll, Le, Lee\}$, $s = Lk$,
$\underline{A} = \{\underline{for}, :=, \underline{do}, \underline{id}, \underline{const}, ,, \underline{step}, \underline{until}\}$,

$\underline{R} = \{ r_1 = (Lk, \underline{for}\ Lv := Ll\ \underline{do}),\ r_2 = (Ll, Ll\ ,\ Le),\ r_3 = (Ll, Le),$
$r_4 = (Le, Lee),\ r_5 = (Le, Lee\ \underline{step}\ Lee\ \underline{until}\ Lee),$
$r_6 = (Lee, \underline{id}),\ r_7 = (Lee, \underline{const}),\ r_8 = (Lv, \underline{iD}) \}$,

beschreibt die vereinfachte Syntax des Anfangs der Laufklausel von ALGOL 60. Gib für den Satz for id := id,const step const until id do den Syntaxbaum sowie seine links- und rechtslineare Darstellung an!

9) Entwirf

a) ein rekursives Programm,

b) ein nichtrekursives Programm, das einen Kellerspeicher benutzt,

zur Überführung der linkslinearen Darstellung eines Syntaxbaumes in seine rechtslineare Darstellung!

Hinweis:

1. Benutze zur Darstellung des Syntaxbaumes die Modi

   mode baum = [ ]knoten

   mode knoten = struct(symbol symbol, int regel),

   wobei durch die Abbildung regelindex: $\underline{R} \longrightarrow \{1, 2, ..., card(\underline{R})\}$ jeder Regel $r \in \underline{R}$ eineindeutig regel = regelindex(r) zugeordnet wird! Terminale Zeichen werden durch regel = 0 gekennzeichnet! In der linearen Darstellung des Syntaxbaumes wird auf die Angabe der Klammerungen verzichtet, da dafür die Prozedur "laenge rechte seite" genutzt werden kann.

2. Verwende einen durch folgende Operationen definierten Kellerspeicher mit dem (abstrakten) Modus keller:

   proc initialisiere = (keller keller) keller:

   proc ist leer = (keller keller) bool:

   proc kellere = (keller keller, element element) keller:

   proc entkellere = (keller keller) keller:

   proc top element = (keller keller) element:

   mit folgenden Axiomen

   ist leer (initialisiere(keller)) = true

   ist leer (kellere(keller, element)) = false

   top element (kellere(keller, element)) = element

   entkellere (kellere(keller,element)) = keller.

   mode element = struct (int knotenindex, restlaenge der regel)

10) Gib ein Programm an, das aus einem Formelbaum die vollständig geklammerte Formel aufbaut und ausgibt. Die Knoten des Formelbaumes besitzen den Modus

   mode knoten = struct (string name, ref knoten linker operand,
   rechter operand).

Ein Knoten stellt einen elementaren Operanden dar, wenn sein rechter Operand mit nil belegt ist. Falls nur der linke Operand mit nil belegt ist, ist eine monadische Operation dargestellt.

6. Entwurf von Morphemerkennern

In 3.3.1. wurde bereits ausgeführt, daß der lexikale Analysator oder Morphemerkenner (Scanner) das Quellprogramm zeichenweise liest und in eine Folge elementarer Einheiten der Quellsprache (sogenannte Morpheme oder Token) transformiert. Damit bildet der Morphemerkenner die Schnittstelle zwischen der externen Darstellung des Quellprogramms und der eigentlichen Sprachverarbeitung durch den Compiler bzw. Interpreter.

Die strukturelle Analyse der Quellprogramme wird folglich in zwei Stufen durchgeführt: lexikale Analyse und syntaktische Analyse. Deshalb muß die sogenannte Syntaxsprache $\underline{L}_s$, das ist die Menge aller strukturell zulässigen Morphemfolgen, von der Quellsprache $\underline{L}$ über $\underline{A}$ unterschieden werden. Die Syntaxsprache $\underline{L}_s$ ist über dem Alphabet $\underline{M}$ definiert, wobei jedes $m \in \underline{M}$ eine Morphemklasse identifiziert. Jedem Element $m \in \underline{M}$ entspricht eine Sprache $\underline{L}_m$ über dem terminalen Alphabet $\underline{A}$. $\underline{L}_m$ ist die Menge aller Morpheme der Morphemklasse m. Eine (Morphem-)Folge $m_1 m_2 \ldots m_n$ ist genau ein Satz der Syntaxsprache $\underline{L}_s$, wenn $m_1, m_2, \ldots, m_n \in \underline{M}$ gilt und für alle Zeichenreihen (Morpheme) $x_1 \in \underline{L}_{m1}, x_2 \in \underline{L}_{m2}, \ldots, X_n \in \underline{L}_{mn}$ die Folge $x = x_1 x_2 \ldots x_n$ Satz der Quellsprache $\underline{L}$ ist. Die Teilzeichenreihen (Morpheme) x_i des Quellprogramms $x \in \underline{L}$ werden also durch die Morphemklassensymbole m_i mit $i = 1,2,\ldots,n$ substituiert. Diese Substitution ist die Aufgabe der lexikalen Analyse und Konventierung.

Die Erkennung der Morpheme weist gegenüber der eigentlichen Syntaxanalyse spezifische Eigenschaften auf, die die Anwendung spezieller Mittel und Methoden ermöglichen und eine logische Trennung der lexikalen von der syntaktischen Analyse begründen:

1) Die Syntax der Morpheme kann durch reguläre Grammatiken beschrieben werden, da die einzelnen Morphemklassen reguläre Mengen bilden. Die separate Behandlung gestattet die Anwendung angepaßter, effektiver Analysemethoden.

2) Durch die Gerätetechnik bedingte verschiedene Darstellungen der Programme der gleichen Programmiersprache können durch die lexikale Analyse und Konventierung ausgeglichen werden und wirken sich somit nicht auf den Syntaxanalysator aus. Damit ist bei der Implementation einer Sprache auf verschiedenen Rechnern mit unterschiedlichem Zeichensatz nur die lexikale Analyse und Konvertierung zu ändern.

3) In Programmiersprachen treten sowohl synonyme als auch homonyme lexikale Objekte auf.

<u>Bemerkung:</u> Zwei Objekte $p_1 = (l_1, s_1)$ und $p_2 = (l_2, s_2)$ bestehend aus den syntaktischen Werten l_1 bzw. l_2 und den semantischen Werten s_1 bzw. s_2 heißen

- <u>synonym</u> oder bedeutungsäquivalent, falls $l_1 \neq l_2$ und $s_1 = s_2$ bzw.
- <u>homonym</u> oder bezeichnungsäquivalent, falls $l_1 = l_2$ und $s_1 \neq s_2$

gilt.

Der Syntaxanalyseprozeß vereinfacht sich, wenn die bedeutungsäquivalenten Objekte (Synonyme) durch ein Morphem repräsentiert werden.

Beispiel: PL/1 DECLARE ≙ DCL

ALGOL 68 begin ≙ (

end ≙)

Solche Synonyme haben eine gewisse Berechtigung, da sie die Nutzerfreundlichkeit der Programmiersprache erhöhen. Die Behandlung der Synonyme erfordert keinen wesentlichen Mehraufwand bei der Übersetzung. Die Trennung bezeichnungsäquivalenter Objekte (Homonyme) und ihre unterschiedliche Kodierung durch den lexikalen Analysator ist nur in Verbindung mit Kontextbetrachtungen möglich und deshalb komplizierter. Trotzdem sind diese speziellen Kontextuntersuchungen im lexikalen Analysator oftmals einfacher als im allgemeineren Syntaxanalysator durchzuführen. Ein klassisches Beispiel dafür ist die Verwendung des Doppelpunktes : beim definierenden Auftreten von Marken bzw. als Trennzeichen zwischen den unteren und oberen Grenzen in Felddeklarationen von ALGOL 60. In diesem Fall ist der unterscheidende Kontext die öffnende eckige Klammer der Felddeklaration.

4) Die Menge der terminalen Zeichen - das Alphabet A - einer höheren Programmiersprache ist meist größer als der für die Erfassung der Quellprogramme zur Verfügung stehende Zeichenvorrat $\underline{S}$, d.h., card($\underline{A}$) > card($\underline{S}$). Folglich können nicht alle als Terminale aufzufassenden Zeichen der Programmiersprache durch ein Zeichen des Zeichenvorrates $\underline{S}$ dargestellt werden. Es müssen terminale Zeichen durch Zeichenreihen aus $\underline{S}^+$ im Quellprogramm repräsentiert werden. Somit existiert eine im allgemeinen nur eindeutige Abbildung (Kodierung)

$k: \underline{A} \longrightarrow \underline{S}^+$.

Zur Realisierung von k gibt es praktisch folgende Möglichkeiten:

a) Eine Zeichenreihe über $\underline{S}$ wird als ein Terminalsymbol interpretiert (Mehrzeichenbegrenzer).

Beispiel: ALGOL :=

PL/1 **

ALGOL 68 +:= :=:

b) Die ALGOL-ähnlichen Programmiersprachen kennen Wortsymbole, die durch in Hochkomma eingeschlossene Zeichenreihen dargestellt werden. Im Sinne der Programmiersprache gelten die Wortsymbole als terminale Zeichen.

Beispiel: ALGOL 68 'begin' 'if' 'case' ...

Bemerkung: In AlGOL 68 kann die Menge der Wortsymbole mittels der Operator- und Modusdeklaration durch den Programmierer erweitert werden.

c) Spezielle Identifikatoren werden in bestimmtem Kontext als ein Terminalsymbol interpretiert. Solche Identifikatoren heißen Schlüsselwörter.

Beispiel: FORTRAN DO IF DIMENSION ...

PL/1 IF ELSE DO ...

Bemerkenswert ist, daß diese Schlüsselwörter in FORTRAN und PL/1 nicht reserviert sind und nur durch den Kontext identifiziert werden können. Die folgende syntaktisch richtige PL/1-Anweisung verdeutlicht, wie durch diese Festlegung Homonyme entstehen, die zu schwer lesbaren Programmen führen:

IF IF THEN THEN; ELSE ELSE .

Andere Programmiersprachen schreiben deshalb vor, daß die Schlüsselwörter reserviert sind, also nicht zur Identifikation von Datenobjekten verwendet werden können. ANSI-COBOL kennt 308 reservierte Schlüsselwörter. Diese hohe Zahl stellt natürlich eine Zumutung für einen Programmierer dar. Programmiersprachen sind so konzipiert, daß sich Fall b und c innerhalb einer Sprache ausschließen. Aufgabe der lexikalen Analyse ist es, diese Mehrzeichensymbole des Quelltextes unter Umständen mit Hilfe von Kontextinformationen zu identifizieren und dem Syntaxanalysator in der in 3.3.1. vereinbarten Tripelform als ein Morphem darzustellen.

5) Durch die Trennung der lexikalen von der syntaktischen Analyse wird der Übersetzungsprozeß einfacher und übersichtlicher dargestellt. Der Entwurfsprozeß kann dadurch besser beherrscht werden.

Grundlage für den Entwurf eines Morphemerkenners ist die Tatsache, daß die einzelnen Morphemklassen reguläre Mengen von Zeichenreihen bilden, die also von regulären Grammatiken erzeugt werden. Der Prozeß der lexikalen Analyse und Konvertierung umfaßt die Erkennung einer Teilzeichenreihe des Quellprogramms als Morphem und die Konvertierung in ein bezüglich der Syntaxanalyse terminales Symbol. Unter einem Morphemerkenner versteht man einen Analysealgorithmus für die Morphemklassen einer vorgelegten Programmiersprache. Die Entwicklung eines Morphemerkenners wird in folgenden Arbeitsschritten ausgeführt:

- Festlegung der Morphemklassen der zu implementierenden Programmiersprache;
- Entwicklung des Automatenmodells für die Klassifizierung der Morpheme unter Nutzung des theoretischen Zusammenhanges zwischen endlichen, abstrakten Automaten und regulären Sprachen;
- programmtechnische Realisierung des Morphemerkenners auf der Grundlage des abgeleiteten Automatenmodells.

Zunächst werden die grundlegenden Beziehungen zwischen der Syntax der Morphemklassen und dem Automatenmodell behandelt.

6.1. REGULÄRE SPRACHE UND NICHTDETERMINISTISCHER, ENDLICHER AKZEPTOR

Der Zusammenhang zwischen den regulären Sprachen, den regulären Grammatiken und den endlichen Automaten ist die grundlegende Beziehung, auf der die Konstruktion der Morphemerkenner beruht. Für jede Morphemklasse kann man einen endlichen Automaten angeben, der jedes Morphem dieser Klasse akzeptiert. Die Erkennung und Klassifizierung der Morpheme erfolgt durch ein endliches Automatenmodell, das keine Ausgabe realisiert. Ein solches Automatenmodell ohne Ausgabe wird als Akzeptor bezeichnet.

D. 6.1:: Ein <u>nichtdeterministischer, endlicher Akzeptor</u> ist ein Quintupel
$A = (\underline{A}, \underline{Z}, f, z_0, \underline{F})$, wobei
$\underline{A}$ die endliche Menge der Eingabezeichen (<u>Eingabealphabet</u>),
$\underline{Z}$ die endliche Menge der Zustände (<u>Zustandsmenge</u>),
$z_0 \in \underline{Z}$ der <u>Anfangszustand</u>,
$\underline{F} \subseteq \underline{Z}$ die Menge der <u>Endzustände</u>,
$f: \underline{Z} \times \underline{A} \rightarrow P(\underline{Z})$ eine Abbildung (<u>Übergangsfunktion</u>) von $\underline{Z} \times \underline{A}$ in die Menge $P(\underline{Z})$
sind.

<u>Bemerkung:</u>
- $P(\underline{Z})$ bedeutet Potenzmenge von $\underline{Z}$: $P(\underline{Z}) = \{ \underline{M} : \underline{M} \subseteq \underline{Z} \}$.
- Da die Übergangsfunktion diskret ist, kann sie durch eine (Übergangs-) Matrix dargestellt werden. Die Zustände bilden die Zeilen und die Eingabezeichen die Spalten der Matrix. Die durch Zustand und Zeichen indizierten Felder sind dann die jeweiligen Folgezustandsmengen.

Der nichtdeterministische, endliche Akzeptor ist ein mathematisches Modell, das sich vielfach bei der Untersuchung realer Systeme bewährt hat. Nach der Definition ist es ein System mit den Zuständen $\underline{Z}$, einem Eingabeband über $\underline{A}$, einer Steuerung f und den beobachtbaren Endzuständen $\underline{F}$.

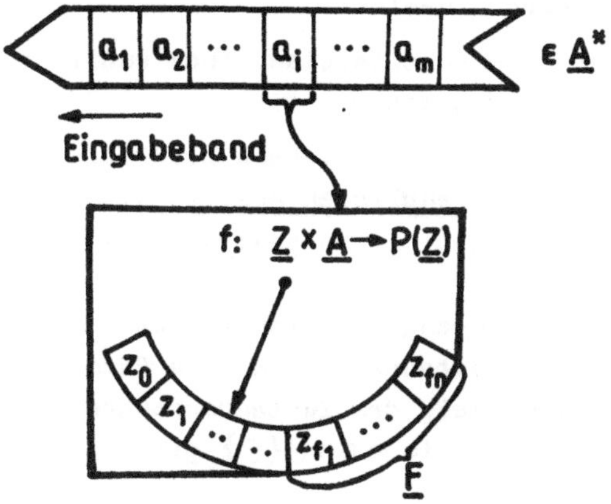

Abb. 6.1: Endlicher, abstrakter Akzeptor

Zur Beschreibung des Verhaltens des Akzeptors sind die Begriffe Eingabe, Zustand, diskrete Zeit (Takt) sowie Übergangsfunktion wesentlich. Der endliche Akzeptor arbeitet taktweise, wobei er sich im ersten Takt im Anfangszustand z_0 befindet. In jedem Takt wird vom Akzeptor, der sich im Zustand $z \in \underline{Z}$ befindet, das am Eingabeband anliegende Zeichen $a \in \underline{A}$ gelesen. Darauf geht er in einen Zustand aus der Menge f(z,a) über. Das Eingabeband wird weiter gerückt. Der Akzeptor verarbeitet die Eingabezeichenreihe $a_1 a_2 \ldots a_m \in \underline{A}^*$, wenn eine Folge

$z_1 \in f(z_0,a_1),\ z_2 \in f(z_1,a_2),\ \ldots,\ z_m \in f(z_{m-1},a_m)$

mit $z_m \in \underline{F}$ (Endzustand) existiert. Man sagt, daß die Eingabezeichenreihe durch A akzeptiert wird. Der Eingabezeichenreihe wird durch A, ausgehend vom Anfangszustand z_0, die Zustandsfolge $z_0\ z_1\ z_2\ \ldots\ z_m$ zugeordnet.

Bemerkungen:

1) Im allgemeinen enthält f(z,a) für einen Zustand $z \in \underline{Z}$ und ein Eingabezeichen $a \in \underline{A}$ mehrere Folgezustände. Deshalb ist es in jedem Takt unbestimmt, welcher Folgezustand aus f(z,a) oder ob überhaupt ein Folgezustand erfolgreich sein wird.

2) A kann für eine Eingabezeichenreihe durchaus mehrere Zustandsfolgen liefern.

Als Sprache des Akzeptors $\underline{L}(A)$ wird die Menge von Zeichenreihen $l \in \underline{A}^*$ bezeichnet, die der nichtdeterministische, endliche Akzeptor A akzeptiert:

$$\underline{L}(A) = \{ l:\ l \in \underline{A}^* \wedge \exists (z_0,z_1,\ldots,z_m) [\, z_0,z_1,\ldots,z_m \in \underline{Z} \wedge z_1 \in f(z_0,a_1),\ z_2 \in f(z_1,a_2),\ \ldots,\ z_m \in f(z_{m-1},a_m) \wedge z_m \in \underline{F} \wedge l = a_1 a_2 \ldots a_m \,] \} .$$

Für die nachfolgenden Betrachtungen wird die Nichtdeterminiertheit des endlichen Akzeptors noch erweitert, indem für die Übergangsfunktion

$f:\ \underline{Z} \times (\underline{A} \cup \{\varepsilon\}) \longrightarrow P(\underline{Z})$

zugelassen wird, so daß der Akzeptor von einem Zustand z in einen Zustand z' übergehen kann, ohne das Eingabeband weiterzurücken. D.h., der Zustandsübergang wird durch die leere Zeichenreihe ε bewirkt.

Eine sehr anschauliche Vorstellung über die Arbeitsweise eines endlichen Akzeptors vermittelt der sogenannte Zustandsgraph.

D 6.2.: $A = (\underline{A},\underline{Z},f,z_0,\underline{F})$ sei ein endlicher Akzeptor. Dann heißt die folgende Darstellung Zustandsgraph des endlichen Akzeptors:

- Die endliche Zustandsmenge $\underline{Z}$ bildet die Knotenmenge des Zustandsgraphen.
- Die Zweigmenge ist durch die Übergangsfunktion f bestimmt. Es seien $z', z'' \in \underline{Z}$ zwei Knoten des Zustandsgraphen. Das Paar (z',z") ist genau dann ein gerichteter Zweig des Zustandsgraphen vom Knoten z' zum Knoten z", wenn für ein $a \in \underline{A} \cup \{\varepsilon\}$ gilt $z'' \in f(z',a)$.
- Die Zweigmenge ist durch $\underline{A}$ bewertet. Ein Zweig (z',z") des Zustandsgraphen ist mit dem Zeichen $a \in \underline{A} \cup \{\varepsilon\}$ bewertet, wenn $z'' \in f(z',a)$ gilt.

Im Zustandsgraphen werden die Zustände durch kleine Kreise dargestellt. Der Anfangszustand ist durch einen Pfeil besonders markiert. Die Endzustände werden durch einen doppelten Kreis hervorgehoben. Die Zweigmenge des Zustandsgraphen wird durch Pfeile zwischen den Knoten des Zustandsgraphen dargestellt. Beispiele für die Darstellung endlicher Akzeptoren liefern die folgenden Abbildungen. Besonders ist zu vermerken, daß beim nichtdeterministischen, endlichen Akzeptor aus einem Knoten mehrere Zweige mit gleicher Bewertung auslaufen und/oder ε-bewertete Zweige vorhanden sind.

Bemerkung:

Der Leser wird auf den engen Zusammenhang zwischen der grafischen Darstellung kontextfreier Sprachen durch Syntaxdiagramme (vgl. 2.2.2.4.) und den Zustandsgraphen hingewiesen. Daraus ergibt sich, daß aus dem regulären Ausdruck direkt der Zustandsgraph entwickelt werden kann (Beispiel Abb. 6.2).

$$\underline{Z}_0 = \{zi\} \circledast \{zi\}^* \circledast (\{\varepsilon\} \cup \{e\} \circledast \{+,-\} \circledast \{zi\} \circledast \{zi\}^*)$$

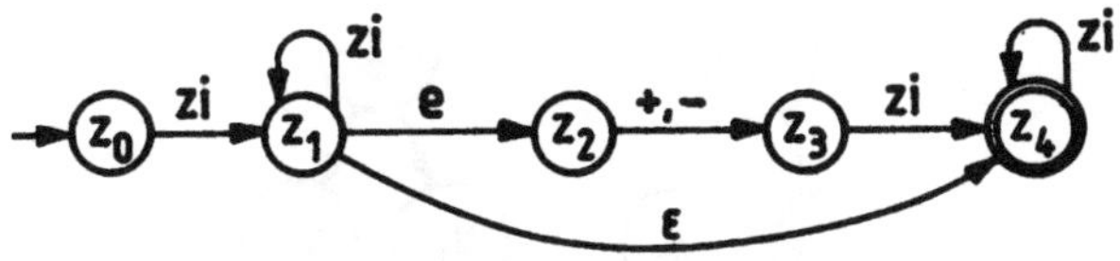

Abb. 6.2: Regulärer Ausdruck und Zustandsgraph für ganze und reelle Zahlen

Der folgende Satz beleuchtet den Zusammenhang zwischen den nichtdeterministischen, endlichen Akzeptoren und regulären Sprachen.

Satz 6.1.: Eine Sprache $\underline{L}$ ist genau dann regulär (vom Chomsky-Typ 3), wenn es einen nichtdeterministischen, endlichen Akzeptor A mit $\underline{L} = \underline{L}(A)$ gibt.

Der Beweis soll nicht angegeben werden. Man zeigt, daß zu jeder regulären Grammatik ein nichtdeterministischer, endlicher Akzeptor und umgekehrt zu jedem nichtdeterministischen, endlichen Akzeptor eine reguläre Grammatik mit der gleichen Sprache existieren. Nachfolgend wird gezeigt, wie zu einer regulären Grammatik ein nichtdeterministischer Akzeptor bestimmt wird. Als Ausgangspunkt dient eine verfeinerte Grammatik.

D 6.3.: Eine <u>kontextfreie Grammatik</u> $G = (\underline{V}, \underline{A}, \underline{R}, s)$ heißt <u>verfeinert</u>, wenn jede Regel $r \in \underline{R}$ die Form $r = (z, v_1 v_2)$ oder $r = (z, v)$ oder $r = (z, \varepsilon)$ mit $z \in \underline{V} - \underline{A}$, $v, v_1, v_2 \in \underline{V}$ besitzt.

Satz 6.2.: Zu jeder kontextfreien Grammatik gibt es eine äquivalente verfeinerte, kontextfreie Grammatik.

Zum Beweis von Satz 6.2. sei die allgemeine Form einer kontextfreien Regel der Grammatik $G = (\underline{V}, \underline{A}, \underline{R}, s)$

$$r = (z, v_1 v_2 \ldots v_m) \in \underline{R} \text{ mit } v_1, v_2, \ldots, v_m \in \underline{V}$$

betrachtet. Diese Regel wird für $m > 2$ in die Regeln

$$r_1 = (z, r_1 H_1),\ r_2 = (H_1, v_2 H_2),\ \ldots,\ r_{m-1} = (H_{m-2}, v_{m-1} v_m) \quad \text{oder}$$

$$r_1 = (z, H_1 v_m),\ r_2 = (H_1, H_2 v_{m-1}),\ \ldots,\ r_{m-1} = (H_{m-2}, v_1 v_2)$$

zerlegt, wie es Abb. 6.3 angibt. Die neuen Zwischensymbole $H_1, H_2, \ldots, H_{m-2}$ dürfen nicht in $\underline{V} - \underline{A}$ liegen. Dann ist $G' = (\underline{V}', A, \underline{R}', s)$ mit

$$\underline{V}' = \underline{V} \cup \{H_i : i = 1(1)m-2\} \text{ und}$$

$$\underline{R}' = \underline{R} - \{r\} \cup \{r_i : i = 1(1)m-1\}$$

zu G äquivalent. Werden alle Regeln einer Grammatik, die gegen die in D 6.3. gestellten Bedingungen verstoßen, in der angegebenen Art behandelt, so erhält man die zu G äquivalente, verfeinerte Grammatik.

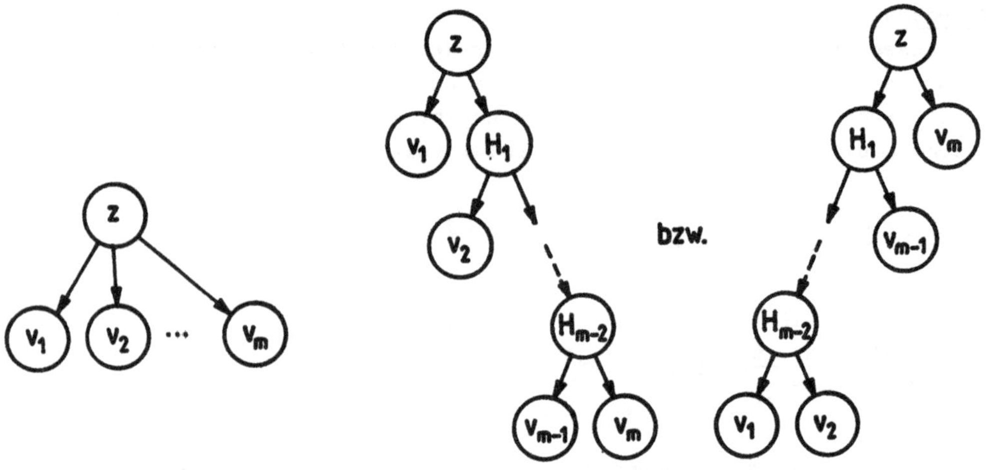

Abb. 6.3: Verfeinerung einer Regel $r = (z, v_1 v_2 \dots v_m)$

Die Vorschrift für die Entwicklung eines nichtdeterministischen, endlichen Akzeptors aus einer verfeinerten, regulären Grammatik ist in Abb. 6.4 angegeben. Der Fall der linkslinearen, regulären Grammatik führt auf einen Akzeptor, dessen Endzustand mit dem Satzsymbol der Grammatik identisch ist. Dieser Akzeptor simuliert folglich die Bottom-up-Analyse. Die rechtslineare Grammatik führt auf einen Akzeptor, der die Top-down-Analyse nachbildet, da der Anfangszustand mit dem Satzsymbol bewertet ist. An einigen Beispielen soll die Ableitung eines nichtdeterministischen, endlichen Akzeptors aus einer verfeinerten, regulären Grammatik deutlich gemacht werden.

Beispiele:

1) Morphemklasse - ganze Zahl

a) Es wird die verfeinerte, rechtslineare Grammatik

$G = (\{z_0, zi\}, \{zi\}, \underline{R}, z_0)$ mit $\underline{R} = \{(z_0, zi), (z_0, zi\ z_0)\}$

betrachtet. Dabei stehen

zi für die Klasse der Ziffern

z_0 für die Menge der ganzen Zahlen.

Nach Abb. 6.4 erhält man:

Eingabealphabet $\underline{A} = \{zi\}$ Anfangszustand z_0

Zustandsmenge $\underline{Z} = \{z_0, z_1\}$ Endzustände $\underline{F} = \{z_1\}$

Übergangsfunktion eingeschränkt auf $f: \underline{Z} \times \underline{A} \longrightarrow P(\underline{Z})$ (Abb. 6.5)

Man erkennt, daß der Akzeptor nichtdeterministisch arbeitet, da

$f(z_0, zi) = \{z_0, z_1\}$

gilt. Befindet sich der Akzeptor im Zustand z_0 und liegt am Eingabeband das Zeichen zi an, so ist es unbestimmt, ob der folgende Zustand z_0 oder

z_1 ist. Für das Paar $(z_1, zi) \subset \underline{Z} \times \underline{A}$ liefert die Übergangsfunktion $f(z_1, zi) = \emptyset$; d.h., der Akzeptor kann nicht weiterarbeiten.

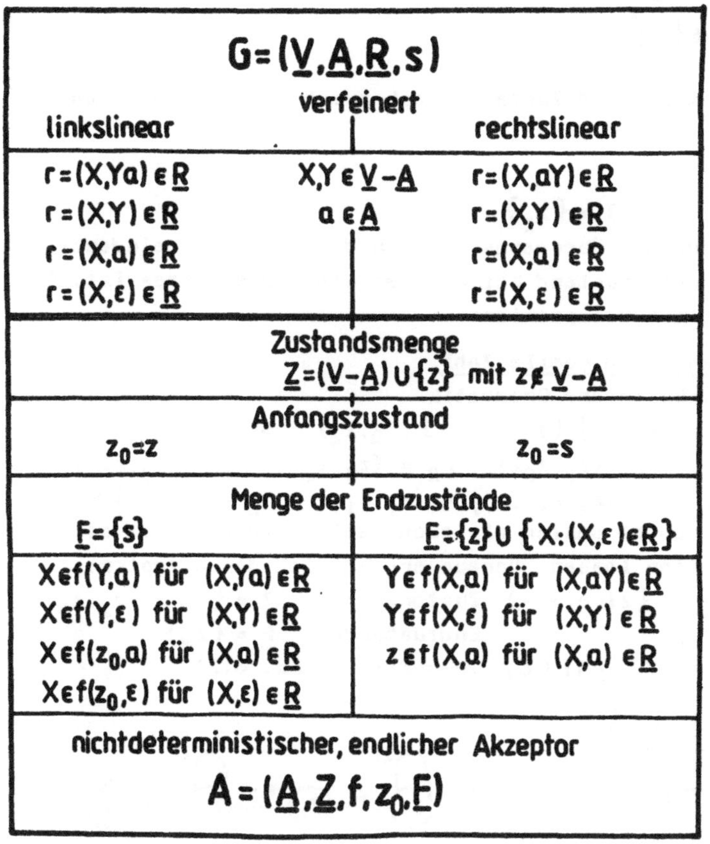

Abb. 6.4: Ableitung eines nichtdeterministischen, endlichen Akzeptors aus einer verfeinerten, regulären Grammatik

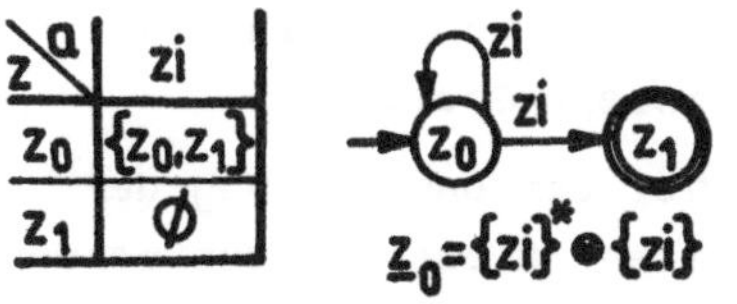

Abb. 6.5: Übergangsfunktion und Zustandsgraph zum Beispiel ganze Zahl für eine rechtslineare Grammatik

b) Es wird die äquivalente verfeinerte, linkslineare Grammtik
$G = (\{z_1, zi\}, \{zi\}, \underline{R}, z_1)$ mit $\underline{R} = \{(z_1, zi), (z_1, z_1\ zi)\}$
betrachtet. Jetzt erhält man nach Abb. 6.4

Eingabealphabet $\underline{A} = \{zi\}$ Anfangszustand z_0
Zustandsmenge $\underline{Z} = \{z_0, z_1\}$ Endzustände $\underline{F} = \{z_1\}$
Übergangsfunktion eingeschränkt auf $f: \underline{Z} \times \underline{A} \longrightarrow P(\underline{Z})$ (Abb. 6.6)

z \ a	zi
z_0	$\{z_1\}$
z_1	$\{z_1\}$

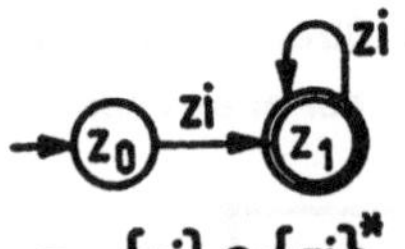

$\underline{z}_0 = \{zi\} \bullet \{zi\}^*$

Abb. 6.6: Übergangsfunktion und Zustandsgraph zum Beispiel ganze Zahl für eine linkslineare Grammatik

Es gilt

$f(z_0, zi) = \{z_1\} \quad f(z_1, zi) = \{z_1\}$.

In diesem Fall ist durch die Übergangsfunktion des Akzeptors eindeutig bestimmt, welches der Folgezustand bei Abarbeitung jedes Taktes ist. Der endliche Akzeptor arbeitet determiniert.

2) Morphemklassen - ganze und reelle Zahl

a) Die verfeinerte, linkslineare Grammatik

$G = (\{z_1, z_2, z_3, z_4, zi, e, +, -\}, \{zi, e, +, -\}, \underline{R}, z_4)$ mit

$\underline{R} = \{r_1 = (z_4, z_3zi), r_2 = (z_3, z_3zi), r_3 = (z_3, z_2+), r_4 = (z_3, z_2-),$
$r_5 = (z_2, z_1e), r_6 = (z_4, z_1), r_7 = (z_1, z_1zi), r_8 = (z_1, zi)\}$.

beschreibt die Syntax sowohl ganzer als auch reeller Zahlen, die sich aus dem Satzsymbol z_4 ableiten lassen. Daraus ergibt sich der Akzeptor:

Eingabealphabet $\underline{A} = \{zi, e, +, -\}$ Zustansmenge $\underline{Z} = \{z_0, z_1, z_2, z_3, z_4\}$
Anfangszustand z_0 Endzustände $\underline{F} = \{z_4\}$
Übergangsfunktion $f: \underline{Z} \times (\underline{A} \cup \{\varepsilon\}) \longrightarrow P(\underline{Z})$ (Abb. 6.7)

z \ a	zi	e	+, -	ε
z_0	$\{z_1\}$	$\emptyset$	$\emptyset$	$\emptyset$
z_1	$\{z_1\}$	$\{z_2\}$	$\emptyset$	$\{z_4\}$
z_2	$\emptyset$	$\emptyset$	$\{z_3\}$	$\emptyset$
z_3	$\{z_3, z_4\}$	$\emptyset$	$\emptyset$	$\emptyset$
z_4	$\emptyset$	$\emptyset$	$\emptyset$	$\emptyset$

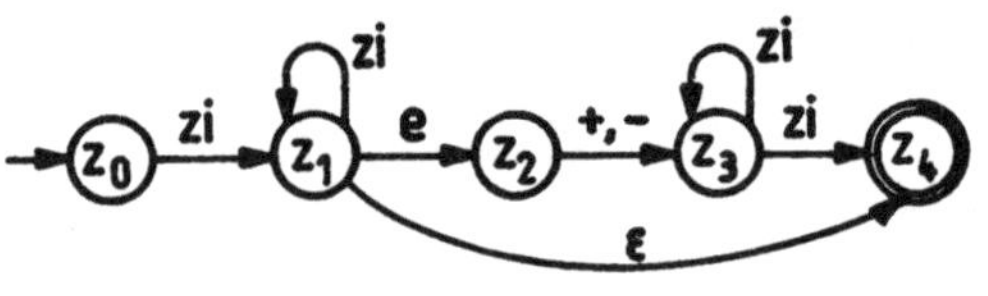

$\underline{z}_0 = \{zi\} \bullet \{zi\}^* \bullet (\{\varepsilon\} \cup \{e\} \bullet \{+,-\} \bullet \{zi\}^* \bullet \{zi\})$

Abb. 6.7: Übergangsfunktion und Zustandsgraph für die Morphemklassen ganze und reelle Zahl für eine linkslineare Grammatik

Bemerkung: Verschiedene Eingabezeichen ergeben bei der Darstellung der Übergangsfunktion durch eine Matrix gleiche Spalten. Diese Spalten werden zusammengefaßt. Dadurch entstehen Klassen von Eingabezeichen.

b) Die verfeinerte, rechtslineare Grammatik

$G = (\{z_0, z_1, z_2, z_3, zi, e, +, -\}, \{zi, e, +, -\}, \underline{R}, z_0)$ mit

$\underline{R} = \{r_1 = (z_0, ziz_1), r_2 = (z_1, ziz_1), r_3 = (z_1, ez_2), r_4 = (z_1, \varepsilon),$
$r_5 = (z_2, +z_3), r_6 = (z_2, -z_3), r_7 = (z_3, ziz_3), (z_3, zi)\}$

liefert den nachfolgenden Akzeptor:

Eingabealphabet $\underline{A} = \{zi, e, +, -\}$ Zustandsmenge $\underline{Z} = \{z_0, z_1, z_2, z_3, z_4\}$
Anfangszustand z_0 Endzustände $\underline{F} = \{z_1, z_4\}$
Übergangsfunktion eingeschränkt auf $f: \underline{Z} \times \underline{A} \longrightarrow P(\underline{Z})$ (Abb. 6.8)

z \ a	zi	e	+,-
z_0	$\{z_1\}$	$\emptyset$	$\emptyset$
z_1	$\{z_1\}$	$\{z_2\}$	$\emptyset$
z_2	$\emptyset$	$\emptyset$	$\{z_3\}$
z_3	$\{z_3, z_4\}$	$\emptyset$	$\emptyset$
z_4	$\emptyset$	$\emptyset$	$\emptyset$

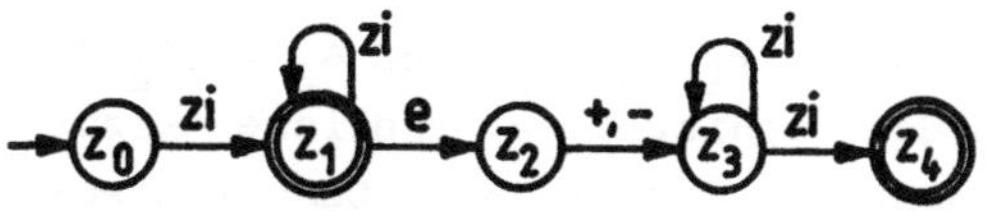

$$\underline{z}_0 = \{zi\} \bullet \{zi\}^* \bullet (\{\varepsilon\} \cup \{e\} \bullet \{+,-\} \bullet \{zi\}^* \bullet \{zi\})$$

Abb. 6.8: Übergangsfunktion und Zustandsgraph für die Morphemklassen ganze und reelle Zahl einer rechtslinearen Grammatik

Bemerkung:

Die verfeinerte, linkslineare Grammatik für die Morphemklassen ganze und reelle Zahl führt auf einen Akzeptor mit einem ε-bewerteten Zustandsübergang, der den Zustand z_1 und z_4 gleichsetzt. Dadurch wird gewissermaßen z_1 zu einem Endzustand. Die Äquivalenz zwischen den Akzeptoren Abb. 6.7 und Abb. 6.8 ist offensichtlich.

Die Übergangsfunktionen f des Akzeptors nach Abb. 6.6 liefert für jeden Zustand $z \in \underline{Z}$ und jedes Zeichen $a \in \underline{A}$ höchstens einen Folgezustand. Weiterhin besitzt dieser Akzeptor keinen ε-bewerteten Zustandsübergang. Solche endlichen Akzeptoren, die einen Sonderfall der nichtdeterministischen, endlichen Akzeptoren darstellen, arbeiten deterministisch.

D 6.4.: Der endliche Akzeptor $A = (\underline{A}, \underline{Z}, f, z_0, \underline{F})$ heißt deterministisch, wenn die Übergangsfunktion auf $f: \underline{Z} \times \underline{A} \rightarrow P(\underline{Z})$ eingeschränkt ist und für alle Paare $(z,a) \in \underline{Z} \times \underline{A}$ $card\,(f(z,a)) \leq 1$ gilt.

Falls die Unterscheidung zwischen nichtdeterministischem und deterministischem Akzeptor unwesentlich ist, wird künftig nur noch vom endlichen Akzeptor gesprochen.

6.2. VERKNÜPFUNG VON AKZEPTOREN

Aufgabe des Morphemerkenners eines Compilers ist, alle Morpheme der implementierten Programmiersprache zu akzeptieren und einer Morphemklasse zuzuordnen. Nach den bisherigen Ausführungen ist es möglich, für jede Morphemklasse einen endlichen Akzeptor anzugeben. Aus diesen endlichen Akzeptoren für sämtliche Morphemklassen der Programmiersprache, die die regulären Sprachen $\underline{L}_1(A_1)$, $\underline{L}_2(A_2), \ldots, \underline{L}_n(A_n)$ akzeptieren, kann ein im allgemeinen nichtdeterministischer, endlicher Akzeptor $\underline{L}(A)$ mit

$$\underline{L}(A) = \underline{L}_1(A_1) \cup \underline{L}_2(A_2) \cup \ldots \cup \underline{L}_n(A_n)$$

entwickelt werden. Die Definition des regulären Ausdrucks D 2.13. besagt, daß die Vereinigung zweier regulärer Sprachen wiederum eine reguläre Sprache ist. Nach Satz 6.1. existiert zu jeder regulären Sprache ein nichtdeterministischer, endlicher Akzeptor. Die Klassifizierung der Morpheme erfolgt in dem resultierenden Akzeptor über die verschiedenen Endzustände. Die Konstruktion des resultierenden Akzeptors A aus den Akzeptoren

$A_1, A_2 \dots A_n$ wird als Vereinigung endlicher Akzeptoren bezeichnet.

D 6.5.: $A_1 = (\underline{A}_1, \underline{Z}_1, f_1, z_{01}, \underline{F}_1)$ und $A_2 = (\underline{A}_2, \underline{Z}_2, f_2, z_{02}, \underline{F}_2)$ seien zwei nichtdeterministische, endliche Akzeptoren mit disjunkten Zustandsmengen $\underline{Z}_1 \cap \underline{Z}_2 = \emptyset$. Dann liefert ihre Vereinigung den endlichen Akzeptor $A = (\underline{A}, \underline{Z}, f, z_0, \underline{F})$ mit

a) Eingabealphabet $\underline{A} = \underline{A}_1 \cup \underline{A}_2$

Zustandsmenge $\underline{Z} = \underline{Z}_1 \cup \underline{Z}_2 \cup \{z_0\}$ mit $z_0 \notin \underline{Z}_1 \cup \underline{Z}_2$

Anfangszustand z_0

Übergansfunktion $f\colon \underline{Z} \times (\underline{A} \cup \{\varepsilon\}) \longrightarrow P(\underline{Z})$ mit

$$f(z_0, a) = \begin{cases} \{z_{01}, z_{02}\} & \text{für } a = \varepsilon \\ \emptyset & \text{für } a \in \underline{A} \end{cases}$$

$$f(z, a) = \begin{cases} f_1(z, a) & \text{für } z \subset \underline{Z}_1,\ a \in \underline{A}_1 \cup \{\varepsilon\} \\ f_2(z, a) & \text{für } z \subset \underline{Z}_2,\ a \in \underline{A}_2 \cup \{\varepsilon\} \\ \emptyset & \text{sonst} \end{cases}$$

Endzustände $\underline{F} = \underline{F}_1 \cup \underline{F}_2$ oder

b) Eingabealphabet $\underline{A} = \underline{A}_1 \cup \underline{A}_2$

Zustandsmenge $\underline{Z} = \underline{Z}_1 \cup \underline{Z}_2 \cup \{z_0, z_F\}$ mit $z_0, z_F \notin \underline{Z}_1 \cup \underline{Z}_2$

Anfangszustand z_0

Übergansfunktion $f\colon \underline{Z} \times (\underline{A} \cup \{\varepsilon\}) \longrightarrow P(\underline{Z})$ mit

$$f(z_0, a) = \begin{cases} \{z_{01}, z_{02}\} & \text{für } a = \varepsilon \\ \emptyset & \text{sonst} \end{cases}$$

$$f(z, a) = \begin{cases} f_1(z, a) & \text{für } z \in \underline{Z}_1,\ a \in \underline{A}_1 \\ f_2(z, a) & \text{für } z \in \underline{Z}_2,\ a \in \underline{A}_2 \\ \emptyset & \text{sonst} \end{cases}$$

$$f(z, \varepsilon) = \begin{cases} f_1(z, \varepsilon) & \text{für } z \in \underline{Z}_1 - \underline{F}_1 \\ f_2(z, \varepsilon) & \text{für } z \in \underline{Z}_2 - \underline{F}_2 \\ f_1(z, \varepsilon) \cup \{z_F\} & \text{für } z \in \underline{F}_1 \\ f_2(z, \varepsilon) \cup \{z_F\} & \text{für } z \in \underline{F}_2 \end{cases}$$

Endzustände $\underline{F} = \{z_F\}$.

Im Fall a) bleiben die Endzustände der Akzeptoren A_1 und A_2 Endzustände des resultierenden Akzeptors, während im Fall b) durch ε-bewertete Zustandsübergänge von den Endzuständen von A_1 und A_2 nur noch ein gemeinsamer Endzustand z_F im resultierenden Akzeptor existiert (Abb. 6.9).

Bemerkung:

Die Vereinigung endlicher Akzeptoren ist assoziativ und kommutativ.

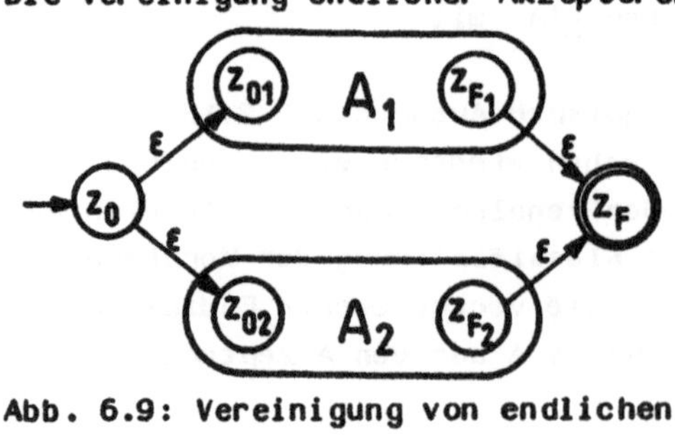

Abb. 6.9: Vereinigung von endlichen Akzeptoren

Satz 6.2.: A sei der endliche Akzeptor, der aus der Vereinigung der endlichen Akzeptoren A_1 und A_2 entsteht; dann gilt
$\underline{L}(A) = \underline{L}_1(A_1) \cup \underline{L}_2(A_2)$.

Der Beweis für Satz 6.2. ist auf der Grundlage von D 6.5. zu führen.

Eine weitere für die Konstruktion von Akzeptoren bedeutungsvolle Verknüpfung ist die Verkettung endlicher Akzeptoren. Damit wird es möglich, Morphemklassen durch Verkettung von Morphemklassen zu bilden.

D 6.6.: $A_1 = (\underline{A}_1, \underline{Z}_1, f_1, z_0, \underline{F}_1)$ und $A_2 = (\underline{A}_2, \underline{Z}_2, f_2, z_{02}, \underline{F}_2)$ seien zwei endliche Akzeptoren mit disjunkten Zustandsmengen $\underline{Z}_1 \cap \underline{Z}_2 = \emptyset$.
Dann liefert die <u>Verkettung</u> der endlichen Akzeptoren den endlichen Akzeptor $A = (\underline{A}, \underline{Z}, f, z_0, \underline{F})$ mit
Eingabealphabet $\underline{A} = \underline{A}_1 \cup \underline{A}_2$
Zustandsmenge $\underline{Z} = \underline{Z}_1 \cup \underline{Z}_2$
Anfangszustand z_{01}
Übergangsfunktion $f\colon \underline{Z} \times (\underline{A} \cup \{\varepsilon\}) \longrightarrow P(Z)$ mit

$$f(z,a) = \begin{cases} f_1(z,a) & \text{für } z \in \underline{Z}_1,\ a \in \underline{A}_1 \\ f_2(z,a) & \text{für } z \in \underline{Z}_2,\ a \in \underline{A}_2 \\ \emptyset & \text{sonst} \end{cases}$$

$$f(z,\varepsilon) = \begin{cases} f_1(z,\varepsilon) & \text{für } z \in \underline{Z}_1 - \underline{F}_1 \\ f_1(z,\varepsilon) \cup \{z_{02}\} & \text{für } z \in \underline{F}_1 \\ f_2(z,\varepsilon) & \text{für } z \in \underline{Z}_2 \end{cases}$$

Endzustände $\underline{F} = \underline{F}_2$

<u>Bemerkung:</u>
Die Verkettung endlicher Akzeptoren ist assoziativ und distributiv bezüglich der Vereinigung.

Satz 6.3.: A sei der endliche Akzeptor, der aus der Verkettung der endlichen Akzeptoren A_1 und A_2 entsteht; dann gilt
$\underline{L}(A) = \underline{L}_1(A_1) \otimes \underline{L}_2(A_2)$.

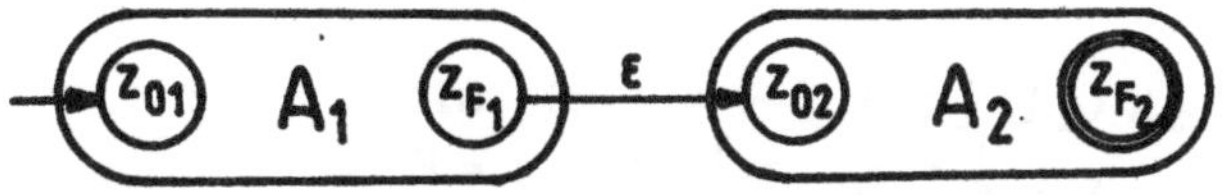

Abb. 6.10: Verkettung endlicher Akzeptoren

<u>Beispiel:</u> Morphemklasse - Gleitpunktzahl
Eine Gleitpunktzahl bestehe aus zwei ganzen Zahlen, die durch . getrennt sind. Diese Syntax kann durch den regulären Ausdruck

$$\underline{z}_0 = \underline{z} \otimes \{.\} \otimes \underline{z}$$

ausgedrückt werden, wobei $\underline{z}$ für die Menge der ganzen Zahlen steht. Im Prinzip müssen miteinander drei endliche Akzeptoren, die paarweise disjunkte Zustandsmengen besitzen, verkettet werden. Diese drei endlichen Akzeptoren sind durch ihre Zustandsgraphen in Abb. 6.11 angegeben. Aus den Zustandsgraphen lassen sich alle Komponenten der endlichen Akzeptoren ablesen,

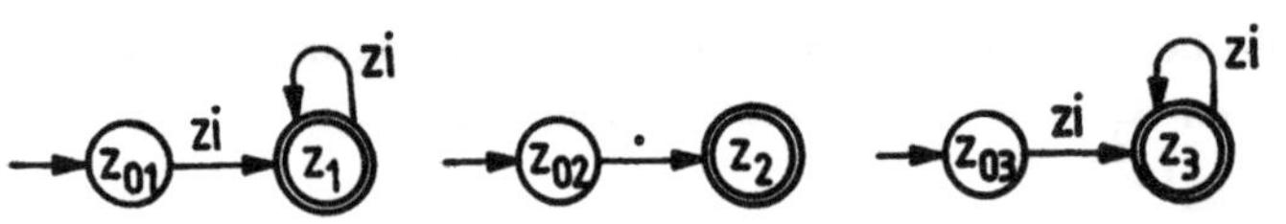

Abb. 6.11: Beispiel zur Verkettung von endlichen Akzeptoren

Die Verkettung der drei endlichen Akzeptoren liefert den Akzeptor

$A = (\underline{A}, \underline{Z}, f, z_0, \underline{F})$ mit

Eingabealphabet $\underline{A} = \{zi, .\}$

Zustandsmenge $\underline{Z} = \underline{Z}_1 \cup \underline{Z}_2 \cup \underline{Z}_3 = \{z_{01}, z_1, z_{02}, z_2, z_{03}, z_3\}$

Anfangszustand z_{01}

Endzustände $\underline{F} = \{z_3\}$

Übergangsfunktion $f: \underline{Z} \times (\underline{A} \cup \{\varepsilon\}) \longrightarrow P(\underline{Z})$ (Abb. 6.12)

z \ a	zi	.	ε
z_{01}	$\{z_1\}$	$\emptyset$	$\emptyset$
z_{02}	$\emptyset$	$\{z_2\}$	$\emptyset$
z_{03}	$\{z_3\}$	$\emptyset$	$\emptyset$
z_1	$\{z_1\}$	$\emptyset$	$\{z_{02}\}$
z_2	$\emptyset$	$\emptyset$	$\{z_{03}\}$
z_3	$\{z_3\}$	$\emptyset$	$\emptyset$

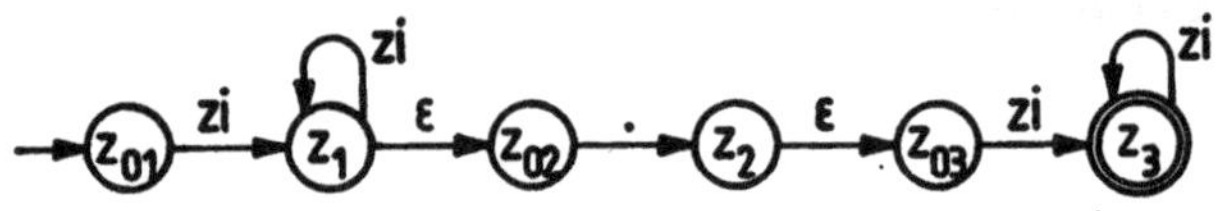

Abb. 6.12: Übergansfunktion und Zustandsgraph zum Beispiel Gleitpunktzahl

Eine dritte Möglichkeit der Komposition von Akzeptoren ist in Übereinstimmung mit der Bildungsvorschrift für reguläre Mengen die Potenzierung.

D 6.7.: $A_1 = (\underline{A}_1, \underline{Z}_1, f_1, z_{01}, \underline{F}_1)$ sei ein endlicher Akzeptor. Dann liefert seine <u>Iteration</u> oder <u>Potenz</u> den endlichen Akzeptor

$A = (\underline{A}, \underline{Z}, f, z_0, \underline{F})$ mit

Eingabealphabet $\underline{A} = \underline{A}_1$

Zustandsmenge $\underline{Z} = \underline{Z}_1 \cup \{z_0, z_F\}$ $z_0, z_F \notin \underline{Z}_1$

Anfangszustand z_0

Übergangsfunktion $f: \underline{Z} \times (\underline{A} \cup \{\varepsilon\}) \longrightarrow P(Z)$ mit

$$f(z_0, a) = \begin{cases} \{z_{01}, z_F\} & \text{für } a = \varepsilon \\ \emptyset & \text{für } a \in \underline{A} \end{cases}$$

$$f(z, a) = f_1(z, a) \text{ für } z \in \underline{Z}_1,\ a \in \underline{A}_1$$

$$f(z, \varepsilon) = \begin{cases} f_1(z, \varepsilon) & \text{für } z \in \underline{Z}_1 - \underline{F}_1 \\ f_1(z, \varepsilon) \cup \{z_{01}, z_F\} & \text{für } z \in \underline{F}_1 \end{cases}$$

$$f(z_F, a) = \emptyset \text{ für } a \in \underline{A} \cup \{\varepsilon\}$$

Endzustände $\underline{F} = \{z_F\}$

Satz 6.4.: A sei der endliche Akzeptor, der aus der Iteration des endlichen Akzeptors A_1 entsteht, dann gilt $\underline{L}(A) = \underline{L}_1^*(A_1)$.

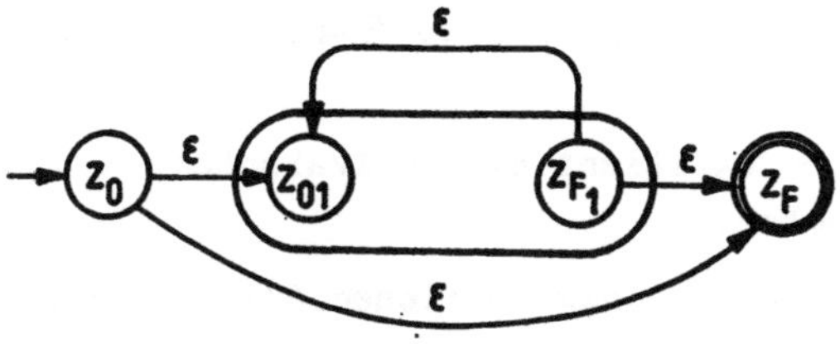

Abb. 6.13: Iteration endlicher Akzeptoren

Beispiel: Morphemklasse - Identifikator
Der Konstruktion des endlichen Akzeptors wird hier bewußt nicht eine Grammatik zugrunde gelegt, um an einem einfachen Beispiel die Anwendung von D 6.7. zu demonstrieren. Als Ausgangspunkt wird der reguläre Ausdruck

$\underline{z}_0 = \{bu\} \otimes \{bu, zi\}^*$

gewählt, der die übliche Syntax der Identifikatoren beschreibt. Die Entwicklung wird in drei Schritten ausgeführt:

1) Angabe der elementaren Akzeptoren

2) Bildung der Iteration des endlichen Akzeptors Buchstabe - Ziffer

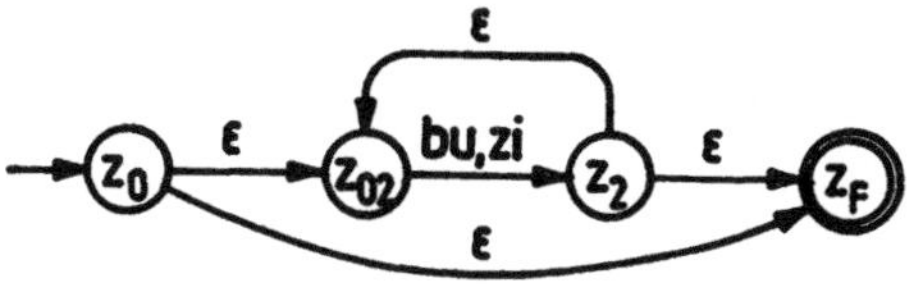

3) Verketten der endlichen Akzeptoren für Buchstabe und Iteration von Buchstabe - Ziffer

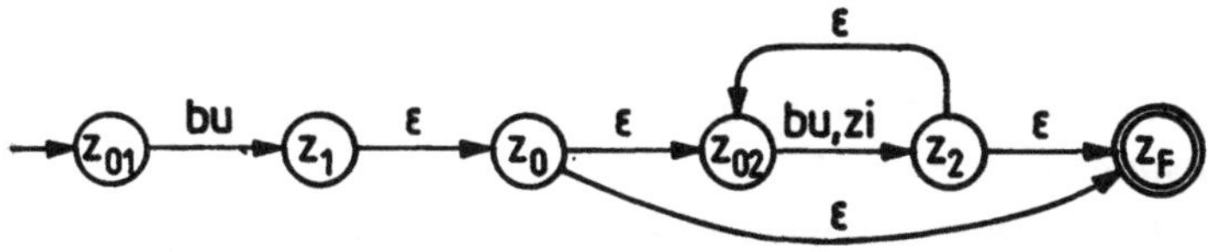

6.3. ÄQUIVALENZ VON ENDLICHEN AKZEPTOREN

Die Frage, ob man zu einem gegebenen endlichen Akzeptor einen endlichen Akzeptor angeben kann, der die gleiche Sprache akzeptiert und der mit weniger Zuständen arbeitet, ist von praktischem Interesse bei der programmtechnischen Realisierung der endlichen Akzeptoren.

D 6.8.: Die endlichen Akzeptoren A_1 und A_2 sind äquivalent, wenn $\underline{L}(A_1) = \underline{L}(A_2)$ gilt.

An Hand der Beispiele kann man vermuten, daß sich alle ε-bewerteten Zustandsübergänge eines endlichen Akzeptors beseitigen lassen. Der Satz 6.5.

bestätigt diese Vermutung. Ein endlicher Akzeptor ohne ε-bewertete Zustandsübergänge heiße ε-frei.

Satz 6.5.: Zu jedem endlichen Akzeptor existiert ein äquivalenter ε-freier, endlicher Akzeptor.

Der nachfolgende Algorithmus zeigt, wie zu einem endlichen Akzeptor der äquivalente ε-freie, endliche Akzeptor bestimmt werden kann. Er beruht auf der folgenden Idee:

Sei ein ε-bewerteter Zustandsübergang betrachtet.

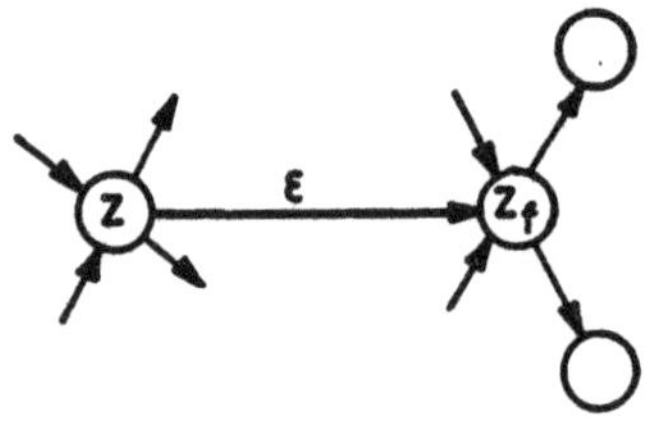

Es werden nun die Folgezustände von z_f zu Folgezuständen des Zustands z erklärt. Damit kann der ε-bewertete Zustandsübergang entfallen.

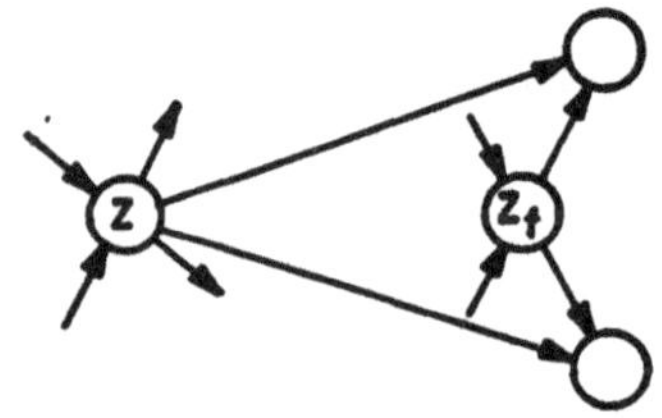

Weiterhin ist zu beachten, daß für den Fall, daß z_f Endzustand ist, nun auch z Endzustand sein muß.

<u>Algorithmus:</u> Bestimmung des ε-freien, endlichen Akzeptors $A = (\underline{A}, \underline{Z}, f, z_0, \underline{F})$ aus dem endlichen Akzeptor $A' = (\underline{A}', \underline{Z}', f', z_0', \underline{F}')$

1. Setze $\underline{A} = \underline{A}'$, $\underline{Z} = \underline{Z}'$, $f = f'$, $z_0 = z_0'$ und $\underline{F} = \underline{F}'$!
2. Suche einen Zustandsübergang $f(z,\varepsilon) \neq \emptyset$!
   Existiert ein solcher Zustandsübergang nicht, so gehe zu 5.!
3. Wähle einen Zustand $z_f \in f(z,\varepsilon)$ aus!
4. Setze $f(z,a) = f(z,a) \cup f(z_f,a)$ für alle $a \in \underline{A} \cup \{\varepsilon\}$ und anschließend $f(z,\varepsilon) = f(z,\varepsilon) - \{z_f\}$!
   Falls $z_f \in \underline{F}$, so setze $\underline{F} = \underline{F} \cup \{z\}$!
   Gehe zu 2.!
5. Der Akzeptor $A = (\underline{A}, \underline{Z}, f, z_0, \underline{F})$ ist ε-frei; Ende des Algorithmus!

Am Beispiel des zuvor abgeleiteten endlichen Akzeptors mit ε-bewerteten Zustandsübergängen für die Menge der Identifikatoren wird die Anwendung des Algorithmus demonstriert. Zweckmäßigerweise wird dabei mit den bereits bekannten Zustandsübergangsmatrizen gearbeitet. Ausgangspunkt der Betrachtungen ist deshalb der bereits angegebene Akzeptor und seine Zustandsübergangsmatrix.

$z \backslash a$	bu	zi	ε
z_{01}	$\{z_1\}$	$\emptyset$	$\emptyset$
z_1	$\emptyset$	$\emptyset$	$\{z_0\}$
z_0	$\emptyset$	$\emptyset$	$\{z_{02}, z_F\}$
z_{02}	$\{z_2\}$	$\{z_2\}$	$\emptyset$
z_2	$\emptyset$	$\emptyset$	$\{z_{02}, z_F\}$
z_F	$\emptyset$	$\emptyset$	$\emptyset$

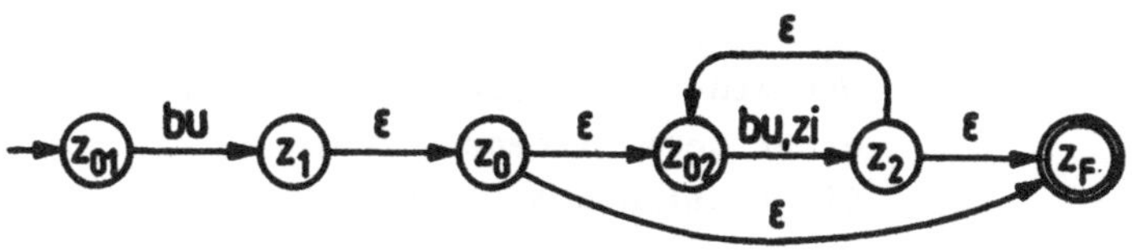

$\underline{F} = \{z_F\}$

Durch Abarbeitung des Algorithmus erhält man folgende Zustandsübergangsmatrix und damit den zugehörigen Akzeptor A.

$z \backslash a$	bu	zi	ε
z_{01}	$\{z_1\}$	$\emptyset$	$\emptyset$
z_1	$\{z_2\}$	$\{z_2\}$	$\emptyset$
z_0	$\{z_2\}$	$\{z_2\}$	$\emptyset$
z_{02}	$\{z_2\}$	$\{z_2\}$	$\emptyset$
z_2	$\{z_2\}$	$\{z_2\}$	$\emptyset$
z_F	$\emptyset$	$\emptyset$	$\emptyset$

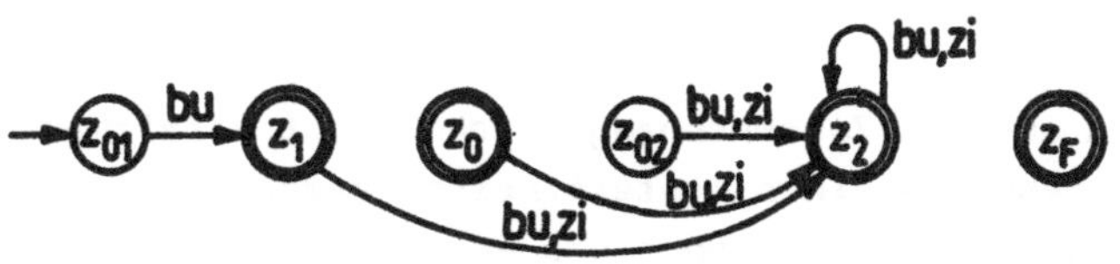

$\underline{F} = \{z_F, z_1, z_0, z_2\}$

Abb. 6.14: Ableitung eines ε-freien, endlichen Akzeptors

Der ε-freie, endliche Akzeptor, der aus einem Akzeptor mit ε-bewerteten Zustandsübergängen nach dem angegebenen Algorithmus bestimmt wird, enthält unter Umständen Zustände, die nicht vom Anfangszustand erreichbar sind oder über die kein Endzustand erreichbar ist. Das zeigte auch das Beispiel. Im Zustandsgraphen werden diese Eigenschaften der Zustände einfach durch entsprechende Algorithmen zum Suchen von Wegen im Graphen geprüft. Es genügt, für alle Eingabezeichenreihen $x \in \underline{A}^*$ mit $lgth(x) \leq card(\underline{Z})$ zu prüfen, ob diese auf den Zustand $z \in \underline{Z}$ bzw. vom Zustand $z \in \underline{Z}$ zu einem Endzustand führen, da längere Eingabezeichenreihen Zustandsfolgen ergeben, die mindestens einen Zustand mehrmals enthalten.

D 6. 9.: Ein Zustand $z \in \underline{Z}$ eines endlichen Akzeptors $A = (\underline{A}, \underline{Z}, f, z_0, \underline{F})$ heißt <u>nicht erreichbarer Zustand</u>, wenn für keine Eingabezeichenreihe
$a_1 a_2 \ldots a_m \in \underline{A}^*$ mit $0 \leq m \leq card(\underline{Z})$ eine Folge
$z_1 \in f(z_0, a_1)$, $z_2 \in f(z_1, a_2)$, ..., $z_m \in f(z_{m-1}, a_m)$
mit $z = z_m$ existiert.

D 6.10.: Ein Zustand $z \in \underline{Z}$ eines endlichen Akzeptors $A = (\underline{A}, \underline{Z}, f, z_0, \underline{F})$ heißt <u>nicht terminierender Zustand</u>, wenn für keine Eingabezeichenreihe
$a_1 a_2 \ldots a_m \in \underline{A}^*$ mit $0 \leq m \leq card(\underline{Z})$ eine Folge
$z_1 \in f(z, a_1)$, $z_2 \in f(z_1 a_2)$, ..., $z_m \in f(z_{m-1}, a_m)$
mit $z_m \in \underline{F}$ existiert.

Satz 6.6.: $A_1 = (\underline{A}_1, \underline{Z}_1, f_1, z_0, F_1)$ sei ein endlicher Akzeptor mit $\underline{L}(A_1) \neq \emptyset$, der Menge der nicht erreichbaren Zustände $\underline{Z}_{ne}$ und der Menge der nicht terminierenden Zustände $\underline{Z}_{nt}$. Dann ist $A = (\underline{A}, \underline{Z}, f, z_0, \underline{F})$ mit

Eingabealphabet $\underline{A} = \underline{A}_1$

Zustandsmenge $\underline{Z} = \underline{Z}_1 - \underline{Z}_{ne} - \underline{Z}_{nt}$

Übergangsfunktion f ist Einschränkung von f_1 auf $\underline{Z} \times (\underline{A} \cup \{\varepsilon\})$

Anfangszustand z_0

Endzustände $\underline{F} = \underline{F}_1 \cap \underline{Z}$

der zu A_1 äquivalente <u>reduzierte endliche Akzeptor</u>, der keine nicht erreichbaren und nicht terminierenden Zustände enthält.

Da über nicht erreichbare und nicht terminierende Zustände keine Sätze der Sprache $\underline{L}(A)$ erzeugt werden können, ist die in Satz 6.6. formulierte Äquivalenz einleuchtend.

<u>Bemerkung:</u>

Es wird auf den Zusammenhang zu den nicht ableitbaren und nicht terminierenden Symbolen einer kontextfreien Grammatik hingwiesen (vgl. 4.2.2.). Die angegebene Reduktion eines Akzeptors verzichtet auf das Streichen nicht ableitbarer Alphabetzeichen, da solche Fälle praktisch nicht auftreten.

Die Reduktion des Akzeptors von Abb. 6.14 nach Satz 6.6. liefert den Akzeptor Abb. 6.15.

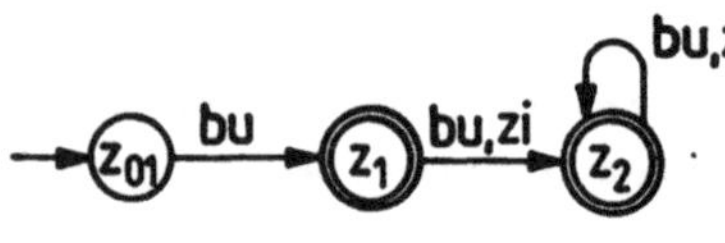

Abb. 6.15: Reduzierter Akzeptor zu Abb. 6.14

Ein deterministischer, endlicher Akzeptor läßt sich programmtechnisch wesentlich günstiger realisieren als ein nichtdeterministischer. Hinzu kommt, daß der deterministische Akzeptierungsprozeß in der Regel effizienter abläuft als ein nichtdeterministischer. Bei der Entwicklung der Morphemerkenner ist deshalb ein deterministischer Akzeptor zugrundezulegen.
Diesem Anliegen kommt der Satz 6.7. entgegen.

Satz 6.7.: Zu jedem nichtdeterministischen, endlichen Akzeptor gibt es einen äquivalenten deterministischen, endlichen Akzeptor.

Das nichtdeterministische Verhalten eines endlichen Akzeptors wird durch

- ε-bewertete Zustandsübergänge bzw.
- durch mehrere gleichbewertete Zustandsübergänge aus einem Knoten

bewirkt. Vorangehend wurde bereits gezeigt, wie ein endlicher Akzeptor ε-frei gemacht wird. Im zweiten Teil des konstruktiven Beweises von Satz 6.7. ist ein Verfahren zur Entwicklung eines deterministischen, endlichen Akzeptors aus einem ε-freier anzugeben. Die Idee des Verfahrens besteht darin, daß jede Teilmenge der Zustandsmenge des Akzeptors als ein Zustand des äquivalenten deterministischen, endlichen Akzeptors betrachtet wird. Obwohl der Folgezustand des nichtdeterministischen Akzeptors nicht eindeutig bestimmt ist, ist die Menge der möglichen Folgezustände eindeutig.

<u>Algorithmus:</u> Bestimmung des deterministischen, endlichen Akzeptors $A = (\underline{A},\underline{Z},f,z_0,\underline{F})$ aus dem ε-freien nichtdeterministischen, endlichen Akzeptor $A' = (\underline{A}',\underline{Z}',f',z_0',\underline{F}')$.

1. Setze $\underline{A} = \underline{A}'$, $z_0 = \{z_0'\}$ und $\underline{Z} = \{z_0\}$ sowie $\underline{Z}_H = \{z_0\}$!
2. Bestimme für ein $z \in \underline{Z}_H$ für alle $a \in \underline{A}$
   $$f(z,a) = \bigcup_{z' \in z} f'(z',a)$$
   und setze, falls $f(z,a) \notin \underline{Z}$, $\underline{Z} = \underline{Z} \cup \{f(z,a)\}$ und
   $\underline{Z}_H = \underline{Z}_H \cup \{f(z,a)\}$!

<u>Bemerkung:</u> $z \in \underline{Z}_H$ bezeichnet eine Teilmenge von $\underline{Z}'$.

3. Bilde $\underline{Z}_H = \underline{Z}_H - \{z\}$!
4. Falls $\underline{Z}_H \neq \emptyset$, gehe zu 2.!
5. Die Elemente der Menge $\underline{Z}$ sind Teilmengen von $\underline{Z}'$ und bezeichnen jeweils einen Zustand des äquivalenten deterministischen, endlichen Akzeptors $A = (\underline{A},\underline{Z},f,z_0,\underline{F})$. Die Menge der Endzustände besteht aus den Zuständen, die in ihren Teilmengen Endzustände des nichtdeterministischen, endlichen Akzeptors enthalten
   $$\underline{F} = \{z:\ z \subset \underline{Z} \wedge z \cap \underline{F}' \neq \emptyset\}.$$

<u>Beispiel:</u>
Dem Beispiel wird der ε-freie nichtdeterministische, endliche Akzeptor für die Erkennung der Klasse der ganzen Zahlen nach Abb. 6.4 zugrunde gelegt. Die Anwendung des Algorithmus zeigt Abb. 6.16.

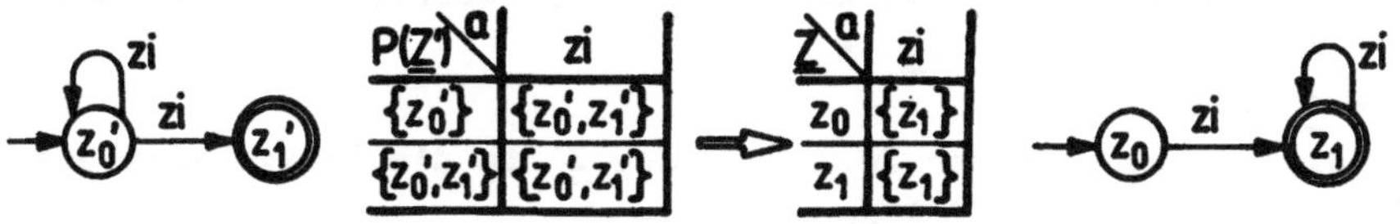

Abb. 6.16: Ableitung des deterministischen, endlichen Akzeptors zu Abb. 6.4

Im Zusammenhang mit der Aufgabe, zu einem endlichen Akzeptor einen äquivalenten Akzeptor mit weniger Zuständen zu finden, erhebt sich die Frage, ob in der Klasse äquivalenter reduzierter endlicher Akzeptoren ein Akzeptor mit einer minimalen Anzahl von Zuständen existiert. Diese Frage kann positiv beantwortet werden. Sie läuft darauf hinaus, zu untersuchen, ob in einem reduzierten endlichen Akzeptor nicht einige Zustände untereinander äquivalent sind und damit die äquivalenten Zustände durch einen Zustand ersetzt werden können.

D 6.11.: $A = (\underline{A},\underline{Z},f,z_0,\underline{F})$ sei ein reduzierter, endlicher Akzeptor. Die Zustände $z',z'' \in \underline{Z}$ heißen

- <u>0-äquivalent</u>, $z' \overset{0}{\equiv} z''$, falls $z',z'' \in \underline{F}$ oder $z',z'' \notin \underline{F}$ gilt;

- k-äquivalent, $z' \overset{k}{\equiv} z''$ $k > 0$, falls
  . $z' \overset{k-1}{\equiv} z''$ und
  . für jedes $a \in \underline{A}$ entweder
  $f(z',a) \overset{k-1}{\equiv} f(z'',a)$ oder $f(z',a) = f(z'',a) = \emptyset$ gilt.

Durch die 0-Äquivalenz wird die Zustandsmenge in zwei Klassen $\underline{Z}_1^0$ und $\underline{Z}_2^0$ mit $\underline{Z}_1^0 \cup \underline{Z}_2^0 = \underline{Z}$ und $\underline{Z}_1^0 \cap \underline{Z}_2^0 = \emptyset$ geteilt. Diese Zerlegung wird mit K_0 bezeichnet. Die K_0-Zerlegung ist zunächst eine Behauptung, die überprüft werden muß und dabei gegebenenfalls zu einer Verfeinerung der Klasseneinteilung führt. In der K_0-Zerlegung werden alle Zustände zusammengefaßt, bei denen die Möglichkeit der Äquivalenz besteht. Deshalb kann die K_0-Zerlegung unter Umständen auch feiner angegeben werden, wie weiter unten ausgeführt wird. Nach der Definition sind k-äquivalente Zustände auch (k-1)-äquivalent. Die Zerlegung der Zustandsmenge $\underline{Z}$ in k-äquivalente Zustände wird mit K_k bezeichnet. Somit wird durch die Bestimmung der 1-,2-,..., k-äquivalenten Zustände die Klasseneinteilung verfeinert, da eine Folge von Zerlegungen $K_1, K_2, \ldots, K_k$ bestimmt wird. Der Prozeß der Verfeinerung der Klasseneinteilung bricht nach endlich vielen Schritten ab, da die Zustandsmenge des Akzeptors endlich ist. Ab einem $k \leq card(\underline{Z})-1$ gilt somit $K = K_k = K_{k+1}$. K heißt Klasseneinteilung der Zustandsmenge $\underline{Z}$; die k-äquivalenten Zustände einer Klasseneinteilung heißen allgemein äquivalent.

D 6.12.: Ein endlicher Akzeptor $A = (\underline{A},\underline{Z},f,z_0,\underline{F})$ heißt minimal, wenn er ε-frei und reduziert ist und keine paarweise äquivalenten Zustände besitzt.

Algorithmus: Bestimmung des minimalen, endlichen Akzeptors $A = (\underline{A},\underline{Z},f,z_0,\underline{F})$ aus dem ε-freien, reduzierten endlichen Akzeptor $A' = (\underline{A}',\underline{Z}',f',z_0',\underline{F}')$

1. Setze $\underline{A} = \underline{A}'$!
2. Bestimme die Zerlegung K der Zustandsmenge $\underline{Z}'$ in die Äquivalenzklassen $\underline{Z}_0, \underline{Z}_1, \ldots, \underline{Z}_m$ mit $m \leq card(\underline{Z}')$ und $\underline{Z}_0 \cup \underline{Z}_1 \cup \ldots \cup \underline{Z}_m = \underline{Z}'$ und $\underline{Z}_i \cap \underline{Z}_j = \emptyset$ für $i,j \leq m$ und $i \neq j$!
3. Wähle aus jeder Äquivalenzklasse genau einen Zustand $z_0 \in \underline{Z}_0, z_1 \in \underline{Z}_1, \ldots, z_m \in \underline{Z}_m$ und bilde die minimale Zustandsmenge $\underline{Z} = \{z_0, z_1, \ldots, z_m\}$!
4. Bestimme die Übergangsfunktion $f: \underline{Z} \times \underline{A} \longrightarrow P(\underline{Z})$! Falls $z_i' \in f'(z_j',a)$ mit $z_i' \in \underline{Z}_i$ und $z_j' \in \underline{Z}_j$ für $i,j \leq m$, $a \in \underline{A}$ gilt, dann gilt auch $z_i \in f(z_j,a)$.
5. $z_0 \in \underline{Z}$ ist der Anfangszustand, wenn $z_0' \in \underline{Z}_0$ gesetzt wurde.
6. Bilde die Menge der Endzustände durch $\underline{F} = \{z: z \in \underline{Z} \wedge z \in \underline{F}'\}$!
7. Der minimale, endliche Akzeptor ist $A = (\underline{A},\underline{Z},f,z_0,\underline{F})$!

Aus dieser Vorschrift zur Bildung des minimalen endlichen Akzeptors folgt direkt der Satz 6.8.

Satz 6.8.: Es gilt $\underline{L}(A) = \underline{L}(A')$, wenn A der minimale, endliche Akzeptor zum ε-freien, reduzierten endlichen Akzeptor A' ist.

Die Äquivalenz zweier endlicher Akzeptoren basiert auf der Vorstellung, daß nur die Endzustände beobachtbar sind. Dabei kann es vorkommen, daß zwei Endzustände eines Akzeptors äquivalent sind, obwohl sie unterschiedliche Morphemklassen repräsentieren. In diesem Fall ist es nicht zweckmäßig, diese in einer Äquivalenzklasse zusammenzufassen. Bei der Minimierung des endlichen Akzeptors kann das berücksichtigt werden, indem diese Endzustände unterschiedlichen Klassen 0-äquivalenter Zustände zugeordnet werden.

<u>Beispiel:</u> Morphemklasse - Operator

Die Morphemklasse bestehe aus folgenden Operatoren:

$\{<,=,>,<=,>=,/=,:=,*,**,+,-,/\}$.

Für diesen Fall ist es natürlich überflüssig, von der regulären Grammatik oder dem regulären Ausdruck auszugehen. Es kann sofort ein endlicher Akzeptor angegeben werden:

$A' = (\underline{A}',\underline{Z}',f',z_0',\underline{F}')$ mit

Eingabealphabet	$\underline{A}' = \{<,=,>,+,-,*,/,:\}$
Zustandsmenge	$\underline{Z}' = \{z_0',z_1',z_2',z_3',z_4',z_5',z_6'\}$
Anfangszustand	z_0'
Endzustände	$\underline{F}' = \{z_1',z_2',z_3',z_4',z_6'\}$
Übergangsfunktion	$f: \underline{Z}' \times \underline{A}' \longrightarrow P(\underline{Z})$ (Abb. 6.16)

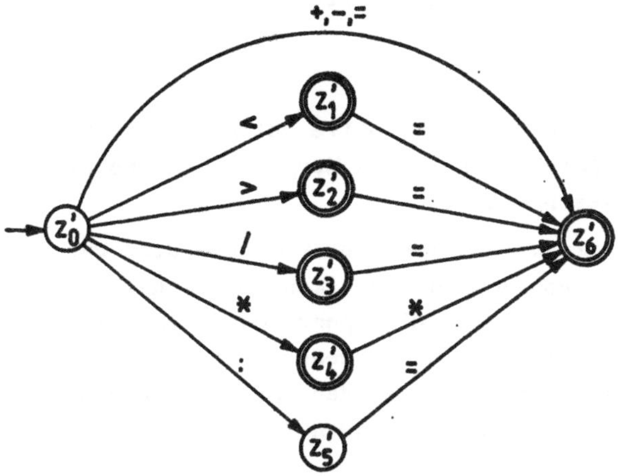

Abb. 6.17: Zustandsgraph der Morphemklasse Operator

Dieser reduzierte, endliche Akzeptor enthält äquivalente Zustände und kann deshalb nach dem angegebenen Algorithmus minimiert werden.

1. $\underline{A} = \{<,=,>,+,-,*,/,:\}$
2. Klassen 0-äquivalenter Zustände:

   $\underline{Z}_0^0 = \{z_0',z_5'\}$ $\underline{Z}_1^0 = \{z_1',z_2',z_3',z_4',z_6'\}$

   Klassen 1-äquivalenter Zustände

   $\underline{Z}_0^1 = \{z_0'\}$ $\underline{Z}_1^1 = \{z_1',z_2',z_3'\}$ $\underline{Z}_2^1 = \{z_4'\}$ $\underline{Z}_3^1 = \{z_5'\}$ $\underline{Z}_4^1 = \{z_6'\}$

   Klassen 2-äquivalenter Zustände

$\underline{Z}_0^2 = \{z_0'\}$ $\underline{Z}_1^2 = \{z_1', z_2', z_3'\}$ $\underline{Z}_2^2 = \{z_4'\}$ $\underline{Z}_3^2 = \{z_5'\}$ $Z_4^2 = \{z_6'\}$

Damit besteht die Zerlegung aus den Mengen

$\underline{Z}_0 = \{z_0'\}$ $\underline{Z}_1 = \{z_1', z_2', z_3'\}$ $\underline{Z}_2 = \{z_4'\}$ $\underline{Z}_3 = \{z_5'\}$ $\underline{Z}_4 = \{z_6'\}$

3. Es wird gesetzt
   $\underline{Z} = \{z_0, z_1, z_2, z_3, z_4\}$ mit $z_0 = z_0'$, $z_1 = z_1'$, $z_2 = z_4'$, $z_3 = z_5'$, $z_4 = z_6'$.
4. Die Übergangsfunktion
   $f\colon \underline{Z} \times \underline{A} \longrightarrow P(\underline{Z})$ ist in Abb. 6.18 angegeben.
5. z_0 ist der Anfangszustand.
6. Menge der Endzustände $\underline{F} = \{z_1, z_2, z_4\}$.

z \ a	+,-	<,>,/	*	:	=
z_0	$\{z_4\}$	$\{z_1\}$	$\{z_2\}$	$\{z_3\}$	$\{z_4\}$
z_1	$\emptyset$	$\emptyset$	$\emptyset$	$\emptyset$	$\{z_4\}$
z_2	$\emptyset$	$\emptyset$	$\{z_4\}$	$\emptyset$	$\emptyset$
z_3	$\emptyset$	$\emptyset$	$\emptyset$	$\emptyset$	$\{z_4\}$
z_4	$\emptyset$	$\emptyset$	$\emptyset$	$\emptyset$	$\emptyset$

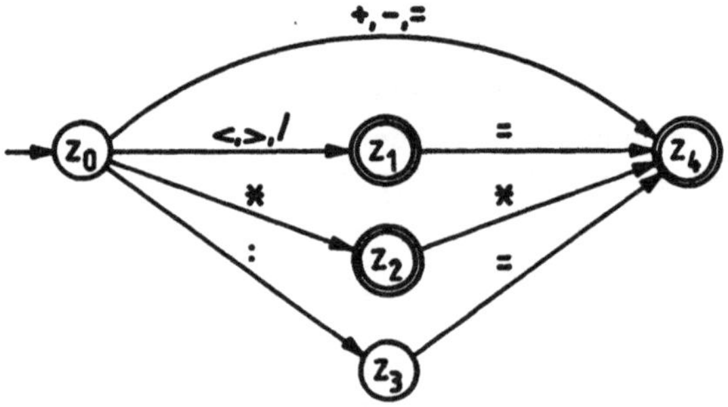

Abb. 6.18: Übergangsfunktion und Zustandsgraph des minimalen endlichen Akzeptors für die Morphemklasse Operator

6.4. REALISIERUNG DER MORPHEMERKENNER

Die Erkennung der Morphemklassen erfolgt mit Hilfe deterministischer, endlicher Akzeptoren. Bei der Entwicklung eines Morphemerkenners sind folgende Entwurfsschritte zu beschreiten:

1) Bestimmung der elementaren Akzeptoren für jede Morphemklasse auf der Grundlage von verfeinerten, regulären Grammatiken oder regulären Mengen (Abb. 6.3). Es können aber auch die Operationen Vereinigung, Verkettung und Iteration von Akzeptoren angewendet werden (D 6.5., 6.6. und 6.7.). In der Regel wird man wegen der Anschaulichkeit von den regulären Ausdrücken und den entsprechenden Zustandsgraphen ausgehen, um die Morphemklassen zu beschreiben.
2) Vereinigung der Akzeptoren (D 6.5.).
3) Bestimmung des ε-freien und reduzierten Akzeptors (Satz 6.5. u. 6.6.).
4) Bestimmung des äquivalenten, deterministischen Akzeptors (Satz 6.7.).
5) Bestimmung des minimalen Akzeptors (D 6.12., Satz 6.8.).

Die programmtechnische Realisierung der Morphemerkenner wird mit Hilfe der Texteditionssprache dargelegt. Dabei ist der Sprachumfang auf die in 3.5. eingeführten Konstruktionen beschränkt. Die Morphemklassen und die entsprechenden regulären Mengen sowie die endlichen Akzeptoren für diese Beispielsprache sind in Abb. 6.19. dargestellt, wobei

bu - für Buchstaben

zi - für Ziffern

zei - für Zeichen mit Ausnahme eol (end of line) und

abkürzend stehen.

Morphemklasse	reguläre Menge	Zustandsgraph des endlichen Akzeptors
Identifikator	$\{bu\} \circledast \{bu,zi\}^*$	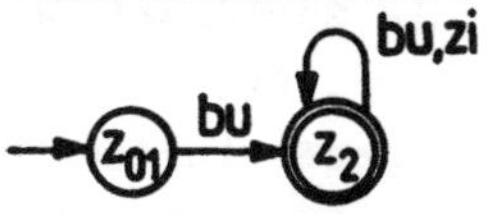
Intkonstante	$\{zi\} \circledast \{zi\}^*$	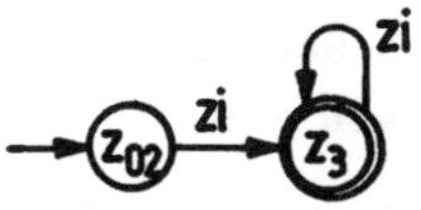
Stringkonstante	$\{"\} \circledast \{zei,""\}^* \circledast \{"\}$	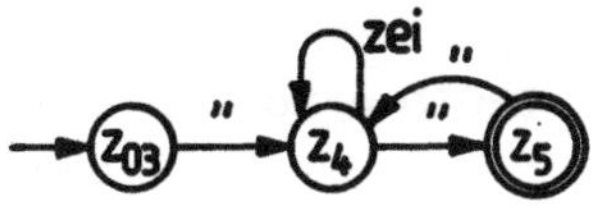
Wortsymbol	$\{'\} \circledast \{bu\} \circledast \{bu\}^* \circledast \{'\}$	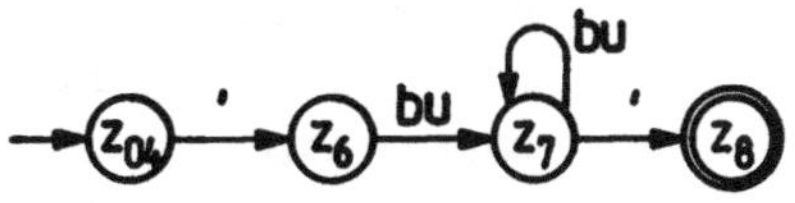
Klammer auf	{(}	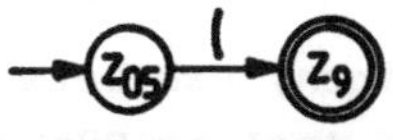
Klammer zu	{)}	
Semikolon	{;}	
Komma	{,}	

Abb. 6.19: Endliche Akzeptoren für die Morphemklassen der Beispielsprache

Bemerkungen:

1) Für die Realisierung von Morphemerkennern ist es zweckmäßig, die Eingabezeilen durch ein spezielles Endezeichen (eol) zu begrenzen. Dadurch ist es sehr einfach möglich, den Übergang auf eine neue Zeile durch eine Übergangsaktion des Akzeptors (vgl. unten) zu realisieren. Für die Lexik der Texteditionssprache sei weiterhin festgelegt, daß Morpheme durch ein Zeilenende begrenzt werden, d.h., das Zeichen eol fungiert als Morphemtrenner.

2) Die Begrenzerzeichen (Klammer auf, Klammer zu, Semikolon und Komma) können ohne Schwierigkeiten durch einen Akzeptor akzeptiert werden. In diesem Fall ist jedoch aus dem Endzustand nicht mehr erkennbar, welches Begrenzerzeichen akzeptiert wurde. Für die programmtechnische Realisierung wäre dies unzweckmäßig.

3) Gemäß Zustandsgraph der Morphemklasse Wortsymbol ist jede in Hochkomma

eingeschlossene Zeichenreihe aus Buchstaben ein Wortsymbol. Die Einschränkung auf die Wortsymbole der Sprache wird nicht durch den Akzeptor vorgenommen, sondern wird getrennt realisiert, wobei der Morphemname mit den in einer Tabelle dargestellten Wortsymbolen verglichen wird.

Bei Programmiersprachen mit reservierten Schlüsselwörtern (z.B. COBOL) existiert für die Schlüsselwörter und Identifikatoren ein gemeinsamer endlicher Akzeptor. Bei Erreichen des Endzustandes wird zunächst an Hand der Tabelle der reservierten Schlüsselwörter entschieden, ob die als Morphem erkannte Zeichenreihe ein Schlüsselwort oder ein Identifikator ist. Nicht reservierte Schlüsselwörter können nur durch syntaktischen Kontext erkannt werden, wie z.B. in

PL/1	BEGIN;	zur Darstellung der Eröffnung eines neuen Blockniveaus (BEGIN ist Schlüsselwort)
	BEGIN = 10	zur Darstellung einer Wertzuweisung (BEGIN ist Identifikator)
FORTRAN	DO1I = 1,10	zur Darstellung einer Laufanweisung (DO ist Schlüsselwort)
	DO1I = 110	zur Darstellung einer Wertzuweisung (DO1I ist Identifikator).

Die Beispiele zeigen, daß beim Sprachentwurf oftmals nicht auf eine vernünftige lexikale Analyse Rücksicht genommen wird. Trotz dieser Fälle ist das Modell der kontextunabhängigen Morphemklassifizierung ein guter Ausgangspunkt für den Entwurf von Morphemerkennern.

Durch Vereinigung wird aus den endlichen Akzeptoren der Morphemklassen ein endlicher Akzeptor gebildet, der alle Morphemklassen akzeptiert. Da es Morpheme geben kann, die mit den gleichen Zeichen beginnen, jedoch zu verschiedenen Morphemklassen gehören, ist dieser endliche Akzeptor im allgemeinen nichtdeterministisch. Aus diesem nichtdeterministischen, endlichen Akzeptor wird nach den im Abschnitt 6.3 beschriebenen Methoden ein deterministischer Akzeptor entwickelt, der ε-frei, reduziert und minimal ist. Bei der Minimierung sollte allerdings vermieden werden, Endzustände zusammenzufassen, die verschiedene Morphemklassen repräsentieren.

Die Endzustände des deterministischen, endlichen Akzeptors sind eindeutig den Morphemklassen zugeordnet, wie es in Abb. 6.20 ausgewiesen wird.

Für die Entwicklung des Morphemerkenners werden folgende Annahmen gemacht:

- Das Eingabeband wird sequentiell verarbeitet; d.h., beginnend beim aktuellen Quellzeichen wird versucht, das nächste Morphem zu finden.
- Zur Bestimmung der Grenzen lexikaler Einheiten wird die längst mögliche Zeichenreihe zu einem Morphem zusammengefaßt. Z.B. wird in einem Quelltext ... AB 12 ... die Zeichenreihe AB 12 als Identifikator erkannt und nicht etwa als Identifikator AB gefolgt von der Intkonstanten 12.
- Häufig muß zur Morhemerkennung der einstellige rechte kontext verwendet werden. Dies tritt bei allen Morphemen ein, deren Endzustände im Akzeptor

noch Folgezustände besitzen. Wird der endliche Akzeptor durch eine Teilzeichenreihe des Quellprogramms $a_i a_{i+1} \ldots a_j$ vom Anfangszustand in einen solchen Endzustand überführt, so kann nur unter Zuhilfenahme des folgenden Zeichens a_{j+1} festgestellt werden, ob das Morphemende erreicht wurde oder nicht. Das Morphemende liegt vor, wenn das Zeichen a_{j+1} nicht mehr zum Morphem gehört. In solchen Fällen wird der Akzeptor um einen weiteren Endzustand ergänzt, der das Erreichen des Morphemendes anzeigt. Die Übergangsfunktion muß natürlich ebenfalls entsprechend erweitert werden. Der Beispielakzeptor gemäß Abb. 6.20 erhält damit das Aussehen nach Abb. 6.21.

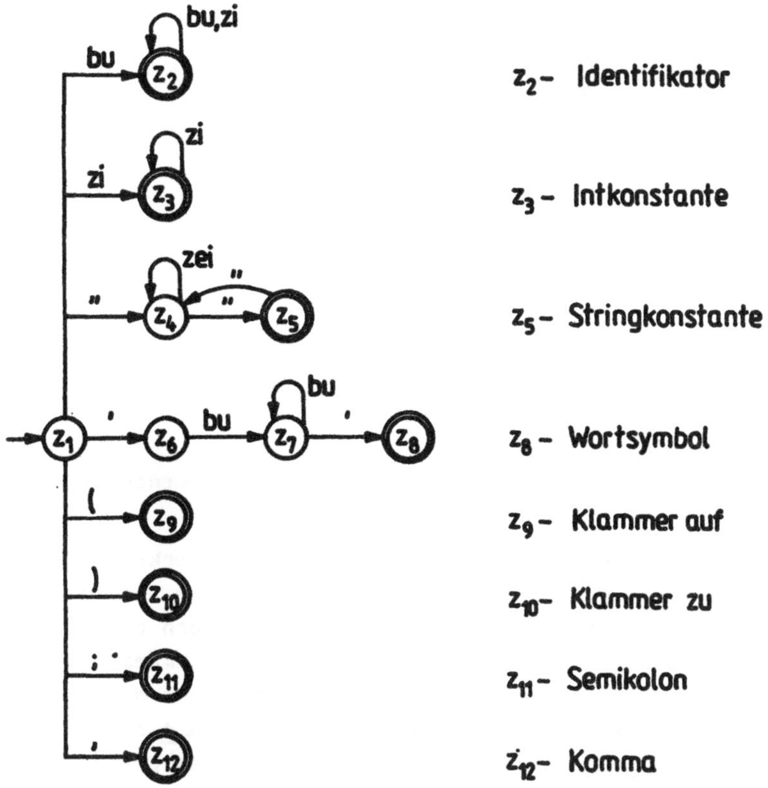

Abb. 6.20: Vereinigter, endlicher Akzeptor für die Morphemklassen der Beispielsprache

Für die Beispielsprache ist der einstellige rechte Kontext zur Morphemerkennung ausreichend. In Programmiersprachen gibt es aber Ausnahmen, die den Aufwand zur richtigen Klassifizierung erhöhen. In FORTRAN ist beispielsweise die Zeichenreihe ... 23.E 6 ... als reelle Zahl zu klassifizieren, während die Zeichenreihe ... 23.EQ.6 ... einen Ausdruck für den Vergleich von zwei ganzen Zahlen darstellt. Für die richtige Klassifizierung ist also ein Vorgriff (look ahead) von zwei Zeichen notwendig.

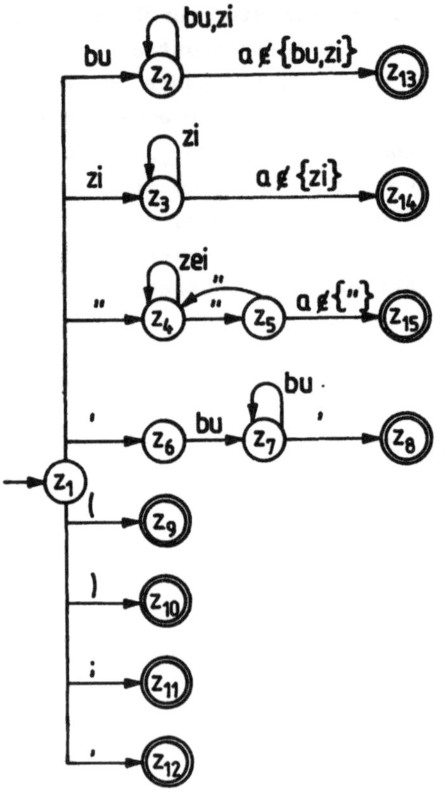

Abb. 6.21: Ergänzung des Akzeptors zur Erkennung des Morphemendes der Beispielsprache

Voraussetzung für die weiteren Entwurfsschritte zum Morphemerkenner ist, daß der endliche Akzeptor zur Klassifizierung aller Morpheme der zu implementierenden Programmiersprache deterministisch ist. Der Kern des Programms, das das Verhalten des deterministischen, endlichen Akzeptors simuliert, ist die Technik zur Bestimmung des Folgezustands, wenn der Akzeptor sich im Zustand $z \in \underline{Z}$ befindet und das Eingabezeichen $a \in \underline{A}$ anliegt. Das erfolgt durch die Übergangsfunktion, für die im Fall des deterministischen, endlichen Akzeptors $f\colon \underline{Z} \times \underline{A} \longrightarrow \underline{Z}$ gilt und die als Übergangsmatrix dargestellt wird. Zunächst ist die Übergangsfunktion partiell, da $f(z,a)$ nicht für alle $(z,a) \in \underline{Z} \times \underline{A}$ definiert ist, d.h., die Matrix besitzt zunächst noch freie Plätze. Sie wird wie folgt vervollständigt:

- Alle Endzustände (z_8 bis z_{15}) besitzen nach der oben angegebenen Erweiterung keine Folgezustände mehr, d.h., die entsprechenden Teile der Matrix sind nicht belegt. Sie können deshalb aus der Matrix gestrichen werden.
- Liegt im Anfangszustand z_1 das Zeilenendezeichen eol an, so muß eine neue Quellzeile eingelesen und der Akzeptor erneut gestartet werden. Folglich gilt $f(z_1,\ \text{eol}) = z_1$.

- Unter der Annahme, daß Leerzeichen (dargestellt durch ␣) außer in Stringkonstanten nicht signifikant sind, wird jeder Zustand bei anliegendem Leerzeichen durch eine reflexive Schleife ergänzt, d.h., es gilt mit Ausnahme von z_4 und z_5 $f(z, ␣) = z$.
- Alle verbleibenden freien Übergänge kennzeichnen lexikale Fehler. Sie bewirken deshalb einen Übergang in sog. Fehlerzustände. Dies sind weitere Endzustände, die das Auftreten lexikaler Fehler anzeigen. Die Anzahl der Fehlerzustände ist davon abhängig, wie genau aus dem Fehlerzustand die Ursache des lexikalen Fehlers abzulesen sein soll. Im Beispiel werden folgende <u>Fehlerzustände</u> eingeführt:

  z_{16} - inkorrektes Zeichen
  z_{17} - falsches Wortsymbol
  z_{18} - Zeilenende in Zeichenkette
- Der Übergang von einem Zustand in einen anderen bewirkt gleichzeitig die Abarbeitung einer der <u>Übergangsaktionen</u>:

  r_1: position:= zeichenposition;
  morphemname:= zeichen
  r_2: position:= zeichenposition;
  morphemname:=""
  r_3: morphemname:= morphemname + zeichen
  r_4: -
  r_5: rücksetzen eingabeband
  r_6: eingabe nächste quellzeile

<u>Bemerkung:</u>
Die Routine r_5 wird bei allen Morphemen benötigt, bei denen die Morphemendeerkennung nur anhand des einstelligen rechten Kontextes möglich ist. Sie bewirkt das Rücksetzen des Eingabebandes um ein Zeichen und sichert damit, daß beim nächsten Aufruf des Morphemerkenners an der richtigen Stelle fortgesetzt wird.

z \ a	bu	zi	␣	"	'	(	)	;	,	sonst.	eol
z_1	z_2,r_1	z_3,r_1	z_1,r_4	z_4,r_2	z_6,r_2	z_9,r_1	z_{10},r_1	z_{11},r_1	z_{12},r_1	z_{16},r_1	z_1,r_6
z_2	z_2,r_3	z_2,r_3	z_2,r_4	z_{13},r_5	z_{13},r_5	z_{13},r_5	z_{13},r_5	z_{13},r_5	z_{13},r_5	z_{13},r_5	z_{13},r_5
z_3	z_{14},r_5	z_3,r_3	z_3,r_4	z_{14},r_5	z_{14},r_5	z_{14},r_5	z_{14},r_5	z_{14},r_5	z_{14},r_5	z_{14},r_5	z_{14},r_5
z_4	z_4,r_3	z_4,r_3	z_4,r_3	z_5,r_4	z_4,r_3	z_4,r_3	z_4,r_3	z_4,r_3	z_4,r_3	z_4,r_3	z_{18},r_4
z_5	z_{15},r_5	z_{15},r_5	z_{15},r_5	z_4,r_3	z_{15},r_5	z_{15},r_5	z_{15},r_5	z_{15},r_5	z_{15},r_5	z_{15},r_5	z_{15},r_5
z_6	z_7,r_3	z_{17},r_4	z_6,r_4	z_{17},r_4	z_{17},r_4	z_{17},r_4	z_{17},r_4	z_{17},r_4	z_{17},r_4	z_{17},r_4	z_{17},r_4
z_7	z_7,r_3	z_{17},r_4	z_7,r_4	z_{17},r_4	z_8,r_4	z_{17},r_4	z_{17},r_4	z_{17},r_4	z_{17},r_4	z_{17},r_4	z_{17},r_4

Abb. 6.22: Übergangsmatrix (Automatentabelle) des vollständigen endlichen Akzeptors der Texteditionssprache

Die eigentliche Morphemerkennung wird durch die Automatentabelle (Abb. 6.22) gesteuert. Die nachfolgende Prozedur liefert als Ergebnis einen der

Endzustände (z_8 bis z_{18}). Mit diesem Ergebnis kann ermittelt werden, welches Morphem erkannt wurde bzw. ob ein lexikaler Fehler auftrat. In den Prozeduren verwendete, aber nicht deklarierte Objekte seien global. Die Zustände sind als ganze Zahlen (1 - 18) verschlüsselt.

```
proc erkenne morphem = int:
begin
  int zustand, eingabeklasse;
  char zeichen;
  zustand:=anfangszustand;
  while zustand<erster endzustand
  do
    zeichen:=naechstes zeichen;
    eingabeklasse:=klassifiziere (zeichen);
    uebergangsaktion (zustand, eingabeklasse, zeichen);
    zustand:=folgezustand of automatentabelle[zustand,eingabeklasse]
  od;
  zustand
end;
```

Zur Ausführung der Übergangsaktionen wird die folgende Prozedur benötigt.

```
proc uebergangsaktion = (int zustand, eingabeklasse, char zeichen) void:
case routinenummer of automatentabelle[zustand,eingabeklasse]
in begin
      position:=zeichenposition;
      morphemname:=zeichen
    end,
    begin
      position:=zeichenposition;
      morphemname:=""
    end,
    morphemname:=morphemname+zeichen,
    skip,
    ruecksetzen eingabeband,
    eingabe naechste quellzeile
esac;
```

Bereits bei der Darstellung der Übergangsmatrix wurde von der bequemen Möglichkeit Gebrauch gemacht, den Umfang der Matrix durch Einführung von Klassen von Eingabezeichen zu reduzieren. Dabei können Mengen von Eingabezeichen mit gleichen Spalten in der Übergangsmatrix jeweils zu einer Eingabeklasse zusammengefaßt werden. Jede Eingabeklasse identifiziert einen Spaltenindex der Übergangsmatrix. Damit wird die Transformation der Eingabezeichenreihe in eine Folge von Morphemen zweistufig durchgeführt. Die Klassifizierung der Eingabezeichen wird durch die nachfolgenden Prozeduren vorgenommen.

```
proc klassifiziere = (char zeichen) int:
if ist buchstabe (zeichen)
  then
    1
  else
    if ist ziffer (zeichen)
      then
        2
      else
        klassifiziere sonderzeichen (zeichen)
    fi
fi;

proc ist buchstabe = (char zeichen) bool:
"a"<=zeichen and zeichen<="z";

proc ist ziffer = (char zeichen) bool:
"0"<=zeichen and zeichen<="9";
```

```
proc klassifiziere sonderzeichen = (char zeichen) int:
begin
   bool zeichen klassifiziert:=false;
   int klasse;
   [1:8] struct (char zeichen, int klasse) tabelle =
   ((" ",3), ("""",4), ("'",5), ("(",6), (")",7), (";",8), (",",9), (eol,11));
   for i from 1 by 1 to 8 while not zeichen klassifiziert
   do
     if zeichen=zeichen of tabelle[i]
       then
         klasse:=klasse of tabelle[i];
         zeichen klassifiziert:=true
     fi
   od;
   if zeichen klassifiziert then klasse else 10 fi
end;
```

Abschließend soll die vollständige programmtechnische Lösung für den lexikalen Analysator der Beispielsprache angegeben werden, womit die in 3.5.4. angegebene Schnittstelle untersetzt wird. Die lexikale Analyse erfolgt durch Aufruf der Prozedur "naechstes morphem", die als Ergebnis einen aus den drei Komponenten

- Morphemklasse
- Morphemname
- Morphemposition

bestehenden Wert liefert.

Lexikale Fehler werden festgestellt, wenn am Eingabeband ein unerwartetes Zeichen anliegt, in einem Wortsymbol unzulässige Zeichen auftreten bzw. ein Wortsymbol nicht klassifiziert werden kann oder innerhalb einer Stringkonstante das Zeilenende (eol) erkannt wird. Weitere lexikale Fehler können erkannt werden, wenn der lexikale Analysator erweitert wird. So kann z.B. bei der Erkennung ganzer Zahlen eine schritthaltende Konvertierung der Zahl erfolgen und dabei die Zahlenbereichsüberschreitung festgestellt werden.

Die Behandlung lexikaler Fehler kann auf verschiedene Art und Weise erfolgen. Im allgemeinen wird versucht, die lexikale Analyse nach dem als fehlerhaft erkannten Morphem unmittelbar fortzusetzen. Problematisch wird diese Art der Fehlerbehandlung, wenn der Programmierer Fehler bei String- oder Wortsymbolklammern macht, da das einleitende und das abschließende Zeichen des Morphems gleich sind. Fehlt eines der Zeichen, so wird die lexikale Struktur völlig verfälscht und eine Reihe von Folgefehlern treten auf. Bei der Realisierung der Beispielsprache wird deshalb beim Auftreten lexikaler Fehler die Eingabe eines korrigierten Quelltextes veranlaßt.

```
co lexikale analyse co
co deklarationen, die bereits im texteditor enthalten sind:

mode morphem = struct (int klasse, string name, pos position);
int identifikator=1, intconst=2, stringconst=3, begin=4, end=5,
    klammer auf=6, klammer zu=7, semikolon=8, komma=9, var=10, text=11;

************************************************************* co

int morphemklasse;
string morphemname;
char eol=...;
[1:maximale zeilenlaenge+1] char eingabeband;
pos zeichenposition, position;
```

```
co routinen zur verarbeitung des eingabebandes co

proc eingabe naechste quellzeile = void:
co gibt die naechste quellzeile in eingabeband ein, fuegt ein
   eol an und setzt zeichenposition auf 0 co;

proc initialisiere quelleingabe = void:
eingabe naechste quellzeile;

proc naechstes zeichen = char:
begin
  zeichenposition:=zeichenposition+1;
  eingabeband[zeichenposition]
end;

proc ruecksetzen eingabeband = void:
zeichenposition:=zeichenposition-1;

co automatentabelle co

int anfangszustand=1, erster endzustand=8, erster fehlerzustand=16,
    zustand falsches wortsymbol=17;
[1:7,1:11] struct (int folgezustand, routinenummer) automatentabelle =
(((2,1), (3,1), ..., (17,4)));


co morphemerkennung co

proc naechstes morphem = morphem:
begin
  int endzustand:=erkenne morphem;
  case endzustand-erster endzustand+1
  in begin
       morphemklasse:=klassifiziere wortsymbol (morphemname);
       if morphemklasse=0
         then
           endzustand:=zustand falsches wortsymbol;
           lexikaler fehler (falsches wortsymbol, position)
       fi
     end,
     morphemklasse:=klammer auf,
     morphemklasse:=klammer zu,
     morphemklasse:=semikolon,
     morphemklasse:=komma,
     morphemklasse:=identifikator,
     morphemklasse:=intconst,
     morphemklasse:=stringconst,
     lexikaler fehler (inkorrektes zeichen, position),
     lexikaler fehler (falsches wortsymbol, position),
     lexikaler fehler (zeilenende in zeichenkette, position)
  esac;
  if endzustand>=erster fehlerzustand
    then
      naechstes morphem
  fi;
  (morphemklasse, morphemname, position)
end;

proc erkenne morphem =                     }
proc uebergangsaktion =                    }
proc klassifiziere =                       }  siehe loesungen im
proc ist buchstabe =                       }  vorangegangenen text
proc ist ziffer =                          }
proc klassifiziere sonderzeichen =         }

proc klassifiziere wortsymbol = (string symbol) int:
begin
  [1:4] struct (string symbol, int klasse) tabelle=
  (("begin", begin), ("end", end)), ("var", var), ("text", text));
  bool symbol klassifiziert:=false;
  int klasse;
  for i from 1 by 1 to 4 while not symbol klassifiziert
  do
    if symbol=symbol of tabelle[i]
      then
        klasse:=klasse of tabelle[i];
        symbol klassifiziert:=true
    fi
  od;
  if symbol klassifiziert then klasse else 0 fi
end;

proc lexikaler fehler = (int fehlerkode, pos fehlerposition) void:
fehlermeldung (fehlerkode, fehlerposition);
```

Übungen:

1) Gib für

   $\underline{L} = \{x^n yz:\ n \geq 0\}$

   den regulären Ausdruck und einen endlichen Akzeptor an!

2) Der Zustandsgraph

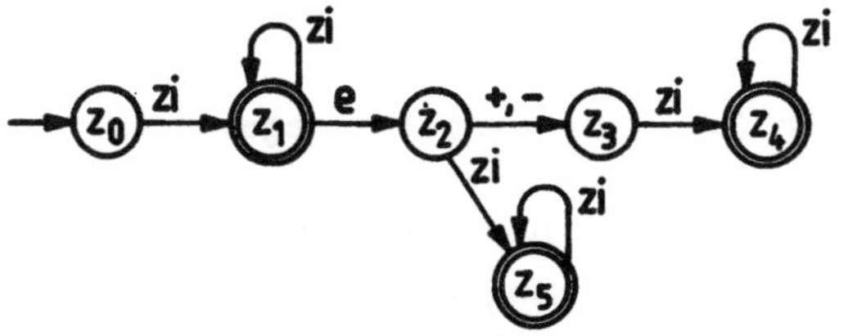

   stellt einen deterministischen, endlichen Akzeptor dar, der ganze und reelle Zahlen erkennt.

   - Bestimme die Komponenten des Quintupels $A = (\underline{A}, \underline{Z}, f, z_0, \underline{F})$!
   - Gib die Syntax der akzeptierten Sprache durch eine reguläre Menge und einige Sätze der Sprache an!
   - Bestimme die Klassen äquivalenter Zustände des endlichen Akzeptors und minimiere den Akzeptor!

3) Bestimme zum gegebenen nichtdeterministischen Akzeptor

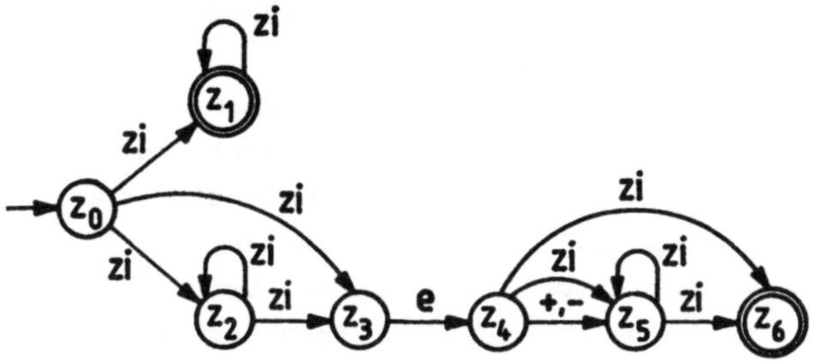

   den äquivalenten deterministischen Akzeptor!

4) Gib einen deterministischen Akzeptor für die folgenden Sprachen an:

   a) $\{w:\ w \in \{0,1\}^* \wedge$ w enthält eine ungerade Zahl von "1" $\}$

   b) $\{w:\ w \in \{0,1\}^* \wedge$ w enthält weder 00 noch 11 als Teilzeichenreihe$\}$

   c) $\{w:\ w \in \{0,1\}^* \wedge$ w enthält 01 oder 10 als Teilzeichenreihe$\}$!

5) Entwickle einen Akzeptor der vorzeichenbehaftete und vorzeichenlose ganze Zahlen akzeptiert und als Ergebnis die konventierte Zahl zur Verfügung stellt. Falls eine Zahlenbereichsüberschreitung eintritt, ist ein entsprechender Selektor zu setzen.

   Lösungshinweise:

   Die negativen ganzen Zahlen werden im Zweierkomplement konvertiert.
   Der Zahlenbereich einer ganzen Zahl sei minint $\leq$ ganze Zahl $\leq$ maxint.
   Bei der Berechnung der konvertierten Zahl ist bei jeder Ziffer zu prüfen, ob die Hinzunahme dieser Ziffer zum Zahlenüberlauf führt oder nicht.

6) Entwickle einen Akzeptor für gebrochene Zahlen gemäß der Syntax

$$\{zi\} \otimes \{zi\}^* \otimes (\{\varepsilon\} \cup \{.\} \otimes \{zi\} \otimes \{zi\}^*) !$$

Im Ergebnis der Akzeptierung sind folgende Informationen bereitzustellen:

- die Folge der Ziffern (ohne den evtl. vorhandenen Punkt),
- die Gesamtanzahl der Ziffern,
- die Anzahl der Ziffern vor dem Punkt!

7) Es seien Identifikatoren gemäß der folgenden verbal angegebenen Syntax betrachtet:

- Ein Identifikator besteht aus einer Folge von Buchstaben (Groß- und Kleinbuchstaben), Ziffern und Unterstreichungszeichen (_).
- Das erste Zeichen eines Identifikators muß ein Buchstabe sein.
- Das letzte Zeichen des Identifikators darf kein Unterstreichungszeichen sein.
- Innerhalb eines Identifikators dürfen nicht zwei Unterstreichungszeichen aufeinander folgen.

a) Entwickle für diese Identifikatoren eine ε-freie, rechtslineare, verfeinerte Grammatik und einen regulären Ausdruck!

b) Entwickle aus der rechtslinearen Grammatik einen endlichen, deterministischen und minimalen Akzeptor!

c) Entwickle aus dem regulären Ausdruck einen endlichen, deterministischen und minimalen Akzeptor, indem die Akzeptoren für die Teilausdrücke gebildet und anschließend verknüpft werden!

d) Ergänze die Übergangsmatrix des Akzeptors um solche Übergangsaktionen, daß im Ergebnis der Akzeptierung die ersten 10 Buchstaben und Ziffern des Identifikators bereitgestellt werden. Unterstreichungszeichen werden nicht berücksichtigt. Alle Kleinbuchstaben sind durch die entsprechenden Großbuchstaben zu ersetzen. Bei Identifikatoren, die aus mehr als 10 Buchstaben oder Ziffern bestehen, gehen die restlichen Zeichen verloren, müssen jedoch durch die lexikale Analyse vom Eingabeband abgenommen werden.

8) Ergänze den Morphemerkenner für die Texteditionssprache derart, daß bei der Erkennung von Morphemen Kommentare übergangen werden. Ein Kommentar ist eine aus beliebigen Zeichen gebildete Zeichenreihe, die durch die Zeichenkombinationen /* und */ begrenzt ist. In der Zeichenreihe ist die Zeichenkombination */ nicht erlaubt. Kommentare dürfen nicht innerhalb von Morphemen auftreten, d.h., sie fungieren als Morphemtrenner. Kommentare dürfen wie alle anderen Morpheme nicht durch ein Zeilenende getrennt werden.
Gib den Zustandsgraphen sowie die Übergangsmatrix einschließlich der zugeordneten Übergangsaktionen an!

9) Schreibe ein nicht rekursives Programm, das die Arbeitsweise eines ε-freien, nichtdeterministischen, endlichen Akzeptors simuliert!

Lösungshinweise:

- Das Eingabeband sei durch

  [1: bmax] char eingabeband;

  int zeichenposition;

  dargestellt. Die Eingabezeichenreihe wird durch ein spezielles Endezeichen abgeschlossen. Zu Beginn der Arbeit des Akzeptors verweist die Zeichenposition auf das erste zu untersuchende Zeichen. Wird durch den Akzeptor ein Morphem erkannt, so muß die Zeichenposition anschließend auf das erste Zeichen nach dem Morphem verweisen.
- Die Übergangsmatrix sei durch

```
mode element = struct (int anzahl folgezustände,
                       [1: fzmax] int folgezustand);
 [0: zmax, 1: kmax] element übergangsmatrix
```

  dargestellt.
- Der nichtdeterministische Akzeptor muß folgende Informationen liefern:
  . ein Kennzeichen, ob ein Morphem erkannt wurde oder nicht;
  . die Position des ersten Zeichens des erkannten Morphems;
  . den erreichten Endzustand, falls ein Morphem erkannt wurde.

  Beachte, daß der Akzeptor die längste mögliche Zeichenreihe zu einem Morphem zusammenfassen muß! Deshalb darf beim Erreichen eines Endzustandes die Arbeit des Akzeptors nicht abgebrochen werden.
- Verwende zur Lösung einen geeignet definierten Keller!

7. Syntaxanalyse

Nachdem der lexikale Analysator das Quellprogramm in Morpheme zerlegt hat, bestimmt die syntaktische Analyse die syntaktische Struktur des Quellprogramms. In verschiedenen Implementierungen ist die Darstellung der syntaktischen Struktur sehr unterschiedlich. Einige Möglichkeiten wurden bereits in 5.3. und 5.4. besprochen. Der Einfachheit und der klaren Darstellung halber sei hier angenommen, daß der Syntaxanalysator den Syntaxbaum für die gegebene Zeichenreihe aufbaut bzw. durch die Angabe von Fehlern den Nachweis führt, daß die Zeichenreihe kein Satz der Sprache ist. Dabei erweist es sich als äußerst kompliziert, dem Programmierer detaillierte Informationen über Art und Ort der Fehler zu geben und die Übersetzung sinnvoll bei Vermeidung von Folgefehlern (Fehlerbehandlung) fortzuführen.

Es ist also keineswegs nur Aufgabe der Syntaxanalyse zu entscheiden, ob $l \in \underline{L}(G)$ oder $l \notin \underline{L}(G)$ gilt. Auf die enge Beziehung der syntaktischen Struktur zur Semantik der Sprache wurde bereits hingewiesen. Die syntaktische Struktur stellt das Gerüst dar, an welches die Semantik im weiteren Prozeß der Programmübersetzung bzw. -interpretation anzuhängen ist. Da der syntaktischen Analyse in diesem Prozeß eine wichtige Steuerungsfunktion zukommt, beschäftigt sich ein großer Teil der Literatur mit der Syntax und mit Syntaxanalyseverfahren, obwohl der Syntaxanalysator keinesfalls der aufwendigste Teil eines Programmiersystems ist. Der Leser wurde bereits in 3.5. mit den Prinzipien eines oft angewandten Syntaxanalyseverfahrens, der Methode des rekursiven Abstiegs, vertraut gemacht.

Die Notation einer Grammatik stellt einerseits einen Synthesemechanismus für alle Sätze der Sprache dar. Andererseits können ein Satz und die Regeln der Grammatik vorgegeben sein, und es ist die Ableitung des Satzes entsprechend den Regeln gesucht. Letzteres führt auf das Problem der Entwicklung von Algorithmen, die die Ableitung effektiv durchführen, die also nach endlich vielen Schritten abbrechen. Diese Algorithmen werden Syntaxanalysealgorithmen genannt, der gesamte Vorgang wird als syntaktische Analyse bezeichnet. Die syntaktische Analyse kann folgendermaßen charakterisiert werden:

- Bekannt sind die Zeichenreihe $x \in \underline{A}^*$ und die Grammatik $G = (\underline{V}, \underline{A}, \underline{R}, s)$.
- Durch eine geeignete Vorgehensweise wird versucht, eine Ableitung $s \xrightarrow[G]{+} x$ und damit gleichzeitig den Syntaxbaum von x zu finden.

Der Syntaxbaum kann sowohl von oben nach unten (top down) als auch von unten nach oben (bottom up) aufgebaut werden. Die Ableitung von oben nach unten beginnt mit dem Satzsymbol s und wendet auf die Zwischensymbole Regeln an, bis der Satz erzeugt ist. Die Zerlegung von unten nach oben beginnt mit dem Satz x und wendet die Regeln in reduzierender Richtung an. Es wird versucht, die Zeichenreihe $x \in \underline{A}^*$ zum Satzsymbol zu reduzieren.

Ein Vergleich dieser grundsätzlichen Analysemethoden zeigt, daß für einige Grammatiken die Syntaxanalyse günstiger von oben nach unten und für andere von unten nach oben durchzuführen ist. Grundsätzliche Unterschiede, die eine der beiden Strategien besonders empfehlen, gibt es nicht, wie auch die späteren Ausführungen noch verdeutlichen werden.

7.1. KONTEXTFREIE SPRACHEN UND NICHTDETERMINISTISCHER KELLER-AUTOMAT

Für die syntaktische Analyse kontextfreier Sprachen dient der nichtdeterministische Kellerautomat als theoretisches Modell; man spricht von nichtdeterministischen Verfahren. Die deterministischen Verfahren können als Spezialfall der nichtdeterministischen aufgefaßt werden.

Der Kellerautomat ist als ein endlicher, abstrakter Automat aufzufassen, der um einen Kellerspeicher erweitert ist. Das Gedächtnis eines Kellerautomaten besteht sozusagen in der Kombination des Gedächtnisses eines endlichen Automaten, das durch die endliche Menge von Zuständen repräsentiert wird, mit einem unbegrenzten Außenspeicher, der Kellerstruktur besitzt (Abb. 7.1).

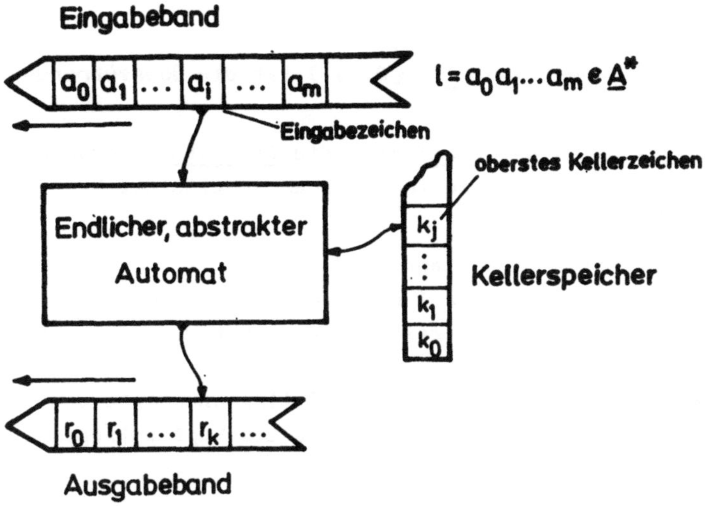

Abb. 7.1: Kellerautomat

Nach dieser Darstellung sind drei Alphabete zu unterscheiden:

- Eingabealphabet $\underline{A}$;
- Ausgabe- oder Resultatalphabet $\underline{R}$;
- Kelleralphabet $\underline{K}$.

Die Darstellung kennzeichnet speziell a_i als Eingabezeichen, das gerade im Arbeitstakt des Automaten gelesen wird. Weiterhin wird angenommen, daß das Eingabeband nur in die angedeutete Richtung verschoben werden kann.

Die wichtigste Erweiterung des Kellerautomaten gegenüber dem endlichen

Automaten ist der Kellerspeicher, der die Kellerzeichen nach dem bereits erörterten Kellerungsprinzip speichert und formal eine unendliche Speicherkapazität besitzt. Nur das oberste Kellerzeichen kann gelesen oder geschrieben werden. Wichtig ist das sogenannte Kelleranfangszeichen k_0, das beim Lesen oder Entkellern anzeigt, ob der Kellerspeicher leer ist.

Arbeitet der Kellerautomat ohne Ausgabe, so wird vom Akzeptor gesprochen. In diesem Fall entscheidet der Automat nur, ob die angebotene Eingabezeichenreihe Satz der kontextfreien Sprache ist oder nicht. Ein Kellerautomat mit Ausgabe setzt die Eingabezeichenreihe in Beziehung zu einer Ausgabezeichenreihe. Er fungiert als Übersetzer, wobei seine Arbeitsweise durch die Grammatik vorgegeben ist. Zunächst wird der Kellerautomat ohne Ausgabe betrachtet.

D 7.1.: Ein nichtdeterministischer Kellerautomat K ist ein 7-Tupel
$K = (\underline{A}, \underline{Z}, \underline{K}, f, z_0, k_0, \underline{F})$, wobei gilt:
$\underline{A}$ ist die endliche Menge von Eingabezeichen (Eingabealphabet);
$\underline{Z}$ ist die endliche Menge der Zustände;
$\underline{K}$ ist die endliche Menge der Kellerzeichen (Kelleralphabet);
$z_0 \in \underline{Z}$ ist der Anfangszustand;
$k_0 \in \underline{K}$ ist das Kelleranfangszeichen;
$\underline{F} \subseteq \underline{Z}$ ist die Menge der Endzustände;
$f: \underline{K}^* \times \underline{Z} \times (\underline{A} \cup \{\varepsilon\}) \longrightarrow P(\underline{K}^* \times \underline{Z} \times \{0,1\})$ ist die Überführungsfunktion.

Durch das Tripel $s = (kk_w, z, aa_w) \in \underline{K}^* \times \underline{Z} \times \underline{A}^*$ wird die Situation s charakterisiert, in der sich der Kellerautomat zu irgendeinem Arbeitstakt befindet:

- Der Kellerautomat befindet sich im Zustand $z \in \underline{Z}$.
- Im Kellerspeicher ist das Kellerwort $kk_w \in \underline{K}^*$ gespeichert, wobei die Zeichenreihe $k_w \in \underline{K}^*$ der obersten Kellerzeichen besonders hervorgehoben ist.
- Die noch nicht vom Kellerautomaten verarbeitete Teilzeichenreihe der Eingabezeichenreihe ist $aa_w \in \underline{A}^*$, wobei $a \in \underline{A}$ das am Lesekopf anliegende Zeichen ist.

Die Abbildung $f(k_w, z, a)$ mit $k_w \in \underline{K}^*, z \in \underline{Z}, a \in \underline{A} \cup \{\varepsilon\}$ legt fest, welche Situationen auf eine gegebene Situation unmittelbar folgen können und beschreibt damit die Arbeitsweise des Kellerautomaten. Wenn zwei Situationen unmittelbar aufeinanderfolgen, wird das durch die Relation $\underset{K}{\longrightarrow}$ ausgedrückt:

$$(kk_w, z, aa_w) \underset{K}{\longrightarrow} (kk'_w, z', a'a_w).$$

Diese Relation besteht zwischen zwei Situationen genau dann, wenn die Überführungsfunktion f für die Situation (kk_w, z, aa_w) ein Tripel $(k'_w, z', d) \in f(k_w, z, a)$ enthält und $a' = a$ für $d = 0$ bzw. $a' = \varepsilon$ für $d = 1$ gilt. Der Übergang in die neue Situation umfaßt damit folgende Aktionen:

- In den Kellerspeicher wird die Zeichenreihe k'_w an Stelle der obersten Kellerzeichen k_w gespeichert. Speziell bedeutet $k'_w = \varepsilon$, daß aus dem

Kellerspeicher die Zeichenreihe k_w entkellert wird (also lgth(k_w) Kellerelemente).
- Der Kellerautomat geht vom Zustand z in den Zustand z' über.
- Für d = 1 wird am Lesekopf des Eingabebandes das nächste Zeichen bereitgestellt; für d = 0 wird das Eingabeband nicht bewegt (a' = a).

Wie üblich, wird auf der Basis der Relation $\xrightarrow[K]{}$ die Relation $\xrightarrow[K]{+}$ als transitive Hülle definiert, die beschreibt, welche Situationen aus einer gegebenen Situation in endlich vielen Takten erreicht werden können. Somit läßt sich die Sprache definieren, die der nichtdeterministische Kellerautomat akzeptiert

$$\underline{L}(K) = \{l: l \in \underline{A}^* \wedge (k_0, z_0, l) \xrightarrow[K]{+} (k_0, z_e, \varepsilon) \wedge z_e \in \underline{F}\}.$$

Eine Zeichenreihe $l \in \underline{A}^*$ wird von einem nichtdeterministischen Kellerautomat K akzeptiert, falls eine Situationsfolge

$$(k_0, z_0, l) \xrightarrow[K]{+} (k_0, z_e, \varepsilon) \quad \text{mit } z_e \in \underline{F} \quad \text{(Endzustand)}$$

existiert. Der Kellerspeicher enthält nach Abarbeitung dieser Folge nur das Kelleranfangszeichen k_0; das Eingabeband ist leer.

Satz 7.1.: Zu jeder kontextfreien Sprache $\underline{L}$ gibt es einen nichtdeterministischen Kellerautomaten, der $\underline{L}$ akzeptiert.

Der Grundgedanke des Beweises dieses Satzes besteht darin, eine Vorschrift anzugeben, mit der zu einer beliebigen kontextfreien Grammatik der Kellerautomat K konstruiert wird, so daß $\underline{L}(K) = \underline{L}(G)$ gilt. In den weiteren Abschnitten werden solche Vorschriften angegeben und für konkrete Beispiele ausgeführt. Nachfolgend werden einige weitere interessante Zusammenhänge ohne Beweis angegeben.

Es ist leichter, einen deterministischen Kellerautomaten, bei dem für jede Situation eindeutig höchstens eine Folgesituation festgelegt ist, als einen nichtdeterministischen Kellerautomaten programmtechnisch zu realisieren. Vor allem arbeiten die Programme effektiver, die einen deterministisch ablaufenden Akzeptierungsprozeß simulieren. Folglich sind die deterministischen, kontextfreien Sprachen, für die man einen deterministischen Kellerautomaten angeben kann, eine wichtige Klasse in der praktischen Anwendung. Leider existiert nicht für jeden nichtdeterministischen Kellerautomaten ein äquivalenter deterministischer. Es gibt also kontextfreie Sprachen, die nicht von einem deterministischen Kellerautomaten akzeptiert werden. Die Menge der nichtdeterministischen, kontextfreien Sprachen ist somit umfassender als die Menge der deterministischen.

7.2. NICHTDETERMINISTISCHE SYNTAXANALYSE KONTEXTFREIER SPRACHEN

7.2.1. NICHTDETERMINISTISCHE TOP-DOWN-SYNTAXANALYSE

7.2.1.1. Nichtdeterministischer Kellerautomat als Grundmodell

Ausgangspunkt der Überlegungen ist die kontextfreie Grammatik $G = (\underline{V}, \underline{A}, \underline{R}, s)$. Es wird vorausgesetzt, daß G nicht linksrekursiv ist. Zu dieser Grammatik kann ein nichtdeterministischer Kellerautomat angegeben werden, der genau alle Sätze $l \in \underline{L}(G)$ akzeptiert. In Erweiterung von D 7.1. werden für diesen Automaten ein Ausgabealphabet und die Ausgabefunktion festgelegt. Es wird also ein nichtdeterministischer Kellerautomat mit Ausgabe angegeben:

$$K_{Top\text{-}down} = (\underline{A}, \{z_0, z_e\}, \underline{V} \cup \{\vdash\}, \underline{V} \times \underline{N}, f, g, \vdash, z_0, \{z_e\})$$

mit

$\underline{A}$	Eingabealphabet
$\{z_0, z_e\}$	Zustandsmenge mit z_0 Anfangszustand, z_e Endzustand
$\underline{V} \cup \{\vdash\}$	Kelleralphabet mit dem Kelleranfangszeichen $\vdash$
$\underline{V} \times \underline{N}$	Ausgabealphabet, wobei jedes Ausgabezeichen $(v,i) \in \underline{V} \times \underline{N}$ ein Paar bestehend aus einem Symbol $v \in \underline{V}$ und einer natürlichen Zahl $i \in \underline{N}$ ist.
f	Überführungsfunktion, eine Abbildung $f: \underline{K} \times \underline{Z} \times (\underline{A} \cup \{\varepsilon\}) \rightarrow P(\underline{K}^* \times \underline{Z} \times \{0,1\})$
g	Ausgabefunktion, eine Abbildung $g: \underline{K} \times \underline{Z} \times (\underline{A} \cup \{\varepsilon\}) \rightarrow P(\underline{V} \times \underline{N}')$ mit $N' = \{0,1,\ldots,card(\underline{R})\}$

In Einschränkung der allgemeinen Definition des Kellerautomaten sind die Überführungs- und Ausgabefunktion nur in Abhängigkeit vom obersten Kellerzeichen definiert und nicht für beliebige Zeichenreihen über dem Kelleralphabet.

f und g sind wie folgt bestimmt:

- Der Kellerautomat befindet sich im Anfangszustand z_0. Oberstes Kellerzeichen ist das Kelleranfangszeichen $\vdash$. Am Eingabeband liegt das Eingabezeichen a an (Startsituation):
  $f(\vdash, z_0, a) = \{(\vdash s, z_0, 0)\}$
  $g(\vdash, z_0, a) = \emptyset$
  Das Satzsymbol wird zu Beginn der syntaktischen Analyse oberstes Kellerzeichen. Es erfolgt keine Ausgabe.
- Oberstes Kellerzeichen ist ein Zwischensymbol $z \in \underline{V} - \underline{A}$;
  $f(z, z_0, a) = \{(v_n v_{n-1} \ldots v_1, z_0, 0): r = (z, v_1 \ldots v_{n-1} v_n) \in \underline{R} \wedge v_i \in \underline{V}\}$
  $g(z, z_0, a) = \{(z, regelindex(r)): r = (z, v_1 \ldots v_{n-1} v_n) \in \underline{R} \wedge v_i \in \underline{V}\}$.
  Es wird nun ein beliebiges Element aus $f(z, z_0, a)$ zur Bestimmung der Folgesituation herangezogen, das sei das Tripel $(v_n v_{n-1} \ldots v_1, z_0, 0)$ mit $r = (z, v_1 \ldots v_{n-1} v_n) \in \underline{R}$. Dann wird das Element $(z, regelindex(r)) \in g(z, z_0, a)$ ausgegeben.
- Das oberste Kellerzeichen ist ein terminales Zeichen $a \in \underline{A}$ und stimmt mit dem am Eingabeband anliegenden Zeichen überein:
  $f(a, z_0, a) = \{(\varepsilon, z_0, 1): a \in \underline{A}\}$
  $g(a, z_0, a) = \{(a, 0): a \in \underline{A}\}$
  Das oberste Kellerzeichen wird gelöscht und zusammen mit dem Index 0 ausgegeben. Das Eingabeband wird um ein Zeichen weitergerückt. Das Eingabezeichen a wurde akzeptiert.
- Der Kellerspeicher ist nur noch mit dem Kelleranfangszeichen belegt.

Das Eingabeband ist leer:

$f(\vdash, z_0, \ ) = \{(\vdash, z_e, 0)\}$

$g(\vdash, z_0, \ ) = \emptyset$.

Der Kellerautomat geht in den Endzustand über.

Für die nicht linksrekursive Grammatik

$G = (\{S, A, B, C, D, \text{if}, \text{then}, \text{else}, \text{fi}, \text{id}, \text{print}, <\},$
$\{\text{if}, \text{then}, \text{else}, \text{fi}, \text{id}, \text{print}, <\}, R, S)$

mit

$R = \{r_1 = (S, A),$ $r_5 = (C, D),$
$r_2 = (A, \text{print id}),$ $r_6 = (D, B \text{ then } A),$
$r_3 = (A, \text{if } C \text{ fi}),$ $r_7 = (B, \text{id} < \text{id})\}$
$r_4 = (C, D \text{ else } A),$

ergeben sich folgende Abbildungen f und g für $a \in \{$ if, then, else, fi, id, print, $<\}$:

$(k,z,a) \in K \times Z \times (A \cup \{\varepsilon\})$	$f(k,z,a)$	$g(k,z,a)$
$(\vdash, z_0, a)$	$\{(\vdash S, z_0, 0)\}$	$\emptyset$
(S, z_0, a)	$\{(A, z_0, 0)\}$	$\{(S, 1)\}$
(A, z_0, a)	$\{(\text{id print}, z_0, 0), (\text{fi } C \text{ if}, z_0, 0)\}$	$\{(A, 2), (A, 3)\}$
(B, z_0, a)	$\{(\text{id} < \text{id}, z_0, 0)\}$	$\{(B, 7)\}$
(C, z_0, a)	$\{(A \text{ else } D, z_0, 0), (D, z_0, 0)\}$	$\{(C, 4), (C, 5)\}$
(D, z_0, a)	$\{(A \text{ then } B, z_0, 0)\}$	$\{(D, 6)\}$
(a, z_0, a)	$\{(\varepsilon, z_0, 1)\}$	$\{(a, 0)\}$
$(\vdash, z_0, \varepsilon)$	$\{(\vdash, z_e, 0)\}$	$\emptyset$

Abb. 7.2 zeigt eine Folge von Situationen, die zum Endzustand führt, wobei l = if id<id then print id fi mit $l \in L(G)$ die Eingabezeichenreihe ist.

Bemerkung:

Das Alphabet besteht aus den Morphemen if, then, else, fi, id, print, <, die jeweils als ein Zeichen aufgefaßt werden.

Die Folge der Situationen des nichtdeterministischen Kellerautomaten wird nach der Trial-and-error-Methode bestimmt. Ausgehend von der Initialsituation werden alle möglichen nächsten Situationen nacheinander ausprobiert, bis die Folge der Situationen gefunden ist, die auf die Endsituation führt. In dem obigen Schema ist nur die Folge notiert, die zum Erfolg führt. Bei Zeichenreihen, die nicht Satz der Sprache sind, wird die Endsituation nicht erreicht.

Die Ausgabe des Kellerautomaten entspricht der linkslinearen Darstellung des Syntaxbaumes für den vorgegebenen Satz (Abb. 7.2). Durch den Index der angewendeten Regel bzw. durch den Index 0 bei terminalen Zeichen

$$S_1(A_3(\underline{if}_0, C_5(D_6(B_7(\underline{id}_0, <_0, \underline{id}_0), \underline{then}_0, A_2(\underline{print}_0, \underline{id}_0))), \underline{fi}_0))$$

ist eindeutig die Klammerstruktur der linkslinearen Darstellung gegeben. Der Kellerautomat simuliert also die Arbeit eines Übersetzers.

Takt	Keller	Zustand	Eingabeband	Ausgabe
0	⊢	z_0	if id < id then print id fi	—
1	⊢ S	z_0	if id < id then print id fi	—
2	⊢ A	z_0	if id < id then print id fi	(S,1)
3	⊢ fi C if	z_0	if id < id then print id fi	(A,3)
4	⊢ fi C	z_0	id < id then print id fi	(if,0)
5	⊢ fi D	z_0	id < id then print id fi	(C,5)
6	⊢ fi A then B	z_0	id < id then print id fi	(D,6)
7	⊢ fi A then id < id	z_0	id < id then print id fi	(B,7)
8	⊢ fi A then id <	z_0	< id then print id fi	(id,0)
9	⊢ fi A then id	z_0	id then print id fi	(<,0)
10	⊢ fi A then	z_0	then print id fi	(id,0)
11	⊢ fi A	z_0	print id fi	(then,0)
12	⊢ fi id print	z_0	print id fi	(A,2)
13	⊢ fi id	z_0	id fi	(print,0)
14	⊢ fi	z_0	fi	(id,0)
15	⊢	z_0	ε	(fi,0)
16	⊢	z_e	ε	—

Abb. 7.2: Folge der Situation des Kellerautomaten $K_{Top-down}$

Außerdem wird durch die Folge der Indexwerte eine Ableitungsfolge vom Satzsymbol S zum Satz 1 festgelegt:

$$S \xrightarrow{r_1} A \xrightarrow{r_3} \underline{if}\ C\ \underline{fi} \xrightarrow{r_5} \underline{if}\ D\ \underline{fi} \xrightarrow{r_6} \underline{if}\ B\ \underline{then}\ A\ \underline{fi} \xrightarrow{r_7}$$

$$\underline{if}\ \underline{id} < \underline{id}\ \underline{then}\ A\ \underline{fi} \xrightarrow{r_2} \underline{if}\ \underline{id} < \underline{id}\ \underline{then}\ \underline{print}\ \underline{id}\ \underline{fi}\ .$$

Damit erhält man eine Analogie zwischen der Folge von Ableitungen und der Top-down-Syntaxanalyse.

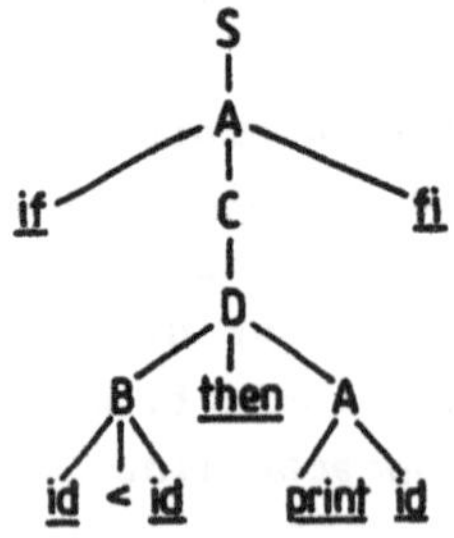

Abb. 7.3: Syntaxbaum

7.2.1.2. Top-down-Syntaxanalysealgorithmus mit Rücklauf

Algorithmen zur Syntaxanalyse kontextfreier Grammatiken, die die nichtdeterministische Arbeitsweise realisieren, müssen die in einer konkreten

Situation möglichen folgenden Situationen ordnen und nacheinander oder parallel zueinander ausführen.

$x \in \underline{A}^*$ sei die zu analysierende Zeichenreihe, und $G = (\underline{V},\underline{A},\underline{R},s)$ sei die nicht linksrekursive Grammatik. Angenommen sei, daß die Top-down-Analyse bis zu

$$s \xrightarrow[G]{+} x_i \quad \text{mit } x_i = w_{1i}\ z\ w_{2i} \text{ mit } z \in \underline{V} - \underline{A},\ w_{1i} \in \underline{A}^*,\ w_{2i} \in \underline{V}^*$$

erfolgt ist. Dann stimmt w_{1i} mit der linken Teilzeichenreihe von $x \in \underline{A}^*$ überein, d.h., $x = w_{1i}\ x'$. Wenn in $\underline{R}$ die alternativen Regeln $r_{z1} = (z,v_1)$, $r_{z2} = (z,v_2),\dots,r_{zm} = (z,v_m)$ enthalten sind, können auf x_i die direkten Ableitungen

$$w_{1i}\ z\ w_{2i} \xrightarrow{r_{z1}} w_{1i}\ v_1\ w_{2i}$$
$$w_{1i}\ z\ w_{2i} \xrightarrow{r_{z2}} w_{1i}\ v_2\ w_{2i}$$
$$\vdots$$
$$w_{1i}\ z\ w_{2i} \xrightarrow{r_{zm}} w_{1i}\ v_m\ w_{2i}$$

folgen. Das wird auch an dem vorangegangenen Analysebeispiel klar. Der nichtdeterministische Kellerautomat ist im Arbeitstakt 4 zu folgender Situation gekommen:

$(\vdash \underline{fi}\ C, z_0, \underline{id}\ \ \underline{id}\ \underline{then}\ \underline{print}\ \underline{id}\ \underline{fi})$.

Das entspricht

$x_i = \underline{if}\ C\ \underline{fi}$ mit $w_{1i} = \underline{if}$, $z = C$, $w_{2i} = \underline{fi}$.

Konkret gilt dann für

$f(C,z_0,\underline{id}) = \{(D,z_0,0),\ (A\ \underline{else}\ D,z_0,0)\}$ wegen $r_4 = (C,D\ \underline{else}\ A)$,
$r_5 = (C,D)$.

In dieser Situation ist es zunächst nicht determiniert, für welche der beiden möglichen folgenden Situationen die weitere Analyse erfolgreich ist. In einer solchen mehrdeutigen Situation ist festzulegen, welcher der nächste Schritt ist, z.B. durch die willkürliche Anwendung der Regel r_{zj} mit $1 < j < m$. Der weitere Verlauf macht deutlich, ob dieser Schritt richtig war. Gilt

$$s \xrightarrow[G]{+} x_i \xrightarrow{r_{zj}} w_{1i}\ v_j\ w_{2i} \xrightarrow[G]{+} x,$$

so war dieser Analyseschritt richtig. Falls das nicht der Fall ist, müssen alle nachfolgenden Schritte verworfen und zur Ausgangssituation zurückgekehrt werden (<u>Rücklauf</u>), in der weitere Alternativen bestehen. Man spricht, daß die Wahl der Regel r_{zj} in eine Sachkgasse geführt hat, da gilt

$$\forall y\,[\,y \in \underline{A}^* \wedge w_{1i}\ v_j\ w_{2i} \xrightarrow[G]{+} y \rightarrow y \neq x\,]\ .$$

Eine Sackgasse liegt vor, wenn das oberste Kellerzeichen ein Terminalzeichen ist, das nicht mit dem am Eingabeband anliegenden Zeichen übereinstimmt. Rücklauf bedeutet:

- Rücksetzen des Eingabebandes,
- Rücksetzen des Ausgabebandes mit Lesen der bereits ausgegebenen Paare,
- Rekonstruktion des Zustandes des Analysekellers.

Nach dem Rücklauf wird eine weitere Alternative überprüft. Es wird klar, daß nach Festlegung einer solchen Alternative wiederum nach einer beliebigen Zahl von Schritten eine mehrdeutige Situation auftreten kann. Der Vorgang ist also rekursiv, zu dessen Auflösung stets ein Kellerspeicher benötigt wird, um den Rücklauf zu gewährleisten.

Im wesentlichen entspricht dieser skizzierte Algorithmus einem <u>Suchalgorithmus</u> in einem (im allgemeinen) unendlichen Erzeugungsbaum, der für die Beispielgrammatik in Abb. 7.4 dargestellt ist. Die Vorgehensweise entspricht prinzipiell dem Wegesuchen durch einen Graphen (vgl. Übung 1).

Der Weg des Suchalgorithmus durch diesen Baum ist in Form eines Ariadnefadens in der Skizze dargestellt. Die nichtdeterministische Arbeitsweise des Kellerautomaten wird dadurch realisiert, daß in einer konkreten Situation die möglichen Folgesituationen (durch den Ariadnefaden) geordnet ausgeführt werden.

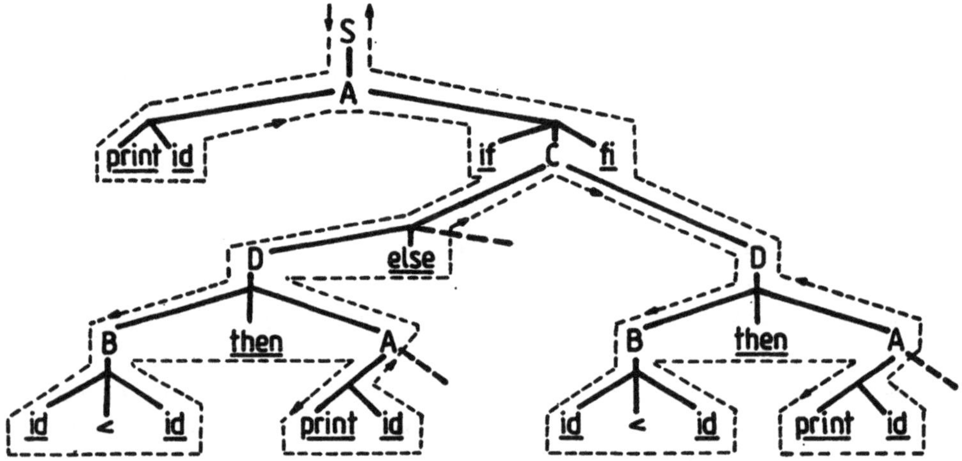

Abb. 7.4: Erzeugungsbaum für die Beispielgrammatik

<u>Bemerkung:</u>
Ariadne war nach der griechischen Sagenwelt die Tochter des Königs Minos von Kreta. Sie war dem Helden Theseus zugeneigt. Theseus mußte sich der Aufgabe unterziehen, in ein Labyrinth einzudringen, in dessen Irrgängen der stierköpfige Minotaurus auf sein Opfer wartete. Mit Hilfe des ihm von Ariadne mitgegebenen Fadens fand Theseus nach bestandenem Kampf den Weg aus dem Labyrinth.

Der nichtdeterministische <u>Top-down-Syntaxanalysealgorithmus</u> wird durch die Prozedur

<u>proc</u> top down = <u>bool</u>:
<u>co</u> Die Prozedur liefert <u>true</u>, wenn die Eingabezeichenreihe Satz der Sprache ist; sonst <u>false</u>.
<u>co</u>

realisiert. Er arbeitet analog zu $K_{Top-down}$. Der Analysealgorithmus benutzt die Grammatik direkt als Eingangsinformation. Solche Verfahren, die die Syntax direkt als parametrisierende, steuernde Größe für den Syntaxanalyseprozeß verwenden, werden als tabellengesteuerte Verfahren bezeichnet.

Bezüglich der kontextfreien Grammatik G = (V,A,R,s), die keine Linksrekursivitäten enthalten darf und die reduziert ist, setzt der Algorithmus die bereits in 4.2.2. getroffenen Vereinbarungen von Prozeduren voraus.

Der Analysealgorithmus arbeitet mit folgenden Datenstrukturen, wobei überladene Prozeduren zugelassen seien.

- Analysekeller mit den Operationen

```
proc initialisieren = (keller analysekeller) void:
co initialisiert den "analysekeller", indem das kelleranfangszeichen eingetragen wird
   und der lese-/schreibkopf auf den kelleranfang positioniert wird.
co

proc ist leer = (keller analysekeller) bool:
co liefert true, falls der "analysekeller" nur noch das
   kelleranfangszeichen enthaelt, sonst false.
co

proc kellern = (keller analysekeller, symbol symbol) void:
co speichert "symbol" als oberstes kellerelement in den analysekeller
   und positioniert den lese-/schreibkopf auf den naechsten freien platz.
co

proc entkellern = (keller analysekeller) symbol:
co positioniert den lese-/schreibkopf auf das oberste kellerelement zurueck und liefert dieses.
co

proc kuerzen = (keller analysekeller, int anzahl) void:
co positioniert den lese-/schreibkopf um die "anzahl" von kellerelementen zurueck.
co

proc lesen = (keller analysekeller, ref symbol symbol, int i) bool:
co der prozeduraufruf liefert true und "symbol" enthaelt das
   "i"-te element des "analysekellers", falls im analysekeller mindestens
   "i" elemente gespeichert sind. sonst liefert der aufruf false und
   "symbol" ist undefiniert. das oberste kellerelement besitzt den index i=1.
co
```

- Eingabeband als sequentiell organisierte Datei mit den Operationen

```
proc initialisieren = (eband eingabeband) void:
co initialisiert das "eingabeband", indem der lesekopf auf
   das erste zeichen des "eingabebandes" positioniert wird.
co

proc ist leer = (eband eingabeband) bool:
co liefert true, falls der lesekopf hinter das letzte zeichen des
   "eingabebandes" positioniert ist, sonst false.
co

proc lesen = (eband eingabeband) symbol:
co liefert das anliegende zeichen des "eingabebandes".
co

proc naechstes zeichen = (eband eingabeband) symbol:
co liefert das anliegende zeichen des "eingabebandes" und
   positioniert den lesekopf auf das folgende zeichen.
co

proc zuruecksetzen = (eband eingabeband) void:
co positioniert den lesekopf um ein zeichen zurueck.
co
```

- Ausgabeband als sequentiell organisierte Datei mit den Operationen

```
proc initialisieren = (aband ausgabeband) void:
co initialisiert das "ausgabeband", indem der lese-/schreibkopf
   auf den anfang des "ausgabebandes" positioniert wird.
co

proc ist leer = (aband ausgabeband) bool:
co liefert true, falls der lese-/schreibkopf auf den anfang des
   "ausgabebandes" positioniert ist, sonst false.
co

proc lesen = (aband ausgabeband) struct (symbol symbol, int regel):
co positioniert den lese-/schreibkopf um einen schritt zurueck und
   liefert das anliegende paar "symbol" und "regel".
co

proc schreiben = (aband ausgabeband, struct (symbol symbol, int regel) paar) void:
co schreibt das paar "symbol" und "regel" auf das "ausgabeband" und
   positioniert den lese-/schreibkopf um einen schritt vorwaerts.
co
```

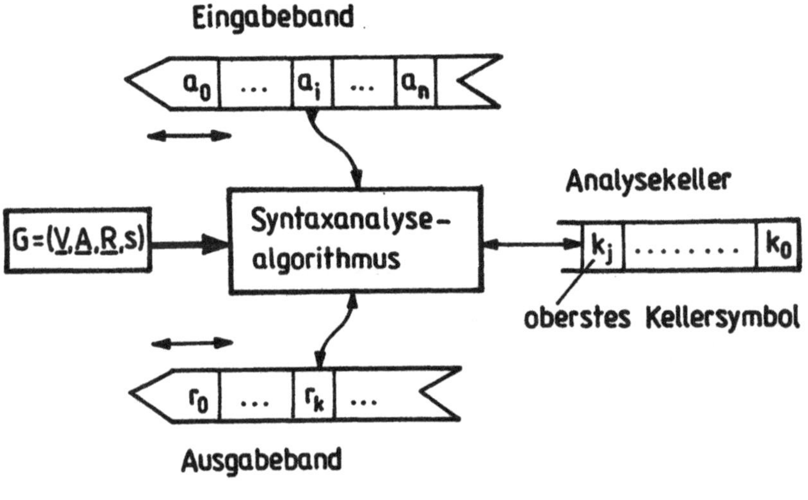

Abb.: 7.5: Schematische Darstellung des Syntaxanalysealgorithmus

Die Syntaxanalyseprozedur beginnt damit, daß die drei Datenstrukturen initialisiert werden und das Satzsymbol in den Analysekeller gespeichert wird. Ist das oberste Kellersymbol des Analysekellers ein Zwischensymbol, so wird eine Regel mit diesem Zwischensymbol als linke Seite gesucht. Das Zwischensymbol und der Index der gefundenen Regel werden in das Ausgabeband ausgegeben. Die rechte Seite dieser Regel wird anstelle dieses Zwischensymbols in umgekehrter Symbolfolge in den Analysekeller gekellert. Es wird ersichtlich, daß eine Linksrekursivität bezüglich eines Zwischensymbols auf einen nicht abbrechenden Zyklus führt. Deshalb ist die Top-down-Syntaxanalyse nur auf die Klasse der nicht linksrekursiven, kontextfreien Grammatiken anwendbar.

Erscheint als oberstes Kellersymbol des Analysekellers ein terminales Zeichen, so wird dieses Zeichen mit dem anliegenden Zeichen des Eingabebandes verglichen. Stimmen beide Zeichen überein, so wird das Zeichen zusammen mit dem Index 0 ausgegeben.

```
proc top down = bool:
begin
  symbol symbol, zeichen;
  int regel, anfang der regeln:=0;
  bool ruecklauf moeglich:=true;
  initialisieren (eingabeband);
  initialisieren (ausgabeband);
  initialisieren (analysekeller);
  kellern (analysekeller, satzsymbol);
  regel:=anfang der regeln;
  while not (ist leer (eingabeband) and ist leer (analysekeller))
        and ruecklauf moeglich
  do
    if not ist leer (analysekeller)
      then
        symbol:=entkellern (analysekeller);
        if ist zwischensymbol (symbol)
          then
            if suche regel (symbol, regel)
              then
                for i from laenge rechte seite (regel) by -1 to 1
                do kellern (analysekeller, rechte seite (i, regel)) od;
                schreiben (ausgabeband, (linke seite (regel), regel));
                regel:=anfang der regeln
              else
                kellern (analysekeller, symbol);
                ruecklauf moeglich:=ruecklauf (regel)
            fi
          else
            if not ist leer (eingabeband)
              then
                zeichen:=naechstes zeichen (eingabeband);
                if symbol=zeichen
                  then
                    schreiben (ausgabeband, (zeichen, 0));
                    regel:=anfang der regeln
                  else
                    zuruecksetzen (eingabeband);
                    kellern (analysekeller, symbol);
                    ruecklauf moeglich:=ruecklauf (regel)
                fi
              else
                kellern (analysekeller, symbol);
                ruecklauf moeglich:=ruecklauf (regel)
            fi
        fi
      else
        ruecklauf moeglich:=ruecklauf (regel)
    fi
  od;
  ist leer (eingabeband) and ist leer (analysekeller)
end
```

Ein Rücklauf wird immer dann durchgeführt, wenn

- das aus dem Analysekeller entkellerte terminale Zeichen nicht mit dem Eingabezeichen übereinstimmt;
- das aus dem Analysekeller entkellerte Symbol ein terminales Zeichen ist, aber das Eingabeband leer ist;
- der Analysekeller leer ist, das Eingabeband aber nicht leer ist;
- das aus dem Analysekeller entkellerte Symbol ein Zwischensymbol ist, für das nach einem vorangegangenen Rücklauf keine weitere Regel existiert; d.h., alle Alternativen wurden bereits probiert.

Beim Rücklauf wird das Ausgabeband bis zu einem Zwischensymbol zurückgelesen. Dabei werden gelesene terminale Zeichen in den Analysekeller gekellert und das Eingabeband um ein Zeichen zurückgesetzt. Dadurch erfolgt die Rekonstruktion des Eingabebandes. Wird ein Zwischensymbol zusammen mit dem Regelindex aus dem Ausgabeband entnommen, so wird der Analysekeller um die Länge der rechten Seite der Regel gemäß Regelindex gekürzt. Das Zwischensymbol wird darauf in den Analysekeller gekellert.

```
proc ruecklauf = (ref int regel) bool:
begin
  symbol symbol;
  struct (symbol symbol, int regel) paar;
  bool symbol ist terminal:=true, ruecklauf erfolgreich:=true;
  while symbol ist terminal and ruecklauf erfolgreich
  do
    if ist leer (ausgabeband)
      then
        ruecklauf erfolgreich:=false
      else
        paar:=lesen (ausgabeband);
        symbol:=symbol of paar;
        if ist terminal (symbol)
          then
            zuruecksetzen (eingabeband)
          else
            symbol ist terminal:=false;
            regel:=regel of paar;
            kuerzen (analysekeller, laenge rechte seite (regel))
        fi;
        kellern (analysekeller, symbol)
    fi
  od;
  ruecklauf erfolgreich
end
```

Dann wird versucht, für dieses Zwischensymbol eine neue Regel zu finden.

```
proc suche regel = (symbol symbol, ref int regel) bool:
begin
  bool regel gefunden:=false;
  for regeli from regel+1 by 1 to cardregeln while not regel gefunden
  do
    if symbol=linke seite (regeli)
      then
        regel gefunden:=true;
        regel:=regeli
    fi
  od;
  regel gefunden
end
```

Die Prozedur "top down" liefert den Wert true, wenn das Eingabeband und der Ausgangskeller leer sind. Dann enthält das Ausgabeband den Syntaxbaum in der linkslinearen Darstellung. Die Prozedur bricht mit dem Wert false ab, wenn ein Rücklauf erforderlich ist, aber das Ausgabeband leer ist. Dann wurden alle Möglichkeiten der Analyse des Eingabebandes entsprechend der vorgegebenen Grammatik geprüft. Abb. 7.6 demonstriert einige Schritte der Syntaxanalyse für die Eingabezeichenreihe if id < id then print id fi für die Beispielgrammatik.

Analysekeller	Eingabeband	Ausgabeband
⊢	if id < id then print id fi ⊣	⊢
⊢ S	if id < id then print id fi ⊣	⊢
⊢ A	if id < id then print id fi ⊣	⊢ (S,1)
⊢ id print	if id < id then print id fi ⊣	⊢ (S,1)(A,2)
⊢ A	if id < id then print id fi ⊣	⊢ (S,1)
⊢ fi C if	if id < id then print id fi ⊣	⊢ (S,1)(A,3)
⊢ fi C	id < id then print id fi ⊣	⊢ (S,1)(A,3)(if,0)
⊢ fi A else D	id < id then print id fi ⊣	⊢ (S,1)(A,3)(if,0)(C,4)
...	...	...
...	...	...

Abb. 7.6: Belegung des Analysekellers, Ein- und Ausgabebandes

7.2.2. NICHTDETERMINISTISCHE BOTTOM-UP-SYNTAXANALYSE

7.2.2.1. Nichtdeterministischer Kellerautomat als Grundmodell

Die Modellierung der Bottom-up-Syntaxanalyse durch einen nichtdeterministischen Kellerautomaten setzt eine kontextfreie Grammatik $G = (\underline{V},\underline{A},\underline{R},s)$ voraus, die ε-frei und zyklenfrei ist.

D 7.2.: Eine Grammatik heißt zyklenfrei, wenn für kein $z \in \underline{V} - \underline{A}$ $z \xrightarrow[G]{+} z$ gilt.

Dann läßt sich folgender nichtdeterministischer Kellerautomat definieren:

$$K_{Bottom\text{-}up} = (\underline{A}, \{z_0,z_e\}, \underline{V} \cup \{\vdash\}, \underline{V} \times \underline{N}, f, g, \vdash, z_0, \{z_e\})$$

mit

$\underline{A}$	Eingabealphabet
$\{z_0,z_e\}$	Zustandsmenge $\underline{Z}$ mit z_0 Anfangszustand, z_e Endzustand
$\underline{V} \cup \{\vdash\}$	Kelleralphabet mit dem Kelleranfangszeichen $\vdash$
$\underline{V} \times \underline{N}$	Ausgabealphabet
f	Überführungsfunktion, eine Abbildung $\underline{K}^* \times \underline{Z} \times (\underline{A} \cup \{\varepsilon\}) \longrightarrow P(\underline{K} \times \underline{Z} \times \{0,1\})$
g	Ausgabefunktion, eine Abbildung $\underline{K}^* \times \underline{Z} \times (\underline{A} \cup \{\varepsilon\}) \longrightarrow P(\underline{V} \times \underline{N}')$ mit $\underline{N}' = \{0,1,\ldots,card(\underline{R})\}$

In Einschränkung der allgemeinen Definition des Kellerautomaten liefert die Überführungsfunktion als Werte nur Tripel (k,z,d), wo k ein einzelnes Symbol ist (keine zu kellernde Zeichenreihe). Im Gegensatz zur Top-down-Analyse sind Überführungs- und Ausgabefunktion aber über Symbolfolgen des Kelleralphabets definiert, d.h., es wird nicht nur das oberste Kellersymbol einbezogen.

f und g sind wie folgt bestimmt:

- Die obersten Kellersymbole bilden die Zeichenreihe k_w. Am Eingabeband liegt das Zeichen a an, und der Kellerautomat befindet sich im Zustand z_0:

  $f(k_w,z_0,a) = \{(k_w a,z_0,1)\} \cup \{(z,z_0,0): (z,k_w) \in \underline{R}\}$

  $g(k_w,z_0,a) = \{(a,0)\} \cup \{(z,regelindex(r)): r = (z,k_w) \in \underline{R}\}$

  In derartigen Situationen gibt es folgende Möglichkeiten:

  . Es wird keine Regel zur syntaktischen Reduktion angewendet, sondern das Zeichen a vom Eingabeband in den Analysekeller übernommen. Dieses Zeichen a wird mit dem Index 0 ausgegeben.

  . Durch Anwendung der Regel $r = (z,k_w)$ wird anstelle der obersten Kellersymbole, die die Zeichenreihe k_w bilden, die linke Seite z der Regel r in den Analysekeller gekellert. Das Eingabeband bleibt unverändert und das Paar (z,regelindex(r)) wird ausgegeben.

- Der Analysekeller ist nur noch mit dem Kelleranfangs- und dem Satzsymbolzeichen belegt. Das Eingabeband ist leer. Der Kellerautomat befindet sich im Zustand z_0:

$f(\vdash s, z_0, \varepsilon) = \{(\vdash, z_e, 0)\}$

$g(\vdash s, z_0, \varepsilon) = \emptyset$

Der Kellerautomat geht in den Endzustand über. Es erfolgt keine Ausgabe.

Als Beispiel wird die in 7.2.1.1. gegebene Grammatik genutzt. Die Analyse wird gleichfalls für den Satz

$l = \underline{if}\ \underline{id} < \underline{id}\ \underline{then}\ \underline{print}\ \underline{id}\ \underline{fi}$ mit $l \in \underline{L}(G)$

demonstriert.

Abb. 7.7 gibt die Folge der Situationen an, die der nichtdeterministische Kellerautomat bestimmt, um den angegebenen Satz zum Satzsymbol zu reduzieren. Durch die Ausgabe liefert der Kellerautomat den Syntaxbaum in der rechtslinearen Darstellung

$((\underline{if}_0, (((\underline{id}_0, <_0, \underline{id}_0)B_7, \underline{then}_0, (\underline{print}_0, \underline{id}_0)A_2)D_6)C_5, \underline{fi}_0)A_3)S_1$

Takt	Analysekeller	Zustand	Eingabeband	Ausgabe
0	⊢	z_0	if id < id then print id fi	—
1	⊢ if	z_0	id < id then print id fi	(if,0)
2	⊢ if id	z_0	< id then print id fi	(id,0)
3	⊢ if id <	z_0	id then print id fi	(<,0)
4	⊢ if id < id	z_0	then print id fi	(id,0)
5	⊢ if B	z_0	then print id fi	(B,7)
6	⊢ if B then	z_0	print id fi	(then,0)
7	⊢ if B then print	z_0	id fi	(print,0)
8	⊢ if B then print id	z_0	fi	(id,0)
9	⊢ if B then A	z_0	fi	(A,2)
10	⊢ if D	z_0	fi	(D,6)
11	⊢ if C	z_0	fi	(C,5)
12	⊢ if C fi	z_0	ε	(fi,0)
13	⊢ A	z_0	ε	(A,3)
14	⊢ S	z_0	ε	(S,1)
15	⊢	z_e	ε	—

Abb. 7.7: Folge der Situation des Kellerautomaten

7.2.2.2. Bottom-up-Syntaxanalysealgorithmus mit Rücklauf

Für die programmtechnische Realisierung der Bottom-up-Syntaxanalyse mit Rücklauf gelten im wesentlichen die für die Top-down-Syntaxanalyse getroffenen Festlegungen. Auf Grund des analogen Aufbaus kann man interessante Vergleiche ziehen.

Der Bottom-up-Syntaxanalysealgorithmus wird durch die nachstehende Prozedur realisiert. Die Prozedurabarbeitung liefert true, wenn die Eingabezeichenreihe Satz der Sprache ist, sonst false.

```
proc bottom up = bool:
begin
  symbol symbol, zeichen;
  int regel, anfang der regeln:=0;
  bool ruecklauf moeglich:=true;
  initialisieren (eingabeband);
  initialisieren (ausgabeband);
  initialisieren (analysekeller);
  if not ist leer (eingabeband)
    then
      zeichen:=naechstes zeichen (eingabeband);
      kellern (analysekeller, zeichen);
      schreiben (ausgabeband, (zeichen, 0))
  fi;
  regel:=anfang der regeln;
  while not (ist leer (eingabeband) and ist leer (analysekeller))
        and ruecklauf moeglich
  do
    if suche regel (regel)
      then
        kuerzen (analysekeller, laenge rechte seite (regel));
        kellern (analysekeller, linke seite (regel));
        schreiben (ausgabeband, (linke seite (regel), regel));
        regel:=anfang der regeln
      else
        if not ist leer (eingabeband)
          then
            zeichen:=naechstes zeichen (eingabeband);
            kellern (analysekeller, zeichen);
            schreiben (ausgabeband, (zeichen, 0));
            regel:=anfang der regeln
          else
            if not ist leer (analysekeller)
              then
                symbol:=entkellern (analysekeller);
                if symbol=satzsymbol
                  then
                    if not ist leer (analysekeller)
                      then
                        kellern (analysekeller, symbol);
                        ruecklauf moeglich:=ruecklauf (regel)
                    fi
                  else
                    kellern (analysekeller, symbol);
                    ruecklauf moeglich:=ruecklauf (regel)
                fi
            fi
        fi
    fi
  od;
  ruecklauf moeglich
end
```

```
proc ruecklauf = (ref int regel) bool:
begin
  symbol symbol;
  bool symbol ist terminal:=true, ruecklauf erfolgreich:=true;
  while symbol ist terminal and ruecklauf erfolgreich
  do
    if ist leer (ausgabeband)
      then
        ruecklauf erfolgreich:=false
      else
        paar:=lesen (ausgabeband);
        symbol:=symbol of paar;
        kuerzen (analysekeller, 1);
        if ist terminal (symbol)
          then
            zuruecksetzen (eingabeband)
          else
            symbol ist terminal:=false;
            regel:=regel of paar;
            for i from 1 by 1 to laenge rechte seite (regel)
            do kellern (analysekeller, rechte seite (i, regel) od
        fi
    fi
  od;
  ruecklauf erfolgreich
end
```

```
proc suche regel = (ref int regel) bool:
begin
  symbol symbol;
  bool regel gefunden:=false;
  for regeli from regel+1 by 1 to cardregeln while not regel gefunden
  do
    regel gefunden:=true;
    for symboli from 1 by 1 to laenge rechte seite (regeli) while regel gefunden
    do
      if lesen (analysekeller, symbol, laenge rechte seite (regeli)+1-symboli)
        then
          regel gefunden:=symbol/=rechte seite (symboli,regeli)
        else
          regel gefunden:=false
      fi
    od;
    if regel gefunden then regel:=regeli fi
  od;
  regel gefunden
end
```

Die Wirkungsweise der Prozedur "bottom up" soll hier nicht weiter kommentiert werden, da diese in einer lesbaren und strukturierten Form angegeben ist. Es soll nur bemerkt werden, daß die Syntaxanalyse erfolgreich beendet wird, wenn im Analysekeller nur das Satzsymbol gespeichert ist und das Eingabeband leer ist.

Rücklauf wird in folgenden Fällen ausgeführt:

- Das Eingabeband ist leer. Es ist keine Regel anwendbar, und das Satzsymbol ist nicht das oberste Kellerzeichen des Analysekellers.
- Das Eingabeband ist leer. Nach dem Entkellern des Satzsymbols aus dem Analysekeller ist dieser nicht leer. Das bedeutet, daß ein Einlaufen in eine Sackgasse beim nichtdeterministischen Bottom-up-Syntaxanalyseverfahren nur erkannt werden kann, wenn die gesamte Eingabezeichenreihe gelesen wurde.

Die Eingabezeichenreihe ist nicht Satz der Sprache, wenn kein Rücklauf möglich ist.

7.3. DETERMINISTISCHE SYNTAXANALYSE

Nichtdeterministische Syntaxanalyseverfahren sind für Grammatiken ungeeignet, die Sprachen etwa im Umfang der bekannten höheren Programmiersprachen erzeugen. Die Verfahren arbeiten uneffektiv und liefern bezüglich der Analysezeit unbefriedigende Werte. Die Literatur (/2/) gibt dazu Aufwandsabschätzungen an. Der Analyseaufwand für $l \in \underline{L}(G)$ wird in der Anzahl von Analyseschritten z.B. einer Turingmaschine gemessen und wächst exponentiell mit der Länge der zu analysierenden Eingabezeichenreihe. Der Speicheraufwand für den Analysekeller und das Ausgabeband ist proportional der Länge der Eingabezeichenreihe.

Somit sind die nichtdeterministischen Syntaxanalysealgorithmen für die praktische Anwendung wenig interessant. Trotzdem sind sie von prinzipiellem und theoretischem Interesse hinsichtlich der Anwendung dieser Verfahren auf eine breite Klasse kontextfreier Sprachen. Die Beschreibung dieser Verfahren in der vorliegenden Darstellung bietet interessante Vergleichsmöglichkeiten und ist vom methodischen Standpunkt begründet. Mit der Darstellung wird ein besseres Verständnis der Probleme der deterministischen Syntaxanalyse erreicht.

Bezüglich der nichtdeterministischen Syntaxanalyseverfahren ist hervorzuheben, daß wegen des unbeschränkten Rücklaufs die Lokalisierung von Fehlern in syntaktisch falschen Programmtexten schwierig zu realisieren ist. An dieser Stelle soll eine weitere Frage kurz diskutiert werden. Bei mehrdeutigen Grammatiken gehören zu einem Satz der Sprache oft mehrere Syntaxbäume. Die angegebenen nichtdeterministischen Syntaxanalyseverfahren können in einfacher Weise modifiziert werden, damit sie alle Syntaxbäume eines Satzes liefern. Dazu wird nach erfolgreicher Syntaxanalyse der Rücklauf nochmals erzwungen. Das wiederholt sich, bis ein erzwungener Rücklauf kein weiteres positives Analyseergebnis liefert. Dann sind alle Alternativen mehrdeutiger Situationen durchprobiert und alle Syntaxbäume des Satzes gefunden worden.

Bei der deterministischen Syntaxanalyse eines Satzes $l \in \underline{L}(G)$ ist in jedem Analyseschritt eindeutig bestimmt, welche Regel der Grammatik erfolgreich anzuwenden ist. Deterministische Syntaxanalyseverfahren arbeiten also ohne Rücklauf, d.h., sackgassenfrei. Damit ist die Zahl der notwendigen Analyseschritte proportional der Länge der Eingabezeichenreihe. Fehler in Programmtexten können einfacher als bei nichtdeterministischen Analyseverfahren lokalisiert werden. Leider sind nicht alle kontextfreien Sprachen deterministisch analysierbar. Bei der deterministischen Syntaxanalyse ist garantiert, daß jeder Syntaxanalyseschritt richtig ist. Das ist für Einpaßcompiler sehr vorteilhaft. Die Erkennung einer syntaktischen Teilkonstruktion kann unmittelbar mit der Ausführung der zugehörenden semantischen Routine verknüpft werden; die semantische Analyse und Synthese wird während des Syntaxanalyseprozesses ausgeführt. Will man einen Einpaßcompiler mit einer nichtdeterministischen Syntaxanalyse realisieren, so muß bei einem notwendigen Rücklauf auch jeweils die fälschlicherweise ausgeführte Semantikbehandlung und Zielkodegenerierung annulliert werden. Das ist im allgemeinen bedeutend aufwendiger als die Realisierung des Rücklaufs der Syntaxanalyse.

Die deterministische Syntaxanalyse beruht im wesentlichen darauf, daß durch zusätzliche Kontextmerkmale im Analysekeller und im Eingabeband, die aus der Grammatik abgeleitet werden, die auszuführenden Aktionen für jede Analysesituation eindeutig bestimmt werden. Damit wird im Prinzip die kontextfreie Grammatik in eine kontextabhängige Grammatik überführt, die der deterministischen Syntaxanalyse zugrunde gelegt wird. Die nachfolgend behandelten deterministischen Syntaxanalyseverfahren kontextfreier Sprachen sind solche kontextabhängige Verfahren und demonstrieren das. Nur Sprachen regulärer Grammatiken können folglich direkt ohne Kontexte deterministisch analysiert werden.

7.3.1. DETERMINISTISCHE TOP-DOWN-SYNTAXANALYSE MITTELS LL(k)-GRAMMATIKEN

Die bedeutungsvollsten Top-down-Syntaxanalyseverfahren sind die LL(k)-Verfahren. Sie basieren auf den LL(k)-Grammatiken, die die umfassendste Klasse linksrekursionsfreier, kontextfreier Grammatiken bilden, die eine deterministische Top-down-Syntaxanalyse ermöglichen.

Es sei $G = (\underline{V}, \underline{A}, \underline{R}, s)$ eine linksrekursionsfreie, reduzierte und kontextfreie Grammatik. $x \in \underline{A}^*$ sei der zu analysierende Satz der Sprache $x \in \underline{L}(G)$. Die Top-down-Analyse sei bis zu

$$s \xrightarrow[G]{+} w_1\, z\, w_2 \quad \text{mit} \quad z \in \underline{V} - \underline{A},\ w_1 = a_1 a_2 \ldots a_i \in \underline{A}^*,\ w_2 \in \underline{V}^*$$

gekommen. Folglich ist $w_1 = a_1 a_2 \ldots a_i$ der bereits erfolgreich analysierte linke Präfix des vorgegebenen Eingabebandes $x = w_1 a_{i+1} a_{i+2} \ldots a_{i+k} \ldots a_n \in \underline{A}^*$. $w_2 z$ stellt die Belegung des Analysekellers mit dem kelleroberaten Symbol z dar (Abb. 7.8). Das Resteingabeband sei mit $w = a_{i+1} a_{i+2} \ldots a_{i+k} \ldots a_n$ bezeichnet.

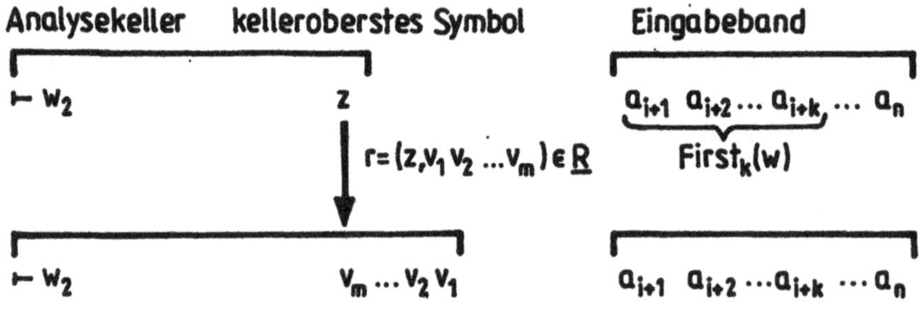

Abb. 7.8: Darstellung der Analysesituation bei der Top-down-Analyse

Läßt sich aus der Klasse alternativer Regeln, d.h., der Regeln mit der linken Seite $z \in \underline{V} - \underline{A}$

$$\underline{R}_z = \{ r_i : r_i = (z, v_i) \in \underline{R} \}$$

an Hand des bereits analysierten Teils des Eingabebandes w_1 und der Zielzeichenreihe $\text{First}_k(w) = a_{i+1} a_{i+2} \ldots a_{i+k}$ eindeutig die Regel $r \in \underline{R}_z$ bestimmen, so daß die Syntaxanalyse nicht in eine Sackgasse führt, dann wird die Grammatik als LL(k)-Grammatik bezeichnet. Es gelte

$$\text{First}_k(w) = \begin{cases} w & \text{falls } \text{lgth}(w) \leq k \\ u & \text{falls } w = u\, u' \text{ und } \text{lgth}(u) = k. \end{cases}$$

D 7.3.: Die kontextfreie Grammatik $G = (\underline{V}, \underline{A}, \underline{R}, s)$ heißt LL(k)-Grammatik, wenn für zwei Ableitungsfolgen

$$s \xrightarrow[G]{+} w_1 z w_2 \xrightarrow{r} w_1 v w_2 \xrightarrow[G]{*} w_1 w \quad \text{und}$$

$$s \xrightarrow[G]{+} w_1 z w_2' \xrightarrow{r'} w_1 v' w_2' \xrightarrow[G]{*} w_1 w'$$

mit $r = (z, v) \in \underline{R}$ und $r' = (z, v') \in \underline{R}$ und $w_1, w, w' \in \underline{A}^*$ sowie $w_2, w_2' \in \underline{V}^*$ für $r \neq r'$ stets $\text{First}_k(w) \neq \text{First}_k(w')$ folgt.

Ein LL(k)-Analysator benötigt also für die richtige Auswahl einer Regel als Informationen alle Zeichen aus dem bereits analysierten Teil des Satzes w_1 und die ersten k Zeichen w der noch nicht verarbeiteten Teilzeichenreihe des Satzes. Die Berücksichtigung der bereits analysierten

Teilzeichenreihe w_1 bei der Auswahl der Regeln ist relativ umständlich. Die meisten syntaktischen Konstruktionen der Programmiersprachen lassen sich bereits deterministisch analysieren, wenn bei der Regelauswahl nur die ersten k Zeichen des Eingabebandes berücksichtigt werden. Solche Grammatiken heißen stark-LL(k).

D 7.4.: Die kontextfreie Grammatik $G = (\underline{V},\underline{A},\underline{R},s)$ heißt <u>stark-LL(k)</u>, wenn für zwei Ableitungsfolgen

$$s \xrightarrow[G]{+} w_1 z w_2 \xrightarrow{r} w_1 v w_2 \xrightarrow[G]{*} w_1 w$$

$$s \xrightarrow[G]{+} w_1' z w_2' \xrightarrow{r'} w_1' v' w_2' \xrightarrow[G]{*} w_1' w'$$

mit $r = (z,v) \in \underline{R}$ und $r' = (z,v') \in \underline{R}$ und $w_1, w_1', w, w' \in \underline{A}^*$ sowie $w_2, w_2' \in \underline{V}^*$ für $r \neq r'$ stets $First_k(w) \neq First_k(w')$ folgt.

<u>Bemerkung:</u> k = 0 entspricht dem Fall, daß jede Klasse alternativer Regeln stets nur eine Regel enthält.

<u>Beispiel:</u> $G = (\{S,A,B,a,b\}, \{a,b\}, \underline{R}, S)$ mit

$$R = \{ r_1 = (S,aAaB),\ r_2 = (S,bAbB),\ r_3 = (A,ba),$$
$$r_4 = (A,b),\quad r_5 = (B,bB),\quad r_6 = (B,b) \}$$

ist LL(3), aber nicht stark-LL(k) für beliebiges k (Übung 5).

Aus D 7.3. folgt unmittelbar der Satz 7.2.

Satz 7.2.: LL(k)-Grammatiken sind eindeutig.

In der Menge der LL(k)-Grammatiken sind die LL(1)-Grammatiken eine wichtige Klasse. So z.B. läßt sich die Sprache PASCAL durch eine LL(1)-Grammatik beschreiben. Die Übersetzung von PASCAL ist deshalb sehr effektiv durchzuführen. Insbesondere ist der folgende Satz 7.3. von praktischer Bedeutung.

Satz 7.3.: Jede LL(1)-Grammatik ist auch eine starke LL(1)-Grammatik.

Damit ist eine deterministische Top-down-Syntaxanalyse möglich, wobei nur das am Eingabeband anliegende Zeichen (Zielsymbol) als Kontext benötigt wird.

<u>Beweis:</u>

<u>Vorbemerkung</u>

Der Beweis wird indirekt geführt und basiert auf der Feststellung, daß die starke LL(k)-Eigenschaft eine schärfere Forderung als die LL(k)-Eigenschaft ist; d.h., jede starke LL(k)-Grammatik ist auch eine LL(k)-Grammatik, aber nicht umgekehrt. Das geht aus den Definitionen D 7.3. und D 7.4. hervor. D 7.4. fordert im Vergleich zu D 7.3. für die starken LL(k)-Grammatiken, daß für

$$s \xrightarrow[G]{*} w_1 z w_2 \quad z \in \underline{V} - \underline{A} \quad \text{und} \quad w_1, w_2 \in \underline{A}^*$$

aus der Vorgabe der ersten k Zeichen des Eingabebandes (Zielzeichenreihe der Länge k) ohne Berücksichtigung des bereits analysierten Teils w_1 des Eingabebandes genau eine Regel $r = (z,v) \in \underline{R}_z$ aus der Menge alternativer Regeln $\underline{R}_z$ bestimmbar sein muß. Damit müssen alternative Regeln einer starken LL(k)-Grammatik paarweise disjunkte Mengen von Zielzeichenreihen der Länge k besitzen. Dagegen kann für die Regelauswahl in LL(k)-Grammatiken neben der Zielzeichenreihe noch der bereits analysierte Teil w_1 des Eingabebandes herangezogen werden.

Beweisführung:

$G = (\underline{V}, \underline{A}, \underline{R}, s)$ sei eine LL(k)-Grammatik. Besitzt die Grammatik nicht die starke LL(k)-Eigenschaft, so muß ein $z \in \underline{V} - \underline{A}$ existieren, wo für

$$s \xrightarrow[G]{*} w_1 z w_2 \quad \text{und} \quad s \xrightarrow[G]{*} w_1' z w_2' \quad \text{mit } w_1, w_1', w_2, w_2' \in \underline{A}^*$$

$$z \xrightarrow{r} v \xrightarrow[G]{*} w \quad \text{und} \quad z \xrightarrow{r'} v' \xrightarrow[G]{*} w' \quad \text{mit } w, w' \in \underline{A}^*$$

mit $r = (z, v) \in \underline{R}$ und $r' = (z, v') \in \underline{R}$ für $r' \neq r$ und $w_1 \neq w_1'$

$First_k(ww_2) = First_k(w'w_2')$ (1)

gilt. Wegen der Voraussetzung der LL(k)-Eigenschaft muß aber

$First_k(ww_2) \neq First_k(w'w_2)$ (2)

und

$First_k(w'w_2') \neq First_k(ww_2')$ (3)

erfüllt sein. Aus (2) bzw. (3) folgt $w \neq w'$, womit entweder $lgth(w) \geq 1$ oder $lgth(w') \geq 1$ gelten muß.

Die Betrachtung des Falles $k = 1$ liefert

- für $lgth(w) \geq 1$ aus
  $First_1(w'w_2') = First_1(ww_2) = First_1(w)$ und
  $First_1(ww_2') = First_1(w)$
  einen Widerspruch zu (3) und
- für $lgth\ (w') \geq 1$ aus
  $First_1(ww_2) = First_1(w'w_2') = First_1(w')$ und
  $First_1(w'w_2) = First_1(w')$
  einen Widerspruch zu (2).

Daraus folgt, daß in einer LL(1)-Grammatik keine alternativen Regeln existieren können, die gleiche Mengen von Zielsymbolen besitzen. Damit ist Satz 7.3. bewiesen.

Der nachfolgende Satz wird ohne Beweis angegeben (Übung 5).

Satz 7.4.: Zu jeder LL(k)-Grammatik gibt es eine äquivalente starke LL(k)-Grammatik.

Eine sehr spezielle Form der LL(1)-Grammatiken sind die einfachen LL(1)-Grammatiken, die besonders in Fachsprachen angewendet werden. In einfachen LL(1)-Grammatiken werden verschiedene alternative Regeln mit verschiedenen Terminalzeichen der rechten Seiten eingeleitet. Die Zielsymbole sind genau diese Terminalzeichen. In Programmiersprachen bedeutet das, daß jede Art von Vereinbarungen oder Anweisungen mit einem besonderem Schlüsselwort beginnt.

D 7.5.: Eine kontextfreie, ε-freie Grammatik $G = (\underline{V}, \underline{A}, \underline{R}, s)$ heißt <u>einfache LL(1)-Grammatik</u>, falls für alle Regeln

$r \neq r'$ mit $r = (z,aw) \in \underline{R}$ und $r' = (z,a'w') \in \underline{R}$ mit
$z \in \underline{V} - \underline{A}$, $a,a' \in \underline{A}$ und $w,w' \in \underline{V}^*$
$a \neq a'$ folgt.

7.3.1.1. LL(1)-Bedingungen

In diesem Abschnitt wird gezeigt, wie überprüft wird, ob eine kontextfreie Grammatik eine LL(k)-Grammatik ist. Allgemein gilt der in /59/ bewiesene Satz 7.5.

Satz 7.5.: Für ein fest vorgegebenes k ist entscheidbar, ob eine kontextfreie Grammatik vom Typ LL(k) ist.

Die folgenden Darstellungen beziehen sich auf den Fall k = 1, also auf LL(1)-Grammatiken. Die Einhaltung der LL(1)-Bedingungen wird mit Hilfe eines LL(1)-Entscheidungsalgorithmus überprüft. Falls die LL(1)-Eigenschaft verletzt ist, ist es oft möglich, diese Grammatik in eine äquivalente LL(1)-Grammatik umzuformen. Für diese Transformationen können aber keine allgemein gültigen Verfahren, sondern nur einzelne Methoden angegeben werden. Das Problem besteht darin, daß zwar allgemein entschieden werden kann, ob eine Grammatik vom Typ LL(1) ist, aber nicht, ob eine Sprache durch eine LL(1)-Grammatik definiert werden kann. Nach /59/ gilt der Satz 7.6.

Satz 7.6.: Für eine gegebene Sprache $\underline{L}$ ist nicht allgemein entscheidbar, ob eine LL(k)-Grammatik existiert, die $\underline{L}$ erzeugt.

Die vorangegangenen Ausführungen verdeutlichen, daß für den Übergang von der nichtdeterministischen zur deterministischen Top-down-Syntaxanalyse die eindeutige Auswahl einer Regel aus der Menge der zu z alternativen Regeln in den Analysesituationen maßgeblich ist, in denen das Zwischensymbol z als kelleroberstes Zeichen anliegt. Die Bestimmung der anzuwendenden Regel erfolgt mit Hilfe der ersten k Zeichen des Eingabebandes, der sogenannten Zielzeichenreihe der Länge k und der Belegung des Analysekellers. Im Fall k = 1 vereinfacht sich die Auswahl gemäß Satz 7.3. Es wird nur noch das anliegende Zeichen, das sogenannte Zielsymbol, zur Regelauswahl benötigt. Natürlich können die Regeln mehrere zulässige Zielsymbole besitzen. Man spricht deshalb von der Menge der Zielsymbole $\underline{M}_{Ziel}(r=(z,v))$ der Regel $r = (z,v)$, die sich wie folgt angeben läßt:

$$\underline{M}_{Ziel}(r=(z,v)) = \{a\colon a \in \underline{A} \wedge s \xrightarrow[G]{*} w_1 z w_2 \xrightarrow{r} w_1 v w_2 \xrightarrow[G]{*} w_1 a w_2' \wedge w_1, w_2, w_2' \in \underline{V}^*\}.$$

Die notwendige und hinreichende Bedingung, daß eine kontextfreie Grammatik LL(1) ist, fordert paarweise disjunkte Zielsymbolmengen für alle Regeln mit gleichen linken Seiten:

$$\forall r,r' [\, r = (z,v) \in \underline{R} \wedge r' = (z,v') \in \underline{R} \wedge r \neq r' \longrightarrow \underline{M}_{Ziel}(r) \cap \underline{M}_{Ziel}(r') = \emptyset \,]$$

<u>Bestimmung der Zielsymbolmenge einer Regel</u>

Für die Berechnung der Zielsymbolmenge $\underline{M}_{Ziel}(r=(z,v))$ einer Regel $r = (z,v)$, deren rechte Seite die leere Zeichenreihe nicht erzeugen kann, ist es ausreichend, die terminalen Anfangssymbole über die Anfangsrelation $\underline{R}_{anfang\ A}$ für die rechte Seite der Regel zu ermitteln. Bei epsilonerzeugenden Regeln können die möglichen Zielsymbole nicht ausschließlich mit der Anfangsrelation sondern müssen über die Nachfolgerelation $\underline{R}_{nachfolger\,\varepsilon}$ bestimmt werden, wobei G = ($\underline{V}$,$\underline{A}$,$\underline{R}$,s) eine reduzierte kontextfreie Grammatik ist:

$$\underline{M}_{Ziel}(r=(z,v)) = \{a:\ a\in \underline{A} \wedge v = w_1 x w_2 \wedge w_1 \xrightarrow[G]{*} \varepsilon \wedge w_2 \in \underline{V}^* \wedge (x,a)\in \underline{R}_{anfang\ A}\} \cup \{a:\ a\in \underline{A}\wedge v \xrightarrow[G]{*} \varepsilon \wedge (z,a)\in \underline{R}_{nachfolger\,\varepsilon}\}$$

<u>Algorithmus</u>: Bestimmung der Anfangsrelation $\underline{R}_{anfang\ A}$

$$\underline{R}_{anfang\ A} = \{(x,a):\ x\in \underline{V}\wedge a\in \underline{A}\wedge x \xrightarrow[G]{*} aw \wedge w\in \underline{V}^*\}$$

1. Bestimme

$$\underline{R}_{anfang\ V} = \{(x,y):\ x\in \underline{V} - \underline{A}\wedge y\in \underline{V}\wedge (x,w_1 y w_2)\in \underline{R}\wedge w_1 \xrightarrow[G]{*} \varepsilon \wedge w_1,w_2\in \underline{V}^*\}!$$

2. Bilde

$$\underline{R}_{anfang\ A} = \underline{R}^{+}_{anfang\ V} \cap (\underline{V}-\underline{A})\times \underline{A} \cup \{(a,a):\ a\in \underline{A}\}!$$

<u>Algorithmus</u>: Bestimmung der Nachfolgerelation $\underline{R}_{nachfolger\,\varepsilon}$

$$\underline{R}_{nachfolger\,\varepsilon} = \{(z,a):\ z\in \underline{V} - \underline{A}\wedge a\in \underline{A}\wedge s \xrightarrow[G]{+} w_1 z a w_2 \wedge z \xrightarrow[G]{+} \varepsilon \wedge w_1,w_2\in \underline{V}^*\}$$

1. Bestimme

$$\underline{R}_r = \{(x,y):\ x,y\in \underline{V} - \underline{A}\wedge (y,w_1 x w_2)\in \underline{R}\wedge w_2 \xrightarrow[G]{*} \varepsilon \wedge w_1,w_2\in \underline{V}^*\}!$$

2. Bestimme

$$\underline{R}'_{nachfolger\ A} = \{(x,a):\ x\in \underline{V} - \underline{A}\wedge a\in \underline{A}\wedge (z,w_1 x w y w_2)\in \underline{R}\wedge w \xrightarrow[G]{*} \varepsilon \wedge w,w_1 w_2\in V^*\wedge (y,a)\in R_{anfang\ A}\}!$$

3. Bilde

$$\underline{R}_{nachfolger\ A} = \underline{R}_r^{*} \circ \underline{R}'_{nachfolger\ A}!$$

4. Bilde

$$\underline{R}_{nachfolger\,\varepsilon} = \underline{R}_{nachfolger\ A} \cap (\underline{Z}_{eps}\times \underline{A})$$

$$\text{mit } \underline{Z}_{eps} = \{z:\ z\in \underline{V} - \underline{A}\wedge z \xrightarrow[G]{+} \varepsilon\}!$$

<u>Beispiel:</u> Die kontextfreie Grammatik G = ($\underline{V}$,$\underline{A}$,$\underline{R}$,s) mit

$\underline{V} - \underline{A} = \{S, A, A', A'', T, T', T'', P\}$,

$\underline{A} = \{\#, +, -, *, /, (,), \underline{id}, \underline{const}\}$ und

$\underline{R} = \{r_1 = (S, A\#),$

$r_2 = (A, TA'),\ r_3 = (A', A''A'),\ r_4 = (A', \varepsilon),$

$r_5 = (A'', +T),\ r_6 = (A'', -T),$

$r_7 = (T, PT'),\ r_8 = (T', T''T'),\ r_9 = (T', \varepsilon),$

$r_{10} = (T'', *P),\ r_{11} = (T'', /P),$

$r_{12} = (P, \underline{id}),\ r_{13} = (P, \underline{const}),\ r_{14} = (P, (A))\}$

beschreibt arithmetische Ausdrücke ohne linksrekursive Regeln. Auf Grund der einfachen LL(1)-Eigenschaft einiger Regeln kann beispielsweise die Zielsymbolmenge

$\underline{M}_{Ziel}(r_5 = (A'',+T)) = \{+\}$

ohne Aufwand bestimmt werden. Bei anderen Regeln ist die Bestimmung der Zielsymbolmenge aufwendiger, z.B.

$\underline{M}_{Ziel}(r_2 = (A,TA')) = \{\underline{id}, \underline{const}, (\}$

wegen

$T \xrightarrow{r_7} PT' \xrightarrow{r_{12}} \underline{id}\ T'$

$T \xrightarrow{r_7} PT' \xrightarrow{r_{13}} \underline{const}\ T'$

$T \xrightarrow{r_7} PT' \xrightarrow{r_{14}} (A)\ T'.$

Die Abarbeitung der Algorithmen ergibt:

1) Anfangsrelation

$$\underline{R}_{anfang\ V} = \{(S,A), (A,T), (A',A''), (A'',+), (A'',-), (T,P), (T',T''), (T'',*), (T'',/), (P,\underline{id}), (P,\underline{const}), (P,()\}$$

$$\underline{R}^{+}_{anfang\ V} = \underline{R}_{anfang\ V} \cup \{(S,T), (A,P), (A',+), (A',-), (T,\underline{id}), (T,\underline{const}), (T,(), (T',*), (T',/)\} \cup \{(S,P), (A,\underline{id}), (A,\underline{const}), (A,()\} \cup \{(S,\underline{id}), (S,\underline{const}), (S,()\}$$

$$\underline{R}_{anfang\ A} = \{(S,\underline{id}), (S,\underline{const}), (S,(), (A,\underline{id}), (A,\underline{const}), (A,(), (A',+), (A',-), (A'',+), (A'',-), (T,\underline{id}), (T,\underline{const}), (T,(), (T',*), (T',/), (T'',*), (T'',/), (P,\underline{id}), (P,\underline{const}), (P,()\} \cup \{(\#,\#), (+,+), (-,-), (*,*), (/,/), ((,(), (),)), (\underline{id},\underline{id}), (\underline{const},\underline{const})\}$$

2) Nachfolgerrelation

$$\underline{R}_{r} = \{(A',A), (T,A), (A',A'), (A'',A'), (T,A''), (T',T), (P,T), (T',T'), (T'',T'), (P,T'')\}$$

$$\underline{R}'_{nachfolger\ A} = \{(A,\#), (T,+), (T,-), (A'',+), (A'',-), (P,*), (P,/), (T'',*), (T'',/), (A,))\}$$

$$\underline{R}^{*}_{r} = \{(A',A), (T,A), (A',A'), (A'',A'), (T',A''), (T',T), (P,T), (T',T'), (T'',T'), (P,T''), (A'',A), (T,A'), (T',A''), (T',A), (P,A), (P,A''), (T'',T), (P,T'), (T',A'), (P,A'), (T'',A''), (T'',A), (T'',A')\} \cup \{(S,S), (A,A), (A',A'), (A'',A''), (T,T), (T',T'), (T'',T''), (P,P)\}$$

$$\underline{R}_{nachfolger\ A} = \{(A,\#), (A',\#), (T,\#), (A'',\#), (T',\#), (P,\#), (T'',\#), (T,+), (T',+), (P,+), (T'',+), (T,-), (T',-), (P,-), (T'',-), (A'',+), (A'',-), (P,*), (P,/), (T'',*), (T'',/), (A,)), (A',)), (T,)), (A'',)), (T',)), (P,)), (T'',))\}$$

$\underline{R}_{nachfolger\,\varepsilon}$ = {(A',#), (A',)), (T',#), (T',)), (T',+), (T',-)}
da $\underline{Z}_{eps}$ = {A',T'}

Die syntaktischen Regeln mit den entsprechenden Zielsymbolmengen sind in der nachfolgenden Übersicht dargestellt. Man erkennt, daß die Zielsymbolmengen alternativer Regeln disjunkt sind. Folglich ist die Beispielgrammatik eine LL(1)-Grammatik.

Syntaxregel r ε $\underline{R}$	$\underline{M}_{Ziel}(r)$
r_1 = (S,A #)	{id,const,(}
r_2 = (A,T A')	{id,const,(}
r_3 = (A',A"A')	{+,-}
r_4 = (A',ε)	{#,)}
r_5 = (A",+T)	{+}
r_6 = (A",-T)	{-}
r_7 = (T,P T')	{id,const,(}
r_8 = (T',T" T')	{*,/}
r_9 = (T',ε)	{+,-,#,)}
r_{10} = (T",*P)	{*}
r_{11} = (T",/P)	{/}
r_{12} = (P,id)	{id}
r_{13} = (P,const)	{const}
r_{14} = (P,(A))	{(}

Abb. 7.9: Zielsymbolmengen der Regeln der Beispielgrammatik

7.3.1.2. Beseitigung von Verletzungen der LL(1)-Eigenschaft

Zur Entscheidung, ob eine kontextfreie Grammatik die LL(1)-Bedingungen erfüllt, geht man zweckmäßig in folgenden Schritten vor:

1) Bildung der reduzierten Grammatik durch Berechnung der ableitbaren und terminierenden Symbole;
2) Bestimmung der epsilon-erzeugenden Zwischensymbole;
3) Berechnung der Anfangsrelation;
4) Berechnung der Nachfolgerelation;
5) Bestimmung der Zielsymbole;
6) Überprüfung der Disjunktheit der Zielsymbolmengen der alternativen Regeln.

Bei Verstößen gegen die LL(1)-Eigenschaft kann versucht werden, durch geeignete Transformationen eine äquivalente LL(1)-Grammatik zu finden. Nachfolgend werden einige Transformationsmöglichkeiten angegeben.

a) <u>Linksrekursion</u>

Satz 7.7.: Linksrekursive Grammatiken sind nicht LL(k).

Der Beweis ist relativ einfach. Für eine reduzierte kontextfreie Grammatik $G = (\underline{V},\underline{A},\underline{R},s)$ gelte für ein $z \in \underline{V} - \underline{A}$

$$z \xrightarrow{r} v \xrightarrow[G]{*} w \quad \text{sowie} \quad z \xrightarrow{r'} v' \xrightarrow[G]{*} zw' \quad \text{für} \quad v,v' \in \underline{V}^*, \; w,w' \in \underline{A}^*$$

und $v \neq v'$. Diese Forderung ist für reduzierte linksrekursive Grammatiken immer erfüllt. Es sei $s \xrightarrow[G]{+} w_1 z w_2$. Dann gilt auch $s \xrightarrow[G]{+} w_1 z w'^n w_2$ für ein beliebiges $n > 0$. Deshalb gibt es die zwei Ableitungen

$$s \xrightarrow[G]{+} w_1 z w'^n w_2 \xrightarrow{r} w_1 v w'^n w_2 \xrightarrow[G]{*} w_1 w w'^n w_2$$

$$s \xrightarrow[G]{+} w_1 z w'^n w_2 \xrightarrow{r'} w_1 v' w'^n w_2 \xrightarrow[G]{*} w_1 z w' w'^n w_2 \xrightarrow[G]{*} w_1 w w'^{(n+1)} w_2 .$$

Für ein beliebig großes k kann n immer so gewählt werden, daß $First_k(ww'^n w_2) = First_k(ww'^{(n+1)} w_2)$ gilt. Da $v \neq v'$, ist D 7.2. verletzt, d.h., G ist nicht LL(k) für ein beliebiges k.

Da zu jeder kontextfreien Grammatik eine äquivalente linksrekursionsfreie Grammatik existiert (Satz 4.15.), bedeutet Satz 7.7. keine prinzipielle Einschränkung.

b) Faktorisierung und Substitution

Die LL(1)-Eigenschaft einer linksrekursionsfreien, kontextfreien Grammatik $G = (\underline{V},\underline{A},\underline{R},s)$ ist verletzt, wenn in der Grammatik alternative Regeln existieren, deren rechte Seiten gleiche Präfixe besitzen. Z.B. ist in den Regeln

$$r_1 = (z,z_1w_1) \in \underline{R}, \; r_2 = (z,z_1w_2) \in \underline{R} \text{ mit } z_1 \in \underline{V} \text{ und } w_1,w_2 \in \underline{V}^*$$

z_1 der gemeinsame Präfix. Solche Fälle werden durch sogenannte Faktorisierung, d.h., durch Ausklammern des Präfixes, behandelt. Für die beiden Regeln ergibt sich dann beispielsweise

$$r' = (z,z_1x), \; r_1' = (x,w_1), \; r_2' = (x,w_2) \text{ mit } x \notin \underline{V} - \underline{A}$$

mittels des neuen Zwischensymbols x. Das führt auf die zu G äquivalente Grammtik

$$G' = (\underline{V} \cup \{x\}, \underline{A}, (\underline{R} - \{r_1,r_2\}) \cup \{r',r_1',r_2'\}, s).$$

Beispiel:

Die Faktorisierung der Regeln

r_1 = (Faktor, Primaeres ** Faktor)

r_2 = (Faktor, Primaeres)

führt zu den Regeln

r_1' = (Faktor, Primaeres Faktorrest)

r_2' = (Faktorrest, ** Faktor)

r_3' = (Faktorrest, ε).

Der allgemeinere Fall, der zu LL(1)-Konflikten in einer kontextfreien Grammatik führt, ist der, daß indirekt gemeinsame Präfixe für alternative Regeln entstehen. Solche Fälle, wie

$$r_1 = (z,z_1w_1) \in \underline{R}, \; r_2 = (z,z_2w_2) \in \underline{R} \text{ und } z_2 \xrightarrow[G]{+} z_1w_3$$

mit $z_1,z_2 \in \underline{V}$ und $w_1,w_2,w_3 \in \underline{V}^*$, werden durch Substitution und anschließende Faktorisierung behandelt. Für $z_2 \xrightarrow[G]{+} z_1w_3$ sei hier vereinfachend chen liegt der Speicherplatzbedarf in den Größenordnungen von mehreren Tausend Matrixplätzen, wie man sich sofort durch Überschlagsrechnung aus card($\underline{V}$ - $\underline{A}$)*card($\underline{A}$) überzeugen kann. Es ist aber leicht möglich, zur komprimierten Abspeicherung der Matrix überzugehen, da nach Untersuchungen von Programmiersprachen ca. 80% der Regeln genau ein Zielsymbol besitzen. Die durchschnittliche Anzahl der Zielsymbole je Regel liegt etwa bei 3. Damit ist die LL(1)-Steuertabelle schwach besetzt, wenn auf die Darstellung des Fehlerindex verzichtet wird.

Bemerkung:
Bei allen tabellengesteuerten Syntaxanalyseverfahren ist die speicherplatzeffektive Darstellung der Steuerinformationen ein besonderes Problem und nicht etwa spezifisch für die LL(k)-Syntaxanalyse.

7.3.1.4. Bemerkungen zur Methode des rekursiven Abstiegs in Verbindung mit der LL(1)-Eigenschaft

In der Übersetzerprogrammentwicklung hat sich die Methode des rekursiven Abstiegs sehr bewährt. Die Methode ist extrem einfach, leicht zu implementieren und liefert einen übersichtlichen sowie effizienten Syntaxanalysator. Dabei wird die vorhandene Implementierung eines rekursiven Prozedurkonzeptes ausgenutzt, das meist in höheren Programmiersprachen realisiert ist. Der implizite Rekursionskeller fungiert hier faktisch als Analysekeller.

In 3.5.2. wurde bereits auf die Bedeutung der LL(1)-Eigenschaft für die Organisation des Rücklaufes bei versagenden Alternativen aufmerksam gemacht. Es empfiehlt sich, diesen Abschnitt nochmals durchzulesen. Die (starke) LL(1)-Eigenschaft der Sprachdefinition kann genutzt werden, um die Auswahl der alternativen Regel durch Untersuchung der Zielsymbolmengen effektiv zu steuern. Beispielsweise habe die Backus-Naur-Regel

<a> : : = <b> | t2 <c> | <d>

die Zielsymbolmengen der Alternativen

Zielsymbole (b) = {t1}

Zielsymbole (d) = {t3, t4} ,

wobei t1, t2, t3 und t4 terminale Zeichen darstellen. Dann kann folgende Analyseprozedur für a angegeben werden.

```
proc a = bool:
if zeichen=t1
  then
    b
  else
    if zeichen=t2
      then
        zeichen:=naechstes zeichen;
        c
      else
        if zeichen=t3 or zeichen=t4
          then
            d
          else
            false
        fi
    fi
fi
```

7.3.2. DETERMINISTISCHE BOTTOM-UP-SYNTAXANALYSE MITTELS LR(k)-GRAMMATIKEN

Die Behandlung der nichtdeterministischen Syntaxanalyseverfahren machte die wesentlichen Unterschiede zwischen der Top-down-Analyse und der Bottom-up-Analyse deutlich. Bei der deterministischen Syntaxanalyse stehen folgende Fragen im Vordergrund:

- Wann muß das am Eingabeband anliegende Zeichen eingelesen werden?
- Wann ist eine Syntaxregel anzuwenden?
- Welche Syntaxregel ist auszuwählen?

Bei der Top-down-Analyse sind die ersten beiden Fragen relativ einfach zu beantworten. Eine Eingabeaktion erfolgt immer dann, wenn ein terminales Zeichen oberstes Symbol des Analysekellers ist. Ein Zwischensymbol als oberstes Kellerzeichen verlangt die Anwendung einer Syntaxregel, die aus der Menge der zu diesem Zwischensymbol gehörenden alternativen Regeln auszuwählen ist. Die Regelauswahl erfolgt im allgemeinen durch Kontextbetrachtung.

Etwas komplizierter ist die Bottom-up-Syntaxanalyse. Analog den Ausführungen zur nichtdeterministischen Bottom-up-Syntaxanalyse sind vom Syntaxanalysator folgende Aktionen auszuführen:

- Verschiebeaktion: Das am Eingabeband anliegende Zeichen wird in den Analysekeller gekellert, und das Eingabeband wird weitergerückt.
- Reduktionsaktion: Die Folge der obersten Symbole des Analysekellers bildet eine reduzierbare Zeichenreihe und stimmt mit der rechten Seite einer Syntaxregel überein, die eindeutig bestimmt werden kann. Die Reduktion wird ausgeführt.
- Endeaktion: Im Analysekeller ist nur das Satzsymbol gespeichert, das Eingabeband ist leer. Die vorgelegte Zeichenreihe wurde erfolgreich zum Satzsymbol reduziert.
- Fehleraktion: Die syntaktischen Fehler im Quelltext werden an Hand der Analysesituation klassifiziert und behandelt.

Die Entscheidung, ob eine Verschiebe- oder Reduktionsaktion in einer Situation anzuwenden ist, kann nicht mehr allein aus der Belegung des Analysekellers, sondern nur mit Hilfe von Kontextinformationen erfolgen. Genauso ist die Bestimmung der anzuwendenden Regel komplizierter als bei den Top-down-Verfahren und erfolgt mittels der Kontextinformationen.

LR(k)-Grammatiken bilden die umfassendste Klasse kontextfreier Grammatiken, die eine deterministische Bottom-up-Syntaxanalyse erlauben. Es wird vorausgesetzt, daß die kontextfreie Grammatik $G = (\underline{V}', \underline{A}, \underline{R}, s)$ ε-frei und zyklenfrei ist. Der zu analysierende Satz der Sprache sei $l = a_1 a_2 \ldots a_i a_{i+1} \ldots a_{i+k} \ldots a_n \in \underline{A}^*$. Die Bottom-up-Analyse habe das Eingabeband bereits bis einschließlich a_i abgearbeitet, d.h., zu w reduziert. Diese Situation kann durch

$$ww_2 \xrightarrow[G]{*} a_1a_2\ldots a_iw_2 \text{ mit } w \in \underline{V}^+,\ w_2 = a_{i+1}a_{i+2}\ldots a_n \in \underline{A}^*$$

dargestellt werden. Dabei ist w_2 die noch nicht verarbeitete rechte Teilzeichenreihe des Eingabebandes, und w ist die Belegung des Analysekellers. Soll in dieser Situation eine Reduktionsaktion erfolgen, so müssen die kelleroberaten Symbole des Analysekellers die rechte Seite einer Regel bilden, d.h., es muß ein $r = (z,v) \in \underline{R}$ mit $w = w_1v$ und $w_1 \in \underline{V}^*$ existieren. Nach Ausführung der Reduktionsaktion ist der Analysekeller mit w_1z belegt, wie Abb. 7.11 verdeutlicht.

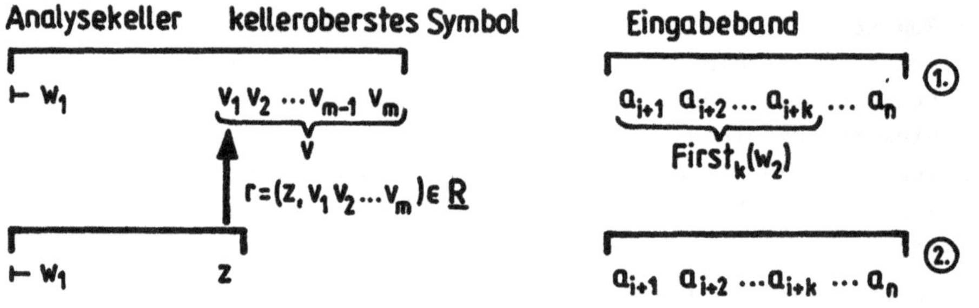

Abb. 7.11: Darstellung der Reduktionsaktion bei der Bottom-up-Analyse

Ein LR(k)-Analysator muß in jeder Analysesituation entscheiden können, ob eine Verschiebe-, Reduktions-, Fehler- oder Endeaktion auszuführen ist. Diese Entscheidung erfolgt in Abhängigkeit von der Belegung des Analysekellers w und den nächsten k Zeichen des Eingabebandes $First_k(w_2) = a_{i+1}a_{i+2}\ldots a_{i+k}$. Falls eine Reduktionsaktion zu erfolgen hat, so muß aus w und $First_k(w_2)$ eindeutig die zu reduzierende Zeichenreihe v mit $w = w_1v$ bestimmt werden können. Falls die Menge von Regeln mit der rechten Seite v

$$\underline{R}_v = \{r: r = (z,v) \in \underline{R}\}$$

mehr als eine Regel enthält, so muß ebenso die eindeutige Auswahl der anzuwendenden Regel erfolgen, so daß die Syntaxanalyse nicht in eine Sackgasse führt. Wenn für beliebige Satzformen der Grammatik diese Forderungen erfüllt sind, wird die Grammatik als LR(k)-Grammatik bezeichnet. Die Analogie zu den LL(k)-Grammatiken ist offensichtlich.

D 7.6.: Die ε-freie, kontextfreie Grammatik $G = (\underline{V},\underline{A},\underline{R},s)$, in der s nicht auf der rechten Seite einer Regel auftritt, heißt LR(k)-Grammatik, wenn für $r = (z,v)$, $r' = (z',v') \in \underline{R}$ und zwei Ableitungsfolgen

$$s \xrightarrow[G]{*} w_1zw_2 \xrightarrow{r} w_1vw_2$$
$$s \xrightarrow[G]{*} w_1'z'w_2' \xrightarrow{r'} w_1'v'w_2'$$

mit $w_1,w_1',v,v' \in \underline{V}^*$, $w_2,w_2' \in \underline{A}^*$ und $w_1v = w_1'v'$ sowie $First_k(w_2) = First_k(w_2')$ folgt, daß $w_1 = w_1'$, $z = z'$ und $v = v'$.

Aus der Definition geht hervor, daß bei einer Reduktion stets eindeutig eine Regel r auswählbar ist, d.h., es ist $r = r'$. Allgemeine LR(k)-Analysatoren sind schwer zu realisieren. Die verschiedenen in der Literatur empfohlenen Analysatoren beschränken sich auf den Fall k = 1 und unterscheiden sich in der Art, wie für die Reduktionsaktion die reduzierbare Zeichenreihe bestimmt wird (SLR(1)-, LALR(1)-, LR(1)-Verfahren). Folgende Theoreme (ohne Beweis) sind von praktischem Interesse:

Satz 7.7.: Zu jeder LR(k)-Grammatik mit $k > 1$ existiert eine äquivalente LR(1)-Grammatik.

Satz 7.8.: Jede LL(k)-Sprache ist auch LR(k).

7.3.2.1. Einfache LR(k)-Grammatiken (SLR(k)-Grammatiken)

Im Gegensatz zur LL-Technik ist es bei LR(k)-Grammatiken nicht sinnvoll, den linken Kontext unberücksichtigt zu lassen. Die dadurch hervorgerufene zu große Einschränkung der Klasse der akzeptierten Sprache ist auf die bei Bottom-up-Verfahren notwendige Bestimmung der reduzierbaren Zeichenreihe in der Reduktionsaktion zurückzuführen. Deshalb werden hier die sogenannten einfachen (simplen) LR(k)-Grammatiken (speziell SLR(1)-Grammatiken) untersucht.

Zunächst soll die prinzipielle Wirkungsweise der SLR(1)-Analyse dargestellt werden. Gemäß den vorangegangenen Ausführungen wird zunächst im Analysekeller die rechte Seite einer Regel von links nach rechts aufgebaut (Verschiebeaktionen), um sie anschließend durch die linke Seite der Regel zu ersetzen (Reduktionsaktion). Für die Regel $r = (z, v_1v_2v_3)$ können deshalb im Verlauf der Analyse folgende vier Situationen eintreten:

	Analysekeller	symbolische Darstellung der Situation	Bemerkung
1	w'	$(z, \bullet v_1v_2v_3)$	Beginn des Aufbaus der rechten Seite; am Eingabeband wird v_1 erwartet
2	$w'v_1$	$(z, v_1 \bullet v_2v_3)$	v_1 erkannt; es wird v_2 erwartet
3	$w'v_1v_2$	$(z, v_1v_2 \bullet v_3)$	v_1v_2 wurde erkannt; es wird v_3 erwartet
4	$w'v_1v_2v_3$	$(z, v_1v_2v_3 \bullet)$	die rechte Seite $v_1v_2v_3$ der Regel wurde erkannt; die Reduktion kann ausgeführt werden

In den ersten drei Situationen müssen Verschiebeaktionen ausgeführt werden. Die Ausführung der Reduktion in der Situation 4 führt zu der Kellerbelegung w'z. Ist ein v_i, $1 \leq i \leq 3$ ein Zwischensymbol, so ist analog zu verfahren, d.h., es muß zunächst die rechte Seite einer Regel $r' = (v_i, v)$ im Analysekeller aufgebaut und anschließend die Reduktion ausgeführt werden.

Es sei nun angenommen, daß die Analyse einen Zustand erreicht hat, der für die Regel $r = (z, v_1v_2v_3)$ durch die Situation $(z, v_1 \bullet v_2v_3)$ charakterisiert ist. Der erreichte Zustand läßt sich jedoch auch für weitere Regeln durch eine Situation charakterisieren. Wenn v_2 ein Zwischensymbol ist, dann liegt für alle Regeln $r' = (v_2, v)$ die Situation $(v_2, \bullet v)$ vor. Daraus sind Situationen für weitere Regeln ableitbar. Über eine sogenannte Hüllenbildung lassen sich deshalb alle Situationen von Regeln ermitteln, die den erreichten Analysezustand charakterisieren.

Algorithmus: Bildung einer Zustandshülle
Es sei $\underline{S}$ eine Menge von Situationen, ein sogenannter Zustandskern. Dann wird die Zustandshülle $\underline{S}^*$ wie folgt bestimmt:

1. Setze $\underline{S}^*_i = \underline{S}$, i: = 0 !
2. Setze i: = i + 1 und bilde
   $\underline{S}^*_{i+1} = \underline{S}^*_i \cup \{(z_1, \bullet v): (z, w_1 \bullet z_1 w_2) \in \underline{S}^*_i \wedge (z_1, v) \in \underline{R}\}$!
3. Falls $\underline{S}^*_{i+1} = \underline{S}^*_i$ gehe zu 2 !
4. Setze $\underline{S}^* = \underline{S}^*_i$, Ende des Algorithmus!

Eine derartige Zustandshülle $\underline{S}^*$ charakterisiert vollständig den erreichten Analysezustand und wird kurz als Zustand des Analysators bezeichnet.

Beispiel: Es sei folgende Grammatik mit dem Satzsymbol A betrachtet:

r_1 = (A,E) r_3 = (E,T) r_5 = (T,$\underline{\text{const}}$)
r_2 = (E,E+T) r_4 = (T,$\underline{\text{id}}$) r_6 = (T,(E))

Zu Beginn der Analyse liegt für die Regel r_1 offensichtlich die Situation (A,•E) vor. Ausgehend von $\underline{S}_1 = \{(A, \bullet E)\}$ läßt sich über den Algorithmus die Zustandshülle

$\underline{S}^*_1 = \{(A, \bullet E), (E, \bullet E+T), (E, \bullet T), (T, \bullet \underline{\text{id}}), (T, \bullet \underline{\text{const}}), (T, \bullet (E))\}$

ermitteln. Diese Hülle $\underline{S}^*_1$ ist ein Zustand des Analysators, im vorliegenden Fall der Anfangszustand.

Die SLR(1)-Analyse arbeitet nun so, daß, ausgehend von einem erreichten Zustand $\underline{S}^*_i$, mit Hilfe eines sogenannten Arbeitssymbols $v_A \in \underline{V}$ eine Aktion (Verschieben, Reduzieren, Ende, Fehler) bestimmt und ausgeführt wird. Mit der Ausführung von Aktionen der Art Verschieben und Reduzieren ist weiterhin eine Ausgabe verbunden. Nach Ausführung der Aktion befindet sich der Analysator in einem Folgezustand $\underline{S}^*_j$.

Die Aktionen Verschieben und Reduzieren sollen nun näher betrachtet werden, jedoch ohne Berücksichtigung der Ausgabe.

Verschieben
Der Analysator befinde sich im Zustand $\underline{S}^*_i$, und $v_A \in \underline{V}$ sei das Arbeitssymbol. In $\underline{S}^*_i$ müssen Situationen der Art $(z, v_1 \ldots \bullet v_A \ldots v_n)$ vorliegen. Durch die Übernahme von v_A in den Keller (Verschieben) werden diese Situationen in die Situationen $(z, v_1 \ldots v_A \bullet \ldots v_n)$ überführt. Diese neuen Situationen bilden den Zustandskern $\underline{S}_j$. Die Hüllenbildung über $\underline{S}_j$ führt zum Nachfolgezustand $\underline{S}^*_j$. Das nächste Zeichen des Eingabebandes wird zum neuen Arbeitssymbol. Die beschriebene Vorgehensweise wird durch

aktion($\underline{S}^*_i$,v_A) = (verschieben, $\underline{S}^*_j$)

ausgedrückt.

Reduzieren
Der Analysator befinde sich im Zustand $\underline{S}^*_i$ und $v_A \in \underline{V}$ sei das Arbeitssymbol. Es sind nun zwei Fälle zu unterscheiden:

1. In $\underline{S}_i^*$ existiert genau eine Situation $(z,w\bullet)$ und keine Situation $(z,v_1 \ldots \bullet v_A \ldots v_n)$, die eine Verschiebeaktion erfordern würde. In diesem Fall kann offensichtlich unabhängig vom Arbeitssymbol eine Reduktion anhand der Regel (z,w) vorgenommen werden (LR(0)-Fall). Daraus folgt

   aktion $(\underline{S}_i^*, v_A)$ = (reduzieren, r) mit $r = (z,w)$ für alle $v_A \in \underline{V}$.

2. In $\underline{S}_i^*$ existieren mindestens eine Situation $(z,w\bullet)$ und mindestens eine Situation $(z,v_1 \ldots \bullet v_A \ldots v_n)$. Es muß deshalb festgestellt werden, ob und welche Reduktion auszuführen ist oder eine Verschiebeaktion erfolgen muß. Zur Entscheidung wird das Arbeitssymbol v_A herangezogen (SLR(1)-Fall). Für Situationen $(z,v_1 \ldots \bullet v_A \ldots v_n)$ muß offensichtlich eine Verschiebeaktion erfolgen.

   Falls mehrere Situationen $(z,w\bullet)$ vorliegen, so wird die Menge

   $\underline{R}_{\text{nachfolger } A} = \{(z,a): z \in \underline{V} - \underline{A} \wedge s \xrightarrow[G]{+} w_1 z a w_2 \wedge w_1, w_2 \in \underline{V}^*\}$

   (vgl. LL(1)-Grammatik) untersucht. Gilt $(z,v_A) \in \underline{R}_{\text{nachfolger } A}$, so ist aktion $(\underline{S}_i^*, v_A)$ = (reduzieren, r) mit $r = (z,w)$.

   Für SLR(1)-Grammatiken bestimmt v_A eindeutig, mit welcher Regel die Reduktion zu erfolgen hat.

Die Ausführung der Reduktion bewirkt zunächst, daß die rechte Seite w der Regel (z,w) aus dem Keller entfernt wird. Die so erhaltene Kellerbelegung $w'v_1 \ldots v_i$ beschreibt einen Zustand $\underline{S}_k^*$ und Regelsituationen $(z',v_1 \ldots v_i \bullet z \ldots v_n)$, die durch die Übernahme von z in den Keller in Situationen $(z',v_1 \ldots v_i z \bullet \ldots v_n)$ überführt werden. Dies entspricht jedoch genau einer Verschiebeaktion. Die Ausführung der Aktion

   aktion $(\underline{S}_i^*, v_A)$ = (reduzieren, r) mit $r = (z,w)$

erfolgt also in zwei Schritten:

- Entfernung von w aus dem Keller und Bestimmung des dann vorliegenden Zustandes $\underline{S}_k^*$;
- Ausführung der Verschiebeaktion für $z \in \underline{V} - \underline{A}$

  aktion $(\underline{S}_k^*, z)$ = (verschieben, $\underline{S}_j^*$).

Der Folgezustand der Reduktionsaktion ist damit $\underline{S}_j^*$ und v_A bleibt weiterhin Arbeitssymbol.

Die Beendigung der Analyse erfolgt, wenn eine Reduktion mit der Regel vorgenommen wird, die auf der linken Seite das Satzsymbol enthält. Die an jede Ausführung einer Reduktion gekoppelte Verschiebeaktion besitzt dann als Arbeitssymbol das Satzsymbol, d.h., es gilt

   aktion $(\underline{S}_k^*, s)$ = (ende).

Für eine praktische Realisierung der SLR(1)-Analyse sind einige Veränderungen gegenüber der oben beschriebenen Arbeitsweise sinnvoll:

- Jeder Analysezustand $\underline{S}_i^*$ wird durch eine ganze Zahl charakterisiert. Dazu kann sein Index i verwendet werden.
- Die durch die Kellerbelegung charakterisierte Situation für eine Regel wird auch eindeutig durch den erreichten Analysezustand $\underline{S}_i^*$ ausgedrückt.

Es ist deshalb nicht notwendig, im Keller die rechten Seiten von Regeln aufzubauen, wenn anstelle dessen die erreichten Analysezustände gekellert werden.

- Die Aktionen des SLR(1)-Analysators können in einer Matrix (Analysetabelle) verzeichnet werden, deren Zeilen durch die Zustände und deren Spalten durch die Arbeitssymbole $v_A \in \underline{V}$ bestimmt werden. Diese Analysetabelle kann nach der oben angedeuteten Art aus der Grammatik berechnet werden und steuert die determinierte Arbeitsweise des Analysators.

Bemerkt sei weiterhin, daß die Situationen, auf deren Grundlage die Zustände und die Analysetabelle berechnet werden, sich durch Paare ganzer Zahlen

(regelindex (r), p) $0 \leq p \leq$ länge rechte seite (regelindex (r))

darstellen lassen, z.B. (A,<u>if</u>C•<u>fi</u>) durch (3,2), falls regelindex ((A,<u>if</u>,C<u>fi</u>)) = 3.

Für die Grammatik

G = ({S,A,B,C,D,<u>if</u>,<u>then</u>,<u>else</u>,<u>fi</u>,<u>id</u>,<u>print</u>, <}, {<u>if</u>,<u>then</u>,<u>else</u>,<u>fi</u>,<u>id</u>,<u>print</u>, <}, $\underline{R}$, S) mit

$\underline{R}$ = { r_1 = (S,A), r_2 = (A,<u>print</u> <u>id</u>), r_3 = (A,<u>if</u>C<u>fi</u>), r_4 = (C,D <u>else</u> A), r_5 = (C,D), r_6 = (D,B <u>then</u> A), r_7 = (B,<u>id</u><<u>id</u>) }.

wurde die Analysetabelle berechnet und in Abb. 7.12 in Matrixform dargestellt.

<u>Bemerkung</u>: ε wurde als zulässiges Arbeitssymbol angenommen, das irgendein Endekennzeichen des Eingabebandes sein kann.

Die Elemente der in Matrixform dargestellten Analysetabelle sind Paare von Informationen, die die vom Syntaxanalysator auszuführende Aktion näher bestimmen:

- <u>Reduktionsaktion</u>: R als erste Komponente des Informationspaares charakterisiert die Reduktionsaktion; die zweite Komponente gibt die in Anwendung kommende syntaktische Regel an. Die linke Seite der Regel wird zusammen mit dem Regelindex ausgegeben. Der Analysekeller wird um die Länge der rechten Seite der syntaktischen Regel gekürzt. Das Arbeitssymbol (terminales Zeichen) wird zwischengespeichert. Das Zwischensymbol der linken Seite der Regel wird neues Arbeitssymbol. Mittels des neuen Zustands (oberstes Analysekellerelement) und des Arbeitssymbols wird durch die Analysetabelle eine Verschiebeaktion mit dem in den Analysekeller zu speichernden Zustand bestimmt. Danach wird das zuvor zwischengespeicherte Zeichen wieder Arbeitssymbol.
- <u>Verschiebeaktion</u>: V als erste Komponente des Informationspaares charakterisiert die Verschiebeaktion; die zweite Komponente gibt den in den Analysekeller zu kellernden neuen Zustand an. Das Arbeitssymbol wird zusammen mit dem Index 0 ausgegeben, falls es ein terminales Zeichen ist. Das vom Eingabeband gelesene Zeichen wird neues Arbeitssymbol.

- <u>Endeaktion</u>: E als erste Komponente des Informationspaares charakterisiert die Endeaktion; die zweite Komponente ist unwesentlich. Das Arbeitssymbol ist das Satzsymbol der Grammatik.
- <u>Fehleraktion</u>: F als erste Komponente des Informationspaares charakterisiert die Fehleraktion; die zweite Komponente gibt die Fehlerklasse an. Die weiteren Maßnahmen der Fehleraktion hängen stark von der Sprache und ihrer Implementation ab. In der Analysetabelle stellen die unbesetzten Matrixfelder Fehlersituationen dar.

Arbeitssymbol / Zustand	S	A	B	C	D	<u>if</u>	<u>then</u>	<u>else</u>	<u>fi</u>	<u>print</u>	<u>id</u>	<	ε	$\underline{S}_i$	$\underline{S}_i^*$
1	(E,1)	(V,2)				(V,3)				(V,4)				(1,0)	(1,0),(2,0),(3,0)
2	(R,1)	(R,1)	(R,1)	(R,1)	(R,1)	(R,1)	(R,1)	(R,1)	(R,1)	(R,1)	(R,1)	(R,1)	(R,1)	(1,1)	(1,1)
3			(V,5)	(V,6)	(V,7)						(V,8)			(3,1)	(3,1),(4,0),(5,0),(6,0),(7,0)
4											(V,9)			(2,1)	(2,1)
5							(V,10)							(6,1)	(6,1)
6									(V,11)					(3,2)	(3,2)
7								(V,12)	(R,5)					(4,1),(5,1)	(4,1),(5,1)
8												(V,13)		(7,1)	(7,1)
9	(R,2)	(R,2)	(R,2)	(R,2)	(R,2)	(R,2)	(R,2)	(R,2)	(R,2)	(R,2)	(R,2)	(R,2)	(R,2)	(2,2)	(2,2)
10		(V,14)				(V,3)				(V,4)				(6,2)	(6,2),(2,0),(3,0)
11	(R,3)	(R,3)	(R,3)	(R,3)	(R,3)	(R,3)	(R,3)	(R,3)	(R,3)	(R,3)	(R,3)	(R,3)	(R,3)	(3,3)	(3,3)
12		(V,15)				(V,3)				(V,4)				(4,2)	(4,2),(2,0),(3,0)
13											(V,16)			(7,2)	(7,2)
14	(R,6)	(R,6)	(R,6)	(R,6)	(R,6)	(R,6)	(R,6)	(R,6)	(R,6)	(R,6)	(R,6)	(R,6)	(R,6)	(6,3)	(6,3)
15	(R,4)	(R,4)	(R,4)	(R,4)	(R,4)	(R,4)	(R,4)	(R,4)	(R,4)	(R,4)	(R,4)	(R,4)	(R,4)	(4,3)	(4,3)
16	(R,7)	(R,7)	(R,7)	(R,7)	(R,7)	(R,7)	(R,7)	(R,7)	(R,7)	(R,7)	(R,7)	(R,7)	(R,7)	(7,3)	(7,3)

Analysetabelle (Spalten S bis ε) — Zustandskern und -hülle (Spalten $\underline{S}_i$, $\underline{S}_i^*$)

Abb. 7.12: Analysetabelle der SLR(1)-Beispielgrammatik

<u>Bemerkung:</u> Die Analysetabelle enthält Zustände, in denen die auszuführende Reduktionsaktion unabhängig vom Arbeitssymbol ist. Das entspricht dem Fall LR(0). Man kann diese Tatsache und die schwache Belegung der Matrix zu einer bezüglich Speicherplatz günstigeren Darstellung der Analysetabelle nutzen.

In der Abb. 7.13 ist die syntaktische Analyse des Satzes

<u>if</u> <u>id</u><<u>id</u> <u>then</u> <u>print</u> <u>id</u> <u>fi</u>

mit Hilfe der SLR(1)-Grammatik durch die Belegung des Analysekellers, Eingabebandes, Arbeitssymbols und der Ausgabe dargestellt. Die Analyse beginnt mit dem Zustand eins (Anfangszustand) und dem ersten Zeichen des Eingabebandes als Arbeitssymbol.

Analysekeller	Arbeitssymbol	Zeichen	Eingabeband	Ausgabe
1	if		id < id then print id fi	—
1 3	id		< id then print id fi	(if,0)
1 3 8	<		id then print id fi	(id,0)
1 3 8 13	id		then print id fi	(<,0)
1 3 8 13 16	then		print id fi	(id,0)
1 3	B	then	print id fi	(B,7)
1 3 5	then		print id fi	—
1 3 5 10	print		id fi	(then,0)
1 3 5 10 4	id		fi	(print,0)
1 3 5 10 4 9	fi			(id,0)
1 3 5 10	A	fi		(A,2)
1 3 5 10 14	fi			—
1 3	D	fi		(D,6)
1 3 7	fi			—
1 3	C	fi		(C,5)
1 3 6	fi			—
1 3 6 11	ε			(fi,0)
1	A	ε		(A,3)
1 2	ε			—
1	S	ε		(S,1)

Abb. 7.13: Beispiel zur SLR(1)-Syntaxanalyse

Programm: SLR(1)-Syntaxanalysator

```
proc slr1 syntaxanalysator = void:
begin
  symbol arbeitssymbol, zeichen;
  int regel, fehlerklasse, zustand:=1;
  struct (char aktion, int zahl) paar;
  bool satzsymbol erreicht:=false;
  initialisieren (eingabeband);
  initialisieren (ausgabeband);
  initialisieren (analysekeller);
  kellern (analysekeller, zustand);
  arbeitssymbol:=naechstes zeichen (eingabeband);
  while not satzsymbol erreicht
  do
    paar:=analysetabelle (zustand, arbeitssymbol);
    if aktion of paar="V"
      then
        zustand:=zahl of paar;
        kellern (analysekeller, zustand);
        schreiben (ausgabeband, (arbeitssymbol, 0));
        arbeitssymbol:=naechstes zeichen (eingabeband)
      else
        if aktion of paar="R"
          then
            regel:=zahl of paar;
            zeichen:=arbeitssymbol;
            kuerzen (analysekeller, laenge rechte seite (regel));
            arbeitssymbol:=linke seite (regel);
            schreiben (ausgabeband, (arbeitssymbol, regel));
            lesen (analysekeller, zustand, 1);
            paar:=analysetabelle (zustand, arbeitssymbol);
            if aktion of paar="V"
              then
                zustand:=zahl of paar;
                kellern (analysekeller, zustand);
                arbeitssymbol:=zeichen
              else
                if aktion of paar="E"
                  then
                    if arbeitssymbol= ε
```

```
                then
                  satzsymbol erreicht:=true
                else
                  syntaxfehler
                fi
              else
                syntaxfehler
              fi
          fi
        else
          fehlerklasse:=zahl of paar;
          syntaxfehler
        fi
      fi
    od
end
```

Bemerkung:
Im angegebenen SLR(1)-Analysealgorithmus wird angenommen, daß die Prozedur "naechstes zeichen" nach dem vollständigen Verarbeiten des Eingabebandes das Endekennzeichen ε liefert. Ein weiteres Lesen des Eingabebandes ist nicht möglich, da die Spalte ε der Analysetabelle keine Verschiebeaktionen aufweisen kann.

7.3.2.2. SLR(1)-Entscheidungsalgorithmus - Berechnung der Analysetabelle

Der Ausgangspunkt ist eine ε-freie, reduzierte, kontextfreie Grammatik $G = (\underline{V}, \underline{A}, \underline{R}, s)$, wobei das Satzsymbol s nur die linke Seite der Regel $r \in \underline{R}$ mit regelindex (r) = 1 bildet. G ist genau dann SLR(1)-Grammatik, wenn die Analysetabelle konfliktfrei ist, d.h., für jeden Zustand und jedes Arbeitssymbol genau eine Analyseaktion in der Analysetabelle definiert ist.

Zunächst werden alle Verschiebeaktionen der Analysetabelle durch die Berechnung der (Analyse-) Zustände aus den Regeln der Grammatik und anschließend die Reduktionsaktionen ermittelt. Die Zustandskerne bzw. -hüllen werden fortlaufend ab 1 indiziert. Diese Indizes werden bei der Syntaxanalyse im Analysekeller für die erreichten Zustände gekellert. Der Anfangszustand wird vom Zustandskern $\underline{S}_1 = \{(1,0)\}$ und dessen Zustandshülle gebildet. Für die Berechnung der Zustandsmenge und der Verschiebeaktionen ist die Bildung der Zustandshülle $\underline{S}_i^*$ aus einem Zustandskern $\underline{S}_i$ erforderlich. Dafür wurde bereits ein Algorithmus angegeben, der für die jetzt verwendete Notation der Situationen einfach zu modifizieren ist. Außerdem ist die Bestimmung eines Nachfolgerzustandskernes $\underline{S}_k$ aus einer Zustandshülle $\underline{S}_i^*$ für ein Arbeitssymbol $v_A \in \underline{V}$ notwendig, die nach der Vorschrift

$$\underline{S}_k = \{(\text{regel}, p+1): (\text{regel}, p) \in \underline{S}_i^* \wedge v_A = \text{rechte seite } (p+1, \text{regel})\}$$

erfolgt.

Der folgende Algorithmus bestimmt die Zustandsmenge und die Verschiebeaktionen des SLR(1)-Analysators.

Algorithmus: Berechnung von Zustandsmenge und Verschiebeaktionen
1. Setze i = 1, k = 2, $\underline{S}_1 = \{(1,0)\}$!
2. Bilde die Zustandshülle $\underline{S}_i^*$!
3. Setze $\underline{V}' = \underline{V} - \{s\}$!

4. Nimm ein $v_A \in \underline{V}'$ und setze $\underline{V}' = \underline{V}' - \{v_A\}$!
5. Bestimme den Nachfolgerzustandskern $\underline{S}_k$ aus der Zustandshülle $\underline{S}_i^*$ für das Arbeitssymbol v_A!
6. Falls $\underline{S}_k = \emptyset$, gehe zu 9!
7. Falls $\underline{S}_k = \underline{S}_l$ für ein l mit $1 \leq l < k$, dann trage in die Analysetabelle Zeile i und Spalte v_A die Verschiebeaktion (v,l) ein und gehe zu 9!
8. Bilde die Zustandshülle $\underline{S}_k^*$, trage in die Analysetabelle Zeile i und Spalte v_A die Verschiebeaktion (v,k) ein und setze $k = k + 1$!
9. Falls $\underline{V}' \neq \emptyset$, gehe zu 4!
10. Falls $i < k - 1$, setze $i = i + 1$ und gehe zu 3!
11. Ende des Algorithmus, i ist die Anzahl der Zustände.

In Zuständen, die Situationen (regel, p) mit p = laenge rechte seite (regel) enthalten, müssen Reduktionsaktionen ausgeführt werden. Zunächst wird versucht, die Reduktionsaktionen (R, regel) unabhängig vom Arbeitssymbol festzulegen (LR(O)-Eigenschaft). Nur bei auftretenden Konflikten in der Analysetabelle werden die Reduktionsaktionen für diesen Zustand abhängig vom Arbeitssymbol als rechten Kontext mittels der SLR(1)-Eigenschaft bestimmt.

<u>Algorithmus</u>: Berechnung der Reduktionsaktionen

1. Berechne die Nachfolgerelation (vgl. LL(1)-Grammatik)
   $\underline{R}_{\text{nachfolger } A} = \{(z,a) : z \in \underline{V} - \underline{A} \wedge a \in \underline{A} \wedge s \xrightarrow[G]{+} w_1 z a w_2 \wedge w_1, w_2 \in \underline{V}^*\}$!
2. Setze i = 2 !
3. Bestimme die Menge der anwendbaren Regeln $\underline{R}_i$ für den Zustandskern $\underline{S}_i$:
   $\underline{R}_i = \{\text{regel}: (\text{regel}, p) \in \underline{S}_i \wedge p = \text{laenge rechte seite (regel)}\}$!
4. Falls $\underline{R}_i = \emptyset$ gehe zu 7!
5. Falls $card(\underline{R}_i) = 1$ und die Analysetabelle in Zeile i für kein $v_A \in \underline{V}$ eine Verschiebeaktion festlegt, trage in die Analysetabelle Zeile i für alle $v_A \in \underline{V} \cup \{\varepsilon\}$ die Reduktionsaktion (R, regel) ein, wobei regel $\in \underline{R}_i$ gilt. Gehe zu 7!
   <u>Bemerkung:</u> LR(O)-Fall

6.1. Wähle ein regel $\in \underline{R}_i$ und setze $\underline{R}_i = \underline{R}_i - \{\text{regel}\}$!

6.2. Trage in die Analysetabelle Zeile i für alle Arbeitssymbole v_A mit $v_A \in \underline{A}$, für die (linke seite (regel), $v_A) \in \underline{R}_{\text{nachfolger } A}$ gilt, die Reduktionsaktion (R, regel) ein!
   <u>Bemerkung:</u> SLR(1)-Fall

7. Setze $i = i + 1$, und, falls $i \leq$ Anzahl der Zustände, gehe zu 3!
8. Ende des Algorithmus!

Nach Berechnung der Verschiebe- und Reduktionsaktionen können in die Analysetabelle im Zustand i = 1 und dem Satzsymbol als Arbeitssymbol die Endeaktion sowie für die unbesetzten Felder der Analysetabelle die Fehleraktionen eingetragen werden.

<u>Beseitigung von Verletzungen der LR(1)-Eigenschaft</u>

Nach der Voraussetzung für den SLR(1)-Entscheidungsalgorithmus muß die kontextfreie Grammatik ε-frei sein und nur terminierende und ableitbare

Symbole enthalten. Entsprechende Algorithmen zur Untersuchung dieser Eigenschaften und die evtl. notwendigen Grammatiktransformationen wurden bereits in vorangegangenen Abschnitten besprochen.

Es ist möglich, daß die Analysetabelle nach ihrer Berechnung mittels der angeführten Algorithmen noch Konflikte (Verschiebe-Reduktionskonflikte, Reduktions-Reduktionskonflikte) enthält. Die Grammatik erfüllt also nicht die SLR(1)-Bedingung.

Ein Beispiel dafür ist die Grammatik mit der Regelmenge

$\underline{R} = \{(S,D;a),\ (D,d),\ (D,d;D)\}$.

Für das Arbeitssymbol; ist nicht eindeutig festgelegt, ob für den Zustand $\{(2,1),\ (3,1)\}$ eine Reduktion zu D erfolgen soll (; ist nach Regel 1 Nachfolgersymbol von D), oder ob eine Verschiebeaktion zum Aufbau der rechten Seite von Regel 3 stattfinden soll. Dieser Konflikt kann auf zwei Arten beseitigt werden:

1. Beseitigung des Semikolons als Nachfolgersymbol von D durch Anfügen an die abschließende Regel des rechtsrekursiven D.
   $\underline{R}_1 = \{(S,Da),\ (D,d;),\ (D,d;D)\}$
2. Beseitigung der gleichen Regelanfänge durch eine linksrekursive Definition von D.
   $\underline{R}_2 = \{(S,D;a),\ (D,d),\ (D,D;d)\}$

Eine allgemeine Vorschrift zur Beseitigung von SLR(1)-Konflikten läßt sich nicht angeben. In einigen Fällen bringt die Anwendung des LALR(1)-Analyseverfahrens (/70/) eine Lösung.

7.4. BEHANDLUNG SYNTAKTISCHER FEHLER

Eine komfortable Fehlerdiagnose und -behandlung erhöht den Gebrauchswert eines Programmiersystems wesentlich. Leider erfordert sie einen erheblichen Aufwand im Programmiersystem. Bereits in den zeitigen Entwurfsphasen eines Programmiersystems müssen deshalb die Festlegungen für die Fehlerdiagnose und -behandlung getroffen werden. Die Möglichkeiten, Fehler im Quelltext frühzeitig zu entdecken und ihre Behandlung auf der Grundlage von Hypothesen über die Art des Fehlers durchzuführen, hängen entscheidend von der Programmiersprache ab. Es ist also nur beschränkt möglich, eine theoretische Begründung und allgemeingültige, eventuell sogar formalisierte Regeln für die Fehlerbehandlung anzugeben.

Die Darstellungen von Fehlersituationen auf dem Bildschirm oder im Quellprogrammlisting (vgl. 3.1.) sind die hauptsächlichen Formen, um den Programmierer über Fehler im Programmtext zu informieren. Bei interaktiver Arbeit mit einem Interpreter oder inkrementellen Compiler genügt es, den Fehler in Verbindung mit einer Diagnoseunterstützung anzuzeigen und den Programmierer zur sofortigen Korrektur seines Programmtextes aufzufordern. Im Falle eines Compilers kann nicht die Übersetzung nach dem ersten, entdeckten Fehler abgebrochen werden. Durch eine geeignete Fehlerbehandlung muß erreicht werden, daß die Analyse des Programmtextes möglichst ungestört fortgeführt werden kann, um eventuell weitere Fehler im Programmtext zu entdecken. Ein Programmiersystem sollte also generell so aufgebaut sein, daß es nur syntaktisch und (statisch) semantisch richtige Programme in Zielprogramme übersetzt, bei Fehlern durch Fehlerbehandlung die Analyse des gesamten Programmtextes vorgenommen wird und alle Fehler nachgewiesen werden. Zur Fehlerbehandlung rechnet man:

- Lokalisierung des Fehler (Fehlerposition),
- Klassifizierung des Fehlers (Fehlersituation),
- Bestimmung der Fehlernachricht,
- Stabilisierung und Fortsetzung der Analyse des Programmtextes durch sinnvolle Korrekturmaßnahmen.

Natürlich muß ein Programmiersystem so robust sein, daß auch vollständig unsinnige Eingaben zu keinen unkontrollierten Aktionen führen. Das sollte als primäres Kriterium für alle Techniken zur Fehlerbehandlung angesehen werden.

Bezüglich der Struktur des Programmiersystems sollten die einzelnen Compilerphasen nicht unmittelbar selbst das Programmlisting mit den Fehlernachrichten aufbauen. Diese Aufgabe übernimmt ein zum Programmiersystem gehörender, aber separat realisierter Programmlistengenerator. Er erzeugt das Quellprogrammlisting aus dem Originalprogrammtext, den vom Compiler erzeugten Fehlernachrichten und einer Tabelle mit allen Fehlertexten. Erfahrungsgemäß ist es oft ausreichend, wenn jede Nachricht folgende drei Informationen enthält:

- Fehlerposition im Programmtext,
- Grad oder Art des Fehlers (Warnung, Fehler, fataler Fehler, ..., oder Warnung, lexikaler, syntaktischer, semantischer Fehler),
- Fehlerkodezahl, die die Fehlersituation klassifiziert und mit der beim Herstellen des Quellprogrammlistings durch den Programmlistengenerator der dem Nutzer verständliche Fehlertext identifiziert wird.

Warnungen betreffen Hinweise auf potentielle Fehlerquellen im Programmtext, z.B. auch nicht erreichbare Programmteile. Da in allen Phasen der Programmübersetzung Fehler entdeckt werden, sind die Fehlernachrichten nicht entsprechend den Positionen im Programmtext geordnet. Nach den Erfahrungen der Autoren ist es günstig, die Fehlermeldungen in das Quellprogrammlisting entsprechend der Fehlerposition einzusortieren, durch ein spezielles Layout sichtbar hervorzuheben und die Fehlerposition zu markieren. Der Fehlertext muß für den Nutzer verständlich und informativ sein, aber trotzdem kurz. Er darf nicht in Begriffen der internen Programmdarstellung und der Sprachimplementation abgefaßt sein, sondern sollte sich auf die offizielle Definition der Quellsprache beziehen. Durch einen Fehler sollten möglichst keine Nachrichten zu Folgefehlern erzeugt werden. Das kann z.B. durch Markierungen im Zwischenprogramm und in der Symboltabelle erreicht werden. Man muß sich auch bewußt sein, daß ein Fehler in einer Position des Programmtextes festgestellt werden kann, die nicht unbedingt die fehlerverursachende Stelle im Programmtext ist.

Natürlich kann das Quellprogrammlisting auch so aufgebaut sein, daß sich ein geschlossenes Fehlerprotokoll dem Programmlisting anschließt. Die in der Programmierung auftretenden Fehler kann man in zwei große Klassen einteilen: syntaktische Fehler und semantische Fehler. Ein syntaktischer Fehler liegt vor, wenn der Programmtext w von der durch die Syntax festgelegten Struktur abweicht ($w \notin \underline{L}(G)$). Semantische Fehler betreffen Verstöße gegen die statische und dynamische Semantik. Die syntaktischen Fehler und die Fehler bezüglich der statischen Semantik können bereits während der Programmübersetzung ausgewiesen werden. Für das Aufdecken von Fehlern in der dynamischen Semantik werden Hilfsmittel der Laufzeitprotokollierung bereitgestellt.

Fehler, die während der Programmübersetzung zu erkennen sind, lassen sich unterteilen in

- lexikale Fehler, die durch Verletzung der Morphemstruktur entstehen;
- syntaktische Fehler, die durch falsche Kombination von Morphemen entstehen.

Auf die Behandlung lexikaler Fehler wurde bereits in 6.4. eingegangen. Die Behandlung semantischer Fehler ist in 8.3. dargestellt. Deshalb gehen die nachfolgenden Ausführungen nur auf die Problematik der Behandlung syntaktischer Fehler ein.

In der syntaktischen Analyse werden Fehler dann erkannt, wenn der vorliegende Programmtext kein Satz der durch die Grammatik erzeugten Sprache ist. Für eine Zeichenreihe $w \in \underline{A}^*$ gelte $w \notin \underline{L}(G)$. Es sei w_1 der längste Präfix von $w = w_1 u$, für den es ein u' mit $w_1 u' \in \underline{L}(G)$ gibt. Dann wird $\mathrm{lgth}(w_1)+1$ als Fehlerposition bezeichnet. Sei y ein Präfix von u ($u = yz$), so daß es eine Zeichenreihe y' mit $u' = y'z$ also $w_1 y'z \in \underline{L}(G)$ gibt, dann heißt y fehlerhafte Teilzeichenreihe und y' eine mögliche Korrektur.

Unter Fehlerkorrektur versteht man die Durchführung von möglichst wenig Änderungen des fehlerhaften Programmtextes, um ein syntaktisch korrektes Programm zu erhalten. Eine solche Korrektur könnte man als <u>Korrektur nach dem minimalen Abstand</u> bezeichnen, wenn man sich über $\underline{A}^*$ eine Metrik definiert denkt. Beispielsweise könnte die Transformation durch eine Folge elementarer Transformationsschritte vorgenommen werden, für die jeweils ein Abstand definiert ist. Solche elementaren Transformationen sind:

- überlies ein Zeichen;
- füge ein Zeichen ein;
- ersetze ein Zeichen durch ein anderes!

Der Abstand zwischen korrektem und fehlerhaftem Programmtext ergibt sich dann aus der Summe der Abstände der durchgeführten elementaren Transformationen. Die Korrektur nach dem minimalen Abstand sei an der LL(1)-Grammatik

$G = (\{S,A,b,c,d,\#\}, \{b,c,d,\#\}, \underline{R}, S)$ mit
$\underline{R} = \{r_1 = (S,bA\#), r_2 = (A,c), r_3 = (A,d)\}$

erläutert. Die LL(1)-Steuertabelle wird durch folgende Fehlermaßnahmen ergänzt:

z \ a	b	c	d	#
S	1	F1	F1	F1
A	F3	2	3	F2

F1: füge auf dem Eingabeband das Zeichen b ein, d.h., b wird aktuelles Zeichen,
F2: füge auf dem Eingabeband das Zeichen c ein, d.h., c wird aktuelles Zeichen,
F3: ersetze auf dem Eingabeband das aktuelle Zeichen b durch das Zeichen c.

Auch für den Fall, daß das kelleroberste Zeichen k des Analysekellers ein terminales Zeichen ist und das aktuelle Zeichen a des Eingabebandes nicht mit diesem Zeichen übereinstimmt, ist eine Fehlerbehandlung erforderlich.

k \ a	b	c	d	#
b	X			
c		X		
d			X	
#	F4	F4	F4	X

F4: überlies ein Zeichen des Eingabebandes!

Die durchgestrichenen Felder beinhalten die normale Analyseaktion, d.h., das Entkellern des kellerobersten Zeichens und das Weiterschalten des Eingabebandes. Die freien Felder können nicht erreicht werden, da die entsprechenden terminalen Zeichen nur dann in den Keller übernommen werden, wenn zuvor anhand der Prüfung des einstelligen rechten Kontextes festgestellt wurde, daß die entsprechende Regel angewendet werden kann. Die oben aufgeführten Fehleraktionen F1 bis F4 müssen dem Sachverhalt entsprechende Fehler melden. Bei Anwendung der SLR(1)-Analyse kann sinngemäß verfahren werden (vgl. Übung 8).

Für die zielgerichtete Ausführung der Korrekturen sollten Kontextinformationen herangezogen werden. Natürlich muß beachtet werden, daß die globale Programmstruktur (Verschachtelung von Blöcken, Anweisungen,...) bei den Transformationen erhalten bleibt. Es gibt keine Garantie, ob mit der Korrektur die Intentionen des Programmierers getroffen werden. Deshalb sei hier nochmals hervorgehoben, daß die Fehlerbehandlung und -korrektur nur das Ziel hat, die Fortsetzung der Analyse des Programmtextes möglichst störungsfrei zu ermöglichen.

<u>Beispiel:</u>

Der Text

$\underbrace{\text{DO 100 I = L}}_{w_1}\underbrace{\text{.M,N)}}_{u}$

ist keine legale FORTRAN-Anweisung. Der auf L folgende Punkt stellt keine zulässige Fortsetzung dar. Als Korrektur wären u.a. möglich:

1. Streichen von . und M
2. Ersetzen von . durch (
3. Ersetzen von . durch ,

Die Möglichkeiten 2 und 3 beziehen sich nur auf ein Zeichen des Quelltextes, sind also bei der Korrektur nach minimalem Abstand gleichwertig und der 1. Variante vorzuziehen. Daß die 3. Möglichkeit noch eine weitere Korrektur erfordert (Streichen der schließenden Klammer) ist nur durch Einbeziehung des noch nicht analysierten Teils des Quelltextes möglich, was aber aufwendig ist.

Eine einfache Reaktion auf Fehler ist, Zeichen des Eingabebandes bis zu einer Stelle zu überlesen, wo die Analvse wieder einfach aufgenommen werden kann (z.B. nach Erkennen von Anweisungsenden). Diese Korrekturmethode wird in der Literatur als Übergang in den sogenannten <u>Panikmodus</u> bezeichnet, der vor allem bei Versagen der Korrekturmethode mit minimalem Abstand angewendet wird. Für diese Korrekturmethode leitet man aus der Sprachdefinition Klassen von Zeichen ab, die jeweils ein syntaktisches Niveau der Analyse charakterisieren (vgl. 5.1. und Abb. 5.2). Diese Klassen werden als Mengen von Stabilisierungszeichen bezeichnet. Mit Hilfe der Stabilisierungszeichen wird erreicht, daß nicht zu große Programmtextteile übergangen werden und sich die Programmanalyse innerhalb des bereits erkannten syntaktischen Niveaus stabilisiert. Natürlich muß nach Erreichen des Stabilisierungszeichens der Analysekeller ebenfalls korrigiert werden. Es wird eine solche Kellerbelegung hergestellt, die der erfolgreichen Analyse der Sprachkonstruktion entspricht, zu der das Stabilisierungszeichen gehört.

Bei blockorientierten Sprachen, wie Pascal und ALGOL 68, ist es wichtig, daß keine Blockniveaufehler als Folgefehler der Fehlerbehandlung entstehen. Deshalb dürfen keine Blocksymbole im Analysekeller und Eingabeband bei der Fehlerbehandlung ignoriert werden. Da nach einem Fehler weitere Vereinbarungen und Anweisungen innerhalb eines Blockes syntaktisch überprüft werden sollen, werden alle Regeln, durch die eine Folge von Vereinbarungen und Anweisungen abgeschlossen wird, für die Ausführung der Korrektur des Analysekellers nicht zugelassen.

Zur Sicherung einer sinnvollen Fehlerbehandlung innerhalb eines Blockes lassen sich z.B. folgende Klassen von Stabilisierungszeichen bilden:

- Blocksymbole
  (z.B. <u>begin</u>, <u>end</u>, <u>do</u>, <u>od</u>, <u>if</u>, <u>then</u>, <u>else</u>, <u>fi</u>, ...);
- Trennsymbole
  (z.B. <u>proc</u>, <u>struct</u>, <u>op</u>, :=, ;, =, ...);
- alle übrigen Symbole.

Die Fehlerbehandlung, d.h., die Korrektur des Inhalts des Analysekellers und das Überlesen von Zeichen des Eingabebandes, wird aus den Klassen der Symbole des Analysekellers und des Zeichens des Eingabebandes abgeleitet. <u>Top-down-Verfahren</u> zeichnen sich dadurch aus, daß sie an der Fehlerposition sofort abbrechen. Es sei $s \overset{+}{\underset{G}{\longrightarrow}} w_1 v$ eine Ableitung, die ein Top-down-Syntaxanalyseverfahren für die Zeichenreihe $w = w_1 u \in \underline{A}^*$ bestimmt hat und bei der ein Abbruch erfolgt ist. Für eine Zeichenreihe u' mit $v \overset{*}{\underset{G}{\longrightarrow}} u'$, die immer zu finden ist, gilt $w_1 u' \in \underline{L}(G)$. Aus v kann also bestimmt werden, welche Fortsetzung des Programmtextes erwartet wird, woraus die Informationen zur Fehlerkorrektur abgeleitet werden können. Für das Top-down-Verfahren des rekursiven Abstiegs wird noch angegeben, wie die Ableitung dieser Korrekturen systematisch erfolgen kann.

Es ist möglich, daß in einer Analysesituation auf ein Zwischensymbol z keine Regel anwendbar ist. Dafür ist es zweckmäßig, die Menge der zu z alternativen Regeln um eine Fehlerregel zu erweitern, um daran die Fehleraktionen (Fehlerklassifizierung, Fehlermeldung und Fehlerkorrektur, d.h., Korrektur der Belegung des Analysekellers und des Eingabebandes) zu binden. Beispielsweise könnte die Definition für Anweisung ergänzt werden zu

<Anweisung> ::= <Wertzuweisung>
<bedingte Anweisung>
<Laufanweisung>
.
.
.
<falsche Anweisung>

Bei <u>Bottom-up-Verfahren</u> wird die Klassifikation des Fehlers und die Stabilisierung der Syntaxanalyse häufig voneinander abhängig durchgeführt. Zur Klassifizierung dient die Aussage über eine mögliche Korrektur y, indem eine Fehlermitteilung etwa der Form

"an dieser Stelle muß ein <y> stehen"

ausgegeben wird. Dazu ist es sinnvoll, für y nur Zwischensymbole der definierenden Grammatik zuzulassen. Man erhält dann z.B. die Mitteilung

"an dieser Stelle muß eine Anweisung stehen",

die genauso instruktiv ist wie die Mitteilung

"falsche Anweisung"

des Top-down-Verfahrens. Im Gegensatz zu anderen Bottom-up-Syntaxanalyseverfahren (z.B. Operatorpräzedenz- und Präzedenzverfahren) wird bei LR(1)-Syntaxanalyseverfahren genau wie bei den LL(1)-Verfahren der Fehler sofort festgestellt, wenn am Eingabeband ein unzulässiges Zeichen auftritt. LR(1)-Syntaxanalysatoren stellen einen Fehler fest, wenn mittels Zustand und Arbeitssymbol in der Analysetabelle eine Fehleraktion identifiziert wird. Die Fehleraktionen betreffen ebenfalls

- Änderungen der Belegung des Analysekellers sowie
- Einfügen von Quellzeichen oder Überlesen von Zeichen bis zu Stabilisierungszeichen des Eingabebandes.

Die Fehlerbehandlung bei LR(1)-Syntaxanalysatoren ist analog zu den LL(1)-Analyseverfahren. Deshalb sollen dazu keine weiteren Ausführungen gemacht werden, zumal die konkreten Fehlerbehandlungsmaßnahmen von der Programmiersprache stark abhängen. Die Übungen werden Anregungen vermitteln. Abschließend wird ein Vorschlag zur Fehlerbehandlung bei Anwendung der Methode des rekursiven Abstiegs angegeben.

Der rekursive Abstieg gestattet durch die Umsetzung der Grammatik in eine Vielzahl von Analyseprozeduren sehr differenzierte Möglichkeiten zur Fehlerbehandlung, da je nach der Stelle, an der ein Fehler erkannt wird, entschieden werden kann, wie in dieser Fehlersituation vorzugehen ist. Das nachfolgend vorgeschlagene Verfahren hat den Vorteil, daß die Erweiterung der Analyseprozeduren um die Fehlerbehandlungsmaßnahmen systematisch erfolgt.

Grundlage des Verfahrens bildet ein Kellerspeicher, in den Mengen von terminalen Zeichen (Stabilisierungszeichen) eingetragen werden. Im Fehlerfall wird dieser Keller benutzt, um entweder Zeichen des Eingabebandes zu überlesen oder fehlende syntaktische Einheiten als vorhanden anzunehmen. Die Mengen der Stabilisierungszeichen werden anhand der Anfangsmengen ANF(v) bestimmt, die für jedes $v \in \underline{V}$ wie folgt definiert sind:

$$\underline{\text{ANF}}(v) := \{a:\ a \in \underline{A} \wedge v \xrightarrow[G]{*} aw \wedge w \in \underline{V}^*\}$$

Eine Menge ANF(v) enthält damit alle die terminalen Zeichen, die bei beliebigen Ableitungen aus v als erstes Zeichen auftreten können. Der Stabilisierungskeller hantiert mit diesen Mengen über folgende Prozeduren:

```
proc kellern = (menge ANF) void:
co kellert die menge "ANF" in den stabilisierungskeller.
co

proc ruecksetzen = void:
co setzt den stabilisierungskeller um ein element, d.h. eine menge "ANF" zurueck.
co

proc stabilisierung = void:
co prueft, ob das am eingabeband anliegende zeichen mit einem zeichen einer menge "ANF"
   im stabilisierungskeller uebereinstimmt. ist dies nicht der fall, so wird am eingabeband
   so lange ueberlesen, bis ein solches zeichen gefunden wird.
co

proc stabilisierung mit fehlermeldung = void:
co arbeitet wie die prozedur "stabilisierung" und gibt eine meldung aus,
   falls mindestens ein zeichen ueberlesen wurde.
co
```

Der logische Resultatwert jeder Analyseprozedur hat nach Einfügen der Fehlerbehandlung folgende Bedeutung:

true: Die Konstruktion wurde akzeptiert. Das bedeutet:

a) Die Konstruktion liegt syntaktisch richtig vor oder

b) die Konstruktion war syntaktisch fehlerhaft, jedoch wurden bereits Zeichen vom Eingabeband abgenommen. Es erfolgte eine Fehlermeldung und eine Stabilisierung mit Hilfe des Stabilisierungskellers.

false: Die Konstruktion liegt nicht vor. Seit dem Aufruf der Prozedur wurden keine Zeichen vom Eingabeband gelesen.

Die Grundidee des Verfahrens läßt sich nun wie folgt charakterisieren: Bevor eine syntaktische Einheit analysiert wird, muß festgestellt werden, welche terminalen Zeichen am Eingabeband anliegen müssen, falls die Analyse der syntaktischen Einheit erfolgreich ist. Diese terminalen Zeichen werden in den Stabilisierungskeller gekellert. Tritt nun bei der Analyse der syntaktischen Einheit ein Fehler auf und wurden bereits Zeichen vom Eingabeband abgenommen, so kann anhand der Stabilisierungszeichen im Keller eine gültige Fortsetzung des Programmtextes im Eingabeband gesucht werden. Die Analyse der syntaktischen Einheit wird in diesem Fall auch als erfolgreich betrachtet. Nach der Analyse der syntaktischen Einheit sind die vorher gekellerten Stabilisierungszeichen wieder aus dem Keller zu entfernen.

Bemerkungen:

- Der Umfang und die Art der Stabilisierungszeichen hängt offensichtlich vom Kontext ab, in dem eine syntaktische Einheit auftritt. Deshalb ist bei verschiedenen Aufrufen einer Analyseprozedur die Belegung des Stabilisierungskellers unterschiedlich.
- Beim Betreten einer Analyseprozedur enthält der Stabilisierungskeller bereits alle die Stabilisierungszeichen, die durch den Kontext des Aufrufes der Analyseprozedur bestimmt wurden. Die Analyseprozedur fügt ggf. weitere Stabilisierungszeichen hinzu. Damit ist gewährleistet, daß die Stabilisierung immer am ersten Zeichen erfolgt, das eine gültige Fortsetzung des Programmtextes darstellt.

Die folgenden Ausführungen demonstrieren die angedeutete Methode. Um die Fehlerbehandlung zu initialisieren, wird die Grammatik um die Regel

$$s' ::= s\ eop,\ s' \notin \underline{V}$$

erweitert, wobei s das bisherige Satzsymbol, eop ein eindeutiges Endezeichen des Quelltextes und s' das neue Satzsymbol ist. Für diese Regel wird folgende Analyseprozedur angegeben.

```
proc s' = void:
begin
   kellern ({eop});
   kellern (ANF (s));
   stabilisierung mit fehlermeldung;
   ruecksetzen;
   s;
   ruecksetzen
end
```

Bemerkung:

Der Aufruf der Prozedur "stabilisierung mit fehlermeldung" erfolgt, um zunächst ein gültiges Anfangszeichen für den Programmtext zu finden.

Für die Prüfung, ob ein bestimmtes terminales Zeichen am Eingabeband anliegt, wird die folgende Prozedur verwendet.

```
proc ist terminal = (char zeichen) bool:
if zeichen=aktuelles zeichen
   then
      aktuelles zeichen:=naechstes zeichen;
      stabilisierung mit fehlermeldung;
      true
   else
      false
fi
```

Bemerkung:

Nach dem Weiterschalten des Eingabebandes bewirkt der Aufruf der Prozedur "stabilisierung mit fehlermeldung", daß das nächste Zeichen im Eingabeband bestimmt wird, das eine gültige Fortsetzung des Programmtextes darstellt. Auf diese Weise werden illegale Zeichen übergangen.

Die Behandlung der Fehler ist bei Sequenzen am kompliziertesten. Sei die Sequenz

$$v_1 v_2 \ldots v_i \ldots v_n$$

betrachtet und sei angenommen, daß die Analyse der syntaktischen Einheiten v_1 bis v_{i-1} erfolgreich verlief. Als Stabilisierungszeichen für die Analyse von v_i werden die Mengen $\underline{ANF}_{v_j}$ mit $i + 1 \leq j \leq n$ verwendet. Das folgende Beispiel demonstriert dies für die Regel

<x> ::= <a> <b> <c>

```
proc x = bool:
begin
   kellern (ANF (c));
   kellern (ANF (b));
   if a
     then
       ruecksetzen;
       if b
         then
           skip
         else
           fehlermeldung ("b fehlt");
           stabilisierung
       fi;
       ruecksetzen;
       if c
         then
           skip
         else
           fehlermeldung ("c fehlt");
           stabilisierung
       fi;
       true
     else
       ruecksetzen;
       ruecksetzen;
       false
   fi
end
```

Alternativen sind relativ leicht zu behandeln. Für jede Alternative sind die Stabilisierungszeichen maßgeblich, die sich bei Aufruf der Prozedur im Keller befinden. Bei einer leeren Alternative, die selbstverständlich immer als letzte Alternative anzugeben ist, muß allerdings eine Stabilisierung vorgenommen werden, da leere Alternativen nicht zum Aufruf der Prozedur "ist terminal" führen, die die Stabilisierung enthält.

Als Beispiele seien folgende Regeln betrachtet:

<x> ::= <a> | <b>   <y> ::= <c> | ε

```
proc x = bool:
if a
  then
    true
  else
    b
fi
```

```
proc y = bool:
if c
  then
    true
  else
    stabilisierung mit fehlermeldung;
    true
fi
```

Besteht eine Alternative aus einer Sequenz von Vokalurlarzeichen, so ist in dieser Alternative in der oben beschriebenen Art zu verfahren.

Bei Zyklen muß gesichert werden, daß sich die Stabilisierungssymbole des ersten Vokabularzeichens, das zyklisch wiederholt werden soll, ständig im Keller befinden. Als Beispiel sei die Regel

<x> ::= [<a> <b>]*

betrachtet.

```
proc x = bool:
begin
   kellern (ANF (a));
   kellern (ANF (b));
   while a
   do
      ruecksetzen;
      if b
         then
            skip
         else
            fehlermeldung ("b fehlt");
            stabilisierung
      fi;
      kellern (ANF (b))
   od;
   ruecksetzen;
   ruecksetzen;
   stabilisierung mit fehlermeldung;
   true
end
```

Bemerkung:

Der Aufruf der Prozedur "stabilisierung mit fehlermeldung" ist nur erforderlich, falls der Zyklus nie abgearbeitet wird, d.h., a beim ersten Aufruf den Wert false liefert. Für diesen Fall muß, ähnlich wie bei der leeren Alternative, abgesichert werden, daß beim Verlassen von x ein Zeichen am Eingabeband anliegt, das eine gültige Fortsetzung des Programmtextes darstellt.

Übungen:

1) Es sei ein endlicher, gerichteter Graph G = (K,Z) gegeben, der nach der in 5.3.1. vorgestellten Listentechnik implementiert ist, d.h., ein Knoten wird durch ein Objekt des Typs

   mode knoten = struct (datum d, ref zweige zweige)

   dargestellt. Die Angabe der aus einem Knoten auslaufenden Zweige erfolgt durch eine Liste gemäß

   mode zweige = struct (ref zweige zweige, ref knoten nachfolger)

   Formuliere eine logische Funktionsprozedur, die entscheidet, ob für zwei vorgegebene Knoten k_1, $k_n \in K$ ein Weg $W(k_1, k_n)$ existiert:

   proc weg = (ref knoten k_1, k_n) bool:

   a) Gib eine iterative Lösung an, die einen Kellerspeicher mit den Operationen initialisieren, kellern und entkellern nutzt, wobei ein Kellerelement zweckmäßig den Modus

      struct (ref knoten k, ref zweige z)

      besitzt. Zur Erkennung von Zyklen sei die Prozedur

      proc in keller = (ref knoten k) bool:
      co liefert true, falls der Knoten k im Keller enthalten ist, sonst false.co

      definiert.

b) Gib eine rekursive Lösung an, wobei vorausgesetzt sei, daß der Graph zyklenfrei sei, d.h., es gibt keinen Knoten $\underline{k} \in \underline{K}$ für den ein Weg W(k, k) existiert!

c) Wie ist die Lösung b) zu ändern, um auch Graphen mit Zyklen zuzulassen?

d) Stelle die Implementation des folgenden Graphen durch die angegebene Listentechnik dar und verdeutliche die Abarbeitung der rekursiven Prozedur von b) durch "Schnappschüsse" der aktuellen Parameter, lokalen Größen und des Resultats sämtlicher Prozeduraufrufe für die Wegsuche weg(k2, k4)!

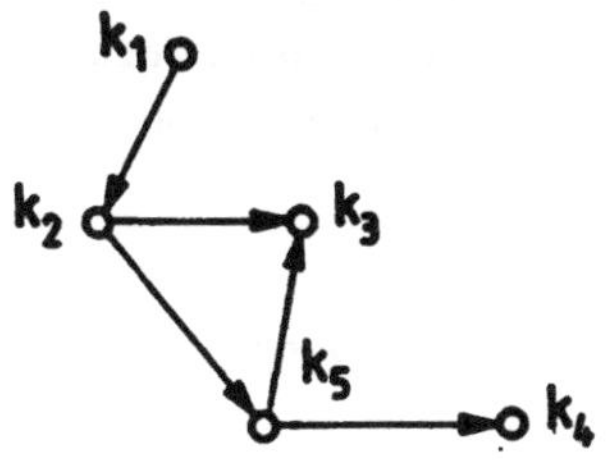

Notiere die Schnappschüsse so, daß durch Einrücken die rekursive Verschachtelung deutlich wird!

2) Modifiziere die Programme für die nichtdeterministische Top-down- und Bottom-up-Analyse, so daß für mehrdeutige kontextfreie Grammatiken alle Syntaxbäume eines vorgegebenen Satzes erzeugt werden!

3) Bestimme für die kontextfreie Grammatik G = ($\underline{V}$,$\underline{A}$,$\underline{R}$,S) mit

$\underline{V} - \underline{A} = \{S, A, B, C, D\}$

$\underline{A} = \{\underline{\text{if}}, \underline{\text{then}}, \underline{\text{else}}, \underline{\text{fi}}, \underline{\text{id}}, \underline{\text{print}}, <\}$ und

$\underline{R} = \{r_1 = (S, A),\quad r_2 = (A, \underline{\text{print}}\ \underline{\text{id}}),\quad r_3 = (A, \underline{\text{if}}\ C\ \underline{\text{fi}}),$

$r_4 = (C, D\ \underline{\text{else}}\ A),\quad r_5 = (C, D),\quad r_6 = (D, B\ \underline{\text{then}}\ A),$

$r_7 = (B, \underline{\text{id}} < \underline{\text{id}})\}$

die Zielsymbolmengen und beseitige die LL(1)-Konflikte!

4) Es sei G = ($\underline{V}$,$\underline{A}$,$\underline{R}$,s) eine kontextfreie Grammatik, für die $Y \xrightarrow[G]{+} \varepsilon$ mit $Y \in \underline{V} - \underline{A}$ gilt. Zeige, daß in einer LL(1)-Grammatik keine Regel die Form

$r = (X, w_1YYw_2) \in \underline{R}$ mit $X, Y \in \underline{V} - \underline{A}$ und $w_1, w_2 \in \underline{V}^*$

haben kann!

5) Zeige, daß

$G = (\{S, A, B, a, b\}, \{a, b\}, \underline{R}, S)$ mit

$\underline{R} = \{r_1 = (S, aAaB),\ r_2 = (S, bAbB),\ r_3 = (A, ba),$

$r_4 = (A, b),\quad r_5 = (B, bB),\quad r_6 = (B, b)\}$

eine LL(3)-, aber nicht eine starke LL(k)-Grammatik für ein k > 0 ist! Bestimme eine äquivalente starke LL(k)-Grammatik (Satz 7.4.)!

6) Zeige, daß jede reguläre Sprache

a) durch eine LL(1)-Grammatik

b) durch eine SLR(1)-Grammatik erzeugt werden kann!

7) Ergänze die LL(1)-Steuertabelle nach Abb. 7.9 durch differenzierte Fehlerbehandlungsmaßnahmen und beschreibe diese geeignet! Verwende die Methode des minimalen Abstands!

8) Berechne für die kontextfreie Grammatik $G = (\underline{V},\underline{A},\underline{R},S)$ mit

$\underline{V} - \underline{A} = \{S,A,T,P\}$,

$\underline{A} = \{+,-,*,/,\underline{id},\underline{const},(,),\#\}$ und

$\underline{R} = \{r_1 = (S,A\#),$

$r_2 = (A,A+T),\ r_3 = (A,A-T),\quad r_4 = (A,T),$

$r_5 = (T,T*P),\ r_6 = (T,T/P),\quad r_7 = (T,P),$

$r_8 = (P,\underline{id}),\quad r_9 = (P,\underline{const}),\ r_{10} = (P,(A))\}$

die SLR(1)-Analysetabelle! Lege differenzierte Fehlerbehandlungsmaßnahmen fest und beschreibe diese geeignet! Verwende zur Fehlerbehandlung die Methode des minimalen Abstands!

9) Gegeben sei die Grammatik

$G = (\{B,DF,AF,\underline{begin},\underline{end},\underline{dec},\underline{bez},;\},\ \{\underline{begin},\underline{end},\underline{dec},\underline{bez},;\},\underline{R},B)$

mit

$\underline{R} = \{r_1 = (B,\underline{begin}\ DF;AF\ \underline{end}),\ r_4 = (AF,\underline{bez}),$

$r_2 = (DF,\underline{dec}),\qquad r_5 = (AF,\underline{bez};AF)\}$

$r_3 = (DF,DF;\underline{dec}),$

a) Bestimme eine äquivalente LL(1)-Grammatik und die LL(1)-Steuertabelle! Lege die Fehlerbehandlungsmaßnahmen fest!

b) Berechne die SLR(1)-Analysetabelle und lege für diese die Fehlerbehandlungsmaßnahmen fest!

10) Gegeben sei die Grammatik

$G = (\underline{V},\underline{A},\underline{R},S)$ mit

$\underline{V} = \underline{A} \cup \{S,A,A1\}$

$\underline{A} = \{\underline{if},\underline{then},\underline{else},a,b\}$

$\underline{R} = \{(S,A),\ (A,\underline{if}\ b\ \underline{then}\ A),\ (A,A1),\ (A1,\underline{if}\ b\ \underline{then}\ A1\ \underline{else}\ A),$

$(A1,a)\}.$

Diese Grammatik liefert eine eindeutige Syntax für bedingte Anweisungen von Pascal (vgl. 5.2.2.).

a) Zeige, daß diese Grammatik weder LL(1) noch LR(1) ist!

b) Versuche den LL(1)-Konflikt durch Substitution und Faktorisierung zu beseitigen! Zeige, daß dadurch neue Konflikte entstehen!

8. Semantik von Programmiersprachen

8.1. MOTIVATION FORMALER SEMANTIKDEFINITIONEN

Die Definition einer Programmiersprache schließt als wesentlichen Bestandteil die Zuordnung einer Bedeutung zu jedem syntaktisch zulässigen Programm ein. Da die Anzahl der Programme einer Sprache unendlich ist, muß eine Semantikdefinition analog zur Syntaxdefinition durch eine endliche Menge von Regeln gegeben werden, die mehrfach anwendbar sind. Die Bedeutung des gesamten Programms wird als Funktion der Bedeutung seiner Teile bestimmt. Das geschieht entsprechend der syntaktischen Struktur; d.h., die Komposition der syntaktischen Konstrukte beschreibt gleichzeitig die Komposition der Bedeutung des Gesamtprogramms aus der Bedeutung dieser Konstrukte.

Trotz intensiver Forschungsarbeiten hat sich für die Semantikdefinition noch keine einheitliche Methode (wie etwa die Backus-Naur-Form für die Syntaxdefinition) breit durchgesetzt, da diese Definition äußerst komplex ist und unter verschiedenen Gesichtspunkten erfolgt. Zwischen Syntax und Semantik existiert keine feste begriffliche Grenze. Einige Autoren (z.B. /55/) ordnen alle während der Übersetzung eines Programms kontrollierbaren Bedingungen der Syntax zu. In der vorliegenden Darstellung wird die Auffassung vertreten (z.B. auch in /70/), daß

- die Syntax durch eine kontextfreie Grammatik eine Obermenge der Programmiersprache definiert;
- die statische Semantik alle Kontextabhängigkeiten (eigentlich syntaktische Aspekte) beschreibt, die während der Programmübersetzung analysiert werden (Datentypverträglichkeit, Gültigkeitsbeziehungen, ...);
- die dynamische Semantik angibt, welche Wirkung ein Programm bei seiner Abarbeitung hervorruft, d.h., wie aus den Eingangsdaten die Ausgangsdaten bestimmt werden, aber auch welche Fehler bei der Programmabarbeitung auftreten können.

<u>Bemerkungen:</u>

1) Diese begrifflichen Festlegungen verdeutlichen die im gewissen Umfang willkürliche Abgrenzung. Beispielsweise kann der Ausdruck X/O syntaktisch ausgeschlossen werden; dieses Verbot der Division durch Null ist als (statische) semantische Bedingung formulierbar, wird aber allgemein üblich erst durch Test des Divisors auf Null während der Programmabarbeitung dynamisch geprüft.
2) Die Auffassung der Semantikdefinition als Bedeutungszuordnung umfaßt strenggenommen nur die dynamische Semantik.

In fast allen definierenden Berichten der gebräuchlichen Programmiersprachen wird die Semantik verbal angegeben. Diese Darstellung kommt dem Anwender der Sprache sehr entgegen, da sie ihn nicht mit einem neuen Beschreibungsmittel für die Semantikdefinition konfrontiert. Die erforderliche Präzision ist auch mit der natürlichen Sprache zu erreichen. Abweichungen einer Implementation vom Sprachstandard haben in der Regel ihre Ursache nicht in einer mehrdeutigen Sprachdefinition, sondern werden bewußt vorgenommen.

Selbstverständlich besitzt eine formale Semantikdefinition gegenüber der verbalen Vorteile. Für einige Probleme der Analyse und Implementation von Programmiersprachen ist sie sogar Voraussetzung:

- Eine formale Definition der Syntax und Semantik ist sehr gut als Sprachstandard für den Implementator geeignet. Mit den gebräuchlichen Methoden (vgl. 8.2.) ist sie jedoch umfangreich und abstrakt. Die Ableitung einer informalen Sprachbeschreibung ist insbesondere für den Anwender der Sprache zweckmäßig. Die Nutzung einer realen Programmiersprache (vgl. 8.2.4.) als Metasprache der Semantikdefinition stellt ebenfalls eine interessante Lösung dar.
- Für die Verifikation (Korrektheitsnachweis) von Programmen und anderen theoretischen Untersuchungen muß die Bedeutung durch einen mathematischen Formalismus beschrieben und verarbeitet werden können. Hierfür hat sich besonders die axiomatische Methode bewährt. Auch die sehr schwierige Aufgabe des Nachweises der Gültigkeit einer Implementation, d.h., ihrer Verträglichkeit zum Sprachbericht, kann nur auf der Grundlage einer formalen Definition gelöst werden.
- Die rechnergestützte oder gar automatische Generierung von Compilern bzw. Interpretern erfordert die formale Darstellung der Sprachdefinition. Dazu bewähren sich besonders syntaxorientierte Methoden der Semantikdefinition (z.B. Attributgrammatiken, vgl. 8.3.). Ganz allgemein ist eine formale und damit systematische Sprachdefinition eine gute Grundlage für die Implementation. Die Nutzung einer Programmiersprache als Metasprache der Definition ist auch hier vorteilhaft, da dann eine operationelle oder denotationelle Definition bereits eine gültige Implementation darstellt.
- Für die Wertung und den Vergleich von Sprachen sind alle formalen Definitionsmethoden bedeutungsvoll. Viele Autoren schätzen ein, daß die denotationelle Methode die besten Möglichkeiten für analysierende Untersuchungen bietet.

8.2. ÜBERBLICK ZU DEFINITIONSMETHODEN DER SEMANTIK

Hier werden nur die operationelle, denotationelle und axiomatische Methode überblicksweise dargestellt. Der an Details interessierte Leser sei auf /57/ verwiesen. Dort findet er eine ausführliche, vom mathematischen Standpunkt ausgehende Abhandlung. Es sei an dieser Stelle bereits bemerkt, daß sich die Methoden zur Definition der dynamischen Semantik von Programmiersprachen zweckmäßig auf eine abstrakte Syntax des Programmtextes beziehen sollten (vgl. 5.4). Damit erfolgt eine Konzentration auf die semantischen Aspekte der Sprache, und es wird kein Versuch zur Nutzung der Definition für syntaktisch falsche Programme unternommen.

8.2.1. OPERATIONELLE METHODE

Die operationellen Semantikdefinitionen von Programmiersprachen bilden die Elemente der zu definierenden Sprache auf Aktionen eines Beschreibungsmodells ab. Dieses Beschreibungsmodell entspricht einer interpretierenden, abstrakten Maschine für die Sprache. Gewöhnlich wird die abstrakte Maschine M durch eine Menge von Steuerungen $\underline{S}$, eine Zustandsmenge $\underline{Z}$ und eine Überführungsfunktion f charakterisiert,

$M = (\underline{S}, \underline{Z}, f)$.

Die aktuelle Situation der abstrakten Maschine wird durch ein Paar $(s,z) \in \underline{S} \times \underline{Z}$, bestehend aus der Steuerung s und dem aktuellen Zustand z, charakterisiert, aus dem sich durch f die Folgesituation $(s',z') = f(s,z)$ ergibt. Da die Arbeit der abstrakten Maschine durch das zu interpretierende Programm bestimmt wird, muß als Steuerung $s \in \underline{S}$ eine geeignete Darstellung dieses Programms genutzt werden. Für reale Sprachen könnte dazu die Darstellung der syntaktischen Struktur (z.B. die lineare Darstellung des Syntaxbaumes) dienen. In sehr einfachen Fällen ist auch der Quelltext des Programms zur Steuerung ausreichend.

Die Festlegung der Maschinenzustände ist ebenfalls von der zu definierenden Sprache abhängig und umfaßt z.B. eine (veränderliche) Abbildung von Identifikatoren in Werte sowie die Belegung eines für die Rekursionsorganisation genutzten Kellerspeichers.

Die operationelle Semantik einer Sprache $\underline{L}$ für die abstrakte Maschine $M = (\underline{S}, \underline{Z}, f)$ ist durch die Abbildung

$os: \underline{L} \rightarrow (\underline{Z} \rightarrow \underline{Z})$

gegeben. os ist ein Funktional; es wird auf ein Programm $l \in \underline{L}$ angewendet und liefert eine Abbildung von der Zustandsmenge in die Zustandsmenge. Befindet sich die Maschine im Anfangszustand z_0, so liefert

$os(l)\ (z_0) = z_n$

einen Endzustand z_n, falls eine Folge von Zuständen der abstrakten Maschine existiert

$(s_0,z_0),\ (s_1,z_1),\ \ldots,\ (s_n,z_n),$ wobei

- s_0 die aus $l \in \underline{L}$ abgeleitete Steuerung (z.B. der Syntaxbaum von l) ist;
- s_n eine Steuerung ist, die die vollständige Abarbeitung von l darstellt (z.B. den leeren Syntaxbaum);
- die Überführungsfunktion f für jede Situation (s_i,z_i) mit $i = 0(1)n-1$ $f(s_i,z_i) = (s_{i+1},z_{i+1})$ liefert.

<u>Beispiel:</u>

Wirth und Weber wandten die operationelle Methode zur Definition der Sprache EULER /74/ an. Der Grundgedanke dieser Semantikdefinition wird nachfolgend erläutert. Der Ausgangspunkt ist die Programmiersprache $\underline{L}$, deren Syntax durch eine eindeutige Grammatik $G = (\underline{V},\underline{A},\underline{R},s)$ beschrieben wird. Damit existiert für jeden Satz genau ein Syntaxbaum, der z.B. in rechtslinearer Darstellung angegeben ist. Nach dem Vorschlag ist jeder Syntaxregel der Grammatik genau eine semantische Interpretationsregel zugeordnet. D.h., es existiert die eindeutige Abbildung

g: $\underline{R} \longrightarrow \underline{I}$ mit $\underline{R}$ Menge der Syntaxregeln
$\underline{I}$ Menge der Interpretationsregeln.

Durch die Folge der Syntaxregeln gemäß der rechtslinearen Darstellung des Syntaxbaumes eines Satzes der Sprache ist somit genau eine Folge von Interpretationsregeln bestimmt. Das bedeutet, daß die Grammatik G und die Abbildung g die Abbildung os bestimmen. Durch den eindeutigen Zusammenhang zwischen Syntax- und Interpretationsregeln ist die Eindeutigkeit von os gegeben. Die rechtslineare Darstellung des Syntaxbaumes fungiert als Steuerung. Die Interpretationsregeln sind über einer Menge von globalen Variablen definiert, die die sogenannte Interpretationsumgebung $\underline{U}$ bilden und deren Belegung den Zustand der abstrakten Maschine kennzeichnen.

Die bei der Definition der Sprache EULER genutzte Methode wird hier stark vereinfacht für arithmetische Ausdrücke mit ganzzahligen Operanden demonstriert. Die Syntax der Ausdrücke ist in Abb. 8.1 dargestellt. Zur Semantikdefinition sind die Interpretationsregeln über einem Wertekeller sowie über den Variablen Ziffernwert, Dezimalwert, linker und rechter Operand definiert, die die Umgebung

$\underline{U}$ = {Wertekeller, Ziffernwert, Dezimalwert, linker Operand, rechter Operand}

bilden. Der Wertekeller ist eine kellermäßig organisierte Datenstruktur mit den Operationen kellern und entkellern. Die arithmetischen Operationen haben die herkömmliche Bedeutung.

Nr.	Syntaxregel	Interpretationsregel
1	(S,E)	<u>stop</u>
2/3	(E,E{±}T)	rechter Operand := entkellern (Wertekeller) linker Operand := entkellern (Wertekeller) kellern(Wertekeller, linker Operand {±} rechter Operand)
4	(E,T)	——
5/6	(T,T{*/}F)	rechter Operand := entkellern (Wertekeller) linker Operand := entkellern (Wertekeller) kellern(Wertekeller, linker Operand {*/} rechter Operand)
7	(T,F)	——
8	(T,(E))	——
9	(T,-F)	rechter Operand := entkellern(Wertekeller) kellern (Wertekeller, -rechter Operand)
10	(F,Z)	kellern(Wertekeller, Dezimalwert)
11	(Z,Z Zi)	Dezimalwert := 10 * Dezimalwert + Ziffernwert
12	(Z,Zi)	Dezimalwert := Ziffernwert
13 ⋮ 22	(Zi, {0, 1, …, 9})	Ziffernwert := {0, 1, …, 9}

Abb. 8.1: Operationelle Semantik einfacher arithmetischer Ausdrücke

Bemerkungen:

1) In der dargestellten Semantikdefinition sind die Variablen der Umgebung global zu den Interpretationsregeln. Dadurch ist nur bedingt eine übersichtliche Strukturierung der Interpretationsregeln möglich. Neben der Einschränkung für die Programmiersicherheit ist damit eine formale Prüfung der Regeln auf Verträglichkeit nur eingeschränkt möglich. Eine diesbezügliche Verbesserung stellen die Attributgrammatiken dar (vgl. 8.3.).
2) Zum weitergehenden Studium der operationellen Semantikdefinition wird der Leser auf die Wiener Methode (/57/) verwiesen, die das bekannteste Beispiel dazu darstellt.

8.2.2. DENOTATIONELLE METHODE

Die denotationelle Methode wird in der Literatur auch als funktionale oder mathematische Methode bezeichnet. Sie verzichtet in der Semantikdefinition auf unnötige Implementationsdetails, indem auf die Darstellung von Abläufen auf einem Maschinenmodell (Zustandsfolgen) verzichtet wird. Die Bedeutung eines Programms wird als Funktion der Bedeutung seiner Komponenten erklärt, wobei die elementaren Komponenten der Sprache mit gut ausgewählten mathematischen Objekten des Semantikbereiches verknüpft werden. Bestandteile der denotationellen Semantikdefinition sind:

- die syntaktischen Einheiten der Sprache (z.B. Mengen der Identifikatoren, Konstanten, Ausdrücke, Anweisungen) und die Definition der abstrakten Syntax über diesen Einheiten;
- die semantischen Definitionsbereiche, mit denen Wertemengen (logische Werte, ganzzahlige Werte, reelle Werte, ...), Speicherbelegungen als Abbildungen von der Menge der Identifikatoren in Wertemengen u.a. zu beschreiben sind;
- elementare semantische Funktionen über den semantischen Definitionsbereichen zur Beschreibung von einfachen Verknüpfungen semantischer Werte (z.B. arithmetische und logische Operationen);
- funktionale Formen als Konstruktionsmittel für neue Funktionen aus bereits definierten, wie z.B.

Verkettung: $f \circ g$ mit $g \circ f(a) = g(f(a))$

Auswahl: $t \rightarrow f,g$ mit $t \rightarrow f,g(a) = \begin{cases} f(a) & \text{für } t(a) = \underline{\text{true}} \\ g(a) & \text{für } t(a) = \underline{\text{false}} \end{cases}$

Substitution: $f(a/b)$ mit $f(a/b)(c) = \begin{cases} f(c) & \text{für } c \neq a \\ b & \text{für } c = a \end{cases}$

Potenz: f^i mit $f^i(a) = \begin{cases} f^{i-1}(f(a)) & \text{für } i > 0 \\ a & \text{für } i = 0 \end{cases}$

Von den semantischen Definitionsbereichen wird im allgemeinen gefordert, daß sie vollständige Verbände bilden. Damit wird gewährleistet, daß die Anwendung der elementaren semantischen Funktionen und der funktionalen Formen wohldefiniert ist.

Die Auswahl der zur Definition einer Sprache benötigten Elemente richtet sich nach der Kompliziertheit der zu beschreibenden Konstruktionen. Als Beispiel zur Erläuterung der denotationellen Semantikdefinition dient die stark vereinfachte Wertzuweisung (abstrakte Syntax)

<WZ> ::= <V> := <A>

<A> ::= <u>const</u> | <u>id</u> | <A> + <A> | <A> - <A> .

Dabei bedeuten:

WZ - Wertzuweisung	<u>const</u> - Konstante	A - Ausdruck
V - Variable	<u>id</u> - Identifikator	

Ausdrücke seien nur über den ganzzahligen Werten definiert.

1) Die <u>syntaktischen Einheiten</u> bestehen damit aus folgenden Mengen:

- $\underline{WZ}$ Menge der Wertzuweisungen;
- $\underline{V}$ Menge der Variablen, wobei der Einfachheit halber angenommen wird, daß die Variablen nur durch Identifikatoren bezeichnet werden; d.h., $\underline{V} = \underline{I}$;
- $\underline{I}$ Menge der Identifikatoren, $\underline{id} \in \underline{I}$;
- $\underline{C}$ Menge der ganzzahligen Konstanten, $\underline{const} \in \underline{C}$;
- $\underline{A}$ Menge der Ausdrücke;
- $\underline{O}$ Menge der Operatoren, mit $\underline{O} = \{:=, +, -\}$.

2) Die <u>semantischen Definitionsbereiche</u> umfassen:

- $\underline{W}$ Definitionsbereich der ganzzahligen Werte mit $\perp$ als undefiniertem Wert, d.h., $\underline{W} = \underline{G} \cup \{\perp\}$ mit $\underline{G}$ Menge der ganzen Zahlen;
- w Wertfunktion $w: \underline{P} \rightarrow \underline{W}$ ordnet einem Element aus $\underline{P} = \underline{I} \cup \underline{C}$ (Identifikator oder Konstante) einen Wert aus $\underline{W}$ zu.

<u>Bemerkung:</u>
In dem betrachteten Beispiel ist es möglich, jedem Identifikator direkt einen Wert zuzuordnen, ohne den Begriff der Adresse zu benutzen. Erst bei der Erläuterung der Parametervermittlung bei Prozeduraufrufen oder bei Verwendung von Pointern in Programmiersprachen ist eine zweistufige Abbildung von der Menge der Identifikatoren in die Menge der Werte über die Menge der Adressen

$adr: \underline{I} \rightarrow \underline{ADR}$ und $w: \underline{ADR} \rightarrow \underline{W}$

notwendig.

3) Die <u>elementaren semantischen Funktionen</u> $\oplus$ bzw. $\ominus$ sind die abstrakten Bedeutungen von + bzw. -.

Für die Erklärung der Semantik eines Ausdrucks ist eine <u>Hilfsfunktion</u> $WERT: \underline{A} \rightarrow (\underline{P} \rightarrow \underline{W}) \rightarrow \underline{W}$ einzuführen, die für einen Ausdruck $A \in \underline{A}$ eine Funktion liefert, die aus der aktuellen Wertfunktion der Identifikatoren und Konstanten den Wert des Ausdrucks bestimmt. Diese Hilfsfunktion WERT ist rekursiv bestimmt, d.h., WERT(A)(w):

- $WERT(\underline{const})(w) = w(\underline{const}) = n$, wobei
  n ($n \in G$) ist die durch <u>const</u> bezeichnete ganze Zahl;
- $WERT(\underline{id})(w) = w(\underline{id})$ mit $w(\underline{id}) \in \underline{W}$;

- $\text{WERT}(A_1 + A_2)(w) = \text{WERT}(A_1)(w) \oplus \text{WERT}(A_2)(w)$;
- $\text{WERT}(A_1 - A_2)(w) = \text{WERT}(A_1)(w) \ominus \text{WERT}(A_2)(w)$.

Damit ergibt sich die Semantik der Wertzuweisung mit

$$\text{Semantik}(V := A) = w(V/\text{WERT}(A)(w)).$$

Die Semantik der Wertzuweisung besagt, daß nur die Variable V ($V \in \underline{I}$) einen neuen Wert (nämlich den des Ausdrucks A) erhält. Alle anderen Identifikatoren $\underline{id} \in \underline{I}$ mit $\underline{id} \neq V$ behalten ihren Wert $w(\underline{id})$. Das wird durch die funktionale Form für die Substitution ausgedrückt.

$$w(V/\text{WERT}(A)(w))(\underline{id}) = \begin{cases} \text{WERT}(A)(w) & \text{für } \underline{id} = V \\ w(\underline{id}) & \text{für } \underline{id} \neq V. \end{cases}$$

Auf der Grundlage einer denotationellen Sprachdefinition ist eine systematische Implementation gut möglich. Dazu ist es erforderlich, die semantischen Kategorien (im Beispiel die Wertfunktion) durch ein geeignetes Laufzeitmodell umzusetzen und für die elementaren semantischen Funktionen und die verwendeten funktionalen Formen Zielprogrammentsprechungen bzw. Interpreteraktionen aufzustellen.

8.2.3. AXIOMATISCHE METHODE

Die axiomatische Definition basiert auf der mathematischen Logik. Der Grundgedanke der Methode, die erstmals für die Definition von Pascal /26/ angewandt wurde, besteht darin, die Wirkung der Elemente der zu definierenden Sprache indirekt durch Aussagen über die Zustände des Beschreibungsmodells vor und nach Ausführung des Sprachelementes zu beschreiben. Die Beziehungen zwischen den Programmvariablen werden also durch Vorbedingungen (Preconditions) vor und durch Konsequenzen oder Nachbedingungen (Postconditions) nach Ausführung des Sprachelementes postuliert. Diese Beziehungen werden als Zusicherungen (assertions) bezeichnet.

Um die Vorgehensweise an einigen Sprachkonstruktionen zu erläutern, ist es erforderlich, zunächst einige Notationen zu vereinbaren:

- A bzw. C seien syntaktische Einheiten, wobei A für Ausdrücke und Anweisungen und C für Ausdrücke mit einem logischen Resultatwert stehen; V ist eine Variable;
- P, Q, R seien logische Formeln, die Eigenschaften der Programmvariablen beschreiben;
- $P\{A\}Q$ sei die Aussage, daß nach Ausführung von A die logische Formel Q (Postcondition) gilt, falls vorher P (Precondition) zutrifft (Abb. 8.2a);
- mit $\frac{H_1 H_2 \ldots H_n}{H}$ wird angegeben, daß aus den Aussagen $H_1, H_2, \ldots$ und H_n die Aussage H folgt;
- mit P(x/y) wird angegeben, daß in der logischen Formel P jedes Auftreten von x durch den Wert von y zu ersetzen ist (vgl. funktionale Form Substitution in 8.2.2.).

Mit Hilfe dieser Vereinbarungen können jetzt die Semantikdefinitionen beispielhaft für folgende Sprachelemente erfolgen:

- Wertzuweisung (Abb. 8.2b):

  $P(V/A)\ \{V := A\}\ P$

  Damit wird ausgedrückt, daß eine Formel P nach Ausführung der Wertzuweisung V:= A nur dann wahr ist, falls vorher eine Formel gilt, die aus P durch Ersetzung jeder Anwendung der Variablen V durch den Wert des Ausdrucks A entsteht, also z.B.

  $a = d^2 \wedge a*(a-5) > 0\ \{b := a - 3\}\ a = d^2 \wedge a*(b-2) > 0.$

- Anweisungssequenz (Abb. 8.2c):

  $$\frac{P\{A_1\}Q,\ Q\{A_2\}R}{P\{A_1;\ A_2\}R}$$

- bedingte Anweisung (Abb. 8.2d):

  $$\frac{P \wedge C\{A_1\}Q,\ P \wedge \neg C\{A_2\}Q}{P\{\underline{if}\ C\ \underline{then}\ A_1\ \underline{else}\ A_2\ \underline{fi}\}Q}$$

- Zyklusanweisung (Abb. 8.2e):

  $$\frac{P \wedge C\{A\}Q}{P\{\underline{while}\ C\ \underline{do}\ A\ \underline{od}\}Q \wedge \neg C}.$$

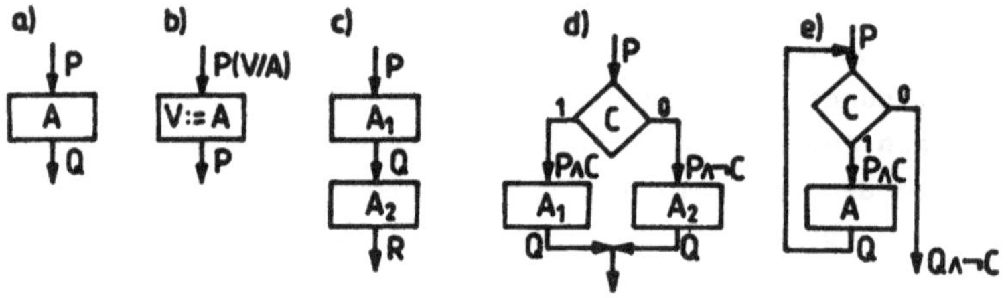

Abb. 8.2: Zur Anwendung der axiomatischen Methode

Die axiomatische Sprachdefinition erlaubt die analytische Prüfung von Programmen auf ihre Richtigkeit. Die Prüfung der Korrektheit von Programmen mit analytischen Mitteln wird als Programmverifikation bezeichnet. Aus den Eigenschaften der Eingangsgrößen eines Programms lassen sich durch Anwendung der axiomatischen Methode die Eigenschaften der Ausgangsgrößen ableiten. Als einfaches Beispiel sei die ganzzahlige Division q = x/y durch das Programm p

$r := x;\ q := 0;\ \underline{while}\ y \le r\ \underline{do}\ r := r - y;\ q := q + 1\ \underline{od}$

betrachtet (nach HOARE). Für dieses Programm ist die Aussage

$x \ge 0 \wedge y > 0\{p\}x = y * q + r \wedge \neg(y \le r)$

wahr. Dazu kann man, zweckmäßig ausgehend von den Nachbedingungen, den Beweis durch Anwendung der gegebenen Definitionen führen (Übung 2).

Zusammenfassend ist festzustellen, daß die axiomatische Semantikdefinition kaum für die Sprachimplementation direkt genutzt werden kann. Gegenwärtig ist noch unsicher, ob die axiomatische Methode allgemein Eingang in die Technik der Programmentwicklung (Software-Engineering) finden wird. Trotzdem hat die Beschäftigung mit dieser Methode der Theorie der Programmierung und Programmiersprachen wesentliche Impulse vermittelt.

8.2.4. SEMANTIKDEFINITION DURCH PROGRAMMIERSPRACHEN

Bei der formalen Semantikdefinition ist zwischen der verwendeten Methode und der dabei genutzten Notation (Metasprache) zu unterscheiden. So werden für operationelle und denotationelle Definitionen meist spezielle mathematische Notationen bzw. Funktionen benutzt (vgl. Graphtransformationen in der Wiener Methode). Es mag überraschend sein, aber es erweist sich durchaus als zweckmäßig, geeignete Programmiersprachen als Metasprache von Semantikdefinitionen zu nutzen. In /54/ und /55/ wird dafür ALGOL 68 vorgeschlagen. Natürlich ist zu fordern, daß die Definition eindeutig und vollständig erfolgen kann. Falls das gegeben ist, entstehen zwei entscheidende Vorteile:

1) Für alle Anwender formaler Sprachdefinitionen sind Programmiersprachen verständliche Beschreibungsmittel. Das führt dazu, daß diese formalen Definitionen weitaus breiter akzeptiert und angewandt werden als bei speziellen, ungewohnten Notationen.
2) Derartige Definitionen können leicht rechnergestützt auf Vollständigkeit und Widerspruchsfreiheit getestet werden, ohne daß spezielle Systeme erforderlich sind. Sie können übersetzt, d.h., analysiert, und eventuell sogar ausgeführt werden.

In /55/ wird gezeigt, wie für eine einfache Sprache mit ALGOL 68 eine gut verständliche, kurze operationelle Definition möglich ist, so daß dadurch ein abstrakter Interpreter gegeben wird. In Attributgrammatiken werden für die Darstellung der semantischen Regeln (vgl. 8.3.) ebenfalls programmiersprachliche Ausdrucksmittel genutzt, um ein gutes Verständnis und leichte Implementierbarkeit zu erreichen.

Ein interessanter Spezialfall ist die Definition einer Sprache mit sich selbst. Die Sprache dient in diesem Fall sowohl als Metasprache als auch als Objekt der Sprachbeschreibung. Derartige Zirkularitäten treten beispielsweise auch in Compilern auf, deren Implementierungssprache mit der Quellsprache übereinstimmt. Eine derartige Implementierungstechnik, die sehr die Übertragung des Compilers fördert, wird als Boot-strapping-Technik bezeichnet. Die Möglichkeit der Selbstdefinition besteht insbesondere für Sprachen mit entwickelten Erweiterungsmechanismen (Modus-, Operator- und Prozedurdeklarationen u.a.). Die Semantik der nicht primitiven Konstruktionen wird dann durch diese Erweiterungsmechanismen der Sprache dargestellt. Die Definition von LISP 1.5 ist ein elegantes Beispiel einer Selbstdefinition. Das ist darin begründet, daß LISP nur wenige elementare Konstruktionen umfaßt und Daten und Programme strukturell gleich behandelt werden.

8.3. SEMANTIKDEFINITION MIT ATTRIBUTGRAMMATIKEN

Attributgrammatiken sind Erweiterungen des Modells der kontextfreien Gramvorgeschlagen und haben sich als Grundlage zur Sprachimplementation bis hin zur automatischen Compilergenerierung aus der formalisierten Sprachbeschreibung bewährt. Sie stellen eine Erweiterung der Beschreibungsmöglichkeiten der kontextfreien Grammatiken auf den Bereich der Semantik dar.

8.3.1. ALLGEMEINE ATTRIBUTGRAMMATIKEN

Attributgrammatiken sind Erweiterungen des Modells der kontexfreien Grammatiken G = ($\underline{V}$,$\underline{A}$,$\underline{R}$,s), so daß

- jedem syntaktischen Symbol v ∈ $\underline{V}$ eine Menge von Attributen $\underline{A}_v$ zugeordnet ist. Die Attribute werden durch Namen bezeichnet. Ein Attribut a ∈ $\underline{A}_v$ verknüpft eine spezifische Eigenschaft (Wert) mit dem syntaktischen Symbol v, die diesem Attribut aus einem spezifizierten Wertebereich $\underline{W}_a$ zugeordnet werden kann;
- jeder syntaktischen Regel r ∈ $\underline{R}$ Mengen semantischer Regeln (semantische Funktionen $\underline{F}$ und Bedingungen $\underline{B}$) zugeordnet sind. Die Funktionen dienen der Bestimmung der Werte der Attribute für die in der jeweiligen Syntaxregel auftretenden Symbole. Dagegen werden die Bedingungen zur Überprüfung der Einhaltung geforderter Kontextbeziehungen genutzt. Dabei sind die Argumente aller semantischen Regeln auf die Attributwerte der Symbole der jeweiligen syntaktischen Regel (im Gegensatz zur Sprachdefinition von EULER, vgl. 8.2.1.) begrenzt.

Die Semantik eines Programms wird auf der Grundlage seiner syntaktischen Struktur bestimmt. Dazu werden die Knoten des Syntaxbaumes mit Attributvariablen dekoriert. Jeder Knoten erhält Variablen für alle Attribute, die dem Vokabularsymbol zugeordnet sind, mit dem der Knoten bewertet ist. Die Werte dieser Attributvariablen werden durch die semantischen Funktionen der Regeln bestimmt, die zum jeweiligen Knoten gehören. Weiterhin wird durch die semantischen Bedingungen geprüft, ob die Attributwerte die geforderten Kontextbeziehungen einhalten. Durch die semantischen Funktionen werden Abhängigkeiten der Attributwerte untereinander beschrieben und so ein Informationsaustausch zwischen den Knoten des Syntaxbaumes ermöglicht. Entsprechend der Richtung des Informationsflusses werden abgeleitete und synthetisierte Attribute unterschieden. Synthetisierte Attribute eines Knotens werden aus Attributen des gleichen Knotens und der direkten Nachfolger des Knotens bestimmt. Sie gestatten folglich den Informationsfluß von den terminalen Knoten des Syntaxbaumes in Richtung seiner Wurzel (Abb. 8.3). Es sei vermerkt, daß jede Semantikdefinition ausschließlich mit synthetisierten Attributen erfolgen kann. Natürlich wird die Semantikdarstellung, die nur synthetisierte Attribute verwendet, oftmals aufwendig und umständlich. Deshalb werden weiterhin abgeleitete Attribute verwendet, die den Informationsfluß in Richtung der terminalen Knoten des Syntaxbaumes aus dem Vorgängerknoten und Abhängigkeiten sowohl vom linken als auch vom rechten Kontext gestatten, wie es der Ausschnitt aus einem Syntaxbaum nach Abb. 8.3 verdeutlichen soll. Es ist nicht ausgeschlossen, daß abgeleitete Attribute eines Knotens von anderen Attributen des gleichen Knotens abhängig sind.

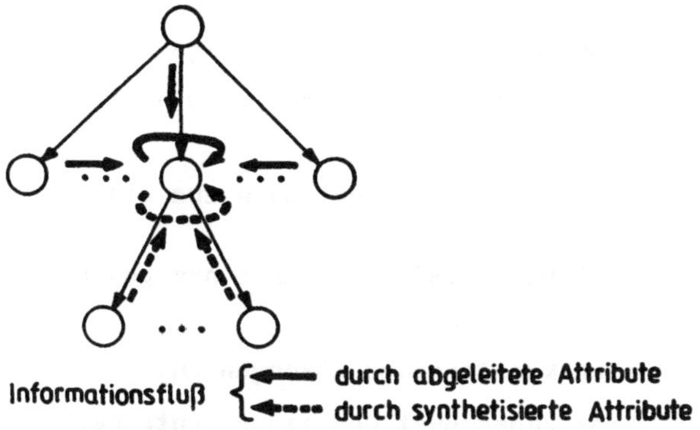

Abb. 8.3: Mögliche Abhängigkeiten von Attributen in einem Syntaxbaum

Die Menge der synthetisierten Attribute $\underline{S}_v$ und die Menge der abgeleiteten (inheriten) Attribute $\underline{I}_v$ eines Symbols $v \in \underline{V}$ sind disjunkt, d.h.,

$\underline{A}_v = \underline{S}_v \cup \underline{I}_v$ und $\underline{S}_v \cap \underline{I}_v = \emptyset$.

Um die Attribute der Symbole einer Regel $r = (v_0, v_1 \ldots v_i \ldots v_m) \in \underline{R}$ zu unterscheiden, wird für die Identifikation eines Attributes $a \in \underline{A}_{vi}$ des i-ten Symbols der Regel die Notation

$a(i)$ mit $0 \leq i \leq m$

eingeführt. Der Index des Symbols gestattet eine eindeutige Identifikation des Attributes, da in einer Syntaxregel mehrere Symbole gleiche Attribute besitzen können.

Bevor eine zusammenfassende Definition der Attributgrammatiken gegeben wird, soll ihre Anwendung am Beispiel der Übersetzung einer bedingten Anweisung dargestellt werden. Übersetzung bedeutet, die bedingte Anweisung als Konstruktion einer Quellsprache durch Textteile einer Zielsprache darzustellen.

D 8.1.: Die Notation

$\underline{Z}\{\underline{Q}: q\}$ = "$\underline{Z}$ - Entsprechung von q"

bezeichnet die Darstellung der syntaktischen Einheit q der Quellsprache $\underline{Q}$ durch Textteile der Zielsprache $\underline{Z}$.

Im Beispiel werden für die Zielsprachelemente RPN-Instruktionen benutzt. Um die Semantik der bedingten Anweisung darzustellen, sind Instruktionen für unbedingte Sprünge (GOTO <marke>) und bedingte Sprünge (GOIF F <marke>) sowie die Markierung von RPN-Instruktionen erforderlich. Die intuitiv erfaßbare Wirkung dieser Instruktionen ist in 10.1. genauer erklärt. Damit ergibt sich für die bedingte Anweisung folgende Darstellung:

```
RPN { Q: BA } =
RPN { Q: if A then AF1 else AF2  fi } =        RPN { Q: A }
                                               GOIFF       <marke1>
                                               RPN { Q: AF1 }
                                               GOTO        <marke2>
                                    <marke1>:  RPN { Q: AF2 }
                                    <marke2>:
```

Es bedeuten

BA - bedingte Anweisung, A - Ausdruck, AF - Anweisungsfolge.

Die angegebene Zielprogrammentsprechung läßt zwei wesentliche Aufgaben der semantischen Synthese erkennen:

- die Komposition des Zielkodes elementarer Konstruktionen zum Zielkode zusammengesetzter Konstruktionen;
- die Verwaltung von Marken, um zu sichern, daß jede Marke nur genau einmal definierend auftritt.

Dafür bieten sich mit Attributgrammatiken folgende Lösungen an:

- Jedem Symbol wird ein Attribut Kode zugeordnet und jeder Syntaxregel eine semantische Funktion, die dieses Attribut für das Symbol der linken Regelseite bestimmt, so daß Kode ein synthetisiertes Attribut ist.
- Jede Konstruktion, in deren Zielsprachentsprechung Marken definierend auftreten können, erhält vom Kontext abgeleitet die Information über die Anzahl bereits vergebener Marken (Marke alt). Dazu wird die Zahl der bei der Übersetzung der Konstruktion und ihrer Bestandteile generierten Marken addiert und dieser Wert in einem synthetisierten Attribut (Marke neu) bereitgestellt.

Für die Semantikdefinition der bedingten Anweisung gilt damit folgende Attributzuordnung:

Symbol	abgeleitete Attribute	synthetisierte Attribute
BA	Marke alt	Kode Marke neu
A		Kode Typ
AF	Marke alt	Kode Marke neu

Damit ergibt sich:

<u>Syntaxregel</u>

(BA, <u>if</u> A <u>then</u> AF <u>else</u> AF <u>fi</u>)

<u>Semantische Funktionen</u>

```
Kode(0):= Kode(2) +
          "GOIFF" + erzeuge marke (Marke alt(0) + 1) +
          Kode(4) +
          "GOTO" + erzeuge marke (Marke neu(4) + 1) +
```

erzeuge marke (Marke alt(0) + 1) + ":" + Kode(6) +
erzeuge marke (Marke neu(4) + 1) + ":"
Marke alt(4):= Marke alt(0) + 1
Marke alt(6):= Marke neu(4) + 1
Marke neu(0):= Marke neu(6)

Semantische Bedingung

Typ(2) = BOOL

Dieses Beispiel zeigt die Erzeugung der zuvor angegebenen RPN-Entsprechung der bedingten Anweisung. Es zeigt auch, daß einer Syntaxregel semantische Funktionen zur Bestimmung

- aller synthetisierten Attribute des Symbols der linken Seite der Regel (Kode(0) und Marke neu(0)) und
- aller abgeleiteten Attribute aller Symbole der rechten Seite der Regel (Marke alt(4) und Marke alt(6))

zuzuordnen sind. Als Argumente der Funktion sind die Attribute aller Symbole der Regel zugelassen. Der Zielkode wird im synthetisierten Attribut Kode(0) dargestellt und als Zeichenreihe durch Zeichenreihenverkettung (Operator +) aus den Einzelbestandteilen zusammengesetzt. Das Beispiel enthält auch eine semantische Bedingung, womit ausgedrückt wird, daß in der bedingten Anweisung der Ausdruck hinter <u>if</u> einen logischen Wert liefern muß. Zusammenfassend erfolgt die formale Definition allgemeiner Attributgrammatiken.

D 8.2.: Eine allgemeine Attributgrammatik für eine kontextfreie Grammatik $G = (\underline{V}, \underline{A}, \underline{R}, s)$ ist ein Quintupel $G_a = (\underline{AT}, \underline{V}_a, \underline{A}, \underline{R}_a, s)$, wobei

- $\underline{AT}$ eine endliche Menge von Attributen ist. Jedes Attribut $a \in \underline{AT}$ besitzt einen festgelegten Wertebereich $\underline{W}_a$.
- $\underline{V}_a$ das attributierte Vokabular ist, wobei $(v, \underline{S}_v, \underline{I}_v) \in \underline{V}_a$ attributiertes Symbol heißt. Jedem Symbol v $\underline{V}$ ist eine Menge von Attributen $\underline{A}_v$ zugeordnet, die disjunkt in die Menge der synthetisierten Attribute $\underline{S}_v$ und abgeleiteten Attribute $\underline{I}_v$ zerlegt werden kann; d.h.,
  $\underline{A}_v = \underline{S}_v \cup \underline{I}_v$ und $\underline{S}_v \cap \underline{I}_v = \emptyset$
- $\underline{A}$ das Alphabet ist, über dem die Sprache gebildet wird. Die terminalen Zeichen $a \in \underline{A}$ besitzen keine synthetisierten Attribute; d.h., $\underline{S}_a = \emptyset$.
- $\underline{R}_a$ die attributierte Regelmenge ist.
  Eine attributierte Regel $(r, \underline{F}, \underline{B}) \in \underline{R}_a$ besteht aus
  der syntaktischen Regel $r = (v_0, v_1 v_2 \ldots v_m) \in \underline{R}$, der die Attributmenge
  $$\underline{A}_r = \bigcup_{i=0}^{m} \underline{A}_{v_i}$$
  zugeordnet ist.
  der Menge der semantischen Funktionen $\underline{F}$
  zur Bestimmung der Werte der Attribute, wobei die Funk-

tionen mit den Argumenten $a_i \in \underline{A}_r$

$f_{a_0}: \underline{W}_{a_1} \times \underline{W}_{a_2} \times \ldots \times \underline{W}_{a_n} \longrightarrow \underline{W}_{a_0}$

die Werte aller synthetisierten Attribute der linken Regelseite $a_0 \in \underline{S}_{v_0}$ und

$f_{a_k}: \underline{W}_{a_1} \times \underline{W}_{a_2} \times \ldots \times \underline{W}_{a_n} \longrightarrow \underline{W}_{a_k}$ mit $a_k \in \underline{I}_{v_k}$, $k > 0$

die Werte aller abgeleiteten Attribute der Symbole der rechten Regelseite bestimmen.

der Menge der semantischen Bedingungen $\underline{B}$

$b \subseteq \underline{W}_{a_1} \times \underline{W}_{a_2} \times \ldots \times \underline{W}_{a_n}$

wobei $b \in \underline{B}$ Relationen zur Formulierung von Kontextbedingungen über den Attributen $a_i \in \underline{A}_r$ sind.

- s das Satzsymbol der Grammatik ist, das keine abgeleiteten Attribute besitzt; d.h., $\underline{I}_s = \emptyset$.

Die Eindeutigkeit der Sprachbeschreibung durch Attributgrammatiken folgt aus der Eindeutigkeit der unterliegenden kontextfreien Grammatik und aus der eindeutigen Zuordnung zwischen syntaktischen und semantischen Regeln. Allgemeine Attributgrammatiken nach D 8.2. gestatten, die Abhängigkeiten zwischen den Attributen durch die semantischen Funktionen freizügig zu formulieren. Dadurch können folgende Probleme entstehen:

- Attribute können zyklisch voneinander abhängen, so daß es nicht möglich ist, ihre Werte zu bestimmen. Derartige Grammatiken werden als nicht wohldefiniert bezeichnet. Leider ist es nur mit exponentiell wachsendem Zeitaufwand entscheidbar, ob eine Attributgrammatik wohldefiniert ist.
- Der Syntaxbaum muß gegebenenfalls mehrmals und nach einer komplizierten Strategie durchmustert werden, um die Werte aller Attribute zu bestimmen. Die in solchen Fällen erforderliche listenartige Abspeicherung des Syntaxbaumes ist sehr aufwendig.
- Zur Abspeicherung der Attribute existiert keine effektive Speicherorganisation, die bei Ausführung einer semantischen Funktion den Zugriff zu allen Attributwerten gewährleistet, die als Argumente dienen.

In der Literatur sind viele Vorschläge zu finden, wie die Attributabhängigkeiten eingeschränkt werden müssen, um eine effektive Implementierung zu gewährleisten (z.B. in /10/ und /70/). Je umfassender diese Einschränkungen sind, desto effektiver kann die Implementierung erfolgen, wofür in /35/ eine Hierarchie von Attributgrammatiken angegeben wird. Eine Art dieser eingeschränkten Attributgrammatiken wird im folgenden Abschnitt behandelt.

8.3.2. L-ATTRIBUTGRAMMATIKEN UND DIE LINKS-RECHTSLINEARE DARSTELLUNG DES SYNTAXBAUMES

Ein besonders zweckmäßiger Kompromiß zwischen den zugelassenen Attributabhängigkeiten und der effektiven Implementierung sind die <u>L-Attributgrammatiken</u>. Sie verbieten Abhängigkeiten abgeleiteter Attribute vom rechten Kontext, von synthetisierten Attributen des gleichen Symbols und von synthetisierten Attributen der linken Seite.

D 8.3.: Eine L-Attributgrammatik ist eine Attributgrammatik nach D 8.2., wobei die der syntaktischen Regel $r = (v_0, v_1 v_2 \ldots v_m) \in \underline{R}$ zugeordneten semantischen Funktionen

$$f_{a_k} : \underline{W}_{a_1} \times \underline{W}_{a_2} \times \ldots \times \underline{W}_{a_n} \longrightarrow \underline{W}_{a_k} \quad \text{mit } a_k \in \underline{I}_{v_k}, \; 0 < k \leq m$$

nur über Argumenten $a_i \in \bigcup_{j=0}^{k} \underline{I}_{v_j} \bigcup_{j=1}^{k-1} \underline{S}_{v_j}$

gebildet sind.

Diese Einschränkung hat folgende Vorteile:

- Die Werte aller Attribute können in einer einzigen Durchmusterung des Syntaxbaumes ermittelt werden. Die dabei angewandte Strategie ist so einfach, daß zu ihrer Steuerung eine lineare Darstellung des Syntaxbaumes genutzt werden kann.
- Für die Speicherung der Attributwerte kann als effektive Organisationsform ein Keller genutzt werden. Die bei der Durchmusterung anzuwendenden semantischen Regeln können ihre Argumente stets von den obersten Kellerelementen erhalten. Nach der Berechnung von Attributwerten werden diese sofort gekellert. Die für die weitere Durchmusterung nicht mehr erforderlichen Attributwerte können entkellert werden.
- Zyklische Abhängigkeiten von Attributen können nur noch innerhalb einer Regel auftreten. Die Überprüfung einer Attributgrammatik auf Wohldefiniertheit ist damit einfach zu realisieren.

Trotz der eingeschränkten Attributabhängigkeiten ist für viele Sprachen die Anwendung solcher Grammatiken empfehlenswert. Dabei ist natürlich der Verzicht auf Abhängigkeiten vom rechten Kontext eine starke Beschränkung. Es zeigt sich aber, daß derartige Abhängigkeiten in realen Programmiersprachen relativ selten sind und stets durch eine andere syntaktische und semantische Darstellung umgangen werden können. Am günstigsten ist es aber, für solche Fälle in einem der semantischen Analyse und Synthese vorangehenden Paß die Informationen über den rechten Kontext in der Symboltabelle abzuspeichern und in den semantischen Regeln darauf zuzugreifen.

Satz 8.1.: Für wohldefinierte L-Attributgrammatiken kann die Berechnung der Werte aller Attribute so erfolgen, daß für jede in der syntaktischen Struktur auftretende Regel $r = (v_0, v_1 v_2 \ldots v_n) \in \underline{R}$ die Berechnung der Attribute in der Reihenfolge
$\underline{I}_{v_0}, \underline{I}_{v_1}, \underline{S}_{v_1}, \underline{I}_{v_2}, \underline{S}_{v_2}, \ldots, \underline{I}_{v_n}, \underline{S}_{v_n}, \underline{S}_{v_0}$ durchgeführt wird.

Beweis:

Der Regel $r = (v_0, v_1 v_2 \ldots v_n)$ sind Funktionen zur Berechnung der Werte aller Attribute von $\underline{I}_{v_1}, \underline{I}_{v_2}, \ldots, \underline{I}_{v_n}$ und $\underline{S}_{v_0}$ zugeordnet. Die zugelassenen Attributabhängigkeiten lassen als Argumente einer Funktion zur Berechnung eines abgeleiteten Attributes $a \in \underline{I}_{v_k}$, $k > 0$, nur Attribute aus $\underline{I}_{v_0}$, $\bigcup_{j=1}^{k-1} \underline{A}_{v_j}$ und $\underline{I}_{v_k}$ zu. Genau diese Mengen von Attributen sind aber nach der angegebenen Durchmusterungsstrategie bereits berechnet, wenn $\underline{I}_{v_k}$ bestimmt wird, zyklische Abhängigkeiten in $\underline{I}_{v_k}$ sind durch die Eigenschaft wohldefiniert ausgeschlossen. Bei der Berechnung der synthetisierten Attribute $\underline{S}_{v_0}$ sind nach der angegebenen Strategie sämtliche Attribute der anderen Symbole der Regel $\bigcup_{j=1}^{n} \underline{A}_{v_j}$ sowie $\underline{I}_{v_0}$ bereits berechnet und können als Argumente genutzt werden.

Bemerkung:

Die einer syntaktischen Regel zugeordneten semantischen Bedingungen können nach der Berechnung der synthetisierten Attribute geprüft werden und dabei Attribute aller Symbole der Regel nutzen.

Für die im Satz 8.1. angegebene Berechnungsstrategie der Attributwerte kann die Speicherung der Attributwerte nach folgenden Regeln in einem Keller erfolgen:

1. Die Werte abgeleiteter Attribute werden nach ihrer Berechnung gekellert.
2. Nach Berechnung der Werte der synthetisierten Attribute der linken Regelseite und Überprüfung semantischer Bedingungen werden alle Werte von Attributen der rechten Seite der Regel entkellert und danach die Werte der synthetisierten Attribute der linken Regelseite gekellert.

Dadurch wird erreicht, daß die für die Anwendung einer semantischen Regel erforderlichen Argumente stets in den obersten Kellerelementen gespeichert sind, wie es Abb. 8.4 und 8.5 verdeutlichen. Der Nachweis dafür wird der Übung überlassen.

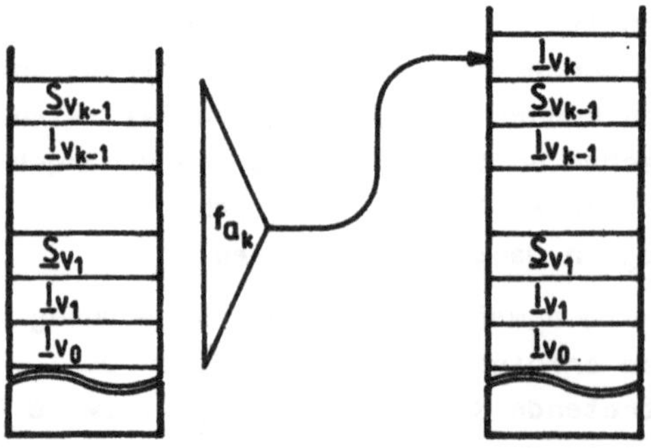

Abb. 8.4: Kellersituation bei Berechnung abgeleiteter Attribute

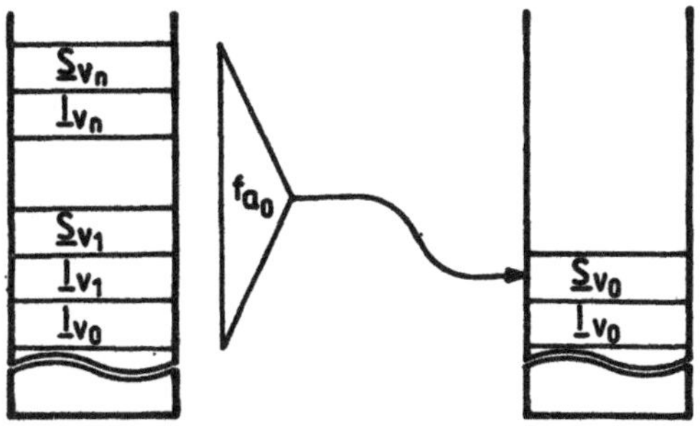

Abb. 8.5: Kellersituationen bei Berechnung synthetisierter Attribute

Die Realisierung der in Satz 8.1. angegebenen Strategie zur Berechnung der Werte aller Attribute kann mit der syntaktischen Analyse verschachtelt erfolgen, ist aber auch in einem gesonderten Paß möglich. Der nächste Abschnitt zeigt am Beispiel des rekursiven Abstiegs eine Möglichkeit der semantischen Behandlung während der Syntaxanalyse. Zunächst wird die Realisierung in einem gesonderten Paß behandelt. Dafür ist die syntaktische Struktur als vollständiges Zwischenprogramm bereitzustellen. Die Trennung der semantischen Analyse und Synthese von der Syntaxanalyse ist vorteilhaft, da dann syntaktische Fehler so im Zwischenprogramm dargestellt werden können, daß sie keine Korrekturen bereits ausgeführter semantischer Aktionen erfordern.

Als Zwischenprogramm für die Implementierung von L-Attributgrammatiken eignet sich die links-rechtslineare Darstellung des Syntaxbaumes, da diese speicherplatzeffektiv ist und sequentiell erzeugt und verarbeitet werden kann.

D 8.4.: Die <u>links-rechtslineare Darstellung eines Syntaxbaumes</u> $b_0 = (\underline{K},\underline{Z},k_0,f,g)$ der kontextfreien Grammatik $G = (\underline{V},\underline{A},\underline{R},s)$ ist die über seinen Syntaxteilbäumen nach folgender Vorschrift rekursiv definierte Zeichenreihe $lr(b_0)$:

- $lr(b) = \varepsilon$

  falls die Wurzel des Syntaxteilbaumes b mit einem Terminalsymbol oder ε bewertet ist, d.h., $f(k) = (a,\varepsilon)$ mit $a \in \underline{A} \cup \{\varepsilon\}$

- $lr(b) = ((v_1,r,1)lr(b_1),\ (v_2,r,2)lr(b_2),\ldots,$
  $(v_m,r,m)lr(b_m))(v,r,0)$

  falls die Wurzel k des Syntaxteilbaumes b mit dem Zwischensymbol v und der Regel r bewertet ist, d.h.,
  $f(k) = (v,r)$ und $r = (v,v_1v_2\ldots v_m)$,
  und falls alle $b_i = (\underline{K}_i,\underline{Z}_i,k_i,f_i,g_i)$, $1 \leq i \leq m$, Syntaxteilbäume von b_0 mit der Wurzel k_i und $(k,k_i) \in \underline{Z}$ sowie $g((k,k_i)) = i$ sind.

<u>Beispiel:</u>

Der Syntaxbaum von Abb. 8.6 hat die links-rechtslineare Darstellung

$((A,r_1,1)((F,r_2,1)((\underline{id},r_3,1))(F,r_3,0))(A,r_2,0),\ (+,r_1,2),\ (F,r_1,3)$
$((\underline{id},r_3,1))(F,r_3,0))(A,r_1,0).$

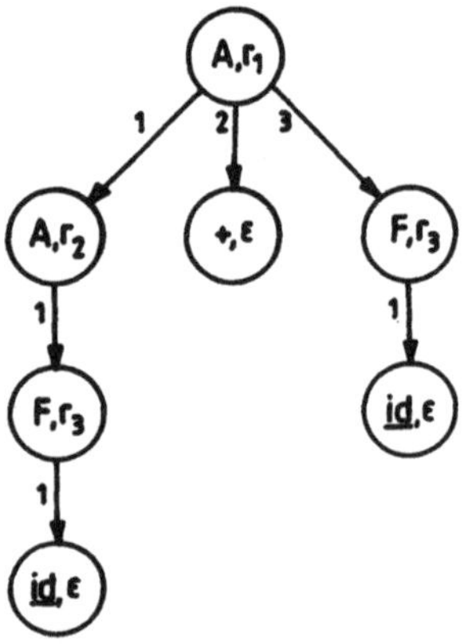

Abb. 8.6: Syntaxbaum zur Erläuterung seiner links-rechtslinearen Darstellung

Bemerkungen:

- Die links-rechtslineare Darstellung des Syntaxbaumes enthält alle Informationen der linkslinearen als auch der rechtslinearen Darstellung des Syntaxbaumes (vgl. 5.3.2.). Sie wurde so definiert, daß sie sehr einfach die Berechnung aller Attribute eines Programms steuern kann. Dazu wird jeder Knoten außer der Wurzel und den Blättern zweifach dargestellt. Die erste Darstellung (linkslinearer Bestandteil) eines Knotens enthält die Informationen zur Berechnung der abgeleiteten Attribute des Knotens, während die zweite Darstellung (rechtslinearer Bestandteil) des Knotens die Berechnung seiner synthetisierten Attribute steuert.
- Bei der Realisierung der links-rechtslinearen Darstellung als Zwischenprogramm können die Trennzeichen entfallen.

Die links-rechtslineare Darstellung der syntaktischen Struktur kann bei allen deterministischen Top-down-Syntaxanalyseverfahren einfach erzeugt werden, da sie genau der dabei erfolgenden Durchmusterung des Syntaxbaumes entspricht, wie auch das angegebene Beispiel verdeutlicht. Diese Darstellung kann zur Berechnung aller Attributwerte sequentiell verarbeitet werden, wobei die Verarbeitung eines Tripels (v,r,k) bedeutet:

- falls $k > 0$: Berechnung aller abgeleiteten Attribute des Symbols $v_k = v$ der Regel $r = (v_0, v_1 v_2 \ldots v_k \ldots v_m)$ und Kellerorganisation nach Abb. 8.4;
- falls $k = 0$: Berechnung aller synthetisierten Attribute des Symbols $v_0 = v$ auf der linken Seite der Regel r und Kellerorganisation nach Abb. 8.5.

8.3.3. SEMANTIKDEFINITION DER TEXTEDITIONSSPRACHE

Die in 3.5.1. eingeführte Version der Beispielsprache zur Textedition umfaßt nur Deklarationen von Textvariablen und Prozeduraufrufe. In 4.2.1.1.

wurden Formeln ergänzt. Für diese Konstruktionen wird die Semantik nachfolgend mit L-Attributgrammatiken definiert, wobei als Zielsprache die bereits mehrfach verwendete RPN dient, deren Instruktionen hier nicht als Zielkode erzeugt, sondern sofort (interpretativ) abgearbeitet werden.

Bei Interpretern und Einpaßcompilern erfolgen Syntaxanalyse und semantische Analyse und Synthese zeitlich verschachtelt. Eine derartige Sprachimplementation kann für L-Attributgrammatiken nach der Methode des rekursiven Abstiegs erfolgen. Die in 3.5.4. und 4.2.1.1. angegebenen Analyseprozeduren für Deklarationen, Aufrufe und Formeln sind dafür Beispiele. Die dort zugrunde gelegte Syntax ist durch die angewandte Fehlerbehandlungsstrategie sehr stark aufgegliedert. Diese Syntax wird aber auch hier genutzt, um die Ableitung der Analyseprozeduren aus der L-Attributgrammatik deutlich werden zu lassen. Die Syntax der Formeln wurde so vereinfacht, daß jede Formel ohne Beachtung von Prioritäten streng linksassoziativ abgearbeitet wird.

Die folgende Tabelle enthält alle zur syntaktischen Definition von Deklarationen, Aufrufen und Formeln angewandten Vokabularsymbole und die zugeordneten Attribute.

Vokabularsymbol	Attribute	
	abgeleitet	synthetisiert
deklaration oder anweisung	—	—
deklaration	—	—
anweisung	—	—
variablentyp	—	typ
modusindikator	—	typ
deklarationsliste	typ	—
prozeduraufruf	—	—
geklammerte parameterliste	prozedur	—
parameterliste mit klammer zu	prozedur	—
rest der parameterliste mit klammer zu	prozedur, parameterzahl	
parameter	prozedur, parameterzahl	—
ausdruck		resultattyp
ausdruckrest	typ	resultattyp
primeres nach operator	typ, operator	resultattyp
primeres		resultattyp
variable oder aufruf	—	resultattyp
VAR	—	—
TEXT	—	—
identifikator	name	—
intconst	name	—
stringconst	name	—
,	—	—
(	—	—
)	—	—
operator	operator	—

Abb. 8.7: Vokabularsymbole der Beispielsprache mit zugeordneten Attributen

Bemerkung:

Da Terminale nur auf der rechten Seite syntaktischer Regeln auftreten, sind die Attribute der Terminale als abgeleitet aufzufassen (vgl. D 8.2.), denn die semantischen Funktionen bestimmen für die Symbole der rechten Regelseite nur abgeleitete Attribute. Die Attribute von Konstanten werden i.allg. unabhängig vom Kontext durch Zugriff auf die Symboltabelle bestimmt, während die Attribute von Identifikatoren durchaus in Abhängigkeit einer vom Kontext bereitzustellenden Deklarationsliste abgeleitet werden können.

Die Anzahl der in Abb. 8.7 angegebenen Attribute ist relativ gering. Die Ursache dafür ist, daß die Semantikdefinition nicht ausschließlich durch die Attributgrammatik erfolgt, sondern auch die Symboltabelle genutzt wird. Die Liste der deklarierten Variablen wird daher nicht als Attribut bereitgestellt, sondern durch semantische Funktionen in der Symboltabelle erzeugt. In ähnlicher Weise erfolgt oft auch die Zielkodegenerierung, wenn es möglich ist, den Zielkode sequentiell zu erzeugen. Anstelle der Synthese des Attributs "Kode" werden Generierungsprozeduren aufgerufen. In einem Interpreter entsprechen diese Aufrufe der Aktivierung von Ausführungsroutinen, wie die folgenden semantischen Regeln verdeutlichen.

Die in Abb. 8.8 aufgelisteten semantischen Regeln stellen dar:

- Vermittlung des Variablentyps einer Deklaration an die Identifikatoren der Deklarationsliste;
- Ermittlung des Ergebnistyps von Ausdrücken aus den Typen seiner Operanden;
- Zählung der Parameter und Vermittlung des Prozedurnamens an die Parameter zur Typkontrolle.

Zur besseren Übersichtlichkeit werden die semantischen Regeln einer Syntaxregel untergliedert in:

. Funktionen zur Bestimmung abgeleiteter Attribute;
. Funktionen zur Bestimmung synthetisierter Attribute einschließlich der Aktivierung von Ausführungsroutinen;
. semantische Bedingungen.

syntaktische Regel	semantische Regeln
(deklaration oder anweisung, deklaration)	——
(deklaration oder anweisung, anweisung)	——
(deklaration, variablentyp deklarationsliste)	typ(2):=typ(1)
(variablentyp, VAR modusindikator)	typ(0):=typ(2)
(modusindikator, TEXT)	typ(0):=VAR TEXT
(deklarationsliste, identifikator)	name(1):=bestimme morphemname
	aktiviere ausfuehrung (RESERVE, typ(0), name(1))
	<u>not</u> ist definiert (name(1))
(deklarationsliste, identifikator , deklarationsliste)	name(1):=bestimme morphemname typ(3):=typ(0)
	aktiviere ausfuehrung (RESERVE, typ(0), name(1))
	<u>not</u> ist definiert (name(1))

(anweisung, prozeduraufruf)	——
(prozeduraufruf, identifikator geklammerte parameterliste)	name(1):=bestimme morphemname prozedur(2):=name(1) aktiviere ausfuehrung (CALL, resultattyp von (prozedur(2)), "//") _if_ resultattyp von (prozedur(2))/=VOID _then_ aktiviere ausfuehrung (RESET, resultattyp von (prozedur(2)), "//") _fi_
	ist definiert (name(1)) typ von (name(1))=proctyp
(geklammerte parameterliste, (parameterliste mit klammer zu)	prozedur(2):=prozedur(0)
(parameterliste mit klammer zu,))	parameterzahl von (prozedur(0))=0
(parameterliste mit klammer zu, parameter rest der parameterliste mit klammer zu)	prozedur(1):=prozedur(0) parameterzahl(1):=1 prozedur(2):=prozedur(0) parameterzahl(2):=1
	parameterzahl von (prozedur(0))>0
(rest der parameterliste mit klammer zu,))	parameterzahl(0)=parameterzahl von (prozedur(0))
(rest der parameterliste mit klammer zu, , parameter rest der parameterliste mit klammer zu	prozedur(2):=prozedur(0) parameterzahl(2):=parameterzahl(0)+1 prozedur(3):=prozedur(0) parameterzahl(3):=parameterzahl(0)+1
	parameterzahl(0)<parameterzahl von (prozedur(0))
(parameter, ausdruck)	resultattyp(1)=parametertyp von (prozedur(0), parameterzahl(0))
(ausdruck, primeres ausdrucksrest)	typ(2):=resultattyp(1)
	resultattyp(0):=resultattyp(2)
(ausdrucksrest, ε)	resultattyp(0):=typ(0)
(ausdrucksrest, operator primeres nach operator ausdrucksrest)	operator(1):=bestimme morphemklasse operator(2):=operator(1) typ(2):=typ(0) typ(3):=resultattyp(2)
	resultattyp(0):=resultattyp(3)
(primeres nach operator, primeres)	resultattyp(0):=resultattyp von (identifizierter operator (typ(0), operator(0), resultattyp(1))) aktiviere ausfuehrung (identifizierter operator (typ(0), operator(0), resultattyp(1)))
	operator ist identifizierbar (typ(0), operator(0), resultattyp(1))
(primeres, intconst)	name(1):=bestimme morphemname
	resultattyp(0):=INT aktiviere ausfuehrung (LOAD, INT, name(1))
(primeres, stringconst)	name(1):=bestimme morphemname
	resultattyp(0):=STRING aktiviere ausfuehrung (LOAD, STRING, name(1))
(primeres, variable oder aufruf)	resultattyp(0):=resultattyp(1)
(variable oder aufruf, identifikator)	name(1):=bestimme morphemname
	resultattyp(0):=VAR TEXT aktiviere ausfuehrung (LOAD, REF, name(1)) ist definiert (name(1)) typ von (name(1))=VAR TEXT
(variable oder aufruf, identifikator geklammerte parameterliste)	name(1):=bestimme morphemnamen prozedur(2):=name(1)
	resultattyp(0):=resultattyp von (prozedur(2)) aktiviere ausfuehrung (CALL, resultattyp(0), prozedur(2))
	ist definiert (name(1)) typ von (name(1))=proctyp

Abb. 8.8: Attributierte Regeln für Deklarationen, Prozeduraufrufe und Formeln

Für die wenigen, in Abb. 8.7 eingeführten Attribute ist die attributierte Regelmenge relativ umfangreich, was maßgeblich durch die starke Aufgliederung der Syntax und das damit oft auftretende Durchreichen von Attributen bedingt ist. In den semantischen Regeln wurden Prozeduren zum Zugriff auf die Symboltabellen (z.B. ist definiert und typ von) sowie für die Ausführung der Interpreterinstruktionen angewandt. Ihre Bedeutung ist in 3.5.4. angegeben. Die Attributwerte von Terminalsymbolen werden durch Aufruf der parameterlosen Funktionsprozeduren "bestimme morphemname" und "bestimme morphemklasse" ermittelt, die lediglich die entsprechende Information über das jeweilige Morphem liefern. Die Identifizierung der Operatoren in Formeln ist allgemeingültig durch Prozeduren dargestellt, denen als Parameter beide Operandentypen und die Bezeichnung (Morphemklasse) des Operators übergeben werden.

Die Zuordnung von Attributvariablen zu den Knoten des Syntaxbaumes und die Reihenfolge ihrer Berechnung werden für die angegebene L-Attributgrammatik mit Abb. 8.9 an einer einfachen Formel verdeutlicht.

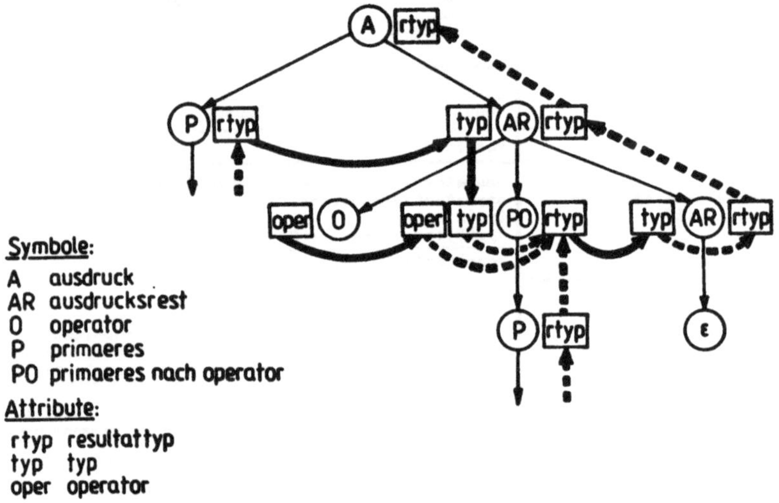

Abb. 8.9: Attributierter Syntaxbaum

8.3.4. SPRACHIMPLEMENTATION NACH DER METHODE DES REKURSIVEN ABSTIEGS FÜR L-ATTRIBUTGRAMMATIKEN

In 3.5.2. wurde angegeben, wie die kontextfreie Grammatik einer Sprache in Prozeduren für das Syntaxanalyseverfahren des rekursiven Abstiegs umzusetzen ist. Diese Prozeduren können so erweitert werden, daß sie auch die durch eine L-Attributgrammatik beschriebene Semantik, d.h., die Berechnung aller Attribute und die Kontrolle der semantischen Bedingungen, realisieren.

Es ist dabei sehr vorteilhaft, die Attribute als Parameter der Analyseprozeduren zu implementieren. Durch die für die Rekursion notwendige Speicherorganisation werden die Attribute implizit nach dem in 8.3.2. angegebenen Kellerungsprinzip verwaltet. Voraussetzung dafür ist natürlich, daß alle Attribute als Prozedurparameter der für den rekursiven Abstieg verwendeten Implementierungssprache zugelassen sind. Dann lassen sich folgende Regeln angeben:

1) Alle Attribute eines Zwischensymbols werden als formale Parameter der Analyseprozedur für dieses Symbol realisiert. Die abgeleiteten Attribute werden als (Eingabe-)Wertparameter (call by value) und die synthetisierten als Ergebnisparameter (call by reference) realisiert. Als Bezeichnung der Parameter werden die Attributbezeichner genutzt.

   Beispiel: Nach der Attributzuordnung von Abb. 8.7 ergibt sich für das Symbol primaeres nach operator folgender Prozedurkopf:

```
proc primaeres nach operator = (typ typ, int operator,
                                ref typ resultattyp) void:
```

2) Alle Attribute von Symbolen der rechten Seite einer Regel werden als lokale Variablen realisiert. Diese lokalen Variablen sind die aktuellen Parameter in den Aufrufen der Analyseprozeduren.

   Beispiel:

```
proc ausdruckrest = (typ typ, ref typ resultattyp) void:
begin
  int operator 1, operator 2;
  typ typ 2, typ 3, resultattyp 2, resultattyp 3;
  .
  .
  .
```

   Oft ist es möglich, viele dieser lokalen Variablen einzusparen, da viele Attributwerte nur durchgereicht werden, wie das Beispiel der folgenden Regel zeigt.

3) Die semantischen Funktionen zur Berechnung der abgeleiteten Attribute eines Symbols der rechten Seite werden aufgerufen, bevor der Aufruf der Analyseprozedur für dieses Zwischensymbol erfolgt bzw. nachdem der Vergleich dieses Terminalsymbols erfolgreich war. Die Funktionen zur Berechnung der synthetisierten Attribute der linken Seite werden aufgerufen, wenn eine (alternative) Regel vollständig abgearbeitet

```
proc ausdruckrest = (typ typ, ref typ resultattyp) void:
begin
  int operator 1, operator 2;
  typ typ 2, typ 3, resultattyp 2, resultattyp 3;
  if ist operator (klasse of morphem)
    then
      operator 1:=klasse of morphem;
      morphem:=naechstes morphem;
      operator 2:=operator 1;
      typ 2:=typ;
      primaeres nach operator (typ 2, operator 2, resultattyp 2);
      typ 3:=resultattyp 2;
      ausdruckrest (typ 3, resultattyp 3);
      resultattyp:=resultattyp 3
    else
      resultattyp:=typ
  fi
end
```

```
proc ausdrucksrest = (typ typ, ref typ resultattyp) void:
begin
  int operator 1;
  typ resultattyp 2;
  if ist operator (klasse of morphem)
    then
      operator 1:=klasse of morphem;
      morphem:=naechstes morphem;
      primaeres nach operator (typ, operator 1, resultattyp 2);
      ausdrucksrest (resultattyp 2, resultattyp)
    else
      resultattyp:=typ
  fi
end
```

wurde. Die Kontrolle semantischer Bedingungen kann erfolgen, wenn alle erforderlichen Argumente bestimmt sind.

Beispiel: Für ausdrucksrest werden oben zwei Analyseprozeduren angegeben. In der ersten werden die Funktionen und alle Attribute explizit dargestellt, während die zweite Variante das Durchreichen von Attributen vereinfacht darstellt.

4) Der rekursive Abstieg wird auf der Grundlage der Backus-Naur-Form implementiert, die im Vergleich zu den bei Attributgrammatiken genutzten kontextfreien Regeln zusätzlich die Iteration gestattet. Wird die rekursive Definition eines Zwischensymbols durch eine iterative Analyseprozedur implementiert, so müssen für die abgeleiteten Attribute dieses Zwischensymbols ebenfalls lokale Variable eingerichtet werden, denen als Anfangswert der Wert des entsprechenden formalen Parameters zugewiesen wird. Falls es möglich ist, kann auch der formale Parameter als Ergebnisparameter vereinbart werden, so daß Zuweisungen an ihn möglich sind.

   Beispiel: Für ausdrucksrest kann vereinfachend folgende iterative Prozedur angegeben werden.

```
proc ausdrucksrest = (ref typ typ, resultattyp) void:
begin
  int operator 1;
  while ist operator (klasse of morphem)
  do
    operator 1:=klasse of morphem;
    morphem:=naechstes morphem;
    primaeres nach operator (typ, operator 1, typ)
  od;
  resultattyp:=typ
end
```

5) In Attributgrammatiken werden keine Festlegungen getroffen, wie auf Verletzungen semantischer Bedingungen zu reagieren ist. Ein Compiler wird eine Fehlernachricht ausgeben und die betroffenen Attribute (z.B. den Resultatyp einer nicht identifizierbaren Operation) mit speziellen Fehlerwerten belegen, um dadurch weitgehend Folgefehler zu vermeiden. Ein Interpreter gibt gleichfalls eine Nachricht aus und wird in der Regel eine Korrektur des Programms anfordern. In beiden Fällen ist die genaue Lokalisierung der Fehlerposition für eine zielgerichtete Korrektur erforderlich, was natürlich auch für syntaktische Fehler

gilt. Falls bezüglich einer Quellprogrammposition bei der weiteren Übersetzung noch Fehlermeldungen möglich sind, ist es deshalb erforderlich, auch diese Position als Parameter von Analyseprozeduren zu übergeben (vgl. die Prozedur "primaeres nach operator" in 4.2.1.1.).

Übungen:

1) Bestimme für den Ausdruck 12 + (- 4 - 2 * 5) die rechtslineare Darstellung des Syntaxbaumes für die in Abb. 8.1 angegebenen Syntaxregeln! Arbeite entsprechend dieser Steuerung die zugeordneten Interpretationsroutinen ab, um den Wert des Ausdrucks zu ermitteln!

2) Beweise die Gültigkeit der Aussage

   $x \geq 0 \wedge y > 0 \ \{p\} \ x = y * q + r \wedge \neg(y \leq r)$

   für das Programm p:

   r := x; q := 0; <u>while</u> $y \leq r$ <u>do</u> r := r - y; q := q + 1 <u>od</u>

   mit den in 8.2.3. gegebenen Axiomen für Wertzuweisung, Sequenz und Laufanweisung!

   <u>Hinweis</u>: Stelle für den Zyklus eine Aussage (Assertion, Invariante) auf, die durch die Anweisungen des Zyklus nicht verändert wird!

3) Zeige, daß die in 8.3.2. angegebene Kellerorganisation zur Verwaltung der Attributwerte sicherstellt, daß die semantischen Regeln ihre Argumente stets in lückenloser Folge an der Kellerspitze lesen können!

4) Ändere die in 7.3.1.3. angegebene Prozedur für die tabellengesteuerte Top-down-Syntaxanalyse, so daß als Ausgabe die links-rechtslineare Darstellung des Syntaxbaumes erzeugt wird!

5) Gib eine L-Attributgrammatik für bedingte Ausdrücke an, wobei die Erzeugung des Zielkodes durch Aufrufe von Generierungsprozeduren erfolgen soll! Die Syntax ist dafür so aufzugliedern, daß die Generierung immer dann erfolgt, wenn die synthetisierten Attribute eines Symbols berechnet werden, d.h., wenn eine Regel vollständig angewandt wurde.

6) Setze die in Abb. 8.8 für das Symbol "rest der parameterliste mit klammer zu" angegebenen Regeln in eine rekursive Syntaxanalyseprozedur mit eingeschlossener Attributbehandlung um!

7) Modifiziere die in 8.3.3. angegebene L-Attributgrammatik, so daß auch Deklarationen von Variablen der Typen INT, STRING und BOOL sowie Wertzuweisungen zugelassen werden! Bei Anwendung solcher Variablen als Primaere ist die Instruktion zum Laden des Wertes zu aktivieren. Treten sie hingegen auf der linken Seite eine Wertzuweisung auf, ist ihre Adresse bereitzustellen.

8) Als Primaere der Beispielsprache seien auch indizierte Variablen zugelassen, deren Syntax durch die Regeln

(primaeres, identifikator [indexliste])
(indexliste, ausdruck)
(indexliste, ausdruck, indexliste)

gegeben ist.

a) Ordne geeignete Attribute und semantische Regeln zu, um zu kontrollieren, ob
   - die Anzahl der Ausdrücke in der Indexliste mit der Dimension der Deklaration des Identifikators übereinstimmt!
   - alle Ausdrücke der Indexliste vom Typ INT sind!
b) Definiere die dafür erforderlichen Prozeduren zum Zugriff auf die Symboltabelle!
c) Gib die Analyseprozedur für Indexliste nach dem Verfahren des rekursiven Abstiegs mit eingeschlossener Attributbehandlung an!

9) Gib für den in Übung 8 des Abschnitts 5 bestimmten Syntaxbaum die links-rechtslineare Darstellung an!

9. Strukturierung und Organisation von Symboltabellen

Die lexikale Analyse gestattet die Erkennung der Morpheme des Quellprogramms und die Zuordnung der Morpheme zu Morphemklassen. Daneben ist es notwendig, während der Übersetzung Informationen über die Morpheme aufzusammeln und zu speichern, um vor allem die semantische Richtigkeit des Quellprogramms zu überprüfen und die Kodegenerierung zu ermöglichen. Deshalb werden bereits während der lexikalen Analyse die Morpheme des zu übersetzenden Programms in spezielle Tabellen (die sogenannten Symboltabellen) aufgenommen. Die Symboltabelle wird während der lexikalen Analyse aufgebaut und im Rahmen der Syntaxanalyse und semantischen Analyse vervollständigt. Sie stellt einen sehr wichtigen Teil eines Übersetzerprogramms dar. Für jedes Morphem der Morphemklassen Identifikator, Konstante und evtl. Wortsymbol des Quellprogramms wird neben der Information über die Morphemklasse die Verweisadresse auf die Tabelleneintragung des Morphems in der Symboltabelle an die Syntaxanalyse übergeben. Damit vereinfacht sich die Syntaxanalyse wesentlich. Die Organisation der Symboltabelle und die zweckmäßige Abspeicherung der Informationen beeinflussen in hohem Maße die Effektivität des Übersetzerprogramms.

9.1. ABSTRAKTE UND REALE DATENSTRUKTUREN

Tabellen sind spezielle Datenstrukturen. Um die Probleme ihrer Strukturierung und Organisation besser erläutern zu können, ist es vorteilhaft, zunächst einige allgemeine Betrachtungen zu Datenstrukturen und ihrer Implementierung vorzunehmen. Das hier entwickelte Datenstrukturmodell ist für die Probleme der Compilertechnik ausreichend.

Ein Tupel von Informationen, die zusammen ein Objekt charakterisieren, wird als Datenelement e bezeichnet.

D 9.1.: Es sei $\underline{E} = \{e_1,\dots,e_n\}$ eine Menge von Datenelementen. Dann wird
$D =\cdot (\underline{E},\underline{\underline{R}})$
als Datenstruktur bezeichnet, falls $\underline{\underline{R}}$ eine Menge von Relationen $\underline{R} \subseteq \underline{E} \times \underline{E}$ ist.

Bemerkungen:

- Eine Datenstruktur kann durch einen Multigraphen dargestellt werden.
- Die Definition ist rekursiv, d.h., ein Datenelement $e \in \underline{E}$ kann eine Datenstruktur im Sinne der Definition D 9.1. sein.
- Die Datenelemente einer Datenstruktur D können unterschiedlichen Aufbau besitzen, d.h., sie können unterschiedliche Informationen enthalten.

Eine wesentliche Unterteilung der Datenstrukturen erfolgt anhand ihrer Beziehung zum Speicher eines Rechners. Es werden abstrakte (nicht speicherbezogene) und reale (speicherbezogene) Datenstrukturen unterschieden.

Bei abstrakten Datenstrukturen existiert kein Bezug zu einem Speichermedium. Abstrakte Datenstrukturen können deshalb, ausgehend vom zu lösenden

Problem, in beliebiger Komplexität definiert werden. Die Klassifizierung der abstrakten Datenstrukturen erfolgt anhand der Relationen $\underline{R} \in \underline{\underline{R}}$ über der Menge $\underline{E}$ der Datenelemente und anhand von Operationen, die über der Datenstruktur definiert sind. Im wesentlichen sind dies folgende Operationen:

1. Zugriff

Die Operation Zugriff beschreibt, wie auf ein Datenelement der Datenstruktur zugegriffen werden kann, d.h., wie die im Datenelement enthaltenen Informationen für die weitere Verarbeitung bereitgestellt werden können.

zugriff (D) = e

Falls der Zugriff auf verschiedene Datenelemente möglich ist, muß für den Zugriff ein zusätzliches Merkmal m vorgegeben werden.

zugriff (D,m) = e

Auch der Fall, daß ein Datenelement, auf das zugegriffen werden soll, nicht existiert, ist möglich. Die Operation Zugriff muß deshalb zusätzlich eine Information liefern, ob der Zugriff erfolgreich war oder nicht. Die Realisierung der Operation Zugriff erfolgt in Abhängigkeit von der Datenstruktur durch verschiedene Methoden (Suchalgorithmen, Direktzugriffe usw.).

2. Eintragen

Die Operation Eintragen beschreibt, wie ein Datenelement $e \in \underline{E}$ in die Datenstruktur eingefügt wird und dabei eine neue Datenstruktur D' entsteht.

eintragen (D,e) = D'

3. Austragen

Die Operation Austragen beschreibt, wie ein Datenelement $e \in \underline{E}$ aus der Datenstruktur D entfernt wird und dabei eine neue Datenstruktur D' entsteht.

austragen (D,e) = D'

Mit Hilfe von D 9.1. lassen sich solche abstrakten Datenstrukturen wie Keller, Warteschlangen, Tabellen, Felder usw. definieren.

Bei realen Datenstrukturen existiert ein Bezug zum Speicher eines Rechners. Es wird vorausgesetzt, daß der Speicher eines Rechners aus einer Menge geordneter und adressierbarer Speichereinheiten (Worte, Byte) besteht. Ein Datenelement einer realen Datenstruktur umfaßt im allgemeinen mehrere solcher Speichereinheiten. Obwohl reale Datenstrukturen analog zu den abstrakten Datenstrukturen definiert werden können, wird aus pragmatischen Gründen eine andere Definition gewählt.

Im Rahmen dieser Darstellung werden nur zwei reale Datenstrukturen (Vektoren und Listen) betrachtet, obwohl weitere existieren (z.B. gerätetechnisch realisierte Kellerspeicher).

D 9.2.: Ein Vektor V ist ein n-Tupel von Vektorelementen

$V = (v_1, v_2, \ldots, v_n)$, dim (V) = n.

Die Menge $\underline{V}$ aller Vektorelemente v_i aus V ist

$$\underline{V} = \bigcup_{i=1}^{n} \{ X_n^i(V) \} \quad , \text{ card } (\underline{V}) = \text{dim } (V).$$

Bemerkungen:

- Die Anwendung des Projektionsoperators $X_n^k(V)$ auf einen Vektor der Dimension $n = \dim(V)$ liefert das k-te Vektorelement

  $X_n^k((v_1,\ldots,v_k,\ldots,v_n)) = v_k$.

- Vektoren beschreiben die grundlegende Struktur eines Speichers. Durch die Schreibweise als n-Tupel wird die physische Reihenfolge der Vektorelemente im Speicher ausgedrückt. Dadurch werden gleichzeitig Vorgänger- und Nachfolgerrelationen zwischen den Vektorelementen festgelegt.
- Die Stellung eines Vektorelementes $v \in \underline{V}$ in einem Vektor V kann eindeutig durch eine Adresse adr(v) gekennzeichnet werden.
- Jedes Vektorelement v besteht aus sp(v) Speichereinheiten. Gilt sp(v) = const für alle $v \in \underline{V}$, so wird von einem homogenen Vektor gesprochen, anderenfalls von einem inhomogenen Vektor. Im letzteren Fall muß gesichert werden, daß zu jedem Vektorelement sein Speicherplatzbedarf ermittelt werden kann, z.B. durch Angabe einer Längeninformation im Vektorelement selbst.

D 9.3.: Eine Liste $\underline{L}$ ist eine Menge von Listenelementen

$\underline{L} = \{l_1, l_2, \ldots, l_n\}$, $card(\underline{L}) = n$.

Jedes Listenelement $l_i \in \underline{L}$ ist ein (n_i+1)-Tupel

$l_i = (I_i, z_{i1}, \ldots, z_{in_i})$, $\quad n_i \geq 0$.

Dabei sind I_i der Daten- oder Informationsteil und die z_{ij} Zeiger (Adreßvariable), die auf Listenelemente verweisen oder die spezielle Nulladresse nil (Verweis auf kein Listenelement) enthalten.

Bemerkungen:

- Vorgänger- und Nachfolgerrelationen zwischen den Listenelementen werden explizit durch die Zeiger z_{ij} ausgedrückt. Die Anordnung der Listenelemente im Speicher ist deshalb von untergeordneter Bedeutung. Jedes Listenelement wird durch seine Adresse $adr(l_i)$ gekennzeichnet.
- Stimmen alle Listenelemente in ihrem Aufbau überein, d.h., weisen alle Datenteile den gleichen Speicherplatzbedarf auf und ist die Anzahl der Zeiger gleich, so wird von einer homogenen Liste gesprochen, anderenfalls von einer inhomogenen Liste. Im letzteren Fall muß gewährleistet werden, daß der Aufbau jedes Listenelementes ermittelt werden kann.

Abstrakte Datenstrukturen werden ausgehend von den Erfordernissen des zu lösenden Problems definiert. Bei der Implementierung des Problems auf einem Rechner müssen die abstrakten in reale Datenstrukturen überführt werden. Formal kann diese Implementierung einer abstrakten Datenstruktur durch die Abbildung

$imp: \underline{D}_A \rightarrow \underline{D}_S$

beschrieben werden, wobei $\underline{D}_A$ die Menge der abstrakten und $\underline{D}_S$ die Menge der realen Datenstrukturen ist. Der Implementierungsprozeß beinhaltet

- die Darstellung der Datenelemente als zusammenhängende Informationseinheit im Speicher;
- die Darstellung der Relationen zwischen den Datenelementen im Speicher

und
- die Angabe von Routinen (Programmen), die die Operationen über der Datenstruktur realisieren.

Bei der Implementierung von abstrakten Datenstrukturen besteht häufig die Freiheit, Vektoren oder Listen oder auch Kombinationen aus beiden als Implementierungsgrundlage zu wählen. Die Entscheidung darüber hat wesentlichen Einfluß auf die programmtechnische Realisierung der Operationen und beeinflußt in hohem Maße deren Effektivität.

9.2. TABELLEN ALS ABSTRAKTE DATENSTRUKTUREN

D 9.4.: Eine Tabelle T ist eine nicht strukturierte Menge $\underline{E}$ von Datenelementen (Tabellenelementen)

$$T = (\underline{E}, \emptyset) \quad \text{oder vereinfacht} \quad T = \underline{E}.$$

Jedes Tabellenelement $e \in \underline{E}$ ist ein Paar $e = (s,d)$, das aus einem Schlüssel s aus der Schlüsselmenge $\underline{S}$ und einem Datenteil d besteht.

Der Begriff Tabelle rührt aus der spaltenweisen Auflistung der Tabellenelemente nach Schlüssel s und Datenteil d her.

Schlüssel s	Datenteil d
....	....
....	....
....	....

Die Tatsache, daß die Menge $\underline{E}$ in einer Tabelle nicht strukturiert ist, macht es erforderlich, jedem Tabellenelement eine relevante Eigenschaft - den Schlüssel - eindeutig zuzuordnen. Dadurch wird eine Abbildung von $\underline{E}$ in eine Menge von Schlüsseln $\underline{S}$

$$f_s : \underline{E} \rightarrow \underline{S}$$

realisiert. $\underline{S}$ charakterisiert die Menge aller Schlüssel, die in der Tabelle verwendet werden können. Dagegen ist

$$\underline{S}_T = \{s : (s,d) \in \underline{E}\} \subseteq \underline{S}$$

die Menge der in der Tabelle tatsächlich verwendeten Schlüssel. Die Operation Zugriff erfolgt bei Tabellen ausschließlich über den in den Tabellenelementen e als Komponente enthaltenen Schlüssel s, d.h., der Schlüssel ist das gemäß 9.1. für den Zugriff vorzugebende Merkmal. Die Operation für den Zugriff auf Tabellenelemente bei Vorgabe eines Schlüssels s_v wird durch einen Suchvorgang realisiert und heißt deshalb suchen.

Für die praktische Anwendung in der Übersetzerprogrammtechnik gelten folgende Bedingungen:

- Die Abbildung f_s ist eineindeutig, d.h., zwei Tabellenelemente besitzen stets unterschiedliche Schlüssel

$$\forall e' \forall e'' [e', e'' \in \underline{E} \wedge e' = (s', d') \wedge e'' = (s'', d'') \wedge e' \neq e'' \rightarrow s' \neq s''] .$$

Bemerkung:

D 9.4. läßt auch Tabellen zu, in denen mehrere Tabellenelemente mit gleichem Schlüssel existieren.

- In der Menge $\underline{S}$ ist eine Wohlordnungsrelation definiert, d.h., für jede Teilmenge von $\underline{S}$ kann ein kleinstes Element angegeben werden.

Beide Eigenschaften werden bei der Implementierung der Tabelle ausgenutzt, um effektive Suchverfahren zu realisieren.

Für die Operationen Suchen, Eintragen und Austragen gilt für $e = (s,d) \notin \underline{E}$:

suchen (eintragen(T,e),s) = e

austragen (eintragen(T,e),e) = T

9.3. IMPLEMENTIERUNG VON TABELLEN

In diesem Abschnitt sollen allgemeine Grundsätze und Verfahren zur Implementierung von Tabellen diskutiert werden, d.h., es wird zunächst vom konkreten Aufbau und Inhalt der Tabellenelemente (Schlüssel und Datenteil) abstrahiert. Die damit zusammenhängenden Probleme werden in den folgenden Abschnitten behandelt.

9.3.1. SUCHVERFAHREN UND MITTLERE WEGLÄNGE

Eine Tabelle als abstrakte Datenstruktur muß, falls sie auf einem Rechner verarbeitet werden soll, auf eine reale Datenstruktur abgebildet werden. Das Ergebnis dieses Implementierungsvorganges ist eine speicherinterne Darstellung der Tabelle, die sich i.allg. aus mehreren Vektoren und Listen zusammensetzt und als Organisationsform der Tabelle bezeichnet werden soll.

Gemäß den Ausführungen in 9.1. ist es notwendig, daß zunächst festgelegt wird, wie die Tabellenelemente, die auf der Ebene der abstrakten Datenstrukturen als Informationstupel aufzufassen sind, im Speicher als zusammenhängende Vektor- oder Listenelemente dargestellt werden. Dabei besteht der Freiheitsgrad, mit homogenen oder inhomogenen Vektoren und Listen zu arbeiten. Für homogene Vektoren bzw. Listen besteht der Vorteil, daß die Elemente einen standardisierten Aufbau haben. Dadurch wird ein einfaches und effektives Suchen, Eintragen bzw. Gewinnen von Informationen in das bzw. aus dem implementierten Tabellenelement ermöglicht. Andererseits besteht die gegenläufige Forderung, die Tabellenelemente speicherplatzsparend zu implementieren, damit möglichst große Programme übersetzt werden können.

Zwischen den Elementen einer Tabelle sind nach D 9.4. keine Relationen definiert. Andererseits sind zwischen den Datenelementen realer Datenstrukturen solche Relationen vorhanden. Bei der Implementierung einer Tabelle müssen deshalb Relationen zwischen den Tabellenelementen festgelegt werden. Daraus folgt, daß zwischen verschiedenen möglichen Organisationsformen ausgewählt werden kann. Dieser Freiheitsgrad bei der Implementierung von Tabellen wird genutzt, um eine effektive Realisierung der Operationen, insbesondere der Operation Suchen, zu ermöglichen.

Die Implementierung einer Tabelle bedeutet auch, eine Routine zur Verwaltung der Tabelle zu realisieren. Im wesentlichen umfaßt diese Verwaltungsroutine die Operationen Suchen, Eintragen und Austragen und Operationen, die den Datenteil eines Tabellenelementes aufbauen, aktualisieren und Informationen aus diesem bereitstellen. Die Effektivität der Verwaltungsroutine und damit auch die gesamte Übersetzungszeit eines Compilers werden wesentlich durch das verwendete Suchverfahren bestimmt.

Für die im Zusammenhang mit den Organisationsformen der Tabellen zu diskutierenden Suchverfahren ist kennzeichnend, daß die bereits erwähnte Abbildung $f_s: \underline{E} \rightarrow \underline{S}$ eindeutig ist. Damit läuft die Suche eines vorgegebenen Schlüssels s_v auf die Identifizierung genau eines Tabellenelementes $e = (s,d)$ der Tabelle hinaus, so daß $s_v = s$ gilt, oder liefert die Information, daß der Schlüssel s_v nicht in der Tabelle enthalten ist. Die Suche wird stets durch Abarbeitung einer Folge von Fragen realisiert (vgl. 9.3.2.). Als Bewertungsmaß für die Suchverfahren bietet sich die mittlere Zahl der Fragen an, die zur Realisierung des Identifizierungsproblems benötigt werden. In der Literatur wird dieses Maß als mittlere Weglänge l_M

$$l_M = \underbrace{\sum_{s_v \in \underline{S}_T} p(s_v)\, l(s_v)}_{\text{erfolgreiche Suche}} + \underbrace{\sum_{s_v \notin \underline{S}_T} p(s_v)\, l(s_v)}_{\text{erfolglose Suche}}$$

bezeichnet. Dabei sind

- $l(s_v)$ die Zahl der Fragen, um bei vorgegebenem Schlüssel s_v zu einem Ereignis zu gelangen (der Suchprozeß ist beendet);
- $p(s_v)$ die Wahrscheinlichkeit, mit der der Schlüssel s_v in der Tabelle gesucht wird.

In die Bewertung fließen die Wahrscheinlichkeiten sowohl für die erfolgreiche als auch für die erfolglose Suche ein.

Es gilt

$$\sum_{s_v \in \underline{S}_T} p(s_v) + \sum_{s_v \notin \underline{S}_T} p(s_v) = 1.$$

Für die späteren Ausführungen wird abkürzend für die Wahrscheinlichkeit, daß ein Schlüssel s_v identifiziert bzw. nicht identifiziert wird,

$$p_K = \sum_{s_v \in \underline{S}_T} p(s_v) \qquad \text{bzw.} \qquad p_N = \sum_{s_v \notin \underline{S}_T} p(s_v)$$

gesetzt. Es sei

$$l_M^K = \sum_{s_v \in \underline{S}_T} \frac{p(s_v)}{p_K}\, l(s_v)$$

die mittlere Weglänge für die identifizierbaren Schlüssel und

$$l_M^N = \sum_{s_v \notin \underline{S}_T} \frac{p(s_v)}{p_N} l(s_v)$$

die mittlere Weglänge für die nicht identifizierbaren Schlüssel. Dann ergibt sich folgender Zusammenhang zur mittleren Weglänge l_M:

$$l_M = p_K \, l_M^K + p_N \, l_M^N .$$

Die Verwendung der mittleren Weglänge als Bewertungsmaß hat den Vorteil, daß sie unabhängig von der programmtechnischen Realisierung des Suchprozesses ist. In die Berechnung gehen die Anzahl der Fragen, die in engem Zusammenhang mit der gewählten Organisationsform stehen, sowie die Wahrscheinlichkeitsverteilung ein. Dagegen werden die Kompliziertheit der Fragen und der Aufwand des Übergangs von einer Frage zur folgenden nicht erfaßt. Unter diesen Umständen kann nur bedingt von der mittleren Weglänge auf die mittlere Suchzeit geschlossen werden.

Für die Wahl der Organisationsform ist es wichtig, ob eine Tabelle statisch oder dynamisch ist. Eine Tabelle T wird dann als <u>statisch</u> bezeichnet, wenn $T = \underline{E}$ fest vorgegeben ist. Beispiele für statische Tabellen sind:

- Schlüsselworttabelle der Compiler für Sprachen wie FORTRAN, COBOL oder PL/1,
- Basissymboltabelle in ALGOL 60-Compilern;
- Tabelle der Operationsmnemoniks in Assemblern.

Bei statischen Tabellen kann die Implementierung die Wahrscheinlichkeitsverteilung des Suchens nach den einzelnen Schlüsseln berücksichtigen, um minimale mittlere Weglängen zu erreichen.

Man spricht von <u>dynamischen Tabellen</u>, wenn sich im Verlauf der Übersetzung die Zahl der zur Tabelle gehörenden Tabellenelemente ändert, also eine Funktion der Zeit t ist

$$\mathrm{card}(\underline{E}) = f(t).$$

Beispiele für dynamische Tabellen sind:

- Identifikatortabelle eines Programmiersystems;
- Konstantentabelle eines Programmiersystems.

Die Reihenfolge, in der die Tabellenelemente in eine dynamische Tabelle eingetragen werden, hängt von den konkret zu verarbeitenden Daten ab, also z.B. bei den Tabellen eines Compilers von dem zu übersetzenden Quellprogramm. Für die Bewertung der Suchverfahren in dynamischen Tabellen durch die mittlere Weglänge muß deshalb die Reihenfolge als zufällig angenommen werden. Weiterhin sind die Wahrscheinlichkeiten, mit denen einzelne Schlüssel in der Tabelle gesucht werden, unbekannt. In erster Näherung kann eine Gleichverteilung

$$p(s_v \subset \underline{S}_T) = \frac{p_K}{n_K} \qquad \text{mit } n_K = \mathrm{card}(\underline{S}_T)$$

$$p_N = 1 - p_K$$

innerhalb der Menge der identifizierbaren bzw. der Menge der nicht identifizierbaren Schlüssel vorausgesetzt werden. Damit erhält man brauchbare Orientierungswerte, wie die späteren Untersuchungen zeigen.

Für eine rationelle Speicherbelegung werden die Vektoren und Listen der dynamisch zu implementierenden Tabellen lückenlos im Speicher angeordnet. Dieses Prinzip wird dynamisches Speicherungsprinzip genannt. Abschließend sei darauf verwiesen, daß die dynamischen Tabellen eines Programmiersystems einen statischen Anteil haben, der die standardmäßig definierten Objekte (Standardfunktionen u.ä.) enthält.

9.3.2. EINIGE WICHTIGE ORGANISATIONSFORMEN

Wie bereits erwähnt, beeinflußt die Wahl der Organisationsform und damit die Festlegung auf bestimmte Suchverfahren in hohem Maße die Effektivität eines Programmiersystems. Es sollen deshalb hier die wichtigsten und gebräuchlichsten Organisationsformen vergleichend diskutiert werden.

9.3.2.1. Sequentielle Suche in ungeordneten Vektoren und linearen Listen

Die Implementation einer Tabelle durch einen ungeordneten Vektor ist die einfachste der möglichen Lösungen. Die gegebene Tabelle $T = \underline{E}$ mit $card(\underline{E}) = n$ wird durch

$$imp: \underline{E} \longrightarrow \underline{V} \qquad \underline{V} = \bigcup_{i=1}^{n} \{ x_n^i(V) \}, \; V = (v_1, v_2, \ldots, v_n)$$

auf einen Vektor V abgebildet, wobei die Zuordnung zwischen den Tabellen- und Vektorelementen, d.h., $imp((s_i, d_i)) = v_j$, völlig willkürlich ist.

<u>Bemerkungen:</u>

- Wegen der willkürlichen Zuordnung zwischen Tabellen- und Vektorelementen wird von einem ungeordneten Vektor gesprochen. Ein Vektor heißt geordnet, wenn ihm die Tabellenelemente in der geordneten Reihenfolge ihrer Schlüssel zugeordnet werden.
- Die Zuordnung der Tabellenelemente zu den Vektorelementen ergibt sich aus der Reihenfolge der Eintragungen der Tabellenelemente in die Tabelle. Muß ein neues Tabellenelement aufgenommen werden, so wird es im einfachsten Fall direkt an den bereits vorhandenen Vektor angefügt.

Eine ähnliche Implementation ergibt sich bei der Verwendung linearer Listen. Die Listenelemente einer linearen Liste bestehen aus einem Informationsteil I und einem Zeiger z, der auf ein weiteres Listenelement, den direkten Nachfolger, verweist.

$$l_i = (I_i, z_i) \quad \text{mit} \quad z_i = \begin{cases} adr(l_j) & \text{falls } l_j \text{ Nachfolger von } l_i \text{ ist} \\ \underline{nil} & \text{falls } l_i \text{ keinen Nachfolger besitzt} \end{cases}$$

Die Abbildung der Tabelle $T = \underline{E}$ auf die lineare Liste $\underline{L}$ erfolgt durch

$$imp: \underline{E} \longrightarrow \underline{L},$$

wobei die Zuordnung zwischen den Tabellen- und Listenelementen, d.h., $imp((s_i, d_i)) = l_j$ wiederum völlig willkürlich ist. Die Ankeradresse der

Liste, d.h., die Adresse $adr(l_1)$ des ersten Listenelementes, muß gesondert gespeichert werden.

In ungeordneten Vektoren und linearen Listen können nur sequentielle Suchverfahren angewendet werden.

Suchprinzip

Der vorgegebene Schlüssel s_v wird mit den in der Tabelle enthaltenen Schlüsseln $s \in \underline{S}_T$ nacheinander verglichen. Die Reihenfolge der Vergleiche entspricht der dynamischen Abspeicherungsreihenfolge der Tabellenelemente in den Vektor bzw. die Liste. Ein Abbruch der Suche erfolgt, falls $s_v = s$ festgestellt wird oder alle $n_k = card(\underline{E})$ Tabellenelemente untersucht wurden.

Die Fragefolge zur Identifizierung eines Schlüssels, die einen sequentiellen Suchprozeß in einem ungeordneten Vektor oder einer linearen Liste mit n Tabellenelementen realisiert, kann durch einen Graphen (Fragebogen) angedeutet werden. Die durch Ovale dargestellten Knoten des Graphen kennzeichnen die Fragen und die Rechtecke die Ereignisse. Die Folge der abzuarbeitenden Fragen beginnt mit der Wurzel des Graphen. Beispielsweise werden 2 Fragen benötigt, um das Tabellenelement mit dem Schlüssel $s_v = s_2$ zu identifizieren. Der nicht identifizierbare Fall erfordert n Fragen.

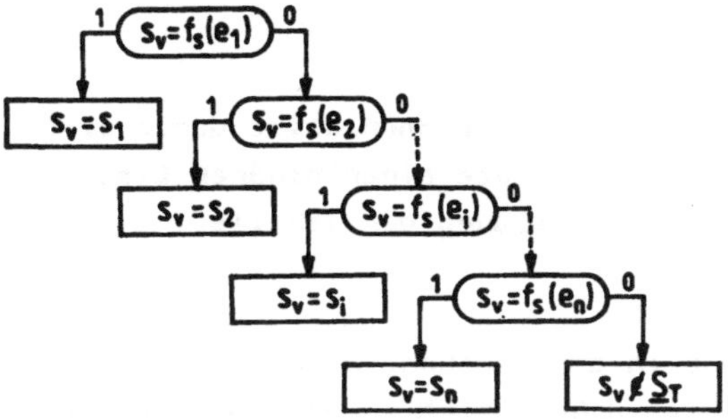

Abb. 9.1: Darstellung der Fragefolgen beim sequentiellen Suchprozeß

Mittlere Weglänge der sequentiellen Suche

$$l_M = p_K \frac{n_K+1}{2} + p_N n_K \quad \text{mit} \quad n_K = card(\underline{E})$$

Programm: Sequentielle Suche im Vektor

```
mode emode = struct (smode s, dmode d);
co emode beschreibt den modus eines tabellenelementes,
   smode und dmode sind die modi von schluessel- bzw. datenteil co
[1:max umfang] emode vektor;
int grenze;
co grenze ist der index des zuletzt eingespeicherten tabellenelementes im vektor co

proc sequentielle suche im vektor = (smode sv, ref int zeiger) bool:
co falls der schluessel sv in der tabelle enthalten ist, dann liefert die prozedur true und zeiger
   ist der index des vektorelementes mit s of vektor[zeiger]=sv. fuer nicht enthaltene schluessel
   liefert die prozedur false und zeiger ist der index des zuletzt untersuchten vektorelementes. co
```

```
begin
  bool tabellenelement gefunden:=false;
  zeiger:=0;
  for i from 1 by 1 to grenze while not tabellenelement gefunden
  do
    zeiger:=i;
    tabellenelement gefunden:=s of vektor[zeiger]=sv
  od;
  tabellenelement gefunden
end
```

Programm: Sequentielle Suche in linearer Liste

```
mode liste = struct (smode element, ref liste adr);
ref liste anker;
co anker enthaelt die adresse des ersten listenelementes co

proc sequentielle suche in linearer liste = (smode sv, ref ref liste zeiger) bool:
co falls der schluessel sv in der tabelle enthalten ist, dann liefert die prozedur true
   und zeiger enthaelt die adresse des listenelementes mit s of element of zeiger=sv.
   fuer nicht enthaltene schluessel liefert die prozedur false und zeiger enthaelt die
   adresse des zuletzt untersuchten listenelementes. co
begin
  bool tabellenelement gefunden:=false;
  ref liste hilfszeiger:=anker;
  zeiger:=anker;
  while ref liste (hilfszeiger):/=:nil and not tabellenelement gefunden
  do
    zeiger:=hilfszeiger;
    tabellenelement gefunden:=s of element of zeiger=sv;
    hilfszeiger:=adr of hilfszeiger
  od;
  tabellenelement gefunden
end
```

9.3.2.2. Trichotome Suche in binären Bäumen

Binäre Bäume sind spezielle Graphen, die in einfacher Weise durch binäre Listen implementiert werden können. Die Elemente einer binären Liste haben den Aufbau $l = (I, z_1, z_2)$. Bei der Abbildung der Tabelle $T = \underline{E}$ auf die binäre Liste

$$imp: \underline{E} \longrightarrow \underline{L}$$

wird die Eigenschaft ausgenutzt, daß in der Schlüsselmenge $\underline{S}$ eine Wohlordnungsrelation < definiert ist. Dies drückt sich in den folgenden Bedingungen aus, die für jedes Listenelement $l = (I, z_1, z_2)$ erfüllt sein müssen:

- falls $z_1 = adr(l_l)$, so gilt $f_s(imp^{-1}(l)) > f_s(imp^{-1}(l_l))$;
- falls $z_2 = adr(l_r)$, so gilt $f_s(imp^{-1}(l)) < f_s(imp^{-1}(l_r))$.

Die Abbildung $imp^{-1}: \underline{L} \longrightarrow \underline{E}$ ist die zu imp inverse Abbildung und liefert das einem Listenelement entsprechende Tabellenelement. l_l heißt <u>linker Nachfolger</u> und l_r heißt <u>rechter Nachfolger</u> von l. Die genaue Vorschrift zum Eintragen der Listenelemente in die dynamische Liste ist dem unten angegebenen Programm zu entnehmen.

<u>Beispiel:</u>
Eine Tabelle werde in der Reihenfolge der Identifikatoren

b, y, a1, na2, z, x, a2

aufgebaut. Die Identifikatoren bilden die Menge der Schlüssel $\underline{S}_T$, für die die lexikografische Ordnung gilt. Ein Listenelement

$l = (I, z_1, z_2)$ werde durch

I	z_1	z_2

dargestellt, wobei der Einfachheit halber I nur einen Schlüssel enthält. Die Abb. 9.2 enthält die Darstellung der dynamisch aufgebauten binären Liste und den dazugehörenden binären Baum.

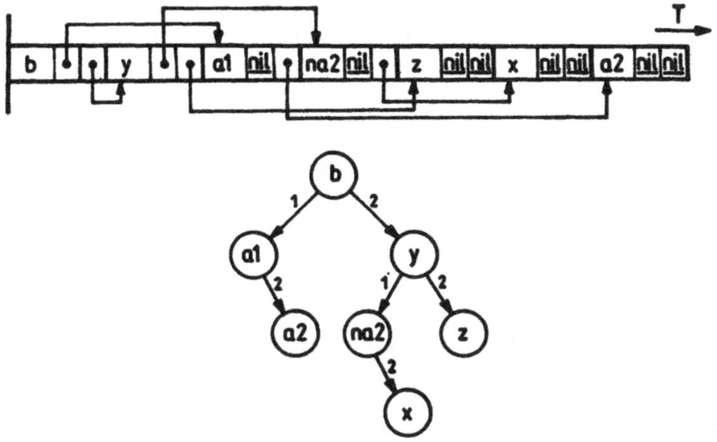

Abb. 9.2: Beispiel für eine dynamisch aufgebaute binäre Liste und den binären Baum

Suchprinzip

Der vorgegebene Schlüssel s_v bestimmt eine Folge von Listenelementen der Liste, die untersucht werden und die sich aus der Struktur des binären Baumes ergibt. Diese (Frage-) Folge entspricht einem Weg durch den Baum, der von der Wurzel (repräsentiert durch das zuerst in die Liste eingetragene Listenelement) ausgeht und durch s_v gesteuert wird. Die Untersuchung jedes Listenelementes $l \in \underline{L}$ kann eine der drei Aussagen liefern (dreiwertige Frage - trichotomes Suchen):

- $s_v = f_s(imp^{-1}(l))$ s_v ist identifiziert, das Suchverfahren bricht ab;
- $s_v < f_s(imp^{-1}(l))$ der linke Nachfolger l_l des Listenelementes l wird untersucht. Falls dieser nicht existiert, kann s_v nicht identifiziert werden, und das Suchverfahren bricht ab;
- $s_v > f_s(imp^{-1}(l))$ der rechte Nachfolger l_r des Listenelementes wird untersucht. Falls dieser nicht existiert, kann s_v nicht identifiziert werden, und das Suchverfahren bricht ab.

Mittlere Weglänge der trichotomen Suche in binären Bäumen

$$l_M = 2 \left(\frac{n_K+1}{n_K} p_K + p_N\right) \sum_{i=1}^{n_K} \frac{1}{i+1} - p_K$$

$$\approx 1{,}386 \; ld(n_K + 1) - (p_K + 0{,}84) \quad \text{(Näherung für } n_K \gg 1)$$

Diese Beziehung berücksichtigt, daß in Abhängigkeit von der Reihenfolge des Eintragens der Tabellenelemente verschiedene binäre Bäume möglich sind, deren Anzahl für n_K Elemente in der Größenordnung von $n_K!$ liegt.

Interessant sind zwei Grenzfälle, die durch eine entsprechende Reihenfolge des Eintragens der Tabellenelemente entstehen können:

- der binäre Baum ist symmetrisch, dann ist die mittlere Weglänge minimal;
- der binäre Baum entartet zu einem linearen Graphen (d.h., jeder Knoten hat höchstens einen Nachfolger), dann ist die mittlere Weglänge maximal und entspricht der sequentiellen Suche.

Programm: Trichotome Suche in binärer Liste und Aufbau einer binären Liste

```
mode liste = struct (smode element, ref liste seiger1, seiger2);
ref liste anker;
proc vergleich = (smode s1, s2) int:
co die schluessel s1 und s2 werden mit folgendem resultat verglichen:
   1, falls s1<s2
   2, falls s1=s2
   3, falls s1>s2 co;

proc trichotome suche in binaerer liste = (smode sv, ref ref liste seiger) bool:
co falls der schluessel sv in der tabelle enthalten ist, dann liefert die prosedur true
   und seiger enthaelt die adresse des listenelementes mit s of element of seiger=sv.
   fuer nicht enthaltene schluessel liefert die prosedur false und seiger enthaelt
   die adresse des suletst untersuchten listenelementes. co
begin
  bool tabellenelement gefunden:=false;
  ref liste hilfsseiger:=anker;
  seiger:=anker;
  while ref liste (hilfsseiger):/=:nil and not tabellenelement gefunden
  do
    seiger:=hilfsseiger;
    case vergleich (sv, s of element of seiger)
    in hilfsseiger:=seiger1 of hilfsseiger,
       tabellenelement gefunden:=true,
       hilfsseiger:=seiger2 of hilfsseiger
    esac
  od;
  tabellenelement gefunden
end

proc eintragen neues listenelement = (ref liste seiger neues listenelement) bool:
co der prosedur wird der seiger auf ein neues, bereits im dynamischen speicher eingerichtetes
   listenelement uebergeben. sie liefert true, falls der schluessel des neuen listenelementes
   noch nicht in der binaeren liste vorhanden ist und das neue listenelement demsufolge
   eingekettet werden kann, sonst false. co
begin
  smode neuer schluessel = s of element of seiger neues listenelement;
  ref liste seiger;
  if trichotome suche in binaerer liste (neuer schluessel, seiger)
    then
      false
    else
      if ref liste (seiger):=:nil
        then
          anker:=seiger neues listenelement
        else
          if neuer schluessel<s of element of seiger
            then
              seiger1 of seiger:=seiger neues listenelement
            else
              seiger2 of seiger:=seiger neues listenelement
          fi
      fi;
      true
  fi
end
```

9.3.2.3. Methoden der Adressenberechnung - Hashtechniken

Für die bisher betrachteten Suchmethoden ist charakteristisch, daß der Suchvorgang stets von einem ersten Tabellenelement ausgeht. Innerhalb der Organisationsform ist ein Tabellenelement als Startelement ausgezeichnet. Das Prinzip der Hashtechniken beruht nun darauf, mehrere solcher Startelemente zu schaffen und jedem Schlüssel eindeutig ein Startelement (dessen Adresse) zuzuordnen. Damit kann die Suche wesentlich gezielter erfolgen. Die Methoden der Adressenberechnung sind als spezielle Methoden der assoziativen Speicherung aufzufassen. Sie liefern bezüglich der Bewertungsgröße l_M außerordentlich gute Resultate und werden deshalb häufig für Suchverfahren in den Symboltabellen der Compiler angewendet.

Suchprinzip

Die eindeutige Verteilungs- oder Hashfunktion

$$f_{hash}: \underline{S} \longrightarrow \underline{A} \quad \text{mit} \quad \underline{A} = \{1,2,\ldots,m\}$$

bewirkt eine Zerlegung der Symboltabelle T

$$T = \{e_1 = (s_1,d_1),\ e_2 = (s_2,d_2),\ldots,e_{nK} = (s_{nK},d_{nK})\}$$

in die Mengen T_i (Untertabellen)·

$$T_i = \{e: e = (s,d) \in T \wedge f_{hash}(s) = i\} \quad \text{mit} \quad 1 \le i \le m \ .$$

Für den vorgegebenen Schlüssel s_v wird durch die Hashfunktion $f_{hash}(s_v) = i$ die Untertabelle T_i bestimmt. Wegen der Eindeutigkeit definiert f_{hash} eine Klasseneinteilung. Es ist gesichert, daß das zu identifizierende Tabellenelement in der Untertabelle T_i gefunden wird, falls es überhaupt in T vorhanden ist. Die Untertabellen T_i können nach einem der bisher behandelten Verfahren implementiert werden.

Folgende Anforderungen sind an die Verteilungsfunktion zu stellen:

- f_{hash} erzeugt ganzzahlige Werte (Adressen) im Intervall $1 \le f_{hash}(s) \le m$;
- f_{hash} erzeugt gleichverteilte Werte $p(f_{hash}(s \in \underline{S})) = \frac{1}{m}$. Dadurch wird die mittlere Weglänge minimal;
- f_{hash} muß als Abbildung von $\underline{S}$ auf $\underline{A}$ einfach programmtechnisch zu realisieren sein. Folgende häufig angewendete Möglichkeiten zur Realisierung seien angegeben:

  Ein Schlüssel $s \in \underline{S}$ wird im Speicher eines Automaten durch ein Bitmuster repräsentiert, das numerisch interpretiert wird. Dieses Bitmuster heiße numerisches Äquivalent $<s>$ des Schlüssels s.

  . Divisionsrestverfahren

  $$f_{hash}(s) = <s> - (<s> \div m) * m + 1 \qquad 1 \le f_{hash}(s) \le m$$

  . Faltung

  Das numerische Äquivalent des Schlüssels wird in mehrere Teile zerlegt, die durch arithmetische und/oder logische Operationen so verknüpft werden, daß das Ergebnis im geforderten Intervall liegt.

Mittlere Weglänge der Hashtechnik

Der Idealfall wäre eine eineindeutige Verteilungsfunktion, so daß alle Untertabellen T_i $(1 \le i \le m)$ höchstens ein Tabellenelement enthalten $(l_M=1)$. Diese Forderung kann zumindest für dynamische Tabellen nicht realisiert werden, da

$$card(\underline{S}) >> card(T)$$

gilt und in grober Weise im Widerspruch zum formulierten dynamischen Speicherungsprinzip steht. Sei n_K die Anzahl der Tabellenelemente und m die Zahl der Startadressen, so ist die mittlere Weglänge l_M eine Funktion von

n_K und m

$$l_M = l_M(n_K, m) \ .$$

In den Beziehungen zur Berechnung von l_M für die verschiedenen Organisationsformen wird der Aufwand für den Suchschritt zur Bestimmung der Untertabelle T_i durch $f_{hash}(s) = i$ mit Eins angesetzt. Weitere Aussagen können erst bei der Betrachtung einer konkreten Organisationsform gemacht werden. Als wichtiger Parameter geht der als Belegungskoeffizient der Tabelle bezeichnete Quotient

$$\beta = \frac{n_K}{m}$$

in l_M ein.

<u>Spezielle Methoden der Adressenberechnung</u>

a) <u>Hashtechnik mit getrennten Überlauftabellen</u>

Diese Methode bietet gegenüber anderen bedeutende Vorteile. Hier wird auf die Realisierung der Überlauftabellen durch eine lineare Liste eingegangen, deren Prinzip aus der nachfolgenden Darstellung hervorgeht.

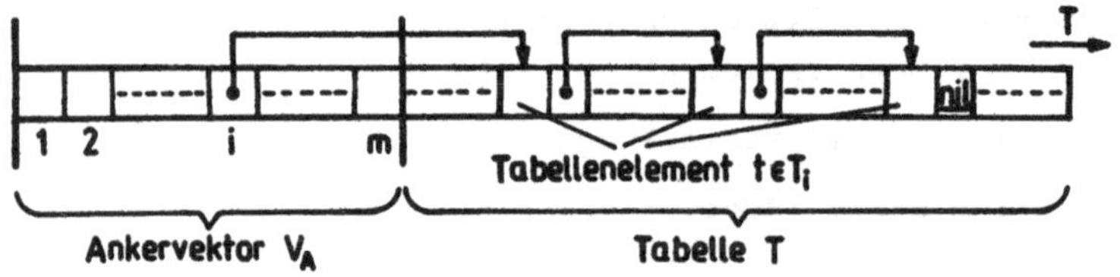

Abb. 9.3: Prinzip der Hashtechnik mit getrennten Überlauftabellen

Die Darstellung zeigt eine Organisationsform, die aus einem Ankervektor und den durch lineare Listen realisierten Überlauftabellen besteht. Jede Untertabelle $T_i = \underline{E}_i$ wird auf eine Liste $\underline{L}_i$ $(1 \leq i \leq m)$ abgebildet

$$imp: \underline{E}_i \longrightarrow \underline{L}_i \quad \text{mit} \quad \underline{L}_i = \bigcup_{j=1}^{n_i} \{ l_j^i = (I_j^i, z_j^i) \} \ .$$

Die Listenelemente $l_j^i \in \underline{L}_i$ sind untereinander linear verkettet, d.h., es gilt

$$z_j^i = \begin{cases} adr(l_{j+1}^i) & \text{für } 1 \leq j < n_i \\ \underline{nil} & \text{für } j = n_i \ . \end{cases}$$

Die Anfangsadressen der m existierenden Listen $\underline{L}_i$ sind in einem Ankervektor V_A

$$V_A = (v_1, v_2, \ldots, v_m) \quad \text{mit} \quad v_i = \begin{cases} adr(l_1^i) & \text{für } \underline{L}_i \neq \emptyset \\ \underline{nil} & \text{für } \underline{L}_i = \emptyset \end{cases} \quad 1 \leq i \leq m$$

zusammengefaßt. Das i-te Vektorelement aus V_A enthält den Anker der i-ten Liste. Die Verwendung der Listentechnik hat den Vorteil, daß die m Klassen der Tabellenelemente im Speicher nicht physisch getrennt angeordnet werden müssen.

<u>Bemerkung:</u>

Prinzipiell ist es möglich, den Vektor V_A so aufzubauen, daß jedes erste

Listenelement der Untertabellen durch ein Vektorelement realisiert wird. Das setzt aber homogene Listen voraus.

Suchprinzip

Für den vorgegebenen Schlüssel s_V wird mit Hilfe der Verteilungsfunktion $f_{hash}(s_V) = i$ das Vektorelement v_i aus V_A bestimmt. Gilt v_i = nil, so ist der Suchvorgang erfolglos beendet. Im anderen Fall enthält v_i die Anfangsadresse der Liste $\underline{L}_i$, die die Untertabelle T_i implementiert. Diese lineare Liste $\underline{L}_i$ wird nach der bereits beschriebenen Methode sequentiell durchsucht.

Mittlere Weglänge für die Hashtechnik mit getrennten Überlauftabellen (ungeordnete Vektoren oder Listen)

$$l_M = 1 + p_K \left(1 + \frac{\beta - \frac{1}{m}}{2}\right) + p_N \beta$$

Für den Belegungskoeffizienten β existieren bei dieser Organisationsform keine Einschränkungen. Der Grenzfall $m = 1$ ($\beta = n_K$) entspricht der sequentiellen Suche. Für $n_K \gg m$ stellt sich eine durchschnittliche Belegung der Untertabellen

$$card(\underline{E}_i) = n_i = \frac{n_K}{m}$$

ein. Die mittlere Weglänge entspricht dann dem sequentiellen Suchaufwand in einer Untertabelle zuzüglich dem Suchschritt für f_{hash}.

In Auswertung der Formel für l_M zeigt das Diagramm Abb. 9.4 deutlich, daß für $30 \geq m \geq 50$ bereits ausgezeichnete Resultate erzielt werden.

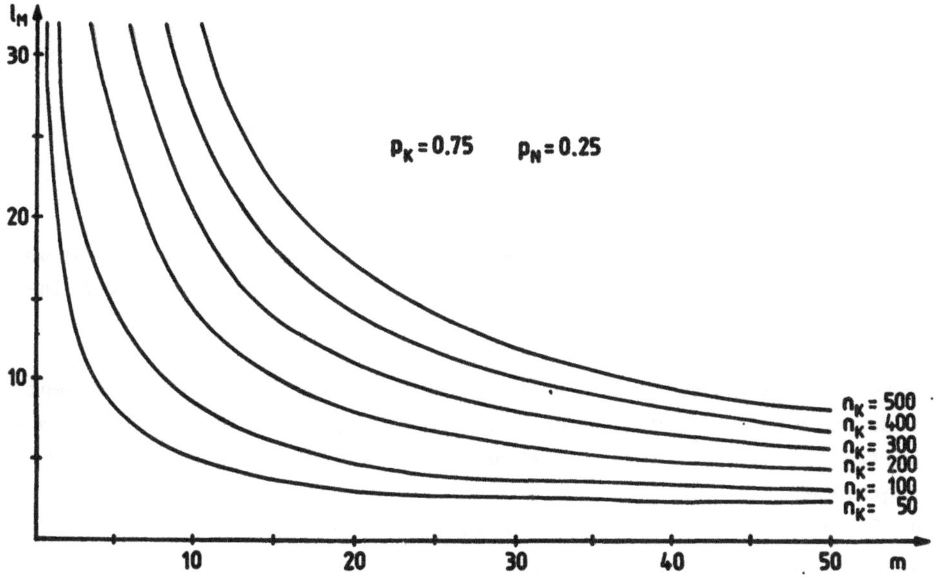

Abb. 9.4: Mittlere Weglänge der Hashtechnik mit getrennten Überlauftabellen für $p_K = 0{,}75$ und $p_N = 0{,}25$

Programm - Hashtechnik mit getrennten Überlauftabellen

```
mode liste = struct (smode element, ref liste adr):
[1:m] ref liste ankervektor;
proc fhash = (smode s) int:
co realisiert die verteilungsfunktion fhash: S——►A co;

proc suchen nach hashtechnik mit ueberlauftabellen = (smode sv, ref ref liste seiger) bool:
co falls der schluessel sv in der tabelle enthalten ist, dann liefert die prosedur true und
   seiger enthaelt die adresse des listenelementes mit s of element of seiger=sv. fuer nicht
   enthaltene schluessel liefert die prosedur false und seiger enthaelt die adresse des zuletzt
   untersuchten listenelementes der entsprechenden teilliste. co
begin
  bool tabellenelement gefunden:=false;
  ref liste hilfszeiger:=ankervektor[fhash (sv)];
  seiger:=hilfszeiger;
  while ref liste (hilfszeiger):/=:nil and not tabellenelement gefunden
  do
    seiger:=hilfszeiger;
    tabellenelement gefunden:=s of element of seiger=sv;
    hilfszeiger:=adr of hilfszeiger
  od;
  tabellenelement gefunden
end
```

Bemerkung:

Die Überlauftabellen können auch als binäre Listen organisiert werden. l_M liefert dann noch günstigere Resultate. Wählt man für eine Identifikatortabelle m = 26 und ordnet jeder Untertabelle die Schlüssel mit gleichem Anfangsbuchstaben zu, kann die Identifikatortabelle in einfacher Weise nach den Identifikatoren lexikografisch geordnet ausgegeben werden.

```
proc lexikographische ausgabe der identifikatortabelle = void:
begin
  proc ausgabe tabellenelement = (ref liste seiger) void:
  co gibt das durch seiger referierte tabellenelement aus co;

  proc ausgabe binaere liste = (ref liste zeiger) void:
  if seiger:/=:nil
    then
      ausgabe binaere liste (zeiger1 of zeiger);
      ausgabe tabellenelement (zeiger);
      ausgabe binaere liste (zeiger2 of zeiger)
  fi;
  for i from 1 by 1 to 26 do ausgabe binaere liste (ankervektor[i]) od
end
```

b) Offene Hashtechnik

Die Organisationsform der offenen Hashtechnik weicht stark von der Hashtechnik mit getrennten Überlauftabellen ab. Zur Implementierung der Tabelle T existiert nur ein Vektor V

$$V = (v_1, v_2, \dots, v_m) \; .$$

Dieser Vektor V kennzeichnet die Startelemente, d.h., das Vektorelement v_i ist das Startelement der durch die Verteilungsfunktion f_{hash} bestimmten Teiltabelle T_i. Gleichzeitig wird die Menge der Tabellenelemente $\underline{E}$ in $\underline{V}$ abgebildet

$$imp: \underline{E} \longrightarrow \underline{V} \quad \text{mit} \quad \underline{V} = \{v_1, v_2, \dots, v_m\} \quad \text{und} \quad T = \underline{E} \; .$$

Für den Belegungskoeffizienten gilt

$$\beta = \frac{n_K}{m} \leq 1 \; .$$

Für $\beta < 1$ sind nicht alle Vektorelemente durch Tabellenelemente belegt. Die nicht belegten Vektorelemente heißen frei und besitzen einen leeren

Schlüssel. Für alle $e = (s,d) \in T_i$ mit $f_{hash}(s) = i$ ist v_i Startelement. Falls v_i ein freies Vektorelement ist, kann die Implementation durch $imp(e) = v_i$ erfolgen. Wenn v_i belegt ist, gilt $f_s(imp^{-1}(v_i)) = s'$ und $s \neq s'$. In diesem Fall wird mittels einer Schrittfunktion

$$delta: \underline{V} \longrightarrow \underline{V}$$

von dem Startelement $v_i \in \underline{V}$ ausgehend das erste freie Vektorelement $v_j \in \underline{V}$ gesucht. Die einfachste Schrittfunktion ist

$$delta(v_i) = v_{i(modulo\ m)+1}$$

Die Folge der untersuchten Vektorelemente stimmt mit der physischen Reihenfolge überein, wobei auf v_m das Vektorelement v_1 folgt. Die zu v_i gehörende Folge umfaßt somit alle Vektorelemente aus V. Deshalb wird für $\beta < 1$ stets ein freies Vektorelement gefunden. Es kann eine Vermischung der Teiltabellen eintreten, da für eine Untertabelle T_i auch Tabellenelemente anderer Untertabellen T_j $(i \neq j)$ erreichbar - man sagt offen - sind.

Beispiel:

Die Tabellenelemente mit den Schlüsseln s_1, s_2, s_3, s_4 seien gegeben. Es gelte

$$f_{hash}(s_1) = 2,\ f_{hash}(s_2) = f_{hash}(s_3) = m,\ f_{hash}(s_4) = 1 .$$

Diese Schlüssel sind in der Reihenfolge s_1, s_2, s_3, s_4 mittels der offenen Hashtechnik in V zu speichern.

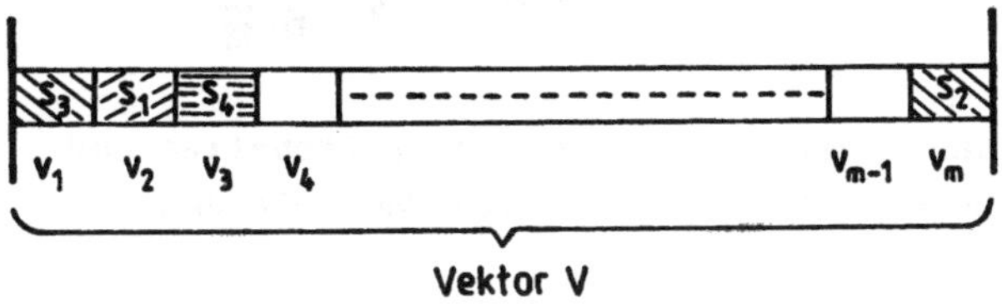

Die Darstellung demonstriert die entstehende Belegung des Vektors V. Es entsteht eine Vermischung der Untertabellen T_1, T_2 und T_m .

Suchprinzip

Durch die Verteilungsfunktion f_{hash} wird für den vorgegebenen Schlüssel s_v das Startelement v_i bestimmt. Mittels der Schrittfunktion wird die zu v_i gehörende Folge von Vektorelementen untersucht. Falls $f_s(imp^{-1}(v_j)) = s_v$ für ein Vektorelement v_j der Folge gilt, ist die Suche erfolgreich. Die Suche ist erfolglos, wenn ein erstes freies Vektorelement erreicht wird ($\beta < 1$) oder alle m Elemente der Folge untersucht wurden ($\beta = 1$).

Mittlere Weglänge für die offene Hashtechnik

$$l_M = 1 + p_K \left(1 + \frac{1}{2} \frac{\beta - \frac{1}{m}}{1 - \beta + \frac{1}{m}}\right) + p_N \frac{\beta}{1 - \beta + \frac{1}{m}}$$

Für $m >> 1$ kann $\frac{1}{m}$ gegenüber β vernachlässigt werden. Für eine geringe Belegung des Vektors ($\beta << 1$) ist die Vermischung der Untertabellen gering. Deshalb ergibt sich für diesen Fall ein Suchaufwand, wie er der Hashtechnik mit getrennten Überlauftabellen in linearen Listen entspricht. Der Term $\frac{1}{1-\beta}$ stellt sozusagen die Vergrößerung von l_M durch die Vermischung der Teiltabellen dar. Das Diagramm Abb. 9.5 gibt einen sehr guten Vergleich für die Abhängigkeit der mittleren Weglänge l_M vom Belegungskoeffizienten mit p_K als Parameter zwischen der Hashtechnik mit getrennten Überlauftabellen und der offenen Hashtechnik.

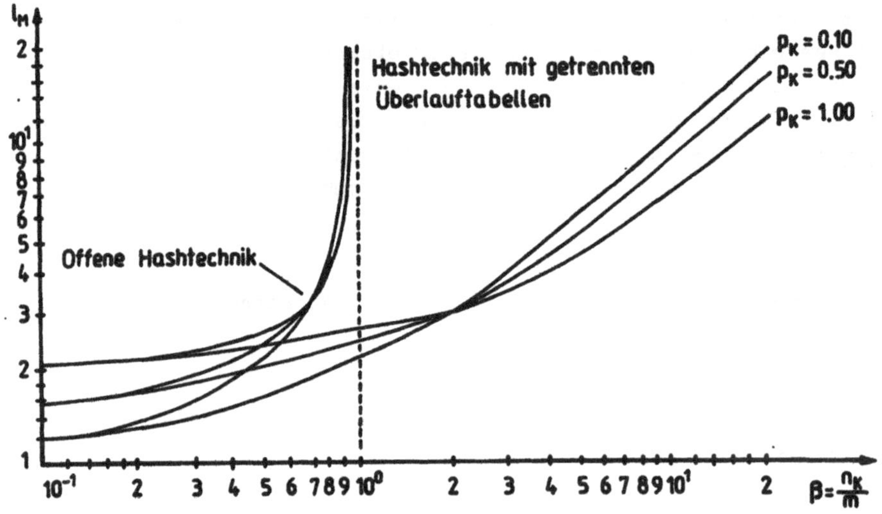

Abb. 9.5: Weglänge der Hashtechnik mit getrennten Überlauftabellen und der offenen Hashtechnik in Abhängigkeit von der Belegung

<u>Programm - Offene Hashtechnik</u>

```
[1:m] smode vektor;
smode leerer schluessel = co darstellung des leeren schluessels co;
proc fhash = (smode s) int:
co realisiert die verteilungsfunktion fhash: S——►A co;

proc suchen nach offener hashtechnik = (smode sv, ref int zeiger, ref bool vektor belegt) bool:
co falls der schluessel sv in der tabelle enthalten ist, dann liefert die prozedur true und zeiger
   ist der index des vektorelementes mit s of vektor[zeiger]=sv. fuer nicht enthaltene schluessel
   liefert die prozedur false und zeiger ist der index des ersten freien vektorelementes, falls
   der vektor noch freie elemente enthaelt. vektor belegt gibt dann an, ob noch freie
   vektorelemente vorhanden sind. co
begin
  bool tabellenelement gefunden:=false,
       vektorelement leer:=false;
  int anfang:=fhash(sv);
  vektor belegt:=false;
  zeiger:=anfang;
  while not tabellenelement gefunden and not vektor belegt and not vektorelement leer
  do
    if s of vektor[zeiger]=sv
      then
        tabellenelement gefunden:=true
      else
        if s of vektor[zeiger]=leerer schluessel
          then
            vektorelement leer:=true
          else
            if zeiger=m
              then
                zeiger:=1
```

```
                    else
                      zeiger:=zeiger+1
                   fi;
                   if zeiger=anfang
                    then
                      vektor belegt:=true
                   fi
                fi
             fi
        od;
        tabellenelement gefunden
      end
```

9.3.3. IMPLEMENTIERUNG MEHRERER TABELLEN

Wie noch gezeigt wird, besteht die Symboltabelle eines Programmiersystems in allgemeinen aus mehreren unabhängigen Teiltabellen, die unterschiedliche Morphemarten als Schlüssel enthalten. Bei der Implementation von Symboltabellen steht deshalb die Aufgabe, gleichzeitig mehrere Tabellen aufzubauen und zu verwalten. Die Problematik besteht darin, das dynamische Speicherungsprinzip zu gewährleisten. Aus den bisherigen Ausführungen folgt, daß dies ohne Schwierigkeiten möglich ist, wenn die Teiltabellen durch lineare oder binäre Listen implementiert werden bzw. die Hashtechnik mit getrennten Überlauftabellen verwendet wird. Das folgende Beispiel zeigt, wie drei Teiltabellen durch lineare Listen implementiert werden können.

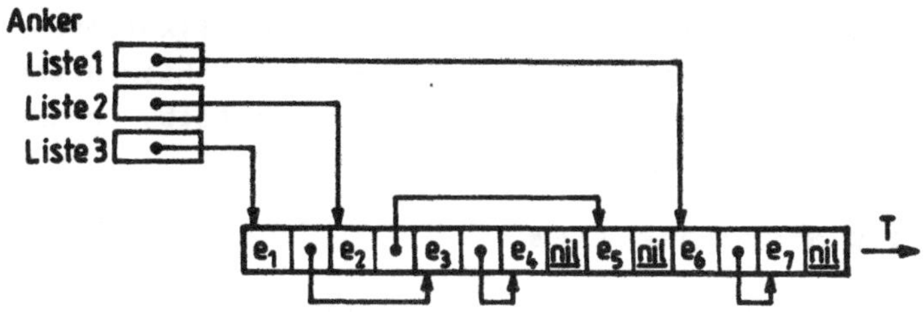

Offensichtlich gehören die Tabellenelemente

- e_1, e_3, e_4
- e_2, e_5
- e_6, e_7

jeweils zu einer Teiltabelle.

Probleme ergeben sich bei der Verwendung von Vektoren und der offenen Hashtechnik. Für Vektoren ergeben sich zwei Lösungsmöglichkeiten, die am Beispiel von drei zu implementierenden Teiltabellen angedeutet werden sollen.

a) Arbeit mit gegenläufigen Vektoren

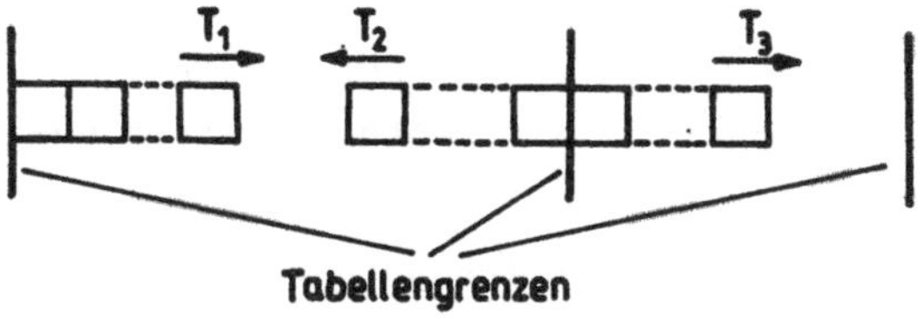

Dieses Prinzip gewährleistet, daß die Übersetzung erst abgebrochen werden muß, wenn entweder die Teiltabellen T_1 und T_2 ineinander überlaufen oder T_3 die Tabellengrenze erreicht. Selbstverständlich wird dieser Fall durch die Verwaltungsroutine bei der Operation Eintragen überwacht. Der Nachteil dieser Organisationsform ist, daß die Übersetzung bereits abgebrochen werden muß, wenn einer der beiden Fälle eintritt, aber insgesamt noch Speicherplatz vorhanden ist.

b) Arbeit mit einem Vektor
Jedem Tabellenelement wird beim Eintragen ein Primärklassifikationsmerkmal aus der Menge $\underline{P} = \{p_1, p_2, p_3\}$ zugefügt, das eindeutig jedes Tabellenelement einer Teiltabelle zuordnet.

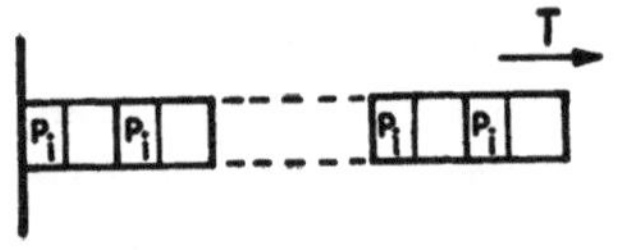

Der Nachteil besteht in einem wesentlich erhöhten Suchaufwand, da bei der (sequentiellen) Suche zunächst die Primärklassifikationsmerkmale der Elemente aller Teiltabellen geprüft werden müssen. Bei der Verwendung der offenen Hashtechnik ergeben sich ähnliche Lösungsmöglichkeiten. Entweder werden mehrere Vektoren getrennt geführt oder ein großer Vektor verwendet und die dazu einzutragenden Tabellenelemente mit Primärklassifikationsmerkmalen versehen. Insgesamt gesehen sind die Lösungen für Vektoren und die offene Hashtechnik unbefriedigend. Es empfiehlt sich deshalb, andere Implementationsmethoden zu verwenden.

9.4. STRUKTURIERUNG DER SYMBOLTABELLEN

Nach der Erläuterung der Möglichkeiten der Implementation von Tabellen sollen nun inhaltliche Fragen der Symboltabellen eines Programmiersystems diskutiert werden. Dabei geht es darum, wie in Abhängigkeit von der Syntax und Semantik der Quellsprache abgeleitet werden kann, welche Symboltabellen benötigt werden, wie der Schlüssel und der Datenteil aufzubauen sind und in welchen Abhängigkeiten einzelne Teiltabellen stehen.

9.4.1. UNTERTEILUNG IN TEILTABELLEN

Symboltabellen werden geführt, um Informationen über die Morpheme des zu übersetzenden Programms aufzusammeln und zu speichern. Demzufolge bilden die Morpheme die Schlüssel der Elemente der Symboltabellen, während in den Datenteilen die den Morphemen zugeordneten Informationen gespeichert werden. Eine erste, grundlegende Unterteilung der Symboltabelle in unabhängige Teiltabellen muß deshalb anhand der Syntax der Morpheme erfolgen (Primärklassifikation). Diese Unterteilung läßt sich folgendermaßen begründen:

1) Sie ist sinnvoll, da dadurch kleinere Teiltabellen entstehen, die

eine gezieltere Suche ermöglichen.

2) Sie ist notwendig, wenn die Morpheme nicht in ihrer Quelltextform als Schlüssel abgespeichert werden und dadurch Bezeichnungsäquivalenzen entstehen können, die die Eineindeutigkeit der Abbildung f_s: $\underline{E} \rightarrow \underline{S}$ verletzen.

Zur Erläuterung seien zwei Beispiele betrachtet.

Beispiel 1:

Aus der Menge der Morpheme ALGOL-ähnlicher Sprachen lassen sich folgende disjunkte Teilmengen herauslösen:

- Menge der Identifikatoren
- Menge der Konstanten
- Menge der Basissymbole.

Damit ergibt sich folgende Unterteilung der Symboltabelle nach Abb. 9.6.

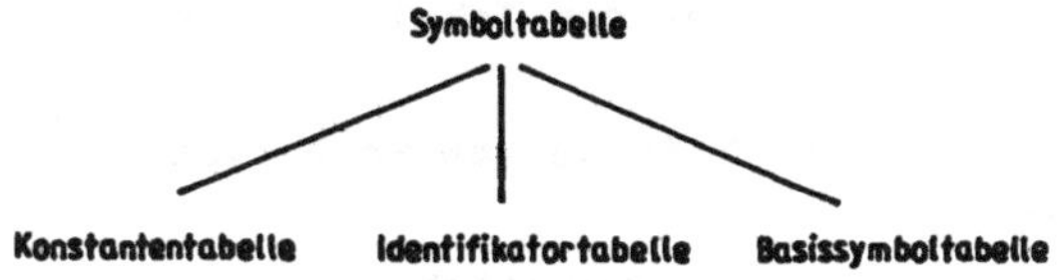

Abb. 9.6: Aufteilung der Symboltabelle nach der Syntax der Morpheme

Diese Unterteilung läßt sich wie folgt begründen:

- Gewöhnlich werden die Konstanten nicht in ihrer externen Darstellung als Schlüssel in die Symboltabelle aufgenommen. Man benutzt die konvertierte Form.
- Innerhalb der Menge der Basissymbole gibt es neben den Operatorsymbolen die sogenannten Wortsymbole. Diese Wortsymbole sind in Hochkomma eingeschlossene Identifikatoren. In der Symboltabelle werden nur die Identifikatoren der Wortsymbole als Schlüssel benutzt.
  Bemerkung: In ALGOL 68 ist die Menge der Basissymbole erweiterbar.

Damit entsteht in der Symboltabelle zwischen den Identifikatoren, Konstanten und Basissymbolen eine Bezeichnungsäquivalenz, da ohne ein zusätzliches Unterscheidungsmerkmal ein Schlüssel u.U. als Identifikator, Konstante oder Basissymbol interpretiert werden kann. Um die eindeutige Identifizierung der Tabellenelemente an Hand ihrer Schlüssel zu ermöglichen, ist die Aufteilung der Symboltabelle in die drei genannten Teiltabellen sinnvoll.

Beispiel 2:

In FORTRAN-Übersetzerprogrammen wird die Symboltabelle in vier logisch unabhängige Teiltabellen getrennt:

- Schlüsselworttabelle
- Identifikatortabelle
- Konstantentabelle
- Markentabelle.

Bemerkungen:

- Die Schlüsselworttabelle ist statisch, da die Menge der Schlüsselwörter durch die Sprache fest vorgegeben ist.
- Marken haben in FORTRAN die gleiche syntaktische Struktur wie Integer-Konstanten. Die daraus folgende Bezeichnungsäquivalenz macht die Unterteilung in Konstanten- und Markentabelle notwendig.

Die Teiltabellen der Symboltabelle eines Programmiersystems werden dynamisch geführt, die einzelnen Tabellenelemente werden in der Reihenfolge des ersten Auftretens der Morpheme bei der Übersetzung des Quellprogramms durch den lexikalen Analysator in die Tabelle eingetragen. Zu Beginn der Übersetzung eines Quellprogramms enthält die Symboltabelle nur die standardmäßig festgelegten Identifikatoren, Konstanten und Basissymbole (statischer Teil der dynamischen Tabelle) der Programmiersprache. Deshalb ist eine der folgenden Festlegungen zu treffen:

- Die Implementation legt fest, daß die Schlüssel der Tabellenelemente des statischen Teils reserviert sind.
- Eine Überladung der standardmäßigen Schlüssel (homonyme Schlüssel) ist erlaubt, wozu zwei Lösungen existieren:
  . Es wird stets zuerst der dynamische Teil der Symboltabelle und dann der statische Teil durchsucht.
  . Bei einer Überladung der standardmäßigen Schlüssel wird das Tabellenelement des statischen Teils überschrieben. In diesem Fall ist vor jeder Übersetzung der statische Teil der Symboltabelle neu zu initialisieren.

Eine weitere grundlegende Frage betrifft den Umfang des Speicherplatzes, der für die dynamische Führung der Symboltabelle bereitzustellen ist. Allgemeine Aussagen darüber sind jedoch kaum zu treffen. Ein FORTRAN-Übersetzerprogramm für kleine bis mittlere Rechenanlagen sollte beispielsweise mindestens erlauben,

- 100 Tabellenelemente in der Identifikatortabelle,
- 200 Tabellenelemente in der Markentabelle,
- 100 Tabellenelemente in der Konstantentabelle

aufzunehmen.

9.4.2. AUFBAU DER SCHLÜSSEL

Wie bereits erwähnt, bilden die Morpheme die Schlüssel der Symboltabelle. Probleme bei ihrer Darstellung entstehen nur, falls sie variabel lang sind. Am Beispiel einer Identifikatortabelle seien die Lösungsmöglichkeiten kurz diskutiert:

a) Die Sprachdefinition bzw. Implementation legt fest, daß eine maximale Anzahl von Zeichen des Identifikators (z.B. 6 Zeichen) signifikant ist. Der Schlüssel eines kürzeren Identifikators wird durch Leerzeichen ergänzt; überzählige Zeichen eines längeren Identifikators werden im Schlüssel ignoriert.

b) Die Anzahl der Zeichen eines Identifikators wird nicht begrenzt:
   - Die Identifikatoren werden vollständig als Schlüssel in die Tabellenelemente übernommen. Man geht zu variabel langen Tabellenelementen (unformatierte Tabellenelemente) über.
   - Die Identifikatoren werden nicht direkt in der Symboltabelle als Schlüssel, sondern in einer speziellen linearen Zeichenreihenliste gespeichert. An Stelle der Schlüssel werden in der Symboltabelle Verweisadressen auf den entsprechenden Identifikator der Zeichenreihenliste aufgenommen. Natürlich ist weiterhin eine Information über die Länge der Identifikatoren entweder in den Tabellenelementen (direkt durch Längenangabe) oder in der Zeichenreihenliste (direkt durch Längenangabe bzw. indirekt durch Formatisierungskennzeichen) aufzunehmen.

Im Interesse der Lesbarkeit der Quellprogramme und des erhöhten dokumentierenden Wertes sollte bei Implementierungen stets eine der unter b) aufgeführten Varianten vorgezogen werden. Der Mehraufwand bei der Implementation ist dabei nicht wesentlich. Verschiedene Morpheme, z.B. Konstanten, werden nicht in ihrer Quellfextform als Schlüssel verwendet, sondern in einer internen Form.

9.4.3. AUFBAU DES DATENTEILS

Die im Datenteil abzuspeichernden Informationen hängen wesentlich von der zu implementierenden Programmiersprache und von der Art der Morpheme ab, die durch das Tabellenelement repräsentiert werden. Vielfach wird in der Literatur der Datenteil eines Tabellenelementes als Deskriptor bezeichnet, da in ihm alle das Morphem beschreibenden semantischen Informationen zusammengefaßt werden. Allgemein enthält der Datenteil folgende Informationen:

a) Zur Klassifikation (Sekundärklassifikation) der Tabellenelemente wird oft eine grobe Wertartangabe abgespeichert. Sie klassifiziert die Tabellenelemente z.B. in einfache Variable, Felder, Strukturen, Prozeduren, Marken usw.

b) Weiterhin enthält der Datenteil eine vollständige <u>Wertartangabe</u>. Die Wertartangabe ist für das Übersetzerprogramm sowohl Speicherdimensionierungsvorschrift als auch Kontrollinformation für Kontextbetrachtungen. Eine solche vollständige Wertartangabe umfaßt:
   - bei einfachen Variablen die Wertart der referierten Werte (<u>bool</u>, <u>int</u>,<u>real</u>,<u>char</u> usw.);
   - bei Feldern die Anzahl der Dimensionen, die Wertart der Feldelemente und gegebenenfalls die unteren und oberen Grenzen der Dimensionen;
   - bei Strukturen die Anzahl, die Namen, die Wertart und die Anordnung der Strukturkomponenten;
   - bei Prozeduren die Anzahl und die Wertart der Parameter, die Wertart

des Resultates sowie eine Angabe über die Gültigkeit (intern,extern, formal);

- eine Speicherklasse (lokal,global,formal), die angibt, in welchem Speicherbereich das Datenobjekt einzurichten ist (dabei kennzeichnet formal die formalen Parameter von Prozeduren).

  Weitere Angaben sind denkbar. Natürlich lassen sich, insbesondere bei kompositen Modi, die obigen Informationen auch durch Verweise darstellen, die Zusammenhänge zwischen einzelnen Tabellenelementen herstellen.

c) Im Datenteil wird eine Zielprogramminformation aufgenommen, sofern das durch das Tabellenelement dargestellte Morphem eine Zielprogrammentsprechung hat. Diese Zielprogramminformation wird entweder durch (Relativ-) Adressen oder durch interne (d.h.,durch das Übersetzerporgramm generierte) Bezeichnungen oder externe Bezeichnungen angegeben.

d) Zur Unterstützung der Protokollierung des Übersetzungslaufes können Protokollinformationen aufgenommen werden, so z.B. die Nummer der Quellprogrammzeile, in der das Objekt deklariert wird, und ein Verweis auf eine Liste, die sämtliche Zeilennummern des Quellprogramms enthält, in denen das Objekt auftritt (für eine Cross-Reference-Liste).

9.4.4. DARSTELLUNG KOMPOSITER MODI

Bei Programmiersprachen mit begrenztem Wertartspektrum wie FORTRAN und BASIC ist die Darstellung der Modi im Datenteil der Tabellenelemente relativ einfach. Komplizierter wird dies, wenn Strukturdeklarationen zulässig sind oder wie im Falle von ALGOL 68 die Möglichkeit besteht, durch eine Modusdeklaration neue Wertarten in einem Programm zu definieren, die auf den standardmäßigen und anderen im Programm definierten Wertarten aufbauen. In diesem Fall, wo die Menge der Wertarten der Programmiersprache unendlich ist, muß zur Abspeicherung der Wertartinformation anders verfahren werden. An einem einfachen Beispiel soll nur das Prinzip verdeutlicht werden. Ausgangspunkt der Betrachtung sei die Modusdeklaration

mode y1 = ref y2,
    y2 = struct(int a,b,ref y2 c).

Diese Deklaration kann durch den sogenannten Modusgraphen dargestellt werden, der den semantischen Gehalt der Modusdeklaration übersichtlich widerspiegelt.

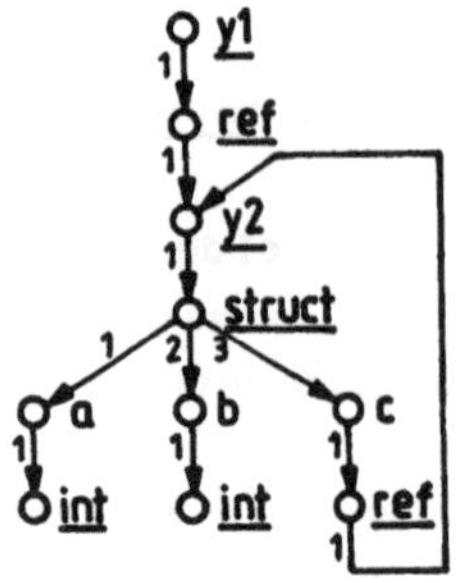

Dieser Modusgraph wird durch eine Liste implementiert. Zur Abspeicherung des Modusgraphen dienen die Modusliste und die Basissymboltabelle des Compilers. In der Basissymboltabelle werden u.a. die Modusindikatoren abgespeichert. Handelt es sich um nichtelementare Modusindikatoren, so wird zusätzlich ein Verweis auf die Modusliste erzeugt. Die Modusliste enthält die Darstellung der Deklarationssymbole (hier: ref, struct), Selektorbezeichnungen (hier: a,b,c) und Verweise auf die Basissymbole (hier: y1,y2,int) der Basissymboltabelle bzw. Modusliste selbst. In dieser Weise werden alle Modusangaben des zu übersetzenden Programms dargestellt. In die Identifikatortabelle wird an Stelle der Wertartinformation eine Verweisadresse auf den in der Basissymboltabelle und Modusliste dargestellten Modusgraphen aufgenommen.

Innerhalb der Modusliste können Selektorbezeichnungen mehrfach auftreten, da in verschiedenen Modi gleiche Selektorbezeichnungen verwendet werden dürfen. Für die Selektorbezeichnungen werden deshalb keine eigenen Tabellenelemente in der Identifikatortabelle angelegt. Eine Selektion (auch Qualifikation genannt) z.B.

  a of b of variable

muß deshalb wie folgt übersetzt werden:

- Die Selektorbezeichnungen (erkenntlich am rechten Kontext of) werden gesammelt und in der Reihenfolge ihres Auftretens gespeichert (im Beispiel a und b).
- Wird die Strukturvariable erkannt, so kann über die Identifikatortabelle der zugehörige Modusgraph bestimmt werden. In diesem Modusgraphen kann nun mit Hilfe der gespeicherten Selektorbezeichnungen die Auswahl der Strukturkomponente erfolgen. Im Beispiel muß zunächst die Strukturkomponente b und anschließend die Strukturkomponente a bestimmt werden (Weg durch den Modusgraphen).

Voraussetzung für diese Realisierung einer Qualifikation ist also, daß die Strukturvariable immer angegeben wird. ALGOL 68 schreibt deshalb die sogenannte vollständige Qualifikation vor; d.h., zur Auswahl einer Strukturkomponente müssen ihre Selektorbezeichnung und anschließend in der Hierarchie aufwärts alle weiteren Selektorbezeichnungen und die Strukturvariable angegeben werden.

Dagegen erlauben COBOL und PL/1 die unvollständige Qualifikation. Dabei können einzelne Selektorbezeichnungen und auch die Strukturvariable weggelassen werden, sofern die Eindeutigkeit bei der Identifizierung einer Strukturkomponente erhalten bleibt. Dazu seien die beiden Strukturdefinitionen

  struct (int a,struct(int a,b)c)x;
  struct (int a,x)y

betrachtet. Die folgende Tabelle gibt eine Übersicht der Zugriffsmöglichkeiten auf die einzelnen Strukturkomponenten.

vollständige Qualifikation	eindeutige unvollständige Qualifikation
a of x	
c of x	c
a of c of x	a of c
b of c of x	b of c b of x b
a of y	
x of y	

Die unvollständigen Qualifikationen a, a of x bzw. x führen zu Mehrdeutigkeiten und sind deshalb verboten. Die unvollständige Qualifikation, insbesondere die Möglichkeit, die Strukturvariable wegzulassen, erfordert eine Darstellung der Strukturmodi in der Symboltabelle, die von der oben erläuterten Modusliste abweicht. Die Selektorbezeichnungen müssen in die Symboltabelle aufgenommen werden. Jedoch können sie nach wie vor verschiedene Strukturkomponenten und zusätzlich ein komplettes Datenobjekt bezeichnen. Der entstehenden Mehrdeutigkeit wird dadurch begegnet, daß einem Identifikator mehrere Tabellenelemente (über eine Verbindungsadresse als lineare Liste verkettet) zugeordnet werden. Je nach dem Kontext, in dem der Identifikator auftritt, muß das entsprechende Tabellenelement ausgewählt werden. Die notwendige Strukturierung der Symboltabelle sei an dem obigen Beispiel kurz angedeutet. Sie beruht auf einem Graphen, der die Strukturdefinition widerspiegelt. Für die Strukturen x und y sind dies die Graphen

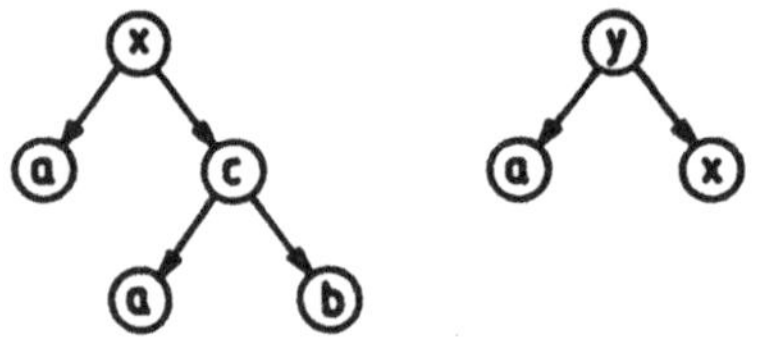

Da ein Knoten beliebig viele Nachfolger haben kann, wird für den Fall, daß mit formatierten Listenelementen gearbeitet werden soll, häufig eine spezielle Baumdarstellung gewählt, die auf drei verschiedenen Relationen beruht und durch das folgende Beispiel illustriert wird.

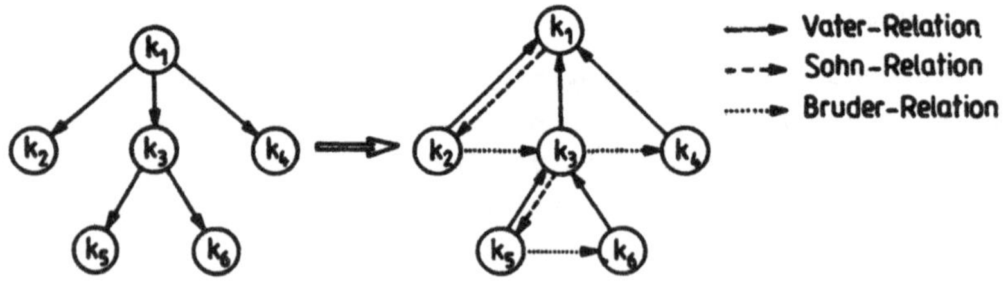

Abb. 9.7: Beispiel zur formatierten Darstellung eines Baumes

Der angegebene (Multi-)Graph kann in einfacher Weise durch eine Liste implementiert werden, wenn folgende Listenelemente zum Aufbau der Symboltabelle verwendet werden:

adresse schluessel
datenteil
verbindungsadresse
adresse sohn

Element für Strukturvariable

adresse schluessel
datenteil
verbindungsadresse
adresse vater
adresse bruder
adresse sohn

Element für Selektorbezeichnung

Abb. 9.8: Symboltabellenelemente zur Darstellung von Strukturmodi

Die angegebenen Tabellenelemente nutzen zur Abspeicherung der Textform aller Identifikatoren eine gesonderte Zeichenreihenliste (vgl. 9.4.2.), so daß die Tabellenelemente selbst nur einen Verweis (adresse schluessel) auf diese Zeichenreihenliste enthalten. Für die angegebenen Strukturen x und y ergibt sich ein schon recht komplizierter Aufbau der Symboltabelle, wie er durch Abb. 9.9 angegeben ist.

Die Qualifikation innerhalb einer solchen Struktur erfolgt in folgenden Schritten (vgl. Übung 5):

- Die Bezeichnungen der Selektoren und falls angegeben der Strukturvariablen werden aufgesammelt.
- Für die erste Bezeichnung wird ein aktuelles Tabellenelement ermittelt.
- Enthält die Qualifikation weitere Bezeichnungen, so muß das aktuelle Tabellenelement einen Selektor identifizieren. Für die folgende Bezeichnung ist ein aktuelles Tabellenelement zu ermitteln, das Vater des bisher aktuellen Tabellenelementes ist oder über mehrere Vaterverweise erreichbar ist.
- Der vorangegangene Schritt wird für alle Bezeichnungen der Qualifikation abgearbeitet.
- Führt der beschriebene Weg nicht zum Erfolg, so ist ausgehend von der ersten Selektorbezeichnung eine weitere Qualifikation zu versuchen, indem das nächste Tabellenelement entsprechend der Verbindungsadresse als Ausgangspunkt gewählt wird.
- Führt eine Qualifikation zum Ziel, so muß zusätzlich geprüft werden, ob noch weitere Qualifikationen möglich sind, um die Eindeutigkeit zu untersuchen.

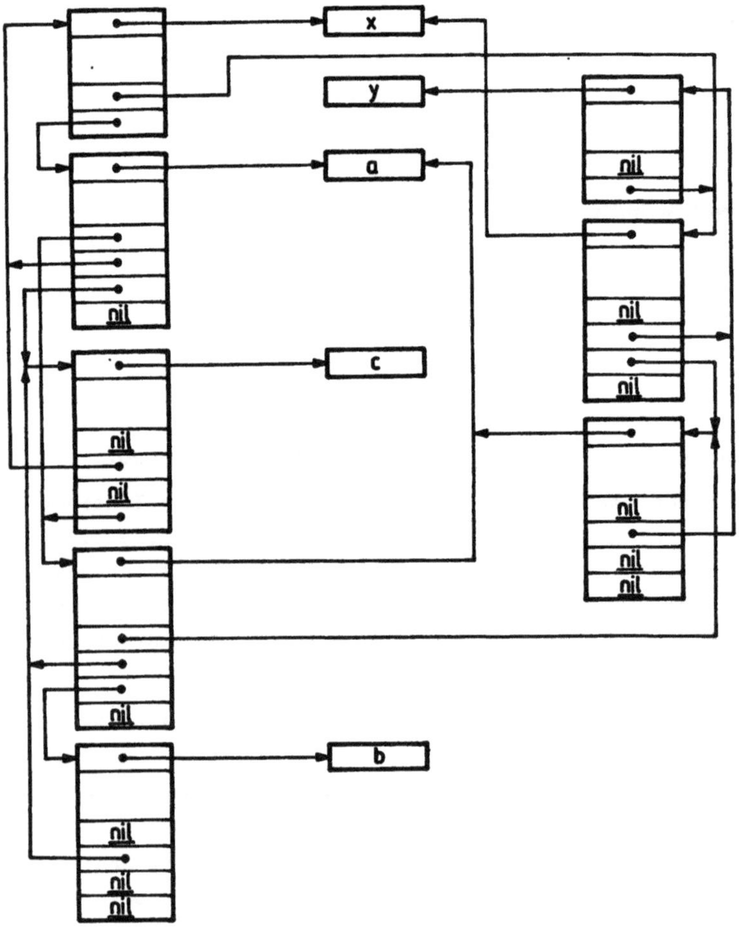

Abb. 9.9: Darstellung der Strukturen x und y in der Symboltabelle

9.5. ORGANISATION DER SYMBOLTABELLEN BLOCKORIENTIERTER PROGRAMMIERSPRACHEN

9.5.1. DARSTELLUNG DER BLOCKSTRUKTUR

Programmiersprachen wie ALGOL 60, ALGOL 68, PL/1 sind blockorientiert, d.h., die Programme dieser Sprachen sind hierarchisch in Blöcke gegliedert. Die Organisation der Symboltabellen muß die Blockstruktur der Programme widerspiegeln, da die Blockstruktur wesentlichen Einfluß auf die Speicherorganisation hat. Neben den Vorteilen der Blockstruktur (Lesbarkeit der Programme, übersichtliche Programmstrukturen, effektive Speicherausnutzung) sei nicht unerwähnt, daß sie nur mit erheblichem Aufwand vor allem auch während der Programmlaufzeit auf die interne Speicherstruktur abzubilden ist.

Als Block wird eine durch die Begrenzer begin und end abgeschlossene Klausel bezeichnet, die mindestens eine Deklaration enthält. Da in einem Block wiederum Blöcke enthalten sein können, ist eine hierarchische Verschachtelung der Blöcke möglich. Neben dieser Blockverschachtelung ist die statische Reihenfolge der Blöcke charakteristisch. $\underline{BL}$ sei die Menge der Blöcke eines Programms. Jedem Block $bl \in \underline{BL}$ kann durch zwei Abbildungen ein charakteristisches Zahlenpaar zugeordnet werden:

a) Blocktiefe

$b_t: \underline{BL} \longrightarrow \underline{N}$

Durch die Blocktiefe wird der Verschachtelungsgrad der Blöcke ausgedrückt. Wenn $b_t(bl) = n$ die Blocktiefe eines Blockes bl ist, dann besitzt der direkt übergeordnete Block bl' die Blocktiefe $b_t(bl') = n-1$. Der äußerste Block, das Quellprogramm selbst, hat die Blocktiefe 1.

b) Blocknummer

$b_n: \underline{BL} \longrightarrow \underline{N}$

Mit Hilfe der Blocknummer werden die Blöcke in der statischen Reihenfolge ihres Auftretens im Programm numeriert, wobei der äußerste Block die Blocknummer 1 erhält.

Das Zahlenpaar $(b_t(bl), b_n(bl))$ heißt Blockname des Blockes $bl \in \underline{BL}$. Die Menge aller Blocknamen eines Programms charakterisiert die (zur Übersetzungszeit bestimmbare) statische Blockstruktur. Zur Beschreibung der Blockstruktur von Programmen wird die folgende Sprache verwendet (vgl. 2.2.2.4.):

<block> ::= <blockbeginn> <blockkoerper> <blockende>
<blockbeginn> ::= begin
<blockende> ::= end
<blockkoerper> :: <deklaration> | <deklaration> <blockkoerper> |
<bezugnahme> | <bezugnahme> <blockkoerper> |
<block> | <block> <blockkoerper>
<deklaration> ::= dec <identifikator>
<bezugnahme> ::= bez <identifikator>

Auf die Einführung von Prozeduren wird verzichtet. Sie werden bezüglich der Symboltabellenorganisation wie Blöcke behandelt.

Die statische Blockstruktur kennzeichnet nebengeordente (parallele), übergeordnete und untergeordnete Blöcke. Im Beispiel (Abb. 9.10) sind die Blöcke bl_2 und bl_5 bzw. bl_3 und bl_4 parallel. Zu bl_3 sind die Blöcke bl_2 und bl_1 übergeordnet. Die Blöcke bl_3 und bl_4 sind dem Block bl_2 untergeordnet. Die statische Blockstruktur eines Programms kann mit Hilfe eines speziellen Graphen (Blockstrukturgraph) beschrieben werden.

D 9.5.: Der Graph $G_B = (\underline{K}, k_a, k_e, \underline{BT}, \underline{BN})$ heißt Blockstrukturgraph, wenn er durch folgende Vorschrift aus der Blockstruktur konstruiert werden kann:

- Eine bijektive Abbildung

$f_{BLK}: \underline{BL} \longrightarrow \underline{K}$

ordnet jedem Block $bl \in \underline{BL}$ einen Knoten $k \in \underline{K}$ eineindeutig zu. In der Blockstruktur resp. im Blockstrukturgraphen sind zwei Blöcke besonders ausgezeichnet:

. Der äußerste Block mit $b_n(bl) = b_t(bl) = 1$ wird durch den (Anfangs-) Knoten $k_a \in \underline{K}$ dargestellt.

. Der (End-) Knoten $k_e \in \underline{K}$ repräsentiert den Block $bl \in \underline{BL}$ mit $b_n(bl) = n$ und $card(\underline{BL}) = n$.

- Über der Menge $\underline{K}$ sind im Blockstrukturgraphen zwei zweistellige, nichtsymmetrische Relationen $\underline{BT}$ zur Beschreibung der Verschachtelung der Blöcke (Blocktiefe) und $\underline{BN}$ zur Festlegung der statischen Blockreihenfolge (Blocknummer) definiert

$$\underline{BN} = \{(k',k):\ k',k \in \underline{K} \wedge b_n(f_{BLK}^{-1}(k)) = b_n(f_{BLK}^{-1}(k')) + 1\}$$

$$\begin{aligned}\underline{BT} = \{(k,k'):\ k',k,k^{*} \in \underline{K} \wedge b_t(f_{BLK}^{-1}(k)) = b_t(f_{BLK}^{-1}(k')) + 1 \wedge \\ b_n(f_{BLK}^{-1}(k)) > b_n(f_{BLK}^{-1}(k')) \wedge \\ \nexists k^{*} [\, b_n(f_{BLK}^{-1}(k)) > b_n(f_{BLK}^{-1}(k^{*})) > b_n(f_{BLK}^{-1}(k')) \wedge \\ b_t(f_{BLK}^{-1}(k^{*}) < b_t(f_{BLK}^{-1}(k)) \,]\},\end{aligned}$$

wobei $\underline{BT} \cap \underline{BN} = \emptyset$ gilt.

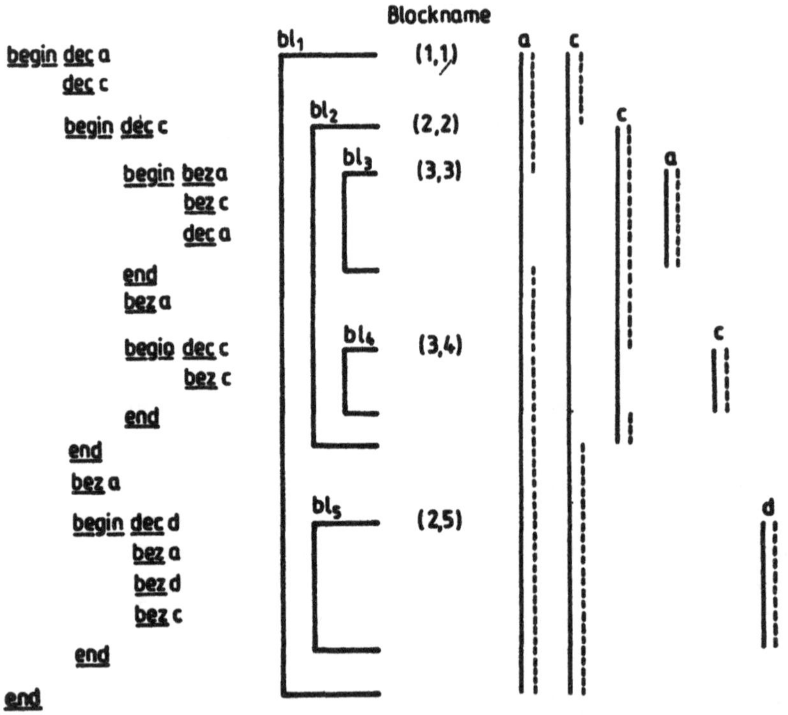

Abb. 9.10: Beispiel zur Erläuterung der statischen Blockstruktur
—— Existenzbereich ---- Gültigkeitsbereich

Für das Programmbeispiel (Abb. 9.10) ergibt sich der in der Abb. 9.11 dargestellte Blockstrukturgraph.

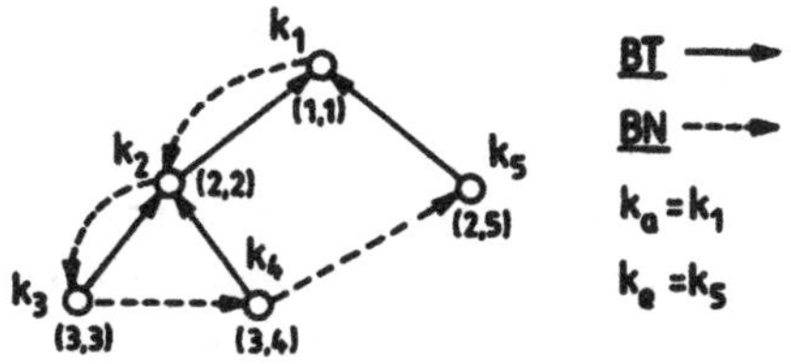

Abb. 9.11: Blockstrukturgraph mit Blocknamen nach Abb. 9.10

Die Blocktiefe bzw. Blocknummer eines Blockes bl <u>BL</u> läßt sich aus der Länge des Weges von $f_{BLK}(bl)$ nach k_a (bezüglich <u>BT</u>) bzw. von k_a nach $f_{BLK}(bl)$ (bezüglich <u>BN</u>) ermitteln. Begriffe wie übergeordneter, untergeordneter, nebengeordneter Block usw. sind anhand der Blockstrukturgraphen anschaulich erklärbar.

9.5.2. GÜLTIGKEITS- UND EXISTENZBEREICH SOWIE IDENTIFIZIERUNG DER OBJEKTE

Bei der Betrachtung der Blockstruktur wird der Begriff Objekt verwendet. Darunter wird eine Variable, eine Marke, ein Operator oder Modusindikator verstanden. In der Beispielsprache wird ein Objekt vereinfachend durch einen Identifikator id <u>I</u> gekennzeichnet, wobei in jedem Block Objekte deklariert (<u>dec</u>) und benutzt werden (<u>bez</u>). Für diese im Programm deklarierten Objekte weist die statische Blockstruktur begrenzte Existenz- und Gültigkeitsbereiche aus. Jedem Block bl <u>BL</u> kann eine Menge der im Block deklarierten sowie eine Menge der im Block angewendeten Objekte zugeordnet werden. Im allgemeinen sind diese Mengen nicht gleich, da ein im Block bl benutztes Objekt in einem übergeordneten Block deklariert sein kann (zum Block bl <u>globales Objekt</u>).

Bei Objekten mit frei wählbaren Bezeichnungen (Identifikatoren bzw. Indikatoren für Datenobjekte, Prozeduren, Operatoren, Marken und Wertarten) wird die Zuordnung zwischen externem Objekt (Objektbezeichnung) und internem Objekt (Besitz - Objektwert) durch eine Deklaration hergestellt. Jedes in einem Block deklarierte Objekt existiert im gesamten Block (<u>Existenzbereich</u>). Bei Datenobjekten, deren Objektbezeichnung eine Konstante ist, ist die Zuordnung Objektbezeichnung - Objektwert implizit gegeben. Deshalb hängt der Existenzbereich der Konstante nicht von der Blockstruktur ab und bezieht sich auf das gesamte Programm. Somit ist die Konstantentabelle nicht gemäß der Blockstruktur zu organisieren. Solche Objekte sind für die weitere Betrachtung uninteressant.

Das Objekt id werde im Block k deklariert. Dann umfaßt der Existenzbereich des Objektes id alle dem Block k untergeordneten Blöcke sowie den Block k selbst.

Das Blockkonzept erlaubt die Deklaration von Objekten mit gleichen Bezeichnungen in untergeordneten Blöcken. Durch dieses Überladen der Objektbezeichnung entsteht eine zulässige Bezeichungsäquivalenz. Für die Identifizierung der überladenen Objekte wird deshalb vereinbart, daß nur das zuletzt deklarierte und existierende Objekt gültig ist. Für die anderen überladenen Objekte ist sozusagen die Zuordnung Objektbezeichnung - Objektwert aufgehoben. Sie existieren zwar, sind aber solange die Überladung wirksam ist, nicht gültig. Der Gültigkeitsbereich eines Objektes id, das im Block k deklariert wurde, umfaßt deshalb den Block k sowie alle zu k untergeordneten Blöcke k', in denen id nicht erneut deklariert wurde bzw. für die kein zu k' übergeordneter, aber zu k untergeordneter Block existiert, in denen id erneut deklariert wurde. Damit wird der Gültigkeitsbereich eines Objektes stets vom Existenzbereich umschlossen. Beispiele für die Existenz- und Gültigkeitsbereiche von Objekte sind der Abb. 9.10 zu entnehmen.

Das Problem der Identifizierung der Objekte stellt sich wie folgt dar. In einem Block k tritt ein Identifikator id angewandt auf. Dieser Identifikator id wird in mehreren dem Block k übergeordneten Blöcken bzw. in dem Block k selbst deklariert. Die eindeutige Auswahl des Objektes, das der Identifikator id im Block k bezeichnet, erfolgt nach folgenden zwei Regeln:

- Es wird ein Objekt id identifiziert, das im Block k' deklariert wurde, wobei k' = k gilt oder k' übergeordneter Block von k ist.
- Der Block k' besitzt von allen in Frage kommenden Blöcken die größte Blocktiefe.

Bemerkungen:
- Bei der Operatoridentifizierung überladener Operatoren werden die Wertarten der Operanden einbezogen.
- Zur Überwachung von unerlaubten Sprüngen in Zyklen und Verzweigungen werden für diese Anweisungen ebenfalls Blöcke erzeugt.

Die bisherigen Untersuchungen zeigen, daß die mit der statischen Blockstruktur verbundenen Fragen der Existenz- und Gültigkeitsbereiche sowie der Identifizierung der Objekte während der Programmübersetzung gelöst werden können. Durch die begrenzten Gültigkeitsbereiche der Objekte besteht die Forderung, daß bei der Bearbeitung eines Blockes bl in den Symboltabellen nur die Tabellenelemente der Objekte zugänglich sind, die in diesem Block oder in einem der übergeordneten Blöcke deklariert wurden. Für den Fall, daß in den übergeordneten Blöcken verschiedene Objekte mit gleichen Identifikatoren deklariert wurden, muß gewährleistet sein, daß das richtige Tabellenelement, d.h., das in bl gültige, gefunden wird. Zu diesem Zweck wird die Symboltabelle T in Teiltabellen (Klasseneinteilung) zerlegt, wobei jede Teiltabelle genau einem Block entspricht und die Tabellenelemente der in diesem Block deklarierten Objekte enthält.

9.5.3. ORGANISATION DER SYMBOLTABELLEN IN EINEM EINPASSSYSTEM

In diesem und im folgenden Abschnitt werden Prozeduren entwickelt, die die Semantik der statischen Blockstruktur realisieren. Die Prozeduren werden immer dann aktiviert, wenn entsprechende syntaktische Konstruktionen (Blockbeginn, Blockende, Deklaration, Bezug) erkannt wurden. Man kann also z.B. diese Prozeduren in einem Syntaxanalyseprogramm nach der Methode des rekursiven Abstiegs direkt aufrufen (vgl. Übung 6).

Die Anzahl der Pässe hat wesentlichen Einfluß auf die Organisation der Symboltabellen. Bei einer Einpaßübersetzung kann darauf verzichtet werden, den Blockstrukturgraphen explizit anzulegen. Zunächst sei vorausgesetzt, daß jedes Objekt vor seiner ersten Verwendung deklariert wird. Weiter unten wird darauf hingewiesen, welche Probleme sich ergeben, wenn diese Voraussetzung nicht erfüllt ist.

Bei der sequentiellen Analyse des Programmtextes wird die Symboltabelle kellermäßig organisiert. Sie enthält zu jedem Zeitpunkt der Übersetzung nur die Teiltabellen T_k der Blöcke k, deren Objekte existieren. Für die dynamische Organisation der Symboltabelle steht ein Kellerspeicher Symboltabellenkeller zur Verfügung, dessen Kellerelemente Strukturen der Wertart

```
mode emode = struct(emode schluessel,dmode datenteil)
```

sind. Für den Symboltabellenkeller sind die Operationen initialisieren, kellern, entkellern, ist leer und lesen wie üblich definiert. Dieser Kellerspeicher wird entsprechend der Blockstruktur pulsierend während der Übersetzung belegt. Zur Abgrenzung der einzelnen Teiltabellen T_k der Blöcke k wird bei jeder durch ein <u>begin</u> angezeigten Blockeröffnung ein besonderes Tabellenelement mit dem Schlüsselwort <u>begin</u> durch den Aufruf der Prozedur semantik blockbeginn gekellert. Damit kann beim Erkennen des Schlüsselwortes <u>end</u> die entsprechende Teiltabelle entkellert werden (Aufruf der Prozedur semantik blockende).

Im Zusammenhang mit der Deklaration und der Bezugnahme (Identifizierung) eines Objektes mit dem Schlüssel s_v sind folgende Suchroutinen bedeutungsvoll:

```
proc tabellenelement im aktuellen block = (emode sv) bool:
begin
  emode tabellenelement;
  int i:=1;
  bool tabellenelement gefunden:=false, blockbeginn erreicht:=false;
  while not (tabellenelement gefunden or blockbeginn erreicht)
  do
    lesen (symboltabellenkeller, tabellenelement, i)
    if schluessel of tabellenelement="'begin'"
      then
        blockbeginn erreicht:=true
      else
        if schluessel of tabellenelement=sv
          then
            tabellenelement gefunden:=true
          else
            i:=i+1
        fi
    fi
  od;
  tabellenelement gefunden
end
```

```
proc suche in symboltabelle = (smode sv, ref emode tabellenelement) bool:
begin
  int i:=1;
  bool tabellenelement gefunden:=false, symboltabellenende erreicht:=false;
  while not (tabellenelement gefunden or symboltabellenende erreicht)
  do
    if lesen (symboltabellenkeller, tabellenelement, i)
      then
        if schluessel of tabellenelement=sv
          then
            tabellenelement gefunden:=true
          else
            i:=i+1
        fi
      else
        symboltabellenende erreicht:=true
    fi
  od;
  tabellenelement gefunden
end
```

Damit können die Prozeduren zur Behandlung der Semantik wie folgt formuliert werden.

```
proc semantik blockbeginn = void:
kellern (symboltabellenkeller, ("'begin'", skip))

proc semantik blockende = void:
begin
  emode tabellenelement;
  bool blockbeginn erreicht:=false;
  while not blockbeginn erreicht
  do
    tabellenelement:=entkellern (symboltabellenkeller);
    blockbeginn erreicht:=schluessel of tabellenelement="'begin'"
  od
end

proc semantik deklaration = void:
if tabellenelement im aktuellen block (aktueller identifikator)
  then
    deklarationsfehler
  else
    kellern (symboltabellenkeller, (aktueller identifikator, co datenteil co))
fi

proc semantik bezugnahme = void:
begin
  emode tabellenelement;
  if suche in symboltabelle (aktueller identifikator, tabellenelement)
    then
      co auswertung datenteil of tabellenelement co
    else
      gueltigkeitsfehler
  fi
end
```

In diesen Semantikprozeduren werden die nicht weiter spezifizierten Fehlerroutinen

```
proc deklarationsfehler = void: co Fehlermaßnahmen co
proc gueltigkeitsfehler = void: co Fehlermaßnahmen co
```

zur Fehlerbehandlung bei Verstößen gegen die Semantik der Blockstruktur angewendet.

Für die bisherigen Ausführungen zur Organisation der Symboltabelle gilt die Voraussetzung, daß jedes Objekt vor seiner ersten Verwendung deklariert wird. Diese Annahme trifft im allgemeinen für blockorientierte Programmiersprachen in folgenden Sachverhalten nicht zu:

- In sogenannten Vorwärtssprüngen werden Marken nach ihrer Verwendung evtl. sogar erst in einem der übergeordneten Blöcke deklariert.
- Globale Objekte einer Prozedur können erst nach der Prozedurdeklaration vereinbart werden. Darunter ist auch der Fall zu verstehen, daß innerhalb eines Prozedurkörpers ein Aufruf einer noch nicht deklarierten

Prozedur auftritt.

Die Abb. 9.10 deutet solch einen Sachverhalt für den Block bl_3 an. In diesem Block wird ein Objekt a deklariert. Jede Verwendung von a innerhalb von bl_3 bezieht sich deshalb auf dieses Objekt. Falls man an der vorgestellten Konzeption der Symboltabellenorganisation festhalten will, müssen weitere Festlegungen für die blockorientierten Programmiersprachen getroffen werden:

- Die in einem Block definierten, lokalen Marken werden nach der Blockeröffnung etwa durch

  <u>label</u> <Marke> [, <Marke>] *

  spezifiziert (vgl. Pascal /75/).
- Globale Objekte einer Prozedur müssen vor ihrer Verwendung bereits deklariert sein. Diese Forderung ist mit Ausnahme des indirekten rekursiven Prozeduraufrufs durch den Programmierer stets zu erfüllen. Für diesen Fall müssen besondere Prozedurspezifikationen vorgesehen werden, die vor den Prozedurdeklarationen angegeben werden können.

Wenn diese Sprachfestlegungen nicht getroffen werden, müssen in die blockorientiert aufgebauten Symboltabellen im Fall der Verwendung eines Objektes vor seiner Deklaration spezielle Verwendungseintragungen in die Symboltabelle aufgenommen werden, die eine relativ komplizierte Behandlung vor allem beim Blockabschluß erfordern.

9.5.4. ORGANISATION DER SYMBOLTABELLEN IN EINEM MEHRPASSSYSTEM

In einem Mehrpaßsystem ergeben sich keine Schwierigkeiten, ein Objekt vor seiner Deklaration zu verwenden, wenn wie folgt verfahren wird:

- Paß 1: Bei der sequentiellen Analyse des Programmtextes wird der Blockstrukturgraph G_B aufgebaut. Jedem Knoten k von G_B ist eine Teiltabelle T_k zugeordnet, in die die Symboltabellenelemente für die im Block k deklarierten Objekte aufgenommen werden.
- Paß 2: Der Programmtext (oder ein Zwischenprogramm) wird ein zweites Mal analysiert. Dabei kann jedes gültige Objekt mittels der im Paß 1 blockorientiert aufgebauten Symboltabelle identifiziert werden.

In allen weiteren Pässen kann direkt auf die Elemente der Symboltabelle zugegriffen werden, wenn die im Paß 2 ermittelten Adressen in das Zwischenprogramm eingetragen werden. Auf solche Pässe wird im folgenden nicht mehr eingegangen.

Für diese Verfahrensweise ist die Implementierung des Blockstrukturgraphen G_B grundlegend. Zweckmäßig wird dazu eine Liste $\underline{L}$ verwendet, die durch

$$\underline{L} = \bigcup_{i=1}^{n} \{ l_i = (I_i, z_{i1}, z_{i2}) \} \quad \text{mit} \quad \text{card}(\underline{L}) = \text{card}(\underline{K})$$

definiert ist. Die Blocklistenelemente $l_i \in \underline{L}$ weisen mehrere Bestandteile auf. I_i ist der Informationsanteil des Listenelementes, der bestimmte Informationen enthält, die die zum Block gehörende Teiltabelle kennzeichnen. z_{i1} und z_{i2} sind Zeiger und enthalten Adressen anderer Listenelemente bzw. die Nulladresse <u>nil</u>.

Durch die eineindeutige Abbildung

$$imp: \underline{K} \rightarrow \underline{L}$$

wird jedem Knoten genau ein Element der Liste zugeordnet. Die Zeiger der Listenelemente l_i lassen sich wie folgt bestimmen. Sei $k_i \in \underline{K}$ und $imp(k_i) = l_i$. Dann gilt

$$z_{i1} = \begin{cases} adr(l_j) & \text{falls } (k_i,k_j) \in \underline{BT} \text{ und } imp(k_j) = l_j \\ \underline{nil} & \text{sonst} \end{cases}$$

$$z_{i2} = \begin{cases} adr(l_k) & \text{falls } (k_i,k_k) \in \underline{BN} \text{ und } imp(k_k) = l_k \\ \underline{nil} & \text{sonst} \end{cases}$$

z_{i1} stellen also einen Zeiger zum direkten übergeordneten Block und z_{i2} zum nachfolgenden Block dar. Als Beispiel sei der in Abb. 9.11 angegebene Blockstrukturgraph implementiert, wobei $imp(k_i) = l_i$ für $1 \leq i \leq 5$ gewählt wurde.

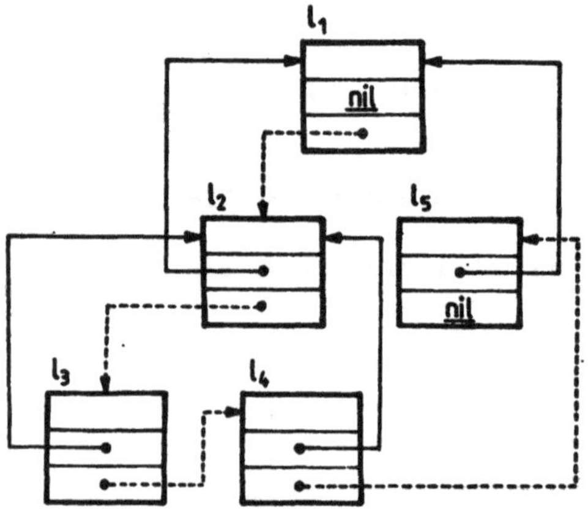

Abb. 9.12: Implementierung des Blockstrukturgraphen

Für die Realisierung durch ein Programm soll ein Blocklistenelement die Wertart

```
mode blocklistenelement =
     struct (ref emode teiltabelle,
             ref blocklistenelement direkt uebergeordneter block,
             ref blocklistenelement nachfolgender block)
```

besitzen. Die in Abb. 9.12 nicht näher spezifizierten Informationsteile der Blocklistenelemente enthalten jetzt Verweise auf die zum Block gehörenden Teiltabellen. Durch die Prozedur

```
proc generiere neues blocklistenelement = ref blocklistenelement:
co Die Prozedur erzeugt im Speicher ein Blocklistenelement und liefert
   dessen Adresse. Alle Strukturkomponenten dieses Blocklistenelementes
   sind mit der Nulladresse nil belegt.
co
```

kann ein Blocklistenelement im freien Speicher erzeugt werden.

Die Implementierung der Teiltabellen kann auf verschiedene Weise erfolgen. Die Abb. 9.13 zeigt für das Beispielprogramm die vollständige Symboltabelle nach Abarbeitung von Paß 1, wobei die Teiltabellen als lineare Listen implementiert sind. Somit ist die Wertart eines Tabellenelementes durch

```
mode emode = struct (emode schluessel,
                     dmode datenteil,
                     ref emode nächstes tabellenelement)
```

erklärt. Ein solches Tabellenelement mit dem Schlüssel s_v wird im freien Speicher durch den Aufruf der folgenden Prozeduren erzeugt.

```
proc generiere neues tabellenelement = (emode sv) ref emode:
co Die Prozedur erzeugt im Speicher ein Tabellenelement und liefert
   dessen Adresse. Der Schlüssel ist mit dem vorgegebenen Schlüssel
   sv belegt, der Datenteil ist undefiniert, die Verweisadresse näch-
   stes tabellenelement ist nil.
co
```

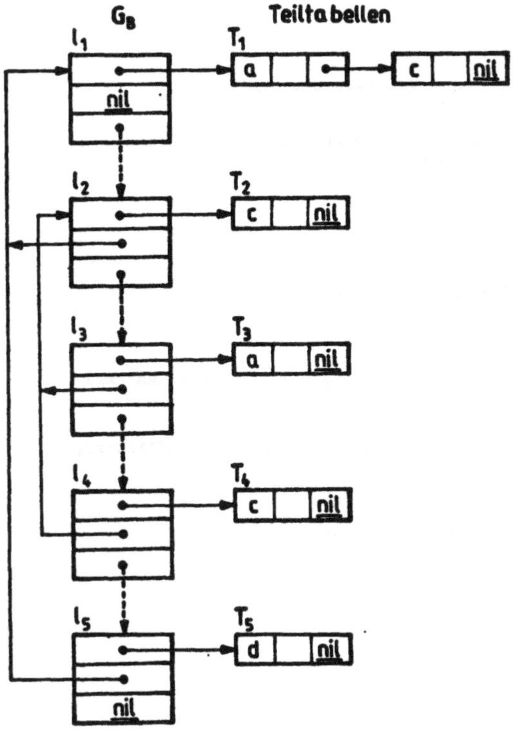

Abb. 9.13: Vollständige Symboltabelle für das Beispielprogramm

Die Prozeduren zur Behandlung der Semantik werden in Prozeduren für Paß 1 und Prozeduren für Paß 2 eingeteilt. Sie benutzen die bereits erwähnten Generierungsprozeduren sowie folgende Daten und Suchroutinen:

```
ref blocklistenelement
   aktueller block:=nil,  co zeiger auf das blocklistenelement des aktuellen blockes co
   letzter block,         co zeiger auf das in der reihenfolge der blocknumerierung
                             zuletzt aufgebaute blocklistenelement co
   anker blockliste;      co zeiger auf das erste element der blockliste co

proc tabellenelement in teiltabelle = (ref blocklistenelement block,
                    smode sv, ref ref emode zeiger) bool:
begin
  bool tabellenelement gefunden:=false;
  ref emode hilfszeiger:=teiltabelle of block;
  zeiger:=hilfszeiger;
  while ref emode (hilfszeiger):/=:nil and not tabellenelement gefunden
  do
    zeiger:=hilfszeiger;
    tabellenelement gefunden:=schluessel of zeiger=sv;
    hilfszeiger:=naechstes tabellenelement of hilfszeiger
  od;
  tabellenelement gefunden
end

proc suche in symboltabelle = (smode schluessel, ref ref emode tabellenelement) bool:
begin
  bool tabellenelement gefunden:=false;
  ref blocklistenelement block:=aktueller block;
  while ref blocklistenelement (block):/=:nil and not tabellenelement gefunden
  do
    tabellenelement gefunden:=tabellenelement in teiltabelle (block, schluessel, tabellenelement);
    block:=direkt uebergeordneter block of block
  od;
  tabellenelement gefunden
end
```

Semantikprozeduren für Paß 1:

```
proc semantik blockbeginn pass 1 = void:
begin
  ref blocklistenelement neuer block:=generiere neues blocklistenelement;
  if ref blocklistenelement (aktueller block):/=:nil
    then
      direkt uebergeordneter block of neuer block:=aktueller block;
      nachfolgender block of letzter block:=neuer block
    else
      anker blockliste:=neuer block
  fi;
  aktueller block:=letzter block:=neuer block
end

proc semantik blockende pass 1 und pass 2 = void:
aktueller block:=direkt uebergeordneter block of aktueller block

proc semantik deklaration pass 1 = void:
begin
  ref emode zeiger, neues tabellenelement;
  if tabellenelement in teiltabelle (aktueller block, aktueller identifikator, zeiger)
    then
      deklarationsfehler
    else
      neues tabellenelement:=generiere neues tabellenelement (aktueller identifikator);
      if ref emode (zeiger):/=:nil
        then
          naechstes tabellenelement of zeiger:=neues tabellenelement
        else
          teiltabelle of aktueller block:=neues tabellenelement
      fi
  fi
end

proc semantik bezugnahme pass 1 = void: skip
```

Semantikprozeduren für Paß 2:

```
proc semantik blockbeginn pass 2 = void:
if ref blocklistenelement (aktueller block):/=:nil
  then
    aktueller block:=letzter block:=nachfolgender block of letzter block
  else
    aktueller block:=letzter block:=anker blockliste
fi

proc semantik deklaration pass 2 = void: skip
```

```
proc semantik bezugnahme pass 2 = void:
if suche in symboltabelle (aktueller identifikator, tabellenelement)
  then
    co auswertung datenteil of tabellenelement co
  else
    gueltigkeitsfehler
fi
```

Für eine praktische Realisierung des Algorithmus ist insbesondere die angegebene Suchstrategie uneffektiv. Zweckmäßig verwendet man eine gesonderte Schlüsseltabelle, die nach einem der in 9.3. beschriebenen Verfahren implementiert wird.

Während des ersten Passes werden der Blockstrukturgraph G_B und alle Teiltabellen T_i aufgebaut. Weiterhin wird eine Schlüsseltabelle angelegt. In den Symboltabellenelementen $t \in T$ wird anstelle des Schlüssels ein Verweis auf das entsprechende Element der Schlüsseltabelle eingetragen. Werden mehrere Objekte mit gleicher Bezeichnung deklariert, so verweisen mehrere Symboltabellenelemente auf das gleiche Element der Schlüsseltabelle. Ebenso werden die im Programm auftretenden Schlüssel durch einen Verweis auf die Schlüsseltabelle ersetzt und so ein erstes Zwischenprogramm erzeugt.

Während des zweiten Passes werden die im Zwischenprogramm enthaltenen Verweise auf die Schlüsseltabelle durch Verweise auf die Tabelle T selbst ersetzt. Nach Abschluß der zweiten Durchmusterung wird also die Schlüsseltabelle nicht mehr benötigt. Um diese Verweise auf die Tabelle T zu erhalten, müssen keine Suchvorgänge innerhalb der Teiltabellen T_i durchgeführt werden, wenn wie folgt verfahren wird:

Jedes Element der Schlüsseltabelle enthält einen Verweis auf ein spezielles Element der Tabelle T. Es muß gewährleistet sein, daß bei der Bearbeitung des aktuellen Blockes dieser Verweis gerade auf das Tabellenelement gerichtet ist, das dem im aktuellen Block gültigen Objekt zugeordnet ist. Dazu werden bei Eröffnung eines Blockes bl_i die Verweise von genau den Elementen der Schlüsseltabelle aktualisiert, auf die durch die Elemente der Teiltabelle T_i verwiesen wird. Bei Abschluß dieses Blockes muß der Zustand der Schlüsseltabelle, wie er vor Blockeröffnung im direkt übergeordneten Block vorhanden war, wieder hergestellt werden. Tritt im oben erwähnten ersten Zwischenprogramm ein Verweis auf die Schlüsseltabelle auf, so enthält das entsprechende Element der Schlüsseltabelle immer den Verweis auf das zugehörige Tabellenelement $t \in T$. Dieser Verweis wird anstelle des bisherigen in das Zwischenprogramm eingetragen. In allen weiteren Phasen der Übersetzung ist somit ein Direktzugriff zu der Symboltabelle gewährleistet.

Die grundlegende Idee des kurz skizzierten Verfahrens besteht also darin, daß in den Elementen der Schlüsseltabelle stets auf das aktuell zugeordnete Tabellenelement verwiesen wird. Um bei Blockeröffnung und -abschluß die notwendigen Aktualisierungen vornehmen zu können, wird in jedes Tabellenelement ein zusätzlicher Verweis aufgenommen, der als Zwischenspeicher für die Verweise der Schlüsseltabelle dient. Einzelheiten sind der folgenden programmtechnischen Lösung zu entnehmen, die eine Modifikation der angegebenen Semantikprozeduren für eine 2-Paß-Organisation darstellt. Der Aufbau der Symboltabellenelemente ist durch die Wertart emode, der Aufbau der Elemente der Schlüsseltabelle durch stmode gegeben.

```
mode emode = struct (ref stmode schluesselelement, dmode datenteil,
                     ref emode naechstes tabellenelement, verweis);
mode stmode = struct (smode schluessel, ref emode verweis);

proc suche in schluesseltabelle = (smode sv) ref stmode:
co die prozedur sucht in der schluesseltabelle das element mit dem vorgegebenen
   schluessel sv und liefert dessen adresse. ist kein element vorhanden, so wird
   ein neues element (sv, nil) eingerichtet und dessen adresse geliefert. co

proc semantik deklaration pass 1 = void:
begin
  ref emode neues tabellenelement;
  ref stmode schluesselelement:=suche in schluesseltabelle (aktueller identifikator);
  if tabellenelement in teiltabelle (schluesselelement)
    then
      deklarationsfehler
    else
      neues tabellenelement:=generiere neues tabellenelement;
      schluesselelement of neues tabellenelement:=schluesselelement;
      naechstes tabellenelement of neues tabellenelement:=teiltabelle of aktueller block;
      teiltabelle of aktueller block:=neues tabellenelement;
      verweis of neues tabellenelement:=neues tabellenelement;
      tausch (verweis of schluesselelement, verweis of tabellenelement)
  fi
end

proc tabellenelement in teiltabelle = (ref stmode schluesselelement) bool:
if ref emode (verweis of schluesselelement):=: nil
  then
    false
  else
    bool schluessel gefunden:=false;
    ref emode tabellenelement:=teiltabelle of aktueller block;
    while ref emode (tabellenelement):/=: nil and not schluessel gefunden
    do
      schluessel gefunden:=ref emode (tabellenelement):/=:verweis of schluesselelement;
      tabellenelement:=naechstes tabellenelement of tabellenelement
    od;
    schluessel gefunden
fi


proc tausch = (ref ref emode verweis 1, verweis 2) void:
begin
  ref emode verweis:=verweis 1;
  verweis 1:=verweis 2;
  verweis 2:=verweis
end

proc semantik bezugnahme pass 1 = void:
begin
  ref stmode schluesselelement:=suche in schluesseltabelle (aktueller identifikator);
  co der verweis auf das entsprechende element der schluesseltabelle wird
     anstelle des identifikators in das zwischenprogramm eingetragen co
end

proc semantik blockende pass 1 und pass 2 = void:
begin
  aktualisiere schluesseltabelle;
  aktueller block:=direkt uebergeordneter block of aktueller block
end

proc aktualisiere schluesseltabelle = void:
begin
  ref emode tabellenelement:=teiltabelle of aktueller block;
  while ref emode (tabellenelement):/=: nil
  do
    tausch (verweis of tabellenelement, verweis of schluesselelement of tabellenelement);
    tabellenelement:=naechstes tabellenelement of tabellenelement
  od
end

proc semantik blockbeginn pass 2 = void:
begin
  if ref blocklistenelement (aktueller block):/=: nil
    then
      aktueller block:=letzter block:=nachfolgender block of letzter block
    else
      aktueller block:=letzter block:=anker blockliste
  fi;
  aktualisiere schluesseltabelle
end
```

```
proc semantik bezugnahme pass 2 = void:
begin
  ref stmode schluesseltabelle:=co aus zwischenprogramm lesen co;
  ref emode tabellenelement:=verweis of schluesselelement;
  if ref emode (tabellenelement):/=: nil
    then
      co auswertung datenteil of tabellenelement co
    else
      gueltigkeitsfehler
  fi
end .
```

Für das Beispiel gemäß Abb. 9.10 ergibt sich nach Beendigung des ersten Passes folgende Struktur der Symboltabelle.

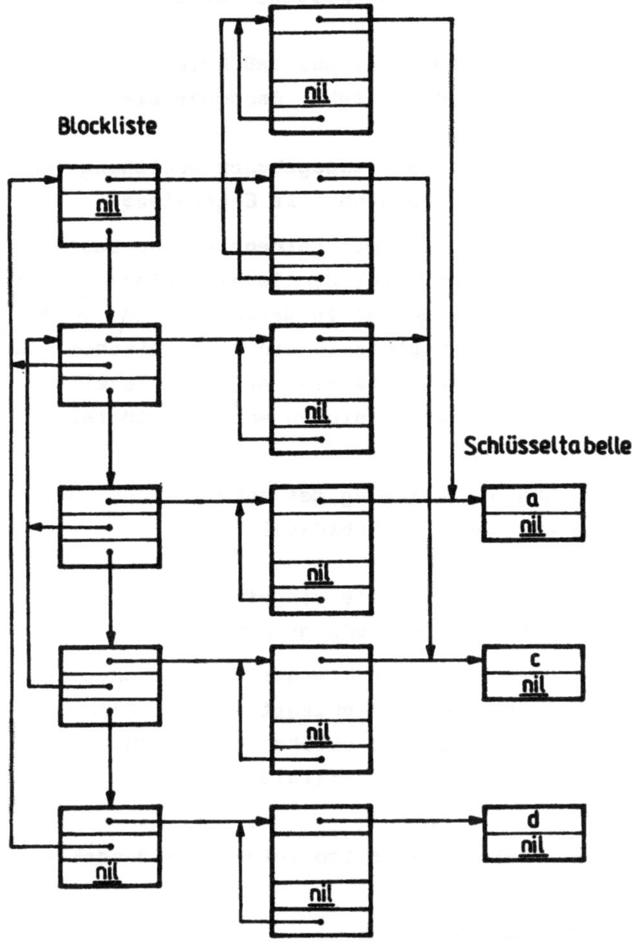

Abb. 9.14: Struktur der Symboltabelle gemäß Abb. 9.10 nach dem 1. Paß

Übungen:

1) Leite die in 9.3.2. angegebene Formel für die mittlere Weglänge der sequentiellen Suche ab! Es sei vorausgesetzt, daß alle Tabellenelemente mit der gleichen Wahrscheinlichkeit gesucht werden.

2) Gegeben seien eine Tabelle T und die Wahrscheinlichkeiten p(s) für alle

$s \in \underline{S}_T$. Diese Tabelle T soll durch einen Vektor implementiert werden. Wie ist diese Implementierung vorzunehmen, damit die mittlere Weglänge l_M minimal wird? Beweise diese Aussage!

3) Gegeben sei der binäre Baum der Abb. 9.2. Es sei vorausgesetzt, daß alle Schlüssel mit der gleichen Wahrscheinlichkeit gesucht werden, und es gelte $p_K = 1$.
   a) Berechne die mittlere Weglänge für diesen binären Baum!
   b) Gib eine solche Reihenfolge der Schlüssel an, daß beim dynamischen Aufbau der Liste ein symmetrischer Baum entsteht. Berechne die mittlere Weglänge!
   c) Gib eine solche Reihenfolge der Schlüssel an, daß beim dynamischen Aufbau der Liste ein linearer Graph entsteht. Berechne die mittlere Weglänge!
   d) Berechne die mittlere Weglänge nach der angegebenen Beziehung für l_M bei der trichotomen Suche und vergleiche die Ergebnisse!

4) Eine Tabelle T soll durch die Hashtechnik mit getrennten Überlauftabellen implementiert werden. Die Schlüssel der Tabellenelemente seien Identifikatoren. Die Verteilungsfunktion sei so definiert, daß in Abhängigkeit vom ersten Buchstaben des Schlüssels ein Wert zwischen 1 und 26 bestimmt wird, d.h., in einer Teiltabelle sind alle die Tabellenelemente erfaßt, deren Schlüssel mit dem gleichen Anfangsbuchstaben beginnt.

   Gib in einem Bild den Aufbau und die Belegung des Ankervektors und der implementierten Teiltabellen an, wenn die Schlüssel

   X, A2, GE, XY, A, V, GX, XZ, VX, G3

   in der angegebenen Reihenfolge in die Tabelle eingetragen werden sollen. Beachte dabei das dynamische Speicherungsprinzip!

5) In einer Programmiersprache seien Strukturdeklarationen und unvollständige Qualifikationen zulässig. Der Compiler erzeugt aus den Strukturdeklarationen in der Symboltabelle Listenstrukturen gemäß Abb. 9.9. Gib ein Programm an, das die Qualifikation realisiert.

   <u>Lösungshinweise:</u>

   Für die einzelnen Symboltabellenelemente gelten folgende Modusdeklarationen:

```
mode stvmode = struct (ref smode schluessel, dmode datenteil,
                       ref tmode verbindung, ref slmode sohn),
     slmode = struct (ref smode schluessel, dmode datenteil,
                       ref tmode verbindung, vater, ref slmode bruder, sohn);
```

   <u>tmode</u> sei ein zu <u>stvmode</u> und <u>slmode</u> kompatibler Modus, d.h., eine Adreßvariable vom Modus <u>ref</u> <u>ref</u> <u>tmode</u> kann sowohl auf Tabellenelemente vom Modus <u>stvmode</u> als auch <u>slmode</u> verweisen. Gegeben seien weiterhin folgende Prozeduren:

```
proc suche tabellenelement = (smode sv) ref tmode:
co bestimmt fuer den vorgegebenen schluessel sv die adresse des zugehoerigen
   symboltabellenelementes. falls mehrere elemente existieren, liefert die
   prozedur bzgl. der durch verbindungsadresse aufgebauten liste das erste element. co

proc ist selektorbezeichnung = (ref tmode tabellenelement) bool:
co liefert true, falls das referierte tabellenelement eine selektorbezeichnung
   vom modus slmode ist, sonst false co
```

Die gesuchte Prozedur zur Qualifikation habe folgende Anschlúßbedingungen:

```
proc qualifikation = (int anz namen, [] smode namen,
                      ref ref tmode datum) bool:
co anz namen (>=1) ist die anzahl der zur qualifikation zu verwendenden identifikatoren. diese
   stehen im feld "namen" zur verfuegung und zwar in der reihenfole wie im quellprogramm. falls
   eine eindeutige qualifikation moeglich ist, enthaelt datum nach der abarbeitung die adresse
   des ausgewaehlten tabellenelementes und die prozedur liefert true.
   falls keine oder mehrere qualifikationen moeglich sind , liefert die prozedur false co
```

6) Gib für die in 9.5. verwendete Beispielsprache ein Syntaxanalyseprogramm nach der Methode des rekursiven Abstiegs an und ergänze die Analyseprozeduren durch Aufrufe der entsprechenden semantischen Routinen zur Behandlung von Blockbeginn, Blockende, Deklaration und Bezugnahme! Für die Behandlung syntaktischer Fehler sei die einfachste Form festgelegt: durch eine Ausschrift wird der Fehler angezeigt und anschließend die Programmabarbeitung abgebrochen.

7) Gegeben sei folgendes Programm in der Beispielsprache:

```
begin
  dec a dec b
  begin
    dec c
    begin
      dec d
      bez a bez d bez b
    end
    bez c
    begin
      dec a dec b
      bez a
      begin
        dec b
        bez b bez c bez a   <----
      end
      begin
        dec a
        bez a bez b
      end
      bez c
      begin
        dec d
        bez d bez c         <----
      end
    end
  end                       <----
  begin
    dec c
    begin
      dec c dec d
      bez a bez c bez d
    end
    bez b bez c
  end
end
```

a) Zeichne den Blockstrukturgraphen und gib die Gültigkeits- und Existenzbereiche aller Objekte an!

b) Das Programm werde mit einem Einpaßsystem übersetzt. Gib für die drei im Programm markierten Zeitpunkte der Übersetzung die Belegung des Symboltabellenkellers an!

c) Das Programm werde mit einem Zweipaßsystem übersetzt.
Gib für die drei markierten Zeitpunkte der Übersetzung im 1. Paß die Blockliste und die Teiltabellen an!
Welchen Aufbau besitzen die Blockliste und die Teiltabellen nach Abschluß des ersten Passes?

8) Es sei angenommen, daß das Programm gemäß Abb. 9.10 von einem Zweipaßsystem übersetzt wird. Nach dem 1. Paß liegt die Symboltabelle in der in Abb. 9,14 dargestellten Form vor. Zeichne die Symboltabelle für den Zeitpunkt, daß sich der Compiler im 2. Paß und innerhalb des Blockes bl_4 befindet!

10. Zielkodestruktur und Zielkodegenerierung

Das Ziel jeder Übersetzung besteht in der Erzeugung eines zum Quellprogramm semantisch äquivalenten Zielprogramms. Beim Entwurf eines Interpreters oder Compilers ist deshalb zunächst die Frage zu klären, wie die einzelnen Quellsprachkonstruktionen in semantisch äquivalente Zielsprachkonstruktionen umgesetzt werden sollen. Daraus ergeben sich weitreichende Schlußfolgerungen für den Aufbau und die Struktur des gesamten Übersetzers. Auf die Festlegung der Zielkodestruktur haben folgende Größen wesentlichen Einfluß:

- die Anzahl der verschiedenen Anweisungsarten sowie die mit ihnen verbundenen semantischen Festlegungen;
- die Anzahl der unterschiedlichen Datenarten der Quellsprache sowie die Möglichkeiten zur Bildung komplexer Datenobjekte;
- dynamische Konzepte der Quellsprache (z.B. dynamische Felder) und Festlegungen über den Gültigkeits- und Existenzbereich von Daten;
- das Prozedurkonzept der Quellsprache;
- die Art der Zielsprache.

Unter Berücksichtigung dieser und weiterer Faktoren ist eine Zuordnung zwischen Quellsprach- und Zielsprachkonstruktionen sowie ein Modell zur Laufzeitorganisation der Daten zu erarbeiten. Der folgende Abschnitt diskutiert prinzipielle Lösungsmöglichkeiten unter Beachtung der wesentlichen Konzepte der heute gebräuchlichen Programmiersprachen.

10.1. HYPOTHETISCHE UND REALE ZIELMASCHINEN

Der Prozeß der Zielkodeerzeugung wurde bereits in 3.3.1. als eine Funktion der semantischen Analyse und Synthese charakterisiert. Der Zielkode kann der Kode eines hypothetischen Rechners (Modellmaschine) oder eines realen Rechners sein. Die Möglichkeit, eine höhere Programmiersprache als Zielsprache zu verwenden, soll hier nicht weiter berücksichtigt werden.

Die Verwendung des Kodes einer hypothetischen Maschine als Zielsprache bietet den Vorteil, daß ihre Instruktionen günstig aufeinander abgestimmt und den Bedingungen der Sprachverarbeitung (Übersetzung der Quellsprache und Interpretation der Zielprogrammkonstruktionen) angepaßt werden können. Die Zielsprache kann also so ausgelegt werden, daß ein interpretatives Abarbeiten des Zielprogramms unterstützt bzw. eine einfache Expansion des Zielprogramms in den Maschinenkode eines konkreten Rechners erlaubt wird. Da die Zielsprache einer hypothetischen mehr als die einer realen Zielmaschine den Bedingungen der Sprachübersetzung angepaßt ist, wird eine günstige Zuordnung von Quellsprach- zu Zielsprachkonstruktionen möglich. Dadurch vereinfacht sich der Übersetzungsprozeß; und der Zielkodegenerierungsprozeß erfolgt im wesentlichen maschinenunabhängig wegen des maschinenunabhängigen Zielkodes.

Bei der Verwendung der Zielsprache einer realen Maschine kann der Zielkode sehr effektiv gestaltet werden, da die Besonderheiten des realen Rechners sofort berücksichtigt werden können. Das erforderliche Laufzeitsystem ist im allgemeinen deutlich kleiner als bei der Verwendung einer hypothetischen Maschine, wenn der erzeugte Zielkode ohne weitere Expansion interpretiert wird. Zum Nachteil der Verwendung der Zielsprache einer realen Maschine zählt, daß der Zielkode und damit auch der Zielkodegenerierungsprozeß maschinenabhängig sind. Dadurch wird die Portabilität des Systems stark eingeschränkt.

Bei der Implementierung höherer Programmiersprachen ist gegenwärtig die Tendenz zu beobachten, die Vorteile beider Möglichkeiten zu vereinen. Das bedeutet, daß die semantische Analyse und Synthese den Kode einer hypothetischen Maschine erzeugt und daß dieser Kode durch einen gesonderten Expansionspaß in den Kode einer realen Maschine umgesetzt wird (vgl. Compiler-Interpreter-Modell in 3.2.3.).

Dieses Vorgehen hat neben der Tatsache, daß Maschinenabhängigkeiten im wesentlichen nur im Expansionspaß zu berücksichtigen sind, auch den Vorteil, daß umfangreiche Optimierungen des Kodes der hypothetischen Maschine ermöglicht werden. Der Kode realer Maschinen ist für Optimierungen im allgemeinen nicht geeignet, zumindest nicht mit vertretbarem Aufwand. So werden zunächst die Probleme der Festlegung der Zielkodestruktur unter der Annahme behandelt, daß eine hypothetische Maschine verwendet wird. Anschließend wird auf die Umsetzung in den Kode einer realen Maschine eingegangen.

Die Möglichkeiten zur Definition einer hypothetischen Maschine, d.h., zur Festlegung ihrer internen Struktur und Arbeitsweise und damit auch zur Bestimmung des Kodes, sind sehr vielfältig. Einfluß auf die Definition haben sowohl die Quellsprache, die Zielrichtung der Implementierung und in gewissem Maße auch die Möglichkeiten der Maschinen, für die die Implementation bestimmt ist. Für die gebräuchlichen anweisungsorientierten Programmiersprachen (FORTRAN, Pascal usw.) haben sich als Zielkode der RPN-Kode und der Dreiadreßkode (vgl. 5.4.) bewährt. Bei prozedurorientierten Sprachen (LISP, CDL) ist ein Zielkode auf der Basis von Listenstrukturen günstiger.

Im folgenden soll ausschließlich RPN-Kode betrachtet werden, da dieser sich erstens bei vielen Implementationen bewährt hat und zweitens besonders für eine anschauliche Darstellung geeignet ist. Für andere Kodeformen lassen sich analoge Betrachtungen anstellen. Die Struktur und Funktion einer <u>Modellmaschine</u>, die RPN-Programme abarbeitet, wurde bereits in 3.4. und 4.2.1.1. vorgestellt. Für die Programminterpretation enthält die Modellmaschine eine Hauptroutine, die die abzuarbeitende RPN-Instruktion des Programms über den Instruktionszähler bereitstellt und im Instruktionsregister entschlüsselt sowie einer Zahl von Routinen zur Ausführung der Instruktionen (<u>Rechenwerk</u>), die auf dem konkreten Rechner simuliert werden. Dieser Ablauf der Interpretation eines RPN-Programms entspricht somit im wesentlichen den Steuerungsprinzipien der klassischen J. v. Neumann-Rechnerarchitektur (Steuerwerk, zentrale Steuerschleife). Dazu ist das RPN-Programm im Programmspeicher gespeichert und jeder RPN-Instruktion des Programms eine Instruktionsadresse eineindeutig zugeordnet.

Der Datenspeicher der Modellmaschine muß in Abhängigkeit von den Konzepten der Quellsprache organisiert werden. Daten, die statisch zur Zeit der Programmübersetzung verwaltet werden können (z.B. alle Konstanten), werden gewöhnlich in einem globalen Bereich des Datenspeichers aufgenommen. Bei blockorientierten Programmiersprachen werden die Datenobjekte, die Gültigkeits- und Existenzbegrenzungen entsprechend der Blockstruktur unterworfen sind, in einem Laufzeitkeller geführt. Daten, die dynamisch verwaltet werden müssen und deren Existenz nicht an eine bestimmte Programmstruktur (z.B. Blöcke) gebunden ist, werden im Haldenspeicher organisiert. Vorläufig sei angenommen, daß der Datenspeicher assoziativ adressiert wird, d.h., daß jedes Datum durch eine ihm zugeordnete Adresse angesprochen werden kann.

Der Operandenkeller ermöglicht die direkte Interpretation der RPN-Programme. In ihm werden die Adressen und Werte der Datenobjekte und der Zwischenresultate kellermäßig gespeichert und für die Instruktionen bereitgestellt. Die Menge der verfügbaren RPN-Instruktionen muß günstig aufeinander abgestimmt werden und den Bedingungen der Compilation und Interpretation angepaßt sein. Weiterhin sind Anforderungen zur Optimierung und gegebenenfalls Möglichkeiten zur Erweiterung der Wertarten der Datenobjekte zu berücksichtigen. Jede RPN-Instruktion besteht aus einem Operationskode und einer Anzahl von Parametern. Operationskode und Parameter werden in symbolischer Form dargestellt, um das RPN-Programm lesbar zu gestalten. Folgende Operanden einer Instruktion müssen unterschieden werden:

- Operanden, die im Operandenkeller gespeichert sind und zur Ausführung der Instruktion entkellert werden. Die Anzahl dieser Operanden wird als Vorstelligkeit m bezeichnet.
- Operanden, die im Ergebnis der Ausführung der Instruktion in den Operandenkeller gekellert werden. Die Anzahl dieser Operanden wird als Nachstelligkeit n bezeichnet.
- Operanden, die Parameter der RPN-Instruktion sind und zur Ausführung der Instruktion benutzt werden. Die Anzahl dieser Operanden wird als Parameterzahl O bezeichnet. Es handelt sich dabei um Adressen von Datenobjekten, Adressen von Instruktionen des RPN-Programms oder Direktwerte.

Jede RPN-Instruktion kann deshalb durch ihren Typ <m,n,O> charakterisiert werden, wie Abb. 10.1 verdeutlicht. Der in der Instruktionsbeschreibung als Parameter angegebene typ kennzeichnet die Wertart der Operanden und steht für INT, REAL, BOOL oder STRING. Bei der Instruktion LOAD typ, adresse charakterisiert typ die Zahl der implementierungsabhängig zu ladenden

Speicherworte (oder - byte), die vom Typ der Variablen abhängt. Der Parameter adresse beschreibt die Adresse der Variablen im Speicher. Eine weitere Spezifizierung dieses Parameters wird später vorgenommen.

Instruktion		Typ	Beschreibung
Kode	Parameter	<m,n,o>	
LOAD	REF,adresse	<0,1,2>	Laden der Adresse des durch die Parameter spezifizierten Datenobjekts
LOAD	typ,adresse	<0,1,2>	Laden des Wertes des durch die Parameter spezifizierten Datenobjekts
DEREF	typ	<1,1,1>	Laden des Wertes einer durch typ spezifizierten Variablen, deren Adresse im Keller steht
STORE	typ	<2,0,1>	Speichern eines Wertes in eine Variable gemäß typ (auf dem Keller stehen zuerst der Wert und dann die Adresse)
MINUS ADD SUB MUL DIV	typ typ typ typ typ	<1,1,1> <2,1,1> <2,1,1> <2,1,1> <2,1,1>	Vorzeichenumkehr Addition Subtraktion Multiplikation Division } bezogen auf numerische Werte mit typ ∈ {INT,REAL}
CONV	typ1,typ2	<1,1,2>	Konvertierung eines Wertes vom typ1 in den typ2 typ1,typ2 ∈ { INT,REAL}
EQ NE LT LE GT GE	typ typ typ1 typ1 typ1 typ1	<2,1,1> <2,1,1> <2,1,1> <2,1,1> <2,1,1> <2,1,1>	Vergleich zweier Werte mit Ergebnis <u>true</u>, falls Werte { gleich / ungleich / kleiner / kleiner oder gleich / größer / größer oder gleich }, sonst <u>false</u> typ1 ∈ {INT,REAL,STRING}
NOT AND OR	BOOL BOOL BOOL	<1,1,1> <2,1,1> <2,1,1>	Negation Disjunktion Konjunktion } logischer (bool'scher) Werte
ADD SUBSTR	STRING ——	<2,1,1> <3,1,0>	Verkettung zweier string-Werte Bildung einer Teilzeichenreihe (auf dem Keller stehen ein string-Wert sowie zwei Indizes, die Positionen des ersten und des letzten Zeichens der zu bildenden Teilzeichenreihe)
GOTO	adresse	<0,0,1>	Sprung zur als Parameter spezifizierten Programmadresse
GOIFT	adresse	<1,0,1>	Sprung zur angegebenen Programmadresse, falls im Keller der Wert <u>true</u> steht
GOIFF	adresse	<1,0,1>	Sprung zur angegebenen Programmadresse, falls im Keller der Wert <u>false</u> steht
STOP	——	<0,0,0>	Beendigung der Programmabarbeitung

Abb. 10.1: RPN-Instruktionen einer kellerorientierten, hypothetischen Maschine

10.2. ZIELKODESTRUKTUR AUSGEWÄHLTER SPRACHKONSTRUKTIONEN

In vorangegangenen Abschnitten wurde bereits mehrfach gezeigt, wie durch Zuordnung semantischer Aktionen zu den Syntaxregeln Zielkode generiert werden kann. Jede syntaktische Einheit erhält damit eine weitgehend in sich abgeschlossene Semantik. Die dem Übersetzungsprozeß zugrunde liegende Syntax wird so aufgebaut, daß sich für die einzelnen syntaktischen Regeln semantische Aktionen zuordnen lassen, die in einfacher Weise die Zielprogrammerzeugung gestatten. Damit kann bei deterministischer Syntaxanalyse nach Anwendung einer syntaktischen Regel sofort die entsprechende Semantik ausgeführt und der Zwischenschritt zur Erzeugung des Syntaxbaumes ausgelassen werden. In diesem Fall wird durch die syntaktische Analyse die Zielprogrammerzeugung direkt gesteuert.

10.2.1. FORMELN

Bei der bereits ausführlich behandelten Übersetzung von Formeln wurde das Auftreten unterschiedlicher numerischer Wertarten (INT, REAL) innerhalb einer Formel nicht berücksichtigt. Die folgenden Beispiele demonstrieren die Lösung dieser Probleme unter Verwendung des Konvertierungsperators CONV, so daß sich weitere Erläuterungen erübrigen. Für alle Beispiele sei vereinbart, daß folgende Wertartzuordnungen gelten:

I, J - int-Variable
X, Y, Z - real-Variable
B - logische Variable
S - string-Variable.

Beispiele:

1)

```
RPN { Q: X+Y*3.5/I } =  LOAD     REAL, adr(X)
                        LOAD     REAL, adr(Y)
                        LOAD     REAL, adr(3.5)
                        MUL      REAL
                        LOAD     INT, adr(I)
                        CONV     INT, REAL
                        DIV      REAL
                        ADD      REAL
```

2) Das Auftreten unterschiedlicher Wertarten erschwert die Formelübersetzung, da unter Umständen kontextabhängig implizite Konvertierungsoperationen einzufügen sind. Beispielsweise muß in dem Ausdruck I = X*4.5 der Term I in eine Lade- und Konvertierungsoperation in Abhängigkeit vom rechten Kontext übersetzt werden. Die Notwendigkeit, die Konvertierungsinstruktion zu generieren, wird erst nach der Übersetzung des Terms X*4.5 festgestellt.

```
RPN { Q: I=X*4.5 } =  LOAD     INT, adr(I)
                      CONV     INT, REAL
                      LOAD     REAL, adr(X)
                      LOAD     REAL, adr(4.5)
                      MUL      REAL
                      EQ       REAL
```

3)

```
RPN { Q: "XYZ"+S[I:I+2] } =  LOAD     STRING, adr("XYZ")
                             LOAD     STRING, adr(S)
                             LOAD     INT, adr(I)
                             LOAD     INT, adr(I)
                             LOAD     INT, adr(2)
                             ADD      INT,
                             SUBSTR
                             ADD      STRING
```

10.2.2. BEDINGTE ANWEISUNGEN

Die RPN-Zielprogrammentsprechung der bedingten Anweisung wurde bereits bei der Behandlung attributierter Grammatiken (vgl. 8.3.) angegeben und diskutiert. Hier wird die Generierung des Zielkodes und die Verwaltung von Marken durch semantische Aktionen beschrieben, die den Syntaxregeln zugeordnet werden. Dazu werden ein Markengenerator, der bei jedem Aufruf generiere (marke) eine neue, bisher nicht verwendete Marke generiert, und ein Übersetzungskeller genutzt.

Syntaxregel	semantische Aktion	
	interne Aktion	Ausgabe
(BA, BT TT ET)	entkellern (übersetzungskeller, marke)	<marke>:
(BT, if A)	generiere (marke) kellern (übersetzungskeller, marke)	GOIFF <marke>
(TT, then AF)	——	——
(ET, fi)	——	——
(ET, ELSE AF fi)	——	——
(ELSE, else)	entkellern (übersetzungskeller, marke) generiere (marke1) kellern (übersetzungskeller, marke1)	GOTO <marke1> <marke>:

Es bedeuten:

BA - bedingte Anweisung
BT - Bedingungsteil
TT - then-Teil
ET - else-Teil
AF - Anweisungsfolge
A - Ausdruck.

Für den Satz

if x<y then if X> 0.0 then x:= y else y:= x fi fi

ergibt sich folgender RPN-Zielkode:

```
LOAD    REAL, adr(X)   ]
LOAD    REAL, adr(Y)   } X<Y
LT      REAL           ]
GOIFF   <m1>
LOAD    REAL, adr(X)   ]
LOAD    REAL, adr(0.0) } X>0.0
GT      REAL           ]
GOIFF   <m2>

       LOAD    REF, adr(X)    ]
       LOAD    REAL, adr(Y)   } X:=Y
       STORE   REAL           ]
       GOTO    <m3>
<m2>:  LOAD    REF, adr(Y)    ]
       LOAD    REAL, adr(X)   } Y:=X
       STORE   REAL           ]
<m3>:
<m1>:
```

Durch Konstruktion des Syntaxbaumes und seiner rechtslinearen Darstellung kann der Nachweis geführt werden, daß dieser Zielkode durch die angegebenen Syntaxregeln tatsächlich erzeugt wird.

10.2.3. LAUFANWEISUNGEN

Die Übersetzung von Laufanweisungen kann nach ähnlichen Prinzipien wie die Übersetzung von bedingten Anweisungen erfolgen. Dies soll am Beispiel der Laufanweisung

while A do AF od

durch Angabe der RPN-Zielprogrammentsprechung

```
RPN { Q: while A do AF od } = <marke1>: RPN { Q: A }
                                        GOIFF      <marke2>
                                        RPN { Q: AF }
                                        GOTO       <marke1>
                              <marke2>:
```

und der den Syntaxregeln zugeordneten semantischen Aktionen demonstriert werden.

Syntaxregel	semantische Aktion	
	interne Aktion	Ausgabe
(LA,WT do AF od)	entkellern(übersetzungskeller,marke2) entkellern(übersetzungskeller,marke1)	GOTO <marke1> <marke2>:
(WT,WHILE A)	generiere(marke2) kellern(übersetzungskeller,marke2)	GOIFF <marke2>
(WHILE,while)	generiere(marke1) kellern(übersetzungskeller,marke1)	<marke1>:

Es bedeuten:

LA - Laufanweisung   AF - Anweisungsfolge

WT - while-Teil   A - Ausdruck.

Beispiel:

Durch die Anweisungsfolge

Y:= 1.0; Z:= 0.0; I:= 0;

while I<10 do I:=I+1; Z:=Z+Y; Y:=Y*Y/I od

wird die Summe der ersten Glieder einer Folge zur Berechnung von e^x bestimmt. Die RPN-Entsprechung ist

```
           LOAD    REF, adr(Y)
           LOAD    REAL, adr(1.0)
           STORE   REAL
           LOAD    REF, adr(Z)
           LOAD    REAL, adr(0.0)
           STORE   REAL
           LOAD    REF, adr(I)
           LOAD    INT, adr(0)
           STORE   INT
<marke1>:  LOAD    INT, adr(I)
           LOAD    INT, adr(10)
           LT      INT
           GOIFF   <marke2>
           LOAD    REF, adr(I)
           LOAD    INT, adr(I)
           LOAD    INT, adr(1)
           ADD     INT
           STORE   INT
           LOAD    REF, adr(Z)
           LOAD    REAL, adr(Z)
           LOAD    REAL, adr(Y)
           ADD     REAL
           STORE   REAL
           LOAD    REF, adr(Y)
           LOAD    REAL, adr(Y)
           LOAD    REAL, adr(X)
           MUL     REAL
           LOAD    INT, adr(I)
           CONV    INT, REAL
           DIV     REAL
           STORE   REAL
           GOTO    <marke1>
<marke2>:
```

Die Realisierung von Laufanweisungen, in denen eine ganzzahlige Laufvariable Werte eines vorgegebenen Wertebereiches annimmt, wird in der Übung 5 behandelt.

10.2.4. EA-ANWEISUNGEN

Ein- und Ausgabeanweisungen sowie Anweisungen zur Behandlung von Dateien (Eröffnen, Schließen, Löschen usw.) bilden eine wichtige Gruppe von Anweisungen höherer Programmiersprachen. Wenn bisher über EA-Anweisungen nichts gesagt wurde bzw. solche Anweisungen nicht als Beispiele zu Demonstration bestimmter Sachverhalte benutzt wurden, so liegt dies vornehmlich daran, daß im Gegensatz zu anderen Anweisungsarten die EA-Anweisungen der verschiedenen höheren Programmiersprachen größere Unterschiede aufweisen und deshalb verallgemeinernde Aussagen nur schwer zu treffen sind. Für die Übersetzung stellen EA-Anweisungen kein besonderes Problem dar. Dagegen ist die Laufzeitorganisation, d.h., die Wirkungsweise der entsprechenden RPN-Instruktionen häufig kompliziert. Dies wird verständlich, wenn man bedenkt, daß die EA-Anweisungen mit Objekten (Dateien, externe Daten) hantieren, die zur Übersetzungszeit nicht syntaktisch und semantisch geprüft werden können. Diese Prüfungen müssen zur Laufzeit erfolgen. Deshalb besteht der größte Teil des zu jedem Programmiersystem gehörenden Laufzeitsystems aus Routinen zur Realisierung der Ein- und Ausgaben.

Im folgenden soll am Beispiel der INPUT-Anweisung von BASIC die Übersetzung einer Eingabeanweisung demonstriert werden. Die INPUT-Anweisung ist syntaktisch wie folgt definiert:

<input anweisung> ::= INPUT [<kanal>] <variablenliste>
<kanal> ::= # <ausdruck> :
<variablenliste> ::= <variable> | <variablenliste> , <variable>

Bei jeder INPUT-Anweisung wird zunächst aus einer Datei, die mit dem angegebenen Kanal verbunden ist, ein Datensatz (Folge von Zeichen) gelesen. Kanäle werden durch ganzzahlige Werte identifiziert. Ist kein Kanal angegeben, so wird der Kanal 0 (Bedienterminal) verwendet. Nach der Eingabe des Datensatzes werden diesem Werte in externer Darstellung entnommen, in die Interndarstellung konvertiert und den Variablen der Variablenliste von links nach rechts zugeordnet. Der Typ der Werte wird durch die Variablen der Variablenliste bestimmt. Zur Realisierung der INPUT-Anweisungen muß die Modellmaschine um folgende Komponenten erweitert werden:

- eine gewisse Zahl von Kanalvariablen;
  Jede Kanalvariable enthält alle für die Arbeit mit dem Kanal relevanten Informationen, so z.B. die Beschreibung der zugeordneten Datei, den Satzpuffer und Statusinformationen.
- ein Kanalregister CR, das auf die aktuelle Kanalvariable eingestellt werden kann.

Dafür werden folgende RPN-Instruktionen (Abb. 10.2) definiert:

RPN-Instruktion		Typ	Beschreibung
Kode	Parameter	<m,n,o>	
LOADCR	—	<1,0,0>	entnimmt dem Keller einen int-Wert, interpretiert diesen als Kanalnummer und speichert die Adresse der zugehörigen Kanalvariablen in das Register CR
READREC	—	<0,0,0>	prüft, ob die gemäß CR identifizierte Kanalvariable mit einer (eröffneten) Eingabedatei verbunden ist, liest einen Datensatz aus dieser Datei in den Satzpuffer und stellt einen kanalinternen Zeiger auf den Anfang des Satzpuffers
INP	typ	<0,1,1>	liest gemäß Zeiger aus dem Satzpuffer der durch CR identifizierten Kanalvariablen einen Wert vom angegebenen Typ, erhöht den Zeiger, konvertiert den Wert in seine Interndarstellung und kellert diesen konvertierten Wert in den Operandenkeller

Abb. 10.2: RPN-Instruktionen zur Realisierung von Eingaben

Die eingeführten Instruktionen ermöglichen die Zuordnung des RPN-Zielkodes für INPUT-Anweisungen:

```
RPN { Q: INPUT [kanal] variablenliste } =  RPN { Q: kanal }
                                            LOADCR
                                            READREC
                                            RPN { Q: variablenliste }

RPN { Q: [variablenliste,] variable } =   [RPN { Q: variablenliste }]
                                            RPN { Q: variable }
                                            INP       typ
                                            STORE     typ
```

Bei der Formulierung der Syntaxregeln und der zugeordneten Semantik ist zu beachten, daß die Kanalangabe fehlen kann, jedoch im Zielkode auf jeden Fall auftreten muß. Das macht die Einführung einer ε-erzeugenden Regel mit nichtleerer Semantik erforderlich.

Syntaxregel	semantische Aktion (Ausgabe)
(IA, INPUT KANAL VLIST)	———
(KANAL, #A :)	LOADCR READREC
(KANAL, ε)	LOAD INT, adr(0) LOADCR READREC
(VLIST, V)	INP typ STORE typ
(VLIST, VLIST, V)	INP typ STORE typ

Es bedeuten:

IA	- INPUT-Anweisung	KANAL	- Kanal		
VLIST	- Variablenliste	A	- Ausdruck		
V	- Variable	typ	- Typ der Variablen V		

<u>Beispiel:</u>

```
RPN { Q: INPUT #J+1: I, X } =  LOAD      INT, adr(J)
                               LOAD      INT, adr(1)
                               ADD       INT
                               LOADCR
                               READREC
                               LOAD      REF, adr(I)
                               INP       INT
                               STORE     INT
                               LOAD      REF, adr(X)
                               INP       REAL
                               STORE     REAL
```

10.3. IMPLEMENTIERUNG VON DATEN

Jedes Datum, das in einem Programm benutzt wird, kann durch drei Merkmale beschrieben werden:

- seine Adresse, d.h., die Stelle im Datenspeicher, an der das Datum abgespeichert wird;
- seinen Wert und
- seinen Modus, d.h., die Interpretationsvorschrift für den Wert.

In diesem Abschnitt sollen die Merkmale Wert und Modus betrachtet werden. Die Zuordnung von Adressen wird in den folgenden Abschnitten behandelt. Durch den Modus eines Datenobjektes wird festgelegt, wieviel Speicherplatz benötigt wird und welche Operationen auf das Datenobjekt angewendet werden dürfen. Da in den meisten Programmiersprachen der Modus eines Datums zum

Zeitpunkt der Übersetzung bekannt ist, kann einerseits der Speicherplatzbedarf statisch bestimmt werden (eine Ausnahme bilden dynamische Felder) und andererseits durch den Compiler eine genaue Kontrolle der Zulässigkeit den angewandten Operationen erfolgen.

10.3.1. IMPLEMENTIERUNG ELEMENTARER DATENOBJEKTE

Elementare Datenobjekte sind solche Datenobjekte, die sich nicht weiter zerlegen, d.h., nicht auf Datenobjekte anderer Wertarten zurückführen lassen. Dazu gehören Datenobjekte der Wertarten INT, REAL, BOOL, CHAR usw., aber auch Verweise auf Datenobjekte (Adressen). Durch speicherbedarf (typ) wird in Abhängigkeit von der Wertart der Speicherplatzbedarf dieser Datenobjekte in aoressierbaren Speichereinheiten (z.B. Byte) festgelegt:

speicherbedarf (INT) = 2 speicherbedarf (REAL) = 4
speicherbedarf (LONG REAL) = 6 speicherbedarf (BOOL) = 1
speicherbedarf (CHAR) = 1 speicherbedarf (REF...) = 2

10.3.2. IMPLEMENTIERUNG VON ZEICHENKETTEN

Zeichenketten oder String-Daten sind korrekterweise keine elementaren Daten, da sie sich als Reihungen von Zeichen (CHAR) darstellen lassen. Trotzdem betrachten einige Programmiersprachen Zeichenketten als elementare Daten, da die Darstellung als Reihung von Zeichen sowohl implementierungstechnisch als auch laufzeitmäßig einen erhöhten Aufwand bedeutet (vgl. 10.3.3.).

Als zweckmäßigste Implementierung einer Zeichenkette hat sich die Darstellung in einer Folge von Byte erwiesen, wobei das erste Byte die Anzahl der Zeichen und die folgenden Byte die Zeichen der Zeichenkette enthalten. Die Zeichenkettenkonstante "XYZ" wird demzufolge durch

3	X	Y	Z

dargestellt. Bei dieser Darstellung ist die Länge einer Zeichenkette allerdings auf 255 Zeichen beschränkt, was jedoch meist für praktische Zwecke ausreichend ist und deshalb in einigen Programmiersprachen als semantische Festlegung für die Definition von Zeichenkettendaten enthalten ist.

Für Zeichenkettenkonstanten ist die obige Darstellung ausreichend. Bei Variablen ist jedoch zu beachten, daß diese im Verlauf der Programmabarbeitung unterschiedliche Werte annehmen können. Ihnen muß deshalb ein Speichervolumen zugeordnet werden, das die Aufnahme einer Zeichenkette maximaler Länge gestattet. Im Ergebnis der Zuweisung

S:= "XYZ"

ergibt sich dann für die string-Variable S die Speicherbelegung Abb. 10.3.

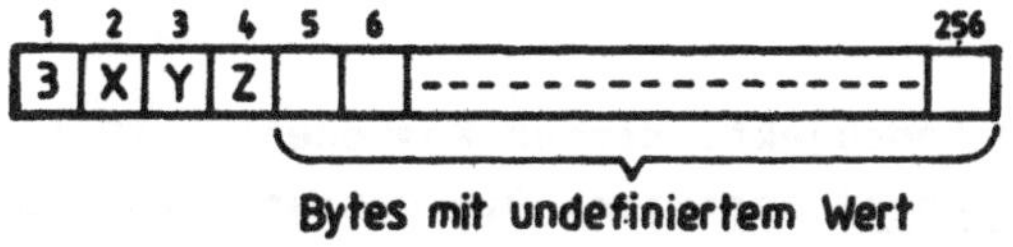

Abb. 10.3: Zur Implementierung von Zeichenketten

Am Beispiel wird deutlich, daß bei dieser Art der Implementierung der zur Verfügung stehende Speicherplatz nur in den seltensten Fällen wirklich benötigt wird. Deshalb muß z.B. in PL/I bei der Deklaration einer Zeichenkettenvariablen auch ihre maximale Länge festgelegt werden. Eine andere Lösungsmöglichkeit besteht in der Verwendung einer Halde bzw. eines sogenannten string-pools. Auf dieser Halde werden Zeichenkettenwerte in der Form abgelegt, wie es oben für die Zeichenkettenkonstanten gezeigt wurde. Einer Zeichenkettenvariablen braucht nun nur noch der Speicherplatz für eine Adresse zugeordnet werden. Diese Adresse verweist auf den Zeichenkettenwert auf der Halde, der der Variablen aktuell zugeordnet ist. Mehrere Variablen können auf den gleichen Zeichenkettenwert verweisen.

S1:= "XYZ"; S2:= S1

führt zur Speicherbelegung Abb. 10.4.

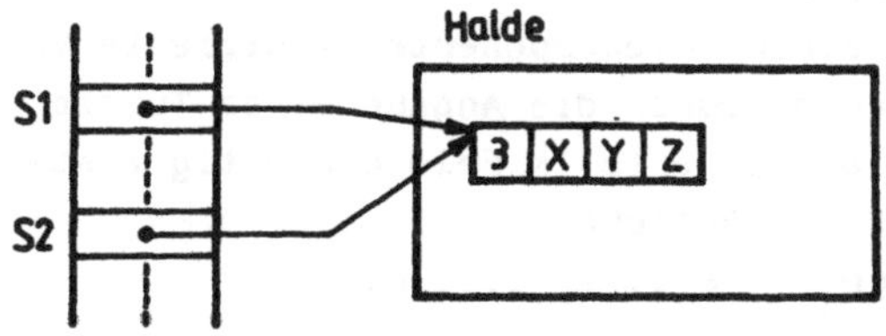

Abb. 10.4: Haldenorganisation für Zeichenkettenvariable

Diese Technik ist sowohl speicherplatzsparend als auch zweckmäßig für einige Zeichenkettenoperationen. Die Zuweisung S2:= S1 besteht lediglich in der Zuweisung des Inhaltes von S1 (einer Adresse) auf den Inhalt von S2. Jedoch ist die Arbeit mit der Halde mit einem anderen, komplizierten Problem verbunden. Die Anzahl und der Umfang der auf der Halde abgelegten Zeichenkettenwerte ist vom dynamischen Programmablauf abhängig und unterliegt keinen durch die Programmstruktur festgelegten Gültigkeitsbereichen Dadurch entstehen auf der Halde Zeichenkettenwerte, die von keiner Variablen mehr referiert werden. Im Falle des Überlaufs des Haldenspeichers müssen derartige Werte durch Freispeichersammlung (garbage collection) ermittelt und freigegeben werden. Bereits die Ermittlung dieser Werte ist kompliziert. Weiterhin ist die Freispeichersammlung mit dem Verdichten der noch benötigten Werte verbunden. Das erfordert eine Korrektur sämtlicher Adressen, die den string-Variablen als Werte zugewiesen sind.

10.3.3. IMPLEMENTIERUNG VON FELDERN

Ein Feld ist ein zusammengesetztes Datenobjekt, dessen Komponenten (Datenelemente) alle die gleiche Wertart (<u>modus</u>) besitzen. Die Deklaration eines Feldes kann z.B. in der Form

$[u_1: o_1, u_2: o_2, \ldots, u_m: o_m]$ <u>modus</u> <u>id</u>, <u>id</u> - Identifikator,

erfolgen. Im folgenden sei angenommen, daß <u>modus</u> eine elementare Wertart ist. Auf Fälle, wo die Feldkomponenten wieder Felder oder Strukturen sein können (wie z.B. in ALGOL 68), wird nicht eingegangen.

Anzahl und Anordnung der Feldkomponenten werden durch m Indexmengen beschrieben - m heißt Dimension des Feldes. Jede Indexmenge wird durch ein Grenzenpaar (u_i, o_i), $1 \leq i \leq m$, definiert (u_i - untere Granze, o_i - obere Grenze). Die Anzahl der Feldkomponenten (Kantenlänge) in der i-ten Dimension ergibt sich aus

$$k_i = o_i - u_i + 1.$$

Die Gesamtanzahl der Datenelemente des Feldes ist

$$n = \prod_{i=1}^{m} k_i .$$

Häufig gestatten Programmiersprachen die Deklaration von Feldern, deren Grenzen erst während der Programmlaufzeit festgelegt werden. Derartige Felder heißen dynamisch. Die Auswahl einer Feldkomponente (indizierte Variable) auf dem Quellsprachniveau erfolgt durch die Angabe eines Tupels von Indizes, die die Position der Feldkomponente im Feld eindeutig festlegen und somit einen direkten Zugriff ermöglichen:

<u>id</u> $[i_1, i_2, \ldots, i_m]$ mit $u_j \leq i_j \leq o_j$, $j = 1, 2, \ldots, m$.

Die Komponenten mehrdimensionaler Felder müssen im Hauptspeicher linearisiert, d.h., eindimensional dargestellt werden. Am gebräuchlichsten ist die zeilenweise Darstellung. Beispielsweise werden dann die Komponenten der Matrix

$[2: 4, 1: 3]$ <u>modus</u> A in der Reihenfolge $A_{21}A_{22}A_{23}A_{31}A_{32}A_{33}A_{41}A_{42}A_{43}$ abgespeichert. Die erste Komponente des Feldes hat die relative Adresse Null und die absolute Adresse ADR. Dann läßt sich die absolute Adresse einer beliebigen Feldkomponente <u>id</u> $[i_1, i_2, \ldots, i_m]$ durch die <u>Speicherplatzabbildungsfunktion</u> wie folgt bestimmen:

$$adr(i_1, i_2, \ldots, i_m) = ADR + \sum_{j=1}^{m} (i_j - u_j)*d_j \quad \text{mit}$$

$$d_m = speicherbedarf(\underline{modus}) \quad \text{und} \quad d_j = d_{j+1}*k_j \quad \text{für} \quad j = m-1, \ldots, 2, 1.$$

Dabei bedeutet d_j die Schrittweite der j-ten Dimension.

Die angegebene Speicherplatzabbildungsfunktion läßt sich umformen zu

$$adr(i_1, i_2, \ldots, i_m) = ADR - \sum_{j=1}^{m} u_j*d_j + \sum_{j=1}^{m} i_j*d_j .$$

Der Term

$$LA = ADR - \sum_{j=1}^{m} u_j*d_j$$

kann bereits während der Deklaration des Feldes berechnet werden und wird als <u>Leitadresse</u> bezeichnet. Damit ergibt sich für die Speicherplatzabbildungsfunktion

$$\text{adr}\ (i_1, i_2 \ldots, i_m) = \text{LA} + \sum_{j=1}^{m} i_j * d_j .$$

Diese Art des Zugriffs auf eine Feldkomponente wird als Leitadreßtechnik bezeichnet. Die Schrittweiten werden im sogenannten Dope-Vektor des Feldes abgespeichert.

Bemerkung:

Die Speicherplatzabbildungsfunktion kann auch die Kantenlängen k_i verwenden, wenn sie ähnlich der Berechnung eines Polynoms durch das Hornerschema zu

$$\text{LA} + (\ldots((i_1*k_2 + i_2)*k_3 + i_3)*k_4 + \ldots + i_m)*\text{speicherbedarf}(\underline{\text{modus}})$$

umgeformt wird.

Die Berechnung der Adresse einer indizierten Variablen zur Laufzeit erfordert also die Kenntnis der Leitadresse LA sowie der Schrittweiten d_i der einzelnen Dimensionen (bzw. deren Kantenlängen). Deshalb wird bei der Deklaration eines Feldes ein Felddeskriptor berechnet, der diese Informationen enthält. Bei allen RPN-Instruktionen, die als Parameter die Adresse eines Feldes besitzen, ist das die Adresse des zugehörigen Deskriptors. Der Deskriptor kann z.B. folgenden Aufbau haben:

m	Dimension des Feldes	
speicherbedarf(modus)	Speicherplatzbedarf einer Komponente	
LA	Leitadresse	
u_1	untere Grenze	der 1. Dimension
o_1	obere Grenze	
d_1	Schrittweite	
⋮		
u_m	untere Grenze	der m-ten Dimension
o_m	obere Grenze	
d_m	Schrittweite	

Abb. 10.5: Aufbau eines Felddeskriptors

Der Speicherplatzbedarf eines Deskriptors kann zur Übersetzungszeit bestimmt werden und bildet den statischen Teil des Feldes. Der Speicherbereich der Feldkomponenten bildet den dynamischen Teil, dessen Umfang sich folgendermaßen bestimmt:

$$\text{spd} = \text{speicherbedarf}(\underline{\text{modus}}) * \prod_{i=1}^{m} k_i$$

Bemerkung:

Bei statischen Feldern kann sowohl der Umfang des Speicherbereiches für die Feldkomponenten als auch der Deskriptor vollständig zur Übersetzungszeit berechnet werden. Die Deklaration eines (dynamischen) Feldes kann wie folgt in RPN-Zielkode übersetzt werden:

Syntaxregel	semantische Aktion	
	interne Aktion	Ausgabe
(FD,[GP] TYP F)	—	ARRDEC typ,m,adr(F)
(GP, UG : OG)	m:=1	—
(GP, GP, UG: OG)	m:=m+1	—
(UG, A)	—	—
(OG, A)	—	—

Es bedeuten:

FD - Felddeklaration   GP - Grenzenpaare   F - Feldbezeichnung

UG - untere Grenze   OG - obere Grenze   A - Ausdruck.

<u>Beispiel:</u>

Die Felddeklaration [1: N, 1: M+1] <u>real</u> y wird folglich übersetzt in

```
LOAD      INT, adr(1)
LOAD      INT, adr(N)
LOAD      INT, adr(1)
LOAD      INT, adr(M)
LOAD      INT, adr(1)
ADD       INT
ARRDEC    REAL, 2, adr(Y)
```

Die RPN-Instruktion ARRDEC typ, m, adr(F) (array declaration) besitzt den Typ < 2m, 0, 3 > und bewirkt die Berechnung und Einrichtung des Deskriptors ab der Adresse adr(F) im statischen Teil des Datenspeichers sowie die Bereitstellung des Speicherplatzes für die Feldkomponenten im dynamischen Teil des Datenspeichers. Seine Wirkungsweise wird durch die nachfolgende Prozedur beschrieben, wobei folgende Festlegungen getroffen werden:

- <u>amode</u> sei ein Adreßmodus, der implizit zur Wertart <u>int</u> angepaßt werden kann;
- der Hauptspeicher ist ein eindimensionales Feld [0:max] <u>hsmode</u> HS. Durch HS [adr] wird der Inhalt der durch adr gekennzeichneten Hauptspeichereinheit angesprochen;
- die Größe AFSP (Anfang freier Speicher) ist die Adresse des ersten freien Speicherplatzes im dynamischen Teil und die Größe FIN die Endeadresse dieses dynamischen Speichers.

```
proc ARRDEC = void:
begin
  int d,k,u,o,la;
  int typ = bestimme parameter der rpn instruktion (1);
      m = bestimme parameter der rpn instruktion (2);
  amode adr = bestimme parameter der rpn instruktion (3);
  HS[adr]:=m;
  HS[adr+1]:=speicherbedarf (typ);
  la:=0;
  d:=speicherbedarf (typ);
  for i from m by -1 to 1
  do
    o:=entkellern (operandenkeller);
    u:=entkellern (operandenkeller);
    if u>o then grenzenfehler fi;
    k:=o-u+1;
    la:=la+u*d;
    HS[adr+3*i]:=u;
    HS[adr+3*i+1]:=o;
    HS[adr+3*i+2]:=d;
    d:=d*k
  od;
```

```
  if APSP+d>FIN
    then
      speicherueberlauf
    else
      HS[adr+2]:=APSP-la;
      APSP:=APSP+d
  fi
end
```

In einer Wertzuweisung treten indizierte Variable sowohl als linke Seite, d.h., als Ziel, als auch im Ausdruck der rechten Seite auf. Es werden also entweder die Adresse oder der Wert der indizierten Variable zur Abarbeitung der Wertzuweisung benötigt. Das führt auf die RPN-Instruktionen

SLICE $\left\{\begin{matrix}\text{REF}\\ \text{typ}\end{matrix}\right\}$, m, adr(F),

die die Adresse bzw. den Wert der indizierten Variablen aus den m im Operandenkeller gespeicherten Indizes und der Deskriptoradresse adr(F) berechnen. Die Adresse bzw. der Wert der indizierten Variablen befindet sich nach Ausführung der RPN-Instruktion SLICE (Schnitt) im Operandenkeller (Stelligkeit $<m, 1, 3>$).

```
proc SLICE = void:
begin
  int index, reladr;
  amode LA;
  int typ = bestimme parameter der rpn instruktion (1);
      m = bestimme parameter der rpn instruktion (2);
  amode adr = bestimme parameter der rpn instruktion (3);
  if m=HS[adr]
    then
      LA:=HS[adr+2];
      reladr:=0;
      for i from m by -1 to 1
      do
        index:=entkellern (operandenkeller);
        if index<HS[adr+3*i] or index>HS[adr+3*i+1]
          then
            indexfehler
        fi;
        reladr:=reladr+index*HS[adr+3*i+2]
      od;
      adr:=LA+reladr;
      if typ=REF
        then
          kellern (operandenkeller, adr)
        else
          kellern (operandenkeller, HS[adr])
      fi
    else
      dimensionsfehler
  fi
end
```

Bemerkung:

Korrekterweise müssen die Funktionen kellern und entkellern bezüglich des Operandenkellers noch um einen dritten Parameter erweitert werden, der die Anzahl der zu kellernden bzw. zu entkellernden Speichereinheiten angibt.

Bereits in 5.1. wurde das Prinzip der durch Syntaxregeln und semantische Aktionen gesteuerten Übersetzung von Wertzuweisungen dargestellt. Da nun indizierte Variable als Ziel bzw. Quelle der Wertzuweisungen auftreten können, müssen nachfolgende Ergänzungen vorgenommen werden.

Syntaxregel	semantische Aktion	
	interne Aktion	Ausgabe
(B,id)	adr:=adr(id) typ:=typ von(id)	—
(P,B)	—	LOAD typ,adr
(P,B[INDF])	—	SLICE typ,m,adr
(V,B)	—	LOAD REF,adr
(V,B[INDF])	—	SLICE REF,m,adr
(INDF,A)	m:=1	—
(INDF,INDF,A)	m:=m+1	—

Es bedeuten:

B - Bezeichnung P - Primäres A - Ausdruck

INDF - Indexfolge V - Variable

Diese Ergänzung wurde so vorgenommen, daß im folgenden Abschnitt auch Komponenten von Strukturen als Bezeichnungen zugelassen werden können. Das erfordert die interne Abspeicherung von Adresse und Typ der Bezeichnung.

Beispiel:

```
RPN { Q: Y[I,J]:=Y[J,I] } =   LOAD    INT, adr(I)
                              LOAD    INT, adr(J)
                              SLICE   REF, 2, adr(Y)
                              LOAD    INT, adr(J)
                              LOAD    INT, adr(I)
                              SLICE   INT, 2, adr(Y)
                              STORE   INT
```

10.3.4. IMPLEMENTIERUNG VON STRUKTUREN

Eine Struktur ist ein zusammengesetztes Datenobjekt, dessen Komponenten unterschiedliche Wertarten besitzen können. Jede Strukturkomponente wird in der Deklaration der Struktur aufgeführt und als Strukturfeld bezeichnet. Jedes Strukturfeld erhält einen Namen, den sogenannten Selektor, zugeordnet, über den zum Strukturfeld zugegriffen werden kann. Die Deklaration einer Struktur erfolgt in der Form

$\underline{\text{struct}}$ ($\underline{\text{modus}}_1$ selektor_1, ..., $\underline{\text{modus}}_m$ selektor_m) $\underline{\text{id}}$ $\underline{\text{id}}$ - Identifikator.

Dabei ist $\underline{\text{modus}}_i$ der Modus und selektor_i der Name des i-ten Strukturfeldes. Der Zugriff auf das Strukturfeld i erfolgt durch die Selektion

selektor_i $\underline{\text{of}}$ $\underline{\text{id}}$.

Da die Anzahl m und der Modus der Strukturfelder zur Übersetzungszeit ermittelt werden können, ist die Implementierung von Strukturen relativ einfach. Die Strukturkomponenten werden mit ihrem statischen Teil in der Reihenfolge ihres Auftretens in der Strukturdeklaration physisch hintereinander im Hauptspeicher gespeichert. Der statische Speicherplatzbedarf einer Struktur ergibt sich aus dem statischen Speicherbedarf der Strukturkomponenten zu

$$sps = \sum_{i=1}^{m} \text{speicherbedarf}(\underline{\text{modus}}_i).$$

Für die Relativadressen der i-ten Strukturkomponenten folgt

$$\text{reladr}(i) = \begin{cases} 0 & \text{für } i=1 \\ \sum_{j=1}^{i-1} \text{speicherbedarf}(\underline{\text{modus}}_j) & \text{für } 2 \le i \le m. \end{cases}$$

Auch diese Relativadressen können statisch bestimmt werden. Die absolute Adresse der i-ten Strukturkomponente ist damit

ADR + reladr(i),

wobei ADR die Anfangsadresse der Struktur ist.

Für den Fall, daß eine Strukturkomponente selbst wieder eine Struktur ist, ergeben sich keine prinzipiell neuen Aussagen. Ist eine Strukturkomponente ein dynamisches Feld, wird nur der Deskriptor, dessen Speicherplatzbedarf bekanntlich statisch bestimmbar ist (vgl. 10.3.3.), in die Struktur aufgenommen, während den Feldelementen Speicherplatz im dynamischen Teil des Datenspeichers zugewiesen wird.

Da Strukturen hier nicht als Elemente von Feldern zugelassen werden, ist für alle Selektionen die Adresse des selektierten Strukturfeldes zur Übersetzungszeit bestimmbar. Diese Adresse wird je nach Kontext der Selektion zur Generierung von LOAD- oder SLICE-Operationen genutzt (vgl. 10.3.3. - Übersetzung von Schnitten). Die Einordnung der Selektion in die Wertzuweisung erfolgt damit einfach durch folgende Regel:

Syntaxregel	semantische Aktion	
	interne Aktion	Ausgabe
(B,S <u>of</u> B)	adr:=adr+reladr(S) typ:=typ von(S)	—

Es bedeuten:

S - Selektor B - Bezeichnung

<u>Bemerkung:</u>

Werden Strukturen als Elemente von Feldern zugelassen, ist für die Selektion eine RPN-Instruktion einzuführen, die die oben als interne Aktion angegebene Adreßrechnung als Laufzeitaktion realisiert.

<u>Beispiel:</u>

Falls die Struktur

<u>struct</u> (<u>real</u> X, 1: 10 <u>real</u> Y) Z

gegeben ist, hat die Wertzuweisung

X <u>of</u> Z := (Y <u>of</u> Z) [I]

folgende RPN-Entsprechung:

```
RPN { Q: X of Z:=(Y of Z)[I] } =   LOAD    REF, adr(Z)+0
                                   LOAD    INT, adr(I)
                                   SLICE   REAL, 1, adr(Z)+4
                                   STORE   REAL
```

10.3.5. IMPLEMENTIERUNG VON MENGEN

Einige Programmiersprachen (z.B. Pascal und MODULA) bieten die Möglichkeit, Mengen zu definieren und Operationen über Mengen, wie Vereinigung, Durchschnitt, Differenz usw., auszuführen. Zur Definition einer Menge muß ein Mengentyp angegeben werden. Dieser Mengentyp sagt aus, wieviele Elemente eine Menge enthalten kann und von welchem Typ diese Elemente sind. Es ist i.allg. nicht zulässig, daß die Elemente einer Menge verschiedene Typen besitzen. Weiterhin schreibt Pascal vor, daß die Elemente nur einen einfachen (elementaren) Typ besitzen dürfen. Z.B. besagt die Typdefinition von Pascal

<u>type</u> menge = <u>set</u> <u>of</u> 11..15,

daß Mengen des Typs menge maximal 5 Elemente besitzen dürfen und diese Elemente ganze Zahlen von 11 bis 15 sind.

Durch den Mengentyp wird somit eine Basismenge beschrieben. Werte über diesem Mengentyp sind Untermengen der Basismenge, der Wertebereich ist die Potenzmenge der Basismenge.

Mengenvariable werden durch Angabe eines Identifikators und des Mengentyps deklariert, also z.B. in Pascal durch

<u>var</u> m : menge bzw.

<u>var</u> m : <u>set</u> <u>of</u> 11..15

Die Implementation der soeben beschriebenen Mengetypen ist relativ einfach. Da der Mengentyp die Basismenge genau beschreibt, muß jeder Mengenwert lediglich für jedes Element der Basismenge eine Information enthalten, ob dieses Element zur Menge gehört oder nicht. Die Implementation kann also durch einen Bitvektor erfolgen. Ein gesetztes Bit bedeutet, daß das betreffende Element der Basismenge auch Element der Menge ist, anderenfalls ist es nicht gesetzt. Für die oben definierte Variable m wird folglich ein Vektor von 5 Bit benötigt, der bei einer 16 Bit-Maschine folgendermaßen in einem (adressierbaren) Speicherwort realisiert werden kann.

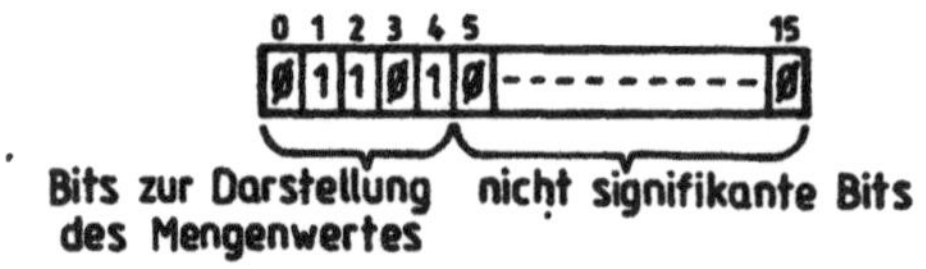

Abb. 10.6: Bitvektor zur Mengendarstellung

Der in dieser Darstellung angegebene Wert beschreibt die Menge $\{12,13,15\}$.

Die Implementation von Mengen durch Bitvektoren hat neben der sehr speicherplatzeffektiven Darstellung auch den Vorteil, daß Mengenoperationen außerordentlich effektiv realisiert werden können. Da logische Operationen der realen Maschinen nicht auf ein einzelnes Bit, sondern stets parallel auf alle Bits eines Maschinenwortes wirken, können die Mengenoperation auf die logischen Operationen der realen Maschinen zurückgeführt werden.

Mengenoperation		logische Operation	
Vereinigung	$M \cup N$	Disjunktion	$M \vee N$
Durchschnitt	$M \cap N$	Konjunktion	$M \wedge N$
Komplementmenge	$M_K = B - M$	Negation	$\neg M$
Differenzmenge	$M - N$		$M \wedge \neg N$

Der Nachteil der beschriebenen Implementationsmethode ist vor allem darin zu sehen, daß die Basismengen endlich sein müssen. MODULA schreibt z.B. sogar vor, daß die Zahl der Elemente einer Menge die Anzahl der Bits in einem Speicherwort nicht überschreiten darf. Es ist folglich nicht möglich, mit beliebigen Mengen über ganzen oder reellen Zahlen zu operieren. Um dies zu ermöglichen, bieten sich lineare Listen an. Ein Mengenwert besteht dann aus einem Verweis auf das erste Element dieser Liste. Jedes Listenelement enthält ein Mengenelement und einen Verweis auf das folgende Listenelement. Dieses Implementationsverfahren gestattet zwar die Definition beliebiger Mengen (auch Elemente verschiedenen Typs sind denkbar), weist jedoch zwei schwerwiegende Nachteile auf:

- Die Listen der Mengenelemente müssen analog zu den Zeichenkettenwerten auf einem Haldenspeicher verwaltet werden (vgl. 10.3.2.).
- Die Realisierung von Mengenoperationen wird außerordentlich laufzeitaufwendig, da in der Regel mehrere Durchmusterungen verschiedener Listen notwendig sind.

10.3.6. IMPLEMENTIERUNG VON DATEIEN UND KANÄLEN

Die Konzepte zur Ein- und Ausgabe sind in höheren Programmiersprachen mit den Begriffen Dateien oder Kanäle verbunden. Durch diese Größen wird beschrieben, wie die ein- bzw. auszugebenden Daten auf dem externen Datenträger organisiert sind (sequentiell, relativ, indexsequentiell), wie der externe Datenträger identifiziert werden kann, wie auf die Daten zugegriffen werden kann (sequentiell, direkt), wie groß die Datensätze sind, wie die Daten in den Datensätzen angeordnet sind usw.

Die Übersetzung einer Datei- bzw. Kanaldefinition muß so erfolgen, daß für die Datei bzw. den Kanal ein Deskriptor angelegt wird, der alle zur Laufzeitorganisation der Ein- und Ausgaben erforderlichen Informationen enthält. Wegen der Unterschiede in den EA-Konzepten der verschiedenen höheren Programmiersprachen soll hier kein Datei- bzw. Kanaldeskriptor als Beispiel betrachtet werden. Im allgemeinen muß er jedoch folgende Informationen enthalten:

- Dateiattribute wie Organisationsform, Zugriffsmöglichkeiten, Satzlänge, Blockungsfaktor, Dateibezeichnung usw.;
- eine Dateidefinitionstabelle, die die Verbindung zum benutzten EA-System des Betriebssystems herstellt;
- Satzpuffer;

- Blockpuffer;
- Statusinformationen.

Ein Großteil der Informationen wird bei der Analyse der Dateidefinition im Programm gewonnen. Wird im Verlauf der Programmabarbeitung eine Datei eröffnet, so muß zunächst geprüft werden, ob die angesprochene physische Datei mit den Dateiattributen des Deskriptors verträglich ist. Auch alle weiteren Operationen mit der Datei (Lesen, Schreiben, Erweitern, Löschen) verlaufen so, daß vor der Ausführung der Operation anhand der Dateiattribute und der Statusinformationen geprüft werden muß, ob diese Operation überhaupt zulässig ist. Daran wird der hohe Laufzeitaufwand zur Realisierung von Ein- und Ausgaben ersichtlich, der durch ihre interpretative Abarbeitung bedingt ist.

10.4. SPEICHERORGANISATION

Programmiersprachen unterscheiden sich dahingehend, daß die Speicherplatzzuweisung für die Datenobjekte entweder statisch zur Zeit der Programmübersetzung oder dynamisch zur Programmlaufzeit erfolgt. Die statische Speicherplatzzuweisung beinhaltet, daß die Adressen der Daten zur Übersetzungszeit vollständig bestimmt werden können. Sie ist immer dann möglich, wenn

- die Zahl der Datenobjekte und ihr Speicherplatzbedarf zur Übersetzungszeit ermittelt werden kann (diese Forderung schließt die Arbeit mit dynamischen Feldern aus);
- keine rekursiven Prozeduraufrufe erlaubt sind.

Die dynamische Speicherplatzzuweisung ist immer dann notwendig, wenn

- die Anzahl der Datenobjekte und/oder ihr Speicherplatzbedarf erst während der Programmlaufzeit bestimmt werden können;
- rekursive Prozeduraufrufe möglich sind, bei denen bekanntlich auf jeder Rekursionsstufe für die Datenobjekte der Prozedur neuer Speicherplatz zuzuweisen ist.

Es ist intuitiv klar, daß eine statische Speicherplatzzuweisung effektive Programme liefert, wobei allerdings die damit verbundenen Forderungen Restriktionen für den Programmierer darstellen. Die Sprache FORTRAN ist dafür ein typisches Beispiel. Weiterhin geht aus den oben genannten Bedingungen hervor, daß insbesondere das Prozedurkonzept häufig eine dynamische Speicherplatzzuweisung erfordert.

Die dynamische Speicherplatzzuweisung kann durch zwei Speicherzuweisungsmodelle realisiert werden. Ein Kellerspeicher ist immer dann anwendbar, wenn die Zahl und der Umfang der Datenobjekte dynamisch im Rahmen der Blockstruktur fixiert ist und sich nach Abarbeitung der entsprechenden Deklarationen zur Programmlaufzeit im Existenzbereich nicht mehr ändert (z.B. dynamische Felder in ALGOL 60). Speicherzuweisung und -freigabe erfolgen im Rahmen der Blockstruktur, entsprechend den Existenzbereichen der Datenobjekte, unter Ausnutzung der gegebenen Möglichkeiten zur Mehrfachbelegung des Speicherplatzes.

Ein Haldenspeicher ist immer dann notwendig, wenn zu einem beliebigen Zeitpunkt der Programmabarbeitung, unabhängig von einer eventuell vorhandenen Blockstruktur, Speicherplatzzuweisungen vorgenommen werden müssen, d.h., wenn der Umfang eines Datenobjektes sich nach seiner Deklaration vergrößern kann bzw. wenn der Existenzbereich eines Datenobjektes nicht an die Blockstruktur gebunden ist. Typische Sprachkonzepte, die mit einem Haldenspeicher realisiert werden müssen, sind Konzepte zur Zeichenkettenverarbeitung, zur Listentechnik und zur Verarbeitung flexibler Felder (d.h. Felder mit variablen Indexgrenzen).

Im allgemeinen muß davon ausgegangen werden, daß innerhalb einer Programmiersprache für verschiedene Datenobjekte auch verschiedene Speicherzuweisungsmöglichkeiten existieren. Die verschiedenen Speichertypen müssen in den Adreßangaben der Parameter von RPN-Instruktionen widergespiegelt werden. Derartige Adreßspezifikationen werden in den folgenden Betrachtungen eingeführt. Für eine übersichtliche Darstellung der Gesamtproblematik der Speicherorganisation erweist es sich als günstig, zunächst Prozeduren außer acht zu lassen, obwohl diese einen wesentlichen Einfluß auf die Speicherorganisation haben.

10.4.1. STATISCHE SPEICHERORGANISATION

10.4.1.1. Konstanten und globale Datenobjekte

In jeder Programmiersprache ist für einen Teil der Datenobjekte eine statische Speicherplatzzuweisung möglich. Zu diesen Datenobjekten gehören in jedem Fall Konstanten beliebiger Wertart, sofern sie durch Gestalten (z.B. 12.5, true, "ABC") dargestellt werden. Der Existenzbereich derartiger Konstanten ist stets das gesamte Programm. Bei Konstanten, die durch Konstantendeklarationen definiert werden, wie z.B.

real pi = 3.1416 oder real xi = x[i]

trifft dies nicht zu, wenn

- die zur Bezeichnung der definierten Konstanten verwendeten Identifikatoren einen begrenzten Gültigkeitsbereich besitzen und/oder
- zur Definition der Konstanten auf Datenobjekte zurückgegriffen wird, die einen begrenzten Gültigkeitsbereich besitzen (wie im obigen Beispiel x[i]).

Derartige Konstanten müssen bezüglich ihrer Gültigkeit und Existenz wie Variable behandelt werden. Weiterhin existieren in einigen Programmiersprachen Möglichkeiten, Daten zu definieren, deren Existenzbereich das gesamte Programm ist. Das bekannteste Beispiel dafür sind die Common-Objekte von FORTRAN. Die statische Speicherzuordnung für Daten, deren Existenzbereich das gesamte Programm ist, ist relativ einfach. Der Compiler führt intern einen Speicherplatzzuweisungszähler für einen Globalspeicher ZFGSP (Zeiger freier Globalspeicher), der den Initialwert 0 besitzt. Bei der Deklaration bzw. Bezugnahme auf ein solches globales Datenobjekt werden die folgenden Prozeduren des Symboltabellenteils des Compilers abgearbeitet.

```
proc deklaration globales datum = (datum datum) void:
begin
  eintragen in symboltabelle (datum, ZFGSP);
  ZFGSP:=ZFGSP+speicherbedarf (datum)
end

proc bezugnahme auf globales datum = (datum datum) amode:
  adresse aus symboltabelle (datum)
```

Damit kann bei jeder Bezugnahme auf ein globales Datenobjekt seine Adresse im Globalspeicher bestimmt werden. Derartige Adressen sollten durch (GLOB, adresse) spezifiziert werden. Das Laden dieser Werte in den Operandenkeller kann folglich durch

LOAD typ, (GLOB,adresse)

beschrieben werden.

Bemerkung:
Für den Fall, daß eine Programmiersprache keine Blockstruktur besitzt und dynamische Felder verboten sind, ist das hier vorgestellte Speicherzuweisungsmodell bereits ausreichend.

10.4.1.2. Statische Blöcke

Es sei angenommen, daß eine Programmiersprache mit Blockstruktur gegeben ist und daß dynamische Felder verboten sind. Für diesen Fall ist ebenfalls eine statische Speicherzuweisung möglich. Die blockorientierte Programmiersprache sei durch eine Syntax festgelegt, wie sie bereits bei der Behandlung der Strukturierung der Symboltabellen bei der Übersetzung blockorientierter Sprachen angenommen wurde (vgl. 9.3.). Die in dieser Beispielsprache verwendeten Identifikatoren bezeichnen Datenobjekte (Variable, statische Felder, Strukturen). Ein Datenobjekt muß stets vor seiner Verwendung deklariert werden.

Die Zuweisung des Speicherplatzes an die Datenobjekte kann unmittelbar mit der syntaktischen Analyse verknüpft werden. Die entsprechenden semantischen Routinen zum Aufbau der Symboltabelle müssen um Anweisungen für die Speicherzuweisung ergänzt werden. Die relativen Adressen der statisch bestimmten Datenobjekte werden entsprechend der Blockstruktur bei der Programmübersetzung festgelegt. Dieser Datenspeicher wird kellermäßig belegt, so daß unter Umständen verschiedenen Datenobjekten aus unterschiedlichen Blöcken die gleiche relative Adresse im Datenspeicher zugewiesen wird. Die folgenden Anweisungen sind als Ergänzungen der oben zitierten semantischen Routinen zu verstehen und verwenden folgende Variablen und Prozeduren:

- zeiger freier speicher — kennzeichnet den ersten freien Speicherplatz im Datenspeicher und ist zu Beginn der Programmübersetzung Eins;

- blocktiefe — gibt den Grad der Verschachtelung des zu übersetzenden Blockes an und ist zu Beginn der Programmübersetzung Null;
- blockanfang [1:max(blocktiefe)] — dient zum Rücksetzen des zeigers freier speicher beim Blockabschluß durch <u>end</u>.

```
proc semantik blockbeginn = void:
begin
  :
  blocktiefe:=blocktiefe+1;
  blockanfang[blocktiefe]:=zeiger freier speicher;
  :
end

proc semantik blockende = void:
begin
  :
  zeiger freier speicher:=blockanfang [blocktiefe];
  blocktiefe:=blocktiefe-1;
  :
end

proc semantik deklaration = void:
begin
  :
  adresse of datenteil:=zeiger freier speicher;
  zeiger freier speicher:=zeiger freier speicher+speicherbedarf (aktueller identifikator)
  :
end
```

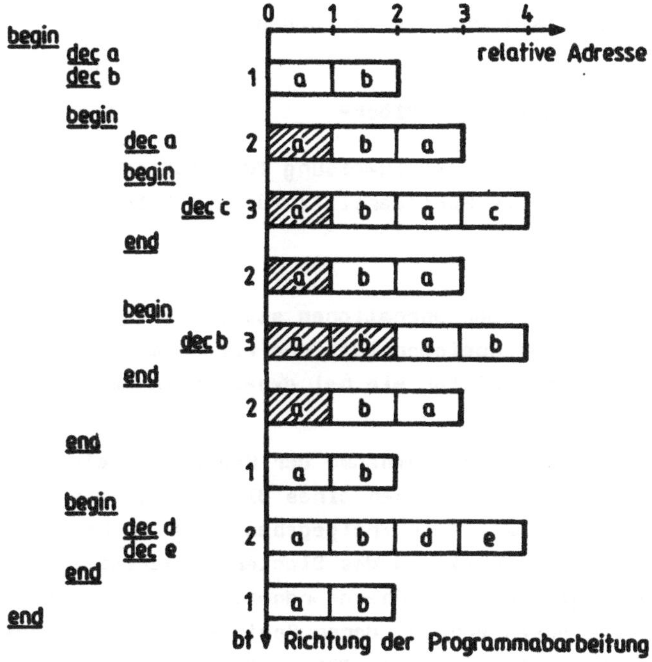

Abb. 10.7: Beispiel zur statischen Speicherzuweisung - kellermäßige Belegung des Datenspeichers

Für ein einfaches Programmbeispiel ist in Abb. 10.7 die kellermäßige Belegung des Datenspeichers dargestellt. Die schraffierten Felder kennzeichnen die Speicherplätze der im Block existierenden, aber nicht gültigen Datenobjekte.

Bei jeder Bezugnahme auf einen Identifikator kann seine Adresse im statischen Blockspeicher aus der Symboltabelle ermittelt werden. Derartige Adressen sollen durch (STATIC, adresse) spezifiziert werden. Das Laden einer Variablen in den Operandenkeller kann folglich durch

LOAD typ, (STATIC, adresse)

beschrieben werden.

Bemerkungen:

- Globalspeicher und statischer Blockspeicher unterscheiden sich nur durch eine unterschiedliche Basisadresse. Sie müssen aber getrennt geführt werden, da der Globalspeicher nicht der Blockstruktur unterliegt.
- Für die statischen Felder kann der Deskriptor vollständig zur Übersetzungszeit bestimmt werden. Er darf jedoch nicht direkt im statischen Blockspeicher abgelegt werden, da der Speicherbereich des Deskriptors in parallelen Blöcken anderweitig benötigt und dadurch überspeichert wird.

10.4.2. DYNAMISCHE SPEICHERORGANISATION

Die dynamische Speicherorganisation wird für die Organisation von Daten zwingend notwendig, wenn die Programmiersprache dynamische Felder zuläßt. Es existieren zwei Lösungsmöglichkeiten, die im folgenden diskutiert werden.

10.4.2.1. Dynamische Felder und statische Blöcke

Die in 10.4.1.2. beschriebene Speicherplatzzuweisung für statische Blökke wird beibehalten und lediglich der Speicherplatz für die Feldelemente in einem Laufzeitkeller verwaltet.

Bemerkung:

Häufig werden zur Vereinheitlichung der Operationen statische Felder wie dynamische behandelt, d.h., daß der Speicherplatz der Feldelemente im Laufzeitkeller angelegt und der Deskriptor wie bei dynamischen Feldern zur Laufzeit berechnet wird.

Die Verwendung eines Laufzeitkellers zur Aufnahme der Speicherbereiche für dynamische Felder erfordert, daß bei Verlassen eines Blockes der von diesem Block beanspruchte Speicherplatz wieder freigegeben wird. Zu beachten ist, daß ein Block nicht nur durch Erreichen des Blockendes verlassen werden kann. Durch Sprunganweisungen in einen übergeordneten Block können evtl. sogar mehrere Blöcke verlassen werden, deren Speicherplätze freizugeben sind. Dafür wird ein Blockzeiger BZ eingeführt. Dieser Blockzeiger verweist auf den Beginn des Speichers im Laufzeitkeller, der dem aktuellen Block zugeordnet ist. Wird ein neuer Block eröffnet, so wird zuerst der Blockzeiger gekellert und anschließend auf den Speicherplatz eingestellt, der den zuvor gekellerten Blockzeigerstand enthält. Für das folgende Beispielprogramm ergibt sich an der gekennzeichneten Stelle die in Abb. 10.8 angegebene Belegung des Laufzeitkellers.

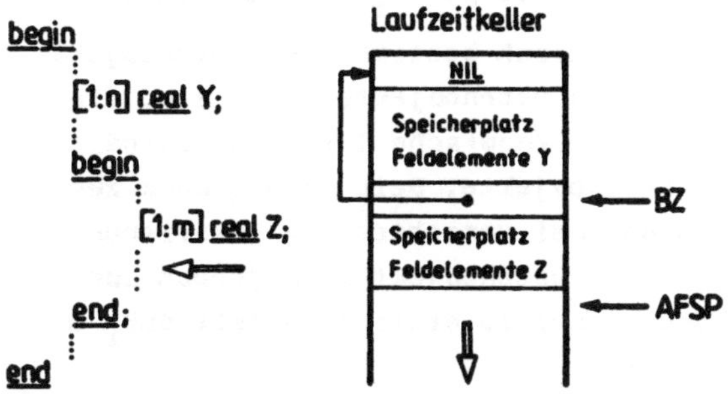

Abb. 10.8: Organisation des Laufzeitkellers bei dynamischen Felddeklarationen

Zur Deklaration dynamischer Felder kann der Operator ARRDEC nach 10.3.3. verwendet werden. Zum Eröffnen bzw. Schließen eines Blockes sind die RPN-Instruktionen BLOCKBEGIN bzw. BLOCKEND notwendig, die durch folgende Prozeduren realisiert werden:

```
proc BLOCKBEGIN = void:
begin
  HS[AFSP]:=BZ;
  BZ:=AFSP;
  AFSP:=AFSP+1
end
```

```
proc BLOCKEND = void:
begin
  AFSP:=BZ;
  BZ:=HS[AFSP]
end
```

Um die Speicherfreigabe bei Ausführung von Sprungoperationen zu realisieren, muß der RPN-Operator GOTO geändert werden. Er benötigt neben der Instruktionsadresse als weiteren Parameter die Anzahl der freizugebenden Blöcke

GOTO anzahl, adresse.

Der GOTO-Operator wird durch folgende Prozedur realisiert.

```
proc GOTO = void:
begin
  int anzahl = bestimme parameter der rpn instruktion (1);
  amode adr = bestimme parameter der rpn instruktion (2);
  for i from 1 by 1 to anzahl
  do BLOCKEND od;
  PC:=adr
end
```

Bemerkung:
Das Register PC (programcounter) ist das Instruktionsregister der hypothetischen Maschine. Es verweist auf die nächste abzuarbeitende RPN-Instruktion.

10.4.2.2. Dynamische Blöcke

Bei dynamischen Blöcken wird allen in einem Block deklarierten Datenobjekten, also auch denen, deren Speicherplatzbedarf statisch zur Übersetzungszeit bestimmt werden kann, Speicherplatz im Laufzeitkeller zugewiesen. Dazu werden alle in einem Block i deklarierten Datenobjekte in einem Blockspeicherbereich BB_i zusammengefaßt. Der Blockspeicherbereich zerfällt in einen statischen und einen dynamischen Teil: $BB_i = (SBB_i, DBB_i)$.

Der statische Teil SBB_i enthält die statisch bestimmbaren Datenobjekte und die statischen Teile der dynamischen Datenobjekte (also z.B. die Deskriptoren der dynamischen Felder). Der dynamische Teil DBB_i enthält die dynamischen Teile der dynamischen Datenobjekte. Sein Umfang kann zur Übersetzungszeit nicht bestimmt werden und bei verschiedenen Aktivierungen des Blockes unterschiedlich sein. Für jedes Datenobjekt kann jedoch zur Übersetzungszeit eine Adresse (Relativadresse) im statischen Teil SBB_i des Blockspeicherbereiches bestimmt werden:

$$\text{reladr}(j) = \begin{cases} 1 & \text{für } j=1 \\ 1 + \sum_{k=1}^{j-1} \text{speicherbedarf}(\underline{\text{modus}}(\underline{\text{id}}_{i,k})) & \text{für } 2 \leq j \leq \text{card}(\underline{D}_i). \end{cases}$$

Dabei ist speicherbedarf($\underline{\text{modus}}(\underline{\text{id}}_{i,k})$) der statische Speicherplatzbedarf des k-ten im Block i deklarierten Datenobjektes der Wertart $\underline{\text{modus}}(\underline{\text{id}}_{i,k})$. $\underline{D}_i$ ist die Menge der im Block i deklarierten Datenobjekte.

Der Gesamtspeicherbedarf für den statischen Teil des Blockspeicherbereiches ist

$$\text{sps} = \sum_{j=1}^{\text{card}(\underline{D}_i)} \text{speicherbedarf}(\underline{\text{modus}}(\underline{\text{id}}_{i,j})).$$

Der dynamische Teil des Blockspeicherbereiches wird durch entsprechende Laufzeitroutinen organisiert..

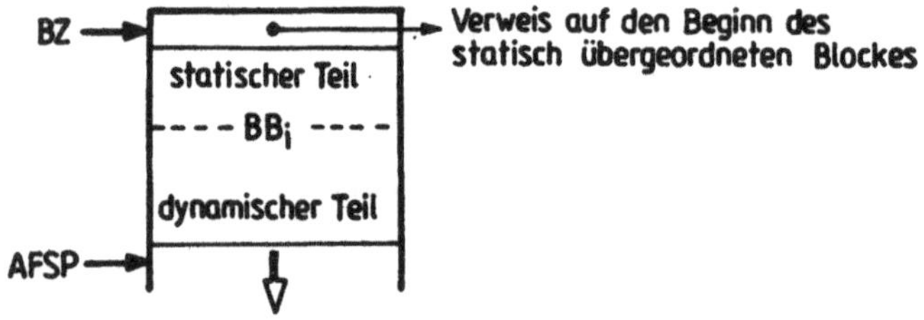

Abb. 10.9: Aufbau der dynamischen Blöcke

Die im vorigen Abschnitt eingeführte RPN-Instruktion BLOCKBEGIN muß dahingehend geändert werden, daß ihr als Parameter der Speicherbedarf des statischen Teils des Blockspeicherbereiches übergeben wird: BLOCKBEGIN sps.

```
proc BLOCKBEGIN = void:
begin
   int sps = bestimme parameter der rpn instruktion (1);
   if AFSP+sps+1>FIN then kellerueberlauf fi;
   HS[AFSP]:=BZ;
   BZ:=AFSP;
   AFSP:=AFSP+sps+1
end
```

Die Operatoren ARRDEC, BLOCKEND und GOTO können in ihrer bisher beschriebenen Form weiter verwendet werden. Ein neues Problem tritt jedoch bei der

Identifizierung von Datenobjekten auf, da die absoluten Adressen der Datenobjekte erst zur Laufzeit ermittelt werden können. Die Adresse eines Datenobjektes im Laufzeitkeller kann durch (DYNAMIC, blockdifferenz, relativadresse) spezifiziert werden, wobei die Relativadresse im statischen Teil des Blockspeicherbereiches und

blockdifferenz = blocktiefe(bezug) - blocktiefe(deklaration)

anzugeben sind. Das Laden einer Variablen in den Operandenkeller wird folglich durch

LOAD typ,(DYNAMIC, blockdifferenz, relativadresse)

beschrieben. Die folgende Prozedur muß zur Laufzeit immer dann abgearbeitet werden, wenn ein RPN-Operator als Parameter eine Datenadresse besitzt. Sie bestimmt die absolute Adresse des Datenobjektes und berücksichtigt neben den soeben eingeführten Adressen mit dem Adreßtyp DYNAMIC auch solche vom Adreßtyp GLOB.

```
proc absolutadresse = (int adresstyp, blockdifferens, relativadresse) amode:
begin
  amode hbs:=BZ;
  if adresstyp=GLOB
    then
      relativadresse
    else
      for i from 1 by 1 to blockdifferens
      do hbs:=HS[hbs] od;
      hbs+relativadresse
  fi
end
```

Es wird deutlich, daß die Methode der dynamischen Blöcke einen wesentlich höheren Laufzeitaufwand erfordert, da die oben aufgeführte Prozedur bei jedem Zugriff auf ein Datenobjekt abgearbeitet werden muß. Sie sollte deshalb nur angewandt werden, wenn dazu eine zwingende Notwendigkeit besteht. Das trifft insbesondere immer dann zu, wenn rekursive Prozeduren erlaubt sind.

Die angegebene Lösung zur Identifizierung von Datenobjekten kann verbessert werden, wenn anstelle des Blockzeigers BZ MAXBZ solche Zeiger verwendet werden, die auf den aktuellen Block und die (MAXBZ-1) statisch übergeordneten Blöcke verweisen. Als Blockzeiger können z.B. Indexregister einer realen Maschine verwendet werden. Die Adreßbestimmung ist damit wie folgt durchzuführen:

```
proc absolutadresse = (int adresstyp, blockdifferens, relativadresse) amode:
begin
  amode hbs;
  if adresstyp=GLOB
    then
      relativadresse
    else
      if blockdifferens<MAXBZ
        then
          BZ[blockdifferens+1]+relativadresse
        else
          hbs:=BZ[MAXBZ];
          for i from 1 by 1 to blockdifferens-MAXBZ+1
          do hbs:=HS[hbs] od;
          hbs+relativadresse
      fi
  fi
end
```

Diese Vereinfachung der Adreßbestimmung erfordert allerdings, daß in den Operatoren BLOCKBEGIN und BLOCKEND die Blockzeiger neu berechnet werden (vgl. 10.5.3.).

10.5. PROZEDURORGANISATION

10.5.1. ALLGEMEINE PROBLEME DER IMPLEMENTIERUNG VON PROZEDUREN

In höheren Programmiersprachen sind Prozeduren ein grundlegendes Konzept. Dabei ist ihr allgemeiner Aufbau in den einzelnen Programmiersprachen ähnlich. Mit der Prozedurdeklaration wird der Prozedurbezeichnung ein Prozedurkörper (Abarbeitungsvorschrift - Folge von Vereinbarungen und Anweisungen) zugeordnet. Prozeduren sind aber nicht nur bezeichnete Blöcke; ihre Besonderheit besteht darin, daß sie über formale Parameter (formale Datenobjekte) verfügen. Beim Aufruf einer Prozedur werden die formalen durch aktuelle Parameter substituiert, die dann im Prozedurkörper verarbeitet werden. In dieser Parametrisierbarkeit ist die besondere Bedeutung des Prozedurkonzeptes zu sehen.

Bei der Übersetzung eines Prozeduraufrufes müssen der Name der Prozedur (zur Identifizierung), die Anzahl und die Wertarten der formalen Parameter in ihrer Reihenfolge (zur semantischen Kontrolle und korrekten Übersetzung der aktuellen Parameter) und die Wertart des Resultatwertes der Prozedur bekannt sein. Die Überprüfung der Paßfähigkeit zwischen aktueller und formaler Parameterliste kann dann erfolgen, wenn Prozedurvereinbarung und Prozeduraufruf gemeinsam übersetzt werden. In Fällen der getrennten Übersetzung (z.B. bei FORTRAN) kann die Verträglichkeit der aktuellen mit der formalen Paramterliste nicht während der Übersetzungszeit überprüft werden Diese Überprüfung kann nur während der Programmverbindung oder des Programmlaufes durch Deskriptoren der aktuellen und formalen Parameterliste erfolgen, wenn man nicht überhaupt wegen des höheren Aufwandes darauf verzichtet.

Es gibt zwei Möglichkeiten der Prozedurstruktur: die verschachtelte Prozedurstruktur (Neststruktur) und die parallele oder getrennte Prozedurstruktur. Die verschachtelte Prozedurstruktur ist von den ALGOL-Sprachen bekannt. Prozeduren werden wie Datenobjekte innerhalb von Blöcken vereinbart. Da jeder Prozedurkörper selbst ein Block ist, können innerhalb einer Prozedur weitere Prozeduren vereinbart werden. Bei der getrennten Prozedurstruktur tritt jede Prozedur und das Hauptprogramm als selbständige Einheit auf, wie es z.B. bei FORTRAN der Fall ist. Praktisch ist die parallele Prozedurstruktur ein Sonderfall der verschachtelten Prozedurstruktur, wenn man das Hauptprogramm als spezielle parameterlose Prozedur betrachtet und einen Standardrahmen hinzunimmt, der alle explizit und implizit definierten Prozeduren (Standardprozeduren) umfaßt. Die Prozedurstruktur hat keinen Einfluß auf die Wahl der statischen oder dynamischen Speicherorganisation.

Für die Deklaration und Gültigkeit einer Prozedur in einer blockorientierten Programmiersprache gelten die gleichen Aussagen, wie sie bereits bei der Behandlung der statischen Blockstruktur zu den Datenobjekten gemacht wurden. Die Prozedur gehört zu dem Block, in dem sie deklariert wurde. Zur Übersetzungszeit ist eine Prozedur bezüglich der Existenz- und Gültigkeitsbereiche der in der Prozedur verwendeten Datenobjekte wie ein Block zu behandeln. Entsprechend ist auch die Symboltabellenorganisation. Beim Auftreten einer Prozedurdeklaration während der Programmübersetzung wird für die Prozedur ein Symboltabellenelement erzeugt und anschließend ein neuer Block eröffnet.

Unter dem Aspekt der Speicherorganisation müssen drei Arten der Objekte einer Prozedur unterschieden werden:

- lokale Objekte,
- formale Objekte (formale Parameter),
- globale Objekte (zur Prozedur global).

Unter lokalen Objekten werden Objekte verstanden, die in einem Block der Prozedur deklariert wurden. Sie unterliegen den Aussagen, die über die Datenobjekte für die statische Blockstruktur gemacht wurden.

Für formale Objekte kann ebenfalls ein Existenz- und Gültigkeitsbereich angegeben werden. Der Existenzbereich umfaßt die gesamte Prozedur. Damit erzeugen Prozeduren zunächst für formale Objekte gleiche Merkmale wie Blöcke für die in ihnen deklarierten Objekte. Prozeduren werden deshalb mit ihren formalen Parametern voll in die Blockstruktur einbezogen. Während der Programmübersetzung gelten damit alle bereits bezüglich der statischen Blockstruktur getroffenen Aussagen. Die formalen Parameter werden innerhalb der Prozedurdeklaration spezifiziert (Aufnahme in die Symboltabelle während der Programmübersetzung - Zuordnung der Wertartinformation), um eine semantisch richtige Befehlsfolge durch das Übersetzerprogramm generieren zu können.

Tritt ein Objekt in einer Prozedur angewandt auf, so wird es als globales Objekt bezeichnet, wenn

- das Objekt nicht in der Prozedur deklariert ist und
- das Objekt kein formales ist.

Globale Objekte können wie folgt identifiziert werden:

- Die globalen Objekte werden, ausgehend von der Prozedurdeklaration, während der Programmübersetzung bestimmt; d.h., die globalen Objekte werden aus der Menge der im Block gültigen Objekte identifiziert, in dem die Prozedur deklariert wird.
- Die globalen Objekte werden, ausgehend vom Prozeduraufruf, bestimmt. Es können somit möglicherweise in unterschiedlichen Aufrufen einer Prozedur für ein globales Objekt verschiedene gültige Datenobjekte identifiziert werden. In diesem Fall ist die Zuordnung erst während der Programmlaufzeit möglich. Sie ist relativ kompliziert und soll nicht weiter betrachtet werden.

Auf Grund der Besonderheiten von Prozeduren gegenüber Blöcken (Identifikator, Parameter) sollen diese als Prozedurblöcke bezeichnet werden. In Abb. 10.10 ist ein Programmbeispiel in der um die Möglichkeiten der Prozedurdeklaration und des Prozeduraufrufs erweiterten Beispielsprache und der zugeordnete (statische) Blockstrukturgraph angegeben.

```
begin dec a
      proc p(x,y)
           begin dec b
                 bez b
                 begin dec c
                       bez a
                       bez x
                       bez y
                       bez c
                 end
           end
      procend
      bez a
      begin dec d
            bez p(a,d)
      end
end
```

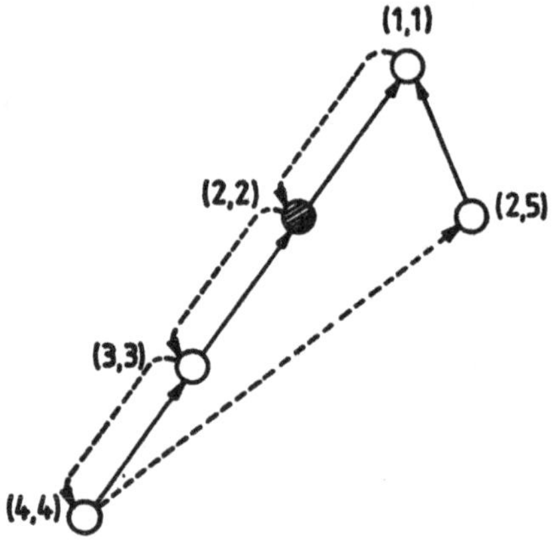

Abb. 10.10: Statische Blockstruktur mit Prozedurblock

Im Gegensatz zu Blöcken, für die die Deklaration und der Aufruf stets zusammenfallen, sind für Prozeduren Deklaration und Aufruf getrennt. Durch die Möglichkeit des Aufrufs einer Prozedur aus unterschiedlichen Blöcken ihres Gültigkeitsbereiches weicht die dynamische Abarbeitungsfolge der Blöcke von der statischen Blockstruktur ab.

10.5.2. STATISCHE PROZEDURORGANISATION

Eine statische Prozedurorganisation ist immer dann möglich, wenn rekursive Prozeduraufrufe verboten sind. Sie beinhaltet, daß allen in der Prozedur lokalen Datenobjekten (also auch den formalen Parametern) Speicherplatz im Global- bzw. statischen Blockspeicher zugeordnet wird. Dynamische Felder werden, wie in 10.4.2.1. beschrieben, verwaltet. Prozeduraufrufe werden wie in 10.5.4. organisiert. Die Adressen globaler Datenobjekte können vom Übersetzer bestimmt werden, da sich diese ebenfalls im Globalspeicher bzw. statischen Blockspeicher befinden.

Der Vorteil der statischen Prozedurorganisation ist darin zu sehen, daß zur Programmlaufzeit nur ein geringer Aufwand zur Speicherorganisation notwendig ist. Nachteilig ist, daß zur Programmlaufzeit der Speicherplatz für die Datenobjekte aller Prozeduren, also auch der nicht aktiven, ständig reserviert sein muß. In Abb. 10.11 wird die Aufteilung des statischen Blockspeichers für ein Programm mit Prozedurdefinitionen angedeutet.

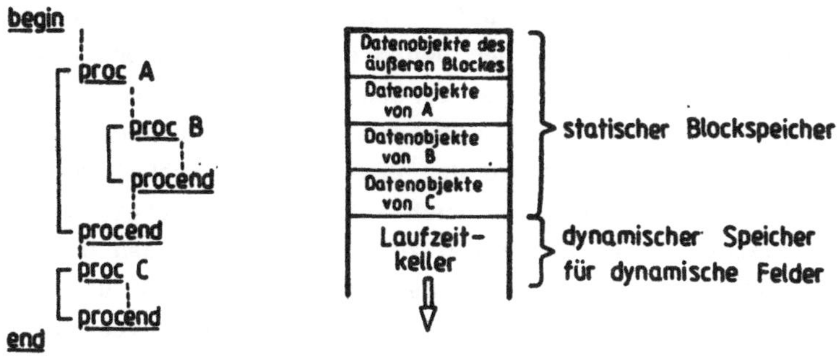

Abb. 10.11: Beispiel für die Aufteilung des Datenspeichers bei statischer Prozedurorganisation

10.5.3. DYNAMISCHE PROZEDURORGANISATION

Eine dynamische Prozedurorganisation wird notwendig, wenn rekursive Prozedurrufe erlaubt sind. Bei jedem Eintritt in die Prozedur muß Speicherplatz für die lokalen Datenobjekte der Prozedur bereitgestellt werden. Wegen der möglichen Rekursivität muß dieser Speicherplatz im Laufzeitkeller angesiedelt werden.

In 10.5.1. wurde bereits darauf hingewiesen, daß bei Prozeduren Deklaration und Aufruf getrennt sind und daß deshalb neben der statischen Blockstruktur eine davon unabhängige dynamische Blockstruktur entstehen kann. Abb. 10.12 deutet ein Beispiel dazu an.

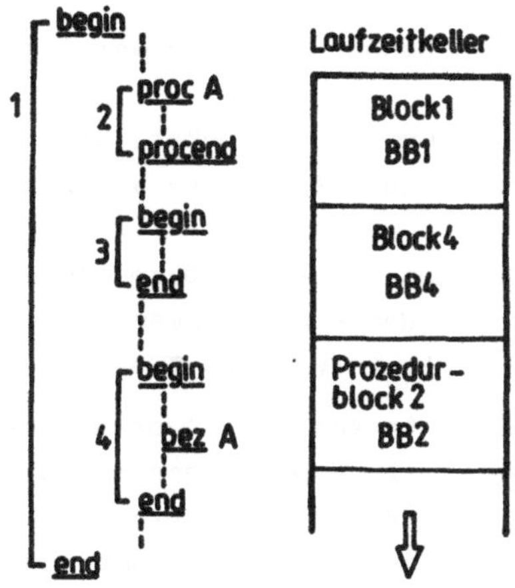

Abb. 10.12: Belegung des Laufzeitkellers bei Abarbeitung des Aufrufes der Prozedur A im Block 4

Die Prozedur ist statisch im Block 1, aber nicht im Block 4 eingeschlossen. Sie wird dynamisch im Block 4 gerufen. Die Reihenfolge, in der die

Blockspeicherbereiche im Laufzeitkeller auftreten, entspricht also nicht mehr der statischen Blockstruktur. Bei der dynamischen Prozedurorganisation muß dieser Tatsache Rechnung getragen werden. Während die Freigabe des Laufzeitkellers bei Blockende (d.h. auch beim Verlassen einer Prozedur) immer nach dem Kellerprinzip, also anhand der dynamischen Blockstruktur erfolgt, wird die statische Blockstruktur auch weiterhin benötigt, um auf Datenobjekte übergeordneter Blöcke zugreifen zu können. Im obigen Beispiel muß beim Zugriff auf globale Größen der Blockspeicherbereich BB1 und nicht etwa BB4 verwendet werden. Im Gegensatz zu den bisher betrachteten dynamischen Blöcken muß zwischen einem statischen und einem dynamischen Vorgänger unterschieden werden. Deshalb werden jedem im Laufzeitkeller befindlichen Blockspeicherbereich die in Abb. 10.13 angegebenen Organisationsdaten vorangestellt.

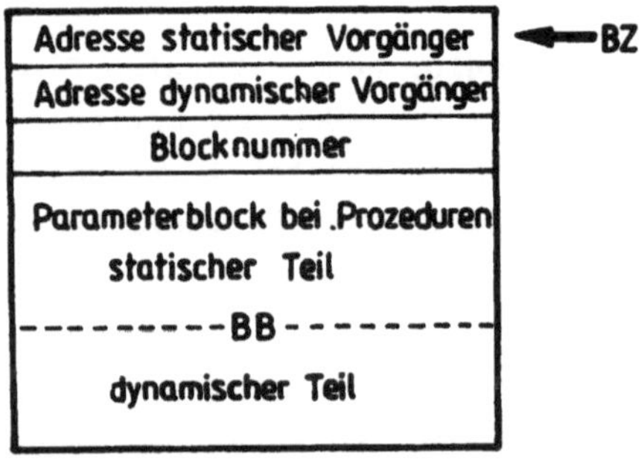

Abb. 10.13: Organisationsdaten eines Blockspeicherbereiches

Bemerkungen:

- Die Adressen von statischem und dynamischem Vorgänger sind nur bei Prozedurblöcken verschieden.
- Die Blocknummer ist eine eindeutige Identifizierung des Blockes. Sie wird benötigt, um bei Eintritt in eine Prozedur den statischen Vorgänger zu bestimmen.
- Der statische Teil des Blockspeicherbereiches von Prozedurblöcken enthält einen Parameterblock, der der Realisierung der Parametervermittlung und der Organisation des Prozedurrücksprunges dient (vgl. 10.5.4.).

Für das Beispiel Abb. 10.12 ergibt sich damit die in Abb. 10.14 dargestellte Belegung des Laufzeitkellers. Bei dieser Darstellung wird vorausgesetzt, daß die Speicherorganisation aller Blöcke nach dem Prinzip der dynamischen Blöcke erfolgt (vgl. 10.4.2.2.). Eine derartige dynamische Prozedurorganisation wird als blockorientiert bezeichnet. Zur Erhöhung der Laufzeiteffektivität ist es zweckmäßig, die Organisation des Laufzeitkellers prozedurorientiert vorzunehmen. Dafür wird ausgenutzt, daß die Verschachtelung der Blöcke innerhalb einer Prozedur statisch festliegt und damit für diese Blöcke die in 10.4.1.2. und 10.4.2.1. beschriebene statische Speicherorganisation angewendet werden kann, allerdings relativ zu dem jeweils umgebenden (dynamisch organisierten) Prozedurblock.

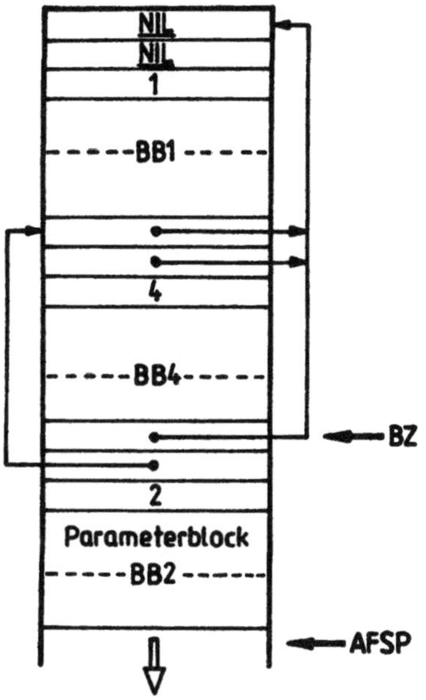

Abb. 10.14: Belegung des Laufzeitkellers nach Abb. 10.12

Zur dynamischen Prozedurorganisation muß die Wirkung folgender RPN-Instruktionen neu definiert werden:

BLOCKBEGIN sps, BN

sps Speicherplatzbedarf des statischen Teils des Blockspeicherbereiches

BN Blocknummer des Blockes

BLOCKEND

PROCBEGIN sps, BN1, BN2

sps Speicherplatzbedarf des statischen Teils des Blockspeicherbereiches des Prozedurblockes einschließlich Parameterblock

BN1 Blocknummer des Prozedurblockes

BN2 Blocknummer des statisch übergeordneten Blockes.

PROCEND typ, BN

typ Wertart des Resultatwertes

BN Blocknummer der Prozedur, die verlassen werden soll.

Die Operatoren BLOCKBEGIN und BLOCKEND bzw. PROCBEGIN und PROCEND werden bei Betreten und Verlassen von Blöcken bzw. Prozeduren abgearbeitet. Bei den folgenden programmtechnischen Lösungen dieser Operatoren wird angenommen, daß MAXBZ Blockzeiger (Indexregister) zur Adressierung der Datenobjekte zur Verfügung stehen. Vor dem Aktivieren des ersten Blockes eines Programms ist die Initialisierung abzuarbeiten.

```
proc INITIALISIERUNG = void:
begin
  AFSP:=ANF;
  BZ[1]:=nil
end
```

```
proc BLOCKBEGIN = void:
begin
  int sps = bestimme parameter der rpn instruktion (1);
      BN = bestimme parameter der rpn instruktion (2);
  if AFSP+sps+3>FIN then kellerueberlauf fi;
  HS[AFSP]:=BZ[1];
  HS[AFSP+1]:=BZ[1];
  HS[AFSP+2]:=BN;
  blockzeiger vorsetzen;
  AFSP:=AFSP+sps+3
end

proc blockzeiger vorsetzen = void:
begin
  BZ[1]:=AFSP;
  for i from 2 by 1 to MAXBZ while BZ[i-1]:/=:nil
  do BZ[i]:=HS[BZ[i-1]] od
end

proc BLOCKEND = void:
begin
  AFSP:=BZ[1];
  BZ[1]:=HS[AFSP+1];
  for i from 2 by 1 to MAXBZ while BZ[i-1]:/=:nil
  do BZ[i]:=HS[BZ[i-1]] od
end

proc PROCBEGIN = void:
begin
  int sps = bestimme parameter der rpn instruktion (1);
      BN1 = bestimme parameter der rpn instruktion (2);
      BN2 = bestimme parameter der rpn instruktion (3);
  amode adr;
  if AFSP+sps+3>FIN then kellerueberlauf fi;
  adr:=BZ[1];
  while HS[adr+2]/=BN2 do adr:=HS[adr+1] od;
  HS[AFSP]:=adr;
  HS[AFSP+1]:=BZ[1];
  HS[AFSP+2]:=BN1;
  blockzeiger vorsetzen;
  AFSP:=AFSP+sps+3
end

proc PROCEND = void:
begin
  int typ = bestimme parameter der rpn instruktion (1);
      BN = bestimme parameter der rpn instruktion (2);
  amode adr;
  while HS[BZ[1]+2]/=BN do BLOCKEND od;
  adr:=SPO-speicherbedarf (typ);
  SPO:=HS[BZ[1]+4];
  for i from 0 by 1 to speicherbedarf (typ)-1
  do HS[SPO+i]:=HS[adr+i] od;
  SPO:=SPO+speicherbedarf (typ);
  PC:=HS[BZ[1]+3];
  BLOCKEND
end
```

Die Operator PROCEND verwendet als Parameter die Blocknummer BN der Prozedur, die verlassen werden soll. Diese Parameterangabe ist für die Übersetzung von Programmiersprachen notwendig, die über explizite Rücksprunganweisungen verfügen. In einem solchen Fall muß der Operator PROCEND zunächst den Speicherplatz der noch aktiven inneren Blöcke der Prozedur freigeben, bevor die Speicherfreigabe und der Rücksprung aus dem Prozedurblock zu realisieren ist. Für Programmiersprachen ohne explizite Rücksprunganweisung kann die Parameterangabe BN entfallen. Auf die Probleme der Parametervermittlung, die Übergabe des Resultatwertes der Prozedurabarbeitung und der Organisation des Prozedurrücksprunges wird in 10.5.4. eingegangen.

Der Operator GOTO kann in seiner bisherigen Form verwendet werden, wenn vorausgesetzt wird, daß durch Sprünge keine Prozeduren verlassen werden dürfen. Ebenso kann die Prozedur zur Bestimmung der Absolutadresse eines Datenobjektes in ihrer bisherigen Form verwendet werden.

10.5.4. ÜBERSETZUNG VON PROZEDURAUFRUFEN UND PROZEDURRÜCKSPRÜNGEN

Die wesentlichsten Probleme bei der Übersetzung von Prozeduren sind in der Organisation des Prozeduraufrufes und des -rücksprunges zu sehen. Beim Prozeduraufruf ist insbesondere die Parametervermittlung zu beachten. Aus der Vielzahl der Lösungsmöglichkeiten wird im folgenden nur eine vorgestellt, die den Vorteil bietet, daß sie die Parametervermittlung über den Wert für dynamische Felder einschließt. Zuvor sollen jedoch wegen ihrer grundlegenden Bedeutung verschiedene, gebräuchliche Arten der Parametervermittlung diskutiert werden, insbesondere da dies unabhängig von der Art der Speicherorganisation möglich ist.

10.5.4.1. Arten der Parametervermittlung

Vor dem Aufruf einer Prozedur müssen die aktuellen Parameter berechnet und den formalen Parametern der gerufenen Prozedur zugeordnet werden. Formale Parameter sind Datenobjekte, deren Existenz- und Gültigkeitsbereich an den Prozedurkörper gebunden ist. Für formale Parameter kann deshalb Speicherplatz in dem der Prozedur zugeordneten Datenbereich bereitgestellt werden. Auf diesen Speicherplatz müssen die Werte der aktuellen Parameter oder ihre Adressen abgelegt werden. Im wesentlichen sind folgende Arten der Parametervermittlung zu unterscheiden:

- Parametervermittlung über Adresse;
- Parametervermittlung über Wert;
- Parametervermittlung über Resultat.

Auf die Parametervermittlung über Substitution (call by name), wie sie von ALGOL 60 bekannt ist, wird nicht eingegangen, da sich dieses Konzept nicht bewährt hat und nicht mehr angewendet wird.

Die Art der Parametervermittlung wird durch die Spezifikation des formalen Parameters festgelegt. Steht eine derartige Spezifikation nicht zur Verfügung (wie z.B. bei FORTRAN), so muß eine Art der Parametervermittlung (i.allg. 'call by reference) festgelegt werden.

<u>Parametervermittlung über Adresse (call by reference)</u>

Der formale Parameter wird in der Prozedurvereinbarung durch seine Wertart wie eine Variable spezifiziert. Die rufende Programmeinheit übermittelt der gerufenen Prozedur die Adresse des aktuellen Parameters, d.h., der dem formalen Parameter zugeordnete Speicherplatz adr enthält während der Prozedurabarbeitung die absolute Adresse des aktuellen Parameters. Eine Variable als aktueller Parameter ist deshalb geteilt, da ihr Wert durch die gerufene Prozedur direkt modifiziert werden kann. Falls der aktuelle Parameter ein Ausdruck ist, erhält die gerufene Prozedur die Adresse, in der der Wert des Ausdrucks innerhalb der rufenden Programmeinheit temporär gespeichert ist. Im Falle von Feldern als aktueller Parameter ist die übermittelte Adresse die Adresse des Deskriptors.

In der gerufenen Prozedur muß der Zugriff auf den aktuellen Parameter folglich indirekt über die Adresse adr des formalen Parameters durch die RPN-Instruktionen

LOADIND typ, adr bzw. SLICEIND typ, adr

erfolgen. Durch die Parametervermittlung über Adresse entsteht die Möglichkeit, Ergebniswerte an die rufende Programmeinheit zu übergeben.

Parametervermittlung über Wert (call by value)

Der formale Parameter wird in der Prozedurvereinbarung durch seine Wertart wie eine Konstante spezifiziert, d.h., an ihn können keine Werte zugewiesen werden und sein Wert bleibt während der Prozedurabarbeitung unverändert. Damit erlaubt die Parametervermittlung über Wert keinen Informationsfluß von der gerufenen zur rufenden Programmeinheit. Der dem formalen Parameter zugeordnete Speicherplatz wird durch den aktuellen Parameter initialisiert; er enthält während der Prozedurabarbeitung eine Kopie des Wertes des aktuellen Parameters. Der Zugriff auf den Wert des aktuellen Parameters innerhalb der gerufenen Prozedur erfolgt deshalb direkt, z.B. mit dem Operator LOAD. Er ist damit effektiver als bei Referenzparametern.

Parametervermittlung über Resultat (call by result)

Diese Art der Parametervermittlung kombiniert die Vorteile der beiden zuvor erläuterten Arten. Der formale Parameter wird durch seine Wertart wie eine Variable spezifiziert. Der ihm zugeordnete Speicherplatz enthält jedoch sowohl die Adresse als auch eine Kopie des Wertes des aktuellen Parameters. Dadurch besteht die Möglichkeit des direkten Zugriffs zum Wert. Vor dem Verlassen der Prozedur wird der Wert anhand der Adresse in die rufende Programmeinheit zurückgespeichert, so daß Ergebniswerte übergeben werden können.

Bemerkung:

Die oben beschriebene Art der Parametervermittlung über den Wert schließt dynamische Felder aus, da ihr Speicherplatzumfang zur Übersetzungszeit unbekannt ist. Dieses Problem läßt sich wie folgt lösen. Formale Wertparameter werden in der Prozedur wie Adreßparameter behandelt, d.h., ihnen wird ein Speicherplatz zugeordnet, der eine Adresse aufnehmen kann, und der Zugriff erfolgt indirekt. Die in diesem Speicherplatz zur Laufzeit der Prozeduren abgelegte Adresse verweist auf eine Kopie des Wertes des aktuellen Parameters, die sich im Operandenkeller befindet. Die Vorteile dieser Methode sind:

- Die Parameterübergabe über Wert für dynamische Felder wird möglich. Allerdings muß eine vollständige Kopie des dynamischen Feldes, d.h., des Deskriptors und aller Feldelemente, im Operandenkeller angelegt werden.
- Bei Sprachen (z.B. FORTRAN), in denen die Parametervermittlung nicht spezifiziert werden kann und die sich deshalb auf die Parametervermittlung über Adresse festgelegt haben, sind als aktuelle Parameter auch Ausdrükke zulässig. Ein solcher Ausdruck wird im Operandenkeller berechnet und die Adresse des Ergebnisses dem formalen Parameter zugewiesen.

Die Tatsache, daß alle Wertparameter auf Werte im Operandenkeller zugreifen, sichert, daß keine unerwünschten Seiteneffekte bei der Prozedurabarbeitung auftreten können. Nachteilig ist, daß auch bei Wertparametern ein Indirektzugriff erforderlich ist.

10.5.4.2. Übersetzung von Prozeduraufrufen

Für die Übersetzung der Prozeduraufrufe wird nachfolgend eine Lösung in Verbindung mit der dynamischen Prozedurorganisation angegeben, die rekursive Prozeduraufrufe und eine dynamische Speicherorganisation ermöglicht. Es wird so vorgegangen, daß bei der Übersetzung einer Prozedur jedem formalen Parameter eine Adresse zugeordnet wird. Die Adresse enthält

- bei Adreßparametern die Adresse des aktuellen Parameters und
- bei Wertparametern die Adresse des Wertes des aktuellen Parameters im Operandenkeller.

Die Übersetzung von Prozeduraufrufen hat so zu erfolgen, daß im statischen Teil des Prozedurblockes während der Programmabarbeitung ein Parameterblock aufgebaut wird, der die Rücksprungadresse (PC), den Stand des Operandenkellers (SPO) zu Beginn des Prozeduraufrufes und die Adressen der aktuellen Parameter enthält. Der Paramterblock wird zusammen mit den Organisationsdaten und den statischen und dynamischen Datenobjekten des Prozedurblockes im Laufzeitkeller gespeichert. Dadurch ist ein rekursiver Prozeduraufruf möglich. Der Verweis auf den Stand des Operandenkellers (SPO) zu Beginn des Prozeduraufrufes ist notwendig, um beim Verlassen der Prozedur sein ordnungsgemäßes Rücksetzen zu gewährleisten. Ein Prozeduraufruf muß folgende Belegung des Parameterblockes im Prozedurblock erzeugen:

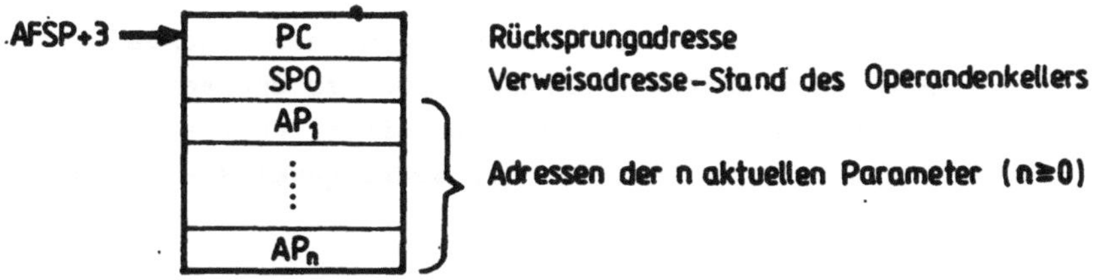

Abb. 10.15: Aufbau des Parameterblockes zur Organisation der Prozeduraufrufe

Zur Darstellung der Übersetzung der Prozeduraufrufe und zum Aufbau des Parameterblockes, der ab Adresse AFSP+3 im Laufzeitkeller vor dem eigentlichen Prozedureintritt über die RPN-Instruktion PROCBEGIN erfolgt, werden nachfolgende RPN-Instruktionen benötigt.

RPN-Instruktion		Typ	Beschreibung
Kode	Parameter	<m,n,o>	
PLBEGIN	——	<0,0,0>	Zu Beginn des Aufbaus des Parameterblockes wird AFSP:=AFSP+4 gesetzt
PLEND	adr(n)	<0,0,1>	Am Ende des Aufbaus des Parameterblockes wird AFSP=AFSP-(n+3) zurückgesetzt; n-Anzahl der Parameter
SAVE	——	<0,0,0>	Speichern des Kellerzeigers des Operandenkellers in den Parameterblock gemäß AFSP; anschließend wird AFSP:=AFSP+1 gesetzt
STOREPAR	typ	<0,0,1>	Speichern der Adresse des im Operandenkeller bereitgestellten Parameters in den Parameterblock gemäß AFSP; anschließend wird AFSP:=AFSP+1 gesetzt
CALL	adr	<0,0,1>	Aufruf der durch adr spezifizierten Prozedur und Abspeicherung der Rücksprungadresse auf AFSP+3

Der Operator STOREPAR wird durch folgende Prozedur realisiert:

```
proc STOREPAR = void:
begin
  int typ = bestimme parameter der rpn instruktion (1);
  if typ = REF
    then
      HS[AFSP]:=HS[SPO-speicherbedarf (REF)]
    else
      HS[AFSP]:=SPO-speicherbedarf (typ)
  fi;
  AFSP:=AFSP+1
end
```

Bemerkung:

Für den Fall, daß der Prozeduraufruf innerhalb einer Prozedur auftritt und ein aktueller Parameter der gerufenen Prozedur formaler Parameter der rufenden Prozedur ist, wird die Einführung eines Operators LOADPIND erforderlich, der einen Indirektzugriff auf den angesprochenen formalen Parameter realisiert. Auf die Darstellung dieses Sachverhaltes wird hier verzichtet.

Die Übersetzung von Prozeduraufrufen kann nun mit den nachfolgenden Syntaxregeln erfolgen. Um verschachtelte Prozeduraufrufe zu übersetzen, d.h., Prozeduraufrufe, bei denen als aktuelle Parameter wieder Prozeduraufrufe auftreten, wird die Verwendung des internen Übersetzungskellers wiederum notwendig.

In der nachstehenden Tabelle bedeuten:

PA	Prozeduraufruf	APL	aktuelle Parameterliste	A	Ausdruck
PN	Prozedurname	AP	aktueller Parameter		

Bemerkungen:

- Die Typangabe der STOREPAR-Instruktion muß das Übersetzerprogramm aus der Spezifikation der formalen Parameter der gerufenen Prozedur bestimmen.
- Die angegebene Syntax berücksichtigt noch nicht den Fall, daß Felder per Wert übergeben werden. Dazu ist ein besonderer RPN-Operator notwendig.

Syntaxregel	semantische Aktion	
	interne Aktion	Ausgabe
(PA,PN)	entkellern(übersetzungskeller,n) entkellern(übersetzungskeller,adresse)	PLEND adr(n) CALL adresse
(PA,PN(APL))	entkellern(übersetzungskeller,n) entkellern(übersetzungskeller,adresse)	PLEND adr(n) CALL adresse
(PN,id)	kellern(übersetzungskeller,adresse(id)) kellern(übersetzungskeller,0)	PLBEGIN LOADSPO
(APL,AP)	entkellern(übersetzungskeller,n) kellern(übersetzungskeller,n+1)	——
(APL,APL,AP)	entkellern(übersetzungskeller,n) kellern(übersetzungskeller,n+1)	——
(AP,A)	——	STOREPAR typ

<u>Beispiel:</u>

```
RPN { Q: proc F = (ref int X, int Y) int: X*Y } =  adr(F):  PROCBEGIN 4, BN1, BN2
                                                              LOADIND   BZ[1]+5
                                                              LOADIND   BZ[1]+6
                                                              MUL       INT
                                                              PROCEND   INT, BN1
```

Der Prozeduraufruf

F(A, 3*F(A,A))

wird in folgenden Zielkode übersetzt, wobei bei der Übersetzung des Aufrufes F(A,A) die unterschiedliche Behandlung der Adreß- und Wertparameter zu beachten ist:

```
PLBEGIN                          LOAD       INT, adr (A)
SAVESPO                          STOREPAR   INT
LOAD       REF, adr (A)          PLEND      adr (2)
STOREPAR   REF                   CALL       adr (F)
LOAD       INT, adr (3)          MUL        INT
PLBEGIN                          STOREPAR   INT
SAVESPO                          PLEND      adr (2)
LOAD       REF, adr (A)          CALL       adr (F)
STOREPAR   REF
```

10.5.4.3. Übersetzung von Prozedurrücksprüngen

In einigen Programmiersprachen (z.B. FORTRAN) wird der Rücksprung aus einer Prozedur in die rufende Programmeinheit explizit durch Rücksprunganweisungen (RETURN) angegeben. In anderen Sprachen (z.B. ALGOL-Sprachen) existiert eine solche Rücksprunganweisung nicht. Sie muß deshalb bei Erkennen des Prozedurendes automatisch durch den Übersetzer in das Zielprogramm generiert werden.

Ein Prozedurrücksprung muß die Freigabe des Speicherbereiches des Laufzeitkellers, der durch den Prozedurblock belegt ist, und des durch die aktuellen Wertparameter belegten Bereiches des Operandenkellers bewirken. Für die Freigabe des Bereiches des Operandenkellers dient die Abspeicherung des Standes des Operandenkellers im Parameterblock vor der Abarbeitung der Parameterliste. Der Prozedurrücksprung wird durch die Abarbeitung der RPN-Instruktion PROCEND organisiert. Dabei ist wesentlich, ob die Prozedur einen Wert liefert (Funktion) oder nicht (Subroutine), wofür die Wertart des Resultatwertes als Parameter der Instruktion PROCEND anzugeben ist. Der Resultatwert einer Funktion wird im Operandenkeller übergeben, da Funktionen innerhalb von Ausdrücken gerufen werden. Da der Resultatwert vor der Freigabe der aktuellen Parameter ermittelt wird, muß dieser durch die Operation PROCEND nochmals umgespeichert werden.

10.6. GENERIERUNG VON ZIELKODE FÜR REALE MASCHINEN

Der bisher verwendete RPN-Zielkode widerspiegelte die Semantik der Quellsprache gut, da er an der Quellsprache orientiert war. Der Zielkode realer Maschinen weist leider derart günstige Eigenschaften i.allg. nicht auf. Die Generierung von Zielkode für reale Maschninen ist deshalb mit zusätzlichen Schwierigkeiten behaftet, die daraus resultieren, daß die speziellen Eigenschaften der realen Maschine berücksichtigt werden müssen. Wie in 10.1. bereits erläutert, sei angenommen, daß bei der semantischen Synthese zunächst ein RPN-Programm in der bisher diskutierten Form und anschließend in einem gesonderten Expansionspaß daraus der reale Zielkode erzeugt wird.

Dem Expansionspaß stehen neben dem vollständigen RPN-Programm auch noch alle Tabellen des Übersetzers zur Verfügung. Daraus können die zur Generierung notwendigen Informationen ermittelt werden. Das Prinzip der Umsetzung des RPN-Kodes in den Kode einer realen Maschine soll in diesem Abschnitt anhand ganzzahliger arithmetischer Ausdrücke demonstriert werden, d.h., in den betrachteten RPN-Zielprogrammteilen treten nur die Operatoren LOAD, MINUS, ADD, SUB, MUL und DIV auf und der als Parameter angegebene Typ ist immer INT. Weiterhin sei vereinfachend angenommen, daß der Operator LOAD die Form

LOAD INT, <u>id</u> oder LOAD INT, <u>const</u>

hat. Andere RPN-Zielkodestrukturen lassen sich in analoger Art und Weise umsetzen. Komplizierte RPN-Operatoren wie SLICE, CONV, SUBSTR, ARRDEC, BLOCKBEGIN, BLOCKEND, PROCBEGIN, RETURN müssen i.allg. durch den Aufruf einer Laufzeitroutine ersetzt werden, da ihre Semantik zu komplex ist, um ihre direkte Umsetzung in eine Folge von Befehlen der Zielmaschine zu rechtfertigen (Speicherplatzeffektivität).

Als Zielsprache wird eine Assemblersprache verwendet. Auf die Probleme, die sich bei der direkten Erzeugung von Objektkode ergeben, wird nicht eingegangen. Es sei nur vermerkt, daß die Generierung von Objektkode die ohnehin unvermeidliche Zielsprachabhängigkeit des Expansionspasses weiter erhöht und damit die Portabilität des Compilers herabsetzt.

Die verwendete Assemblersprache ist an der Assemblersprache des K1600 (MACRO 1600) orientiert. Folgende Befehle stehen zur Verfügung:

Befehl	Wirkung
MOV s,d	d:=s
NEG d	d:=-d
ADD s,d	d:=d+s
SUB s,d	d:=d-s
MUL s,d	d:=d*s
DIV s,d	d:=d/s

Die Operanden s und d können folgende Formen annehmen:

- id – Identifikator (Zugriff auf die durch den Identifikator bezeichnete Hauptspeicherzelle)
- #const – Literal (Zugriff auf eine Hauptspeicherzelle, die die Konstante enthält)
- RO – Register O (Zugriff auf den Inhalt des Registers O)
- (SP) – indirekt gemäß Register SP (Zugriff auf die Hauptspeicherzelle, deren Adresse im Register SP steht)
- -(SP) – wie (SP), vor dem Zugriff wird jedoch der Inhalt von SP um eine Adreßeinheit zurückgesetzt
- (SP)+ – wie (SP), nach dem Zugriff wird jedoch der Inhalt von SP um eine Adreßeinheit erhöht

Bemerkung:
Die Möglichkeit des Indirektzugriffes gemäß des Registers SP (stack pointer) in den Formen (SP), -(SP) und (SP)+ gestattet eine effektive, hardwaremäßig unterstützte Organisation eines Kellers. Dies erweist sich für die Umsetzung von RPN-Ausdrücken als außerordentlich vorteilhaft.

10.6.1. DIREKTE GENERIERUNG

Von direkter Generierung soll gesprochen werden, wenn die Prozeduren des Expansionspasses anhand der aus dem RPN-Programm und den Tabellen ermittelten Informationen direkt über Zeichenkettenoperationen die Zielprogrammzeilen zusammensetzen und ausgeben.

Es sollen zwei Varianten der direkten Generierung für arithmetische Ausdrücke diskutiert werden. Die Generierung verläuft analog zur interpretativen Abarbeitung von RPN-Ausdrücken. Anstelle der sofortigen Ausführung einer RPN-Instruktion erfolgt nun die Erzeugung der Assemblerbefehle, die die RPN-Instruktion realisieren. Der steuernde Algorithmus ist in beiden Varianten gleich und in der Prozedur generiere ausdruck angegeben. Es seien die Definitionen

mode rpn instruktion = struct (int kode, typ typ, par parameter)
rpn instruktion rpn instruktion

gegeben. Vom Eingabeband werden durch die Prozedur

proc lesen instruktion = (ref rpn instruktion rpn instruktion) void:

sequentiell die RPN-Instruktionen des RPN-Programms gelesen und verarbeitet. Wird der Anfang eines Ausdrucks erkannt, so erfolgt der Aufruf der Prozedur generiere ausdruck. Weiterhin werden folgende Prozeduren benötigt:

```
proc generiere = (string operationskode, operand) void:
co erzeugt aus dem operationskode und dem operand einen gültigen
   assemblerbefehl und gibt diesen aus co
proc name = (par parameter) string:
co erzeugt aus dem parameter einen gültigen operanden der assembler-
   sprache co
```

Bemerkung:

Der Einfachheit halber sei angenommen, daß bei Identifikatoren ihre Quellform benutzt werden kann. In der Praxis müssen spezielle, eindeutige Zielprogrammnamen erzeugt werden. Als Typ wird hier immer INT vorausgesetzt.

```
proc generiere ausdruck = void:
begin
  bool ausdrucksende erkannt:=false;
  initialisierung;
  while not ausdrucksende erkannt
  do
    if kode of rpn instruktion=LOAD
      then
        semantik LOAD
      else
        if kode of rpn instruktion=MINUS
          then
            semantik einstellige operation
          else
            if kode of rpn instruktion=ADD or
               kode of rpn instruktion=SUB or
               kode of rpn instruktion=MUL or
               kode of rpn instruktion=DIV
              then
                semantik zweistellige operation
              else
                ausdrucksende erkannt:=true
            fi
        fi
    fi;
    if not ausdrucksende erkannt
      then
        lesen instruktion (rpn instruktion)
    fi
  od;
  endebehandlung
end
```

Variante 1

Bei dieser Generierungsvariante werden die Möglichkeiten der betrachteten Assemblersprache zur hardwaremäßig unterstützten Kellerorganisation ausgenutzt. Der Vorteil ist darin zu sehen, daß jede RPN-Instruktion ohne Beachtung ihres Kontextes in einen Assemblerbefehl umgesetzt werden kann. Das Ergebnis des Ausdruckes ist in der durch das Register SP adressierten Hauptspeicherzelle zu finden.

```
proc initialisierung = void : skip

proc semantik LOAD = void:
generiere ("MOV", name (parameter of rpn instruktion)+", -(SP)")

proc semantik einstellige operation = void:
generiere ("NEG", "(SP)")

proc semantik zweistellige operation = void:
generiere (bestimme operationskode (kode of rpn instruktion), "(SP)+, (SP)")
```

```
proc bestimme operationskode = (int rpn kode) string:
if rpn kode=ADD
  then
    "ADD"
  else
    if rpn kode=SUB
      then
        "SUB"
      else
        if rpn kode=MUL
          then
            "MUL"
          else
            "DIV"
        fi
    fi
fi

proc endebehandlung = void : skip
```

Sei der folgende arithmetische Ausdruck und seine RPN-Entsprechung betrachtet:

```
RPN { Q: -a+3*(b/c-d) } =  LOAD    INT, a
                           MINUS   INT
                           LOAD    INT, 3
                           LOAD    INT, b
                           LOAD    INT, c
                           DIV     INT
                           LOAD    INT, d
                           SUB     INT
                           MUL     INT
                           ADD     INT
```

Dafür wird durch die obigen Generierungsprozeduren folgendes Zielprogramm erzeugt:

```
MOV   a, -(SP)
NEG   (SP)
MOV   #3, -(SP)
MOV   b, -(SP)
MOV   c, -(SP)
DIV   (SP)+, (SP)
MOV   d, -(SP)
SUB   (SP)+, (SP)
MUL   (SP)+, (SP)
ADD   (SP)+, (SP)
```

Die Äquivalenz zum vorgegebenen RPN-Ausdruck ist offensichtlich.

Variante 2

Bei dieser Variante wird davon ausgegangen, daß der Zielrechner nicht über einen Kellerspeicher verfügt. Damit ergibt sich das Problem, daß die bei der Abarbeitung des Ausdrucks anfallenden Zwischenresultate (implizite Operanden) nicht mehr in einem Operandenkeller abgelegt werden können. Es müssen Hilfsspeicherzellen bereitgestellt werden. Im Interesse eines sparsamen Umganges mit Hilfsspeicherzellen ist es nicht zweckmäßig, für jedes Zwischenresultat eine neue Hilfsspeicherzelle zu verwenden, sondern diese kellermäßig zu verwalten. Falls vor Ausführung einer RPN-Instruktion vom Typ $< m, n, 0 >$ hmax Hilfsspeicherzellen belegt sind und $m' \leq m$ Eingangsoperanden in Hilfsspeicherzellen zur Verfügung stehen, so sind nach Ausführung der Instruktion hmax-m'+n Hilfsspeicherzellen belegt. Zur kellermäßigen Verwaltung der Hilfsspeicherzellen führt das Generierungsprogramm einen Operandenkeller, in dem die Zielprogrammnamen der Eingangs- und Resultatoperanden abgelegt werden. Neben den bisher verwendeten Prozeduren werden folgende Prozeduren benötigt:

```
proc hilfsspeichername = (int nummer) string:
co erzeugt aus der als parameter vorgegebenen nummer der hilfsspeicherzelle einen
   zielprogrammnamen. hier sei angenommen, dass dieser die form H_nummer hat. co

proc ist hilfsspeichername = (string name) bool:
co liefert true, falls der als parameter uebergebene name
   der name einer hilfsspeicherzelle ist, sonst false co
```

Weiterhin werden die globalen Größen

```
int hmax;
string ergebnisoperand;
```

benötigt.

Werden die einzelnen RPN-Instruktionen ohne Beachtung ihres Kontextes in Assemblerbefehle umgesetzt, so entsteht bei dieser Variante ein uneffektiver Zielcode, da

- zuviele Hilfsspeicherzellen verwendet werden und
- unnötige Speicher-Lade-Operationen mit dem Register R0 generiert werden.

Zur Vermeidung dieser Nachteile realisiert der Generierungsalgorithmus folgende Maßnahmen:

- Das Ergebnis einer Instruktion wird nur dann aus dem Register R0 in eine Hilfsspeicherzelle gespeichert, wenn die nachfolgende Instruktion nicht auf dieses Ergebnis als ersten Operanden zugreifen kann.
- Die Kommutativität der Operatoren + und * wird beachtet.

```
proc initialisierung = void:
begin
  initialisieren (operandenkeller);
  hmax:=0;
  ergebnisoperand:=""
end

proc semantik LOAD = void:
kellern (operandenkeller, name (parameter of rpn instruktion))

proc semantik einstellige operation = void:
begin
  string operand:=entkellern (operandenkeller);
  if ergebnisoperand=""
    then
      generiere ("MOV", operand+", R0");
    else
      if ergebnisoperand/=operand
        then
          generiere ("MOV", "R0, "+ergebnisoperand);
          generiere ("MOV", operand+", R0")
      fi
  fi;
  ergebnisoperand:=ergebnis einstellige operation (operand);
  generiere ("NEG", "R0");
  kellern (operandenkeller, ergebnisoperand)
end

proc ergebnis einstellige operation = (string operand) string:
begin
  if not ist hilfsspeichername (operand)
    then
      hmax:=hmax+1
  fi;
  hilfsspeichername (hmax)
end
```

```
proc semantik zweistellige operation = void:
begin
  string operand 1, operand 2;
  operand 2:=entkellern (operandenkeller);
  operand 1:=entkellern (operandenkeller);
  if ergebnisoperand=""
    then
      generiere ("MOV", operand 1+", R0")
    else
      if ergebnisoperand=operand 2
        then
          if kode of rpn instruktion=SUB or kode of rpn instruktion=DIV
            then
              generiere ("MOV", "R0, "+ergebnisoperand);
              generiere ("MOV", operand 1+", R0")
            else
              operand 2:=operand 1;
              operand 1:=ergebnisoperand
          fi
        else
          if ergebnisoperand/=operand 1
            then
              generiere ("MOV", "R0, "+ergebnisoperand);
              generiere ("MOV", operand 1+", R0")
          fi
      fi
  fi;
  ergebnisoperand:=ergebnis zweistellige operation (operand 1, operand 2);
  generiere (bestimme operationskode (kode of rpn instruktion), operand 2+", R0");
  kellern (operandenkeller, ergebnisoperand)
end

proc ergebnis zweistellige operation = (string operand 1, operand 2) string:
begin
  if ist hilfsspeichername (operand 1) and ist hilfsspeichername (operand 2)
    then
      hmax:=hmax-1
    else
      if not ist hilfsspeichername (operand 1) and not ist hilfsspeichername (operand 2)
        then
          hmax:=hmax+1
      fi
  fi;
  hilfsspeichername (hmax)
end

proc endebehandlung = void:
begin
  string operand:=entkellern (operandenkeller);
  if not ist hilfsspeichername (operand)
    then
      generiere ("MOV", operand+", R0")
  fi
end
```

Bemerkungen:

- Das Ergebnis des Ausdrucks wird im Register R0 bereitgestellt.
- Die in den Generierungsprozeduren angewandte Methode, die Zielprogrammnamen in ihrer Zeichenform im Operandenkeller zu speichern, wird in der Praxis nicht verwendet. Es werden i.allg. nur Indizes, aus denen die Zielprogrammnamen rekonstruiert werden können, benutzt.

Für das Beispiel aus Variante 1 wird jetzt folgender Zielkode erzeugt:

```
MOV   a, R0
NEG   R0
MOV   R0, H_1
MOV   b, R0
DIV   c, R0
SUB   d, R0
MUL   #3, R0
ADD   H_1, R0
```

Obwohl mit den vorangehenden Erläuterungen und Beispielen die Problematik der Zielkodegenerierung für reale Maschinen bei weitem nicht erschöpfend behandelt wurde, läßt sich doch daraus ableiten, welche Algorithmen benötigt werden und welche Daten verarbeitet werden müssen. Sowohl die Algorithmen als auch die Daten lassen sich in zielsprachunabhängige und zielsprachabhängige Teile zerlegen.

Zielsprachunabhängige Daten sind z.B. die RPN-Instruktionen einschließlich ihrer Parameter sowie Daten, die aus den Tabellen des Compilers gewonnen werden können (Wertartinformationen, Speicherzuweisungsattribute usw.).

Zielsprachabhängige Daten sind z.B. die Mnemoniks der Assemblerbefehle, Zielprogrammnamen und Zeichenketten, die zur Darstellung der Assemblerbefehle benötigt werden (",RO", "(SP)+, (SP)" usw.). Weiterhin sind dazu auch Daten zu rechnen, die in irgendeiner Weise Eigenschaften der Zielmaschine beschreiben, z.B. die maximale Zeichenzahl einer Assemblerzeile.

Zielsprachunabhängige Algorithmen sind z.B. die Prozeduren zum Lesen der RPN-Instruktionen, zum sequentiellen Durchmustern des RPN-Programms, zur Bereitstellung von Daten aus den Compilertabellen sowie zur Verwaltung des Operandenkellers und der Hilfsspeicherzellen.

Zielsprachabhängige Algorithmen sind z.B. die Prozeduren zur Generierung der Zielprogrammnamen und Zielprogrammzeilen sowie die in den vorangegangenen Beispielen angegebenen Semantikprozeduren. Die zuletzt genannten Prozeduren werten die aufgesammelten zielsprachunabhängigen Daten aus und erzeugen daraus zielsprachabhängige Daten.

Ein wesentlicher Nachteil der direkten Generierung ist darin zu sehen, daß zielsprachunabhängige und zielsprachabhängige Daten und Algorithmen vermischt auftreten. Eine Änderung der Zielsprache ist deshalb immer mit einer vollständigen Überarbeitung bzw. Neuimplementation des Expansionspasses verbunden. Die in den folgenden Abschnitten kurz diskutierten Generierungsmethoden versuchen, diesen Nachteil zu vermeiden, indem zielsprachunabhängige und zielsprachabhängige Bestandteile sorgfältig getrennt werden. Es sei ausdrücklich darauf hingewiesen, daß ein Expansionspaß niemals völlig zielsprachunabhängig arbeiten kann. Er kann jedoch so aufgebaut und strukturiert werden, daß eine Änderung der Zielsprache mit geringem Aufwand möglich ist.

10.6.2. MODELLTEXTE UND ZIELKODETABELLEN

Das Ziel der hier diskutierten Methoden besteht darin, zielsprachabhängige Daten aus den Generierungsprozeduren zu entfernen und in besonderen Tabellen zusammenzufassen. Die Vorgehensweise sei an zwei Beispielen erläutert.

Beispiel 1

Es sei eine Operationskodetabelle der folgenden Form gegeben.

```
mode element = struct (int rpn kode, string mnemonik);
int kodeanzahl=4;
[1:kodeanzahl] element operationskodetabelle=
  ((ADD, "ADD"), (SUB, "SUB"), (MUL, "MUL"), (DIV, "DIV"));
```

Dann kann die Prozedur zur Bestimmung des Operationskodes (vgl. 10.6.1., Variante 1) wie folgt formuliert werden.

```
proc bestimme operationskode = (int rpn kode) string:
begin
  bool gefunden:=false;
  int i:=1;
  while not gefunden
  do
    if rpn kode=rpn kode of operationskodetabelle[i]
    then
      gefunden:=true
    else
      i:=i+1
    fi
  od;
  mnemonik of operationskodetabelle[i]
end
```

Diese Prozedur ist nun zielsprachunabhängig. Ein einfacher Austausch der Operationskodetabelle gestattet den Übergang auf eine Zielsprache mit anderen Mnemoniks.

Beispiel 2

Betrachtet sei die Prozedur semantik einstellige Operation der Variante 2 von 10.6.1. Dort sind im allgemeinen Fall drei Zielprogrammbefehle zu generieren, die sich aus konstanten und variablen Anteilen zusammensetzen. Diese Befehle können durch einen Modelltext wie folgt dargestellt werden.

```
string modelltext MINUS=
"%TMOV%TRO%PO1%Z%TMOV%T%PO2,RO%Z%TNEG%TRO%Z"
```

Dabei bedeuten:

- %T - Tabulator
- %Z - Zeilenende
- %Pxx - Einkopieren des Parameters xx in den Text

Alle anderen Zeichen repräsentieren sich selbst. Ein Modelltext kann mit einem Makro verglichen werden. Bei seiner Expansion werden Zeichenketten erzeugt und ausgegeben, wobei die durch % gekennzeichneten Steuerzeichen gemäß ihrer oben beschriebenen Semantik behandelt werden.

Für die erwähnte Prozedur ergibt sich für den allgemeinen Fall damit folgende Lösung:

```
proc semantik einstellige operation = void:
begin
  string operand:=entkellern (operandenkeller);
  expansion (modelltext MINUS, ergebnisoperand, operand);
  ergebnisoperand:=ergebnis einstellige operation (operand);
  kellern (operandenkeller, ergebnisoperand)
end
```

Diese Prozedur ist zumindest in der Hinsicht zielsprachunabhängig, daß in ihr keine zielsprachabhängigen Daten mehr auftreten. Wird angenommen, daß H_1 der aktuelle Ergebnisoperand ist und daß der Operand a das oberste Element des Operandenkellers ist, so wird bei Verwendung des angegebenen Modelltextes der Zieltext

```
MOV  RO, H_1
MOV  a, RO
NEG  RO
```

generiert. Wird dagegen der Modelltext

```
string modelltext MINUS=
"%TSPA%T%PO1%Z%TLDA%T%PO2%Z%TZKA%Z"
```

verwendet, so erzeugt die Prozedur den Zieltext

```
SPA  H_1
LDA  a
ZKA
```

Die Arbeit mit Modelltexten kann in verschiedener Hinsicht verfeinert werden. Insbesondere ist es möglich, verschiedene Parameterarten einzuführen und auf diese Art und Weise z.B. die Erzeugung der Zielprogrammnamen während der Expansion der Modelltexte vorzunehmen.

10.6.3. MAKROSYSTEME UND VARIABLE ZIELKODEGENERIERUNG

Obwohl die im vorigen Abschnitt diskutierte Methode der Modelltexte und Zielkodetabellen die Zielsprachunabhängigkeit der Generierungsprozeduren deutlich erhöht, sind ihrer Wirksamkeit doch relativ enge Grenzen gesetzt. Ein Vergleich der Generierungsvarianten aus 10.6.1. zeigt deutliche Unterschiede in den algorithmischen Abläufen, die durch Modelltexte nicht ausgeglichen werden können.

Ein erster Schritt zur Lösung dieses Problems geht von dem Gedanken aus, Modelltexte mit Makros zu vergleichen. Deshalb liegt es nahe, die bei Makros übliche Technik der bedingten Makroexpansion auf die Modelltexte zu übertragen. Die Routine zur Expansion von Modelltexten wird deshalb neben den bisher verwendeten Parametern mit Steuerinformationen parametrisiert, die während der Expansion abgefragt werden können und so den Verlauf der Generierung steuern.

Eine konsequente Weiterführung dieses Gedankens führt zu folgendem Modell eines variablen Zielkodegenerators.

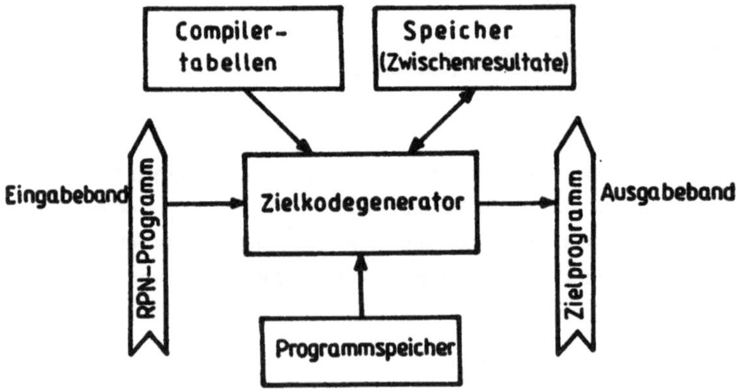

Abb. 10.16: Modell eines variablen Zielkodegenerators

Der Zielkodegenerator arbeitet wie ein Interpreter. Er enthält Operationen zum Zugriff auf die anderen Komponenten des Modells (Ein- und Ausgabeband, Compilertabellen, Speicher, Programmspeicher) sowie zur Verarbeitung der durch diese Zugriffe gewonnenen Daten. Wesentlich ist, daß alle diese Operationen zielsprachunabhängig sind. Alle zur Generierung notwendigen zielsprachabhängigen Algorithmen und Daten sind im Programmspeicher abgelegt. Der Zielkodegenerator arbeitet die im Programmspeicher abgelegten Generierungsalgorithmen interpretativ ab. Deshalb ist ein Austausch des Programms im Programmspeicher ausreichend, um den Zielkodegenerator zur Generierung eines völlig anders gearteten Zielprogramms zu veranlassen.

Die mit der variablen Zielkodegenerierung verbundenen Probleme sind zahlreich und sollen hier nicht diskutiert werden. Die praktische Erprobung eines solchen Zielkodegenerators im CDL1600-Programmiersystem hat jedoch gezeigt, daß diese Methode erstens realisierbar ist und zweitens hervorragende Ergebnisse bezüglich der Variabilität der Zielkodegenerierung liefert. In dem erwähnten Programmiersystem ist der Programmspeicher des variablen Zielkodegenerators in einer externen Datei angesiedelt. Dadurch gelingt es, ohne Änderung des Compilers selbst, sondern nur durch Austausch dieser externen Datei, Zielkode für verschiedene, faktisch beliebige Rechner zu erzeugen.

Übungen:

1) Gib die RPN-Zielprogrammentsprechung für den Ausdruck

   $A + B\left[I + 3 * I,\ I\right] * C \leq D$ <u>or</u> <u>not</u> E

   an!

2) Gib für die in 10.2.2. und 10.2.3. behandelten Beispiele die reduzierten Syntaxbäume (abstrakte Syntax) an und zeige, daß die rechtslineare Darstellung dieser Syntaxbäume den angegebenen RPN-Zielkode liefert!

3) Gib für das Programmstück

```
min:=x[1];
i:=2;
while i<=n
do
   if min>x[i]
      then
         min:=x[i]
   fi
od
```

   die RPN-Zielprogrammentsprechung an! Dabei sind min und x vom Typ REAL und i und n vom Typ INT.

4) Gegeben sei eine Fallauswahl in der Form

   <u>case</u> A <u>in</u> $\underline{const}_1$: AN_1, ..., $\underline{const}_n$: AN_n <u>out</u> AN_{n+1} <u>esac</u> mit

   A - Ausdruck mit ganzzahligem Resultat

   $\underline{const}_i$ - ganzzahlige Konstante ($1 \leq i \leq n$)

   AN_i - Anweisungen ($1 \leq i \leq n + 1$)

   Der Ausdruck wird berechnet und sein Wert mit den Konstanten $\underline{const}_i$

verglichen, bis festgestellt wird, daß Gleichheit vorliegt, oder bis alle Konstanten überprüft wurden. Stimmt der Wert des Ausdrucks mit $\underline{const}_i$ überein, so wird AN_i abgearbeitet, andernfalls AN_{n+1} (falls angegeben).

a) Gib die RPN-Zielprogrammentsprechung der Fallauswahl an!

b) Gib Syntaxregeln zur Übersetzung der Fallauswahl einschließlich zugeordneter semantischer Aktionen an!

c) Gib für die Fallauswahl

   <u>case</u> I+2 <u>in</u> 2: X:= 0, 3: Y:= 1, 4: Z:= Z+10 <u>out</u> I:= 0 <u>esac</u>

   die RPN-Zielprogrammentsprechung an!

5) Gegeben sei eine Laufanweisung in der Form

   <u>for</u> LV <u>from</u> A1 <u>by</u> A2 <u>to</u> A3 <u>do</u> AF <u>od</u>

mit

LV	- Variable vom Typ INT (Laufvariable)
A1, A2, A3	- Ausdrücke vom Typ INT (Anfangswert, Schrittweite Endwert)
AF	- Anweisungsfolge

Die Semantik dieser Laufanweisung kann durch

```
    H1:=A1;
    H2:=A2;
    H3:=A3;
    LV:=H1;
 M: if H2>0 and LV<=H3 or H2<0 and LV>=H3 or H2=0
      then
        AF;
        LV:=LV+H2;
        goto M
    fi
```

beschrieben werden (H1, H2 und H3 sind Hilfsvariable vom Typ INT, die vom Compiler bereitgestellt werden müssen).

a) Gib für derartige Laufanweisungen eine RPN-Zielprogrammentsprechung an!

b) Gib Syntaxregeln zur Übersetzung der Laufanweisung einschließlich zugeordneter semantischer Aktionen an!

c) Gib für die Laufanweisung

   <u>for</u> i <u>from</u> 1 <u>by</u> 1 <u>to</u> n <u>do</u> y [i,i] := 0 <u>od</u>

   die RPN-Zielprogrammentsprechung an und überprüfe das Resultat durch Aufstellen des Syntaxbaumes und Ableitung seiner rechtslinearen Darstellung!

<u>Lösungshinweise:</u>

- Zu beachten ist die semantische Festlegung, daß die Zuweisung des Anfangswertes erst nach der Berechnung der Schnittweite und des Endwertes erfolgen darf. Auf die Einführung der Hilfsvariablen H1 kann jedoch verzichtet werden, wenn im Operandenkeller zunächst die Adresse der Laufvariablen und der Resultatwert des Ausdruckes A_1 abgelegt werden, anschließend die Schrittweite und der Endwert berechnet und an die Hilfsvariablen zugewiesen werden, und dann anhand der im Keller bereitstehenden Informationen die Zuweisung des Anfangswertes an die Laufvariable erfolgt.

- Zur Bereitstellung und Verwaltung der Hilfsvariablen sind geeignete Prozeduren zu definieren. Wegen der möglichen Verschachtelung von Laufanweisungen muß die Verwaltung der Hilfsvariablen sowie der Laufvariablen im Übersetzungskeller erfolgen.

6) Bestimme für das Feld

    [1: 4, -1: 1, 9: 10] <u>real</u> Y

den Speicherplatzbedarf, die Leitadresse und den Deskriptor, wobei angenommen wird, daß das erste Element des Feldes die Adresse 1000 besitzt! Bestimme mit Hilfe der Speicherplatzabbildungsfunktion die Adresse der indizierten Variablen Y [3, 0, 10] und überprüfe das Ergebnis durch Angabe der physischen Reihenfolge der Feldelemente im Speicher!

7) Gib Syntaxregeln zur Deklaration von Strukturen an und beschreibe über interne semantische Aktionen, die diesen Syntaxregeln zugeordnet werden, wie die den Selektoren zugeordneten Relativadressen ermittelt werden können! Die ermittelten Relativadressen werden in die Symboltabelle eingetragen. Dazu sind geeignete Prozeduren zu definieren.

8) Gegeben seien die Definitionen

```
mode person =
    struct (string name, vorname,
            struct (string ort, strasse, int hausnummer) adresse,
            int alter);
person kollege;
```

a) Bestimme für die Selektoren der Struktur <u>person</u> die Relativadressen unter der Voraussetzung speicherbedarf(<u>string</u>) = 20! Dazu sind die Ergebnisse der Aufgabe 7 zu benutzen.

b) Bestimme für die Selektion

    strasse <u>of</u> adresse <u>of</u> kollege

den Syntaxbaum und zeige, daß seine rechtslineare Darstellung den richtigen Zielkode liefert!

9) Bestimme für Mengenausdrücke, die als Operanden Mengenvariable sowie geklammerte Teilausdrücke und als Operatoren Vereinigung ($\cup$), Durchschnitt ($\cap$) und Differenz (-) enthalten können, Syntaxregeln und ordne ihnen semantische Aktionen zur Generierung eines RPN-Zielkodes zu. Es sei vorausgesetzt, daß eine Mengenvariable durch ein Speicherwort, das als Bitvektor interpretiert wird, implementiert wird. Die Wirkung der RPN-Operatoren NOT, AND und OR sei so definiert, daß sie auf alle Bit eines Wortes parallel wirken. Überprüfe die Lösung durch ein Beispiel! Diskutiere die Konsequenzen für den Fall, daß eine Mengenvariable mehrere Speicherworte umfaßt!

10) Es sei angenommen, daß Mengen durch Listen implementiert werden, deren Elemente durch

```
mode element = struct (int mengenelement,
                       ref element naechstes element)
```

erklärt werden. Eine Menge wird als Adresse, die auf das erste Element der Liste verweist, implementiert. Gib eine Prozedur an, die aus zwei Mengen die Durchschnittsmenge bildet!

Über die Prozedur

```
proc liefere neues element = ref element:
```

sei die Bereitstellung neuer Listenelemente möglich.

11) Gib für die Prozedur

```
proc mittel = (real x, y) real: (x + y)/2;
```

den RPN-Zielkode an! Es sei dynamische Prozedurorganisation vorausgesetzt.

12) Es sei der Prozeduraufruf

```
mittel (sin(x) + 0.5, cos (y - 0.5))
```

gegeben.

a) Gib den RPN-Zielkode für diesen Prozeduraufruf an!

b) Stelle schematisch die Belegung des Operandenkellers und des Laufzeitspeichers zu folgenden Zeitpunkten dar:

- unmittelbar vor und nach dem Aufruf der Standardfunktion;
- unmittelbar vor und nach dem Aufruf der Prozedur mittel!

11. Optimierung

Bekanntlich benötigen Programme, die in einer höheren Programmiersprache geschrieben sind, mehr Speicherplatz und eine höhere Laufzeit als vergleichbare Assemblerprogramme. Die Ursachen dafür sind im wesentlichen in der Tatsache zu suchen, daß ein Compiler die einzelnen problemorientierten Sprachkonstruktionen in solche Zielprogrammbefehlsfolgen übersetzen muß, die in jedem Fall die semantische Äquivalenz zwischen Quellsprach- und Zielsprachkonstruktion gewährleisten. Für die Zielkodegenerierung bedeutet diese Allgemeingültigkeit jedoch, daß, ausgehend von der konkreten Quellsprachkonstruktion, nicht immer die Auswahl des entsprechenden optimalen Zielkodes erfolgt und die funktionellen Möglichkeiten des Zielrechners nicht voll ausgenutzt werden. Dieser Nachteil kann durch Optimierungsverfahren, die allerdings zumeist sehr aufwendig sind, bis zu einem gewissen Grade ausgeglichen werden. Gleichzeitig können durch solche Verfahren auch Uneffektivitäten, die ihre Ursache in einem schlechten Programmierstil haben, verringert werden.

11.1. PROBLEMANALYSE

Zur Lösung eines Optimierungsproblems ist zunächst eine Zielfunktion und der zulässige Bereich, in dem optimiert werden darf, anzugeben. Für den vorliegenden Fall kann dies wie folgt geschehen.

<u>Optimierungsaufgabe</u>

Gegeben seien
- eine Menge $\underline{P}$ äquivalenter Programme und
- eine Zielfunktion f(p), die jedes Programm $p \in \underline{P}$ bewertet.

Gesucht ist das Programm $p^* \in \underline{P}$ mit

$$f(p^*) = \min_{p \in \underline{P}} f(p).$$

Die Bestimmung des zulässigen Bereiches $\underline{P}$ basiert auf den folgenden Definitionen.

D 11.1.: Ein Programm p ist eine <u>Transformationsvorschrift</u>

$$p: \underline{E}_p^* \longrightarrow \underline{R}_p^*,$$

die Zeichenreihen über einem Eingabealphabet $\underline{E}_p$ in Zeichenreihen über einem Resultatalphabet $\underline{R}_p$ überführt.

Diese Definition betrachtet das Programm als Blackbox und beschreibt nur das Resultat der Transformation bei vorgegebener Eingabe.

D 11.2.: Zwei <u>Programme</u> p1 und p2 heißen <u>äquivalent</u> bezüglich $\underline{E}^*$, falls gilt:

- $\underline{E}^* \subseteq \underline{E}_{p1}^* \cap \underline{E}_{p2}^*$
- $\forall e\,[e \in \underline{E}^* \longrightarrow p1(e) = p2(e)]$.

Diese Definition besagt, daß zwei Programme dann äquivalent sind, wenn sie für jede Eingabeinformation des Bereiches $\underline{E}^*$ gleiche Ergebnisse liefern. Daraus folgt D 11.3.

D 11.3.: Für ein gegebenes Programm p1 ist der zulässige Bereich $\underline{P}(p1)$ der Optimierung

$$\underline{P}(p1) = \{p : p \text{ und } p1 \text{ sind äquivalent bezüglich } \underline{E}^*_{p1}\}$$

Die Frage der Zielfunktion f(p) ist problematischer, da entweder bezüglich der Abarbeitungszeit t(p) oder bezüglich des Speicherplatzbedarfes sp(p) optimiert werden kann. Dabei ist das Programm mit minimaler Abarbeitungszeit oft nicht das Programm mit minimalem Speicherplatzbedarf und umgekehrt. Zunächst seien beide Funktionen getrennt betrachtet.

Satz 11.1.: Sei $\underline{A}(p)$ die Menge der Anweisungen und $\underline{D}(p)$ die Menge der Daten (Konstanten, Variable usw.) eines Programms p. Seien weiterhin t(a) die Abarbeitungszeit und sp(a) der Speicherplatzbedarf einer Anweisung $a \in \underline{A}(p)$ sowie sp(d) der Speicherplatzbedarf eines Datums $d \in \underline{D}(p)$. Dann ist

$$t(p) = \sum_{a \in \underline{A}(p)} c_a * t(a)$$ die <u>Abarbeitungszeit</u> und

$$sp(p) = \sum_{a \in \underline{A}(p)} sp(a) + \sum_{d \in D(p)} sp(d)$$ der <u>Speicherplatzbedarf</u>

des Programms p. Dabei sind die c_a Faktoren, die ausweisen, mit welchem Gewicht eine Anweisung $a \in \underline{A}(p)$ in die Zielfunktion t(p) eingeht.

Aus diesem Satz lassen sich drei wesentliche Schlußfolgerungen ableiten:

- Die Zielfunktion t(p) ist nicht exakt bestimmbar, da die Faktoren c_a von den Eingabedaten abhängen und deshalb bestenfalls Erwartungswerte ermittelt werden können.
- Die Zielfunktion sp(p) ist bestimmbar, allerdings ist damit ein relativ hoher Aufwand verbunden. Hinzu kommt, daß sie abhängig von der Zielsprache ist.
- Nach der angegebenen Funktionen führt die Verbesserung einer Anweisung $a \in \underline{A}(p)$ bezüglich t(a) oder sp(a) zur Verbesserung von t(p) bzw. sp(p), obwohl das Maß der Verbesserung im allgemeinen nicht angegeben werden kann.

Aus der letzten Schlußfolgerung läßt sich die folgende Strategie der Programmoptimierung ableiten. Ein gegebenes Programm p1 wird durch Änderung einer oder mehrerer Anweisungen so in ein Programm p2 transformiert, daß erstens p1 und p2 äquivalent bezüglich $\underline{E}^*_{p1}$ sind, d.h., $p2 \in \underline{P}(p1)$ gilt, und zweitens eine Verbesserung der geänderten Anweisungen bezüglich t(a) und/oder sp(a) eintritt. Für den Fall, daß eine solche Transformation die eine Zielfunktion verbessert, die andere aber verschlechtert, muß entschieden werden, ob die Transformation auszuführen ist oder nicht. Die meisten der im folgenden dargestellten Transformationen sind aber so beschaffen, daß beide Zielfunktionen verbessert werden. In der Praxis wird vorrangig die Abarbeitungszeit optimiert. Aus diesen Überlegungen folgt D 11.4.

D 11.4.: Die Programmoptimierung erfolgt anhand der Zielfunktion

$$f(p) = g_t * t(p) + g_{sp} * sp(p)$$

Dabei sind g_t und g_{sp} Gewichte, mit denen t(p) und sp(p) in f(p) eingehen.

Es sei nochmals darauf hingewiesen, daß diese Zielfunktion nur von theoretischem Interesse ist, da ihre konkreten Werte nicht ermittelt werden können. Bei der Programmoptimierung wird deshalb i.allg. nicht das echte Optimum erzielt.

11.2. DIE WESENTLICHSTEN OPTIMIERUNGSMÖGLICHKEITEN

Die Optimierungsmöglichkeiten eines Compilers sind darauf beschränkt, im Rahmen des vorgegebenen Algorithmus uneffektive Anweisungskombinationen zu erkennen und zu verbessern. Deshalb kann durch Optimierungsmaßnahmen ein von der Sache her uneffektiver Algorithmus niemals durch einen besseren ersetzt werden. Die bekannten Optimierungsmöglichkeiten lassen sich in zweierlei Hinsicht klassifizieren:

- nach dem Sprachniveau, auf das sie anwendbar sind, und
- nach dem Umfang des Kontextes, der ausgewertet werden muß, um ihre Anwendbarkeit festzustellen.

Bezüglich der ersten Klassifizierung lassen sich maschinenunabhängige (quellsprachbezogene) und maschinenabhängige (zielsprachbezogene) Optimierungsmöglichkeiten unterscheiden. Bezüglich der zweiten Klassifizierung unterscheidet man

- formelbezogene Optimierungsmöglichkeiten - der zu untersuchende Programmteil ist eine Formel;
- lokale Optimierungsmöglichkeiten - der zu untersuchende Programmabschnitt ist eine lineare Anweisungsfolge;
- globale Optimierungsmöglichkeiten - der zu untersuchende Programmabschnitt ist ein Programmteil, der nicht nur aus einer linearen Anweisungsfolge besteht, also z.B. eine Schleife, bzw. das gesamte Programm.

Im folgenden sollen die wesentlichsten maschinenunabhängigen Optimierungsmöglichkeiten an einfachen Beispielen kurz erläutert werden. Auf maschinenabhängige Optimierungsmöglichkeiten wird in 11.5. eingegangen.

1) <u>Ausführung von Berechnungen zur Übersetzungszeit (konstante Berechnungen)</u>

Sind alle in einer Berechnung eingehenden Größen Konstanten, so kann die Berechnung bereits zur Übersetzungszeit ausgeführt werden.

Beispiel:

```
a:=4;                      a:=4;
b:=a+3;        ───►        b:=7;
c:=2*3.14*r                c:=6.28*r
```

2) Eliminierung mehrfacher Berechnungen

Ist ein Ausdruck in zwei aufeinanderfolgenden Anweisungen enthalten und erfolgt zwischen diesen Anweisungen keine Wertveränderung der den Ausdruck bestimmenden Operanden, so kann der zweite Ausdruck eliminiert werden. Ein analoger Fall liegt vor, wenn in einer Formel gleiche Teilausdrücke mehrfach auftreten.

Beispiel:

```
a:=x+y;                        a:=x+y;
b:=(i+1+j)/(i+1);   ───►       h1:=i+1;
c:=x+y+z                       b:=(h1+j)/h1;
                               c:=a+z
```

Bemerkung:

Wie das Beispiel zeigt, müssen gegebenenfalls die Resultate von Ausdrücken bzw. Teilausdrücken in neu zu definierenden Hilfsvariablen abgelegt werden, um sie für spätere Anweisungen verfügbar zu machen.

3) Eliminierung überflüssiger Berechnungen

Anweisungen, deren Resultat nicht benötigt wird, können gestrichen werden.

Beispiel:

```
a:=2*i;
b:=x+y;        ───►        b:=x+y;
a:=x-y                     a:=x-y
```

Bemerkung:

Derartige überflüssige Berechnungen treten in Programmen meist nicht direkt auf, sondern sind das Resultat vorangehender Optimierungsschritte.

4) Äquivalente Umformung von Berechnungen

Innerhalb einer Anweisung wird eine Variable durch eine andere ersetzt, die den gleichen Wert besitzt.

Beispiel 1:

```
a:=m[i,j];         ───►        a:=m[i,j];
b:=m[i,j]+5                    b:=a+5
```

Der Optimierungseffekt beruht in der zweiten Wertzuweisung darin, daß der Zugriff auf die indizierte Variable komplizierter ist als auf die neue einfache Variable. Häufig verursacht eine äquivalente Umformung keinen unmittelbaren Optimierungseffekt, sondern schafft nur die Voraussetzung für andere Optimierungsschritte. Im folgenden Beispiel wird durch äquivalente Umformung erreicht, daß eine Berechnung überflüssig wird.

Beispiel 2:

```
a:=x;                  a:=x;
b:=a+y;     ──▶        b:=x+y;     ──▶     b:=x+y;
a:=y                   a:=y                a:=y
```

5) Auslagerung von Berechnungen aus Schleifen

Werden in einer Schleife Berechnungen vorgenommen, bei denen die eingehenden Größen innerhalb der Schleife ihren Wert nicht verändern, so können diese Berechnungen aus der Schleife ausgelagert werden.

Beispiel:

```
                                      a:=b+c;
for i from 1 by 1 to 100              for i from 1 by 1 to 100
do                                    do
  a:=b+c;              ──▶              x[i]:=a+i
  x[i]:=a+i                           od
od
```

6) Reduzierung der Komplexität von Operatoren

Diese Optimierung ist ein spezielles Verfahren zur Verbesserung der Laufzeit von Schleifen. Es wird versucht, die innerhalb einer Schleife mit den Laufvariablen auszuführenden Operationen durch weniger aufwendige Operationen zu ersetzen.

Beispiel:

```
                                      h1:=5+a;
for i from 1 by 2 to 100              for i from 1 by 2 to 100
do                                    do
  x[i]:=5*i+a          ──▶              x[i]:=h1;
od                                      h1:=h1+10
                                      od
```

Bemerkung:
Für diese Optimierung ist charakteristisch, daß zwar die Laufzeit verbessert, jedoch der Speicherplatzbedarf vergrößert wird.

7) Prozedurintegration

Obwohl Prozeduren vom Standpunkt der Programmiermethodologie äußerst wichtig sind, sind Prozeduraufrufe wegen der damit verbundenen Parametervermittlung häufig uneffektiv. Das Ziel der Prozedurintegration besteht in der Reduzierung dieser Uneffektivitäten. Dies erfolgt entweder dadurch, daß der Aufwand für die Parametervermittlung gesenkt wird, indem z.B. bestimmte Parameter über Register vermittelt werden, oder die Prozeduraufrufe durch den Prozedurrumpf substituiert werden. Voraussetzung ist, daß die Prozedur zusammen mit dem rufenden Programm übersetzt wird und folglich sämtliche Prozeduraufrufe bekannt sind.

Neben diesen wesentlichen Optimierungsmöglichkeiten existieren noch weitere, die häufig einen sehr speziellen Charakter tragen und von der konkreten Sprache abhängen. Die folgende Übersicht zeigt, in welchem Kontext die diskutierten Optimierungsmöglichkeiten angewandt werden können.

Optimierungsmöglichkeit	Kontext		
	Formel	lokal	global
Ausführen von Berechnungen zur Übersetzungszeit	*	*	*
Eliminierung mehrfacher Berechnungen	*	*	*
Eliminierung überflüssiger Berechnungen		*	*
äquivalente Umformung von Berechnungen		*	*
Auslagerung von Berechnungen aus Schleifen			*
Reduzierung der Komplexität von Operatoren			*
Prozedurintegration			*

Wie nicht anders zu erwarten, steigt die Zahl der Optimierungsmöglichkeiten mit dem Umfang des untersuchten Kontextes. Andererseits steigt auch mit dem Umfang des untersuchten Kontextes der Umfang der aufzusammelnden und auszuwertenden Daten und damit der Aufwand für die Optimierung. Die Praxis hat gezeigt, daß dieser Aufwand sehr viel schneller steigt als der Nutzen. Deshalb realisieren die meisten Compiler, die mit Programmoptimierung ausgerüstet sind, nicht das volle Spektrum der Optimierungsmöglichkeiten, sondern nur spezielle Verfahren, die auf Sprache und Maschine zugeschnitten sind und bei denen das Verhältnis zwischen Aufwand und Nutzen vertretbar ist.

Bei den oben betrachteten Beispielen fällt auf, daß die darin auftretenden Uneffektivitäten prinzipiell auch durch den Programmierer vermieden werden könnten. Es existieren jedoch eine Reihe von Fällen, wo dies nicht möglich ist.

Dazu sei angenommen, daß zur Bestimmung der Adressen von indizierten Variablen kein Operator SLICE verwendet wird, sondern die Speicherplatzabbildungsfunktion direkt durch eine Folge von Befehlen dargestellt wird. Ist z.B. die Deklaration

[1:10, 1 : 10] <u>real</u> x, y ;

gegeben, so wird die Zuweisung z := x [i, j] + y [i, j] sinngemäß in folgender Art übersetzt:

```
z:=HS[LAx+(i*10+j)*speicherbedarf(REAL)]
  +HS[LAy+(i*10+j)*speicherbedarf(REAL)]
```

Es liegt eine mehrfache Berechnung vor. Die optimale Lösung

```
h1:=(i*10+j)*speicherbedarf(REAL);
z:=HS[LAx+h1]+HS[LAy+h1]
```

kann der Programmierer nicht angeben, da ihm die Ausdrucksmittel fehlen. Sie kann deshalb nur vom Compiler selbst durch Optimierung erzeugt werden.

11.3. LOKALE OPTIMIERUNG

In diesem Abschnitt soll untersucht werden, wie im lokalen Kontext Optimierungen durchgeführt werden können. Da die Formeloptimierung nach den gleichen Prinzipien verläuft, wird auf sie nicht gesondert eingegangen. Zunächst ist die Klärung einiger Begriffe notwendig.

D 11.5.: Es ist $BB = (\underline{K}_{BB}, \underline{Z}_{BB}, k_a, k_e, I)$ ein <u>Basisblock</u>, wenn gilt:

- $(\underline{K}_{BB}, \underline{Z}_{BB}, k_a, k_e)$ ist ein linearer gerichteter Graph;
- Durch die Interpretationsvorschrift I wird jedem Knoten $k \in \underline{K}_{BB}$ eine Anweisung zugeordnet, die keine Programmverzweigung bewirkt.

<u>Bemerkungen:</u>

- In einem linearen, gerichteten Graphen existiert genau ein Weg von k_a nach k_e, auf dem alle Knoten des Graphen liegen. Er hat das folgende Aussehen:

$k_a = k_1 \quad k_e = k_n$

- Die Indizierung der Knoten kann immer in der angedeuteten Art erfolgen, so daß aus $i < j$ folgt, daß k_j Nachfolger von k_i ist. Dies wird im folgenden immer angenommen.
- Aus der zweiten Forderung der Definition folgt, daß Basisblöcke nur elementare Anweisungen, wie Wertzuweisungen, EA-Anweisungen usw., enthalten dürfen.

Basisblöcke sind die Teile eines Programms, in denen lokal optimiert werden kann. Wie Basisblöcke erkannt werden können, soll hier nicht diskutiert werden. Weiterhin sei einschränkend angenommen, daß den Knoten eines Basisblocks nur Wertzuweisungen zugeordnet sind und daß darin nur einfache Operanden (einfache Variable, Konstanten) einer Wertart durch zweistellige Operatoren (+, -, *, /) verknüpft werden.

D 11.6.: Die <u>Menge der Belegungsknoten</u> der Variablen v sei

$\underline{B}(v) = \{k_i : k_i \in \underline{K}_{BB} \wedge v$ tritt auf der linken Seite der Wertzuweisung $I(k_i)$ auf $\}$.

Die <u>Menge der Argumentknoten</u> der Variablen v sei

$\underline{A}(v) = \{k_i : k_i \in \underline{K}_{BB} \wedge v$ tritt auf der rechten Seite der Wertzuweisung $I(k_i)$ auf $\}$.

D 11.7.: Die <u>Variable</u> v heißt am Knoten k_i <u>frei</u>, falls gilt:

$$\exists k_j \left[i < j \wedge k_j \in \underline{B}(v) \right] \wedge$$
$$\forall k_l \left[i < l \leq j \longrightarrow k_l \notin \underline{A}(v) \right] \wedge$$
$$\forall k_l \left[i < l < j \longrightarrow k_l \notin \underline{B}(v) \right]$$

Anderenfalls heißt die Variable <u>gebunden</u>.

D 11.7. besagt, daß eine am Knoten k_i freie Variable v bis zu ihrem nächsten Belegungsknoten (k_j) nicht als Argument benötigt wird. Ist k_i nun selbst ein Belegungsknoten von v, d.h., gilt $k_i \in \underline{B}(v)$, so ist offensichtlich die im Knoten k_i vorgenommene Berechnung überflüssig und kann gestrichen werden. Freie Variable sind deshalb eine Voraussetzung für das Auftreten überflüssiger Berechnungen. Ein Ziel der Analyse des Basisblocks muß es folglich sein, freie Variable zu erkennen bzw. durch äquivalente Umformung von Berechnungen zu schaffen.

Voraussetzung für jede Optimierung ist die Möglichkeit, über den betrachteten Programmabschnitt syntaktische und semantische Informationen sammeln und auswerten zu können. Es muß also möglich sein, innerhalb eines Basisblockes die Struktur der Formeln bzw. Wertzuweisungen und die wertmäßige Belegung der eingehenden Operanden zu ermitteln. Dazu bietet sich insbesondere der in 5.4.1. behandelte Formelbaum an. Die Analyse der wertmäßigen Belegung der Operanden hat zwei Ziele:

- Es soll ermittelt werden, welche Operanden eine Konstante als Wert besitzen. Darauf aufbauend können konstante Berechnungen durchgeführt werden.
- Es soll festgestellt werden, welche Operanden den gleichen Wert besitzen. Aufgrund dieser Informationen können sowohl Berechnungen äquivalent umgeformt als auch mehrfache Berechnungen erkannt werden.

Als Hilfsmittel zur Erkennung und Auswertung wertmäßiger Zusammenhänge zwischen Operanden und Ausdrücken, d.h., der Datenflußbeziehungen, über die Grenzen einer Wertzuweisung hinaus, haben sich Wertenummern bewährt.

D 11.8.: Eine <u>Wertenummer</u> WN ist der Repräsentant eines bestimmten Wertes. Die Wertenummer einer Konstanten ist die Konstante selbst. Die Wertenummer eines unbekannten, d.h., nicht bestimmbaren Wertes, wird durch eine unterstrichene ganze Zahl dargestellt.

Jedem Operanden op kann zu jedem Zeitpunkt seines Auftretens im Programm eine Wertenummer WN(op) und damit eine Charakterisierung seines aktuellen Wertes zugeordnet werden. Für die Vergabe von Wertenummern gelten folgende Prinzipien:

- Allen Operanden, für die aufgrund der Analyse einer Anweisungsfolge festgestellt wird, daß sie den gleichen Wert besitzen, wird die gleiche Wertenummer zugeordnet.
- Kann für zwei Operanden ein derartiger Zusammenhang nicht festgestellt werden, so werden ihnen unterschiedliche Wertenummern zugeordnet.

Daraus folgt:

- Die Zuordnung von Wertenummern an die Operanden ist variabel und hängt davon ab, welche Anweisung des Basisblocks betrachtet wird.
- Am Anfangsknoten des Basisblocks, d.h., bei Eintritt in den Basisblock, müssen allen Variablen unterschiedliche Wertenummern zugeordnet werden.

In der folgenden Abbildung wird die Vergabe von Wertenummern an einem sehr einfachen Beispiel demonstriert.

```
          ← ①
x := 2;
a := b;
y := x;
          ← ②
```

Variable	a	b	x	y
Wertenummer Zeitpunkt ①	$\underline{1}$	$\underline{2}$	$\underline{3}$	$\underline{4}$
Wertenummer Zeitpunkt ②	$\underline{2}$	$\underline{2}$	2	2

Abb. 11.1: Beispiel für die Vergabe von Wertenummern

Die zum Zeitpunkt 2 gewonnenen Informationen sind in zweierlei Hinsicht nützlich:

- Die dritte Anweisung kann wegen WN(x) = 2 zu y := 2 umgeformt werden. Dadurch wird ein Argumentknoten von x beseitigt.
- Die Variablen a und b besitzen den gleichen Wert. In weiteren Anweisungen des Basisblocks kann deshalb das Argument a durch b ersetzt werden, wodurch a am zweiten Knoten frei werden kann.

Neben den elementaren Operanden werden auch den Formeln und den in ihnen auftretenden Teilausdrücken Wertenummern zugeordnet. Das Besondere an diesen Wertenummern ist, daß ihre Entstehungsgeschichte bekannt ist. Gilt beispielsweise WN(x) = $\underline{1}$ und WN(y) = $\underline{2}$ und tritt der Term x + y auf, so kann diesem Term z.B. die Wertenummer $\underline{10}$ zugeordnet werden. Dann gilt $\underline{10} = \underline{1} + \underline{2}$.

Bemerkung:
Durch $\underline{10} = \underline{1} + \underline{2}$ wird keine Arithmetik für Wertenummern definiert, eine solche existiert nicht.

Bei der Vergabe von Wertenummern an Terme werden zuerst die Wertenummern des linken und rechten Operanden bestimmt und dann geprüft, ob bereits eine Wertenummer mit der Entstehungsgeschichte

WN(linker Operand) operator WN(rechter Operand)

existiert. Existiert sie, so wird sie dem Term zugeordnet, andernfalls wird eine neue Wertenummer verwendet. Dadurch wird gesichert, daß allen Termen, die gleiche Berechnungen repräsentieren, auch die gleiche Wertenummer zugeordnet wird.

Auf der Grundlage der vorangehenden Betrachtungen läßt sich nun erklären, wie die einzelnen Optimierungsmöglichkeiten erkannt und ausgeführt werden können.

1) Äquivalente Umformung von Berechnungen

Jedem in einem Formelbaum auftretenden Operanden ist eine Wertenummer zugeordnet. Er kann durch jeden anderen Operanden ersetzt werden, der die gleiche Wertenummer besitzt. Da die äquivalente Umformung von Berechnungen im wesentlichen das Ziel verfolgt, durch Beseitigung von Argumentknoten Voraussetzungen zum Auftreten freier Variablen zu schaffen, wird die Wahl eines Repräsentanten für eine Wertenummer nach den folgenden zwei Prinzipien vorgenommen:

- Repräsentiert die Wertenummer eine Konstante, so wird stets die Konstante verwendet.
- Andernfalls wird solange wie möglich ein und dieselbe Variable als Repräsentant gewählt. Erst wenn dieser Variablen ein anderer Wert zugewiesen wird, wird ein neuer Repräsentant gewählt.

2) Ausführung konstanter Berechnungen

Konstante Berechnungen liegen vor, wenn ein Operatorknoten im Formelbaum als Nachfolger zwei konstante Operanden besitzt. Die Berechnung kann dann ausgeführt und der Operatorknoten durch einen Operandenknoten mit dem Resultat der Berechnung ersetzt werden. Es erfolgt somit eine Baumtransformation, wie sie in Abb. 11.2 angedeutet ist.

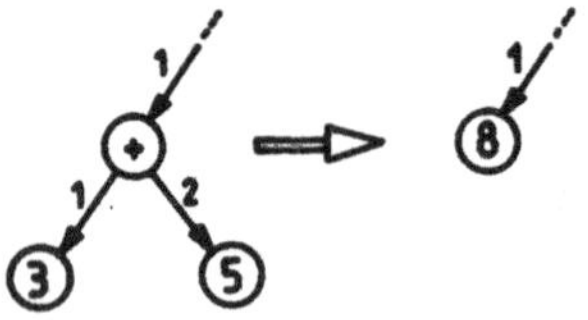

Abb. 11.2: Baumtransformation zur Ausführung konstanter Berechnungen

3) Eliminierung überflüssiger Berechnungen

Wie bereits ausgeführt, kann die Anweisung v_z := formel gestrichen werden, falls v_z frei ist. Um dies festzustellen, wird der folgende Algorithmus benutzt.

<u>Algorithmus:</u> Eliminierung überflüssiger Berechnungen

1. Ordne allen im Basisblock auftretenden Variablen v eine logische Variable FREI(v) mit dem Initialwert <u>false</u> zu!
2. Falls der Basisblock n Anweisungen (Knoten) enthält, so setze i = n!
3. Untersuche die i-te Anweisung v_z := formel!
3.1. Gilt FREI(v_z) = <u>true</u>, so streiche die i-te Anweisung und gehe zu 4!
3.2. Gilt FREI(v_z) = <u>false</u>, so setze FREI(v_z) = <u>true</u> und anschließend FREI(v) = <u>false</u> für alle v, die in der Formel als Operand auftreten!
4. Setze i = i - 1!
   Gilt i > 0, so gehe zu 3, sonst Ende des Algorithmus!

Die Idee des Algorithmus besteht darin, im Verlaufe einer rückwärtigen Durchmusterung des Basisblocks die Argument- und Belegungsknoten jeder Variablen zu ermitteln, um damit zu jedem Zeitpunkt der Durchmusterung eine Aussage machen zu können, ob eine Variable frei oder gebunden ist.

Die zweite Möglichkeit, eine Wertzuweisung zu streichen, ist dann gegeben, wenn durch die Wertzuweisung keine Wertveränderung vorgenommen wird. Demzufolge kann die Wertzuweisung v_z := formel gestrichen werden, falls vor Ausführung der Zuweisung WN(v_z) = WN(formel) gilt.

4) Eliminierung mehrfacher Berechnungen

Durch die diskutierten Prinzipien zur Wertenummernvergabe wird erreicht, daß allen Termen, die gleiche Berechnungen repräsentieren, auch gleiche

Wertenummern zugeordnet werden. Demzufolge liegt eine mehrfache Berechnung vor, falls zwei Terme die gleiche Wertenummer besitzen. Die Beseitigung der Mehrfachberechnung erfolgt dadurch, daß das Ergebnis der durch den ersten Term durchgeführten Berechnung in einer Hilfsvariablen abgespeichert wird und der den zweiten Term repräsentierende Teilbaum durch einen Operandenknoten mit dieser Hilfsvariablen ersetzt wird. Es erfolgt eine Baumtransformation, wie sie in Abb. 11.3 angedeutet wird.

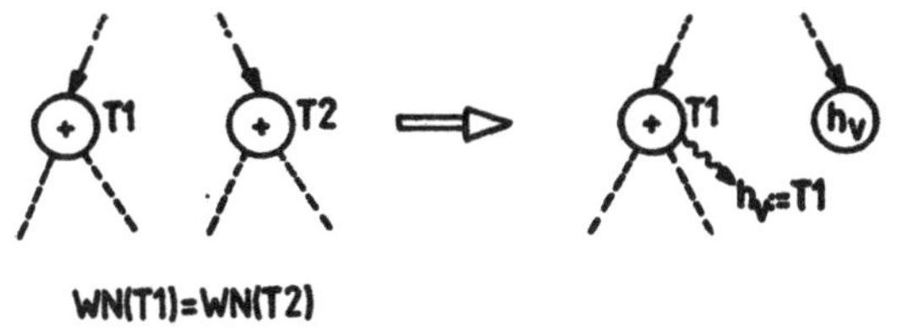

Abb. 11.3: Baumtransformation zur Beseitigung einer Mehrfachberechnung

Auf die Einführung einer Hilfsvariablen kann verzichtet werden, wenn der erste Term die rechte Seite einer Wertzuweisung bildet, also sein Wert einer Variablen zugewiesen wird und diese Variable zum Zeitpunkt des Auftretens des zweiten Terms noch diesen Wert besitzt.

Die soeben global diskutierten Optimierungsalgorithmen sollen nun durch eine programmtechnische Lösung untersetzt werden. Ausgangspunkt der Betrachtungen sei die bisher verwendete RPN-Darstellung eines Programms (vgl. 10.1.). Aufgrund der getroffenen Einschränkungen können nur die Operatoren LOAD, ADD, SUB, MUL, DIV und STORE auftreten. Für die Zwecke der Optimierung müssen jedem RPN-Operator zusätzliche Informationen zugeordnet werden. Diese erweiterten RPN-Operatoren werden als Elemente des Formelbaumes FB abgespeichert.

```
mode rpn instruktion = struct (int kode, typ typ, par parameter);
mode element = struct (rpn instruktion rpn instruktion, bool belegt,
                       int hv, LOD, ROD, WN WN, WNLOD, WNROD);
[1:FBmax] element FB;
int kmax
```

Die zusätzlichen Informationen in jedem Formelbaumknoten haben folgende Bedeutung:

- belegt: <u>true</u>, falls der Knoten noch existiert
  <u>false</u>, falls der Knoten infolge eines Optimierungsschrittes gestrichen wurde
- hv : Nummer der Hilfsvariablen, in die das Ergebnis des Teilausdruckes abgelegt werden muß, sonst 0
- LOD : Index des linken Operanden im Formelbaum
- ROD : Index des rechten Operanden im Formelbaum
- WN : zugeordnete Wertenummer
- WNLOD : Wertenummer des linken Operanden
- WNROD : Wertenummer des rechten Operanden

Der Modus WN der Wertenummern sei so beschaffen, daß er sowohl die ganzen Zahlen als auch Wertenummern der Art 1, 2 usw. umfaßt. Die Wertenummer 0 wird zur Initialisierung genutzt. Die folgende Prozedur erzeugt aus einem Basisblock, der als RPN-Kode auf dem Eingabeband vorliegt, die zugehörige Folge von Formelbäumen.

```
proc erzeuge formelbaum = void:
begin
  rpn instruktion rpn instruktion;
  int LOD, ROD;
  initialisieren (indexkeller);
  kmax:=0;
  while not basisblockende erkannt
  do
    kmax:=kmax+1;
    lesen instruktion (rpn instruktion);
    if kode of rpn instruktion=LOAD
      then
        LOD:=0;
        ROD:=0
      else
        ROD:=entkellern (indexkeller);
        LOD:=entkellern (indexkeller)
    fi;
    FB[kmax]:=(rpn instruktion, true, 0, LOD, ROD, 0, 0, 0);
    if kode of rpn instruktion/=STORE
      then
        kellern (indexkeller, kmax)
    fi
  od
end

proc basisblockende erkannt = bool:
co liefert true, falls die naechste instruktion des eingabebandes
   nicht mehr zum basisblock gehoert, sonst false co

proc lesen instruktion = (ref rpn instruktion rpn instruktion) void:
co liest die naechste rpn instruktion vom eingabeband co
```

Bemerkungen:

- Die gewählte Formelbaumdarstellung hat den großen Vorteil, daß sie die ursprüngliche Reihenfolge der RPN-Instruktionen beibehält, wodurch ihre Verarbeitung besonders günstig erfolgen kann.
- Es ist möglich, durch den Übersetzer direkt die Formelbaumdarstellung zu erzeugen.

Die RPN-Instruktionsfolge

```
LOAD     REF, X  ┐
LOAD     INT, 2  ├ X:=2
STORE    INT     ┘
```

wird in folgende Darstellung transformiert:

	Kode	typ	parameter	belegt	hv	LOD	ROD	WN	WNLOD	WNROD
1	LOAD	REF	x	true	0	0	0	0	0	0
2	LOAD	INT	2	true	0	0	0	0	0	0
3	STORE	INT	//	true	0	1	2	0	0	0

Im nächsten Schritt wird die Vergabe von Wertenummern durchgeführt. Dazu wird als Hilfsmittel eine Operandenliste OPL verwendet, die für jede Variable die aktuell zugeordnete Wertenummer enthält.

```
mode OPL element = struct (par variable, WN aktuelle WN, bool frei);
co die komponente frei wird zur erkennung ueberfluessiger berechnungen benoetigt co
[1:OPLmax] OPL element OPL;
int lmax
```

Die Verwaltung der Operandenliste wird durch folgende Prozeduren gesteuert.

```
proc initialisiere OPL = void: lmax:=0

proc ermittle OPL index = (par variable) int:
begin
  int index;
  bool gefunden:=false;
  for i from 1 by 1 to lmax while not gefunden
  do
    if variable=variable of OPL[i]
      then
        index:=i;
        gefunden:=true
    fi
  od;
  if not gefunden
    then
      lmax:=lmax+1;
      OPL[lmax]:=(variable, neue WN, false);
      index:=lmax
  fi;
  index
end

proc neue WN = WN:
co liefert eine neue, bisher nicht verwendete wertenummer co

proc aktualisiere OPL = (par variable, WN WN) void:
begin
  int index:=ermittle OPL index (variable);
  aktuelle WN of OPL[index]:=WN
end
```

Die Prozedur ermittle OPL index sichert, daß jeder Variablen beim Eintragen in die Operandenliste eine Wertenummer zugeordnet wird, die den Wert der Variablen als verschieden von allen bisher betrachteten Werten ausweist.

Die folgenden Prozeduren realisieren die Vergabe von Wertenummern nach den bereits diskutierten Prinzipien. Gleichzeitig werden Berechnungen äquivalent umgeformt und überflüssige Berechnungen gestrichen.

```
proc WN vergabe = void:
begin
  WN WN, WNLOD, WNROD;
  int index;
  par variable;
  initialisiere OPL;
  for i from 1 by 1 to kmax
  do
    if belegt of FB[i]
      then
        if kode of rpn instruktion of FB[i]=LOAD and typ of rpn instruktion of FB[i]/=REF
          then
            ermittle WN fuer operand (WN, parameter of rpn instruktion of FB[i];
            bestimme repraesentant (rpn instruktion of FB[i], WN, i);
            WN of FB[i]:=WN;
            WNLOD of FB[i]:=0;
            WNROD of FB[i]:=0
          else
            if arithmetischer operator (i)
              then
                WNLOD:=WN of FB[LOD of FB[i]];
                WNROD:=WN of FB[ROD of FB[i]];
                ermittle WN fuer term (WN, WNLOD, WNROD, i);
                WN of FB[i]:=WN;
                WNLOD of FB[i]:=WNLOD;
                WNROD of FB[i]:=WNROD
```

```
             else
               if kode of rpn instruktion of FB[i]=STORE
                 then
                   WN:=WN of FB[ROD of FB[i]];
                   variable:=parameter of rpn instruktion of FB[LOD of FB[i]];
                   index:=ermittle OPL index (variable);
                   if WN=aktuelle WN of OPL[index]
                     then
                       loeschen teilbaum (i)
                     else
                       aktualisiere OPL (variable, WN)
                   fi
                 fi
               fi
             fi
           fi
         od
end

proc arithmetischer operator = (int i) bool:
co liefert true, falls kode of rpn instruktion of FB[i] mit
   ADD, SUB, MUL oder DIV belegt ist, sonst false co
```

Bemerkungen:

- Den Operatoren LOAD mit typ = REF und STORE werden keine Wertenummern zugeordnet, da derartige Zuordnungen im folgenden nicht benötigt werden.
- Bei der Behandlung des Operators STORE wird die Wertenummer des Ausdrucks der rechten Seite (rechter Operand von STORE) der Variablen auf der linken Seite der Wertzuweisung (linker Operand von STORE) als aktuelle Wertenummer zugeordnet.
- Die Abfrage, ob der untersuchte Knoten i belegt ist, wird für eine spätere Anwendung der Prozedur WN vergabe benötigt.

```
proc ermittle WN fuer operand = (ref WN WN, par parameter) void:
if ist konstante (parameter)
  then
    WN:=parameter
  else
    WN:=aktuelle WN of OPL[ermittle OPL index (parameter)]
fi

proc ist konstante = (par parameter) bool:
co liefert true, falls der parameter eine konstante ist, sonst false co
```

Die folgende Prozedur zur Ermittlung der Wertenummern für Terme berücksichtigt die Kommutativität der Operatoren ADD und MUL.

```
proc ermittle WN fuer term = (ref WN WN, WN WNLOD, WNROD, int i) void:
begin
  bool gefunden:=false;
  for j from 1 by 1 to i-1 while not gefunden
  do
    if belegt of FB[j] and kode of rpn instruktion of FB[j]=kode of rpn instruktion of FB[i]
      then
        if WNLOD=WNLOD of FB[j] and WNROD=WNROD of FB[j]
          then
            WN:=WN of FB[j];
            gefunden:=true
          else
            if kode of rpn instruktion of FB[i]=ADD or kode of rpn instruktion of FB[i]=MUL
              then
                if WNLOD=WNROD of FB[j] and WNROD=WNLOD of FB[j]
                  then
                    WN:=WN of FB[j];
                    gefunden:=true
                fi
            fi
        fi
    fi
  od;
  if not gefunden
    then
      WN:=neue WN
  fi
end
```

```
proc bestimme repraesentant = (ref rpn instruktion rpn instruktion, WN WN, int i) void:
begin
  int index;
  bool gefunden:=false;
  if not ist konstante (parameter of rpn instruktion)
    then
      for j from 1 by 1 to i-1 while not gefunden
      do
        if belegt of FB[j] and kode of rpn instruktion of FB[j]=LOAD
          and typ of rpn instruktion of FB[j]/=REF and WN=WN of FB[j]
          then
            if ist konstante (parameter of rpn instruktion of FB[j]
              then
                index:=j;
                gefunden:=true
              else
                index:=ermittle OPL index (parameter of rpn instruktion of FB[j]);
                if WN=aktuelle WN of OPL[index]
                  then
                    index:=j;
                    gefunden:=true
                fi
            fi
        fi
      od
  fi;
  if gefunden
    then
      rpn instruktion:=rpn instruktion of FB[index]
  fi
end

proc loeschen teilbaum = (int i) void:
begin
  if arithmetischer operator (i) or kode of rpn instruktion of FB[i]=STORE
    then
      loeschen teilbaum (LOD of FB[i]);
      loeschen teilbaum (ROD of FB[i])
  fi;
  belegt of FB[i]:=false
end
```

Der nächste Schritt der Optimierung besteht in der Ausführung konstanter Berechnungen. Dies sollte stets vor der Eliminierung mehrfacher Berechnungen erfolgen, da dadurch z.B. die Teilausdrücke (i + 3 * 4) und (2 * 6 + i) erst als mehrfache Berechnungen erkannt werden können.

```
proc ausfuehrung konstanter berechnungen = void:
begin
  par resultatwert;
  bool berechnung ausgefuehrt:=true;
  while berechnung ausgefuehrt
  do
    berechnung ausgefuehrt:=false;
    for i from 1 by 1 to kmax
    do
      if belegt of FB[i] and arithmetischer operator (i)
        then
          if konstanter operand (LOD of FB[i]) and konstanter operand (ROD of FB[i])
            then
              bestimme resultat (resultatwert, i);
              loeschen teilbaum (i);
              FB[i]:=((LOAD, INT, resultatwert), true, 0, 0, 0, resultatwert, 0, 0);
              berechnung ausgefuehrt:=true
          fi
      fi
    od;
    if berechnung ausgefuehrt
      then
        WN vergabe
    fi
  od
end

proc konstanter operand = (int i) bool:
ist konstante (parameter of rpn instruktion of FB[i])

proc bestimme resultat = (ref par resultatwert, int i) void:
co liefert resultatwert := konstante 1  operation  konstante 2, mit
          konstante 1 = parameter of rpn instruktion of FB[LOD of FB[i]]
          konstante 2 = parameter of rpn instruktion of FB[ROD of FB[i]]
          operation = kode of rpn instruktion of FB[i] co
```

Bemerkungen:

- Die Ausführung konstanter Berechnungen, d.h., die Ersetzung von Teilbäumen durch konstante Operanden, führt zu einer Veränderung der durch die vorangehende Wertenummernvergabe ermittelten Wertbeziehungen. Die Wertbeziehungen müssen entsprechend korrigiert werden, damit die nachfolgenden Optimierungsalgorithmen ordnungsgemäß verlaufen und alle Optimierungsmöglichkeiten erkennen.
- In der obigen Lösung wird die Korrektur der Wertbeziehungen dadurch erreicht, daß eine erneute Wertenummernvergabe erfolgt, falls bei einer Durchmusterung des Formelbaums wenigstens eine Berechnung ausgeführt wurde. Dies ist nicht die effektivste, jedoch eine relativ einfache Lösung des Problems.
- Nach jeder neuen Wertenummernvergabe muß erneut untersucht werden, ob konstante Berechnungen ausgeführt werden können. Diese zyklische Vorgehensweise sichert, daß auch die konstanten Berechnungen ausgeführt werden, die über mehrere Stufen erfolgen müssen.

Nach der Ausführung der konstanten Berechnungen empfiehlt es sich, überflüssige Anweisungen zu beseitigen, damit diese nicht mehr in die Ermittlung mehrfacher Berechnungen einbezogen werden. Die für den Algorithmus zur Beseitigung überflüssiger Anweisungen benötigten logischen Variablen sind in der Operandenliste enthalten und besitzen bereits den geforderten Initialwert false.

```
proc streichen ueberfluessiger berechnungen = void:
begin
  int index;
  for i from kmax by -1 to 1
  do
    if belegt of FB[i]
      then
        if kode of rpn instruktion of FB[i]=STORE
          then
            index:=ermittle OPL index (parameter of rpn operator of FB[LOD of FB[i]]);
            if frei of OPL[index]
              then
                loeschen teilbaum (i)
              else
                frei of OPL[index]:=true
            fi
          else
            if kode of rpn instruktion of FB[i]=LOAD and typ of rpn instruktion of FB[i]/=REF
              and not ist konstante (parameter of rpn instruktion of FB[i]
              then
                index:=ermittle OPL index (parameter of rpn instruktion of FB[i]);
                frei of OPL[index]:=false
            fi
        fi
    fi
  od
end
```

Die Beseitigung der Mehrfachberechnungen erfolgt durch die bereits diskutierte Baumtransformation.

```
proc eliminierung mehrfacher berechnungen = void:
begin
  par variable;
  int hmax:=0;
  for i from kmax by -1 to 1
  do
    if belegt of FB[i] and arithmetischer operator (i)
      then
        for j from 1 by 1 to i-1
        do
```

```
        if belegt of FB[j] and kode of rpn instruktion of FB[i]=kode of rpn instruktion of FB[j]
          then
            if WN of FB[i]=WN of FB[j]
              then
                loeschen teilbaum (i);
                bestimme variable (variable, i, j, hmax);
                FB[i]:=((LOAD, INT, variable), true, 0, 0, 0, WN of FB[i], 0, 0)
            fi
        fi
      od
   fi
  od
end
```

Bemerkung:
Da zur Beseitigung der Mehrfachberechnungen der Formelbaum rückwärts durchmustert wird, werden zuerst die Wurzelknoten der umfassendsten äquivalenten Teilausdrücke gefunden.

Die nachfolgenden Prozeduren beschreiben den Prozeß der Auswahl der Variablen, die den Wert der Mehrfachberechnung enthält und die deshalb für die Baumtransformationen herangezogen wird.

```
proc bestimme variable = (ref par variable, int i, j, hmax) void:
if hv of FB[j]=0
  then
    if not variable vorhanden (variable, i, j)
      then
        hmax:=hmax+1;
        hv of FB[j]:=hmax;
        variable:=hilfsvariable (hmax)
    fi
  else
    variable:=hilfsvariable (hv of FB[j])
fi

proc hilfsvariable = (int hilfsvariablennummer) par:
co erzeugt aus der nummer der hilfsvariablen einen gueltigen variablennamen co

proc variable vorhanden = (ref par variable, int i, j) bool:
if belegt of FB[j+1] and kode of rpn instruktion of FB[j+1]=STORE
  then
    bool noch verfuegbar:=true;
    variable:=parameter of rpn instruktion of FB[LOD of FB[j+1]];
    for k from j+2 by 2 to i-1 while noch verfuegbar
    do
      if belegt of FB[k] and kode of rpn instruktion of FB[k]=STORE
         and variable=parameter of rpn instruktion of FB[LOD of FB[k]]
        then
          noch verfuegbar:=false
    od;
    noch verfuegbar
  else
    false
fi
```

Bemerkung:
Falls das Ergebnis der ersten Berechnung einer Mehrfachberechnung in einer Variablen abgespeichert wird und dieses Ergebnis beim Auftreten weiterer Berechnungen in der Variablen noch verfügbar ist, so wird diese Variable als Repräsentant des Wertes der Mehrfachberechnung verwendet. Die Überprüfung dieses Sachverhaltes erfolgt in der Prozedur variable vorhanden. In allen anderen Fällen wird eine Hilfsvariable eingeführt.

Es kann nun aus dem Formelbaum der optimierte RPN-Kode erzeugt werden. Dabei ist zu beachten, daß gegebenenfalls das Ergebnis eines Teilausdruckes in eine Hilfsvariable abgespeichert werden muß. Dies geschieht mit Hilfe der RPN-Instruktion

COPY INT, adresse

die das oberste Element des Operandenkellers in die als Parameter angegebene Variable kopiert.

```
proc generiere optimierten kode = void:
for i from 1 by 1 to kmax
do
  if belegt of FB[i]
    then
      generiere (rpn instruktion of FB[i]);
      if hw of FB[i]/=0
        then
          generiere ((COPY, INT, hilfsvariable (hw of FB[i])))
      fi
  fi
od

proc generiere = (rpn instruktion rpn instruktion) void:
co schreibt die als parameter uebergebene rpn instruktion auf das ausgabeband co
```

Damit ist der Prozeß der lokalen Optimierung abgeschlossen. Für erläuternde Beispiele wird auf die Übung verwiesen.

Zur praktischen Anwendung müssen die vorgestellten Optimierungsalgorithmen modifiziert werden, da die getroffenen Einschränkungen nicht akzeptabel sind. Die notwendigen Erweiterungen seien kurz diskutiert.

1. Einführung des monadischen Minus

Der monadische Minus ist aus der Sicht des Formelbaumes ein Operatorknoten mit nur einem Nachfolger. Seine Einbindung in die Optimierungsalgorithmen bereitet keine Schwierigkeiten und wird der Übung überlassen.

2. Einführung verschiedener Wertarten

Die bei verschiedenen Wertarten auftretenden Konvertierungsoperatoren sind im Formelbaum ebenfalls Knoten mit einem Nachfolger. Es kann wie beim monadischen Minus verfahren werden.

3. Einführung von indizierten Variablen

Indizierte Variable können im Formelbaum als Operatorknoten mit einer variablen Zahl von Nachfolgern dargestellt werden. Als Beispiel sei die indizierte Variable x [i + 1, j] betrachtet:

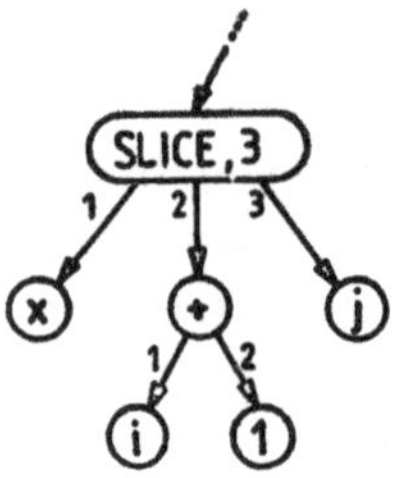

Abb. 11.4: Darstellung einer indizierten Variablen im Formelbaum

Ausgehend von dieser Darstellung ist bei der Wertenummernvergabe wie folgt zu verfahren:

Zunächst werden die Wertenummern der Indexausdrücke bestimmt. Damit wird die indizierte Variable in die Form name $[WN_1, WN_2, \ldots]$

transformiert. In dieser Form wird sie in die Operandenliste OPL aufgenommen und mit einer Wertenummer versehen. Treten mehrere indizierte Variable eines Feldes auf, so entstehen folglich mehrere Eintragungen für dieses Feld in der Operandenliste, sofern den Indizes unterschiedliche Wertenummern zugeordnet sind.

Weiterhin ist der Fall besonders zu beachten, daß eine indizierte Variable auf der linken Seite einer Wertzuweisung auftritt. Da aus der Ungleichheit von Wertenummern nicht auf die Ungleichheit der von ihnen repräsentierten Werte geschlossen werden kann, ist nach einer solchen Wertzuweisung nur noch eine Aussage über die indizierte Variable möglich, an die die Wertzuweisung erfolgte. Diese indizierte Variable kann in die Operandenliste aufgenommen werden, während alle anderen indizierten Variablen des gleichen Feldes aus ihr zu entfernen sind.

Aufgrund dieser Überlegungen lassen sich die Optimierungsalgorithmen entsprechend erweitern. Jedoch sei noch auf folgende Besonderheiten hingewiesen:

- Sind alle Indexausdrücke einer indizierten Variablen Konstanten bzw. können sie durch Ausführung konstanter Berechnungen bestimmt werden, so kann der Schritt bereits zur Compilezeit ausgeführt werden.
- Bei der äquivalenten Umformung von Berechnungen muß beachtet werden, daß niemals eine indizierte Variable als Repräsentant eines Wertes ausgewählt werden darf.
- Bei der Eliminierung überflüssiger Berechnungen muß für jede im Basisblock auftretende indizierte Variable eine eigene logische Variable FREI geführt werden. Analoge Überlegungen wie im Falle der Wertzuweisung führen jedoch zu der Schlußfolgerung, daß jedes Auftreten einer indizierten Variablen auf der rechten Seite einer Wertzuweisung dazu führen muß, daß für alle indizierten Variablen des gleichen Feldes die Variable FREI auf <u>false</u> zu setzen ist. Die Wirksamkeit des Algorithmus wird damit für indizierte Variable stark reduziert.
- Wird der Operator SLICE analog zu den arithmetischen Operatoren behandelt, so wird durch den Algorithmus zur Beseitigung mehrfacher Berechnungen automatisch der Fall optimiert, daß eine indizierte Variable mehrfach verwendet wird. Es wird dann nur der erste Schritt berechnet, das Ergebnis in eine Hilfsvariable kopiert und bei jedem weiteren Auftreten der indizierten Variablen auf diese Hilfsvariable zugegriffen.

4. Einführung von Funktionsaufrufen

Funktionsaufrufe können wie indizierte Variable als Knoten mit einer variablen Zahl von Nachfolgern betrachtet werden. Bei der Wertenummernvergabe kann deshalb analog vorgegangen werden. Es muß jedoch beachtet werden, daß Funktionen Nebeneffekte besitzen können, d.h., globalen Variablen oder aktuellen Parametern Werte zuweisen können. Der Ruf einer Funktion mit Nebeneffekten bewirkt deshalb eine Änderung der ermittelten und in der Operandenliste verankerten Wertbeziehungen. Dieser Tatsache muß bei der Wertenummernvergabe wie folgt Rechnung getragen werden:

- Kann festgestellt werden, daß die Funktion keine Nebeneffekte besitzt (z.B. bei Standardfunktionen), so bleibt die Operandenliste unverändert.
- Können die Nebeneffekte einer Funktion ermittelt werden, so muß den Variablen, denen ein neuer Wert zugewiesen werden kann, eine neue Wertenummer zugeordnet werden.
- Können die Nebeneffekte einer Funktion nicht ermittelt werden oder kann nicht festgestellt werden, ob eine Funktion Nebeneffekte besitzt, so muß allen Eintragungen in der Operandenliste eine neue Wertenummer zugeordnet werden. Dies ist der ungünstigste Fall, da dadurch die Wirksamkeit der Optimierungsalgorithmen stark beeinträchtigt wird.

11.4. GLOBALE OPTIMIERUNG

Globale Optimierungsverfahren sollen nur knapp behandelt werden. Für eine ausführliche Darstellung muß auf die Literatur verwiesen werden (/51/ und /60/). Grundlegend für die globale Optimierung sind die Begriffe Steuerfluß und Datenfluß.

Jedes Programm kann als endlicher, gerichteter Graph dargestellt werden, wenn jede Anweisung durch einen Knoten dargestellt wird und zwei Knoten immer dann durch einen Zweig verbunden werden, wenn sie aufeinanderfolgend abgearbeitet werden. Der Steuerfluß beschreibt die topologische Struktur dieses Graphen. Der Datenfluß beschreibt dagegen die gegenseitige Beeinflussung der einzelnen Datenobjekte des Programms. Der Datenfluß ist die Voraussetzung für die Optimierungsverfahren. Er muß auf der Grundlage des Steuerflusses durch eine Datenflußanalyse ermittelt werden.

Bemerkung:
Steuerfluß und Datenfluß spielen auch bei der lokalen Optimierung eine wesentliche Rolle. Der Steuerfluß ist jedoch aufgrund der Linearität der Basisblöcke trivial. Der Datenfluß wurde mit Hilfe der Wertenummern ermittelt. Der Prozeß der Wertenummernvergabe ist deshalb eine spezielle Methode der Datenflußanalyse.

Die globale Datenflußanalyse, d.h., die Datenflußanalyse, die sich nicht nur auf einen Basisblock beschränkt, setzt voraus, daß alle Basisblöcke analysiert und lokal optimiert wurden. Durch die Kopplung der dabei gewonnenen Informationen sollen neue Möglichkeiten zur Optimierung erschlossen werden. Charakteristisch für die globale Datenflußanalyse sind zwei Fragestellungen:

- Für einen gegebenen Punkt p ist zu ermitteln, welche Berechnungen, die vor Erreichen von p ausgeführt wurden, Einfluß auf p haben (Vorwärtsfluß-Probleme).
- Für einen gegebenen Punkt p ist zu ermitteln, wie sich die Berechnungen in p auf Berechnungen auswirken, die nach Verlassen von p erreicht werden (Rückwärtsfluß-Probleme).

Aus der Literatur sind verschiedene Verfahren zur Lösung dieser Fragestellungen bekannt. Im allgemeinen lassen sich die zu ermittelnden Informationen als Mengen beschreiben. Darauf aufbauend gelingt es, Mengengleichungssysteme anzugeben, deren Lösung die gewünschten Informationen liefert. Die Lösung dieser Gleichungssysteme ist jedoch nicht trivial, da die Gleichungen meist rekursiv sind. Hinzu kommt, daß in praktischen Fällen sehr komplexe Steuerflußgraphen auftreten und folglich die Gleichungssysteme auch sehr umfangreich und kompliziert sind.

Auch für die globale Datenflußanalyse kann das Konzept der Wertenummern wirkungsvoll eingesetzt werden. Die bereits behandelten Optimierungsverfahren arbeiten wirkungsvoller, wenn zusätzliche Informationen aus dem Kontext der Basisblocks bekannt sind. Solche zusätzlichen Informationen sind z.B.:

- Welche Variablen besitzen bei Eintritt in den Basisblock einen konstanten Wert?
- Welche Variablen besitzen bei Eintritt in den Basisblock den gleichen Wert?
- Welche Berechnungen wurden vor Erreichen des Basisblocks in jedem Falle, d.h., unabhängig vom durchlaufenen Weg im Steuerflußgraphen bereits ausgeführt?
- Welche Variablen werden nach Verlassen des Basisblocks bis zu ihrem nächsten Belegungsknoten nicht als Argument benötigt?

Sehr bedeutungsvoll sind die Verfahren zur Optimierung von Schleifen, da durch sie oft beträchtliche Laufzeitverkürzungen erreicht werden können. Bei ihnen ist es jedoch häufig sehr kompliziert, die Äquivalenz bei durchzuführenden Programmtransformationen abzusichern. Aus diesem Grund beschränkt man sich in der Praxis häufig auf Schleifen, deren Körper nur aus einem einzigen Basisblock besteht, also die Form

hat. Die Auslagerung von Berechnungen aus solchen Schleifen sei im folgenden kurz erläutert. Eine Variable heißt in einer Schleife lokalkonstant, wenn in der Schleife kein Belegungsknoten für diese Variable enthalten ist. Sie hat deshalb bei allen Schleifendurchläufen einen festen Wert. Weiterhin heißt ein Term T lokalkonstant, wenn er nur lokalkonstante Variable und Konstanten enthält. Ein lokalkonstanter Term ist folglich eine Berechnung, die aus der Schleife ausgelagert werden kann. Dazu wird vor Betreten der Schleife die Anweisung h1 := T ausgeführt, wobei h1 eine

Hilfsvariable ist, und in der Schleife wird der Term T durch h1 ersetzt. Eine Wertzuweisung v := T, deren rechte Seite ein lokalkonstanter Term ist, kann unter folgenden Bedingungen vollständig ausgelagert werden:

1. In der Schleife sind keine weiteren Belegungsknoten für v enthalten.
2. Alle Vorgänger der Anweisung v := T in der Schleife sind keine Argumentknoten von v.
3. Alle Vorgänger der Anweisung v := T in der Schleife sind keine Austrittsknoten aus der Schleife.

Die dritte Bedingung ist schwerwiegend, da die Laufanweisungen der höheren Programmiersprachen meist folgenden Steuerfluß aufweisen

und damit gegen diese Bedingung verstoßen wird. Korrekterweise muß diese Bedingung auch für das Auslagern lokalkonstanter Terme gestellt werden, da anderenfalls in dem Beispiel

<u>while</u> a * b > 0
<u>do</u> b := b - c/a <u>od</u>

die Auslagerung des lokalkonstanten Terms c/a zu einem fehlerhaften Programm führen kann, falls nämlich a beim Eintritt in die Schleife den Wert 0 besitzt. Die Auslagerung von Termen oder Wertzuweisungen darf also nur erfolgen, wenn die Schleife wenigstens einmal durchlaufen wird. Dies kann für Laufanweisungen der Art <u>for</u> i <u>from</u> 1 <u>by</u> 1 <u>to</u> 100 ... abgesichert werden. Zur Illustration sei auf das 5. Beispiel von 11.2. verwiesen.

Es sei darauf verwiesen, daß bei der Verwendung von Wertenummern mehr lokalkonstante Terme erkannt werden können als bei der soeben beschriebenen Methode auf der Basis lokalkonstanter Variablen. Die Reduzierung der Komplexität von Operatoren sei am Beispiel der Laufanweisung

<u>for</u> i <u>from</u> anfw <u>by</u> sw <u>to</u> endw <u>do</u> ... <u>od</u>

erläutert. Im Schleifenkörper sei nur ein Belegungsknoten für die Laufvariable i vorhanden, nämlich die vom Compiler am Ende des Schleifenkörpers implizit bereitgestellte Anweisung i := i + sw.

Es liege im Schleifenkörper nur ein Term T vor, der außer i nur noch lokalkonstante Variable und Konstanten enthält. Dieser Term kann deshalb als eine Funktion von i aufgefaßt werden, T = f(i). Falls T eine lineare Funktion ist, d.h., in der Form $T = T_1 * i + T_2$ mit lokalkonstanten Termen T_1 und T_2 dargestellt werden kann, wird folgende Optimierungsmöglichkeit oft angewandt:

Der Wert des Terms T ändert sich von einem Schleifendurchlauf zum nächsten um die Differenz d.

$$d = f(i + sw) - f(i)$$
$$= T_1 * (i + sw) + T_2 - T_1 * i - T_2$$
$$= T_1 * sw$$

d ist lokalkonstant und kann aus der Schleife ausgelagert werden. Im ersten Schleifendurchlauf gilt der Anfangswert $T = T_1 * anfw + T_2$. Dieser Term ist ebenfalls lokalkonstant und kann ausgelagert werden. Es sind deshalb folgende Transformationsschritte auszuführen, die in Abb. 11.7 für ein Beispiel verdeutlicht werden:

1) Vor Eintritt in die Laufanweisung sind die Anweisungen

   $h1 := T_1 * sw;$

   $h2 := T_1 * anfw + T2$

   einzuführen, wobei h1 und h2 Hilfsvariable sind.
2) Der Term T ist in der Schleife durch h2 zu ersetzen.
3) Am Ende des Schleifenkörpers ist die Anweisung

   h2 := h2 + h1

   einzufügen.

```
for i from 2 by 2 to 20
do
   x[i]:=x[i-1]+(a+b)*i-5*c
od
```

⟶

```
h1:=(a+b)*2;
h2:=h1-5*c;
for i from 2 by 2 to 20
do
   x[i]:=x[i-1]+h2;
   h2:=h2+h1
od
```

Abb. 11.7: Beispiel zur Reduzierung der Komplexität von Operatoren

Ihre größte Wirksamkeit besitzt die Reduzierung der Komplexität von Operatoren, wenn sie für Zugriffe auf indizierte Variable angewandt wird. Allerdings muß vorausgesetzt werden, daß die Schrittoperation nicht durch einen RPN-Operator SLICE ausgeführt, sondern durch die Speicherplatzabbildungsfunktion als Befehlsfolge dargestellt wird. In diesem Fall lassen sich erhebliche Effektivitätsgewinne erreichen, wie Übungsbeispiele zeigen.

11.5. ZIELSPRACHABHÄNGIGE OPTIMIERUNG

Die zielsprachabhängige Optimierung verfolgt das Ziel, die Besonderheiten der verwendeten Zielsprache, d.h., der Maschinensprache des verwendeten Rechners, für den Aufbau der Zielprogramme optimal zu nutzen. Da sich die Maschinensprachen verschiedener Rechner oft beträchtlich unterscheiden, werden verschiedene Verfahren angewandt, so daß sich nur schwer allgemeine Aussagen machen lassen. Ein Nachteil aller Verfahren der zielsprachabhängigen Optimierung ist darin zu sehen, daß sie nicht oder nur in geringem Maße portabel sind. Im Rahmen dieser Darstellung soll deshalb nur auf zwei Verfahren eingegangen werden, die sich relativ unabhängig vom speziellen Rechner beschreiben lassen.

Das erste Verfahren betrifft die Verwendung von Registern. Die meisten

Rechner verfügen über einige Register, bei denen der Zugriff sehr viel schneller erfolgt als der Zugriff auf eine Hauptspeichervariable und die deshalb zum zeitweiligen Aufbewahren von Variablenwerten geeignet sind. Prinzipiell lassen sich in einem Basisblock die Werte der darin auftretenden Variablen zusätzlich in einem Register aufbewahren. Tritt eine Variable als Argument auf, so kann auf das entsprechende Register zugegriffen und damit Zeit eingespart werden. Allerdings entsteht zusätzlicher Aufwand dadurch, daß die Register mit den entsprechenden Werten geladen werden müssen. Es ist also in Abhängigkeit von der Zahl der Lese- und Schreibzugriffe auf eine Variable zu entscheiden, ob es sich lohnt, ein Register bereitzustellen. Weiterhin muß entschieden werden, für welche Variablen Register bereitzustellen sind, da die Zahl der Variablen meist weitaus größer als die Zahl der zur Verfügung stehenden Register ist. Es existieren Algorithmen, mit denen die optimale Registerbelegung ermittelt werden kann. Sie sind jedoch bereits für wenige Variable und kleine Basisblöcke sehr aufwendig. In der Praxis benutzt man deshalb häufig Näherungsverfahren, so z.B., daß für die Variablen Register bereitgestellt werden, die am häufigsten als Argument auftreten.

Das zweite hier betrachtete Verfahren ist ein sogenannter Mustervergleich. Maschinensprachen verfügen häufig über Befehle, die nur unter bestimmten Kontextbedingungen bzw. für bestimmte Operanden anwendbar sind, dafür aber effektiver arbeiten als Befehle oder Befehlskombinationen, für die solche Einschränkungen nicht bestehen. Auf die Verwendung solcher Befehle wird bei der Zielkodegenerierung häufig verzichtet, da dadurch der Zielkodegenerator stark belastet wird. Ein Beispiel sind die zwei Befehle der Maschinensprache des K1600 zur Ausführung eines unbedingten Sprunges:

JMP marke und BR marke

Der BR-Befehl ist kürzer und wird schneller ausgeführt. Er erfordert jedoch, daß das Sprungziel nicht weiter als 128 Speicherworte vom Sprungbefehl selbst entfernt ist. Für den JMP-Befehl trifft diese Einschränkung nicht zu. Die Verwendung des BR-Befehls erfordert deshalb einen Zielkodegenerator, der eine Speicherplatzzuweisungszählung des erzeugten Zielprogramms vornimmt. Er müßte also die generierten Zielprogrammbefehle wie ein Assembler analysieren. Soll dieser Aufwand vermieden werden, so kann für die Realisierung von Sprüngen nur der JMP-Befehl verwendet werden.

Dieses Beispiel zeigt, daß in einem Zielprogramm häufig Befehle oder Befehlskombinationen auftreten, die für die betreffende Maschinensprache nicht optimal sind, und daß die Beseitigung solcher Uneffektivitäten eine Analyse des Zielprogramms voraussetzt. Die Optimierung muß deshalb in folgenden Schritten erfolgen:

1) Es wird eine syntaktische und soweit als notwendig semantische Analyse des Zielprogramms vorgenommen und dieses in einer transformierten Zwischenform aufbewahrt.
2) In der Zwischenform werden uneffektive Befehlskominationen gesucht und

durch effektivere ersetzt, falls gewisse Bedingungen vorliegen.

3) Aus der korrigierten Zwischenform wird ein verbessertes Zielprogramm generiert.

Das in /53/ beschriebene CDL-Programmiersystem enthält das beschriebene Optimierungsverfahren, wobei sich zeigte, daß es

- deutliche Effektivitätsgewinne erzielt,
- unabhängig von der Quellsprache des Compilers ist und deshalb in verschiedenen Compilern angewandt werden kann und
- relativ unabhängig von der Zielsprache realisiert werden kann.

Bemerkenswert ist insbesondere, daß die Zahl der zu ersetzenden Befehlskombinationen variabel ist. Durch eine Transformationsgrammatik werden Befehlskombination als Muster beschrieben. Gleichzeitig wird angegeben, unter welchen Bedingungen diese Muster durch andere Muster, also effektivere Befehlskombinationen ersetzt werden können. Der eigentliche Optimierungsprozeß besteht dann in einem Vergleich des vorgegebenen Zielprogramms mit den vorgegebenen Mustern, der Prüfung der Bedingungen und gegebenenfalls dem Austausch der Muster. Auf diese Art lassen sich z.B. folgende Transformationen im Zielprogramm realisieren:

```
- JMP   marke          ——► BR    marke
- MOV   #0, variable   ——► CLR   variable
- BEQ   + 6            ——► BNE   marke
  JMP   marke
```

Diese Beispiele beziehen sich auf die Maschinensprache des K1600.

Übungen:

1) Diskutiere, welche Vereinfachungen an den behandelten Programmen vorgenommen werden können, wenn bei der Optimierung jeweils nur eine Wertzuweisung betrachtet wird (Formeloptimierung)! Formuliere eine Prozedur, die mit Hilfe der vorgegebenen vereinfachten Optimierungsprozeduren die Formeloptimierung realisiert!

2) Führe mit Hilfe der in Aufgabe 1 erarbeiteten Lösung die Formeloptimierung für die folgenden Anweisungen durch und überprüfe die Resultate
   a) x := 1 + i - 20 * 33/(i + 1)
   b) a := a + (b * a + c/d) * c * (c/d + a * b) - a * b * c !

3) Formuliere eine Prozedur, die mit Hilfe der vorgegebenen Optimierungsprozeduren die lokale Optimierung im Basisblock realisiert!

4) Optimiere den folgenden Basisblock und prüfe das Resultat!

```
a:=3;
x:=2;
y:=a+b;
x:=a+b-a*x;
y:=b+3;
z:=y-6
```

5) Erweitere die Prozeduren zur lokalen Optimierung, so daß innerhalb von Formeln auch das einseitige Minus (RPN-Operator MINUS) auftreten darf! Überprüfe das Ergebnis durch Optimierung des Basisblocks!

```
x:=-a+b;
y:=-a;
z:=5;
w:=-z
```

6) Gegeben sei die Schleife

```
for i from 2 by 1 to 10
do
  a:=b;
  d:=i**2;
  a:=a*b-c*d;
  x[i]:=x[i-1]*a
od
```

a) Optimiere zunächst den Basisblock, der den Schleifenkörper bildet!

b) Bestimme anschließend die lokalkonstanten Variablen und Terme und führe die Auslagerung von Berechnungen aus der Schleife aus!

7) Gegeben seien folgende Definitionen und Anweisungen

```
[1:10] real x, y, z;
for i from 1 by 1 to 10
do
  x[i]:=y[i]+z[i]
od
```

Optimiere die Schleife durch Reduzierung der Komplexität von Operatoren!

<u>Lösungshinweise</u>

- Überlege, wie die vorgestellte Methode zu erweitern ist, falls in einer Schleife mehrere Terme vorliegen, bei denen die Komplexität der Operatoren reduziert werden kann!
- Stelle alle indizierten Variablen durch ihre Speicherplatzabbildungsfunktionen dar, also z.B. x [i] durch HS [LAx + i * speicherbedarf (REAL)] !

Literaturverzeichnis

/1/ Aho, A.V.; Hopcroft, J.E.; Ullman J.D.: The Design and Analysis of Computer Algorithms. Addison-Wesley, Reading, 1974.

/2/ Aho, A.V.; Ullman, J.D.: The Theory of Parsing, Translation and Compiling. Prentice-Hall, Englewood Cliffs, 1973.

/3/ Aho, A.V.; Ullmann, J.D.: Principles of Compiler Design. Addison-Wesley, Reading, 1979.

/4/ Aho, A.V.; Sethi, R.; Ullman, J.D.: Compilers - Principles, Techniques, and Tools. Addison-Wesley, Reading, 1986.

/5/ Ammann, U.: Die Entwicklung eines PASCAL-Compilers nach der Methode des strukturierten Programmierens. Dissertation, ETH Zürich, 1975.

/6/ Bachmann, K.-H.: Die Programmiersprachen PASCAL und ALGOL 68. Akademie-Verlag, Berlin, 1976.

/7/ Bachmann, P.: Grundlagen der Compilertechnik. BSB B.G. Teubner Verlagsgesellschaft, Leipzig, 1975.

/8/ Bauer, F.L.; Eickel, J. (Eds.): Compiler Construction - An Advanced Course. Lecture Notes in Computer Science 21. Springer-Verlag, Heidelberg, 1976.

/9/ Beckman, F.S.: Mathematical Foundation of Programming. Addison-Wesley, Reading, 1980.

/10/ Bochmann, G.V.: Semantic Evaluation from Left to Right. Communications of the ACM 19 (76) 2, S.55-62.

/11/ Bratsikov, I.: Sintaksis jazykov programmirovanija. Izd. Nauka, Moskva, 1975.

/12/ Bucher, W.; Maurer, H.: Theoretische Grundlagen der Programmiersprachen, Automaten und Sprachen. Reihe Informatik, Bd. 41. Bibliographisches Institut Wissenschaftsverlag AG, Zürich, 1984.

/13/ Burge, W.: Recursive Programming Techniques. Addison-Wesley, Reading, 1985.

/14/ Cejtin, G.: ALGOL 68 - Metody realizacii. Izd. Leningradskogo universiteta, Leningrad, 1976.

/15/ Chomsky, A.: On Certain Formal Properties of Grammars, Information and Control 2 (59) 2, S. 137-167.

/16/ Cleaveland, J.; Uzgalis, R.: What Every Programmer Should Know About Grammar. University of California, Los Angeles, 1973.

/17/ Davis, M.D.; Weynker, D.J.: Computability, Complexity and Languages. Academic Press, New York, 1983.

/18/ Ghezzi, C.; Jazayeri, M.: Programming Language Concepts. John Wiley & Sons, New York, 1982.

/19/ Ginsburg, S.: The Mathematical Theory of Context-free Languages. Mc. Graw-Hill Book Company, New York, 1966.

/20/ Goos, G.; Hartmanis, J. (Eds.): Methods of Algorithmic Language Implementation. Lecture Notes in Computer Science 47. Springer-Verlag, Heidelberg, 1977.

/21/ Gordon, M.J.C.: The Denotational Definition of Programming Languages. An Introduction. Springer-Verlag, Heidelberg, 1979.

/22/ Gries, D.: The Science of Programming. Addison-Wesley, Reading, 1981.

/23/ Hahn, R.: Höhere Programmiersprachen im Vergleich. Akademische Verlagsgesellschaft, Wiesbaden, 1981.

/24/ Hartmanis, A.C.: A Concurrent PASCAL Compiler for Minicomputers. Lecture Notes in Computer Science 50. Springer-Verlag, Heidelberg, 1977.

/25/ Hibbard, P.; Schumann, S. (Eds.): Constructing Quality Software. North-Holland, Amsterdam, 1978.

/26/ Hoare, C.A.R.; Wirth, N.: An Axiomatic Definition of the Programming Language PASCAL. Acta Informatica 2 (73) 4, S.335-355.

/27/ Hopcroft, J.E.; Ullman, J.D.: Introduction to Automata Theory, Languages, and Computation, Addison-Wesley, Reading, 1979.

/28/ Horowitz, E.: Fundamentals of Programming Languages. Springer-Verlag, Heidelberg, 1983.

/29/ Jäkel, H.-J.; Loeper, H.; Otter, W.: Ein Algorithmus zur Behandlung der Modusäquivalenz in einer Untersprache von ALGOL 68. EIK 14 (78) 4, S.181-192.

/30/ Jäkel, H.-J.; Loeper, H.; Pietsch, H.; Stiller, G.: A Portable ALGOL 68-Implementation for Minicomputers Developed Using the CDL Compiler Compiler Technique. In: Proceedings of the IFIP 9th World Computer Congress. North-Holland, Amsterdam, 1983.

/31/ Janko, W.H.: APL.
I. Eine Einführung in die Elemente der Sprache und des Systems.
II. Eine weiterführende Darstellung der Sprache und des Systems mit Anwendungen. Athenäum-Verlag, Königstein, 1981.

/32/ Jazayeri, M.: A Simpler Construction Showing the Intrinsically Exponential Complexity of the Circularity Problem for Attribute Grammars. Journal of the ACM 28 (81) 4, S.715-720.

/33/ Kasjanov, V.N.; Pottosin, I.V.: Tehnologija transljazii. Izd. Novosibirskogo universiteta, Novosibirsk, 1979.

/34/ Kastens, U.: Ein Übersetzer-erzeugendes System auf der Basis attributierter Grammatiken. Dissertation, Universität Karlsruhe, 1976.

/35/ Kastens, U.: Ordered Attribute Grammars. Acta Informatica 13 (80) 3, S.229-256.

/36/ Kerner, I.: Numerische Mathematik und Rechentechnik. Mathematisch-Naturwissenschaftliche Bibliothek, Bd. 47/1 und 47/2. BSB B.G. Teubner Verlagsgesellschaft, Leipzig, 1973.

/37/ Knuth, D.E.: On the Translation of Languages from Left to Right. Information and Control 8 (65) 7, S.607-639.

/38/ Knuth, D.E.: Semantics of Context-free Languages. Mathematical Systems Theory 2 (68) 1, S.127-145.

/39/ Koster, C.H.A.: Affix-Grammars.
In: Peck, J.E.L. (Ed.): ALGOL 68 Implementation.
North-Holland, Amsterdam, 1971.

/40/ Koster, C.H.A.: CDL - A Compiler Implementation Language.
In: /20/.

/41/ Levy, J.: Automatic Correction of Syntax-Errors in Programming Languages. Acta Informatica 4 (75) 3, S.271-292.

/42/ Lewi, J.; Vlaminek, K.; Huens, J.; Steegmans, E.: A Programming Methodology in Compiler Construction.
North-Holland, Amsterdam, 1982.

/43/ Lewis, H.R.; Papadimitriou, C.H.: Elements of the Theory of Computation. Prentice-Hall, Englewood Cliffs, 1981.

/44/ Lewis, P.M.; Rosenkrantz, D.J.; Stearns, R.E.: Compiler Design Theory. Addison-Wesley, Reading, 1978.

/45/ Lewis, P.M.; Rosenkrantz, D.J.; Stearns, R.E.: Attributed Translation. Journal of Computer and System Sciences 9 (74) 3, S.279-307.

/46/ Loeper, H.; Nyderle, W.; Eichler, G.; Roßberg, K.:
FORTRAN-Programmierung der Rechnerfamilie robotron 4000.
BSB B.G. Teubner Verlagsgesellschaft, Leipzig, 1978.

/47/ Loeper, H.; Bachmann, P.: Theorie und Technik der Übersetzerprogramme höherer Programmiersprachen.
BSB B.G. Teubner Verlagsgesellschaft, Leipzig, 1980.

/48/ Marcotty, M.; Ledgard, H.F.; Bochmann, G.V.: A Sampler of Formal Definitions. Computing Surveys 8 (76) 2, S.191-276.

/49/ Muchnik, S.S.; Jones, N.D. (Eds.): Programm Flow Analysis: Theory and Applications. Prentice-Hall, Englewood Cliffs, 1981.

/50/ Naur, P.: Revidierter Bericht über die algorithmische Sprache ALGOL 60. In deutscher Sprache hrsg. von G. Zielke.
Akademie-Verlag, Berlin, 1966.

/51/ Otter, W.: Methoden zur Optimierung von CDL-Programmen.
Dissertation B, TU Dresden, 1982.

/52/ Otter, W.: Die prinzipiellen Möglichkeiten zur Optimierung von Programmen.
Wissenschaftliche Zeitschrift der TU Dresden 32 (83) 3, S.15-21.

/53/ Otter, W.; Loeper, H.; Haenel, T.; Joiko, M.: Programmentwicklung mit CDL 1600. Verlag Die Wirtschaft, Berlin, 1984.

/54/ Pagan, F.G.: ALGOL 68 as a Metalanguage for Denotational Semantics. Computer Journal 22 (79) 1, S.63-66.

/55/ Pagan, F.G.: Formal Specification of Programming Languages.
Prentice-Hall, Englewood Cliffs, 1981.

/56/ Randell, B.; Russel, L.: ALGOL 60 Implementation.
Academic Press, London, 1964.

/57/ Riedewald, G.; Małuszyński, J.; Dembiński, P.: Formale Beschreibung von Programmiersprachen. Akademie-Verlag, Berlin, 1983.

/58/ Röhrich, J.: Methods for Automatic Construction of Error Correcting Parsers. Acta Informatica 13 (80) 2, S.115-139.

/59/ Rosenkrantz, D.J.; Stearns, R.E.: Properties of Deterministic Top-Down Grammars. Information and Control 17 (70) 3, S.226-256.

/60/ Schaefer, M.: A Mathematical Theory of Global Program Optimization. Prentice-Hall, Englewood Cliffs, 1973.

/61/ Schefe, P.: Informatik - Eine konstruktive Einführung. Reihe Informatik, Bd. 48. Bibliographisches Institut Wissenschaftsverlag AG, Zürich, 1985.

/62/ Stepanov, A.N.; Popov, Ju.A.: Ob odnom sposobe realizacii shem sintaksičeski-upravljaemogo perevoda. Programmirovanie 8 (82) 4, S. 54-62.

/63/ Stiller, G.: ALGOL 68 - Begriffe und Ausdrucksmittel. BSB B.G. Teubner Verlagsgesellschaft, Leipzig, 1974.

/64/ Stiller, G.: ALGOL 68 - Datenorganisation. BSB B.G. Teubner Verlagsgesellschaft, Leipzig, 1977

/65/ Surkova, L.V.: Ob odnom metode optimizacii LR-analizatorov. Programmirovanie 7 (81) 6, S.22-28.

/66/ Tanenbaum, A.S.: Structured Computer Organisation. Prentice-Hall, Englewood Cliffs, 1983.

/67/ Tennet, R.D.: The Denotational Semantics of Programming Languages. Communications of the ACM 19 (76) 8, S.437-453.

/68/ Tennet, R.D.: Principles of Programming Languages. Prentice-Hall, Englewood Cliffs, 1981.

/69/ Trahtengerc, E.A.: Vvedenic v teoriju analiza i rasparallelivanija programm EVM v processe transljacii. Izd. Nauka, Moskva, 1981.

/70/ Waite, W.M.; Goos, G.: Compiler Construction. Springer-Verlag, Heidelberg, 1984

/71/ Waldschmidt, E.H.; Walter, H.K.-G.: Grundzüge der Informatik I. Reihe Informatik, Bd. 43. Bibliographisches Institut Wissenschaftsverlag AG, Zürich, 1984.

/72/ Wijngaarden, A.van; Milloux, B.; Peck, J.E.L.; Koster, C.H.A.: Revised Report on the Algorithmic Language ALGOL 68. Acta Informatica 5 (75) 1, S.1-236.

/73/ Wilhelm, R.: LL- and LR-Attributed Grammars. In: Woessner, H. (Ed.): Informatik-Fachberichte 53. Springer-Verlag, Heidelberg, 1982.

/74/ Wirth, N.; Weber, H.: EULER - A Generalization of ALGOL and its Formal Definition. Communications of the ACM 9 (66) 1 und 2.

/75/ Wirth, N.: Revidierter Bericht über die Programmiersprache Pascal. In deutscher Sprache hrsg. von H. Schiemangk und G. Paulin. Akademie-Verlag, Berlin, 1976.

/76/ Wirth, N.: Compilerbau: Eine Einführung. Teubner-Verlag, Stuttgart, 1977.

/77/ Wulf, W.A.: Trends in the Design and Implementation of Programming Languages. Computer 13 (80) 1, S.14-22.

/78/ Wulf, W.A.; Shaw, M.; Hilfinger, P.N.; Flon, L.: Fundamental Structures of Computer Science. Addison-Wesley, Reading, 1981.
/79/ : Anwenderdokumentation Programmiersystem BASIC 1600. Teil 1: Sprachbeschreibung. VEB ROBOTRON ZFT, Dresden, 1984.
/80/ : Anwenderdokumentation Programmiersystem COBOL 1600. Teil 1: Sprachbeschreibung. VEB ROBOTRON ZFT, Dresden, 1984.

Sachwortverzeichnis

Zwischenprogramm 51, 251
-, epsilonerzeugendes 121
-, terminierendes 119

HENNING SCHOCH

Programmieren in PL1

(Informatik - Kybernetik - Rechentechnik, Band 8)
2., berichtigte Auflage

1987. 521 Seiten - 7 Abbildungen - 17 cm x 24 cm -
Lederin - DDR 68,-M; Ausland 68,-DM
ISBN 3-05-500209-1
Bestell-Nr. 763 135 2
Bestellwort: Schoch, Programm.PL1 6719

Das Buch enthält eine umfassende, systematische Darstellung des vollen Sprachumfangs der problemorientierten Programmiersprache PL1, die sich in gleicher Weise zur effektiven Lösung von Problemen wissenschaftlich-technischer oder ökonomischer Art sowie zur Textverarbeitung eignet. Es ist in erster Linie als Lehrbuch konzipiert und setzt nur allgemeine Grundkenntnisse über die elektronische Datenverarbeitung voraus. Sein Hauptanliegen besteht darin, dem Leser die Anwendung der Programmiersprache nahezubringen. Die Ausführungen werden daher durch zahlreiche Beispiele unterstützt, die die einzelnen Sprachelemente in ihren vielfältigen Anwendungsmöglichkeiten veranschaulichen.

Ihre Bestellung richten Sie bitte an eine Buchhandlung

AKADEMIE VERLAG BERLIN
THEORIA CUM PRAXI
Deutsche Demokratische Republik
Leipziger Strasse 3-4, P.O.Box 1233 · GDR-Berlin 1086